스프링 애플리케이션 개발에 유용한
137가지 문제 해결 기법

스프링6 레시피

5판

스프링 6 레시피(5판)

스프링 애플리케이션 개발에 유용한 137가지 문제 해결 기법

4판 1쇄 발행 2018년 09월 01일
5판 1쇄 발행 2025년 09월 01일

지은이 마틴 데이넘, 다니엘 루비오, 조시 롱 / **옮긴이** 이승룡, 서경석, 김태영, 서세진, 유기연 / **펴낸이** 전태호
펴낸곳 한빛미디어(주) / **주소** 서울시 서대문구 연희로2길 62 한빛미디어(주) IT출판2부
전화 02-325-5544 / **팩스** 02-336-7124
등록 1999년 6월 24일 제25100-2017-000058호 / **ISBN** 979-11-6921-425-4 93000

책임편집 박지영 / **기획** 박지영, 정지수 / **편집** 정지수 / **교정** 김가영
베타리더 김재엽, 김준성, 복종순, 손경덕, 신효영, 윤지태, 이영은, 이현주, 이효성, 최해성, 한상곤, 홍상의
디자인 박정우 / **전산편집** 이경숙
영업마케팅 송경석, 김형진, 장경환, 조유미, 한종진, 이행은, 김선아, 고광일, 성화정, 김한솔 / **제작** 박성우, 김정우

이 책에 대한 의견이나 오탈자 및 잘못된 내용은 출판사 홈페이지나 아래 이메일로 알려 주십시오.
파본은 구매처에서 교환하실 수 있습니다. 책값은 뒤표지에 표시되어 있습니다.
한빛미디어 홈페이지 www.hanbit.co.kr / 이메일 ask@hanbit.co.kr

지금 하지 않으면 할 수 없는 일이 있습니다.
책으로 펴내고 싶은 아이디어나 원고를 메일(writer@hanbit.co.kr)로 보내주세요.
한빛미디어(주)는 여러분의 소중한 경험과 지식을 기다리고 있습니다.

스프링 애플리케이션 개발에 유용한
137가지 문제 해결 기법

스프링6 레시피 5판

마틴 데이넘, 다니엘 루비오, 조시 롱 지음
이승룡, 서경석, 김태영,
서세진, 유기연 옮김

한빛미디어 Hanbit Media, Inc.

지은이 마틴 데이넘 Marten Deinum

오픈 소스 스프링 프레임워크 프로젝트의 기여자이며, 현재 콘스펙트Conspect에서 자바/소프트웨어 컨설턴트로 활동 중입니다. 주로 자바를 기반으로 다양한 규모의 기업용 소프트웨어를 설계하고 개발했습니다. 열렬한 오픈 소스 사용자이며 스프링 프레임워크의 오랜 팬이자 사용자, 애드보킷으로 활동해 왔습니다. 그 외에도 소프트웨어 엔지니어, 개발 리더, 코치, 자바/스프링 트레이너 등 다양한 경력을 쌓아왔습니다.

지은이 다니엘 루비오 Daniel Rubio

엔터프라이즈/웹 기반 소프트웨어 분야에 10년 이상 몸담았으며 현재 매시업소프트닷컴Mashup Soft.com의 창립자이자 기술 리더입니다. 에이프레스Apress 출판사에서 여러 권의 책을 저술했으며 전문 분야는 자바, 스프링, 파이썬, 장고, 자바스크립트/CSS, HTML입니다.

지은이 조시 롱 Josh Long

피보탈Pivotal의 스프링 개발자 애드보킷이자 자바 챔피언입니다. 『클라우드 네이티브 자바』(책만, 2018) 등 다섯 권의 책을 저술했으며 'Building Microservices with Spring Boot LiveLessons' 등 세 편의 베스트셀러 교육 영상을 제작했습니다. 스프링 부트, 스프링 인티그레이션, 스프링 클라우드, 액티비티Activiti, 바딘Vaadin 등 오픈 소스 프로젝트의 컨트리뷰터이기도 합니다.

옮긴이 **이승룡**

스프링 프레임워크의 컨트리뷰터이자 아파치 재단의 커미터로 활동하고 있습니다. 오픈 소스 소프트웨어의 개발과 확산에도 관심이 많으며 오픈 플랫폼 개발자 커뮤니티(OPDC)에서 전자정부 표준 프레임워크 에반젤리스트로도 활동합니다.

옮긴이 **서경석**

IT 기업에서 엔터프라이즈 오픈 소스 미들웨어 솔루션 개발과 컨설팅 업무를 하는 개발자이자 컨설턴트입니다. 다양한 IT 프로젝트에 참여했으며 기업용 프레임워크 개발과 모니터링 솔루션 개발에도 관심이 많아 관련 업무를 수행했습니다.

옮긴이 **김태영**

의료 시스템 개발자로 커리어를 시작해 미들웨어와 레거시 시스템, 클라우드까지 아키텍처 전반의 폭넓은 경험을 쌓아왔습니다. 현재는 풀스택 아키텍트로서 클라우드와 미들웨어를 아우르며 AI 서비스 프로젝트의 플랫폼 전반을 담당하며, 다양한 기술적 경험을 바탕으로 신기술, 특히 AI와 클라우드 기술을 탐구하고 있습니다.

옮긴이 **서세진**

정보통신공학을 전공하고 영어영문학을 부전공했습니다. IT 기업에서 시스템 어드민, 소프트웨어 아키텍트 같은 다양한 역할을 거쳐 현재는 오픈 소스 미들웨어 솔루션을 개발하고 있습니다. 실무 경험을 바탕으로 기술서 번역에 참여하고 있습니다.

옮긴이 **유기연**

소프트웨어 엔지니어로서 다양한 기업용 솔루션의 개발과 운영을 경험했습니다. 오픈 소스와 백엔드 프레임워크에 관심이 많으며, 특히 스프링 프레임워크에 대한 이해를 바탕으로 이 책의 번역에 참여하게 되었습니다.

마누엘 조던 엘레라 Manuel Jordan Elera

독학으로 실력을 키운 개발자이자 연구원으로 새로운 기술을 배우고 실험하며 다양한 통합 작업을 시도하는 일을 즐깁니다. 2013년에는 스프링 어워드Spring Award에서 커뮤니티 챔피언과 스프링 챔피언으로 선정됐습니다. 여유 시간이 많지는 않지만, 짬이 날 때면 성경을 읽거나 기타로 작곡을 합니다. 닥터 폼페이dr_pompeii라는 이름으로도 잘 알려졌습니다. 『Pro Spring MVC with WebFlux』(Apress, 2021), 『스프링 부트 2 레시피』(에이콘출판, 2019), 『Rapid Java Persistence and Microservices』(Apress, 2019), 『Pro Spring Boot 2』(Apress, 2018), 『Java Language Features』(Apress, 2018), 『Java APIs, Extensions and Libraries』(Apress, 2018) 등 다수의 책을 감수했습니다. 개인 블로그(`http://www.manueljordanelera.blogspot.com`)에서 상세한 스프링 튜토리얼을 확인할 수 있으며 X(구 트위터)에서도 활동 중입니다(`@dr_pompeii`).

차근차근 스프링을 돌아볼 수 있는 시간이었습니다. 계속해서 새롭게 나오는 업데이트만 따라가다가, 이 책을 통해 기본을 다시 돌아보니 놓치고 잊고 있던 부분을 다시금 채울 수 있었습니다. 기본기를 다 익히고 지나간 개발자들도 이런 시간을 가질 수 있다면 좋을 것 같습니다.

김재엽, 포커미스미디어 플랫폼개발 팀 팀장

이 책을 통해 제가 스프링 프레임워크에서 제공하는 일부 기능만 사용해 왔다는 사실을 알게 되었습니다. 대규모 기능 개발 시, 이번 베타리뷰를 통해 학습한 내용을 실무에 자신 있게 적용할 수 있을 것이라 생각합니다. 스프링 프레임워크에서 제공하는 다양한 기능을 충분히 익히며, 조금씩 성장하는 자신을 발견할 수 있는 책입니다.

김준성, 쿠프마케팅 웹 개발자

저자는 미쉐린 3스타 요리사 같습니다. 광범위하고 다양한 스프링 6의 기능을 맛있게 요리하는 레시피를 공개했습니다. 미쉐린 가이드를 그대로 따라가다 보면 어느덧 훌륭한 스프링 6 요리가 만들어집니다. 900페이지가 넘는 책의 분량도 놀랍지만, 그 안에 담긴 깊이와 폭도 감탄을 자아냅니다. 이 책은 저자의 풍부한 지식과 다양한 경험이 만든 미쉐린 3스타 가이드라고 평가할 수 있습니다. 방대한 양에도 지루하지 않게 읽히며, 읽다 보면 어느새 스프링 전문가가 되어 있을 것이라 확신합니다.

복종순, 데브옵스 엔지니어

새로운 프로젝트를 시작할 때마다 상황에 맞는 기술 선택과 검증이 필요합니다. 적합한 기술을 선택했더라도 학습을 위한 참고 자료는 너무 많고, 검증 후 프로젝트 적용 여부를 결정하기까지 주어진 시간은 짧습니다. 『스프링 6 레시피(5판)』는 기술 검토와 검증에 필요한 노력을 줄여 주는 좋은 레퍼런스입니다. 또한 평소에 자주 사용하지 않던 스프링의 핵심 기능을 리마인드하는 용도로도 충분한 가치가 있습니다.

손경덕, 『이벤트 소싱과 마이크로서비스 아키텍처』 저자 서블릿과 JSP만으로 서비스를 개발하던 시기에 스프링 프레임워크의 등장은 신선한 충격이자 서비스 개발의 패러다임이 전환되는 계기였습니다. 의존성 주입은 자주 사용하는 빈을 매번 생성하지 않고 편리하게 가져다 쓰게 했고, 애너테이션은 복잡한 설정을 단순하게 정리해 개발자가 오롯이 비즈니스 로직에만 집중할 수 있게 했습니다. 그러나 편리해진 만큼 장벽도 생겼습니다. 스프링 프레임워크를 범용적으로 만들다 보니 기술의 범위가 방대해 어떤 기능을 어떻게 사용해야 좀 더 효율적으로 개발할 수 있는지 가늠하기가 어려웠습니다. 시중에 소개된 용례들도 단편적인 소개에만 그칠 뿐 어떻게 활용하고 변조할 수 있는지에 대한 질문은 쉬이 풀기 어려웠습니다. 『스프링 6 레시피(5판)』는 이러한 갈증을 풀어 주는 훌륭한 도구입니다. 이 책에서는 MVC, REST, DB 관리 등 현업에서 매일 사용하는 기능뿐만 아니라 스프링 시큐리티, 스프링 인티그레이션, 스프링 배치 등 서비스를 만들기 위해 반드시 필요한 프로젝트까지 소개합니다. 가장 기본적인 설정에서 시작해 현업에서 마주할 수 있는 다양한 응용 사례까지 크고 작은 문제에 대한 해법을 상세한 설명과 실전 코드로 제시합니다. 독자는 이를 통해 스프링 프레임워크를 자유롭고 폭넓게 활용할 다양한 아이디어를 얻을 수 있습니다. 스프링 프레임워크를 더 적극적으로 활용해 보고 싶은 개발자라면 이 책이 꼭 필요한 레시피가 될 것입니다.

신효영, NHN 백엔드 개발자

『스프링 6 레시피(5판)』는 실무에 바로 적용할 수 있는 다양한 예제와 해결책을 코드 기반의 레시피 형식으로 제공합니다. 스프링을 어느 정도 사용해 보았거나 익숙한 분들께 추천할 만한 실전서입니다. 약 900페이지에 달하는 방대한 분량이므로 처음부터 순서대로 읽기보다는 필요할 때마다 실전 문제 해결의 참고서처럼 활용하면 더 효과적일 것입니다.

윤지태, 금융결제원 프로그래머

한 권에 가득 담긴 레시피를 따라가다 보면 어느새 스프링 6가 익숙해집니다. 스프링 6를 배우고 싶거나 한 단계 더 깊이 이해하고 싶다면 책장 한쪽에 이 레시피북을 꽂아 두길 추천합니다.

이영은, LG CNS 소프트웨어 개발자

스프링 개발자로 전환하면서 가장 어려웠던 점은 '정보가 부족해서'가 아니라, 정보가 너무 많아서 오히려 어디서부터 시작해야 할지 모르겠다는 점이었습니다. 이 책은 흩어진 개념을 하나의 흐름으로 꿰어 주고, 스프링의 큰 그림을 처음부터 차근차근 잡아 주는 든든한 가이드였습니다. 복잡해 보이던 구조도 실제 작동 원리와 함께 설명되니 훨씬 이해하기 쉬웠고, 스프링이 더 이상 어렵게 느껴지지 않게 되었습니다. 처음 스프링을 공부하거나 개발자로 전환을 준비하는 분들께 꼭 추천하고 싶은 책입니다.

이현주, 타이드스퀘어 백엔드 엔지니어

스프링은 오랫동안 꾸준히 진화하며 다양한 분야에서 활발하게 활용되어 온 대표적인 프레임워크입니다. 시대의 변화에 발맞춰 발전한 덕분에 여전히 많은 개발자의 사랑을 받고 있습니다. 특히 이번 스프링 6는 주요 기술 트렌드를 반영했기에 의미 있는 업그레이드라 할 수 있습니다. R2DBC 기반의 리액티브 데이터베이스 접근 기능 개선, GraalVM 기반 AOT 컴파일을 통한 네이티브 실행 지원 등 실무에 즉시 적용 가능한 변화가 다수 포함되어 있어, 반드시 다시 한번 짚고 넘어가야 할 버전입니다.

이 책은 스프링의 기본 개념과 핵심 콘셉트를 쉽고 명확하게 설명할 뿐 아니라, 버전 6에서 새롭게 추가된 기능과 다양한 설정 옵션까지 상세히 다룹니다. 특히 '레시피' 형식의 코드 기반 설명은 초급자부터 실무 개발자까지 누구나 실전에 바로 적용할 수 있어 매우 유용합니다.

AI 기술이 발전하면서 이러한 기반 기술에 대한 깊이 있는 이해는 점점 더 중요해지고 있습니다. AI에 정확한 지시를 내려 고품질의 코드를 생성하고, 바이브 코딩이나 에이전틱 코딩 환경에서 AI가 생성한 방대한 코드를 점검 · 검토할 수 있는 시야와 지식은 이제 개발자에게 필수 역량이 되었습니다. AI 시대를 살아가는 스프링 프레임워크 개발자라면 반드시 읽어야 할 책으로 추천합니다.

이효성, 코스콤 시니어 소프트웨어 개발자

『스프링 6 레시피(5판)』의 가장 큰 강점은 단순히 답을 알려 주는 것을 넘어, 해결책이 발전해 나가는 사고의 흐름을 보여 준다는 점입니다. 각 레시피는 가장 기본적인 해결책에서 시작하여 점진적으로 개선해 나가는 인상적인 '빌드업' 구조를 따릅니다. 덕분에 독자는 단순히 코드를 필사하는 수준에 머무르지 않고 문제의 본질을 파악하고 해결하는 능력을 기를 수 있습니다. 각 주제의 코드가 깊이 있지는 않지만, 오히려 그 덕분에 더 넓은 범위의 기술을 맛볼 수 있었습니다. 또한 책 전반에 걸쳐 다양한 실무 기술과 핵심 개념을 자연스럽게 접할 수 있어 매우 유용했습니다. 최신 표준인 스프링 6의 내용까지 충실히 다루고 있어 현재 개발 환경에 필요한 지식을 얻기에도 충분했습니다. 이 책은 더 깊은 학습을 위한 훌륭한 출발점이 되어 줄 것입니다.

최해성, SK플래닛 백엔드 개발자

이 책은 스프링의 기초부터 테스트까지 폭넓게 다루는 올인원 가이드입니다. 스프링 6에 익숙하지 않더라도 필요한 부분부터 참고해 학습한다면 실전에서도 충분히 큰 성과를 낼 수 있을 것입니다.

한상곤, 부산대학교 PLLab 연구원

시스템을 개발 · 운영하다 보면 그동안 자주 접하지 못했던 기능이나 다른 개발자가 담당했던 기능을 개발하게 되는 경우가 많습니다. 그럴 때 이 책의 목차를 한번 보고 비슷한 기능을 소개한 레시피를 읽은 후 개발을 시작해 보기를 추천합니다. 대부분의 경우 개발 방향 설정이나 궁금했던 개념에 대한 이해가 한층 명확해질 것입니다. 다만 책 제목처럼 레시피는 레시피일 뿐입니다. 음식의 기본 레시피는 알려져 있지만 이를 응용해 멋진 나만의 요리를 만드는 것은 요리사의 재량인 것처럼, 이 책의 내용을 기반으로 프로젝트나 시스템에 맞게 변형하는 것은 여러분의 몫입니다.

홍상의, 프리랜서 개발자

처음으로 스프링 프레임워크를 프로젝트에 적용했을 때가 떠오릅니다. 프레임워크가 자동으로 객체를 만들고 필요한 의존성까지 알아서 연결해 준다는 개념이 꽤 낯설었습니다. 게다가 오류가 발생했을 때는 익숙하지 않은 오류 메시지를 따라가며 문제의 원인을 찾는 일이 쉽지 않았습니다. 이제는 스프링 프레임워크가 사실상 업계의 표준으로 자리 잡았고 자바 애플리케이션을 개발하는 데 경쟁자가 없는 유일한 선택지가 됐습니다.

웹 서비스를 넘어 모바일, 클라우드, 인공지능(AI) 등 다양한 분야에서도 스프링을 기반으로 애플리케이션이 활발히 개발되고 있습니다. 특히 스프링 부트의 등장으로 개발자는 복잡한 설정 대신 비즈니스 로직에 더 집중할 수 있게 되었고, 스프링은 AI와 클라우드로 대표되는 최신 기술 흐름의 변화를 함께 이끌어가고 있습니다.

스프링 프레임워크는 오랫동안 수많은 개발자의 손을 거치며 발전해 온 오픈 소스 프레임워크입니다. 전 세계적으로 활발하게 운영되는 커뮤니티 중심으로 꾸준히 기능이 확장되고 품질과 안정성도 높아지고 있습니다. 우리나라에서도 스프링은 공공 기관 및 금융 시스템을 비롯한 다양한 산업군의 솔루션과 플랫폼 개발에 있어 핵심 기술로 자리매김했습니다.

스프링 프레임워크 버전 6을 다루는 이 책은 스프링을 처음 배우려는 분부터 실무에 적용하려는 개발자까지 모두를 위한 든든한 안내서입니다. 스프링의 핵심이라 할 수 있는 코어 개념부터 MVC 구조, 트랜잭션 관리까지 차근차근 설명하며, 나아가 스프링 배치, 메시징, 시스템 통합과 같이 실무에서 자주 접하게 되는 고급 기술까지 폭넓게 다룹니다. 특히 실행 가능한 예제를 중심으로 스프링의 전 영역을 설명하므로 스프링이 제공하는 수많은 기술 영역을 이해하고 실무에 적용하는 데 큰 도움이 됩니다. 또한 기존의 스프링 입문서나 공식 문서만으로는 이해하기 어려웠던 부분도 쉽게 풀어서 설명하므로 스프링을 처음 배우는 초보 개발자에게는 좋은 출발점이 되고, 이미 실무에서 스프링을 사용하는 개발자에게는 지식을 한 단계 업그레이드할 수 있는 좋은 참고서가 될 것입니다. 저 역시 이 책을 번역하며 그동안 알고 있던 지식을 다시 정리하고, 스프링 프레임워크를 더욱 깊이 있게 이해할 수 있었습니다.

끝으로 제게 이 책을 번역할 기회를 주고 언제나 좋은 책을 출판하는 한빛미디어와 IT2 팀 모두에게 깊이 감사드립니다. 특히 따뜻한 격려를 아끼지 않았던 정지수 편집자님께도 감사의 인사를 전합니다. 또한 바쁜 일정 속에서도 함께 번역 작업을 나누며 힘이 되어 준 LENA 팀원들에게도 고마운 마음을 전합니다.

마지막으로 언제나 곁에서 항상 응원해 주는 가족과 주변 분들에게도 감사하다는 말을 전하고 싶습니다.

이승룡

스프링 프레임워크는 오랫동안 끊임없이 진화해 왔고, 웹 애플리케이션이나 기업용 애플리케이션을 개발하면서 마주하는 다양한 어려움에 대응할 수 있는 유연하고 실용적인 선택지를 제공해 왔습니다. 이 책은 단순히 스프링 프레임워크의 기능을 나열하는 데 그치지 않고 실제 프로젝트에서 활용할 수 있는 내용을 레시피 형태로 담고 있습니다. 스프링을 이미 사용해 본 독자라면 자신에게 꼭 필요한 레시피만 골라 빠르게 적용해 볼 수 있습니다. 스프링에 익숙하지 않은 독자라도 각 장의 예제를 따라 하며 직접 구현하다 보면 어느새 스프링 기술에 익숙해지고 자신감이 생길 것입니다. 이 책이 스프링을 더 잘 이해하고, 더 편리하게 활용하는 데 도움이 되는 실용적인 길잡이가 되길 바랍니다.

아울러 공동 역자분들께 감사의 말씀을 전합니다. 김태영, 서세진, 유기연, 이승룡 님과 함께 작업하면서 많은 논의를 거쳐 깊이 있는 결과를 만들 수 있었습니다. 바쁜 일정에도 끝까지 함께해 주셔서 진심으로 감사드립니다.

서경석

스프링 프레임워크는 지금도 계속 발전하고 있습니다. 언제나 중요한 것은 '선택'이었습니다. 자바 EE는 소수 기술에만 집중한 탓에, 더 나은 대안들이 배제되는 상황이 자주 발생했습니다. 스프링 프레임워크가 처음 등장했을 당시에도 자바 EE가 최고의 아키텍처라고 생각하는 사람은 거의 없었습니다. 자바 EE의 복잡함을 단순화하려는 스프링의 목표는 큰 호응을 얻었습니다. 이후 출시된 각 버전에는 문제를 더 쉽게 해결하고 실질적으로 구현하도록 돕는 다양한 기능이 도입됐습니다.

스프링 프레임워크는 2.0 버전부터 다양한 플랫폼을 지원하기 시작했습니다. 기존처럼 플랫폼 위에서 서비스를 제공하면서도 가능한 한 기반 플랫폼에 의존하지 않도록 구조적으로 분리되었습니다. 자바 EE는 여전히 스프링의 주요 기준점이지만, 이제는 유일한 기준점은 아닙니다. 스프링 프레임워크는 다양한 클라우드 환경에서도 잘 작동합니다. 스프링 기반의 여러 프레임워크가 등장해 애플리케이션 연동, 배치 처리, 메시징 등 다양한 기능을 지원합니다. 스프링 프레임워크 6은 주요 업그레이드 버전으로, 기본 자바 버전이 17로 상향되었습니다. 스프링 5에서 도입된 스프링 웹플럭스WebFlux는 리액티브 프로그래밍 기반의 웹 프레임워크이며, 스프링 6에서는 이를 확장해 R2DBC를 통한 리액티브 데이터베이스 접근 기능과 리액티브 패러다임 전반에 걸친 개선이 이루어졌습니다. 또한 그랄VMGraalVM을 활용한 선행ahead of time(AOT) 컴파일 방식의 네이티브 실행도 지원됩니다. 마지막으로 자바 EE에서 자카르타 EE로의 전환도 이루어졌으며, 이는 새로운 API를 대상으로 하는 동시에 하위 호환성을 보장하지 않는 중요한 변화입니다.

이 훌륭한 레시피 책은 다섯 번째 개정판으로, 업데이트된 프레임워크를 다루며 새로운 기능과 다양한 설정 옵션을 설명합니다. 스프링 생태계의 모든 프로젝트를 다룰 수는 없으므로 어떤 내용을 유지하고, 추가하고, 수정할지 결정하기 어려웠지만, 가장 중요한 내용을 이 책에 담았다고 자부합니다.

대상 독자

이 책은 아키텍처를 단순화하고 자카르타 EE 플랫폼의 범위를 벗어나는 문제를 해결하고 싶은 자바 개발자를 대상으로 썼습니다. 이미 스프링 프레임워크를 사용하는 독자라면 고급 내용을 다루는 장에서 새로운 기술을 배울 수 있습니다. 단, 스프링의 핵심 개념부터 차근히 설명하는 입문서라기보다 스프링의 기본 구조와 자바 웹 개발 경험이 있는 독자를 위한 실용적인 참고서에 가깝습니다.

이 책은 자바와 통합 개발 환경(IDE)에 익숙한 독자에게 적합합니다. 자바 기술은 클라이언트 애플리케이션 개발에도 사용할 수 있지만, 자바 커뮤니티의 절대 다수는 엔터프라이즈 영역에 있으며 이 분야에서 가장 큰 효과를 발휘합니다. 따라서 독자가 서블릿Servlet API와 같은 기본적인 엔터프라이즈 프로그래밍 개념을 기본적으로 이해한다고 가정합니다.

구성

- **1장 스프링 코어:** 스프링 프레임워크의 일반적인 개요를 다루며, 개념과 설정 방법, 사용 방법을 알아봅니다.
- **2장 스프링 MVC:** 스프링 웹 MVC 프레임워크를 활용한 웹 기반 애플리케이션 개발을 다룹니다.
- **3장 스프링 MVC: REST 서비스:** 스프링이 RESTful 웹 서비스를 어떻게 지원하는지 소개합니다.
- **4장 스프링 웹플럭스:** 웹을 위한 리액티브 프로그래밍을 소개합니다.
- **5장 스프링 시큐리티:** 애플리케이션의 보안을 강화하는 스프링 시큐리티 프로젝트를 개략적으로 살펴봅니다.
- **6장 데이터 액세스:** 스프링을 사용해 JDBC, 하이버네이트/JPA, R2DBC 같은 API로 데이터 저장소와 통신하는 방법을 알아봅니다.
- **7장 스프링 트랜잭션 관리:** 스프링의 강력한 트랜잭션 관리 기능의 개념을 소개합니다.
- **8장 스프링 배치:** 스프링 배치 프레임워크를 활용해 전통적으로 메인프레임 영역으로 간주되던 솔루션을 모델링하는 방법을 알아봅니다.

- **9장 NoSQL 스프링 데이터 액세스**: 다양한 NoSQL 기술을 다루는 여러 스프링 데이터 포트폴리오 프로젝트를 소개합니다.
- **10장 스프링 자바 엔터프라이즈 서비스와 원격 기술**: JMX 지원, 스케줄링, 이메일 지원, 스프링 웹 서비스Spring-WS 프로젝트를 포함한 다양한 기능을 소개합니다.
- **11장 스프링 메시징**: 스프링에서 JMS와 래빗MQRabbitMQ를 활용해 메시지 지향 미들웨어를 사용하는 방법과 이를 단순화하는 스프링 추상화를 알아봅니다.
- **12장 스프링 인티그레이션**: 스프링 인티그레이션 프레임워크를 활용해 서로 다른 서비스와 데이터를 통합하는 방법을 다룹니다.
- **13장 스프링 테스트**: 스프링 프레임워크를 활용한 단위 테스트를 알아봅니다.
- **14장 캐싱**: 스프링 캐싱 추상화를 소개하며 구성하는 방법과 애플리케이션의 기존 로직을 바꾸지 않고 캐싱을 추가하는 방법을 알아봅니다.

준비 사항

자바 프로그래밍 언어는 플랫폼에 독립적이므로 지원되는 운영체제를 자유롭게 선택해 사용하면 됩니다. 하지만 이 책의 일부 예제가 플랫폼에 특화된 경로를 사용하므로 사용하는 운영체제에 맞게 적절히 경로를 변경하세요. 이 책을 최대한 활용하려면 JDK 19 버전 이상을 설치해야 합니다. 자바 IDE를 설치하면 편하게 실습할 수 있습니다. 이 책의 예제 코드는 그레이들Gradle 기반입니다. 이클립스Eclipse에 그레이들 플러그인을 설치해 사용하면 같은 코드를 이클립스에서 열 수 있으며 클래스패스와 의존성은 그레이들 메타데이터에 따라 자동으로 설정됩니다.

이클립스를 사용한다면 스프링 프레임워크 작업에 필요한 플러그인이 기본으로 포함된 스프링 도구Spring Tools 4를 사용하기를 권장합니다. 인텔리제이IntelliJ IDEA를 사용한다면 그레이들과 그루비Groovy 플러그인을 활성화합니다. 코드가 그레이들 기반이므로 그레이들 7.5 이상의 버전을 설치하거나, 제공된 그레이들 래퍼 스크립트를 활용해 필요한 그레이들 버전을 다운로드할 수 있습니다. 각 예제는 `gradle build`나 `../../gradlew build` 명령어(그레이들 래퍼를 사용할 때)로 빌드할 수 있습니다. 프로젝트에는 도커 컨테이너를 실행할 수 있는 스크립트도 포함되며 이를 사용하려면 도커가 미리 설치되어야 합니다.

예제 코드

이 책의 예제 코드는 다음 깃허브 저장소에서 다운로드할 수 있습니다. 예제 코드는 장별로 구성되며, 각 장에서는 하나 이상의 독립적인 예제를 제공합니다.

- **번역서:** `https://github.com/LENATeam/spring6-recipe`
- **원서**: `https://github.com/Apress/spring-6-recipes`

실행 환경

이 책에 수록된 예제 코드는 모두 번역 과정에서 직접 실행하며 검증했습니다. 코드는 다음과 같은 환경에서 테스트했습니다. 일부 레시피는 사용자의 실행 환경에 따라 설정이 다를 수 있으므로 실행 중 문제가 발생하거나 궁금한 점이 있다면 깃허브 이슈 페이지(**`https://github.com/LENATeam/spring6-recipe/issues`**)를 통해 제보해 주시기 바랍니다.

- **운영체제**: macOS Sonoma / Windows 11
- **JDK**: 19
- **빌드 도구**: Gradle 7.6
- **스프링**: 6.1.21
- **스프링 시큐리티**: 6.0.8
- **스프링 인티그레이션**: 6.0.9
- **데이터 저장소**: H2(Embedded), PostgreSQL(postgres:14.5-alpine 이미지), 몽고DB(mongo:5.0 이미지), 카우치베이스(couchbase:community 이미지), Neo4j(neo4j:4.4-community 이미지), 레디스(redis:7.0-alpine 이미지)
- **기타 도구**: Docker 28.1.1, RabbitMQ(rabbitmq:management 이미지)

책을 쓰면서 가장 어려운 일은 감사의 글을 작성하는 것입니다. 감사의 마음을 전하고 싶은 모든 분을 일일이 언급하기는 어렵고 누군가를 빠뜨릴 수도 있습니다. 그 점을 미리 사과드립니다.

이 책은 제가 쓴 일곱 번째 책이지만 에이프레스의 훌륭한 팀이 없었다면 결코 완성할 수 없었을 것입니다. 특히 제가 집중력을 잃지 않고 일정을 지키도록 도와준 마크 파워스Mark Powers에게 깊이 감사드립니다. 또한 개정판 집필 기회를 주고 개인적인 사정으로 일정을 맞추지 못했을 때도 저와 함께 해준 스티브 앵글린Steve Anglin에게도 감사드립니다. 훌륭한 조언과 피드백을 해 준 마누엘 조던Manuel Jordan에게도 진심으로 감사의 말을 전합니다.

제가 곁에 없었던 시간을 이해해 준 가족과 친구들에게 감사합니다. 수많은 다이빙과 여행에 불참했는데도 배려해 준 다이빙 팀에게도 감사를 전합니다.

마지막으로 끝없는 지지와 사랑, 헌신을 아끼지 않은 제 아내 요커 데이넘Djoke Deinum과 두 딸 게스커Geeske, 시츠커Sietske에게 감사를 전합니다. 저녁 시간과 주말, 휴일을 희생하며 이 책을 완성할 수 있었던 건 전적으로 여러분 덕분입니다. 여러분의 응원이 없었다면 아마도 이 작업을 오래전에 포기했을지도 모릅니다.

마틴 데이넘

CONTENTS

CHAPTER 1 스프링 코어

CHAPTER 3 스프링 MVC: REST 서비스

CHAPTER 4 스프링 웹플럭스

CHAPTER 5 스프링 시큐리티

CHAPTER 6 데이터 액세스

CHAPTER 7 스프링 트랜잭션 관리

CHAPTER 8 스프링 배치

CHAPTER 9 NoSQL 스프링 데이터 액세스

CHAPTER 10 스프링 자바 엔터프라이즈 서비스와 원격 기술

CHAPTER 11 스프링 메시징

CHAPTER 12 스프링 인티그레이션

CHAPTER 13 스프링 테스트

CHAPTER 14 캐싱

CHAPTER 1

스프링 코어

1장에서는 스프링의 핵심 기능을 살펴보겠습니다. 스프링 프레임워크에서 가장 중요한 핵심 부분은 IoC^Inversion of Control 컨테이너[1]입니다. IoC 컨테이너는 POJO^Plain Old Java Object라는 아무것도 강제하지 않는 전통적이고 단순한 방식의 자바 객체[2]를 구성하고 관리합니다. 자바 애플리케이션을 POJO로 개발하는 것은 스프링 프레임워크의 주요 특징이므로 스프링의 주요 기능은 대부분 IoC 컨테이너에서 POJO를 구성하고 관리하는 일과 관련돼 있습니다.

웹 애플리케이션, 엔터프라이즈 연계 등 어떤 프로젝트에서 스프링 프레임워크를 사용하더라도 그 기초가 되는 기술은 POJO와 IoC 컨테이너를 다루는 것입니다. 1장에서 다루는 레시피의 기능은 대부분 책 전반에 걸쳐 사용되며, 스프링 애플리케이션 개발의 기초가 됩니다.

NOTE_ **빈**bean[3]은 이 책과 스프링 문서에서 POJO **인스턴스**와 같은 의미로 사용되며 두 용어 모두 자바 클래스에서 생성된 객체 인스턴스를 의미합니다. **컴포넌트**component는 이 책과 스프링 문서에서 POJO **클래스**와 같은 의미로 사용되며 두 용어 모두 객체 인스턴스를 생성하는 실제 자바 클래스를 의미합니다.

1 옮긴이_ IoC는 '제어의 역전'으로 번역하기도 합니다.

2 옮긴이_ POJO란 Java EE 등의 중량 프레임워크들을 사용하게 되면서 해당 프레임워크에 종속된 무거운 객체를 만들게 된 것에 반발하여 쓰게 된 용어입니다. 주로 특정 자바 모델이나 기능, 프레임워크 등을 따르지 않은 자바 오브젝트를 지칭하는 말로 쓰입니다. 스프링 프레임워크는 POJO 방식의 프레임워크입니다.

3 옮긴이_ 이 책에서 '빈'과 '빈 인스턴스'는 같은 의미로 사용합니다.

레시피 1-1 자바 구성 클래스로 POJO 구성하기

과제 스프링 IoC 컨테이너[4]에서 애너테이션을 적용해 POJO를 관리하세요.

해결 먼저 POJO 클래스를 설계합니다. 그런 다음 자바 구성 클래스Java Config class[5]를 만들고 `@Configuration`과 `@Bean` 애너테이션을 사용해 POJO를 구성하거나 `@Component`, `@Repository`, `@Service`, `@Controller` 애너테이션을 적용한 자바 컴포넌트를 만들어 POJO 인스턴스를 생성합니다. 다음으로 스프링 IoC 컨테이너 인스턴스를 생성해 애너테이션을 적용한 자바 클래스를 스캔scan하면 애플리케이션에서 POJO 인스턴스나 빈에 접근해 사용할 수 있습니다.

풀이 시퀀스 번호sequence number(순차 번호)를 생성하는 애플리케이션을 개발하면서 다양하게 활용할 목적으로 여러 종류의 시퀀스 번호가 필요하다고 가정해 보겠습니다. 각 시퀀스에는 고유한 접두어prefix와 접미어suffix가 있으며 애플리케이션은 이러한 시퀀스 생성을 담당하는 여러 인스턴스를 생성하고 관리해야 합니다.

빈 클래스를 작성해 빈 인스턴스화하기

다음은 시퀀스 생성기 요구 사항에 맞게 `prefix`, `suffix` 프로퍼티를 포함한 `Sequence` 클래스입니다. `Sequence` 클래스로 생성된 각 시퀀스 생성기 인스턴스는 숫잣값을 `private` 필드인 `counter`에 저장합니다. 시퀀스 생성기의 `nextValue()` 메서드를 호출할 때마다 `prefix`와 `suffix`가 붙은 마지막 시퀀스 번호를 얻어옵니다.

예제 1-1 Sequence 클래스

```
package com.apress.spring6recipes.sequence;

import java.util.concurrent.atomic.AtomicInteger;

public class Sequence {
```

4 옮긴이_ 이 책에서 'IoC 컨테이너'는 '스프링 IoC 컨테이너'의 의미로 사용합니다.

5 옮긴이_ 자바 구성 클래스는 스프링 설정을 XML이 아닌 자바 클래스 파일을 사용하는 방식이며 스프링 3 버전부터 지원합니다. 자바 콘피그(Java Config)라고도 합니다.

```
  private final AtomicInteger counter = new AtomicInteger();
  private String prefix;
  private String suffix;

  public void setPrefix(String prefix) {
    this.prefix = prefix;
  }

  public void setSuffix(String suffix) {
    this.suffix = suffix;
  }

  public void setInitial(int initial) {
    this.counter.set(initial);
  }

  public String nextValue() {
    return prefix + counter.getAndIncrement() + suffix;
  }
}
```

@Configuration과 @Bean으로 POJO를 생성하는 자바 구성 클래스 작성하기

스프링 IoC 컨테이너에서 POJO를 정의하려면 자바 구성 클래스를 작성해야 합니다. 다음은 POJO나 빈을 정의하는 자바 구성 클래스입니다.

예제 1-2 SequenceConfiguration **클래스**

```
package com.apress.spring6recipes.sequence.config;

import org.springframework.context.annotation.Bean;
import org.springframework.context.annotation.Configuration;

import com.apress.spring6recipes.sequence.Sequence;

@Configuration
public class SequenceConfiguration {

  @Bean
  public Sequence sequence() {
    var seqgen = new Sequence();
```

```java
        seqgen.setPrefix("30");
        seqgen.setSuffix("A");
        seqgen.setInitial(100000);
        return seqgen;
    }
}
```

SequenceConfiguration 클래스에 @Configuration 애너테이션을 적용해서 해당 클래스가 자바 구성 클래스임을 스프링(IoC 컨테이너)에 알려 줍니다. 스프링은 @Configuration이 적용된 클래스를 찾으면 일단 클래스 내에서 빈 인스턴스 정의(@Bean 애너테이션이 적용된 자바 메서드)를 찾습니다. 예제에서 @Bean이 적용된 sequence() 메서드는 빈 인스턴스를 생성하고 반환합니다.

자바 구성 클래스의 메서드에 @Bean을 적용하면 빈이 생성되는데 이때 빈의 이름으로 해당 메서드 이름을 사용합니다. 빈 이름을 직접 명시하려면 @Bean의 name 프로퍼티에 빈 이름을 지정하면 됩니다. 예를 들어 @Bean(name="mys1")으로 지정하면 mys1이라는 이름의 빈이 생성됩니다.

애너테이션을 스캔하도록 스프링 IoC 컨테이너 초기화하기

애너테이션이 적용된 자바 클래스를 스캔하려면 스프링 IoC 컨테이너를 인스턴스화instantiation[6] 해야 합니다. 그러면 스프링은 @Configuration과 @Bean을 찾아낼 수 있으며 나중에 IoC 컨테이너에서 빈 인스턴스를 가져올 수 있습니다.

스프링은 빈 팩토리bean factory[7]와 이와 호환되는 애플리케이션 컨텍스트application context라는 두 가지 IoC 컨테이너 구현체를 제공합니다. 두 IoC 컨테이너의 구성 파일은 모두 동일합니다.

애플리케이션 컨텍스트는 빈 팩토리의 기본 기능의 호환성을 유지하면서도 더 고급 기능을 제공하므로, (스프링을 애플릿applet이나 모바일 기기에서 실행하는 등) 애플리케이션에 필요한 리소스가 부족하지 않다면 가급적 모든 애플리케이션에서 애플리케이션 컨텍스트를 사용하

6 옮긴이_ 객체(Object)를 코드로 구현한 것을 클래스(Class)라고 하며, 인스턴스(Instance)는 클래스를 바탕으로 객체를 실체화한 것입니다. 객체를 실체화하는 것을 '클래스를 인스턴스화한다' 또는 '인스턴스를 생성한다'라고 표현합니다.

7 옮긴이_ 빈 팩토리는 스프링의 가장 기본적인 빈 관리와 의존성 설정 기능을 제공하는 컨테이너이며, 애플리케이션 컨텍스트는 빈 팩토리의 모든 기능을 포함하고 국제화 기능, 환경 변수 지원 등 추가 기능을 제공하는 확장된 형태의 컨테이너입니다. 애플리케이션 개발 시 특별한 이유가 없다면 애플리케이션 컨텍스트를 사용하는 것이 더 편리하고 일반적입니다.

는 것이 좋습니다. 빈 팩토리와 애플리케이션 컨텍스트 인터페이스는 각각 BeanFactory와 ApplicationContext입니다. ApplicationContext 인터페이스는 BeanFactory의 하위 인터페이스이므로 호환성을 유지합니다. ApplicationContext는 인터페이스이므로 구현체가 필요합니다. 스프링은 애플리케이션 컨텍스트 구현체를 몇 가지 제공합니다. 그중 가장 유연하면서도 최신 구현체인 AnnotationConfigApplicationContext를 사용하기를 권장합니다. 이 구현체를 사용해 다음과 같이 자바 구성 클래스를 로드합니다.

```
var context = new AnnotationConfigApplicationContext(SequenceConfiguration.class);
```

애플리케이션 컨텍스트의 인스턴스(예: context 변수)가 생성되고 나면, 이 인스턴스는 컨테이너가 관리하는 빈에 접근할 수 있는 진입점entry point 역할을 합니다.

IoC 컨테이너에서 POJO 인스턴스나 빈 가져오기

자바 구성 클래스에 선언된 빈을 빈 팩토리나 애플리케이션 컨텍스트에서 가져오려면 고유한 빈 이름을 인수로 전달하며 getBean() 메서드를 호출합니다. getBean() 메서드는 java.lang.Object를 반환하므로 사용하는 실제 객체 타입으로 캐스팅casting(형 변환)해야 합니다.

```
var generator = (Sequence) context.getBean("sequence");
```

getBean() 메서드의 두 번째 인수에 빈 클래스명을 지정하면 캐스팅하지 않아도 됩니다.

```
var generator = context.getBean("sequence", Sequence.class);
```

빈이 하나만 있다면 빈의 이름을 생략할 수 있습니다.

```
var generator = context.getBean(Sequence.class);
```

이와 같이 POJO나 빈을 스프링 외부에서 생성자를 이용해 생성된 자바 객체처럼 사용할 수 있습니다.

다음은 시퀀스 생성 애플리케이션을 실행하는 메인 클래스입니다.

예제 1-3 시퀀스 생성 애플리케이션을 실행하는 메인 클래스

```
package com.apress.spring6recipes.sequence;

import com.apress.spring6recipes.sequence.config.SequenceConfiguration;

import org.springframework.context.annotation.AnnotationConfigApplicationContext;

public class Main {

  public static void main(String[] args) {

    var cfg = SequenceConfiguration.class;

    try (var ctx = new AnnotationConfigApplicationContext(cfg)) {
      var generator = ctx.getBean(Sequence.class);
      System.out.println(generator.nextValue());
      System.out.println(generator.nextValue());
    }
  }
}
```

자바 클래스패스(Sequence 클래스와 스프링 JAR 의존성)가 설정되었다면 다음과 같은 결과를 확인할 수 있습니다.

```
30100000A
30100001A
```

POJO 클래스에 @Component를 적용해 DAO 빈 생성하기

지금까지는 자바 구성 클래스에서 값을 하드코딩해 스프링 빈 인스턴스를 생성했습니다. 간단한 스프링 예제를 작성할 때는 이런 방법을 주로 사용하지만, 대부분의 애플리케이션에서 POJO 인스턴스를 생성할 때는 DB(데이터베이스)나 사용자 입력을 이용합니다.

여기서는 더 현실적인 시나리오에 사용할 수 있도록 도메인 클래스와 DAO[data access object](데이터 액세스 객체) 클래스로 POJO를 생성합니다. DAO 클래스의 값을 하드코딩할 예정이라

아직 DB를 구축하고 연동하는 등의 초기 구성을 하지 않아도 됩니다. 하지만 앞으로 살펴볼 실제 애플리케이션과 레시피의 기반이 되므로 이러한 애플리케이션 구조에 익숙해져야 합니다.

앞에서 본 시퀀스 생성 애플리케이션에 도메인 클래스와 DAO 패턴을 적용하려면 클래스 구조를 조금 변경해야 합니다. 먼저 `id`, `prefix`, `suffix` 프로퍼티가 있는 Sequence 도메인 클래스를 작성합니다.

예제 1-4 수정된 Sequence 클래스

```
package com.apress.spring6recipes.sequence;

public class Sequence {

  private final String id;
  private final String prefix;
  private final String suffix;

  public Sequence(String id, String prefix, String suffix) {
    this.id = id;
    this.prefix = prefix;
    this.suffix = suffix;
  }

  public String getId() {
    return id;
  }

  public String getPrefix() {
    return prefix;
  }

  public String getSuffix() {
    return suffix;
  }
}
```

다음으로 DB 데이터 액세스를 처리하는 DAO 인터페이스를 작성합니다. `getSequence()` 메서드는 시퀀스 ID로 DB 테이블을 조회하고 그 결과인 POJO나 Sequence 객체를 로드합니다. `getNextValue()` 메서드는 시퀀스 ID에 해당하는 특정 DB의 다음 시퀀스값을 얻습니다.

예제 1-5 SequenceDao 인터페이스

```
package com.apress.spring6recipes.sequence;

public interface SequenceDao {

  Sequence getSequence(String sequenceId);
  int getNextValue(String sequenceId);
}
```

실제 운영 애플리케이션에서는 DAO 인터페이스를 구현하면서 DB와 연동하는 로직을 작성합니다. 하지만 이 예제에서는 DB 대신 Map을 사용해 시퀀스값을 메모리에 저장하는 방식으로 간단히 구현하겠습니다.

예제 1-6 SequenceDao 인터페이스: Map 기반으로 구현

```
package com.apress.spring6recipes.sequence;

import org.springframework.stereotype.Component;

import java.util.Map;
import java.util.concurrent.ConcurrentHashMap;
import java.util.concurrent.atomic.AtomicInteger;

@Component("sequenceDao")
class SimpleSequenceDao implements SequenceDao {

  private final Map<String, Sequence> sequences = new ConcurrentHashMap<>();
  private final Map<String, AtomicInteger> values = new ConcurrentHashMap<>();

  SimpleSequenceDao() {
    sequences.put("IT", new Sequence("IT", "30", "A"));
    values.put("IT", new AtomicInteger(10000));
  }

  @Override
  public Sequence getSequence(String sequenceId) {
    return sequences.get(sequenceId);
  }

  @Override
  public int getNextValue(String sequenceId) {
```

```
        var value = values.get(sequenceId);
        return value.getAndIncrement();
    }
}
```

SimpleSequenceDao 클래스에 @Component("sequenceDao") 애너테이션을 적용하면 스프링은 해당 클래스를 빈으로 생성합니다. 스프링은 @Component 애너테이션에 지정한 값(sequenceDao)을 빈 인스턴스 ID로 설정하며, @Component 애너테이션에 값을 지정하지 않으면 빈 이름은 기본적으로 소문자로 시작하고 정규화되지 않은non-qualified 클래스명으로 지정됩니다. 예를 들어 SimpleSequenceDao 클래스의 기본 빈 이름은 simpleSequenceDao입니다.

getSequence() 메서드는 sequenceID에 해당하는 값을 반환하며 getNextValue() 메서드는 sequenceID에 해당하는 값을 바탕으로 새로운 시퀀스값을 생성해 반환합니다.

@Component, @Repository, @Service, @Controller?

POJO는 목적에 따라 여러 애플리케이션 계층으로 구분됩니다. 스프링에는 퍼시스턴스persistence, 프레젠테이션presentation, 서비스service라는 세 가지 애플리케이션 계층이 있습니다.[8] @Component는 POJO에 적용해 스프링이 찾을 수 있게 하는 범용 애너테이션입니다. @Repository, @Service, @Controller는 @Component를 구체화한 애너테이션이며 각각 퍼시스턴스, 서비스, 프레젠테이션 계층을 나타냅니다.

POJO의 사용 목적이 명확하지 않을 때는 @Component 애너테이션을 적용하면 되지만 @Repository, @Service, @Controller는 사용 목적에 맞는 추가 기능을 제공하므로, 가능하다면 사용 목적에 맞는 애너테이션을 적용하는 편이 좋습니다(예: @Repository는 발생한 예외를 DataAccessException로 래핑하므로 디버깅이 더 쉬워집니다).

애너테이션을 스캔하는 필터로 스프링 IoC 컨테이너 초기화하기

기본적으로 스프링은 @Configuration, @Component, @Repository, @Service, @Controller 애너테이션이 적용된 모든 클래스를 찾습니다. 이때 하나 이상의 필터(포함include/제

8 옮긴이_ 프레젠테이션 계층은 사용자 요청을 받고 결과를 응답하는 계층이고, 서비스 계층은 비즈니스 로직을 처리하며 프레젠테이션과 퍼시스턴스 계층 사이를 중재하는 계층이며, 퍼시스턴스 계층은 DB와 통신하며 데이터를 저장하고 조회하는 계층입니다.

외exclude 필터)를 추가해 스캔 과정을 커스터마이징할 수 있습니다. 이 방법은 자바 패키지에 수십, 수백 개 이상의 많은 클래스가 있을 때 유용합니다. 특정 스프링 애플리케이션 컨텍스트에서 특정 애너테이션을 적용한 POJO를 제외하거나 포함해야 할 수도 있습니다.

CAUTION_ 모든 패키지의 클래스를 스캔하면 스프링 컨테이너 기동 시간이 불필요하게 길어질 수 있습니다.

스프링은 네 종류의 필터 표현식을 지원합니다. `annotation`과 `assignable`은 각각 필터링하는 애너테이션 타입과 클래스/인터페이스를 지정하며 `regex`와 `aspectj`는 각각 정규 표현식regular expression과 클래스를 매치하는 AspectJ 포인트컷 표현식을 지정합니다. `use-default-filters` 속성attribute을 사용해 기본 필터를 비활성화할 수도 있습니다.

예를 들어 다음 컴포넌트 스캔 예제와 같이 `com.apress.spring6recipes.sequence` 패키지의 모든 클래스 중에서 `Dao`나 `Service`를 포함하고 `@Controller` 애너테이션이 적용된 클래스를 제외할 수 있습니다.

```
@ComponentScan(
  includeFilters = {
      @ComponentScan.Filter(
        type = FilterType.REGEX,
        pattern = {
            "com.apress.spring6recipes.sequence.*Dao",
            "com.apress.spring6recipes.sequence.*Service"})},
  excludeFilters = {
      @ComponentScan.Filter(
        type = FilterType.ANNOTATION,
        classes = {org.springframework.stereotype.Controller.class})})
```

이름에 `Dao`나 `Service`가 포함된 클래스를 찾으려면 `includeFilters`를 적용하면 되며 애너테이션이 적용되지 않은 클래스도 자동으로 찾을 수 있습니다.

IoC 컨테이너에서 POJO 인스턴스나 빈 가져오기

앞서 작성한 `sequenceDao` 컴포넌트를 테스트해 보겠습니다.

예제 1-7 애플리케이션을 실행하는 메인 클래스

```
package com.apress.spring6recipes.sequence;

import org.springframework.context.annotation.AnnotationConfigApplicationContext;

public class Main {

  public static void main(String[] args) {

    var basePackages = "com.apress.spring6recipes.sequence";

    try (var context = new AnnotationConfigApplicationContext(basePackages)) {
      var sequenceDao = context.getBean(SequenceDao.class);
      System.out.println(sequenceDao.getNextValue("IT"));
      System.out.println(sequenceDao.getNextValue("IT"));
    }
  }
}
```

레시피 1-2 생성자 호출로 POJO 인스턴스 생성하기

과제 스프링 IoC 컨테이너에서 생성자를 호출해 POJO 인스턴스나 빈을 생성하세요. 생성자를 호출하는 것은 스프링에서 빈을 생성하는 가장 일반적이고 직접적인 방법이며 자바의 new 연산자로 객체를 생성하는 것과 동일하게 작동합니다.

해결 생성자를 사용해 POJO 클래스를 정의합니다. 자바 구성 클래스에서 스프링 IoC 컨테이너가 사용할 POJO 인스턴스값을 구성하고, 스프링 IoC 컨테이너 인스턴스를 생성해 애너테이션을 적용한 자바 클래스를 스캔하도록 합니다. 그러면 애플리케이션에서 POJO나 빈 인스턴스에 접근할 수 있습니다.

풀이 온라인에서 상품을 판매하는 쇼핑몰 애플리케이션을 개발한다고 가정해 보겠습니다. 먼저 상품 이름(`name`)과 가격(`price`) 프로퍼티가 있는 `Product` 클래스를 작성합니다. 쇼핑몰에는 다양한 종류의 상품이 있으므로 `Product` 클래스를 추상 클래스로 만들어 다양한 상품 하위 클래스[subclass]가 상속받을 수 있게 합니다.

예제 1-8 Product 추상 클래스

```
package com.apress.spring6recipes.shop;

public abstract class Product {

  private final String name;
  private final double price;

  public Product(String name, double price) {
    this.name = name;
    this.price = price;
  }

  public String getName() {
    return name;
  }

  public double getPrice() {
    return price;
  }

  @Override
  public String toString() {
    return String.format("%s: name=%s, price=$%.2f",
            getClass().getSimpleName(), name, price);
  }
}
```

생성자가 있는 POJO 클래스 생성하기

Product 클래스를 상속하는 Battery와 Disc 클래스를 작성합니다. Battery와 Disc 클래스에는 각각 고유한 프로퍼티가 있습니다.

예제 1-9 Battery 클래스

```
package com.apress.spring6recipes.shop;

public class Battery extends Product {

  private final boolean rechargeable;
```

```
    public Battery(String name, double price, boolean rechargeable) {
      super(name, price);
      this.rechargeable = rechargeable;
    }

    public boolean isRechargeable() {
      return rechargeable;
    }

    @Override
    public String toString() {
      var msg = super.toString() + ", rechargeable=%b";
      return String.format(msg, this.rechargeable);
    }
  }
```

예제 1-10 Disc 클래스

```
package com.apress.spring6recipes.shop;

public class Disc extends Product {

private final int capacity;

  public Disc(String name, double price, int capacity) {
    super(name, price);
    this.capacity = capacity;
  }

  public int getCapacity() {
    return capacity;
  }

  @Override
  public String toString() {
    var msg = super.toString() + ", capacity=%dMB";
    return String.format(msg, this.capacity);
  }
}
```

자바 구성 클래스 작성하기

스프링 IoC 컨테이너에 클래스의 인스턴스를 정의하려면 자바 구성 클래스를 작성해 값을 초기화해야 합니다. 다음은 생성자를 호출해 빈을 정의하는 자바 구성 클래스입니다.

예제 1-11 쇼핑몰 애플리케이션 구성

```
package com.apress.spring6recipes.shop.config;

import org.springframework.context.annotation.Bean;
import org.springframework.context.annotation.Configuration;

import com.apress.spring6recipes.shop.Disc;
import com.apress.spring6recipes.shop.Battery;
import com.apress.spring6recipes.shop.Product;

@Configuration
public class ShopConfiguration {

  @Bean
  public Product aaa() {
    return new Battery("AAA", 2.5, true);
  }

  @Bean
  public Product cdrw() {
    return new Disc("CD-RW", 1.5, 700);
  }
}
```

다음은 스프링 IoC 컨테이너에서 상품을 가져오는 테스트 클래스입니다.

예제 1-12 애플리케이션을 실행하는 메인 클래스

```
package com.apress.spring6recipes.shop;

import org.springframework.context.annotation.AnnotationConfigApplicationContext;
import com.apress.spring6recipes.shop.config.ShopConfiguration;

public class Main {

  public static void main(String[] args) {
```

```
    var cfg = ShopConfiguration.class;
    try (var ctx = new AnnotationConfigApplicationContext(cfg)) {
      var aaa = ctx.getBean("aaa", Product.class);
      var cdrw = ctx.getBean("cdrw", Product.class);
      System.out.println(aaa);
      System.out.println(cdrw);
    }
  }
}
```

레시피 1-3 POJO 참조와 자동와이어링으로 다른 POJO와 상호작용하기

과제 애플리케이션을 구성하는 빈들은 상호작용해 기능을 수행합니다. 애너테이션을 적용해 다른 빈을 참조하고 자동와이어링autowiring[9]하세요.

해결 자바 구성 클래스에 빈 인스턴스를 정의하고 표준 자바 코드를 사용해 빈 참조를 생성할 수 있습니다. 그리고 필드, 세터setter 메서드, 생성자 또는 임의의 메서드에 @Autowired 애너테이션을 적용하면 빈 참조를 자동와이어링할 수 있습니다.

풀이 자바 구성 클래스에 선언된 POJO 참조하기

[레시피 1-1]과 [레시피 1-2]에서 설명했듯이, 자바 구성 클래스에 정의된 빈 인스턴스는 모두 자바 코드로 작성되므로 다른 빈이 쉽게 참조할 수 있습니다. 다음은 빈의 프로퍼티가 다른 빈을 참조하는 예제입니다.

```
package com.apress.spring6recipes.sequence.config;

import org.springframework.context.annotation.Bean;
import org.springframework.context.annotation.Configuration;

import com.apress.spring6recipes.sequence.PrefixGenerator;
```

9 옮긴이_ 필요한 의존성을 스프링 컨테이너가 자동으로 주입해 주는 기능입니다.

```java
import com.apress.spring6recipes.sequence.DatePrefixGenerator;
import com.apress.spring6recipes.sequence.Sequence;

@Configuration
public class SequenceConfiguration {

  @Bean
  public DatePrefixGenerator datePrefixGenerator() {
    return new DatePrefixGenerator("yyyyMMdd");
  }

  @Bean
  public Sequence sequenceGenerator(PrefixGenerator prefixGenerator) {
    var generator = new Sequence("A", 100000);
    generator.setPrefixGenerator(prefixGenerator);
    return generator;
  }
}
```

Sequence 클래스의 prefixGenerator 프로퍼티는 DatePrefixGenerator 빈의 인스턴스입니다. 첫 번째 빈 선언으로 생성된 DatePrefixGenerator 빈은 관례적으로[10] 메서드 이름인 datePrefixGenerator라는 빈 이름으로 접근할 수 있습니다. 그러나 빈을 인스턴스화하는 로직이 표준 자바 메서드이기 때문에 일반적인 자바 메서드 호출을 통해서도 해당 빈에 접근할 수 있습니다. 두 번째 빈 선언에서 세터를 통해 Sequence 클래스의 prefixGenerator 프로퍼티를 설정할 때, datePrefixGenerator() 메서드를 호출해 표준 자바 호출 방식으로 해당 빈을 참조할 수도 있습니다.

@Autowired로 POJO 필드에 자동와이어링하기

이번에는 SequenceDao 타입의 sequenceDao 필드가 있는 서비스 클래스를 작성하고 해당 sequenceDao 필드에 [레시피 1-1]에서 살펴본 SimpleSequenceDao 클래스를 자동와이어링합니다.

10 옮긴이_ 스프링은 빈 이름을 정할 때 관례적으로 '객체 필드명을 위한 표준 자바 규칙(the standard Java convention for instance field names)'을 사용합니다. 즉, 빈 이름은 소문자로 시작해 카멜 표기법으로 작성하면 됩니다(예: accountService, userDao, loginController).

서비스 객체를 생성하는 서비스 클래스를 사용하는 방식은 실제로 자주 사용하는 모범 사례best practice이며, 서비스 클래스는 DAO 객체에 직접 접근하는 대신 DAO 객체에 접근하는 일종의 관문, 즉 퍼사드façade[11] 역할을 합니다. 서비스 객체는 내부에서 DAO를 호출해 시퀀스 생성 요청을 처리합니다.

```
package com.apress.spring6recipes.sequence;

import org.springframework.beans.factory.annotation.Autowired;
import org.springframework.stereotype.Service;

@Service
public class SequenceService {

  @Autowired
  private SequenceDao sequenceDao;

  public String generate(String sequenceId) {
    var sequence = sequenceDao.getSequence(sequenceId);
    var value = sequenceDao.getNextValue(sequenceId);
    return sequence.prefix() + value + sequence.suffix();
  }
}
```

SequenceService 클래스에 @Service 애너테이션을 적용하면 스프링은 이 서비스 클래스를 찾을 수 있습니다. @Service에 빈 이름을 지정하지는 않았으므로 빈 이름은 클래스명에 따라 sequenceService가 됩니다.

SequenceService 클래스의 SequenceDao 필드에 @Autowired 애너테이션을 적용하면 스프링은 sequenceDao 빈(즉, SimpleSequenceDao 클래스)을 자동와이어링합니다.

배열로 선언된 필드의 경우 @Autowired 애너테이션을 적용하면 스프링은 타입이 일치하는 모든 빈을 찾아 자동와이어링합니다. 예를 들어 PrefixGenerator[] 필드에 @Autowired를 적용하면 스프링은 PrefixGenerator 타입의 모든 빈을 한꺼번에 찾아 자동와이어링합니다.

---

11 옮긴이_ 퍼사드는 '건물의 정면'을 의미하는 단어로, 어떤 소프트웨어 내부의 복잡한 코드에 대한 간략화된 인터페이스를 제공해 주는 디자인 패턴입니다. 퍼사드 객체는 소프트웨어 바깥쪽의 코드가 라이브러리의 안쪽 코드에 의존하는 일을 줄이고, 복잡한 소프트웨어를 간편하게 사용할 수 있는 인터페이스를 제공합니다.

```
package com.apress.spring6recipes.sequence;

import org.springframework.beans.factory.annotation.Autowired;

public class Sequence {

  @Autowired
  private PrefixGenerator[] prefixGenerators;
  ...
}
```

스프링 IoC 컨테이너에 `PrefixGenerator` 타입 빈이 여러 개 정의되었다면 `prefixGenerators` 배열에 자동으로 추가됩니다.

`@Autowired`를 타입 안전한type-safe 컬렉션에도 적용할 수 있으며 스프링은 컬렉션의 타입 정보를 읽고 타입이 호환되는 모든 빈을 자동와이어링합니다.

```
package com.apress.spring6recipes.sequence;

import org.springframework.beans.factory.annotation.Autowired;

public class Sequence {

  ...
  @Autowired
  private List<PrefixGenerator> prefixGenerators;
  ...
}
```

`String` 타입의 키가 있는 타입 안전한 `java.util.Map`에 `@Autowired` 애너테이션을 적용하면, 스프링은 빈 이름을 키로 사용해 `PrefixGenerator` 타입이 호환되는 모든 빈을 이 맵에 추가합니다.

```
package com.apress.spring6recipes.sequence;

import org.springframework.beans.factory.annotation.Autowired;

public class Sequence {
```

```
    ...
    @Autowired
    private List<PrefixGenerator> prefixGenerators;
    ...
}
```

NOTE_ 필드에 @Autowired를 적용하는 것은 권장하지 않습니다. 일반적으로 필수 필드는 생성자 주입 방식을 사용하고 선택 필드는 세터 주입 방식을 사용하는 편이 좋습니다.

@Autowired로 메서드/생성자 자동와이어링 및 선택적 자동와이어링하기

@Autowired 애너테이션은 클래스의 메서드(일반적으로 세터 메서드)에 직접 적용할 수도 있습니다. 다음과 같이 prefixGenerator 프로퍼티가 있는 세터 메서드에 @Autowired를 적용하면 스프링은 prefixGenerator에 맞는 타입의 빈을 주입합니다.

```
package com.apress.spring6recipes.sequence;

import org.springframework.beans.factory.annotation.Autowired;

public class Sequence {
    ...
    @Autowired
    public void setPrefixGenerator(PrefixGenerator prefixGenerator) {
        this.prefixGenerator = prefixGenerator;
    }
    ...
}
```

스프링에서는 기본적으로 @Autowired가 적용된 프로퍼티는 모두 필수입니다. 따라서 스프링이 해당 프로퍼티에 자동와이어링할 빈을 찾지 못하면 예외가 발생합니다. @Autowired의 required 속성을 false로 설정해 프로퍼티를 선택값으로 지정할 수 있습니다. 그러면 스프링은 자동와이어링할 빈을 찾지 못하더라도 예외를 발생하지 않고 해당 프로퍼티를 설정하지 않은 상태로 둡니다.

```
package com.apress.spring6recipes.sequence;

import org.springframework.beans.factory.annotation.Autowired;

public class Sequence {
  ...
  @Autowired(required=false)
  public void setPrefixGenerator(PrefixGenerator prefixGenerator) {
    this.prefixGenerator = prefixGenerator;
  }
  ...
}
```

또 다른 방법으로는 java.util.Optional 클래스를 사용할 수 있는데, 클래스명에서 알 수 있듯이 이를 적용한 프로퍼티는 필수가 아닌 선택값이 됩니다. java.util.Optional을 적용할 때 Optional.orElse() 메서드를 사용하면 타입에 맞는 값이 자동와이어링되지 않을 때 설정될 기본 인스턴스를 제공할 수 있습니다. 또한 java.util.Optional을 사용하면 주입이 지연lazy되어, 실제로 의존성이 필요할 때(예: Optional.get() 메서드 호출 시점 등)까지 해당 의존성을 찾지 않습니다.

```
package com.apress.spring6recipes.sequence;

import org.springframework.beans.factory.annotation.Autowired;

public class Sequence {
  ...
  @Autowired
  public void setPrefixGenerator(Optional<PrefixGenerator> prefixGenerator) {
    this.prefixGenerator = prefixGenerator.orElse(null);
  }
  ...
}
```

Optional 대신 스프링이 제공하는 org.springframework.beans.factory.ObjectProvider 인터페이스를 사용해 선택적으로 빈을 가져올 수도 있습니다. getIfUnique() 메서드는 Optional.orElse처럼 작동합니다. 인스턴스가 하나만 있다면 해당 인스턴스를 반환하며 인스턴스가 없거나 두 개 이상 있다면 null을 반환합니다. ObjectProvider는 하나 이상의 빈 인스턴스를 얻을 수 있는 여러 메서드를 제공하므로 필요에 맞게 사용하면 됩니다. 이런 메서드는 라이브러리, 프레임워크, 플러그인 기반 시스템을 구축할 때 자바 구성 클래스 내에서 매우 유용하게 사용할 수 있습니다.

```
package com.apress.spring6recipes.sequence;

import org.springframework.beans.factory.ObjectProvider;
import org.springframework.beans.factory.annotation.Autowired;

public class Sequence {
  ...
  @Autowired
  public void setPrefixGenerator(ObjectProvider<PrefixGenerator>
  prefixGeneratorProvider) {
    this.prefixGenerator = prefixGeneratorProvider.getIfUnique();
  }
  ...
}
```

@Autowired는 메서드명이나 인수 개수에 상관없이 적용할 수 있으며, 이를 메서드에 적용하면 스프링은 메서드 인수에 맞는 타입의 빈을 자동와이어링합니다.

```
package com.apress.spring6recipes.sequence;

import org.springframework.beans.factory.annotation.Autowired;

public class Sequence {
  ...
  @Autowired
  public void myOwnCustomInjectionName(PrefixGenerator prefixGenerator) {
    this.prefixGenerator = prefixGenerator;
  }
  ...
}
```

마지막으로 생성자에 **@Autowired**를 적용해 자동와이어링할 수도 있습니다. 스프링은 생성자 인수가 여러 개라도 각 생성자 인수에 맞는 타입의 빈을 자동와이어링합니다.

```
@Service
public class SequenceService {

  private final SequenceDao sequenceDao;

  @Autowired
  public SequenceService(SequenceDao sequenceDao) {
    this.sequenceDao=sequenceDao;
  }

  public String generate(String sequenceId) {
    var sequence = sequenceDao.getSequence(sequenceId);
    var value = sequenceDao.getNextValue(sequenceId);
    return sequence.getPrefix() + value + sequence.getSuffix();
  }
}
```

TIP 생성자가 하나뿐이라면 스프링은 자동으로 생성자를 자동와이어링하므로 @Autowired를 생략할 수 있습니다.

@Primary와 @Qualifier로 자동와이어링 모호성 해결하기

프로퍼티가 그룹 타입(예: 배열, 리스트, 맵)이 아닌 경우, 기본적으로 타입에 따른 자동와이어링은 호환되는 타입의 빈이 IoC 컨테이너에 두 개 이상 존재한다면 동작하지 않습니다. 하지만 같은 타입의 빈이 두 개 이상 존재할 때는 @Primary와 @Qualifier 애너테이션을 적용해 해결할 수 있습니다.

@Primary로 자동와이어링 모호성 해결하기

스프링의 @Primary 애너테이션을 적용하면 타입을 기준으로 자동와이어링할 후보 빈candidate bean을 지정할 수 있습니다. 하나의 의존성만을 자동와이어링해야 하는 상황에서 자동와이어링 가능한 후보 빈이 여러 개일 때, @Primary 애너테이션은 특정한 하나의 빈에 우선권을 부여합니다.

```
package com.apress.spring6recipes.sequence;

import org.springframework.context.annotation.Primary;
import org.springframework.stereotype.Component;
```

```
@Component
@Primary
public class DatePrefixGenerator implements PrefixGenerator {
```

PrefixGenerator 인터페이스를 구현한 DatePrefixGenerator 클래스에 @Primary를 적용했습니다. 따라서 두 개 이상의 PrefixGenerator 타입의 빈 인스턴스가 존재하더라도 스프링은 @Primary가 적용된 DatePrefixGenerator를 자동와이어링합니다.

@Qualifier로 자동와이어링 모호성 해결하기

또한 스프링이 제공하는 @Qualifier 애너테이션에서 이름을 지정하면 타입을 기준으로 자동와이어링할 후보 빈을 지정할 수 있습니다.

```
package com.apress.spring6recipes.sequence;

import org.springframework.beans.factory.annotation.Autowired;
import org.springframework.beans.factory.annotation.Qualifier;

public class Sequence {

  @Autowired
  @Qualifier("datePrefixGenerator")
  private PrefixGenerator prefixGenerator;
}
```

스프링은 IoC 컨테이너에서 이름이 datePrefixGenerator인 빈을 찾아 prefixGenerator 프로퍼티에 자동와이어링합니다. @Qualifier를 메서드 인수에 적용해 자동와이어링을 할 수도 있습니다.

```
package com.apress.spring6recipes.sequence;

import org.springframework.beans.factory.annotation.Autowired;
import org.springframework.beans.factory.annotation.Qualifier;

import java.util.concurrent.atomic.AtomicInteger;

public class Sequence {
```

```
private PrefixGenerator prefixGenerator;

  ...
  @Autowired
  public void setPrefixGenerator(
      @Qualifier("datePrefixGenerator") PrefixGenerator prefixGenerator) {
    this.prefixGenerator = prefixGenerator;
  }
  ...
}
```

빈 프로퍼티를 이름 기준으로 자동와이어링하고 싶다면 JSR-250 `@Resource` 애너테이션을 세터 메서드, 생성자, 필드에 적용하면 됩니다. 이는 [레시피 1-4]에서 자세히 설명합니다.

여러 자바 구성 클래스에 정의된 POJO 참조 문제 해결하기

애플리케이션의 크기가 커지면 모든 POJO를 하나의 자바 구성 파일로 관리하기 어려워지므로 보통 POJO를 기능에 따라 여러 자바 구성 클래스로 나누어 관리합니다. 하지만 자바 구성 클래스를 여러 개 만들면 해당 클래스에 각각 정의된 POJO의 참조를 얻고 자동와이어링하는 일이 더 어려워집니다.

이 어려움을 해결하는 한 가지 방법은 애플리케이션 컨텍스트를 초기화할 때 각 자바 구성 클래스를 사용하는 것입니다. 그러면 각 자바 구성 클래스의 POJO가 애플리케이션 컨텍스트에 로드되고 POJO 간 참조와 자동와이어링이 가능해집니다.

```
var cfg = new Class[] { PrefixConfiguration.class, SequenceConfiguration.class };
var context = new AnnotationConfigApplicationContext(cfg);
```

자바 구성 파일에서 `@Import` 애너테이션을 사용해 다른 자바 구성 파일의 빈을 사용하는 방법도 있습니다.

```
package com.apress.spring6recipes.sequence.config;

import com.apress.spring6recipes.sequence.PrefixGenerator;
import com.apress.spring6recipes.sequence.Sequence;
import org.springframework.context.annotation.Bean;
```

```java
import org.springframework.context.annotation.Configuration;
import org.springframework.context.annotation.Import;

@Configuration
@Import(PrefixConfiguration.class)
public class SequenceConfiguration {

  @Bean
  public Sequence sequence(PrefixGenerator prefixGenerator) {
    return new Sequence(prefixGenerator, "A", 100000);
  }
}
```

예제에서 SequenceConfiguration 자바 구성 클래스에 정의된 sequence 빈에 prefixGenerator 빈을 설정해야 하지만, prefixGenerator 빈은 별도의 자바 구성 클래스인 PrefixConfiguration에 정의되었습니다. @Import(PrefixConfiguration.class)를 적용하면 스프링은 PrefixConfiguration의 모든 POJO를 현재 애플리케이션 컨텍스트의 스코프scope로 가져옵니다. 그러면 현재 스코프 내에 있는 PrefixConfiguration의 POJO를 사용할 수 있으며, 기존처럼 @Autowired 애너테이션을 적용하거나 예제처럼 @Bean 애너테이션이 적용된 메서드의 매개변수에 빈을 연결할 수 있습니다.

레시피 1-4 @Resource와 @Inject로 POJO 자동와이어링하기

과제 스프링에서 제공하는 @Autowired 애너테이션 대신에 자바 표준 애너테이션인 @Resource와 @Inject로 자동와이어링해 POJO를 참조하세요.

해결 @Resource 애너테이션은 JSR-250(자바 플랫폼 공통 애너테이션Common Annotations for the Java platform) 명세specification에 정의된 애너테이션으로, 이름을 기준으로 POJO 참조를 자동와이어링합니다. @Inject 애너테이션은 JSR-330(표준 의존성 주입 애너테이션Standard Annotations for injection) 명세에 정의된 애너테이션으로, 타입을 기준으로 POJO 참조를 자동와이어링합니다.

풀이 [레시피 1-3]에서 살펴본 @Autowired는 스프링의 org.springframework.beans.

factory.annotation 패키지에 속하므로 스프링 환경에서만 사용할 수 있습니다.

스프링이 @Autowired를 지원한 직후에 자바는 @Autowired와 유사한 기능의 여러 애너테이션을 표준화했습니다. 이렇게 표준화한 애너테이션에는 jakarta.annotation 패키지의 @Resource와 jakarta.inject 패키지의 @Inject가 있습니다.

@Resource로 POJO 자동와이어링하기

@Resource는 기본적으로 스프링의 @Autowired처럼 타입을 기준으로 자동와이어링합니다. 다음 예제처럼 prefixGenerator 속성에 @Resource를 적용하면 스프링은 PrefixGenerator 타입에 호환되는 POJO를 찾습니다.

```
package com.apress.spring6recipes.sequence;

import jakarta.annotation.Resource;

public class Sequence {

  ...
  @Resource
  private PrefixGenerator prefixGenerator;
  ...
}
```

타입이 같은 POJO가 둘 이상일 때 @Autowired는 @Qualifier 애너테이션을 함께 사용해서 모호성을 해결합니다. 하지만 @Resource는 기본적으로 @Autowired와 @Qualifier를 합친 것과 동일한 기능을 제공하므로 name 프로퍼티를 이용해 더 간단하게 원하는 POJO를 지정할 수 있습니다.

@Inject로 POJO 자동와이어링하기

@Inject도 @Resource와 @Autowired처럼 타입으로 POJO나 빈 인스턴스를 자동와이어링합니다. 다음 예제처럼 prefixGenerator 속성에 @Inject를 적용하면 스프링은 PrefixGenerator 타입에 맞는 POJO를 찾습니다.

```
package com.apress.spring6recipes.sequence;

import jakarta.inject.Inject;

public class Sequence {

  ...
  @Inject
  private PrefixGenerator prefixGenerator;
  ...
}
```

타입이 같은 POJO가 둘 이상일 때 모호성을 해결하려면 `@Resource`나 `@Autowired`와는 다른 방법을 사용해야 합니다. 먼저 주입할 POJO 클래스와 해당 클래스를 주입할 지점을 지정하는 커스텀 애너테이션custom annotation을 작성합니다.

```
package com.apress.spring6recipes.sequence;

import java.lang.annotation.Documented;
import java.lang.annotation.ElementType;
import java.lang.annotation.Retention;
import java.lang.annotation.RetentionPolicy;
import java.lang.annotation.Target;

import jakarta.inject.Qualifier;

@Qualifier
@Target({ElementType.TYPE, ElementType.FIELD, ElementType.PARAMETER})
@Documented
@Retention(RetentionPolicy.RUNTIME)
public @interface DatePrefixAnnotation {
}
```

이 커스텀 애너테이션에서 `@Qualifier`를 사용한다는 점에 주목하세요. 이 `@Qualifier`는 `@Inject`와 같은 `jakarta.inject` 자바 패키지에 속한 애너테이션으로, 스프링에서 제공하는 `@Qualifier`와 다릅니다.

커스텀 애너테이션을 작성한 다음에는 빈 인스턴스를 생성하는 POJO 주입 클래스(이 예제에서 `DatePrefixGenerator` 클래스)에 적용합니다.

```
package com.apress.spring6recipes.sequence;

...
@DatePrefixAnnotation
public class DatePrefixGenerator implements PrefixGenerator {
...
}
```

마지막으로 커스텀 애너테이션을 POJO의 속성이나 주입 지점에 적용하면 모호성이 해소됩니다.

```
package com.apress.spring6recipes.sequence;

import jakarta.inject.Inject;

public class Sequence {

  ...
  @Inject
  @DatePrefixAnnotation
  private PrefixGenerator prefixGenerator;
  ...
}
```

@Autowired, @Resource, @Inject?

[레시피 1-3]과 [레시피 1-4]에서 살펴봤듯이 `@Autowired`, `@Resource`, `@Inject` 애너테이션 중 무엇을 적용하더라도 결과는 같습니다. 하지만 `@Autowired` 애너테이션은 스프링에서 제공하고 `@Resource`와 `@Inject` 애너테이션은 자바 표준(예: JSR)에서 제공한다는 차이점이 있습니다. 클래스 타입으로 자동와이어링한다면 (셋 모두 단일 애너테이션을 사용하므로) 무엇을 선택해도 되지만, 이름을 기준으로 자동와이어링한다면 구문이 간단해지는 `@Resource`를 사용하는 편이 좋습니다.

레시피 1-5 @Scope로 POJO 스코프 설정하기

과제 @Component와 같은 애너테이션을 POJO에 적용하는 것은 실제 빈 인스턴스가 아니라 빈 생성 템플릿을 정의하는 것입니다. getBean() 메서드로 요청하거나 다른 빈에서 참조할 때 스프링은 빈 스코프에 따라 어떤 빈 인스턴스를 반환할지 결정해야 합니다. 상황에 따라 기본 스코프가 아닌 적절한 스코프를 설정해야 할 수도 있습니다.

해결 빈의 스코프는 **@Scope** 애너테이션으로 설정합니다. 스프링은 IoC 컨테이너에 선언한 각 빈의 인스턴스를 하나씩 생성하며, 해당 인스턴스는 IoC 컨테이너 전체 스코프에 공유됩니다. 이렇게 생성된 고유한 인스턴스는 **getBean()** 메서드로 호출하거나 다른 빈에서 참조할 때 반환됩니다. 이 스코프가 바로 모든 빈의 기본 스코프인 싱글턴(**singleton**)입니다.
[표 1-1]은 전체 스프링 빈 스코프입니다.

표 1-1 스프링 빈 스코프

스코프 종류	설명
싱글턴(singleton)	스프링 IoC 컨테이너당 하나의 빈 인스턴스를 생성함
프로토타입(prototype)	빈 요청마다 새로운 빈 인스턴스를 생성함
리퀘스트(request)	HTTP 요청당 하나의 빈 인스턴스를 생성하며, 웹 애플리케이션 컨텍스트에서만 유효함
세션(session)	HTTP 세션당 하나의 빈 인스턴스를 생성하며, 웹 애플리케이션 컨텍스트에서만 유효함
애플리케이션(application)	싱글턴과 비슷하지만 여러 서블릿 간에 공유하는 ServletContext에 빈을 등록함
웹소켓(websocket)	웹소켓 관련 세션(session) 속성에 빈 참조를 저장함

풀이 쇼핑몰 애플리케이션의 장바구니 기능을 예로 들어 빈 스코프의 개념을 설명하겠습니다. 먼저 장바구니 기능을 구현하는 **ShoppingCart** 클래스를 작성합니다.

```
package com.apress.spring6recipes.shop;

import org.springframework.stereotype.Component;

import java.util.ArrayList;
import java.util.Collections;
import java.util.List;
```

```
@Component
public class ShoppingCart {

  private final List<Product> items = new ArrayList<>();

  public void addItem(Product item) {
    this.items.add(item);
  }

  public List<Product> getItems() {
    return Collections.unmodifiableList(this.items);
  }
}
```

상품 빈을 장바구니에 추가할 수 있게 자바 구성 파일에 선언합니다.

```
package com.apress.spring6recipes.shop.config;

import org.springframework.context.annotation.Bean;
import org.springframework.context.annotation.ComponentScan;
import org.springframework.context.annotation.Configuration;

import com.apress.spring6recipes.shop.Disc;
import com.apress.spring6recipes.shop.Battery;
import com.apress.spring6recipes.shop.Product;

@Configuration
@ComponentScan("com.apress.spring6recipes.shop")
public class ShopConfiguration {

  @Bean
  public Product aaa() {
    return new Battery("AAA", 2.5, true);
  }

  @Bean
  public Product cdrw() {
    return new Disc("CD-RW", 1.5, 700);
  }

  @Bean
  public Product dvdrw() {
```

```
    return new Disc("DVD-RW", 3.0, 4900);
  }
}
```

이제 장바구니에 상품을 추가해 테스트하는 메인 클래스를 작성합니다. 두 고객이 동시에 쇼핑몰 애플리케이션에서 상품을 둘러본다고 가정합니다. 첫 번째 고객이 먼저 getBean() 메서드로 장바구니를 가져와 상품 두 개를 담고 두 번째 고객도 getBean() 메서드를 호출해 장바구니를 가져와 다른 상품 하나를 담았습니다.

```
package com.apress.spring6recipes.shop;

import com.apress.spring6recipes.shop.config.ShopConfiguration;
import org.springframework.context.annotation.AnnotationConfigApplicationContext;

public class Main {

  public static void main(String[] args) {
    var cfg = ShopConfiguration.class;
    try (var context = new AnnotationConfigApplicationContext(cfg)) {

      var aaa = context.getBean("aaa", Product.class);
      var cdrw = context.getBean("cdrw", Product.class);
      var dvdrw = context.getBean("dvdrw", Product.class);

      var cart1 = context.getBean(ShoppingCart.class);
      cart1.addItem(aaa);
      cart1.addItem(cdrw);
      System.out.println("Shopping cart 1 contains " + cart1.getItems());

      var cart2 = context.getBean(ShoppingCart.class);
      cart2.addItem(dvdrw);
      System.out.println("Shopping cart 2 contains " + cart2.getItems());
    }
  }
}
```

실행 결과를 보면 두 번째 고객의 장바구니에 첫 번째 고객이 담은 제품도 있습니다. 따라서 두 고객이 동일한 장바구니 인스턴스를 가져왔음을 알 수 있습니다.

```
Shopping cart 1 contains [AAA 2.5, CD-RW 1.5]
Shopping cart 2 contains [AAA 2.5, CD-RW 1.5, DVD-RW 3.0]
```

그 이유는 스프링의 기본 빈 스코프가 싱글턴이어서 IoC 컨테이너당 장바구니 인스턴스를 하나만 생성했기 때문입니다.

이 쇼핑몰 애플리케이션에서는 getBean() 메서드를 호출할 때 고객별로 서로 다른 장바구니 인스턴스를 생성해야 하므로 장바구니(shoppingCart) 빈의 스코프를 프로토타입으로 설정해야 합니다. 그러면 스프링은 getBean() 메서드를 호출할 때마다 빈 인스턴스를 새로 생성합니다.

```
package com.apress.spring6recipes.shop;

import java.util.ArrayList;
import java.util.Collections;
import java.util.List;

import org.springframework.context.annotation.Scope;
import org.springframework.stereotype.Component;

@Component
@Scope("prototype")
public class ShoppingCart {
  ...
}
```

Main 클래스를 다시 실행하면 두 고객의 장바구니 인스턴스가 다름을 확인할 수 있습니다.

```
Shopping cart 1 contains [AAA 2.5, CD-RW 1.5]
Shopping cart 2 contains [DVD-RW 3.0]
```

레시피 1-6 외부 리소스(텍스트, XML, 프로퍼티, 이미지 파일)의 데이터 사용하기

과제 애플리케이션은 각기 다른 위치(파일 시스템, 클래스패스, URL 등)에 있는 외부 리소스(텍스트, XML, 프로퍼티, 이미지 파일 등)를 읽어 들일 때 리소스별로 다른 API를 사용해야 합니다.

해결 @PropertySource 애너테이션을 적용하면 프로퍼티 파일을 로드해 빈 프로퍼티를 설정할 수 있습니다. 또한 스프링은 리소스 경로를 이용해 어떤 유형의 외부 리소스라도 일관된 Resource 인터페이스로 가져올 수 있는retrieve 리소스 로드 메커니즘을 제공합니다. @Value 애너테이션의 리소스 경로에 여러 접두어를 지정하여 다른 위치에 있는 리소스를 로드할 수 있습니다. 예를 들어 파일 시스템의 리소스는 file, 클래스패스의 리소스는 classpath 접두어를 사용해 로드할 수 있습니다. 리소스 경로는 URL로 지정할 수도 있습니다.

풀이 스프링의 @PropertySource와 PropertySourcesPlaceholderConfigurer 클래스를 사용하면 빈 프로퍼티를 설정하는 프로퍼티 파일의 내용(키-값 쌍)을 읽어 들일 수 있습니다. 프로퍼티 파일의 내용을 읽어 들일 때 @Value를 적용해 스프링의 리소스 메커니즘을 사용할 수 있습니다.

프로퍼티 파일을 사용해 POJO 초깃값 설정하기

프로퍼티 파일에 나열된 값을 읽어 빈 프로퍼티를 설정할 때가 있습니다. 일반적으로 프로퍼티 파일에는 DB의 구성 프로퍼티나 각종 애플리케이션의 설정값이 있습니다. 예를 들어 다음과 같이 키-값으로 이루어진 discounts.properties 파일이 있습니다.

```
specialcustomer.discount=0.1
summer.discount=0.15
endofyear.discount=0.2
```

NOTE_ 국제화internationalization(i18n)를 지원하는 프로퍼티 파일을 읽는 방법은 [레시피 1-7]에서 확인할 수 있습니다.

discounts.properties 파일의 내용을 읽어들여 다른 빈을 설정하려면 @PropertySource를

사용해 키-값 쌍을 자바 구성 클래스의 빈으로 변환합니다.

```
package com.apress.spring6recipes.shop.config;

import org.springframework.beans.factory.annotation.Value;
import org.springframework.context.annotation.Bean;
import org.springframework.context.annotation.ComponentScan;
import org.springframework.context.annotation.Configuration;
import org.springframework.context.annotation.PropertySource;
import org.springframework.context.support.PropertySourcesPlaceholderConfigurer;

import com.apress.spring6recipes.shop.Disc;
import com.apress.spring6recipes.shop.Battery;
import com.apress.spring6recipes.shop.Product;

@Configuration
@PropertySource("classpath:discounts.properties")
@ComponentScan("com.apress.spring6recipes.shop")
public class ShopConfiguration {

  @Value("${endofyear.discount:0}")
  private double specialEndOfYearDiscountField;

  @Bean
  public static PropertySourcesPlaceholderConfigurer pspc() {
    return new PropertySourcesPlaceholderConfigurer();
  }

  @Bean
  public Product dvdrw() {
    return new Disc("DVD-RW", 1.5, 4700, specialEndOfYearDiscountField);
  }
}
```

먼저 자바 구성 클래스에 @PropertySource를 적용하면서 classpath:discounts.properties 값을 지정합니다. 스프링은 classpath: 접두어를 인식해 자바 클래스패스에서 discounts.properties 파일을 찾습니다.

@PropertySource를 적용한 프로퍼티 파일을 로드하려면 @Bean 애너테이션을 사용해 PropertySourcesPlaceholderConfigurer 빈을 정의해야 합니다. 스프링은 discounts.properties 파일을 자동으로 연결하므로 이 파일에 나열된 프로퍼티를 빈 프로퍼티로 활용할 수

있습니다.

다음으로 discounts.properties 파일에서 가져온 값을 담을 자바 변수를 정의합니다. @Value에 위치 지정자placeholder(플레이스홀더) 표현식을 지정해 프로퍼티 파일의 값을 자바 변수에 정의합니다.

@Value("${key:default_value}") 구문으로 정의하면, 스프링은 로드된 모든 애플리케이션 프로퍼티를 검색해 키를 찾습니다. 로드된 애플리케이션 프로퍼티에서 키를 찾으면 빈 프로퍼티에 맞는 값을 할당하며, 키를 찾지 못하면 사전에 선언된 기본값(default_value), 즉 위치 지정자 표현식의 콜론 오른쪽에 표시된 값을 빈 프로퍼티에 할당합니다.

specialEndOfYearDiscountField 변수를 discount 값으로 설정하면 discount 프로퍼티의 값을 빈 인스턴스로 설정할 수 있습니다. 빈 프로퍼티를 설정하는 목적이 아닌 다른 목적으로 프로퍼티 파일 데이터를 사용하려면 다음에 설명하는 스프링 리소스 메커니즘을 사용합니다.

POJO에서 외부 리소스 파일 데이터 사용하기

애플리케이션 기동 시 배너를 출력하려고 합니다. 배너는 banner.txt 파일에 다음과 같이 저장되었으며 해당 파일은 애플리케이션의 클래스패스에 저장되었습니다.

```
****************************
* Welcome to My Shop! *
****************************
```

다음 BannerLoader 클래스는 배너를 읽어 콘솔에 출력하는 POJO 클래스입니다.

```
package com.apress.spring6recipes.shop;

import jakarta.annotation.PostConstruct;
import org.springframework.core.io.Resource;

import java.io.IOException;
import java.nio.charset.StandardCharsets;
import java.nio.file.Files;
import java.nio.file.Path;
```

```java
public class BannerLoader {

  private final Resource banner;

  public BannerLoader(Resource banner) {
    this.banner = banner;
  }

  @PostConstruct
  public void showBanner() throws IOException {
    var path = Path.of(banner.getURI());
    try (var lines = Files.lines(path, StandardCharsets.UTF_8)) {
      lines.forEachOrdered(System.out::println);
    }
  }
}
```

banner 필드는 스프링 Resource 타입이며 BannerLoader 빈이 생성될 때 생성자 주입constructor injection으로 값이 설정됩니다. showBanner() 메서드는 Resource 클래스의 getURI() 메서드를 호출하여 java.net.URI를 얻어오고 자바 NIO를 활용해 콘솔로 내용을 출력합니다.

showBanner() 메서드에는 @PostConstruct 애너테이션이 적용되었습니다. 이는 애플리케이션 기동 시 배너를 출력하려는 것으로, 이 애너테이션을 적용해 스프링이 빈 인스턴스 생성 후 자동으로 showBanner() 메서드를 호출하도록 지시합니다. 그러면 showBanner() 메서드가 애플리케이션에서 가장 먼저 실행되는 메서드의 하나가 되므로, 배너가 처음에 표시됩니다.

다음으로 BannerLoader 인스턴스를 초기화하고 banner 필드를 주입할 자바 구성 클래스를 작성합니다.

예제 1-13 ShopConfiguration **클래스**

```java
package com.apress.spring6recipes.shop.config;

import org.springframework.beans.factory.annotation.Value;
import org.springframework.context.annotation.Bean;
import org.springframework.context.annotation.ComponentScan;
import org.springframework.context.annotation.Configuration;
import org.springframework.context.annotation.PropertySource;
import org.springframework.context.support.PropertySourcesPlaceholderConfigurer;
```

```
import org.springframework.core.io.Resource;

import com.apress.spring6recipes.shop.BannerLoader;
import com.apress.spring6recipes.shop.Battery;
import com.apress.spring6recipes.shop.Disc;
import com.apress.spring6recipes.shop.Product;

@Configuration
@PropertySource("classpath:discounts.properties")
@ComponentScan("com.apress.spring6recipes.shop")
public class ShopConfiguration {

  @Value("classpath:banner.txt")
  private Resource banner;

  @Bean
  public BannerLoader bannerLoader() {
    return new BannerLoader(banner);
  }
```

@Value("classpath:banner.txt") 애너테이션을 적용한 덕분에 스프링은 클래스패스에서 banner.txt 파일을 찾아 banner 프로퍼티에 주입하고, 이미 로드된 ResourceEditor를 이용해 빈으로 주입하기 전에 Resource 객체로 변환합니다.

banner 프로퍼티가 주입되면 생성자 주입을 통해 BannerLoader 빈 인스턴스로 할당됩니다. 배너 파일이 자바 클래스패스에 있으므로 리소스 경로는 classpath: 접두어로 시작합니다. 지금까지 리소스 경로를 상대 경로로 지정했지만 다음과 같이 절대 경로를 사용해도 됩니다.

```
file:c:/shop/banner.txt
```

자바 클래스패스에 리소스가 있으면 classpath: 접두어를 사용합니다. 경로를 지정하지 않으면 기본적으로 루트 클래스패스에서 로드됩니다.

```
classpath:banner.txt
```

특정 패키지에 있는 리소스는 루트 클래스패스로부터의 절대 경로로 지정합니다.

```
classpath:com/apress/spring6recipes/shop/banner.txt
```

또한 URL을 지정해 리소스를 로드할 수도 있습니다.

```
http://springrecipes.apress.com/shop/banner.txt[12]
```

빈 클래스의 showBanner() 메서드에 @PostConstruct 애너테이션을 적용했으므로, IoC 컨테이너가 초기 구동될 때 배너가 출력됩니다. 배너를 출력하려고 별도로 빈을 호출하거나 애플리케이션 컨텍스트를 건드릴 필요는 없지만, 외부 리소스에 접근해 애플리케이션 컨텍스트와 연동해야 할 수도 있습니다. 예를 들어 애플리케이션이 종료될 때 discount.properties 파일에 있는 할인율(discount)을 출력한다고 가정합시다. 스프링의 리소스 메커니즘을 활용하여 프로퍼티 파일의 내용에 접근할 수 있습니다.

그럼 이번에는 애플리케이션의 메인 클래스에서 스프링의 리소스 메커니즘을 사용해 프로퍼티 정보를 출력해 봅시다.

```
package com.apress.spring6recipes.shop;

import org.springframework.context.annotation.AnnotationConfigApplicationContext;
import org.springframework.core.io.ClassPathResource;
import org.springframework.core.io.support.PropertiesLoaderUtils;

import com.apress.spring6recipes.shop.config.ShopConfiguration;

public class Main {

  public static void main(String[] args) throws Exception {

    var resource = new ClassPathResource("discounts.properties");
    var props = PropertiesLoaderUtils.loadProperties(resource);
    System.out.println("And don't forget our discounts!");
    System.out.println(props);
  }
}
```

12 옮긴이_ 해당 URL은 예시이며 애플리케이션에 따라 달라집니다.

스프링의 ClassPathResource 클래스로 discounts.properties 파일을 읽어 들여 Resource 객체로 변환합니다. 그다음 PropertiesLoaderUtils 클래스를 사용해 객체로 변환하고, 마지막으로 Properties 객체 내용을 콘솔에 출력합니다.

예제에서는 discounts.properties 파일이 자바 클래스패스에 있으므로 ClassPathResource로 접근했지만, 파일 시스템 경로에 외부 리소스가 있다면 FileSystemResource를 사용해 로드합니다.

```
var resource = new FileSystemResource("c:/shop/banner.txt")
```

외부 리소스가 URL이라면 스프링의 UrlResource를 사용해 리소스를 로드합니다.

```
var resource = new UrlResource("https://www.apress.com/")
```

레시피 1-7 프로퍼티 파일을 이용해 다양한 로케일에 맞게 국제화 텍스트 메시지 처리하기

과제 애너테이션을 이용해 국제화(i18n)를 지원하는 애플리케이션을 만들어 보세요.

해결 MessageSource는 리소스 번들resource bundle[13] 메시지를 처리하는 메서드가 있는 인터페이스입니다. ResourceBundleMessageSource는 다국어 처리를 지원하는 가장 일반적인 MessageSource 구현체로, 로케일locale별로 구분된 리소스 번들 메시지를 다룹니다. 자바 구성 파일에서 ResourceBundleMessageSource POJO를 선언하고 @Bean 애너테이션을 적용하면 애플리케이션에서 i18n 데이터를 사용할 수 있습니다.

풀이 국가가 미국이고 사용 언어가 영어에 해당하는 messages_en_US.properties 파일을 작성하겠습니다. 리소스 번들은 루트 클래스패스에서 로드되므로 해당 파일들이 자바 클래스패스에 포함되어 있어야 합니다. 해당 파일은 다음과 같이 키-값 형식으로 작성합니다.

---

13 옮긴이_ 리소스 번들은 로케일별 데이터를 포함하는 자바 프로퍼티 파일입니다.

```
alert.checkout=A shopping cart has been checked out.
alert.inventory.checkout=A shopping cart with {0} has been checked out at {1}.
```

리소스 번들 메시지를 다루려면 ReloadableResourceBundleMessageSource 빈을 자바 구성 파일에 작성해야 합니다.

예제 1-14 ShopConfiguration **클래스**

```
package com.apress.spring6recipes.shop.config;

import org.springframework.context.annotation.Bean;
import org.springframework.context.annotation.Configuration;
import org.springframework.context.support.ReloadableResourceBundleMessageSource;

@Configuration
public class ShopConfiguration {

  @Bean
  public ReloadableResourceBundleMessageSource messageSource() {
    var messageSource = new ReloadableResourceBundleMessageSource();
    messageSource.setBasenames("classpath:messages");
    messageSource.setCacheSeconds(1);
    return messageSource;
  }
}
```

빈 인스턴스명이 massageSource이어야만 애플리케이션 컨텍스트에서 인식할 수 있습니다. 빈 정의에서는 setBasenames() 메서드로 ResourceBundleMessageSource에 국제화 파일의 위치를 지정하고 있습니다. 예제에서는 자바 클래스패스에서 이름이 messages로 시작하는 파일들을 찾도록 기본 규칙을 명시했습니다. 오래된 메시지를 계속 사용하지 않도록 setCacheSeconds() 메서드에 캐시 주기를 1초로 설정했습니다. 그러면 주기적으로 메시지를 최신화하려고 새로고침을 시도하는데, 실제로 파일을 다시 로드하기 전에 프로퍼티 파일의 최종 변경 시간을 먼저 체크합니다. 파일이 변경되지 않았다면 실제로 다시 로드하지는 않으므로 setCacheSeconds 주기를 더 짧게 설정해도 됩니다.

이렇게 MessageSource를 정의하고 언어가 영어인 미국 로케일용 텍스트 메시지를 조회하면, 가장 먼저 messages_en_US.properties 리소스 번들을 찾습니다. 만약 해당 파일을 찾지 못했거나 메시지가 없다면 그다음으로 언어에 맞는 message_en.properties를 찾습니다. 이번에도 못 찾으면 전체 로케일의 기본 파일인 message.properties를 선택합니다. 리소스 번들 로딩에 관한 더 많은 정보는 자바독JavaDoc의 java.util.ResourceBundle 클래스에서 확인할 수 있습니다.

다음으로 getMessage() 메서드로 애플리케이션 컨텍스트에서 직접 메시지를 처리해 보겠습니다. 첫 번째 파라미터는 메시지 키이며 세 번째는 타겟 로케일입니다.

```
package com.apress.spring6recipes.shop;

import com.apress.spring6recipes.shop.config.ShopConfiguration;
import org.springframework.context.annotation.AnnotationConfigApplicationContext;

import java.time.LocalDateTime;
import java.util.Locale;

public class Main {

  private static final String MSG = "The i18n message for %s is: %s%n";

  public static void main(String[] args) {

    var cfg = ShopConfiguration.class;
    try (var context = new AnnotationConfigApplicationContext(cfg)) {

      var alert = context.getMessage("alert.checkout", null, Locale.US);
      var alert_inventory = context.getMessage("alert.inventory.checkout",
          new Object[] { "[DVD-RW 3.0]", LocalDateTime.now() }, Locale.US);

      System.out.printf(MSG, "alert.checkout", alert);
      System.out.printf(MSG, "alert.inventory.checkout", alert_inventory);
    }
  }
}
```

getMessage()의 두 번째 인수는 메시지 파라미터의 배열입니다. 첫 번째 구문에서는 null 값을 설정했고 두 번째 구문에서는 메시지 파라미터를 채울 객체 배열을 사용했습니다. 앞의 메인 클래스처럼 직접 애플리케이션 컨텍스트에 접근해 메시지를 처리할 수 있습니다. 하지만 빈에서 메시지를 처리하려면 MessageSource 구현체를 빈에 주입해야 합니다. 쇼핑몰 애플리케이션에서 구현한 Cashier 클래스를 살펴봅시다.

```
package com.apress.spring6recipes.shop;
...
@Component
public class Cashier {

  @Autowired
  private MessageSource messageSource;

  public void checkout(ShoppingCart cart) throws IOException {
    var alert = messageSource.getMessage("alert.inventory.checkout",
      new Object[] { cart.getItems(), new Date() }, Locale.US);
    System.out.println(alert);
  }
}
```

messageSource 필드는 스프링 MessageSource 타입이고 @Autowired 애너테이션을 적용했으므로 이 빈 인스턴스가 생성될 때 자동으로 주입됩니다. 그러면 checkout() 메서드는 messageSource 필드에 직접 접근할 수 있으므로 getMessage()로 타겟 로케일의 텍스트 메시지를 가져올 수 있습니다.

레시피 1-8 애너테이션으로 POJO 초기화/종료 커스터마이징하기

과제 POJO는 파일 열기, 네트워크/DB 연결, 메모리 할당 등의 초기화 작업을 수행하거나, POJO 라이프사이클life cycle이 끝날 때 종료destruction 작업을 수행해야 할 수 있습니다. 스프링 IoC 컨테이너에서 빈을 초기화하거나 종료하는 작업을 커스터마이징하세요.

해결 스프링은 자바 구성 클래스에서 @Bean 애너테이션으로 빈을 정의할 때 initMethod와 destroyMethod 속성을 이용해 초기화와 종료 콜백 메서드를 설정할 수 있습니다. 또는 @PostConstruct와 @PreDestroy 애너테이션을 이용해 초기화와 종료 콜백 메서드를 설정할 수도 있습니다. 그리고 스프링에서 @Lazy 애너테이션을 이용해 빈 생성을 필요한 시점까지 지연하는 지연 초기화lazy initialization 방식을 적용할 수 있습니다. @DependsOn 애너테이션을 이용하면 특정 빈들을 다른 빈보다 먼저 초기화할 수 있습니다.

풀이 @Bean으로 POJO 초기화 및 종료 시점에 실행할 메서드 정의

쇼핑몰 애플리케이션에 결제 기능을 구현하려고 합니다. 다음은 구매 상품과 결제 시간을 텍스트 파일에 기록하는 Cashier 클래스입니다.

```
package com.apress.spring6recipes.shop;

import java.io.BufferedWriter;
import java.io.IOException;
import java.nio.charset.StandardCharsets;
import java.nio.file.Files;
import java.nio.file.Path;
import java.nio.file.StandardOpenOption;
import java.time.LocalDateTime;

public class Cashier {

  private final String filename;
  private final String path;
  private BufferedWriter writer;

  public Cashier(String filename, String path) {
    this.filename = filename;
    this.path = path;
  }

  public void openFile() throws IOException {
    var checkoutPath = Path.of(path, filename + ".txt");
    if (Files.notExists(checkoutPath.getParent())) {
      Files.createDirectories(checkoutPath.getParent());
    }
    this.writer = Files.newBufferedWriter(checkoutPath, StandardCharsets.UTF_8,
            StandardOpenOption.CREATE, StandardOpenOption.APPEND);
  }

  public void checkout(ShoppingCart cart) throws IOException {
    writer.write(LocalDateTime.now() + "\t" + cart.getItems() + "\r\n");
    writer.flush();
}
```

```
    public void closeFile() throws IOException {
        writer.close();
    }
}
```

Cashier 클래스에서 openFile() 메서드는 데이터를 기록할 디렉터리와 파일이 있는지 먼저 검증하고, 지정된 시스템 경로에 있는 텍스트 파일을 열어 writer 필드에 할당합니다. 그런 다음 checkout() 메서드를 호출할 때마다 날짜와 상품 내역을 텍스트 파일에 추가합니다. 마지막으로 closeFile() 메서드는 파일을 닫고 시스템 리소스를 반납합니다.

다음과 같이 빈 생성 전에 openFile()을 실행하고 빈 종료 직전에 closeFile()을 실행하도록 자바 구성 클래스에 빈을 정의합니다.

```
@Bean(initMethod = "openFile", destroyMethod = "closeFile")
public Cashier cashier() {
    var path = System.getProperty("java.io.tmpdir") + "/cashier";
    return new Cashier("checkout", path);
}
```

@Bean의 initMethod와 destroyMethod 속성을 사용해 POJO의 초기화와 종료 작업을 지정했습니다. 따라서 Cashier 인스턴스를 생성할 때 openFile()을 호출해 데이터를 기록할 디렉터리와 파일이 있는지 확인하고 파일을 엽니다. 빈을 종료할 때는 closeFile()을 트리거trigger해서 파일 참조를 닫고 시스템 리소스를 반납합니다.

@PostConstruct와 @PreDestroy로 POJO 초기화/종료 메서드 정의하기

자바 구성 클래스 외부에서 빈을 정의한다면(예: POJO에 @Component 애너테이션을 적용하는 경우) 해당 POJO 클래스 내 메서드에 @PostConstruct와 @PreDestroy 애너테이션을 직접 적용하는 방법도 있습니다.

```
package com.apress.spring6recipes.shop;

import jakarta.annotation.PostConstruct;
import jakarta.annotation.PreDestroy;

import java.nio.charset.StandardCharsets;
```

```
import java.nio.file.Files;
import java.nio.file.Paths;

import java.nio.file.StandardOpenOption;

public class Cashier {

  ...
  @PostConstruct
  public void openFile() throws IOException {

    var checkoutPath = Paths.get(path, filename + ".txt");
    if (Files.notExists(checkoutPath.getParent())) {
      Files.createDirectories(checkoutPath.getParent());
    }
    this.writer = Files.newBufferedWriter(checkoutPath, StandardCharsets.UTF_8,
           StandardOpenOption.CREATE, StandardOpenOption.APPEND);
  }

  ...

  @PreDestroy
  public void closeFile() throws IOException {
    writer.close();
  }
}
```

openFile()에 @PostConstruct를 적용해 빈 생성 이후에 openFile()이 실행되도록 하고, closeFile()에 @PreDestroy를 적용해 빈 종료 전에 closeFile()이 실행되도록 합니다.

@Lazy로 POJO 초기화 지연하기

스프링은 기본적으로 애플리케이션을 기동할 때 모든 POJO를 즉시 초기화eager initialization합니다. 하지만 빈이 필요한 시점까지 POJO 초기화를 지연하는 것이 더 나을 때도 있습니다. 이렇게 초기화를 지연하는 개념을 지연 초기화라고 합니다.

지연 초기화는 애플리케이션 기동 시에 시스템 리소스를 과도하게 사용하는 것을 예방하고 전체 시스템 리소스를 절약할 수 있습니다. 특히 네트워크 연결이나 파일 작업처럼 무거운 작업을 처리하는 POJO는 초기화를 지연하면 좋습니다. 빈의 초기화를 지연하려면 @Lazy 애너테이션을 적용하면 됩니다.

```
package com.apress.spring6recipes.shop;

import org.springframework.context.annotation.Lazy;
import org.springframework.context.annotation.Scope;
import org.springframework.stereotype.Component;

@Component
@Scope("prototype")
@Lazy
public class ShoppingCart {
```

ShoppingCart 클래스에 @Lazy를 적용했으므로 ShoppingCart 클래스를 요청하거나 다른 POJO가 참조하기 전까지는 인스턴스를 생성하지 않습니다.

> **NOTE_** @Lazy 애너테이션을 @Autowired 애너테이션과 함께 필드와 생성자에 적용하며 의존성 주입dependency injection(DI)을 지연할 수도 있습니다.

@DependsOn으로 POJO 초기화 우선순위 정하기

애플리케이션의 POJO 수가 많아질수록 POJO 초기화 횟수도 늘어납니다. 각기 다른 자바 구성 클래스에 분산된 POJO가 서로를 참조하다 보면 빈 초기화 순서에 대한 경합 상황race condition이 발생합니다. 예를 들어 C라는 빈에서 B, F라는 빈의 로직이 필요한데, B와 F 빈을 아직 초기화하지 않은 상태에서 C 빈을 먼저 초기화하면 원인을 알기 어려운 오류가 발생합니다. @DependsOn 애너테이션은 특정 POJO가 다른 POJO보다 먼저 초기화하도록 보장하고, 초기화 프로세스가 실패하더라도 상세한 오류 내용을 제공합니다.

```
package com.apress.spring6recipes.sequence.config;

import org.springframework.context.annotation.Bean;
import org.springframework.context.annotation.Configuration;
import org.springframework.context.annotation.DependsOn;

import com.apress.spring6recipes.sequence.Sequence;

@Configuration
public class SequenceConfiguration {
```

```
    @Bean
    @DependsOn("datePrefixGenerator")
    public Sequence sequenceGenerator() {
      return new Sequence("A", 100000);
    }
    ...
  }
```

이 코드에서는 @DependsOn("datePrefixGenerator")을 적용해 datePrefixGenerator 빈을 sequenceGenerator 빈보다 먼저 생성하도록 보장했습니다.

레시피 1-9 빈 후처리기를 생성해 POJO 검증/수정하기

과제 모든 빈 인스턴스 또는 특정 타입의 인스턴스를 생성할 때 정해진 기준에 맞게 해당 빈 프로퍼티의 유효성을 검증하고 변경해 보세요.

해결 빈 후처리기post-processor를 사용하면 초기 콜백 메서드(@Bean 애너테이션의 initMethod 속성이나 @PostConstruct 애너테이션을 적용한 메서드) 전후에 수행하기를 원하는 로직을 빈에 적용할 수 있습니다. 빈 후처리기의 가장 주요한 특징은 IoC 컨테이너 내부의 특정 빈 인스턴스 하나가 아닌 모든 빈 인스턴스에 적용할 수 있다는 점입니다. 빈 후처리기는 모든 빈 인스턴스를 대상으로 빈 프로퍼티의 유효성을 검증하거나 특정 기준을 충족하도록 변경하는 등의 다양한 작업을 적용하는 데 사용합니다.

풀이 모든 빈의 생성을 감사audit하고 싶다고 가정해 보겠습니다. 애플리케이션을 디버깅하거나 모든 빈 프로퍼티를 검증하는 등 다양한 상황에서 이런 작업이 필요합니다. 빈 후처리기를 사용하면 기존 POJO 코드를 수정하지 않고도 이를 쉽게 구현할 수 있습니다.

모든 빈 인스턴스를 처리하는 후처리기 생성하기

빈 후처리기는 BeanPostProcessor 인터페이스를 구현한 클래스입니다. 스프링은 BeanPostProcessor를 구현하는 빈을 찾으면, 자신이 관리하는 모든 빈 인스턴스에 postProces sBeforeInitialization() 메서드와 postProcessAfterInitialization() 메서드를 적용합니다. 따라서 이 두 개의 메서드에서 빈의 상태를 확인, 변경, 검증하는 등 원하는 로직을 구현할 수 있습니다.

```
package com.apress.spring6recipes.shop;

import org.springframework.beans.BeansException;
import org.springframework.beans.factory.config.BeanPostProcessor;
import org.springframework.stereotype.Component;

@Component
public class AuditCheckBeanPostProcessor implements BeanPostProcessor {

  @Override
  public Object postProcessBeforeInitialization(Object bean, String beanName)
          throws BeansException {
    var msg = "In AuditCheckBeanPostProcessor.postProcessBeforeInitialization,
            processing bean type: %s%n";
    System.out.printf(msg, bean.getClass().getName());
    return bean;
  }

  @Override
  public Object postProcessAfterInitialization(Object bean, String beanName)
          throws BeansException {
    return bean;
  }
}
```

postProcessBeforeInitialization()과 postProcessAfterInitialization()은 내부에서 아무런 작업을 하지 않는다 하더라도 원본 빈 인스턴스[14]를 반환해야 합니다.

BeanPostProcessor 인터페이스를 구현한 클래스에 @Component 애너테이션을 적용하면 애플리케이션 컨텍스트에 빈 후처리기로 등록됩니다. 애플리케이션 컨텍스트는 BeanPostProcessor를 구현한 빈을 찾아 컨테이너에 있는 모든 빈 인스턴스에 후처리기로 적용합니다.

14 옮긴이_ 원본 빈 인스턴스(original bean instance)는 postProcessBeforeInitialization()과 postProcessAfterInitialization()에서 매개변수로 전달받은 빈 객체를 의미합니다.

특정 빈 인스턴스를 처리하는 후처리기 생성하기

스프링 IoC 컨테이너는 빈이 생성될 때 모든 빈 인스턴스를 하나씩 빈 후처리기에 전달합니다. 인스턴스 타입을 체크해 빈을 필터링해서 특정 타입의 빈에만 선별적으로 후처리기를 적용할 수 있습니다.

다음은 특정 타입의 인스턴스(Product 타입의 빈 인스턴스)만 처리하는 후처리기를 구현한 예제입니다.

```
package com.apress.spring6recipes.shop;

import org.springframework.beans.BeansException;
import org.springframework.beans.factory.config.BeanPostProcessor;

public class ProductCheckBeanPostProcessor implements BeanPostProcessor {

  private static final String MSG =
         "In ProductCheckBeanPostProcessor.%s, processing Product: %s%n";

  public Object postProcessBeforeInitialization(Object bean, String beanName)
         throws BeansException {
    if (bean instanceof Product product) {
      var productName = product.getName();
      System.out.printf(MSG, "postProcessBeforeInitialization", productName);
    }
    return bean;
  }

  public Object postProcessAfterInitialization(Object bean, String beanName)
         throws BeansException {
    if (bean instanceof Product product) {
      var productName = product.getName();
      System.out.printf(MSG, "postProcessAfterInitialization", productName);
    }
    return bean;
  }
}
```

postProcessBeforeInitialization()과 postProcessAfterInitialization()은 처리가 완료된 빈 인스턴스를 반환해야 합니다. 이는 빈 후처리기에서 기존의 빈 인스턴스를 완전히 새로운 인스턴스로 교체할 수도 있다는 의미입니다.

레시피 1-10 팩토리로 POJO 생성하기(정적/인스턴스 팩토리 메서드, 스프링 팩토리 빈)

과제 정적 팩토리 메서드나 인스턴스 팩토리 메서드를 호출해 POJO 인스턴스를 생성하세요. 목표는 객체 생성 프로세스를 정적 메서드나 다른 객체 인스턴스 메서드 내부로 캡슐화하는 것입니다. 객체를 요청하는 클라이언트는 상세한 객체 생성 프로세스를 몰라도 메서드를 호출하기만 하면 됩니다.

스프링 팩토리 빈을 사용해서 스프링 IoC 컨테이너에 POJO 인스턴스를 생성하세요. 팩토리 빈은 IoC 컨테이너 안에서 다른 빈을 생성하는 공장(팩토리) 역할을 합니다. 개념적으로 팩토리 빈은 팩토리 메서드와 상당히 유사하지만, 팩토리 빈은 빈 생성 과정에서 스프링 IoC 컨테이너가 인식할 수 있는 스프링 전용 빈입니다.

해결 자바 구성 클래스의 `@Bean` 정의 안에서 정적 팩토리 메서드를 이용해 POJO를 생성하고 싶다면 일반 자바 문법으로 정적 팩토리 메서드를 호출하면 됩니다. 반면, 자바 구성 클래스의 @Bean 정의 안에서 인스턴스 메서드를 이용해 POJO를 생성하고 싶다면 팩토리값을 인스턴스화하는 POJO를 생성하고, 그 팩토리에 접근할 수 있게 퍼사드 역할을 하는 또 다른 POJO를 생성해야 합니다.

스프링은 `FactoryBean` 인터페이스를 상속하는 추상 템플릿 클래스 `AbstractFactoryBean`을 제공합니다.

풀이 정적 팩토리 메서드로 POJO 생성하기

다음은 미리 정의된 상품 ID(`productId`)에 따라 상품 객체를 생성하는 정적 팩토리 메서드인 `createProduct()`입니다. 이 메서드는 상품 ID에 따라 인스턴스화할 상품 클래스를 결정합니다. 상품 ID와 일치하는 상품이 없으면 `IllegalArgumentException` 예외를 던집니다.

```
package com.apress.spring6recipes.shop;

public class ProductCreator {

  public static Product createProduct(String productId) {
    return switch (productId) {
      case "aaa" -> new Battery("AAA", 2.5, true);
      case "cdrw" -> new Disc("CD-RW", 1.5, 700);
```

```
        case "dvdrw" -> new Disc("DVD-RW", 3.0, 4700);
        default -> {
          var msg = "Unknown product '" + productId + "'";
          throw new IllegalArgumentException(msg);
        }
      };
    }
  }
```

자바 구성 클래스의 @Bean 정의에서 일반 자바 문법으로 정적 팩토리 메서드를 호출해 POJO를 생성합니다.

```
package com.apress.spring6recipes.shop.config;

import org.springframework.context.annotation.Bean;
import org.springframework.context.annotation.ComponentScan;
import org.springframework.context.annotation.Configuration;

import com.apress.spring6recipes.shop.Product;
import com.apress.spring6recipes.shop.ProductCreator;

@Configuration
@ComponentScan("com.apress.spring6recipes.shop")
public class ShopConfiguration {

  @Bean
  public Product aaa() {
    return ProductCreator.createProduct("aaa");
  }

  @Bean
  public Product cdrw() {
    return ProductCreator.createProduct("cdrw");
  }

  @Bean
  public Product dvdrw() {
    return ProductCreator.createProduct("dvdrw");
  }
}
```

인스턴스 팩토리 메서드로 POJO 생성하기

다음 ProductCreator 클래스처럼 맵map을 이용해 상품 정보를 저장할 수도 있습니다. createProduct() 인스턴스 팩토리 메서드는 전달받은 상품 ID를 사용해 맵에서 상품을 찾습니다. 상품 ID와 일치하는 상품이 없으면 IllegalArgumentException 예외를 던집니다.

```
package com.apress.spring6recipes.shop;

import java.util.Map;

public class ProductCreator {

  private final Map<String, Product> products;

  public ProductCreator(Map<String, Product> products) {
    this.products = products;
  }

  public Product createProduct(String productId) {
    Product product = products.get(productId);
    if (product != null) {
      return product;
    }
    var msg = "Unknown product '" + productId + "'";
    throw new IllegalArgumentException(msg);
  }
}
```

ProductCreator 클래스를 이용해 상품을 생성하려면 먼저 팩토리를 인스턴스화하도록 @Bean 애너테이션을 이용해 빈 선언을 합니다. 그다음 팩토리에 접근하는 빈을 선언합니다. 마지막으로 팩토리의 createProduct() 메서드를 실행합니다.

```
package com.apress.spring6recipes.shop.config;

import com.apress.spring6recipes.shop.Battery;
import com.apress.spring6recipes.shop.Disc;
import com.apress.spring6recipes.shop.Product;
import com.apress.spring6recipes.shop.ProductCreator;
import org.springframework.context.annotation.Bean;
import org.springframework.context.annotation.ComponentScan;
```

```
import org.springframework.context.annotation.Configuration;

import java.util.Map;

@Configuration
@ComponentScan("com.apress.spring6recipes.shop")
public class ShopConfiguration {

  @Bean
  public ProductCreator productCreatorFactory() {

    var products = Map.of(
      "aaa", new Battery("AAA", 2.5, true),
      "cdrw", new Disc("CD-RW", 1.5, 700),
      "dvdrw", new Disc("DVD-RW", 3.0, 4700));
    return new ProductCreator(products);
   }

  @Bean
  public Product aaa(ProductCreator productCreator) {
    return productCreator.createProduct("aaa");
  }

  @Bean
  public Product cdrw(ProductCreator productCreator) {
    return productCreator.createProduct("cdrw");
  }

  @Bean
  public Product dvdrw(ProductCreator productCreator) {
    return productCreator.createProduct("dvdrw");
  }
}
```

스프링 팩토리 빈으로 POJO 생성하기

커스텀 팩토리 빈을 직접 작성할 일은 별로 없겠지만, 다음 예제를 살펴보면 팩토리 빈의 내부 작동 원리를 이해하는 데 도움이 될 것입니다. 할인이 적용된 상품을 생성하는 팩토리 빈을 작성해 봅시다. 다음은 product 프로퍼티와 discount 프로퍼티를 받아서 상품에 할인을 적용하고 새로운 빈을 반환하는 예제입니다.

```java
package com.apress.spring6recipes.shop;

import org.springframework.beans.factory.config.AbstractFactoryBean;

public class DiscountFactoryBean extends AbstractFactoryBean<Product> {

  private Product product;
  private double discount;

  public void setProduct(Product product) {
    this.product = product;
  }

  public void setDiscount(double discount) {
    this.discount = discount;
  }

  @Override
  public Class<?> getObjectType() {
    return product.getClass();
  }

  @Override
  protected Product createInstance() throws Exception {
    product.setPrice(product.getPrice() * (1 - discount));
    return product;
  }
}
```

AbstractFactoryBean 클래스를 상속한 팩토리 빈은 아주 간단하게 createInstance() 메서드를 오버라이드override해 대상 빈 인스턴스를 생성합니다. 그리고 자동와이어링 기능이 제대로 작동하도록 getObjectType() 메서드로 대상 빈의 타입을 반환해야 합니다.

다음으로 @Bean 애너테이션을 사용해 상품 인스턴스를 정의하고 DiscountFactoryBean을 적용합니다.

```java
package com.apress.spring6recipes.shop.config;

import org.springframework.context.annotation.Bean;
import org.springframework.context.annotation.ComponentScan;
```

```java
import org.springframework.context.annotation.Configuration;

import com.apress.spring6recipes.shop.Battery;
import com.apress.spring6recipes.shop.DiscountFactoryBean;
import com.apress.spring6recipes.shop.Disc;

@Configuration
@ComponentScan("com.apress.spring6recipes.shop")
public class ShopConfiguration {

  @Bean
  public Battery aaa() {
    return new Battery("AAA", 2.5, true);
  }

  @Bean
  public Disc cdrw() {
    return new Disc("CD-RW", 1.5, 700);
  }

  @Bean
  public Disc dvdrw() {
    return new Disc("DVD-RW", 3.0, 4700);
  }

  @Bean
  public DiscountFactoryBean discountFactoryBeanAAA() {
    var factory = new DiscountFactoryBean();
    factory.setProduct(aaa());
    factory.setDiscount(0.2);
    return factory;
  }

  @Bean
  public DiscountFactoryBean discountFactoryBeanCDRW() {
    var factory = new DiscountFactoryBean();
    factory.setProduct(cdrw());
    factory.setDiscount(0.1);
    return factory;
  }

  @Bean
  public DiscountFactoryBean discountFactoryBeanDVDRW() {
    var factory = new DiscountFactoryBean();
```

```
    factory.setProduct(dvdrw());
    factory.setDiscount(0.1);
    return factory;
  }
}
```

레시피 1-11 스프링 환경과 프로파일을 사용해 다른 POJO 로드하기

과제 애플리케이션의 시나리오(예: 개발, 테스트, 운영 환경)에 따라 동일한 POJO 인스턴스나 빈에 서로 다른 초깃값을 사용하세요.

해결 자바 구성 클래스를 여러 개 만들고 자바 클래스별로 POJO 인스턴스나 빈을 그룹 짓습니다. 다음으로 자바 구성 클래스에 `@Profile` 애너테이션을 사용해 그룹의 목적에 맞는 프로파일명을 지정합니다. 그리고 애플리케이션 컨텍스트 환경을 가져온 후 프로파일을 설정해 해당 POJO 그룹을 로드합니다.

풀이 POJO 초깃값은 애플리케이션 시나리오에 따라 달라질 수 있습니다. 예를 들어 애플리케이션을 개발 환경에서 테스트 환경, 운영 환경으로 이관하는 일반적인 시나리오를 생각해 봅시다. 시나리오마다 환경이 다르므로 특정 빈의 프로퍼티값(DB 사용자명/암호, 파일 경로 등)이 달라질 수 있습니다.

자바 구성 클래스를 여러 개 만들고(예: `ShopConfigurationGlobal`, `ShopConfigurationSpr`, `ShopConfigurationSumWin`) 각 자바 구성 클래스에 POJO를 서로 다르게 구성한 후, 시나리오에 따라 애플리케이션 컨텍스트에서 특정 자바 구성 클래스 파일만 로드하게 하면 됩니다. `@Profile` 애너테이션을 적용하지 않은 빈은 특정 프로파일에 바인드되지 않으므로 항상 로드됩니다.

@Profile로 자바 구성 클래스 작성하기

이전 레시피에서 살펴본 쇼핑몰 애플리케이션에 `@Profile`을 적용해 여러 자바 구성 클래스를 작성해 봅시다.

```
package com.apress.spring6recipes.shop.config;

import com.apress.spring6recipes.shop.Cashier;
import org.springframework.context.annotation.Bean;
import org.springframework.context.annotation.ComponentScan;
import org.springframework.context.annotation.Configuration;

@Configuration
@ComponentScan("com.apress.spring6recipes.shop")
public class ShopConfigurationGlobal {

  @Bean(initMethod = "openFile", destroyMethod = "closeFile")
  public Cashier cashier() {
    var path = System.getProperty("java.io.tmpdir") + "/cashier";
    return new Cashier("checkout", path);
  }
}
```

```
package com.apress.spring6recipes.shop.config;

import org.springframework.context.annotation.Bean;
import org.springframework.context.annotation.Configuration;
import org.springframework.context.annotation.Profile;

import com.apress.spring6recipes.shop.Battery;
import com.apress.spring6recipes.shop.Disc;
import com.apress.spring6recipes.shop.Product;

@Configuration
@Profile({ "summer", "winter" })
public class ShopConfigurationSumWin {

  @Bean
  public Product aaa() {
    return new Battery("AAA", 2.0, true);
  }
```

```
  @Bean
  public Product cdrw() {
    return new Disc("CD-RW", 1.0, 700);
  }

  @Bean
  public Product dvdrw() {
    return new Disc("DVD-RW", 2.5, 4700);
  }
}
```

```
package com.apress.spring6recipes.shop.config;

import com.apress.spring6recipes.shop.Battery;
import com.apress.spring6recipes.shop.Disc;
import com.apress.spring6recipes.shop.Product;
import org.springframework.context.annotation.Bean;
import org.springframework.context.annotation.Configuration;
import org.springframework.context.annotation.Profile;

@Configuration
@Profile("autumn")
public class ShopConfigurationAut {

  @Bean
  public Product aaa() {
    return new Battery("AAA", 2.5, true);
  }

  @Bean
  public Product cdrw() {
    return new Disc("CD-RW", 1.5, 700);
  }

  @Bean
  public Product dvdrw() {
    return new Disc("DVD-RW", 3.0, 4700);
  }
}
```

```
package com.apress.spring6recipes.shop.config;

import org.springframework.context.annotation.Bean;
import org.springframework.context.annotation.Configuration;
import org.springframework.context.annotation.Profile;

import com.apress.spring6recipes.shop.Battery;
import com.apress.spring6recipes.shop.Disc;
import com.apress.spring6recipes.shop.Product;

@Configuration
@Profile("spring")
public class ShopConfigurationSpr {

  @Bean
  public Product aaa() {
    return new Battery("AAA", 2.5, true);
  }

  @Bean
  public Product cdrw() {
    return new Disc("CD-RW", 1.5, 700);
  }

  @Bean
  public Product dvdrw() {
    return new Disc("DVD-RW", 3.0, 4700);
  }
}
```

@Profile은 클래스나 개별 @Bean 메서드에 적용할 수 있습니다. 클래스에 적용하면 해당 클래스의 모든 @Bean 인스턴스는 동일한 프로파일에 속하게 됩니다. @Profile 이름은 큰따옴표("")로 지정하며(예: @Profile("autumn")), 이름이 여러 개면 중괄호({}) 안에 쉼표로 구분한 값(CSV 형식)을 사용해 지정합니다(예: {"summer", "winter"}). ShopConfigurationGlobal 클래스는 다른 자바 구성 클래스를 찾는 중심이 되는 구성 클래스이며 어떤 프로파일을 사용하든지 공통으로 사용되므로 @Profile을 적용하지 않았습니다.

프로파일을 환경에 로드하기

특정 프로파일에 속한 빈을 애플리케이션에 로드하려면 해당 프로파일을 활성화activate해야 합니다. 한 번에 여러 프로파일을 로드할 수도 있으며 자바 런타임 플래그Java runtime flag[15]나 WAR 파일 초기화 파라미터를 지정해 프로그램 방식programmatically[16]으로 프로파일을 로드할 수도 있습니다.

애플리케이션 컨텍스트를 사용해 프로그램 방식으로 프로파일을 로드하려면 먼저 컨텍스트 환경을 가져온 후 `setActiveProfiles()` 메서드를 호출해 프로파일을 로드하면 됩니다.

```
var context = new AnnotationConfigApplicationContext();
context.getEnvironment().setActiveProfiles("winter");
context.register(ShopConfigurationGlobal.class);
context.refresh();
```

자바 런타임 플래그에 스프링 프로파일을 지정해 로드할 수도 있습니다. 다음처럼 런타임 플래그의 `spring.profiles.active` 값에 프로파일명을 지정해 `winter` 프로파일에 속한 모든 빈을 로드할 수 있습니다.

```
-Dspring.profiles.active=winter
```

기본 프로파일 지정하기

기본 프로파일은 스프링이 활성 프로파일active profile을 찾지 못할 때 사용되므로 애플리케이션에 어떤 프로파일도 로드되지 않는 오류를 피하려면 이를 지정하면 됩니다. 기본 프로파일은 프로그램 방식으로 지정하거나, 자바 런타임 플래그나 웹 애플리케이션 초기화 파라미터를 사용해 지정합니다.

프로그램 방식으로 지정하려면 `setActiveProfiles()` 대신 `setDefaultProfiles()` 메서드를 사용하고, 자바 런타임 플래그나 웹 애플리케이션 초기화 파라미터를 사용할 때는 `spring.profiles.active` 대신 `spring.profiles.default` 파라미터를 지정하면 됩니다.

---

15 옮긴이_ 자바 런타임 플래그란 자바를 실행할 때 추가로 지정하는 인수를 말하며, 시스템 속성이나 메모리 크기 등을 지정할 수 있습니다 (예: `java -Xmx256M -Djava.io.tmpdir=/home/scratch`).

16 옮긴이_ 프로그램 방식이란 직접 코딩하는 방식을 의미합니다.

레시피 1-12 POJO에 IoC 컨테이너 리소스 알려 주기

과제 컴포넌트가 스프링의 IoC 컨테이너에 직접 의존하도록 설계하는 방식은 바람직하지 않지만 때로는 빈이 컨테이너 리소스를 인지할 필요가 있습니다.

해결 빈이 스프링 IoC 컨테이너를 인지하려면 Aware 인터페이스를 구현해야 합니다. 스프링은 Aware 인터페이스에 정의된 세터 메서드를 사용해 대상 리소스를 빈에 주입합니다.
[표 1-2]는 자주 사용하는 스프링 Aware 인터페이스입니다.

표 1-2 스프링 Aware 인터페이스

Aware 인터페이스	대상 리소스 타입
BeanNameAware	IoC 컨테이너에 구성된 인스턴스의 빈 이름
BeanFactoryAware	IoC 컨테이너의 서비스를 호출하는 데 쓰이는 현재 빈 팩토리
ApplicationContextAware	IoC 컨테이너의 서비스를 호출하는 데 쓰이는 현재 애플리케이션 컨텍스트
MessageSourceAware	텍스트 메시지를 해석하는 데 쓰이는 메시지 소스
ApplicationEventPublisherAware	애플리케이션 이벤트를 발행하는 데 쓰이는 애플리케이션 이벤트 발행자publisher
ResourceLoaderAware	외부 리소스를 로드하는 데 쓰이는 리소스 로더
EnvironmentAware	ApplicationContext 인터페이스와 관련된 org.springframework.core.env.Environment 인스턴스
EmbeddedValueResolverAware	스프링 값 표현식과 같은 내부 값을 해석하는 데 쓰이는 StringValueResolver
LoadTimeWeaverAware	로드 타임 위빙load-time weaving(LTW) 활성화 시 사용되는 LoadTimeWeaver 인스턴스
ApplicationStartupAware	ApplicationContext 인터페이스와 관련된 org.springframework.core.metrics.ApplicationStartup

NOTE_ ApplicationContext 인터페이스는 MessageSource, ApplicationEventPublisher, ResourcePatternResolver 인터페이스를 상속한 인터페이스이며, 애플리케이션 컨텍스트를 인지해 모든 서비스에 접근할 수 있습니다. 하지만 요구 사항을 충족하는 최소한의 범위로 Aware 인터페이스를 선택해 사용하는 것이 모범 사례입니다.

Aware 인터페이스의 세터 메서드는 스프링이 빈 프로퍼티를 설정한 이후 초기화 콜백 메서드를 호출하기 이전에 호출됩니다. 상세 작동 순서는 다음과 같습니다.

- 생성자나 팩토리 메서드를 호출해 빈 인스턴스를 생성합니다.
- 빈 프로퍼티에 값과 빈 참조를 설정합니다.
- Aware 인터페이스에 정의한 세터 메서드를 호출합니다.
- 빈 인스턴스를 각 빈 후처리기에 있는 postProcessBeforeInitialization() 메서드에 전달합니다.
- 초기화 콜백 메서드를 호출합니다
- 빈 인스턴스를 각 빈 후처리기 postProcessAfterInitialization() 메서드에 전달합니다.
- 이제 빈을 사용할 준비가 끝났습니다.
- 컨테이너가 종료되면 종료 콜백 메서드를 호출합니다.

Aware 인터페이스를 구현한 빈은 스프링에 종속되고 스프링 IoC 컨테이너 외부에서는 정상적으로 작동하지 않는다는 점을 기억해야 합니다. 따라서 스프링에 종속된 인터페이스를 구현해야만 하는 상황인지 신중하게 검토하기 바랍니다.

NOTE_ 스프링 최신 버전에서는 사실 Aware 인터페이스를 구현할 필요가 없습니다. @Autowired만 사용해도 얼마든지 ApplicationContext를 가져올 수 있습니다. 하지만 프레임워크나 라이브러리를 개발할 때는 Aware 인터페이스를 구현하는 편이 더 나을 수도 있습니다.

풀이 예를 들어 쇼핑몰 애플리케이션에서 사용하는 Cashier 클래스에 BeanNameAware 인터페이스를 구현하면, Cashier 클래스의 POJO 인스턴스가 자신의 빈 이름을 인식할 수 있습니다. BeanNameAware 인터페이스를 구현하면 스프링은 POJO 인스턴스에 빈 이름을 자동으로 주입합니다. 따라서 예제에서 BeanNameAware 인터페이스를 구현한 후에 세터 메서드(setBeanName)를 추가해 빈 이름을 처리하면 됩니다.

```
package com.apress.spring6recipes.shop;

import org.springframework.beans.factory.BeanNameAware;

public class Cashier implements BeanNameAware {

  ...
```

```
    private final String path;
    private String fileName;

    ...

    @Override
    public void setBeanName(String name) {
      this.fileName = name;
    }
  }
```

빈 이름이 주입되면 해당 이름이 필요한 연관 작업을 할 수 있습니다. 예를 들어 계산원(cashier 클래스)이 처리한 결제 데이터를 저장하는 파일명을 빈 이름으로 설정하면 `fileName` 인수를 설정하는 생성자를 만들 필요가 없습니다.

```
@Bean(initMethod = "openFile", destroyMethod = "closeFile")
public Cashier cashier() {
  var path = System.getProperty("java.io.tmpdir") + "cashier";
  return new Cashier(path);
}
```

레시피 1-13 애너테이션으로 관점 지향 프로그래밍하기

과제 스프링에서 AspectJ를 이용해 관점 지향 프로그래밍aspect-oriented programming(AOP)을 구현하세요.

해결 애스펙트aspect를 정의하려면 먼저 클래스에 `@Aspect` 애너테이션을 적용합니다. 그리고 해당 클래스의 메서드에 AspectJ가 제공하는 애너테이션을 적용해 어드바이스advice를 정의합니다. 어드바이스 애너테이션으로는 `@Before`, `@After`, `@AfterReturning`, `@AfterThrowing`, `@Around`라는 5가지를 사용할 수 있습니다.

스프링 IoC 컨테이너에서 AOP를 위한 애너테이션을 사용할 수 있도록 활성화하려면 자바 구성 클래스 중 하나에 `@EnableAspectJAutoProxy` 애너테이션을 적용합니다. AOP를 선언할 때 스프링은 인터페이스 기반의 프록시(기본적으로 JDK 동적 프록시dynamic proxy)를 생성합니다. 인터페이스를 사용할 수 없거나 애플리케이션 설계 단계에서 고려하지 않았다면 스프링은 CGLIB Code Generator Library 프록시[17]를 생성할 수 있습니다. CGLIB은 `@EnableAspectJAutoProxy`에 `proxyTargetClass=true`를 설정해 활성화합니다.

풀이 스프링은 AspectJ에서 제공하는 애너테이션을 동일하게 사용해 AOP를 지원합니다. 하지만 AOP 런타임은 순수 스프링 AOP이므로 AspectJ 컴파일러와 위버weaver에 대한 의존성은 없으며, 포인트컷pointcut에서 파싱과 매칭에 AspectJ 라이브러리를 사용합니다.

계산기 인터페이스(`ArithmeticCalculator`, `UnitCalculator`)를 작성해 애너테이션을 사용한 관점 지향 프로그래밍을 구현해 봅시다.

```
package com.apress.spring6recipes.calculator;

public interface ArithmeticCalculator {
  double add(double a, double b);
  double sub(double a, double b);
  double mul(double a, double b);
  double div(double a, double b);
}
```

```
package com.apress.spring6recipes.calculator;

public interface UnitCalculator {
  double kilogramToPound(double kilogram);
  double kilometerToMile(double kilometer);
}
```

다음으로 각 인터페이스의 메서드가 언제 실행되는지 확인할 수 있도록 `println()` 구문을 사용해 POJO 클래스를 작성합니다.

```
package com.apress.spring6recipes.calculator;

import org.springframework.stereotype.Component;
```

17 옮긴이_ 인터페이스가 아닌 클래스를 상속받아 프록시 객체를 생성하는 방식을 말합니다.

```
@Component
class StandardArithmeticCalculator implements ArithmeticCalculator {

  @Override
  public double add(double a, double b) {
    var result = a + b;
    System.out.printf("%f + %f = %f%n", a, b, result);
    return result;
  }

  @Override
  public double sub(double a, double b) {
    var result = a - b;
    System.out.printf("%f - %f = %f%n", a, b, result);
    return result;
  }

  @Override
  public double mul(double a, double b) {
    var result = a * b;
    System.out.printf("%f * %f = %f%n", a, b, result);
    return result;
  }

  @Override
  public double div(double a, double b) {
    if (b == 0) {
      throw new IllegalArgumentException("Division by zero");
    }
    var result = a / b;
    System.out.printf("%f / %f = %f%n", a, b, result);
    return result;
  }
}
```

```
package com.apress.spring6recipes.calculator;

import org.springframework.stereotype.Component;

@Component
class StandardUnitCalculator implements UnitCalculator {

  @Override
```

```
    public double kilogramToPound(double kg) {
      var pound = kg * 2.2;
      System.out.printf("%f kilogram = %f pound%n", kg, pound);
      return pound;
    }

    @Override
    public double kilometerToMile(double km) {
      var mile = km * 0.62;
      System.out.printf("%f kilometer = %f mile%n", km, mile);
      return mile;
    }
  }
```

작성한 각 POJO 구현체에 `@Component` 애너테이션을 적용해 빈 인스턴스를 생성합니다.

애스펙트, 어드바이스, 포인트컷 선언하기

여러 타입과 객체에 걸쳐 적용되는 횡단 관심사(로깅, 트랜잭션 관리 같이 프로그램의 여러 모듈(클래스, 컴포넌트 등)에 걸쳐 공통적으로 적용되는 기능이나 관심사)를 모듈화한 자바 클래스를 애스펙트라고 합니다. 이러한 애스펙트를 사용하려면 해당 자바 클래스에 `@Aspect` 애너테이션을 적용합니다. 애스펙트는 포인트컷과 어드바이스로 구성됩니다. 실행하고자 하는 부가 로직인 어드바이스는 AspectJ에서 지원하는 5종류의 어드바이스 애너테이션(`@Before`, `@After`, `@AfterReturning`, `@AfterThrowing`, `@Around`) 중 하나를 적용한 단순한 자바 메서드입니다. 포인트컷은 어드바이스를 실행할 대상의 타입과 객체를 정규표현식으로 매치합니다.

@Before 어드바이스

Before 어드바이스는 특정 프로그램의 실행 지점execution point 이전에 횡단 관심사를 처리하는 어드바이스입니다. 포인트컷 표현식과 `@Before` 애너테이션을 선언해 Before 어드바이스를 사용해 봅시다.

```
package com.apress.spring6recipes.calculator;

import org.aspectj.lang.annotation.Aspect;
import org.aspectj.lang.annotation.Before;
import org.slf4j.Logger;
```

```
import org.slf4j.LoggerFactory;
import org.springframework.stereotype.Component;

@Aspect
@Component
public class CalculatorLoggingAspect {
  private final Logger log = LoggerFactory.getLogger(this.getClass());

  @Before("execution(* ArithmeticCalculator.add(..))")
  public void logBefore() {
    log.info("The method add() begins");
  }
}
```

ArithmeticCalculator 인터페이스의 add() 메서드 실행 전에 애스펙트가 작동하도록 예제를 작성했습니다. 포인트컷 표현식 앞부분의 와일드카드(*)는 모든 제어자(public, protected, private)와 모든 반환 타입을 매치합니다. 그리고 ArithmeticCalculator 인터페이스의 add() 메서드를 매치했는데, 인수 안의 두 점(..)은 인수 개수가 몇 개든 상관없이 매치한다는 의미입니다.

> **NOTE_** 앞서 작성한 애스펙트가 작동해서 메시지를 출력하려면 로깅 관련 초기 설정을 해야 합니다. 로그백Logback을 사용하도록 다음과 같은 logback.xml을 사용할 수도 있지만, 여기서는 SLF4J 단순 로거를 사용해 기본적인 로깅을 구성합니다.

예제 1-15 Logback 구성 파일 예제

```
<?xml version="1.0" encoding="UTF-8"?>
<configuration>

  <appender name="STDOUT" class="ch.qos.logback.core.ConsoleAppender">
    <layout class="ch.qos.logback.classic.PatternLayout">
      <Pattern>%d [%15.15t] %-5p %30.30c - %m%n</Pattern>
    </layout>
  </appender>

  <root level="INFO">
    <appender-ref ref="STDOUT" />
  </root>

</configuration>
```

NOTE_ 스프링에서 POJO에 `@Aspect` 애너테이션을 적용해도 자동 감지되지는 않으므로 `@Component` 애너테이션을 추가해야 합니다.

다음으로 자바 구성 클래스를 작성하고 POJO 계산기 구현체와 애스펙트를 포함해 모든 POJO를 스캔하도록 `@EnableAspectJAutoProxy`를 적용합니다.

```
package com.apress.spring6recipes.calculator;

import org.springframework.context.annotation.ComponentScan;
import org.springframework.context.annotation.Configuration;
import org.springframework.context.annotation.EnableAspectJAutoProxy;

@Configuration
@EnableAspectJAutoProxy
@ComponentScan
public class CalculatorConfiguration { }
```

마지막으로 메인 클래스를 실행해 애스펙트를 테스트합니다.

```
package com.apress.spring6recipes.calculator;

import org.springframework.context.annotation.AnnotationConfigApplicationContext;

public class Main {

  public static void main(String[] args) {
    var cfg = CalculatorConfiguration.class;
    try (var context = new AnnotationConfigApplicationContext(cfg)) {

      var arithmeticCalculator = context.getBean(ArithmeticCalculator.class);
      arithmeticCalculator.add(1, 2);
      arithmeticCalculator.sub(4, 3);
      arithmeticCalculator.mul(2, 3);
      arithmeticCalculator.div(4, 2);

      var unitCalculator = context.getBean(UnitCalculator.class);
      unitCalculator.kilogramToPound(10);
      unitCalculator.kilometerToMile(5);
    }
  }
}
```

조인 포인트join point는 포인트컷에 매치되는 실행 지점입니다. 포인트컷은 조인 포인트를 매치하는 표현식이며, 어드바이스는 특정 조인 포인트에서 수행하는 동작입니다.

어드바이스에서 현재 조인 포인트의 상세 정보에 접근하려면 어드바이스 메서드에 JointPoint 타입의 인수를 선언합니다. 이전에 설정한 클래스명과 메서드명(ArithmeticCalculator.add(..))을 와일드카드로 변경해 모든 메서드를 대상으로 수행하도록 확장해 봅시다.

```
package com.apress.spring6recipes.calculator;

import org.aspectj.lang.JoinPoint;
import org.aspectj.lang.annotation.Aspect;
import org.aspectj.lang.annotation.Before;
import org.slf4j.Logger;
import org.slf4j.LoggerFactory;
import org.springframework.stereotype.Component;

import java.util.Arrays;

@Aspect
@Component
public class CalculatorLoggingAspect {

  private final Logger log = LoggerFactory.getLogger(this.getClass());

  @Before("execution(* *.*(..))")
  public void logBefore(JoinPoint joinPoint) {
    var name = joinPoint.getSignature().getName();
    var args = Arrays.toString(joinPoint.getArgs());
    log.info("The method {}() begins with {} ", name , args);
  }
}
```

@After 어드바이스

After 어드바이스는 조인 포인트가 종료될 때 실행되며, 정상적으로 결과를 반환하거나 예외가 발생했을 때 모두 실행됩니다. 다음은 계산기의 메서드가 끝날 때 로그를 남기는 데 After 어드바이스를 사용하는 예제입니다.

```
package com.apress.spring6recipes.calculator;

import org.aspectj.lang.JoinPoint;
import org.aspectj.lang.annotation.After;
import org.aspectj.lang.annotation.Aspect;
import org.slf4j.Logger;
import org.slf4j.LoggerFactory;
import org.springframework.stereotype.Component;

import java.util.Arrays;

@Aspect
@Component
public class CalculatorLoggingAspect {

  private final Logger log = LoggerFactory.getLogger(this.getClass());

  ...
  @After("execution(* *.*(..))")
  public void logAfter(JoinPoint joinPoint) {
    var name = joinPoint.getSignature().getName();
    log.info("The method {}() ends", name);
  }
}
```

@AfterReturning 어드바이스

After 어드바이스와 달리 조인 포인트가 정상적으로 결과를 반환할 때만 로깅을 실행하려면 After Returning 어드바이스를 사용하면 됩니다.

```
package com.apress.spring6recipes.calculator;

import org.aspectj.lang.JoinPoint;
import org.aspectj.lang.annotation.AfterReturning;
import org.aspectj.lang.annotation.Aspect;
import org.slf4j.Logger;
import org.slf4j.LoggerFactory;
import org.springframework.stereotype.Component;

@Aspect
@Component
```

```
public class CalculatorLoggingAspect {

  private final Logger log = LoggerFactory.getLogger(this.getClass());

  ...
  @AfterReturning("execution(* *.*(..))")
  public void logAfterReturning(JoinPoint joinPoint) {
    var name = joinPoint.getSignature().getName();
    log.info("The method {}() has ended.", name);
  }
}
```

After Returning 어드바이스에서 `@AfterReturning` 애너테이션에 `returning` 속성을 추가하고 어드바이스 메서드의 인수로 동일하게 지정하면 조인 포인트의 반환값에 접근할 수 있습니다. 스프링 AOP는 런타임에 해당 반환값을 어드바이스 인수로 전달합니다. 이 예제에서는 이전에 사용한 포인트컷 표현식을 `pointcut`이라는 속성으로 추가해야 합니다.

```
package com.apress.spring6recipes.calculator;

import org.aspectj.lang.JoinPoint;
import org.aspectj.lang.annotation.AfterReturning;
import org.aspectj.lang.annotation.Aspect;
import org.slf4j.Logger;
import org.slf4j.LoggerFactory;
import org.springframework.stereotype.Component;

import java.util.Arrays;

@Aspect
@Component
public class CalculatorLoggingAspect {

  private Logger log = LoggerFactory.getLogger(this.getClass());

  ...
  @AfterReturning(
    pointcut = "execution(* *.*(..))",
    returning = "result")
  public void logAfterReturning(JoinPoint joinPoint, Object result) {
    var name = joinPoint.getSignature().getName();
    log.info("The method {}() ends with {}", name, result);
  }
```

```
  ...
}
```

@AfterThrowing 어드바이스

After Throwing 어드바이스는 조인 포인트에서 예외가 발생할 때만 실행됩니다.

```
package com.apress.spring6recipes.calculator;

import org.aspectj.lang.JoinPoint;
import org.aspectj.lang.annotation.AfterThrowing;
import org.aspectj.lang.annotation.Aspect;
import org.slf4j.Logger;
import org.slf4j.LoggerFactory;
import org.springframework.stereotype.Component;

@Aspect
@Component
public class CalculatorLoggingAspect {

  private final Logger log = LoggerFactory.getLogger(this.getClass());

  ...
  @AfterThrowing("execution(* *.*(..))")
  public void logAfterThrowing(JoinPoint joinPoint) {

    var name = joinPoint.getSignature().getName();
    log.error("An exception has been thrown in {}()", name);
  }
}
```

어드바이스에서 반환값에 접근하듯이 `@AfterThrowing` 애너테이션에 `throwing` 속성을 추가해 조인 포인트에서 발생한 예외에 접근할 수 있습니다. 자바 언어에서 `Throwable` 타입은 모든 예외(`Exception`)와 오류(`Error`) 클래스의 부모 클래스입니다. 다음은 조인 포인트에서 발생하는 모든 오류와 예외를 가져오는 어드바이스 예제입니다.

```
package com.apress.spring6recipes.calculator;

import org.aspectj.lang.JoinPoint;
```

```
import org.aspectj.lang.annotation.AfterThrowing;
import org.aspectj.lang.annotation.Aspect;
import org.slf4j.Logger;
import org.slf4j.LoggerFactory;
import org.springframework.stereotype.Component;

@Aspect
@Component
public class CalculatorLoggingAspect {

  private final Logger log = LoggerFactory.getLogger(this.getClass());

  ...
  @AfterThrowing(
    pointcut = "execution(* *.*(..))",
    throwing = "ex")
  public void logAfterThrowing(JoinPoint joinPoint, Throwable ex) {
    var name = joinPoint.getSignature().getName();
    log.error("An exception {} has been thrown in {}()", ex, name);
  }
}
```

하지만 특정 타입의 예외만 다루고 싶다면 어드바이스 메서드에 해당 예외 타입을 인수로 선언해야 합니다. 그러면 호환되는 타입의 예외(즉, 해당 예외 타입과 자식 타입 모두 포함)가 발생할 때만 After Throwing 어드바이스가 실행됩니다.

```
package com.apress.spring6recipes.calculator;

import org.aspectj.lang.JoinPoint;
import org.aspectj.lang.annotation.AfterThrowing;
import org.aspectj.lang.annotation.Aspect;
import org.slf4j.Logger;
import org.slf4j.LoggerFactory;
import org.springframework.stereotype.Component;

import java.util.Arrays;

@Aspect
@Component
public class CalculatorLoggingAspect {

  private final Logger log = LoggerFactory.getLogger(this.getClass());
```

```
  ...
  @AfterThrowing(
    pointcut = "execution(* *.*(..))",
    throwing = "ex")
  public void logAfterThrowing(JoinPoint joinPoint, IllegalArgumentException ex) {
    var args = Arrays.toString(joinPoint.getArgs());
    var name = joinPoint.getSignature().getName();
    log.error("Illegal argument {} in {}()", args, name);
  }
}
```

@Around 어드바이스

마지막으로 살펴볼 Around 어드바이스는 가장 강력한 어드바이스입니다. Around 어드바이스는 조인 포인트를 완전히 제어할 수 있으므로 앞서 살펴봤던 각 어드바이스의 동작을 하나의 어드바이스에서 전부 동작시킬 수 있습니다. 심지어 기존 조인 포인트를 실행할 시점과 실제 실행 여부를 제어할 수 있습니다.

다음은 앞서 살펴본 Before, After Returning, After Throwing 어드바이스를 합친 Around 어드바이스 예제입니다. Around 어드바이스 메서드의 조인 포인트 인수 타입은 ProceedingJoinPoint이어야 합니다. JoinPoint의 하위 인터페이스인 ProceedingJoinPoint는 proceed() 메서드를 호출해 기존 조인 포인트의 실행을 제어할 수 있습니다.

```
package com.apress.spring6recipes.calculator;

import org.aspectj.lang.ProceedingJoinPoint;
import org.aspectj.lang.annotation.Around;
import org.aspectj.lang.annotation.Aspect;
import org.slf4j.Logger;
import org.slf4j.LoggerFactory;
import org.springframework.stereotype.Component;

import java.util.Arrays;

@Aspect
@Component
public class CalculatorLoggingAspect {
```

```
    private final Logger log = LoggerFactory.getLogger(this.getClass());

    @Around("execution(* *.*(..))")
    public Object logAround(ProceedingJoinPoint joinPoint) throws Throwable {
      var name = joinPoint.getSignature().getName();
      var args = Arrays.toString(joinPoint.getArgs());
      log.info("The method {}() begins with {}.", name, args);
      try {
        var result = joinPoint.proceed();
        log.info("The method {}() ends with {}.", name, result);
        return result;
      }
      catch (IllegalArgumentException ex) {
        log.error("Illegal argument {} in {}()", args, name);
        throw ex;
      }
    }
  }
```

Around 어드바이스는 원본의 인숫값과 마지막 반환값을 변경할 수 있다는 점에서 매우 강력하고 유연합니다. 하지만 주의해서 사용해야 하며, 조인 포인트의 `proceed()` 메서드를 반드시 호출해야 합니다.[18]

TIP 요구 사항을 충족하는 최소 범위의 어드바이스를 선택하는 것이 바람직합니다.

레시피 1-14 조인 포인트 정보에 접근하기

과제 AOP에서 어드바이스는 조인 포인트라는 여러 프로그램의 실행 지점에 적용할 수 있습니다. 어드바이스가 정상적으로 작동했는지 확인하려면 조인 포인트 상세 정보가 필요합니다.

해결 어드바이스는 어드바이스 메서드 시그니처signature에 `org.aspectj.lang.JoinPoint` 타입의 인수를 사용해 현재 조인 포인트 정보를 얻을 수 있습니다.

18 옮긴이_ Around 어드바이스에서 proceed() 메서드를 기준으로 대상 메서드 호출 전후가 구분됩니다. 즉, proceed() 메서드를 호출하는 로직 앞에 작성한 로직은 대상 메서드 호출 전에 수행되고, proceed() 메서드를 호출하는 로직 뒤에 작성한 로직은 대상 메서드 호출 이후에 수행됩니다.

풀이 어드바이스를 사용해 조인 포인트 정보에 접근하는 예제를 작성해 봅시다. 필요한 정보는 조인 포인트의 종류(스프링 AOP에서는 메서드 실행에만 해당), 메서드 시그니처(메서드명과 인수 타입), 매개변숫값, 대상 객체target object, 프록시 객체 정보입니다.

```
package com.apress.spring6recipes.calculator;

import org.aspectj.lang.JoinPoint;
import org.aspectj.lang.annotation.Aspect;
import org.aspectj.lang.annotation.Before;
import org.slf4j.Logger;
import org.slf4j.LoggerFactory;
import org.springframework.stereotype.Component;

import java.util.Arrays;

@Aspect
@Component
public class CalculatorLoggingAspect {

  private final Logger log = LoggerFactory.getLogger(this.getClass());

  @Before("execution(* *.*(..))")
  public void logJoinPoint(JoinPoint jp) {
    log.info("Join point kind : {}", jp.getKind());
    log.info("Signature declaring type : {}",
            jp.getSignature().getDeclaringTypeName());
    log.info("Signature name : {}", jp.getSignature().getName());
    log.info("Arguments : {}", Arrays.toString(jp.getArgs()));
    log.info("Target class : {}", jp.getTarget().getClass().getName());
    log.info("This class : {}", jp.getThis().getClass().getName());
  }
}
```

프록시로 감싼 원본 빈을 대상 객체라고 하며, 조인 포인트의 `getTarget()`으로 접근할 수 있습니다. 반면 프록시 객체는 조인 포인트의 `getThis()`로 접근할 수 있습니다. 다음 실행 결과를 보면 두 객체의 클래스가 다름을 알 수 있습니다.

```
Join point kind : method-execution
Signature declaring type : com.apress.spring6recipes.calculator.
ArithmeticCalculator
```

```
Signature name : add
Arguments : [1.0, 2.0]
Target class : com.apress.spring6recipes.calculator.StandardArithmeticCalculator
This class : com.sun.proxy.$Proxy6
```

레시피 1-15 @Order로 애스펙트 우선순위 지정하기

과제 같은 조인 포인트에 한 개 이상의 애스펙트를 적용할 때 우선순위를 지정하세요.

해결 애스펙트의 우선순위는 Ordered 인터페이스를 구현하거나 @Order 애너테이션을 사용해 지정할 수 있습니다.

풀이 계산기(calculator) 인수를 검증하는 애스펙트를 작성해 봅시다. 이 애스펙트에는 @Before 어드바이스 하나만 선언했습니다.

```java
package com.apress.spring6recipes.calculator;

import org.aspectj.lang.JoinPoint;
import org.aspectj.lang.annotation.Aspect;
import org.aspectj.lang.annotation.Before;
import org.springframework.stereotype.Component;

@Aspect
@Component
public class CalculatorValidationAspect {

  @Before("execution(* *.*(double, double))")
  public void validateBefore(JoinPoint joinPoint) {
    for (var arg : joinPoint.getArgs()) {
      validate((Double) arg);
    }
  }

  private void validate(double a) {
    if (a < 0) {
      throw new IllegalArgumentException("Positive numbers only");
    }
  }
```

```
  ...
}
```

[레시피 1-14]에서 작성한 로깅 애스펙트(CalculatorLoggingAspect)와 방금 작성한 검증 애스펙트를 둘 다 적용했을 때 어느 쪽이 먼저 작동할지 알 수 없습니다. 작동 순서를 정하려면 애스펙트에 우선순위를 지정해야 합니다. 두 애스펙트에 모두 Ordered 인터페이스를 구현하거나 @Order 애너테이션을 적용하면 됩니다.

Ordered 인터페이스를 구현하는 방식에서는 getOrder() 메서드의 반환값이 작을수록 우선순위가 높아집니다. 로깅 애스펙트보다 검증 애스펙트의 반환값을 작게 설정하면 검증 애스펙트를 먼저 적용할 수 있습니다.

```
package com.apress.spring6recipes.calculator;

import org.springframework.core.Ordered;

@Aspect
@Component
public class CalculatorValidationAspect implements Ordered {

  ...
  @Override
  public int getOrder() {
    return 0;
  }
}
```

@Order 애너테이션에 숫자를 설정해 우선순위를 지정할 수도 있습니다.

```
package com.apress.spring6recipes.calculator;

import org.springframework.core.annotation.Order;

@Aspect
@Component
@Order(0)
public class CalculatorValidationAspect {
...
}
```

레시피 1-16 애스펙트 포인트컷 정의 재사용하기

과제 애스펙트를 작성하면서 어드바이스 애너테이션에 포인트컷 표현식을 직접 지정할 수 있습니다. 하지만 똑같은 포인트컷 표현식을 여러 어드바이스에 반복해서 지정하는 일은 피해야 합니다.

해결 @Pointcut 애너테이션을 사용하면 포인트컷을 별도로 정의해 여러 어드바이스에서 재사용할 수 있습니다.

풀이 애스펙트의 포인트컷은 단순한 메서드에 @Pointcut 애너테이션을 적용해 선언할 수 있습니다. 보통 포인트컷 메서드의 내용은 작성하지 않는데, 포인트컷 정의와 애플리케이션 로직을 함께 작성하는 방식은 바람직하지 않기 때문입니다. 포인트컷 메서드의 접근 제어자access modifier는 가시성visibility을 조정합니다. 이렇게 작성한 포인트컷은 다른 어드바이스에서 메서드명으로 참조할 수 있습니다.

```
package com.apress.spring6recipes.calculator;

import org.aspectj.lang.annotation.Pointcut;

@Aspect
@Component
public class CalculatorLoggingAspect {

  @Pointcut("execution(* *.*(..))")
  private void loggingOperation() {
  }

  @Before("loggingOperation()")
  public void logBefore(JoinPoint joinPoint) {
  ...
  }

  @After("loggingOperation()")
  public void logAfter(JoinPoint joinPoint) {
  ...
  }

  @AfterReturning(
    pointcut = "loggingOperation()",
```

```
    returning = "result")
  public void logAfterReturning(JoinPoint joinPoint, Object result) {
  ...
  }

  @AfterThrowing(
    pointcut = "loggingOperation()",
    throwing = "ex")
  public void logAfterThrowing(JoinPoint joinPoint, IllegalArgumentException ex) {
  ...
  }

  @Around("loggingOperation()")
  public Object logAround(ProceedingJoinPoint joinPoint) throws Throwable {
  ...
  }
}
```

여러 애스펙트가 공유하는 공통 포인트컷은 별도로 모아 관리하면 좋습니다. 이때 포인트컷 메서드는 public으로 선언해야 합니다.

```
package com.apress.spring6recipes.calculator;

import org.aspectj.lang.annotation.Aspect;
import org.aspectj.lang.annotation.Pointcut;

@Aspect
public class CalculatorPointcuts {

  @Pointcut("execution(* *.*(..))")
  public void loggingOperation() {}
}
```

이렇게 작성한 포인트컷을 참조할 때는 클래스명도 함께 작성해야 하며, 해당 클래스와 애스펙트의 패키지가 다르다면 패키지명도 함께 작성해야 합니다.

```
package com.apress.spring6recipes.calculator;

@Aspect
@Component
public class CalculatorLoggingAspect {

  @Before("com.apress.spring6recipes.calculator.CalculatorPointcuts.
  loggingOperation()")
  public void logBefore(JoinPoint joinPoint) {
    ...
  }

  @After("com.apress.spring6recipes.calculator.CalculatorPointcuts.
  loggingOperation()")
  public void logAfter(JoinPoint joinPoint) {
    ...
  }

  @AfterReturning(
    pointcut = "com.apress.spring6recipes.calculator.CalculatorPointcuts.
    loggingOperation()",
    returning = "result")
  public void logAfterReturning(JoinPoint joinPoint, Object result) {
    ...
  }

  @AfterThrowing(
    pointcut = "com.apress.spring6recipes.calculator.CalculatorPointcuts.
    loggingOperation()",
    throwing = "ex")
  public void logAfterThrowing(JoinPoint joinPoint, IllegalArgumentException ex) {
    ...
  }

  @Around("com.apress.spring6recipes.calculator.CalculatorPointcuts.
  loggingOperation()")
  public Object logAround(ProceedingJoinPoint joinPoint) throws Throwable {
  }
  ...
}
```

레시피 1-17 AspectJ 포인트컷 표현식 작성하기

과제 횡단 관심사crosscutting concern[19]는 프로그램의 여러 실행 지점에서 발생하는데, 이러한 실행 지점을 조인 포인트라고 합니다. 다양한 조인 포인트를 매치할 수 있는 강력한 표현 언어expression language(EL)가 필요합니다.

해결 AspectJ[20] 포인트컷 언어는 다양한 종류의 조인 포인트를 매치할 수 있는 강력한 표현 언어입니다. 하지만 스프링 AOP는 스프링 IoC 컨테이너에 선언된 빈을 대상으로 메서드 실행 조인 포인트만 지원합니다. 따라서 여기서는 스프링 AOP가 지원하는 포인트컷 표현식만 살펴봅니다. AspectJ 포인트컷 언어를 상세히 알고 싶다면 AspectJ 웹사이트(`www.eclipse.org/aspectj`)에서 제공하는 AspectJ 프로그래밍 가이드를 참고하세요.

스프링 AOP에서 AspectJ 포인트컷 언어를 사용해 포인트컷을 정의하면, AspectJ에서 제공하는 라이브러리로 런타임에 포인트컷 표현식을 해석합니다. 스프링 AOP에서 AspectJ 포인트컷 표현식을 사용할 때는 스프링 AOP가 스프링 IoC 컨테이너의 빈을 대상으로 메서드 실행 조인 포인트만 지원한다는 점을 기억해야 합니다. 이 스코프를 벗어나 포인트컷 표현식을 사용하면 `IllegalArgumentException` 예외가 발생합니다.

풀이 메서드 시그니처 패턴

포인트컷 표현식의 가장 일반적인 모습은 메서드 시그니처를 기준으로 대상 메서드를 매치하는 것입니다. 예를 들어 다음 포인트컷 표현식은 `ArithmeticCalculator` 인터페이스에 선언한 모든 메서드를 매치합니다. 가장 앞에 있는 와일드카드는 메서드 제어자(`public`, `protected`, `private`)와 반환 타입에 상관없이 매치하며, 인수 목록의 두 점(`..`)은 인수 개수에 상관없이 매치하겠다는 의미입니다.

```
execution(* com.apress.spring6recipes.calculator.ArithmeticCalculator.*(..))
```

19 옮긴이_ 횡단 관심사는 핵심 관심에 영향을 주는 프로그램의 영역으로, 로깅과 트랜잭션, 인증 처리와 같은 시스템 공통 처리 영역에 해당하며 크로스커팅 관심사라고도 합니다.

20 옮긴이_ AspectJ 프레임워크(AspectJ Framework)는 팰로앨토 연구소(PARC)에서 개발한 기술로, 자바 프로그래밍 언어에 대한 완벽한 AOP 솔루션 제공을 목표로 합니다. 스프링 AOP보다 성능이 뛰어나고 기능이 강력하지만 사용 방법이 복잡합니다.

대상 클래스나 인터페이스가 애스펙트와 같은 패키지에 있다면 패키지명을 생략해도 됩니다.

```
execution(* ArithmeticCalculator.*(..))
```

다음은 ArithmeticCalculator 인터페이스에 선언된 모든 public 메서드를 매치하는 포인트컷 표현식입니다.

```
execution(public * ArithmeticCalculator.*(..))
```

메서드 반환 타입을 제한할 수도 있습니다. 다음 포인트컷 표현식은 double 타입의 숫자를 반환하는 메서드를 매치합니다.

```
execution(public double ArithmeticCalculator.*(..))
```

메서드의 인수 목록도 제한할 수 있습니다. 다음 포인트컷은 첫 번째 인수가 double 타입인 메서드를 매치합니다. 타입 옆의 두 점(..)은 인수가 몇 개라도 상관없음을 의미합니다.

```
execution(public double ArithmeticCalculator.*(double, ..))
```

다음과 같이 포인트컷에 매치되는 메서드 시그니처의 모든 인수 타입을 지정할 수도 있습니다.

```
execution(public double ArithmeticCalculator.*(double, double))
```

AspectJ 포인트컷 언어는 다양한 조인 포인트를 매치할 수 있지만, 때로는 대상 메서드를 매치할 공통 특성(예: 제어자, 반환 타입, 메서드명 패턴, 인수)이 없을 수도 있습니다. 이럴 때는 직접 커스텀 애너테이션을 만들 수 있습니다. 예를 들어 다음 예제의 LoggingRequired와 같은 마커marker 애너테이션[21]을 정의해 메서드와 타입에 모두 적용할 수 있습니다.

```
package com.apress.spring6recipes.calculator;

import java.lang.annotation.Documented;
```

21 옮긴이_ 마커 애너테이션은 선언을 표시할 목적으로 사용하며 어떠한 멤버도 포함하지 않습니다.

```java
import java.lang.annotation.ElementType;
import java.lang.annotation.Retention;
import java.lang.annotation.RetentionPolicy;
import java.lang.annotation.Target;

@Target({ ElementType.METHOD, ElementType.TYPE })
@Retention(RetentionPolicy.RUNTIME)
@Documented
public @interface LoggingRequired { }
```

다음으로 커스텀 애너테이션(@LoggingRequired)을 로깅이 필요한 메서드에 각각 적용하거나, 클래스에 적용해 해당 클래스의 모든 메서드에 로깅을 적용할 수 있습니다. 애너테이션이 상속되지 않으므로 인터페이스가 아닌 구현 클래스에 적용해야 합니다.

```java
package com.apress.spring6recipes.calculator;

import org.springframework.stereotype.Component;

@Component
@LoggingRequired
class StandardArithmeticCalculator implements ArithmeticCalculator {
...
}
```

그런 다음 @Pointcut 애너테이션을 적용합니다. 이때 @annotation 키워드를 사용해 @LoggingRequired와 클래스(또는 메서드)를 매치하는 포인트컷 표현식을 작성합니다.

```java
package com.apress.spring6recipes.calculator;

import org.aspectj.lang.annotation.Pointcut;

public class CalculatorPointcuts {

  @Pointcut("@annotation(com.apress.spring6recipes.calculator.LoggingRequired)")
  public void loggingOperation() {
  }
}
```

타입 시그니처 패턴

특정 타입 내의 모든 조인 포인트를 매치하는 포인트컷 표현식도 있습니다. 스프링 AOP에서 이 방식을 사용하면 해당 타입 내 모든 메서드의 실행에 매치되도록 포인트컷 적용 범위를 좁힐 수 있습니다. 예를 들어 다음 포인트컷은 `com.apress.spring6recipes.calculator` 패키지의 모든 메서드 실행 조인 포인트를 매치합니다.

```
within(com.apress.spring6recipes.calculator.*)
```

특정 패키지와 그 하위 패키지 내부의 조인 포인트를 모두 매치하려면 와일드카드 앞에 점을 하나 추가합니다.

```
within(com.apress.spring6recipes.calculator..*)
```

다음 포인트컷 표현식은 특정 클래스의 모든 메서드 실행 조인 포인트를 매치합니다.

```
within(com.apress.spring6recipes.calculator.StandardArithmeticCalculator)
```

대상 클래스가 애스펙트와 동일한 패키지에 있다면 패키지명을 생략할 수 있습니다.

```
within(StandardArithmeticCalculator)
```

`ArithmeticCalculator` 인터페이스를 구현하는 모든 클래스의 메서드 실행 조인 포인트를 매치하려면 다음과 같이 인터페이스명 뒤에 더하기(+) 기호를 추가합니다.

```
within(ArithmeticCalculator+)
```

앞에서 살펴봤듯이 `@LoggingRequired` 커스텀 애너테이션은 클래스나 메서드에 적용할 수 있습니다.

```
package com.apress.spring6recipes.calculator;

@LoggingRequired
public class StandardArithmeticCalculator implements ArithmeticCalculator { ... }
```

또한 @Pointcut에 @within 키워드를 사용해 @LoggingRequired가 적용된 클래스(또는 메서드) 내의 조인 포인트를 매치할 수 있습니다.

```
@Pointcut("@within(com.apress.spring6recipes.calculator.LoggingRequired)")
public void loggingOperation() {}
```

NOTE_ @가 있는 키워드는 매칭용 애너테이션을 지정하는 데 사용합니다. 따라서 특정 애너테이션을 적용한 클래스를 매치하려면 @within을 사용하고, 클래스를 매치하려면 within을 사용하면 됩니다. @가 없는 키워드는 일반 AspectJ 표현식이며 패키지와 클래스명을 매치하는 데 사용합니다. @가 있는 키워드는 애너테이션에 적용할 수 있습니다.

포인트컷 표현식 조합하기

AspectJ 포인트컷 표현식은 &&(and), ||(or), !(not) 등의 연산자로 조합할 수 있습니다. 예를 들어 다음 포인트컷은 ArithmeticCalculator나 UnitCalculator 인터페이스를 구현하는 클래스의 조인 포인트를 매치합니다.

```
within(ArithmeticCalculator+) || within(UnitCalculator+)
```

이때 연산자를 사용해 조합할 수 있는 피연산자operand는 포인트컷 표현식이거나 다른 포인트컷을 가리키는 참조입니다.

```
package com.apress.spring6recipes.calculator;

import org.aspectj.lang.annotation.Pointcut;

public class CalculatorPointcuts {

  @Pointcut("within(com.apress.spring6recipes.calculator.ArithmeticCalculator+)")
  public void arithmeticOperation() {}

  @Pointcut("within(com.apress.spring6recipes.calculator.UnitCalculator+)")
  public void unitOperation() {}

  @Pointcut("arithmeticOperation() || unitOperation()")
```

```
  public void loggingOperation() {}
}
```

포인트컷 매개변수 선언하기

리플렉션reflection[22]을 이용해 조인 포인트 정보를 얻어오는 방법(어드바이스 메서드에서 org.aspectj.lang.JoinPoint 타입의 인수를 사용하는 방법)이 있습니다. 또한 몇 가지 특수한 포인트컷 표현식을 사용해 선언적declarative 방식으로 조인 포인트 정보를 얻어올 수도 있습니다. 예를 들어 target()과 args() 표현식은 현재 조인 포인트의 대상 객체와 인수의 값을 포인트컷 매개변수로 노출합니다. 노출된 매개변수는 같은 이름의 어드바이스 메서드 인수로 전달됩니다.

```
package com.apress.spring6recipes.calculator;

import org.aspectj.lang.annotation.Aspect;
import org.aspectj.lang.annotation.Before;
import org.springframework.stereotype.Component;

@Aspect
@Component
public class CalculatorLoggingAspect {

  ...
  @Before("execution(* *.*(..)) && target(target) && args(a,b)")
  public void logParameter(Object target, double a, double b) {
    log.info("Target class : {}" , target.getClass().getName());
    log.info("Arguments : {},{}", a , b);
  }
}
```

매개변수를 노출하는 독립적인 포인트컷을 선언할 때는 포인트컷 메서드의 인수로 전달할 매개변수를 포함해야 합니다.

```
package com.apress.spring6recipes.calculator;

import org.aspectj.lang.annotation.Pointcut;
```

22 옮긴이_ 리플렉션은 클래스 타입을 알지 못하더라도 해당 클래스의 메서드, 타입, 변수들에 접근하도록 해 주는 자바 API입니다.

```
public class CalculatorPointcuts {

    ...
    @Pointcut("execution(* *.*(..)) && target(target) && args(a,b)")
    public void parameterPointcut(Object target, double a, double b) {} }
```

이렇게 매개변수화된parameterized 포인트컷을 참조하는 모든 어드바이스는 같은 이름의 메서드 인수를 통해 포인트컷 매개변수에 접근할 수 있습니다.

```
package com.apress.spring6recipes.calculator;

import org.aspectj.lang.annotation.Aspect;
import org.aspectj.lang.annotation.Before;
import org.springframework.stereotype.Component;

@Aspect
@Component
public class CalculatorLoggingAspect {

    @Before("com.apress.spring6recipes.calculator.CalculatorPointcuts
      .parameterPointcut(target, a, b)")
    public void logParameter(Object target, double a, double b) {
        log.info("Target class : {}" , target.getClass().getName());
        log.info("Arguments : {},{}", a , b);
    }
}
```

레시피 1-18 POJO에 AOP 인트로덕션 적용하기

과제 공통 기능을 공유하는 클래스 그룹이 있을 때, 객체 지향 프로그래밍object-oriented programming(OOP)에서는 동일한 기본 클래스base class를 상속하거나 동일한 인터페이스를 구현합니다. 하지만 이 문제는 사실상 횡단 관심사이며, AOP로 모듈화할 수 있습니다. 게다가 자바의 단일 상속 메커니즘으로는 클래스가 단 하나의 기본 클래스만 상속해야 하므로 한번에 여러 구현 클래스의 기능을 상속받을 수 없습니다.

해결 인트로덕션introduction은 AOP 어드바이스의 특별한 타입입니다. 인트로덕션을 사용하면 객체가 특정 인터페이스의 구현 클래스를 제공받아 동적으로 인터페이스를 구현할 수 있습니다. 이는 마치 객체가 런타임에 구현 클래스를 상속하는 것처럼 보입니다. 게다가 객체에 여러 인터페이스(각각 구현 클래스가 존재)를 동시에 인트로듀스introduce[23]해 다중 상속multiple inheritance 효과를 얻을 수 있습니다.

풀이 다음 MaxCalculator와 MinCalculator 인터페이스는 각각 max()와 min() 메서드를 정의합니다.

```
package com.apress.spring6recipes.calculator;

public interface MaxCalculator {

  double max(double a, double b);
}
```

```
package com.apress.spring6recipes.calculator;

public interface MinCalculator {

  double min(double a, double b);
}
```

각 인터페이스의 구현체에 printf() 구문을 추가해 메서드의 실행 시점을 출력합니다.

```
package com.apress.spring6recipes.calculator;

public class SimpleMaxCalculator implements MaxCalculator {

  @Override
  public double max(double a, double b) {
    var result = Math.max(a, b);
    System.out.printf("max(%f, %f) = %f%n", a, b, result);
    return result;
  }
}
```

23 옮긴이_ 이 책에서는 '인트로덕션을 수행하다'라는 의미로 사용합니다.

```java
package com.apress.spring6recipes.calculator;

public class SimpleMinCalculator implements MinCalculator {

  @Override
  public double min(double a, double b) {
    var result = Math.min(a, b);
    System.out.printf("min(%f, %f) = %f%n", a, b, result);
    return result;
  }
}
```

이제 StandardArithmeticCalculator 클래스에서 max()와 min() 계산을 수행해 봅시다. 자바는 단일 상속만 지원하므로 StandardArithmeticCalculator 클래스가 SimpleMaxCalculator와 SimpleMinCalculator 클래스를 동시에 상속할 수 없습니다. 따라서 구현한 코드를 복사하거나 실제 구현 클래스에 처리를 위임해서, 한쪽은 클래스(예: SimpleMaxCalculator)를 상속하고 다른 쪽은 인터페이스(예: MinCalculator)를 구현하는 방법을 사용해야 합니다. 둘 중 어떤 식으로든 메서드 선언은 반복해야 합니다.

이때 인트로덕션을 사용하면 StandardArithmeticCalculator에서 구현 클래스인 SimpleMaxCalculator와 SimpleMinCalculator를 사용해 MaxCalculator와 MinCalculator 인터페이스를 한꺼번에 동적으로 구현할 수 있습니다. 이는 SimpleMaxCalculator와 SimpleMinCalculator를 다중 상속하는 것과 동일한 효과가 있습니다. 인트로덕션의 중요한 의의는 새로운 메서드를 인트로듀스할 때 StandardArithmeticCalculator 클래스를 수정할 필요가 없다는 점입니다. 다시 말해 대상 클래스의 소스 코드가 없어도 메서드를 인트로듀스할 수 있습니다.

TIP 스프링 AOP에서 인트로덕션 기능이 어떻게 작동하는지 궁금할 것입니다. 그 비결은 동적 프록시입니다. 잘 생각해 보면 동적 프록시에 여러 인터페이스를 지정해 구현할 수 있습니다. 인트로덕션은 동적 프록시에 인터페이스(예: MaxCalculator)를 추가하는 방식으로 작동합니다. 이 인터페이스에 선언된 메서드를 프록시 객체에서 호출하면, 프록시는 백엔드 구현 클래스(예: SimpleMaxCalculator)에 호출을 위임합니다.

인트로덕션은 어드바이스처럼 애스펙트에서 선언하며, 애스펙트를 새로 만들거나 용도에 맞는 기존 애스펙트를 재사용할 수도 있습니다. 다음은 @DeclareParents 애너테이션을 필드에 적용해 인트로덕션을 선언한 애스펙트 예제입니다.

```
package com.apress.spring6recipes.calculator;

import org.aspectj.lang.annotation.Aspect;
import org.aspectj.lang.annotation.DeclareParents;
import org.springframework.stereotype.Component;

@Aspect
@Component
public class CalculatorIntroduction {

  @DeclareParents(
    value = "com.apress.spring6recipes.calculator.StandardArithmeticCalculator",
    defaultImpl = SimpleMaxCalculator.class)
  public MaxCalculator maxCalculator;

  @DeclareParents(
    value = "com.apress.spring6recipes.calculator.StandardArithmeticCalculator",
    defaultImpl = SimpleMinCalculator.class)
  public MinCalculator minCalculator;
}
```

인트로덕션 대상 클래스는 `@DeclareParents` 애너테이션의 `value` 속성으로 지정합니다. 애너테이션에 적용된 필드 타입에 따라 인트로듀스할 인터페이스가 결정됩니다. 마지막으로 이 새 인터페이스에서 사용할 구현 클래스를 `defaultImpl` 속성으로 지정합니다.

이 두 인트로덕션을 이용해 `StandardArithmeticCalculator` 클래스에 두 개의 인터페이스를 동적으로 인트로듀스할 수 있습니다. 실제로 `@DeclareParents` 애너테이션의 `value` 속성에 AspectJ의 타입 매칭 표현식type-matching expression을 지정해 여러 클래스에 인터페이스를 인트로듀스할 수 있습니다.

계산기 애플리케이션에 `MaxCalculator`와 `MinCalculator` 인터페이스를 모두 인트로듀스했으므로 해당 인터페이스로 캐스팅해 `max()`와 `min()` 계산을 할 수 있습니다.

```
package com.apress.spring6recipes.calculator;

import org.springframework.context.annotation.AnnotationConfigApplicationContext;

public class Main {
```

```
public static void main(String[] args) {

  var cfg = CalculatorConfiguration.class;
  try (var context = new AnnotationConfigApplicationContext(cfg)) {

    ...
    var maxCalculator = (MaxCalculator) arithmeticCalculator;
    maxCalculator.max(1,2);

    var minCalculator = (MinCalculator) arithmeticCalculator;
    minCalculator.min(1,2);
  }
}
```

NOTE_ context.getBean(MaxCalculator.class) 메서드를 실행해 계산기 참조를 얻어온 후 계산을 수행할 수도 있습니다. 이 예제는 하나의 빈이 여러 인터페이스를 구현하고, AOP가 실제 구현 메서드를 호출하는 데 사용됨을 보여 줍니다.

레시피 1-19 AOP로 POJO에 상태 정보 인트로듀스하기

과제 호출 횟수와 최종 수정 일자 같은 객체의 사용 현황을 추적할 수 있도록 상태 정보를 여러 기존 객체들에 추가하고 싶습니다. 이 객체들이 모두 같은 부모 클래스를 상속받는다면 쉽게 할 수 있겠지만, 서로 다른 클래스 계층에 속한 클래스들이라면 상태 정보를 공통으로 추가하기가 어렵습니다.

해결 상태 필드가 있는 구현 클래스를 이용해 기존 객체에 새 인터페이스를 인트로듀스합니다. 그리고 특정 조건에 따라 상태를 변경하는 어드바이스를 작성합니다.

풀이 여러 계산기 객체 각각의 호출 횟수를 기록하려고 합니다. 원본 계산기 클래스에는 호출 횟수를 저장하는 필드가 없으므로 스프링 AOP로 해당 필드를 인트로듀스해야 합니다. 먼저 호출 횟수를 관리하는 Counter 인터페이스를 작성합니다.

```
package com.apress.spring6recipes.calculator;

public interface Counter {

  void increase();
  int getCount();
}
```

다음으로 Counter 인터페이스를 구현하고 호출 횟수를 저장하는 counter 필드가 있는 SimpleCounter 클래스를 작성합니다.

```
package com.apress.spring6recipes.calculator;

import java.util.concurrent.atomic.AtomicInteger;

public class SimpleCounter implements Counter {

  private final AtomicInteger counter = new AtomicInteger();

  @Override
  public void increase() {
      counter.incrementAndGet();
  }

  @Override
  public int getCount() {
    return counter.get();
  }
}
```

모든 계산기 객체가 Counter 인터페이스의 구현체인 SimpleCounter를 사용하도록 인트로듀스하려면 다음과 같이 타입 매칭 표현식을 사용해 모든 계산기 구현체를 매치하는 인트로덕션을 작성합니다.

```
package com.apress.spring6recipes.calculator;

import org.aspectj.lang.annotation.Aspect;
import org.aspectj.lang.annotation.DeclareParents;
import org.springframework.stereotype.Component;
```

```
@Aspect
@Component
public class CalculatorIntroduction {

  ...
  @DeclareParents(
    value = "com.apress.spring6recipes.calculator.Standard*Calculator",
    defaultImpl = SimpleCounter.class)
  public Counter counter;
  ...
}
```

이렇게 작성한 인트로덕션은 각 계산기 객체에 SimpleCounter 구현체를 인트로듀스합니다. 하지만 계산기 메서드를 호출할 때마다 호출 횟수를 증가시켜야 하므로 다음처럼 After 어드바이스를 작성해야 합니다. 프록시 객체만 Counter 인터페이스를 구현하므로 반드시 대상(target) 객체가 아닌, 현재(this) 객체를 가져와야 합니다.

```
package com.apress.spring6recipes.calculator;

import org.aspectj.lang.annotation.After;
import org.aspectj.lang.annotation.Aspect;
import org.springframework.stereotype.Component;

@Aspect
@Component
public class CalculatorIntroduction {

  ...
  @After("execution(* com.apress.spring6recipes.calculator.*Calculator.*(..))
    && this(counter)")
  public void increaseCount(Counter counter) {
     counter.increase();
  }
}
```

Main 클래스에서 각 계산기 객체를 Counter 타입으로 캐스팅한 후 호출 횟수를 출력해 봅시다.

```
package com.apress.spring6recipes.calculator;

import org.springframework.context.annotation.AnnotationConfigApplicationContext;
```

```
public class Main {

  public static void main(String[] args) {
    var cfg = CalculatorConfiguration.class;
    try (var context = new AnnotationConfigApplicationContext(cfg)) {
      var arithmeticCalculator = context.getBean(ArithmeticCalculator.class);
      arithmeticCalculator.add(1, 2);
      arithmeticCalculator.sub(4, 3);
      arithmeticCalculator.mul(2, 3);
      arithmeticCalculator.div(4, 2);

      var unitCalculator = context.getBean(UnitCalculator.class);
      unitCalculator.kilogramToPound(10);
      unitCalculator.kilometerToMile(5);

      var maxCalculator = (MaxCalculator) arithmeticCalculator;
      maxCalculator.max(1, 2);

      var minCalculator = (MinCalculator) arithmeticCalculator;
      minCalculator.min(1, 2);

      var arithmeticCounter = (Counter) arithmeticCalculator;
      System.out.println(arithmeticCounter.getCount());

      var unitCounter = (Counter) unitCalculator;
      System.out.println(unitCounter.getCount());
    }
  }
}
```

레시피 1-20 AspectJ 애스펙트를 로드 타임 위빙하기

과제 스프링 AOP 프레임워크는 제한된 타입의 AspectJ 포인트컷만 지원하며 스프링 IoC 컨테이너에 선언한 빈에 한해 애스펙트를 적용할 수 있습니다. 스프링 AOP가 지원하지 않는 포인트컷 타입을 사용하거나 스프링 IoC 컨테이너 외부에서 생성된 객체에 애스펙트를 적용하려면 스프링 애플리케이션에서 AspectJ 프레임워크를 사용해야 합니다.

해결 위빙weaving은 애스펙트를 대상 객체에 적용하는 과정을 의미합니다. 스프링 AOP는 동적 프록시를 이용해 런타임에 위빙을 하지만 AspectJ 프레임워크는 컴파일 타임 위빙compile-time weaving(CTW)[24]과 로드 타임 위빙load-time weaving(LTW)[25]을 모두 지원합니다.

AspectJ 컴파일 타임 위빙은 ajc라는 전용 AspectJ 컴파일러를 이용해 이루어집니다. ajc 컴파일러는 자바 소스 파일에 애스펙트를 위빙하고, 위빙된 바이너리 클래스 파일을 결과물로 내놓습니다. 컴파일된 클래스 파일이나 JAR 파일에 애스펙트를 위빙할 수도 있습니다. 이러한 방식을 포스트 컴파일 타임 위빙post-compile-time weaving(PCW)이라고 합니다. 컴파일 타임 위빙과 포스트 컴파일 타임 위빙은 스프링 IoC 컨테이너에서 클래스를 선언하기 전에 수행할 수 있습니다. 이때 스프링은 위빙 과정에 전혀 관여하지 않습니다. 컴파일 타임 위빙이나 포스트 컴파일 타임 위빙에 관한 자세한 내용은 AspectJ 문서를 참고하세요.

AspectJ 로드 타임 위빙은 클래스 로더class loader가 대상 클래스를 JVM에 로드할 때 일어납니다. 위빙할 대상 클래스의 바이트코드를 변조해 기능을 추가하려면 특수한 클래스 로더가 필요합니다. AspectJ와 스프링 모두 클래스 로더가 로드 타임 위빙 기능을 수행할 수 있도록 로드 타임 위버를 제공합니다. 로드 타임 위버는 간단한 설정으로 활성화할 수 있습니다.

풀이 스프링 애플리케이션에서 로드 타임 위빙을 어떻게 처리하는지 복소수complex number 계산기를 예로 들어 살펴봅시다. 먼저 복소수를 나타내는 `Complex` 레코드를 작성합니다.

```
package com.apress.spring6recipes.calculator;

public record Complex(int real, int imaginary) {

  @Override
  public String toString() {
    return "(" + real + " + " + imaginary + "i)";
  }
}
```

다음으로 복소수 연산을 수행하는 인터페이스를 정의합니다. 소스를 단순화할 목적으로 `add()`와 `sub()` 메서드만 지원합니다.

---

24 옮긴이_ 컴파일 과정에서 바이트코드 조작으로 Advisor 코드를 직접 삽입하여 위빙을 수행하는 방식입니다.

25 옮긴이_ 자바 클래스 파일이 JVM에 로드될 때 바이트코드 조작으로 위빙되는 방식입니다.

```
package com.apress.spring6recipes.calculator;

public interface ComplexCalculator {

  Complex add(Complex a, Complex b);
  Complex sub(Complex a, Complex b);
}
```

ComplexCalculator 인터페이스의 구현 코드는 다음과 같습니다. 메서드가 호출될 때마다 새로운 복소수 객체를 반환합니다.

```
package com.apress.spring6recipes.calculator;

import org.springframework.stereotype.Component;

@Component
class StandardComplexCalculator implements ComplexCalculator {

  @Override
  public Complex add(Complex a, Complex b) {
    var result = new Complex(a.real() + b.real(), a.imaginary() + b.imaginary());
    System.out.printf("%s + %s = %s%n", a, b, result);
    return result;
  }

  @Override
  public Complex sub(Complex a, Complex b) {
    var result = new Complex(a.real() - b.real(), a.imaginary() - b.imaginary());
    System.out.printf("%s - %s = %s%n", a, b, result);
    return result;
  }
}
```

이제 메인 클래스에 다음 코드를 작성해 복소수 계산기를 테스트해 봅시다.

```
package com.apress.spring6recipes.calculator;

import org.springframework.context.annotation.AnnotationConfigApplicationContext;

public class Main {
```

```
    public static void main(String[] args) {

      var cfg = CalculatorConfiguration.class;
      try (var ctx = new AnnotationConfigApplicationContext(cfg)) {
        var complexCalculator = ctx.getBean(ComplexCalculator.class);

        complexCalculator.add(new Complex(1, 2), new Complex(2, 3));
        complexCalculator.sub(new Complex(5, 8), new Complex(2, 3));
      }
    }
  }
```

복소수 계산기는 잘 작동합니다. 하지만 성능을 향상하려면 복소수 객체를 캐시하는 편이 좋습니다. 캐싱caching은 잘 알려진 횡단 관심사이므로 애스펙트로 모듈화할 수 있습니다.

```
package com.apress.spring6recipes.calculator;

import org.aspectj.lang.ProceedingJoinPoint;
import org.aspectj.lang.annotation.Around;
import org.aspectj.lang.annotation.Aspect;

import java.util.Map;
import java.util.concurrent.ConcurrentHashMap;

@Aspect
public class ComplexCachingAspect {

  private final Map<String, Complex> cache = new ConcurrentHashMap<>();

  @Around("call(public com.apress.spring6recipes.calculator.Complex.new(int, int))
    && args(a,b)")
  public Object cacheAround(ProceedingJoinPoint pjp, int a, int b) throws Throwable {
    var key = a + "," + b;
    return cache.compute(key, (key1, val) -> checkCacheOrCalculate(pjp, key1, val));
  }

  private Complex checkCacheOrCalculate(ProceedingJoinPoint pjp, String key,
    Complex current) {
    if (current == null) {
      try {
        System.out.println("Cache MISS for (" + key + ")");
```

```
        return (Complex) pjp.proceed();
      }
      catch (Throwable ex) {
        throw new IllegalStateException(ex);
      }
    } else {
      System.out.println("Cache HIT for (" + key + ")");
      return current;
    }
  }
}
```

ComplexCachingAspect 애스펙트에서는 실수와 허수를 조합한 값을 키로 사용해 복소수 객체를 맵에 캐시합니다. 캐시를 조회할 적절한 시점은 생성자를 호출해서 복소수 객체를 생성할 때입니다. AspectJ 포인트컷 표현식인 call을 사용해 Complex(int, int) 생성자를 호출하는 조인 포인트를 지정합니다.

다음으로 Around 어드바이스를 사용해 반환값을 처리합니다. 값이 동일한 복소수 객체를 캐시에서 찾으면 호출자caller에 해당 객체를 바로 반환합니다. 찾지 못하면 원래대로 생성자를 호출해 새 복소수 객체를 생성하고 호출자에 반환한 후, 맵에 캐시해서 다음에 재사용합니다.

스프링 AOP는 call 포인트컷을 지원하지 않아 스프링이 해당 포인트컷 애너테이션을 스캔할 때 'unsupported pointcut primitive call' 오류가 발생하므로, 이 애스펙트를 적용하려면 AspectJ 프레임워크를 사용해야 합니다. 위빙할 애스펙트 클래스를 AspectJ 구성 파일인 aop.xml에 지정하면 됩니다. aop.xml은 루트 클래스패스의 META-INF 디렉터리에 있습니다.

```
<!DOCTYPE aspectj PUBLIC "-//AspectJ//DTD//EN"
    "http://www.eclipse.org/aspectj/dtd/aspectj.dtd">

<aspectj>
  <weaver options="-verbose">
    <include within="com.apress.spring6recipes.calculator.*"/>
  </weaver>

  <aspects>
    <aspect name="com.apress.spring6recipes.calculator.ComplexCachingAspect"/>
  </aspects>
</aspectj>
```

이 예제에서는 com.apress.spring6recipes.calculator 패키지의 모든 클래스에 ComplexCachingAspect 애스펙트를 위빙하도록 지정했습니다.

마지막으로 로드 타임 위빙을 수행하려면 이어서 설명하는 두 가지 방법 중 하나로 애플리케이션을 실행해야 합니다.

AspectJ 위버로 로드 타임 위빙하기

AspectJ에서는 로드 타임 위빙 에이전트를 제공합니다. 애플리케이션 실행 명령어에 VM 인수만 추가하면 클래스가 JVM에 로드될 때 위빙됩니다.

```
java --add-opens java.base/java.lang=ALL-UNNAMED -javaagent:lib/
aspectjweaver-1.9.19.jar -jar recipe_1_20_ii-6.0.0-all.jar
```

NOTE_ -add-opens 옵션은 JDK의 버전이 올라가면서 필요해졌으며 아직 해당 옵션을 적용하지 않고 AspectJ를 실행할 방법이 없으므로 반드시 추가해야 합니다.

VM 인수를 추가하고 애플리케이션을 실행하면 다음과 같이 캐시 상태가 출력됩니다. AspectJ 에이전트는 Complex(int, int) 생성자가 호출될 때마다 어드바이스를 적용합니다.

```
Cache MISS for (1,2)
Cache MISS for (2,3)
Cache MISS for (3,5)
(1 + 2i) + (2 + 3i) = (3 + 5i)
Cache MISS for (5,8)
Cache HIT for (2,3)
Cache HIT for (3,5)
(5 + 8i) - (2 + 3i) = (3 + 5i)
```

스프링 로드 타임 위버로 로드 타임 위빙하기

스프링은 다양한 런타임 환경을 지원하는 여러 가지 로드 타임 위버를 제공합니다. 스프링 애플리케이션에 로드 타임 위버를 사용하려면 자바 구성 클래스에 @EnableLoadTimeWeaving을 적용합니다.

그러면 스프링은 런타임 환경에 가장 적합한 로드 타임 위버를 감지합니다. 일부 자바 EE 애플리케이션 서버에는 스프링의 로드 타임 위버 메커니즘을 지원하는 클래스 로더가 있어서 시작 명령어에 자바 에이전트를 지정하지 않아도 됩니다. 하지만 간단한 자바 애플리케이션에서 로드 타임 위빙을 이용하려면 스프링이 제공하는 위빙 에이전트가 필요하므로 시작 명령어의 VM 인수에 스프링 에이전트를 지정해야 합니다.

```
java --add-opens java.base/java.lang=ALL-UNNAMED -javaagent:lib/spring-instrument-6.0.3.jar -jar recipe_1_20_iii-6.0.0-all.jar
```

애플리케이션을 실행하면 다음과 같이 캐시 상태가 출력됩니다.

```
Cache MISS for (3,5)
(1 + 2i) + (2 + 3i) = (3 + 5i)
Cache HIT for (3,5)
(5 + 8i) - (2 + 3i) = (3 + 5i)
```

스프링 에이전트는 스프링 IoC 컨테이너에 선언된 빈이 `Complex(int, int)` 생성자를 호출할 때만 어드바이스를 적용하기 때문에, 메인 클래스에서 해당 생성자를 호출할 때는 어드바이스가 적용되지 않아 실행 결과가 달라졌습니다.

NOTE_ 독립 실행형standalone으로 구성할 때 인스트루먼테이션instrumentation[26]을 적용해 로드 타임 위빙을 하기가 약간 까다로울 수 있습니다. 스프링이 로드 타임 위빙을 활성화하기 이전에 컴포넌트 스캐닝으로 클래스가 로드되기 때문입니다. `ApplicationInitializer`를 사용해 초기에 로드 타임 위빙을 활성화하고 `ApplicationContext`를 새로고침하기 전에 호출하는 방식으로 이 문제를 해결할 수 있습니다.

```
package com.apress.spring6recipes.calculator;

import org.springframework.context.ApplicationContextInitializer;
import org.springframework.context.annotation.AnnotationConfigApplicationContext;
import org.springframework.context.weaving.AspectJWeavingEnabler;
import org.springframework.context.weaving.DefaultContextLoadTimeWeaver;

public class LoadTimeWeaverApplicationContextInitializer
```

26 옮긴이_ 클래스 실행 전에 바이트코드 수준에서 클래스에 부가 기능을 삽입하는 기술을 의미합니다.

```
    implements ApplicationContextInitializer<AnnotationConfigApplicationContext> {
        @Override
        public void initialize(AnnotationConfigApplicationContext applicationContext) {
            var beanClassLoader = applicationContext.getBeanFactory().getBeanClassLoader();
            var ltw = new DefaultContextLoadTimeWeaver(beanClassLoader);
            AspectJWeavingEnabler.enableAspectJWeaving(ltw, beanClassLoader);
        }
    }
```

이렇게 하면 컨텍스트가 시작되기 전에 실행 중인 클래스 로더의 로드 타임 위빙을 활성화합니다. 메인 클래스 예제를 보면 이니셜라이저의 사용 방법과 로드 타임 위빙을 활성화하는 방법을 확인할 수 있습니다.

레시피 1-21 스프링에서 애스펙트 구성하기

과제 AspectJ 프레임워크가 사용하는 애스펙트는 AspectJ 프레임워크가 자체적으로 인스턴스화합니다. 그러므로 애스펙트를 구성하려면 AspectJ 프레임워크에서 애스펙트 인스턴스를 가져와야 합니다.

해결 AspectJ 애스펙트는 aspectOf()라는 이름의 정적 팩토리 메서드가 있는 Aspects라는 팩토리 클래스를 제공하며, Aspects 클래스를 사용해 애스펙트 인스턴스에 접근할 수 있습니다. 스프링 IoC 컨테이너에서는 Aspects.aspectOf(ComplexCachingAspect.class) 팩토리 메서드를 호출해 빈이 생성되도록 선언합니다.

풀이 ComplexCachingAspect의 캐시용 맵을 세터 메서드로 미리 구성해 보겠습니다.

```
package com.apress.spring6recipes.calculator;

import org.aspectj.lang.annotation.Aspect;

import java.util.Map;
import java.util.concurrent.ConcurrentHashMap;

@Aspect
```

```java
public class ComplexCachingAspect {

  private final Map<String, Complex> cache = new ConcurrentHashMap<>();

  public void setCache(Map<String, Complex> cache) {
    this.cache.clear();
    this.cache.putAll(cache);
  }
  ...
}
```

@Bean 애너테이션을 적용한 메서드를 작성하여 애스펙트를 구성하고 앞서 언급한 팩토리 메서드인 Aspects.aspectOf()를 호출해 인스턴스를 얻어옵니다. 다음처럼 애스펙트 인스턴스를 구성하면 됩니다.

```java
package com.apress.spring6recipes.calculator;

import org.aspectj.lang.Aspects;
import org.springframework.context.annotation.Bean;
import org.springframework.context.annotation.ComponentScan;
import org.springframework.context.annotation.Configuration;

import java.util.concurrent.ConcurrentHashMap;

@Configuration
@ComponentScan
public class CalculatorConfiguration {

  @Bean
  public ComplexCachingAspect complexCachingAspect() {

    var cache = new ConcurrentHashMap<String, Complex>();
    cache.put("2,3", new Complex(2, 3));
    cache.put("3,5", new Complex(3, 5));

    var complexCachingAspect = Aspects.aspectOf(ComplexCachingAspect.class);
    complexCachingAspect.setCache(cache);
    return complexCachingAspect;
  }
}
```

AspectJ 위버를 사용해 애플리케이션을 실행합니다.

```
java --add-opens java.base/java.lang=ALL-UNNAMED -javaagent:lib/
aspectjweaver-1.9.19.jar recipe_1_21-6.0.0-all.jar
```

레시피 1-22 AOP로 도메인 객체에 POJO 주입하기

과제 스프링 IoC 컨테이너에 선언된 빈은 스프링의 의존성 주입(DI)으로 다른 빈과 서로 와이어링됩니다. 하지만 스프링 IoC 컨테이너 외부에서 생성한 객체는 프로그램 코드를 수동으로 작성해 와이어링해야 합니다.

해결 스프링 IoC 컨테이너 외부에서 생성된 객체는 대부분 도메인 객체domain object입니다. 보통 new 연산자로 직접 생성하거나 데이터베이스 조회 결과로 생성됩니다. 이런 도메인 객체에 스프링 빈을 주입하려면 AOP의 도움이 필요합니다. 사실 스프링 빈 주입도 일종의 횡단 관심사지만 도메인 객체는 스프링이 생성하지 않았으므로 스프링 AOP로는 주입할 수 없습니다. 스프링은 이런 상황에 맞는 AspectJ 애스펙트를 지원하며, AspectJ 프레임워크에서 해당 애스펙트를 사용하면 됩니다.

풀이 복소숫값의 형식을 맞춰주는 전역 포매터global formatter가 있습니다. 이 포매터는 포매팅 패턴을 전달받으며 표준 @Component 애너테이션을 적용해 인스턴스를 생성합니다.

```
package com.apress.spring6recipes.calculator;

import org.springframework.stereotype.Component;

@Component
public class ComplexFormatter {

  private String pattern = "(a + bi)";

  public void setPattern(String pattern) {
    this.pattern = pattern;
```

```
  }

  public String format(Complex complex) {
    return pattern
      .replaceAll("a", Integer.toString(complex.real()))
      .replaceAll("b", Integer.toString(complex.imaginary()));
  }
}
```

Complex 클래스의 toString() 메서드에서 ComplexFormatter를 사용해 복소수를 문자열로 변환해 출력하려고 합니다. ComplexFormatter 객체를 주입받아야 하므로 세터 메서드(setFormatter())를 추가합니다. 그러나 Complex 객체는 스프링 IoC 컨테이너가 생성하지 않으므로 일반적인 의존성 주입 구성 방식으로는 Complex 객체에 ComplexFormatter 의존성을 주입할 수 없습니다. 스프링 애스펙트 라이브러리에 포함된 AnnotationBeanConfigurerAspect 애스펙트를 사용하면 스프링 IoC 컨테이너가 생성한 객체는 물론이고 생성하지 않은 객체의 의존성까지도 구성할 수 있습니다.

먼저 스프링 IoC 컨테이너가 생성하지 않은 객체의 의존성도 구성할 수 있게 @Configurable 애너테이션을 적용합니다.

```
package com.apress.spring6recipes.calculator;

import org.springframework.beans.factory.annotation.Autowired;
import org.springframework.beans.factory.annotation.Configurable;
import org.springframework.context.annotation.Scope;
import org.springframework.stereotype.Component;

@Configurable
@Component
@Scope("prototype")
public class Complex {

  private final int real;
  private final int imaginary;
  private ComplexFormatter formatter;

  public Complex(int real, int imaginary) {
    this.real = real;
```

```
    this.imaginary = imaginary;
  }

  public int imaginary() {
    return imaginary;
  }

  public int real() {
    return real;
  }

  @Autowired
  public void setFormatter(ComplexFormatter formatter) {
    this.formatter = formatter;
  }

  @Override
  public String toString() {
    return formatter.format(this);
  }
}
```

@Configurable 외에도 표준 애너테이션인 @Component, @Scope, @Autowired를 적용해 표준 스프링 빈으로 작동하도록 합니다. 하지만 이 중에서 @Configurable이 핵심 구성 항목이며, 이 애너테이션이 작동하려면 앞서 언급한 AnnotationBeanConfigurerAspect를 활성화해야 합니다. 스프링은 해당 애스펙트를 편리하게 정의하도록 @EnableSpringConfigured 애너테이션을 지원합니다. @Configurable은 로드 타임 위빙이나 컴파일 타임 위빙으로만 동작하므로 @EnableLoadTimeWeaving 애너테이션을 추가로 적용해야 합니다

```
package com.apress.spring6recipes.calculator;

import org.springframework.context.annotation.Bean;
import org.springframework.context.annotation.ComponentScan;
import org.springframework.context.annotation.Configuration;
import org.springframework.context.annotation.EnableLoadTimeWeaving;
import org.springframework.context.annotation.aspectj.EnableSpringConfigured;
import org.springframework.context.weaving.AspectJWeavingEnabler;

@Configuration
@EnableSpringConfigured
```

```
@EnableLoadTimeWeaving
@ComponentScan
public class CalculatorConfiguration { }
```

`@Configurable`을 적용한 클래스를 인스턴스화하면 `AnnotationBeanConfigurerAspect`는 해당 클래스와 동일한 타입의 프로토타입 스코프 빈 정의를 찾습니다. 그런 다음 빈 정의에 따라 새 인스턴스를 구성하며, 빈 정의에 프로퍼티가 선언되었다면 동일하게 프로퍼티도 설정해 줍니다.

애플리케이션을 실행하면 AspectJ 에이전트는 로드 타임에 해당 애스펙트를 클래스에 위빙합니다.

```
java --add-opens java.base/java.lang=ALL-UNNAMED -javaagent:lib/
aspectjweaver-1.9.19.jar -jar recipe_1_22-6.0.0-all.jar
```

레시피 1-23 스프링 TaskExecutor로 동시성 적용하기

과제 **스프링으로 스레드thread 기반 동시성concurrent 프로그램을 개발할 때 참고할 표준 가이드가 없어서 어떻게 접근해야 할지 모르겠습니다.**

해결 스프링이 제공하는 `TaskExecutor` 추상화를 사용하면 됩니다. 이 추상화는 자바 SE의 `Executor` 구현체, CommonJ의 `WorkManager` 구현체, 커스텀custom 구현체 등 많은 구현체를 제공합니다. 스프링에는 `TaskExecutor` 구현체가 모두 표준화되어 있으며 자바 SE의 `Executor` 인터페이스로 캐스팅할 수도 있습니다.

풀이 자바 SE가 제공하는 표준 스레드를 이용해 스레드 프로그램을 개발하는 일은 지겹고 번거로울 수 있습니다. 동시성은 서버 사이드 컴포넌트에서 중요한 요소이지만, 자바 EE 영역에서는 거의 표준화가 이루어져 있지 않습니다. 실제로 자바 EE 사양의 일부는 스레드를 명시적으로 생성하거나 조작하는 것을 금지합니다.

자바 SE 환경에서는 오래전부터 스레드와 동시성을 처리하는 다양한 방법을 제공했습니다. JDK 1.0부터 표준 java.lang.Thread가 있었고, 자바 1.3부터 주기적으로 작동을 실행하는 java.util.TimerTask를 지원했습니다. 자바 5부터는 java.util.concurrent 패키지를 도입했고, java.util.concurrent.Executor를 중심으로 스레드 풀thread pool을 생성하는 구조를 전면 개편했습니다. 자바 19에서는 가상 스레드의 개념과 구조화된 동시성 프로그래밍을 도입했습니다.

Executor API는 매우 간단합니다.

```
package java.util.concurrent;

public interface Executor {
  void execute(Runnable command);
}
```

Executor 인터페이스의 하위 인터페이스인 ExecutorService는 스레드를 관리하며 shutdown()과 같은 메서드로 이벤트를 스레드에 전달할 수 있습니다. 자바 5부터는 ExecutorService에 여러 구현체가 추가됐고 이들 대부분은 java.util.concurrent 패키지의 정적 팩토리 메서드를 이용합니다. 다음으로 자바 SE 클래스를 사용한 예제를 몇 가지 살펴봅시다.

ExecutorService는 Future<T> 객체를 반환하는 submit() 메서드를 제공합니다. Future<T> 인스턴스는 비동기로 실행되는 스레드의 진행 상태를 추적하는 데 사용합니다. Future.isDone()과 Future.isCancelled() 메서드로 각각 잡job의 완료 여부와 취소 여부를 확인할 수 있습니다. 반환값이 없는 Runnable 인스턴스 내에서 ExecutorService의 submit() 메서드를 사용할 때, 반환된 Future의 get() 메서드를 호출하면 null이나 이미 정의된 값을 반환합니다.

```
Runnable task = new Runnable(){
  public void run(){
    try{
      Thread.sleep( 1000 * 60 ) ;
      System.out.println("Done sleeping for a minute, returning! " );
    } catch (Exception ex) { /* ... */ }
  }
};
```

```
var executorService = Executors.newCachedThreadPool() ;

if(executorService.submit(task, Boolean.TRUE).get().equals( Boolean.TRUE ))
  System.out.println( "Job has finished!");
```

이 정도 배경지식만 있으면 다양한 구현체의 특징을 이해할 수 있습니다. 다음은 Runnable 인터페이스를 사용해 수행 시간을 출력하는 클래스입니다.

```
package com.apress.spring6recipes.executors;

import com.apress.spring6recipes.utils.Utils;

import java.time.LocalDate;
import java.util.concurrent.TimeUnit;

public class DemonstrationRunnable implements Runnable {

  @Override
  public void run() {
    Utils.sleep(1, TimeUnit.SECONDS);

    System.out.printf("Hello at %s from %s%n",
      LocalDate.now(), Thread.currentThread().getName());
  }
}
```

이 DemonstrationRunnable 클래스의 인스턴스는 자바 SE의 Executors나 스프링 TaskExecutor를 사용할 때 동일하게 활용할 예정입니다.

```
package com.apress.spring6recipes.executors;

import java.time.LocalDateTime;
import java.time.format.DateTimeFormatter;
import java.util.concurrent.Executors;
import java.util.concurrent.TimeUnit;

public class ExecutorsDemo {

  public static void main(String[] args) throws Throwable {
```

```
var task = new DemonstrationRunnable();
// 가능하다면 이전에 생성된 스레드를
// 재사용하려고 시도하는 스레드 풀을 생성함
try (var cachedThreadPoolExecutorService = Executors.newCachedThreadPool()) {
  if (cachedThreadPoolExecutorService.submit(task).get() == null)
    printStatus(cachedThreadPoolExecutorService);
}

// 최대로 생성할 수 있는 새로운 스레드 생성 개수를 제한하고
// 가용 스레드가 없을 때를 대비해 대기열을 관리하는 스레드 풀을 생성함
try (var fixedThreadPool = Executors.newFixedThreadPool(100)) {
  if (fixedThreadPool.submit(task).get() == null)
    printStatus(fixedThreadPool);
}

// 한 번에 하나의 스레드만 사용함
try (var singleThreadExecutorService = Executors.newSingleThreadExecutor()) {
  if (singleThreadExecutorService.submit(task).get() == null)
    printStatus(singleThreadExecutorService);
}

// 작업의 수행 결과를 알 수 있도록 지원함
try (var es = Executors.newCachedThreadPool()) {
  if (es.submit(task, Boolean.TRUE).get().equals(Boolean.TRUE))
    System.out.println("Job has finished!");
}

// 실행되는 작업마다 하나의 가상 스레드를 생성함
try (var vt = Executors.newVirtualThreadPerTaskExecutor()) {
  if (vt.submit(task).get() == null) {
    printStatus(vt);
  }
}

// TimerTask처럼 동작하는 스레드 풀을 생성함
try (var scheduledThreadExecutorService = Executors.newScheduledThreadPool(10)) {
  if (scheduledThreadExecutorService.schedule(task, 30, TimeUnit.SECONDS).get()
    == null)
    printStatus(scheduledThreadExecutorService);

  // 예외가 발생하거나 cancel() 메서드가
  // 호출되기 전까지는 멈추지 않음
  scheduledThreadExecutorService.scheduleAtFixedRate(task, 0, 5,
```

```
            TimeUnit.SECONDS);
      }
    }

    static void printStatus(Object executor) {
      var type = executor.getClass().getSimpleName();
      var datetime = LocalDateTime.now();
      System.out.printf("The %s has succeeded at %s%n", type,
        datetime.format(DateTimeFormatter.ISO_DATE_TIME));
    }
  }
```

Callable<T>를 인수로 받는 ExecutorService의 submit() 메서드를 호출하면 Callable의 call() 메서드가 반환하는 값을 그대로 반환합니다. Callable 인터페이스는 다음과 같습니다.

```
package java.util.concurrent;

@FunctionalInterface
public interface Callable<V> {
  V call() throws Exception;
}
```

자바 EE 환경에서는 설계상 제한된 형태로 스레드 처리를 해야 했지만, 자카르타 EE[27] 환경에서는 이러한 문제를 해결할 다양한 방법을 제공합니다. 잡 스케줄러인 쿼츠Quartz는 스케줄링과 동시성 문제를 해결할 수 있는 최초의 해결 방안입니다. 또 다른 방안인 JCAJEE Connector Architecture[28] 1.5는 통합된 기능을 제공할 목적으로 기본 게이트웨이를 제공하고 애드혹 동시성을 지원하는 명세입니다. JCA 컴포넌트는 수신된 메시지 알림을 받고 동시에 응답합니다. JCA 1.5는 스프링 인티그레이션Spring Integration 같은 프레임워크만큼 정교하지는 않지만, 기본적이고 제한된 엔터프라이즈 서비스 버스enterprise service bus(ESB)[29]를 제공합니다.

27 옮긴이_ 자카르타 EE는 자바를 이용한 서버 사이드 개발용 플랫폼으로, PC에서 작동하는 표준 플랫폼인 자바 SE를 확장하여 웹 애플리케이션 서버에 필요한 장애 복구 및 분산 멀티티어 기능 등을 추가로 제공합니다.

28 옮긴이_ JCA는 웹 애플리케이션 서버와 레거시 시스템과 연동할 수 있도록 하는 자바 기반 기술입니다. JDBC가 웹 애플리케이션 서버와 데이터베이스와의 연동에 사용된다면, JCA는 웹 애플리케이션 서버와 레거시 시스템과 연동하는 더 일반적인 방법입니다.

29 옮긴이_ ESB는 서비스들을 컴포넌트화된 논리적 집합으로 묶는 핵심 미들웨어이며, 비즈니스 프로세스 환경에 맞게 설계 및 전개할 수 있는 아키텍처 패턴입니다.

하지만 애플리케이션 서버 업체들은 이러한 동시성 요건을 놓치지 않고 서로 주도권을 가져가고자 했습니다. 예를 들어 2003년에는 IBM과 BEA가 공동으로 Timer와 Work Manager API를 만들었는데, 이는 JSP-237 명세가 되었으며 나중에는 관리 환경managed environment에서의 동시성 구현 방안인 JSP-236 명세로 통합됐습니다. 서비스 데이터 객체service data object(SDO) 명세인 JSR-235도 유사한 해결책입니다. 게다가 근래에는 동시성 처리를 위한 CommonJ API의 오픈 소스 구현이 활발해졌습니다.

하지만 문제는 자바 SE와 마찬가지로 컴포넌트들의 동시성을 제공하고 스레드를 처리하는 표준이 없다는 것입니다. 이에 스프링은 `java.util.concurrent.Executor`를 상속하는 `org.springframework.core.task.TaskExecutor` 인터페이스라는 통합 솔루션을 제공합니다.

사실 `TaskExecutor` 인터페이스는 스프링 프레임워크에서 많이 쓰입니다. 예를 들어 스프링 쿼츠 연동(스레드 지원), 메시지 주도 POJOmessage-driven POJO(MDP) 컨테이너 지원 등에 `TaskExcutor`를 폭넓게 사용합니다.

```
package org.springframework.core.task;

import java.util.concurrent.Executor;

@FunctionalInterface
public interface TaskExecutor extends Executor {
  void execute(Runnable task);
}
```

코어 JDK가 제공하는 기능을 활용하는 방법은 다양합니다. CommonJ의 WorkManager처럼 다른 프레임워크와 연계하는 기능에 특화된 방법도 있습니다. 이렇게 연계하는 방법은 일반적으로 관련 클래스가 해당 프레임워크에 존재하지만, `TaskExecutor` 추상화처럼 조작할 수 있는 형태로 제공됩니다.

스프링은 기존의 자바 SE `Executor`나 `ExecutorService`를 스프링의 `TaskExecutor`처럼 사용할 수 있게 지원하지만, 스프링 `TaskExecutor`의 기본 클래스가 `Executor`이므로 그다지 중요한 기능은 아닙니다.

앞서 정의한 `Runnable` 구현체인 `DemonstrationRunnable`을 사용하는 간단한 `TaskExecutor` 예제를 살펴보겠습니다. 클라이언트에 해당하는 다음 코드에서는 다양한 `TaskExecutor`

를 주입받은 후, 각 TaskExecutor 인스턴스에 Runnable 객체를 전달합니다.

```
package com.apress.spring6recipes.executors;

import jakarta.annotation.PostConstruct;
import org.springframework.beans.factory.annotation.Autowired;
import org.springframework.context.annotation.AnnotationConfigApplicationContext;
import org.springframework.core.task.SimpleAsyncTaskExecutor;
import org.springframework.core.task.SyncTaskExecutor;
import org.springframework.core.task.support.TaskExecutorAdapter;
import org.springframework.scheduling.concurrent.ConcurrentTaskExecutor;
import org.springframework.scheduling.concurrent.ThreadPoolTaskExecutor;
import org.springframework.stereotype.Component;

@Component
public class SpringExecutorsDemo {

  @Autowired
  private SimpleAsyncTaskExecutor asyncTaskExecutor;

  @Autowired
  private SyncTaskExecutor syncTaskExecutor;

  @Autowired
  private TaskExecutorAdapter taskExecutorAdapter;

  @Autowired
  private ThreadPoolTaskExecutor threadPoolTaskExecutor;

  @Autowired
  private DemonstrationRunnable task;

  @Autowired
  private ConcurrentTaskExecutor virtualThreadsTaskExecutor;

  @PostConstruct
  public void submitJobs() {
    syncTaskExecutor.execute(task);
    taskExecutorAdapter.submit(task);
    asyncTaskExecutor.submit(task);

    for (int i = 0 ; i < 500; i++) {
      virtualThreadsTaskExecutor.submit(task);
```

```
    }

    for (int i = 0; i < 500; i++) {
      threadPoolTaskExecutor.submit(task);
    }
  }

  public static void main(String[] args) {
    var cfg = ExecutorsConfiguration.class;
    try (var ctx = new AnnotationConfigApplicationContext(cfg)) {}
  }
}
```

다음은 다양한 TaskExecutor 구현체를 생성하는 애플리케이션 컨텍스트 예제입니다. 대부분 단순해서 수동으로 생성하며, 단 한 가지 경우에만 팩토리 빈에 위임해서 실행을 자동 트리거 합니다.

```
package com.apress.spring6recipes.executors;

import org.springframework.context.annotation.Bean;
import org.springframework.context.annotation.ComponentScan;
import org.springframework.context.annotation.Configuration;
import org.springframework.core.task.SimpleAsyncTaskExecutor;
import org.springframework.core.task.SyncTaskExecutor;
import org.springframework.core.task.support.TaskExecutorAdapter;
import org.springframework.scheduling.concurrent.ConcurrentTaskExecutor;
import org.springframework.scheduling.concurrent.ScheduledExecutorFactoryBean;
import org.springframework.scheduling.concurrent.ScheduledExecutorTask;
import org.springframework.scheduling.concurrent.ThreadPoolTaskExecutor;

import java.util.concurrent.Executors;

@Configuration
@ComponentScan
public class ExecutorsConfiguration {

  @Bean
  public TaskExecutorAdapter taskExecutorAdapter() {
    return new TaskExecutorAdapter(Executors.newCachedThreadPool());
  }

  @Bean
```

```
  public SimpleAsyncTaskExecutor simpleAsyncTaskExecutor() {
    return new SimpleAsyncTaskExecutor();
  }

  @Bean
  public SyncTaskExecutor syncTaskExecutor() {
    return new SyncTaskExecutor();
  }

  @Bean
  public ScheduledExecutorFactoryBean scheduledExecutorFactoryBean(
    ScheduledExecutorTask scheduledExecutorTask) {
    var scheduledExecutorFactoryBean = new ScheduledExecutorFactoryBean();
    scheduledExecutorFactoryBean.setScheduledExecutorTasks(scheduledExecutorTask);
    return scheduledExecutorFactoryBean;
  }

  @Bean
  public ScheduledExecutorTask scheduledExecutorTask(Runnable runnable) {
    var scheduledExecutorTask = new ScheduledExecutorTask();
    scheduledExecutorTask.setPeriod(50);
    scheduledExecutorTask.setRunnable(runnable);
    return scheduledExecutorTask;
  }

  @Bean
  public ThreadPoolTaskExecutor threadPoolTaskExecutor() {
    var taskExecutor = new ThreadPoolTaskExecutor();
    taskExecutor.setCorePoolSize(50);
    taskExecutor.setMaxPoolSize(100);
    taskExecutor.setAllowCoreThreadTimeOut(true);
    taskExecutor.setWaitForTasksToCompleteOnShutdown(true);
    return taskExecutor;
  }

  @Bean
  public ConcurrentTaskExecutor virtualThreadsTaskExecutor() {
    var virtualThreadsExecutor = Executors.newVirtualThreadPerTaskExecutor();
    return new ConcurrentTaskExecutor(virtualThreadsExecutor);
  }
}
```

이 예제에 TaskExecutor 인터페이스의 다양한 구현체를 모아 놓았습니다. 첫 번째 빈인 TaskExecutorAdapter 인스턴스는 java.util.concurret.Executors 인스턴스를 감싼 단순 래퍼wrapper로, 스프링 TaskExecutor 인터페이스처럼 사용할 수 있습니다. 예제에서는 스프링을 이용해 Executor 인스턴스를 구성하고 생성자 인수로 전달합니다.

SimpleAsyncTaskExecutor 구현체는 전송한 잡마다 스레드를 새로 생성하며, 스레드를 풀링pooling하거나 재사용하지 않습니다. 전송한 각각의 잡은 스레드에서 비동기로 실행됩니다.

SyncTaskExecutor 구현체는 TaskExecutor 구현체 중 가장 단순합니다. 동기 방식으로 스레드를 실행해 잡을 실행한 후 join() 메서드를 호출합니다. 사실상 스레딩은 완전히 건너뛰고 호출한 스레드에서 run() 메서드를 수동으로 실행한 것이나 마찬가지입니다.

ScheduledExecutorFactoryBean 구현체는 ScheduledExecutorTask 빈으로 정의된 잡을 자동으로 트리거합니다. ScheculedExecutorTask 인스턴스 목록을 지정해서 동시에 여러 잡을 트리거할 수 있으며 작업 종료 이후에 다음 작업을 실행할 때까지의 공백 시간을 인수로 받을 수 있습니다.

ThreadPoolTaskExecutor 구현체는 java.util.concurrent.ThreadPoolExecutor를 기반으로 모든 기능을 갖춘 스레드 풀 구현체입니다.

예제의 마지막 부분에서는 애플리케이션에서 가상 스레드를 사용하는 방법을 보여 줍니다. Executors.newVirtualThreadPerTaskExecutor() 메서드를 실행해 생성한 Executor를 TaskExecutor의 구현체인 TaskExecutorAdapter나 ConcurrentTaskExecutor로 전달할 수 있습니다.

자카르타 EE 9에서 jakarta.enterprise.concurrent 패키지와 ManagedExecutorService가 추가됐고, 자카르타 EE 9를 지원하는 서버는 반드시 이 ManagedExecutorService의 인스턴스를 제공해야 합니다. 하지만 스프링 TaskExecutor를 사용해 ManagedExecutorService를 사용하고 싶다면 (명세에 따라) DefaultManagedTaskExecutor를 구성해 ManagedExecutorService가 감지되도록 하거나 직접 개발자가 명시적으로 구성하면 됩니다.

TaskExecutor 지원 기능은 애플리케이션 서버에서 통일된 인터페이스로 서비스를 스케줄링하는 핵심 방법입니다. 톰캣Tomcat과 제티Jetty 같은 모든 애플리케이션 서버에 배포 가능한 (더 무겁더라도) 더 강력한 솔루션이 필요하다면 스프링 쿼츠 지원 기능을 사용하면 됩니다.

레시피 1-24 POJO 간 애플리케이션 이벤트 통신하기

과제 POJO 간에 통신할 때는 송신기sender가 수신기receiver의 메서드를 직접 호출해야 합니다. 그러려면 송신기가 수신기 컴포넌트를 인지해야 하는데, 이런 방식은 직접적이고 단순하지만 양측이 서로 강하게 결합[30]할 수밖에 없습니다.

IoC 컨테이너에서는 구현체가 아닌 인터페이스를 사용해 통신하므로 POJO 간의 결합도를 낮출 수 있습니다. 하지만 이러한 방식은 송신기와 수신기가 일대일로 통신할 때만 효율적이며, 여러 수신기와 통신할 때는 한 번에 하나씩 수신기를 호출해야 합니다.

해결 스프링 애플리케이션 컨텍스트는 빈 간의 이벤트 기반 통신 기능을 지원합니다. 이벤트 기반 통신 모델에서는 실제 여러 수신기가 존재할 수 있으므로 송신기는 수신기를 알지 못한 채 이벤트를 발행publish합니다. 수신기도 어떤 송신기가 이벤트를 발행했는지 알 필요가 없고 여러 송신기가 발행한 이벤트들을 동시에 수신할 수도 있습니다. 이처럼 송신기와 수신기 컴포넌트를 느슨하게 결합합니다.

전통적으로 빈이 이벤트를 수신하려면 `ApplicationListener` 인터페이스를 구현하고, 수신하려는 이벤트의 타입을 지정해야 합니다(예: `ApplicationListener<CheckoutEvent>`). 이렇게 구현한 리스너listener는 `ApplicationListener`에 타입으로 명시한 이벤트(`ApplicationEvent` 클래스를 상속받은 이벤트)만 리스닝할 수 있습니다.

이벤트를 발행해 전송하려면 빈에서 `ApplicationEventPublisher` 인터페이스에 접근해 `publishEvent()` 메서드를 호출해야 합니다. `ApplicationEventPublisher`에 접근하려면 해당 클래스가 `ApplicationEventPublisherAware` 인터페이스를 구현하거나 `ApplicationEventPublisher` 타입 필드에 `@Autowired`를 적용하면 됩니다.

풀이 ApplicationEvent로 이벤트 정의하기

이벤트 기반 통신을 하려면 먼저 이벤트를 정의해야 합니다. 다음은 장바구니(`ShoppingCart`)를 결제(체크아웃)하면 `cashier` 빈이 `CheckoutEvent` 이벤트를 발행하는 코드입니다. `CheckoutEvent` 이벤트에는 체크아웃 시간 프로퍼티가 있습니다.

---

30 옮긴이_ 강한 결합(tightly coupled)은 어떠한 객체가 다른 객체에 강하게 의존해 하나의 객체를 변경할 때 다른 객체도 변경해야 하는 상황을 말합니다. 주로 객체가 객체를 직접 생성하거나 구현 클래스를 직접 참조하는 경우입니다.

```
package com.apress.spring6recipes.shop;

import org.springframework.context.ApplicationEvent;

import java.time.LocalDateTime;

@SuppressWarnings("serial")
public class CheckoutEvent extends ApplicationEvent {

  private final ShoppingCart cart;
  private final LocalDateTime time;

  public CheckoutEvent(ShoppingCart cart, LocalDateTime time) {
    super(cart);
    this.cart = cart;
    this.time = time;
  }

  public ShoppingCart getCart() {
    return cart;
  }

  public LocalDateTime getTime() {
    return this.time;
   }
}
```

이벤트 발행하기

이벤트를 발행하려면 이벤트 인스턴스를 생성하고 애플리케이션 이벤트 발행자의 publishEvent() 메서드를 호출하면 됩니다. publishEvent()는 ApplicationEventPublisherAware 인터페이스를 구현하면 사용할 수 있습니다.

```
package com.apress.spring6recipes.shop;

import org.springframework.context.ApplicationEventPublisher;
import org.springframework.context.ApplicationEventPublisherAware;

import java.time.LocalDateTime;
```

```
public class Cashier implements ApplicationEventPublisherAware {

  private ApplicationEventPublisher applicationEventPublisher;

  @Override
  public void setApplicationEventPublisher(ApplicationEventPublisher aep) {
    this.applicationEventPublisher = aep;
  }

  public void checkout(ShoppingCart cart) {
    var event = new CheckoutEvent(cart, LocalDateTime.now());
    applicationEventPublisher.publishEvent(event);
  }
}
```

또는 필드에 **@Autowired** 애너테이션을 적용하거나, 다음처럼 생성자에 매개변수로 전달하는 방법도 있습니다.

```
package com.apress.spring6recipes.shop;

import org.springframework.context.ApplicationEventPublisher;
import org.springframework.stereotype.Component;

@Component
public class Cashier {

  private final ApplicationEventPublisher applicationEventPublisher;

  public Cashier(ApplicationEventPublisher applicationEventPublisher) {
    this.applicationEventPublisher = applicationEventPublisher;
  }
  ...
}
```

이벤트 리스닝하기

ApplicationListener를 구현한 애플리케이션 컨텍스트에 정의된 빈은 타입 매개변수와 매치되는 모든 이벤트 알림을 받습니다. 이러한 방식으로 ApplicationContextEvent와 같은 특정 이벤트 그룹의 이벤트를 리스닝할 수 있습니다.

```
package com.apress.spring6recipes.shop;

import org.springframework.context.ApplicationListener;
import org.springframework.stereotype.Component;

@Component
public class CheckoutListener implements ApplicationListener<CheckoutEvent> {

  @Override
  public void onApplicationEvent(CheckoutEvent event) {
    // 결제 시간과 관련된 어떤 작업이든 수행 가능
    System.out.printf("Checkout event [%s]%n", event.getTime());
  }
}
```

ApplicationListener 인터페이스를 구현하는 대신 @EventListener 애너테이션을 적용해 이벤트 리스너를 만들 수도 있습니다.

```
package com.apress.spring6recipes.shop;

import org.springframework.context.event.EventListener;
import org.springframework.stereotype.Component;

@Component
public class CheckoutListener {

  @EventListener
  public void onApplicationEvent(CheckoutEvent event) {
    // 결제 시간과 관련된 어떤 작업이든 수행 가능
    System.out.printf("Checkout event [%s]%n", event.getTime());
  }
}
```

다음으로 모든 이벤트를 리스닝하려면 애플리케이션에 리스너를 등록해야 합니다. 리스너를 빈으로 선언하거나 컴포넌트 스캐닝을 하면 간단히 등록됩니다. 애플리케이션 컨텍스트는 ApplicationListener를 구현한 빈과 @EventListener 애너테이션을 적용한 메서드가 있는 빈을 인지하고, 이들이 관심 있는 각 이벤트를 알려 줍니다. ApplicationEvent를 더는 상속할 필요가 없다는 점도 @EventListener를 사용하는 장점입니다. 이렇게 하면 이벤트가 다시 스프링 프레임워크 클래스에 의존하지 않는 평범한 POJO가 됩니다.

```java
package com.apress.spring6recipes.shop;

import java.time.LocalDateTime;

public class CheckoutEvent {

  private final ShoppingCart cart;
  private final LocalDateTime time;

  public CheckoutEvent(ShoppingCart cart, LocalDateTime time) {
    this.cart = cart;
    this.time = time;
  }

  public ShoppingCart getCart() {
    return this.cart;
  }

  public LocalDateTime getTime() {
    return time;
  }
}
```

NOTE_ 마지막으로 애플리케이션 컨텍스트가 스스로 ContextClosedEvent, ContextRefreshedEvent, RequestHandledEvent와 같은 컨테이너 이벤트를 발행한다는 점을 기억하세요. 빈에서 이런 이벤트의 알림을 받고 싶다면 ApplicationListener 인터페이스를 구현하면 됩니다.

레시피 1-25 함수형으로 빈을 생성하고 등록하기

과제 자바 8부터는 함수형 프로그래밍을 할 수 있습니다. 자바 버전이 올라가면서 함수형 프로그래밍도 발전했으며, 이제 자바 프로그래밍에서 람다Lambda나 메서드 참조method reference[31] 등을 매우 자연스럽게 사용합니다. 스프링에서는 애너테이션 대신 함수형 프로그래밍을 이용해 자바 구성 파일을 작성할 수 있습니다.

31 옮긴이_ 메서드 참조는 람다식 중 하나로, 메서드를 참조해 매개변수와 반환 타입을 알아내어 람다식에서 굳이 선언할 필요가 없는 부분을 생략해 코드의 가독성을 높입니다.

해결 스프링의 GenericApplicationContext 클래스는 많은 ApplicationContext 구현체의 기본 클래스 역할을 하며, 다양한 registerBean() 메서드를 제공합니다. 그중 Supplier[32]나 BeanDefinitionCustomizer[33]를 인수로 받는 registerBean()이 가장 유용하고 흥미롭습니다. registerBean()을 이용해 빈을 컨텍스트에 등록하고 IoC 컨테이너나 빈 라이프사이클에서 관리하도록 하거나 다른 빈의 의존성으로 사용할 수 있습니다.

풀이 [레시피 1-1]과 [레시피 1-3]에 있는 예제를 함수형 스타일로 작성해 봅시다.

함수형으로 간단한 빈 생성하기

빈을 등록하려면 먼저 ApplicationContext 인스턴스를 생성해야 합니다. 이전 예제에서 사용했던 AnnotationConfigApplicationContext를 추가 구성 없이 사용하겠습니다. 다음으로 registerBean()을 호출해 특정 타입의 빈(첫 번째 인수)을 등록하고 Supplier에 전달해 빈을 생성합니다.

필요한 빈을 등록하고 컨텍스트에서 refresh()를 호출하면 모든 인스턴스가 생성됩니다.

```
package com.apress.spring6recipes.sequence;

import org.springframework.context.annotation.AnnotationConfigApplicationContext;

public class Main {

  public static void main(String[] args) {

    try (var ctx = new AnnotationConfigApplicationContext()) {
      ctx.registerBean(Sequence.class, () -> new Sequence("30", "A", 10000));
      ctx.refresh();
      var generator = ctx.getBean(Sequence.class);
      System.out.println(generator.nextValue());
      System.out.println(generator.nextValue());
    }
  }
}
```

32 옮긴이_ Supplier는 매개변수 없이 반환값만 갖는 함수형 인터페이스입니다.

33 옮긴이_ BeanDefinitionCustomizer는 빈 정의를 커스터마이징하도록 설계된 인터페이스로, 람다나 메서드 참조와 함께 사용할 수 있습니다.

함수형으로 여러 빈 생성하기

이전 예제에서는 다른 빈을 참조하지 않고 하나의 빈만 등록했습니다. 다른 빈의 참조를 얻으려면 ApplicationContext에 접근해 getBean() 메서드를 호출하면 됩니다. 선택적으로 빈을 가져오거나 의존성이 있는 빈 목록을 가져오는 등의 더 많은 기능을 사용하려면 [레시피 1-3]에서 살펴본 getBeanProvider() 메서드를 호출합니다.

마찬가지로 원하는 타입의 ApplicationContext를 생성하고 registerBean() 메서드를 호출해 빈을 등록합니다. Sequence 클래스를 빈으로 등록하는 작업은 해당 클래스에 필요한 빈 참조를 얻어야 하므로 조금 복잡합니다. [레시피 1-3]에서 본 ObjectProvider를 반환하는 getBeanProvider() 메서드를 사용해 원하는 빈 참조를 얻을 수 있습니다.

```
package com.apress.spring6recipes.sequence;

import org.springframework.context.annotation.AnnotationConfigApplicationContext;

public class Main {

  public static void main(String[] args) {

    try (var ctx = new AnnotationConfigApplicationContext()) {
      ctx.registerBean(PrefixGenerator.class, () ->
              new DatePrefixGenerator("yyyyMMdd"));
      ctx.registerBean(Sequence.class, () -> {
        var seq = new Sequence("A", 100000);
        ctx.getBeanProvider(PrefixGenerator.class)
                .ifUnique(seq::setPrefixGenerator);
        return seq;
      });
      ctx.refresh();

      var generator = ctx.getBean(Sequence.class);
      System.out.println(generator.getSequence());
      System.out.println(generator.getSequence());
    }
  }
}
```

함수형으로 등록된 빈 정의 수정하기

지금까지 빈을 등록하는 방법을 알아봤으니 이번에는 빈 우선순위를 정의하고, 스코프나 빈의 로딩 순서 등을 변경하는 부분을 살펴보겠습니다. BeanDefinition 클래스는 빈을 생성할 때 빈의 스코프나 primary 여부 등을 유지하는 정의서입니다. 최종 생성된 BeanDefinition을 변경하려면 BeanDefinitionCustomizer를 만들어 전달하면 됩니다(가변 인수이므로 여러 개를 전달할 수도 있습니다). [표 1-3]은 설정 가능한 빈 정의 프로퍼티 목록입니다.

표 1-3 빈 정의 프로퍼티

프로퍼티	설명
autowireCandidate	자동와이어링에 사용 여부. 초깃값 true
dependsOn	이 빈이 의존하는 빈들의 이름. @DependsOn과 같음
description	빈의 부가적인 설명
destroyMethodName	ApplicationContext가 종료되거나 중지될 때 소멸 콜백으로 사용할 메서드명. @PreDestroy와 유사함
initMethodName	ApplicationContext가 시작될 때 초기화 콜백으로 사용될 메서드명. @PostConstruct와 유사함
lazyInit	빈의 최초 사용 시까지 빈 생성을 지연할지 여부. 초깃값 false
primary	같은 타입의 빈이 여러 개 존재할 때 primary 빈으로 사용할지 여부. 초깃값 false
scope	빈의 스코프명. @Scope와 유사함

Sequence 빈의 생성 시점을 최초 사용 시점으로 미루고, 해당 빈이 프로토타입 스코프를 갖도록 BeanDefinitionCustomizer를 추가해 봅시다. SequenceBeanDefinitionCustomizer 클래스에서 BeanDefinition의 lazyInit 프로퍼티를 true로, 스코프 프로퍼티를 prototype으로 변경합니다.

```
package com.apress.spring6recipes.sequence;

import org.springframework.beans.factory.config.BeanDefinition;
import org.springframework.beans.factory.config.BeanDefinitionCustomizer;
import org.springframework.context.annotation.AnnotationConfigApplicationContext;

public class Main {

  public static void main(String[] args) {
```

```
      try (var ctx = new AnnotationConfigApplicationContext()) {
        ctx.registerBean(PrefixGenerator.class, () ->
                new DatePrefixGenerator("yyyyMMdd"));
        ctx.registerBean(Sequence.class, () -> {
          var seq = new Sequence("A", 100000);
          ctx.getBeanProvider(PrefixGenerator.class)
                  .ifUnique(seq::setPrefixGenerator);
          return seq;
        }, new SequenceBeanDefinitionCustomizer());
        ctx.refresh();

        var generator = ctx.getBean(Sequence.class);
        System.out.println(generator.getSequence());
        System.out.println(generator.getSequence());
      }
    }
  }

  class SequenceBeanDefinitionCustomizer implements BeanDefinitionCustomizer {

    @Override
    public void customize(BeanDefinition bd) {
      bd.setScope(BeanDefinition.SCOPE_PROTOTYPE);
      bd.setLazyInit(true);
    }
  }
```

TIP 쉽게 이해할 수 있도록 예제의 코드를 클래스 형식으로 작성했지만 람다 형식으로도 작성할 수 있습니다.

마치며

1장에서는 스프링의 주요 기능을 살펴봤습니다. 스프링에서 `@Configuration`과 `@Bean` 애너테이션을 적용해 POJO를 인스턴스화하는 방법과 `@Component` 애너테이션을 적용해 POJO를 관리하는 방법을 배웠습니다. 그리고 `@Component`보다 더 특화한 기능을 제공하는 `@Repository`, `@Service`, `@Controller` 애너테이션도 살펴봤습니다.

@Autowired 애너테이션을 사용해서 타입이나 이름으로 POJO 간을 자동 참조하는 방법과, @Autowired 애너테이션 대신 표준 애너테이션인 @Resource와 @Inject 애너테이션을 사용하고 자동와이어링으로 POJO 간에 참조하는 방법도 살펴봤습니다.

@Scope 애너테이션을 사용해 POJO 인스턴스의 스코프를 설정했습니다. 스프링이 외부 리소스를 읽는 방법과 @PropertySource와 @Value 애너테이션으로 빈으로 생성하고 사용하는 방법, 스프링이 i18n 리소스 번들로 POJO에서 각기 다른 언어를 지원하는 방법도 살펴봤습니다.

@Bean 애너테이션의 속성인 initMethod와 destroyMethod를 이용하거나 @PostConstruct와 @PreDestroy 애너테이션으로 POJO의 초기화와 종료를 커스터마이징했습니다. 또한 @Lazy 애너테이션으로 빈 초기화를 지연하고 @DependsOn 애너테이션으로 빈의 초기화 우선순위를 지정하는 방법을 배웠습니다.

스프링의 후처리기를 사용해 POJO를 검증하고 수정했습니다. @Profile 애너테이션을 사용하는 방법을 포함해 스프링 환경과 프로파일로 다양한 POJO 구성을 로드하는 방법을 배웠습니다.

스프링 컨텍스트에서 AOP가 무엇인지와 애스펙트, 포인트컷, 어드바이스를 생성하는 방법을 살펴보고 @Aspect, @Before, @After, @AfterReturning, @AfterThrowing, @Around 애너테이션을 배웠습니다.

다음으로 AOP 조인 포인트 정보에 접근하고 각기 다른 프로그램 실행 지점에 적용했습니다. @Order 애너테이션으로 애스펙트 우선순위를 명시하고 애스팩트 포인트컷 정의를 재사용하는 방법도 살펴봤습니다.

AspectJ 포인트컷 표현식을 작성하는 방법과 AOP 인트로덕션의 개념을 적용해 POJO가 동시에 복수의 클래스 구현체를 상속받는 방법, AOP에서 POJO의 상태를 확인하는 방법, 로드타임 위빙 기술을 적용하는 다양한 방법도 살펴봤습니다.

또한 스프링에서 AspectJ 애스펙트를 구성하는 방법과 POJO를 도메인 객체에 주입하는 방법, 스프링과 TaskExecutor로 동시성 프로그래밍하는 방법, 스프링에서 이벤트를 생성, 발행, 리스닝하는 방법을 살펴봤습니다.

마지막으로 GenericApplicationContext와 하위 클래스에서 사용할 수 있는 빈 등록 API를 배웠습니다.

CHAPTER 2

스프링 MVC

스프링 MVCmodel-view-controller(모델-뷰-컨트롤러)는 스프링 프레임워크에서 가장 중요한 모듈입니다. 강력한 스프링 IoC 컨테이너를 기반으로 만들어졌으며 간단한 구성으로 스프링 IoC 컨테이너의 기능을 폭넓게 사용할 수 있습니다.

MVC는 일반적인 UI 디자인 패턴입니다. 이 패턴은 애플리케이션에서 역할을 기준으로 모델, 뷰, 컨트롤러를 나눔으로써 UI와 비즈니스 로직을 분리합니다. 모델은 뷰가 화면에 보여 줄 애플리케이션 데이터를 캡슐화하고, 뷰는 비즈니스 로직 없이 오로지 데이터를 보여 주며, 컨트롤러는 사용자에게서 요청을 받고 백엔드 서비스를 호출해 비즈니스를 처리하는 역할을 합니다. 백엔드 서비스가 비즈니스 처리를 끝내고 화면에 보여 줄 데이터를 반환하면 컨트롤러는 이 데이터를 모아 뷰에 출력할 모델을 만듭니다. MVC 패턴의 핵심은 UI와 비즈니스 로직을 분리해서 서로 영향을 주지 않고 독립적으로 변경할 수 있게 한다는 점입니다.

스프링 MVC 애플리케이션에서 모델은 보통 서비스 계층에서 처리되고 퍼시스턴스 계층에서 저장되는 객체입니다. 뷰는 JSPJava Server Pages, 타임리프Thymeleaf,[1] 프리마커FreeMarker[2] 등으로 작성한 템플릿이지만 엑셀이나 PDF 파일, RESTful 웹 서비스로도 정의할 수 있습니다.

2장을 학습하고 나면 스프링 MVC를 이용해 자바 웹 애플리케이션을 개발할 수 있습니다. 또한 애너테이션을 사용해서 컨트롤러를 생성하는 등, 스프링의 일반적인 컨트롤러와 뷰 타입을

1 https://www.thymeleaf.org/

2 https://freemarker.apache.org/

이해할 수 있습니다. 아울러 앞으로 살펴볼 고급 주제의 기초에 해당하는 스프링 MVC의 기본 원리도 이해하게 됩니다. 스프링 MVC와 그 짝꿍인 스프링 WebFlux에 관한 자세한 정보를 알고 싶다면 『Pro Spring MVC with WebFlux』(Apress, 2021)을 추천합니다.

TIP 2장의 레시피 예제를 실행하려면 `gradle build` 명령을 수행해 코드를 WAR 파일로 빌드하고 자카르타 EE 서버[3]에 배포합니다. 또 다른 방법인 `gradle docker` 명령을 수행하면 내장embedded 톰캣에 애플리케이션이 배포된 상태로 도커docker 컨테이너가 생성됩니다. `gradle dockerRun` 명령을 수행해 컨테이너를 기동한 후 `http://localhost:8080`으로 애플리케이션을 호출할 수 있습니다. 도커[4]를 이용해 애플리케이션을 실행하려면 도커가 설치돼 있어야 합니다.

레시피 2-1 스프링 MVC로 간단한 웹 애플리케이션 개발하기

과제 스프링 MVC를 이용해 간단한 웹 애플리케이션을 개발하며 스프링 프레임워크의 기본 개념과 구성을 익혀 보세요.

해결 프런트 컨트롤러front controller는 스프링 MVC에서 가장 중요한 컴포넌트입니다. 아주 간단한 스프링 MVC 애플리케이션이라면 웹 배포 서술자web deployment descriptor에 프런트 컨트롤러의 서블릿만 구성하면 됩니다. 보통 디스패처 서블릿(`DispatcherServlet`)이라는 스프링 MVC 컨트롤러가 스프링 MVC 프레임워크의 프런트 컨트롤러로 작동하며, 모든 웹 요청이 디스패처 서블릿을 거쳐 처리됩니다.

스프링 MVC 애플리케이션에 들어온 웹 요청은 제일 먼저 컨트롤러가 받으며, 스프링 웹 애플리케이션 컨텍스트에 구성된 다양한 컴포넌트나 컨트롤러에 적용된 애너테이션을 구성해 요청을 처리하는 데 필요한 작업을 수행합니다. [그림 2-1]은 스프링 MVC가 요청을 처리하는 주요 흐름입니다.

3 옮긴이_ 자카르타 EE는 PC에서 작동하는 표준 플랫폼인 자바 스탠다드 에디션을 확장해 웹 애플리케이션 서버에서 장애 복구와 분산 멀티티어를 제공하는 자바 소프트웨어의 기능을 추가한 서버입니다.

4 https://www.docker.com/

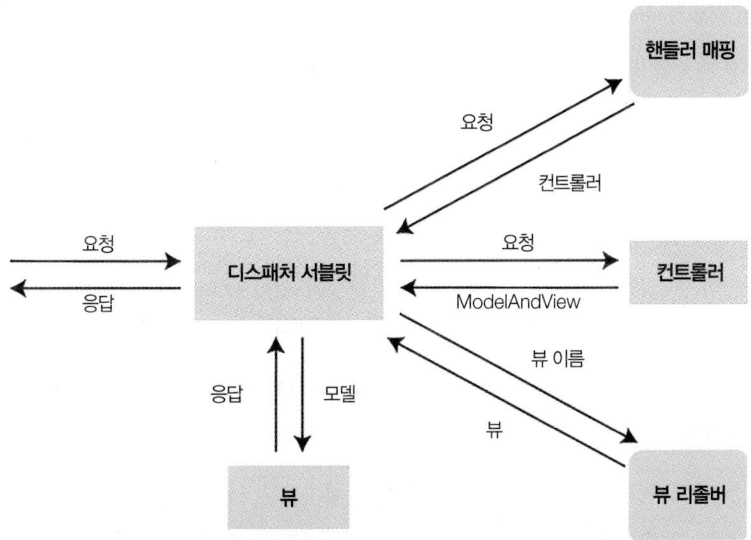

그림 2-1 스프링 MVC의 요청 처리 흐름

스프링에서 컨트롤러는 `@Controller`나 `@RestController` 애너테이션으로 정의합니다.

`@Controller` 애너테이션이 적용된 클래스(컨트롤러 클래스)가 요청을 받으면 요청을 처리하는 적절한 핸들러 메서드[5]를 찾습니다. 컨트롤러 클래스는 각 요청을 하나 이상의 핸들러 메서드에 매핑하며 컨트롤러 클래스의 메서드에 `@RequestMapping` 애너테이션을 적용해 핸들러 메서드를 지정할 수 있습니다.

핸들러 메서드의 시그니처는 일반적인 자바 클래스와 마찬가지로 특별한 제약이 없습니다. 메서드 이름을 임의로 지정하고, 메서드 인수를 다양하게 정의하며, 애플리케이션 로직에 따라 다양한 타입(예: `String`, `void`)의 값을 반환할 수 있습니다. 앞으로 `@RequestMapping` 애너테이션이 적용된 핸들러 메서드에서 사용하는 다양한 메서드 인수를 만날 것입니다. 다음은 미리 알아 두면 좋을 몇 가지 유용한 인수 타입입니다.

- `HttpServletRequest`, `HttpServletResponse`
- `@RequestParam` 애너테이션이 적용된 임의 타입arbitrary type의 요청 매개변수
- `@RequestAttribute` 애너테이션이 적용된 임의 타입의 요청 속성

5 옮긴이_ 핸들러 메서드는 `@RequestMapping` 애너테이션과 그 하위 애너테이션인 `@GetMapping`, `@PostMapping` 등이 적용된 메서드를 추상화한 개념입니다.

- @ModelAttribute 애너테이션이 적용된 임의 타입의 모델 속성
- @CookieValue 애너테이션이 적용된 요청에 포함된 쿠키값
- 핸들러 메서드에서 모델에 속성을 추가하는 데 사용하는 Map과 ModelMap
- 핸들러 메서드에서 객체 바인딩, 유효성 검증 결과를 가져올 때 필요한 Errors와 BindingResult
- 핸들러 메서드에서 세션 처리를 완료했음을 알리는 데 사용하는 SessionStatus

컨트롤러는 먼저 적절한 핸들러 메서드를 선택하고 해당 핸들러 메서드에 요청을 전달해 로직을 실행합니다. 보통 컨트롤러는 백엔드 서비스를 호출해 요청을 처리하며 핸들러 메서드는 다양한 입력 인수(예: HttpServletRequest, Map, Errors, SessionStatus)에 정보를 추가하거나 삭제해 스프링 MVC 흐름을 이어갈 수 있도록 구성합니다.

핸들러 메서드는 요청을 처리한 후 반환값으로 지정된 뷰에 제어권을 위임합니다. 핸들러 메서드의 반환값으로는 실제 뷰 구현체(예: user.jsp, report.pdf)보다 파일 확장자를 명시하지 않은 논리 뷰logical view 이름(예: user, report)을 지정하는 편이 더 유연해서 좋습니다.

핸들러 메서드의 반환값은 논리 뷰 이름을 나타내는 String이거나 void입니다. void일 때는 논리 뷰 이름이 핸들러 메서드나 컨트롤러 이름 기준으로 결정됩니다.

뷰에서는 얼마든지 핸들러 메서드의 인수에 접근할 수 있으므로 컨트롤러에서 뷰로 데이터를 전달하는 데 문제가 없습니다. 예를 들어 핸들러 메서드가 Map과 SessionStatus 타입 객체를 인수로 받고 핸들러 메서드에서 값을 수정하더라도 반환하는 뷰에서 수정된 동일한 객체에 접근할 수 있습니다.

컨트롤러 클래스는 뷰 리졸버view resolver를 이용해 전달받은 논리 뷰 이름을 실제 뷰 구현체(예: user.jsp, todos.html, report.pdf)로 해석합니다. 뷰 리졸버는 ViewResolver 인터페이스의 구현체로써 웹 애플리케이션 컨텍스트에 빈으로 구성하며, 논리 뷰 이름에 해당하는 실제 구현체(예: HTML, JSP, PDF)를 반환합니다.

컨트롤러 클래스가 논리 뷰 이름으로 실제 뷰 구현체를 해석하면, 해당 뷰 구현체는 로직에 따라 핸들러 메서드가 전달한 객체(예: HttpServletRequest, Map, Errors, SessionStatus)를 렌더링rendering[6]합니다. 뷰의 역할은 어디까지나 핸들러 메서드의 로직에 추가된 객체를 사용자에게 정확하게 보여 주는 것입니다.

---

6 옮긴이_ 렌더링은 서버로부터 받은 데이터를 뷰에 출력하는 과정입니다.

풀이 스프링 MVC를 이용해 스포츠 센터의 코트court 예약 시스템을 개발하려 합니다. 사용자는 웹으로 애플리케이션에 접속해 온라인 예약을 합니다. 먼저 도메인domain 클래스를 작성합니다.

```
package com.apress.spring6recipes.court.domain;

import java.time.LocalDate;

public class Reservation {

  private String courtName;
  private LocalDate date;
  private int hour;
  private Player player;
  private SportType sportType;

  public Reservation() { }

  public Reservation(String courtName, LocalDate date, int hour, Player player,
                     SportType sportType) {
    this.courtName = courtName;
    this.date = date;
    this.hour = hour;
    this.player = player;
    this.sportType = sportType;
  }

  public String getCourtName() {
    return courtName;
  }

  public void setCourtName(String courtName) {
    this.courtName = courtName;
  }

  public LocalDate getDate() {
    return date;
  }

  public void setDate(LocalDate date) {
    this.date = date;
  }

  public int getHour() {
    return hour;
```

```
  }

  public void setHour(int hour) {
    this.hour = hour;
  }

  public Player getPlayer() {
    return player;
  }

  public void setPlayer(Player player) {
    this.player = player;
  }

  public SportType getSportType() {
    return sportType;
  }

  public void setSportType(SportType sportType) {
    this.sportType = sportType;
  }
}
```

```
package com.apress.spring6recipes.court.domain;

public class Player {

  private String name;
  private String phone;

  public Player() {
  }

  public Player(String name) {
    this.name = name;
  }

  public String getName() {
    return name;
  }

  public void setName(String name) {
    this.name = name;
  }
```

```java
  public String getPhone() {
    return phone;
  }

  public void setPhone(String phone) {
    this.phone = phone;
  }
}
```

```java
package com.apress.spring6recipes.court.domain;

public class SportType {

  private int id;
  private String name;

  public SportType() {}

  public SportType(int id, String name) {
    this.id = id;
    this.name = name;
  }

  public int getId() {
    return id;
  }

  public void setId(int id) {
    this.id = id;
  }

  public String getName() {
    return name;
  }

  public void setName(String name) {
    this.name = name;
  }
}
```

다음으로 프레젠테이션 계층에 예약 서비스를 제공하는 서비스 인터페이스를 service 하위 패키지에 정의합니다.

```
package com.apress.spring6recipes.court.service;

import com.apress.spring6recipes.court.domain.Reservation;
import java.util.List;

public interface ResevationService {

  List<Reservation> query(String courtName);
  ...
}
```

실제 애플리케이션을 개발할 때는 데이터를 DB와 같은 데이터 저장소에 저장하도록 구현해야 하지만, 여기서는 간단히 예약 정보 몇 개를 하드코딩하고 메모리에 저장해 테스트하겠습니다.

```
package com.apress.spring6recipes.court.service;

import com.apress.spring6recipes.court.domain.Player;
import com.apress.spring6recipes.court.domain.Reservation;
import com.apress.spring6recipes.court.domain.SportType;
import org.springframework.stereotype.Service;
import org.springframework.util.StringUtils;

import java.time.LocalDate;
import java.util.ArrayList;
import java.util.Collections;
import java.util.List;
import java.util.stream.Collectors;

@Service
class InMemoryReservationService implements ReservationService {

  private static final SportType TENNIS = new SportType(1, "Tennis");

  private final List<Reservation> reservations =
     Collections.synchronizedList(new ArrayList<>());

  public InMemoryReservationService() {

    var roger = new Player("Roger");
    var james = new Player("James");
    var date = LocalDate.of(2022, 10, 18);
    reservations.add(new Reservation("Tennis #1", date, 16, roger, TENNIS));
```

```
    reservations.add(new Reservation("Tennis #2", date, 20, james, TENNIS));
  }

  @Override
  public List<Reservation> query(String courtName) {
    return this.reservations.stream()
            .filter( (r) -> StringUtils.startsWithIgnoreCase(
              r.getCourtName(), courtName))
            .collect(Collectors.toList());
  }
  ...
}
```

스프링 MVC 애플리케이션 설정하기

다음으로 스프링 MVC 애플리케이션의 틀을 구성합니다. 스프링 MVC에 특화한 몇몇 설정 파일과 라이브러리를 제외하면, 스프링 MVC 애플리케이션의 설정 방법은 표준 자바 웹 애플리케이션과 대부분 유사합니다.

자카르타 EE 명세에 웹 아카이브web archive(WAR) 파일 형태로 만들어지는 자바 웹 애플리케이션 디렉터리 구조가 정의돼 있습니다. 예를 들어 웹 배포 서술자(`web.xml`)는 `WEB-INF` 루트 디렉터리에 두어야 하고, 하나 이상의 `ServletContainerInitializer` 구현체 클래스가 존재해야 합니다. 그리고 웹 애플리케이션의 클래스 파일은 `WEB-INF/classes`, JAR 파일은 `WEB-INF/lib` 디렉터리에 있어야 합니다.

코트 예약 애플리케이션도 이와 같은 디렉터리 구조를 사용합니다.

NOTE_ 스프링 MVC를 이용해 웹 애플리케이션을 개발하려면 기본적인 스프링 의존성(1장 참조)은 물론이고 스프링 웹과 스프링 MVC 의존성도 클래스패스에 추가해야 합니다.

- 메이븐Maven 의존성 추가(`pom.xml`)

```
<dependency>
  <groupId>org.springframework</groupId>
  <artifactId>spring-webmvc</artifactId>
  <version>6.1.21</version>
</dependency>
```

• 그레이들Gradle 의존성 추가(build.gradle)

```
dependencies {
  implementation "org.springframework:spring-webmvc:6.1.21"
}
```

CSS 파일과 이미지 파일은 사용자가 URL로 접근할 수 있도록 WEB-INF 디렉터리 외부에 둡니다. 스프링 MVC에서 JSP 파일은 일종의 템플릿처럼 작동합니다. JSP는 동적 콘텐츠를 생성할 때 프레임워크가 읽어들이는 파일이므로 사용자가 직접 접근할 수 없도록 WEB-INF 디렉터리 안에 둡니다. 하지만 웹 애플리케이션이 WEB-INF 내부의 파일을 읽는 것을 허용하지 않는 애플리케이션 서버도 있습니다. 이럴 때는 WEB-INF 디렉터리 외부에 JSP 파일을 두어야 합니다.

구성 파일 작성하기

웹 배포 서술자(web.xml이나 ServletContainerInitializer)는 자바 웹 애플리케이션의 필수 구성 파일입니다. 이 파일에 애플리케이션의 서블릿과 웹 요청 매핑 정보를 정의합니다. 스프링 MVC에서 프런트 컨트롤러 역할을 하는 DispatcherServlet 인스턴스는 보통 하나만 정의하지만, 대규모 애플리케이션에서는 여러 개 사용하면 편리할 수 있습니다. DispatcherServlet 인스턴스마다 특정 URL을 처리하도록 설계할 수 있어서 코드 관리가 쉬워지고 개발자 간 영향 없이 각자의 로직에 집중할 수 있습니다.

```
package com.apress.spring6recipes.court.web;

import com.apress.spring6recipes.court.config.CourtConfiguration;
import jakarta.servlet.ServletContainerInitializer;
import jakarta.servlet.ServletContext;
import jakarta.servlet.ServletException;

import org.springframework.web.context.support.AnnotationConfigWebApplicationContext;
import org.springframework.web.servlet.DispatcherServlet;

import java.util.Set;

public class CourtServletContainerInitializer implements
ServletContainerInitializer {

  public static final String MSG = "Starting Court Web Application";
```

```
  @Override
  public void onStartup(Set<Class<?>> c, ServletContext ctx) throws ServletException {

    ctx.log(MSG);

    var applicationContext = new AnnotationConfigWebApplicationContext();
    applicationContext.register(CourtConfiguration.class);

    var dispatcherServlet = new DispatcherServlet(applicationContext);

    var courtRegistration = ctx.addServlet("court", dispatcherServlet);
    courtRegistration.addMapping("/");
    courtRegistration.setLoadOnStartup(1);
  }
}
```

CourtServletContainerInitializer 클래스에서 정의한 DispatcherServlet은 스프링 MVC의 핵심 서블릿 클래스로, 웹 요청을 수신해 적절한 핸들러로 전달dispatch합니다. 서블릿 이름을 court로 설정하고 루트 디렉터리를 의미하는 슬래시(/)를 사용해 모든 URL을 해당 서블릿으로 매핑합니다. URL 패턴을 좀 더 상세하게 나눠 설정할 수도 있습니다. 규모가 큰 애플리케이션이라면 여러 개의 서블릿을 만들고 URL 패턴별로 처리를 위임하는 편이 더 효율적이지만, 여기서는 편의상 애플리케이션의 모든 URL을 court 서블릿으로 위임합니다.

CourtServletContainerInitializer를 스프링 컨테이너가 감지하려면 다음과 같이 jakarta.servlet.ServletContainerInitializer 파일에 패키지를 포함한 전체 클래스 이름을 적고 META-INF/services 디렉터리에 추가해야 합니다. 서블릿 컨테이너는 이 파일을 로드해 애플리케이션을 기동할 때 사용합니다.

```
com.apress.spring6recipes.court.web.CourtServletContainerInitializer
```

마지막으로 @Configuration 애너테이션을 적용한 CourtConfiguration 클래스를 추가합니다.

```
package com.apress.spring6recipes.court.config;

import org.springframework.context.annotation.Bean;
```

```
import org.springframework.context.annotation.ComponentScan;
import org.springframework.context.annotation.Configuration;
import org.springframework.web.servlet.config.annotation.EnableWebMvc;
import org.springframework.web.servlet.view.InternalResourceViewResolver;

@Configuration
@ComponentScan("com.apress.spring6recipes.court")
@EnableWebMvc
public class CourtConfiguration {
...
}
```

@ComponentScan 애너테이션을 적용해 com.apress.spring6recipes.court 패키지(하위 패키지 포함)를 스캔한 후 감지된 빈(InMemoryReservationService와 곧 작성할 @Controller 애너테이션이 적용된 클래스)을 모두 등록합니다. 또한 스프링 MVC 구성임을 나타내는 @EnableWebMvc 애너테이션을 적용합니다. (DispatcherServlet에도 몇 가지 기본적인 설정값이 적용되어 있기는 하지만) @EnableWebMvc는 스프링 MVC 애플리케이션에 필요한 추가 설정을 하고 WebMvcConfigurer 인스턴스를 이용해 구성을 변경하도록 해 줍니다. 자세한 내용은 [레시피 2-3]에서 살펴보겠습니다.

스프링 MVC 컨트롤러 작성하기

컨트롤러 클래스는 @Controller 애너테이션을 적용해 지정하며, 특정 인터페이스를 구현하거나 특정 기본 클래스를 상속하지 않는 평범한 자바 클래스입니다. 컨트롤러 클래스에는 하나 이상의 처리 작업을 수행하는 하나 이상의 핸들러 메서드를 정의할 수 있습니다. 핸들러 메서드의 시그니처는 다양한 인수를 받도록 유연하게 정의할 수 있습니다.

@RequestMapping 애너테이션은 클래스나 메서드 레벨에 적용할 수 있습니다. 먼저 URL 패턴을 컨트롤러 클래스에 지정하고 핸들러 메서드에 HTTP 메서드를 지정하는 매핑 전략을 알아봅시다.

```
package com.apress.spring6recipes.court.web;

import org.springframework.stereotype.Controller;
import org.springframework.ui.Model;
import org.springframework.web.bind.annotation.RequestMapping;
```

```java
import org.springframework.web.bind.annotation.RequestMethod;

import java.time.LocalDate;

@Controller
@RequestMapping("/welcome")
public class WelcomeController {

  @RequestMapping(method = RequestMethod.GET)
  public String welcome(Model model) {
    model.addAttribute("today", LocalDate.now());
    return "/WEB-INF/jsp/welcome.jsp";
  }
}
```

WelcomeController 컨트롤러는 java.time.LocalDate 객체를 생성해 오늘 날짜를 얻고 입력받은 Model 객체의 속성에 이를 추가해 뷰가 표시할 수 있도록 합니다.

com.apress.spring6recipes.court 패키지의 애너테이션 스캐닝 기능을 이미 활성화했으므로 배포 시 컨트롤러 클래스의 애노테이션을 자동으로 감지합니다.

@Controller 애너테이션은 WelcomeController 클래스를 스프링 MVC 컨트롤러로 정의합니다. @RequestMapping 애너테이션은 프로퍼티를 지정할 수 있고 클래스나 핸들러 메서드에 적용할 수 있습니다. WelcomeController 클래스에 적용한 @RequestMapping 애너테이션의 값인 "/welcome"은 /welcome URL로 들어온 모든 요청을 WelcomeController 클래스가 처리하게 합니다.

최초의 URL 요청은 HTTP GET 방식으로 이루어지므로 컨트롤러가 요청을 받으면 일단 기본 HTTP GET 핸들러로 정의된 메서드를 호출합니다. 따라서 예제 컨트롤러가 /welcome 요청을 받으면 기본 HTTP GET 핸들러 메서드로 처리를 위임합니다.

welcome() 메서드에 @RequestMapping(method = RequestMethod.GET) 애너테이션을 적용해 기본 HTTP GET 메서드를 만듭니다. 기본 HTTP GET 핸들러 메서드가 없다면 ServletException이 발생하므로 스프링 MVC 컨트롤러에는 최소한 URL 경로와 기본 HTTP GET 핸들러 메서드가 있어야 합니다.

메서드 레벨에 @RequestMapping 애너테이션을 적용하면서 URL 경로와 기본 HTTP GET 핸들러 메서드를 모두 선언할 수도 있습니다. 다음 코드는 바로 앞에서 본 코드와 동일하게 작동합니다.

```
package com.apress.spring6recipes.court.web;

import org.springframework.stereotype.Controller;
import org.springframework.ui.Model;
import org.springframework.web.bind.annotation.RequestMapping;
import org.springframework.web.bind.annotation.RequestMethod;

import java.time.LocalDate;

@Controller
public class WelcomeController {

  @RequestMapping(path = "/welcome", method = RequestMethod.GET)
  public String welcome(Model model) {
    model.addAttribute("today", LocalDate.now());
    return "/WEB-INF/jsp/welcome.jsp";
  }
}
```

path(또는 value) 속성은 핸들러 메서드의 매핑 URL을 나타내며 method 속성은 이 핸들러 메서드가 컨트롤러의 기본 HTTP GET 메서드임을 나타냅니다. @GetMapping과 @PostMapping 등의 편의 애너테이션을 사용하면 구성 코드를 더 간결하게 작성할 수 있습니다. 다음은 @GetMapping 애너테이션을 적용해 이전과 동일하게 작동하도록 구현한 코드입니다.

```
package com.apress.spring6recipes.court.web;

import org.springframework.stereotype.Controller;
import org.springframework.ui.Model;
import org.springframework.web.bind.annotation.GetMapping;

import java.time.LocalDate;

@Controller
public class WelcomeController {

  @GetMapping("/welcome")
  public String welcome(Model model) {
    model.addAttribute("today", LocalDate.now());
```

```
    return "/WEB-INF/jsp/welcome.jsp";
  }
}
```

@GetMapping 애너테이션은 클래스의 코드를 더 줄이고 가독성을 높여 줍니다.

마지막으로 살펴본 컨트롤러 예제는 스프링 MVC의 기본 원칙을 잘 보여 줍니다. 하지만 일반적으로 컨트롤러는 백엔드 서비스를 호출해 비즈니스 처리를 합니다. 예를 들어 특정 코트의 예약을 조회하는 컨트롤러를 다음처럼 만들 수 있습니다.

```
package com.apress.spring6recipes.court.web;

import com.apress.spring6recipes.court.domain.Reservation;
import com.apress.spring6recipes.court.service.ReservationService;
import org.springframework.stereotype.Controller;
import org.springframework.ui.Model;
import org.springframework.web.bind.annotation.GetMapping;
import org.springframework.web.bind.annotation.PostMapping;
import org.springframework.web.bind.annotation.RequestMapping;
import org.springframework.web.bind.annotation.RequestParam;

@Controller
@RequestMapping("/reservationQuery")
public class ReservationQueryController {

  private final ReservationService reservationService;

  public ReservationQueryController(ReservationService reservationService) {
    this.reservationService = reservationService;
  }

  @GetMapping
  public void setupForm() {}

  @PostMapping
  public String submitForm(@RequestParam("courtName") String courtName, Model model) {
    var reservations = java.util.Collections.<Reservation>emptyList();
    if (courtName != null) {
      reservations = reservationService.query(courtName);
    }
```

```
      model.addAttribute("reservations", reservations);
      return "/WEB-INF/jsp/reservationQuery.jsp";
    }
  }
```

앞서 살펴봤듯이 컨트롤러는 기본 HTTP GET 핸들러 메서드를 찾으므로 @GetMapping이 적용된 setupForm() 메서드를 먼저 호출합니다.

이전 예제와 달리 setupForm()에는 입력 매개변수, 처리 로직, 반환값이 전부 없습니다. 이는 두 가지를 의미합니다. 첫째, 입력 매개변수도 없고 로직도 없으므로 구현체 템플릿에 하드코딩된 데이터를 뷰에서 보여 주겠다는 의미입니다. 둘째, 반환값이 없으므로 요청 URL에 따라 기본 뷰 이름이 결정됩니다. 예를 들어 요청 URL이 /reservationQuery이면 기본 뷰 이름은 reservationQuery가 됩니다.

submitForm() 메서드에는 @PostMapping 애너테이션을 적용했습니다. 언뜻 보면 클래스 레벨에서 /reservationQuery URL을 하나 지정했는데 핸들러 메서드는 두 개인 모습이 혼란스러울 수도 있지만 사실 매우 단순합니다. /reservationQuery URL로 요청이 들어왔을 때 HTTP GET 방식이면 setupForm() 메서드가 호출되고 POST 방식이면 submitForm() 메서드가 호출됩니다.

웹 애플리케이션이 전달받는 요청은 대부분 HTTP GET 방식이고, POST 방식은 일반적으로 사용자가 HTML 폼form을 전송할 때 사용합니다. 따라서 애플리케이션 뷰 관점에서 한 메서드는 HTTP 폼을 초기에 로드할 때(HTTP GET 요청 시) 호출되며 또 다른 한 메서드는 HTTP 폼을 전송할 때(HTTP POST 요청 시) 호출됩니다.

HTTP POST 방식의 기본 핸들러 메서드에는 두 개의 입력 매개변수가 있습니다. 첫 번째 매개변수는 @RequestParam("courtName") String courtName과 같이 선언되었으며, courtName이라는 요청 매개변수를 추출하는 데 사용합니다. /reservationQuery?courtName=<코트 이름> 형식으로 HTTP POST 요청이 들어오면 해당 메서드에서 courtName 변수로 <코트 이름> 값을 사용할 수 있습니다. 두 번째 매개변수는 뷰에 전달할 데이터를 담는 데 사용하는 Model입니다.

핸들러 메서드는 컨트롤러의 reservationService에 courtName 변수를 전달해 코트 예약 정보를 조회하고 그 결과를 Model 객체에 담아서 뷰가 화면에 표시하도록 합니다.

마지막으로 이 메서드는 reservationQuery라는 이름의 뷰를 반환합니다. 기본 HTTP GET 핸들러처럼 값을 반환하지 않더라도 요청 URL을 기반으로 reservationQuery가 기본 뷰로 할당되므로 두 방식 모두 결과적으로 동일하게 작동합니다.

지금까지 스프링 MVC 컨트롤러의 구성을 살펴봤습니다. 이제부터는 컨트롤러의 수행 결과를 뷰로 전달해 화면에 보여 주는 방법을 살펴보겠습니다.

JSP 뷰 작성하기

스프링 MVC는 서로 다른 프레젠테이션 기술을 사용하는 다양한 뷰를 지원합니다. JSP, HTML, PDF, 엑셀 워크시트(XLS), XML, JSON[JavaScript Object Notation], 아톰[Atom]/RSS 피드, 재스퍼리포트[JasperReports], 각종 서드파티 뷰 구현체 등 다양합니다.

스프링 MVC 애플리케이션에서 뷰는 대부분 템플릿 언어로 작성됩니다. 참고로 자카르타 EE 서버에서는 JSTL로 작성된 JSP 템플릿을 기본적으로 사용할 수 있습니다. DispatcherServlet은 핸들러가 반환한 논리 뷰 이름을 실제로 렌더링할 뷰 구현체로 해석합니다(레시피 2-6). 예를 들어 CourtConfiguration 클래스에서 다음과 같이 InternalResourceViewResolver 빈을 구성하면 웹 애플리케이션 컨텍스트가 뷰 이름을 /WEB-INF/jsp/ 디렉터리에 있는 실제 JSP 파일로 해석합니다.

```
@Bean
public InternalResourceViewResolver internalResourceViewResolver() {
  var viewResolver = new InternalResourceViewResolver();
  viewResolver.setPrefix("/WEB-INF/jsp/");
  viewResolver.setSuffix(".jsp");
  return viewResolver;
}
```

이렇게 구성하면 reservationQuery라는 이름의 논리 뷰가 처리할 일은 /WEB-INF/jsp/reservationQuery.jsp라는 뷰 구현체에 위임됩니다. 이제 welcome 컨트롤러용 JSP 템플릿인 welcome.jsp를 작성하고 /WEB-INF/jsp/ 디렉터리에 넣어보죠.

```
<!DOCTYPE html>
<html>
<head>
```

```
  <title>Welcome</title>
</head>
<body>
  <h2> Welcome to Court Reservation System </h2>
  Today is ${today}.
</body>
</html>
```

다음으로 코트 예약 컨트롤러용 JSP 템플릿을 작성합니다. 뷰 이름과 매치되도록 reservationQuery.jsp라는 파일 이름을 사용합니다.

```
<!DOCTYPE html>
<%@ taglib prefix="c" uri="http://java.sun.com/jsp/jstl/core" %>
<html>
<head>
  <title>Reservation Query</title>
</head>
<body>
<div>
<form method="post">
    <label for="courtName">Court Name</label>
    <input type="text" name="courtName" value="${courtName}"/>
    <input type="submit" value="Query"/>
  </form>
</div>
<div>
  <table style="border: 1px black;">
    <tr>
      <th>Court Name</th>
      <th>Date</th>
      <th>Hour</th>
      <th>Player</th>
    </tr>
    <c:forEach items="${reservations}" var="reservation">
      <tr>
        <td>${reservation.courtName}</td>
        <td>${reservation.date}</td>
        <td>${reservation.hour}</td>
        <td>${reservation.player.name}</td>
      </tr>
    </c:forEach>
  </table>
```

```
</div>
</body>
</html>
```

이 JSP 템플릿에는 사용자가 코트 이름을 입력하는 폼이 하나 있고, `<c:forEach>` 태그를 사용해 `reservations` 객체의 속성을 순회하며 결과 테이블을 생성합니다.

웹 애플리케이션 배포하기

로컬PC에 자카르타 EE 애플리케이션 서버를 설치해 웹 애플리케이션을 개발하면서 테스트와 디버깅을 수행하는 것이 좋습니다. 애플리케이션을 쉽게 구성하고 배포할 수 있도록 웹 컨테이너로 아파치 톰캣Apache Tomcat 10.1.x를 선택했습니다.

웹 컨테이너의 배포 디렉터리는 `webapps`이며 기본 리스닝 포트는 8080입니다. 톰캣은 애플리케이션 WAR 이름과 동일한 컨텍스트 이름으로 애플리케이션을 배포합니다. 애플리케이션 WAR 이름이 `court.war`라면, `welcome` 컨트롤러와 `reservationQuery` 컨트롤러는 다음과 같은 URL로 각각 접근할 수 있습니다.

- `http://localhost:8080/court/welcome`
- `http://localhost:8080/court/reservationQuery`

TIP 도커 컨테이너를 생성해 예제 프로젝트의 애플리케이션을 실행할 수도 있습니다. `run ../../gradlew build docker` 명령어를 실행해 톰캣과 애플리케이션이 포함된 도커 컨테이너를 생성한 후, `../../gradlew dockerRun`이나 도커 명령어를 사용해 도커 컨테이너를 기동하고 애플리케이션을 테스트할 수 있습니다.

WebApplicationInitializer로 애플리케이션 기동하기

이전 절에서는 `META-INF/services` 디렉터리에 `CourtServletContainerInitializer`를 작성해 애플리케이션을 기동했습니다.

이번에는 직접 작성하지 않고 스프링의 `SpringServletContainerInitializer` 클래스를 사용해 좀 더 편리하게 구현해 보겠습니다. 이 클래스는 `ServletContainerInitializer` 인터페이스의 구현체이며 클래스패스에 있는 `WebApplicationInitializer` 인터페이스 구현체를 스캡합니다. 스프링은 사용하기 편리한 WebApplicationInitializer 구현체 클래스를 몇 가지 제공하는데, 그중 하나가 AbstractAnnotationConfigDispatcherServletInitializer 클래스입니다.

```
package com.apress.spring6recipes.court.web;

import com.apress.spring6recipes.court.config.CourtConfiguration;
import org.springframework.web.servlet.support.AbstractAnnotationConfigDispatcher
ServletInitializer;

public class CourtWebApplicationInitializer
        extends AbstractAnnotationConfigDispatcherServletInitializer {

  @Override
  protected Class<?>[] getRootConfigClasses() {
    return null;
  }

  @Override
  protected Class<?>[] getServletConfigClasses() {
    return new Class<?>[] { CourtConfiguration.class };
  }

  @Override
  protected String[] getServletMappings() {
    return new String[] { "/" };
  }
}
```

이번 예제에서 처음 사용하는 CourtWebApplicationInitializer 클래스가 이미 DispatcherServlet을 생성하므로 getServletMappings() 메서드에서 서블릿 매핑을 구성하고 getServletConfigClasses() 메서드에서 로드할 구성 클래스를 구성하기만 하면 됩니다. 또 다른 컴포넌트인 ContextLoaderListener를 선택적으로 생성할 수 있습니다. ContextLoaderListener는 ServletContextListener이며 DispatcherServlet의 부모 ApplicationContext에서 사용할 ApplicationContext를 생성합니다. 이는 여러 서블릿이 동일한 빈(서비스, 데이터소스 등)에 접근해야 할 때 매우 유용합니다.

레시피 2-2 @RequestMapping으로 요청 매핑하기

과제 DispatcherServlet은 웹 요청을 받으면 @Controller 애너테이션이 적용된 다양한 컨트롤러 클래스에 요청을 전달합니다. 전달 과정은 컨트롤러 클래스와 컨트롤러 클래스의 핸들러 메서드에 어떻게 @RequestMapping 애너테이션이 적용되었는지에 따라 달라집니다. @RequestMapping으로 요청을 매핑하는 전략을 정의하세요.

해결 스프링 MVC 애플리케이션에서 웹 요청은 컨트롤러 클래스에 선언된 하나 이상의 @RequestMapping에 따라 특정 핸들러로 매핑됩니다.

핸들러 매핑은 컨텍스트 경로(웹 애플리케이션 컨텍스트의 배포 경로)와 서블릿 경로(DispatcherServlet에 매핑된 경로)의 상대 경로를 기준으로 URL을 매치합니다. 예를 들어 http://localhost:8080/court/welcome은 컨텍스트 경로가 /court이고 서블릿 경로가 없으므로(CourtWebApplicationInitializer에서 서블릿 경로를 /로 선언했습니다) 매치되는 경로는 /welcome입니다.

풀이 메서드에 요청 매핑하기

@RequestMapping 애너테이션을 가장 쉽게 사용하는 방법은 각 핸들러 메서드에 직접 적용하면서 URL 패턴을 기재하는 것입니다. 요청 URL이 핸들러의 @RequestMapping URL 패턴과 일치하면 DispatcherServlet은 요청을 해당 핸들러에 전달해 처리되도록 합니다.

```
package com.apress.spring6recipes.court.web;

import com.apress.spring6recipes.court.domain.Member;
import com.apress.spring6recipes.court.service.MemberService;
import org.springframework.stereotype.Controller;
import org.springframework.ui.Model;
import org.springframework.web.bind.annotation.RequestMapping;
import org.springframework.web.bind.annotation.RequestMethod;
import org.springframework.web.bind.annotation.RequestParam;

@Controller
public class MemberController {

  private MemberService memberService;
```

```
  public MemberController(MemberService memberService) {
    this.memberService = memberService;
  }

  @RequestMapping("/member/add")
  public String addMember(Model model) {
    model.addAttribute("member", new Member());
    model.addAttribute("guests", memberService.list());
    return "memberList";
  }

  @RequestMapping(value = { "/member/remove", "/member/delete" },
                          method = RequestMethod.GET)
  public String removeMember(@RequestParam("memberName") String memberName) {
    memberService.remove(memberName);
    return "redirect:";
  }
}
```

이 예제는 @RequestMapping을 사용해 각 핸들러 메서드와 특정 URL을 어떻게 매핑하는지 보여 줍니다. removeMember() 핸들러 메서드에는 /member/remove와 /member/delete라는 두 개의 URL을 할당했으므로 두 URL 요청 모두 removeMember()를 실행합니다. HTTP 메서드가 설정되지 않으면 들어오는 모든 HTTP 메서드 유형(GET, POST, PUT 등)과 매치되며, 매핑에 사용할 메서드를 명시해 범위를 좁힐 수 있습니다.

클래스에 요청 매핑하기

컨트롤러 클래스에 @RequestMapping을 적용할 수도 있습니다. 클래스에 @RequestMapping을 적용하면 핸들러 메서드에 @RequestMapping을 적용하지 않아도 됩니다. 이미 [레시피 2-1]의 ReservationQueryController 예제에서 이 방법을 사용해 보았습니다. 각 핸들러 메서드에 @RequestMapping을 추가로 적용하면서 URL을 더 상세한 단위로 지정하거나, @RequestMapping에 와일드카드(*)를 적용해 폭넓게 URL을 매치할 수도 있습니다.

다음은 클래스 레벨의 @RequestMapping에 와일드카드를 포함한 URL을 지정하고, 핸들러 메서드 레벨의 @RequestMapping으로 더 세부적인 URL을 매치하는 예제입니다.

```
package com.apress.spring6recipes.court.web;
import com.apress.spring6recipes.court.domain.Member;
import com.apress.spring6recipes.court.service.MemberService;
import org.springframework.stereotype.Controller;
import org.springframework.ui.Model;
import org.springframework.web.bind.annotation.PathVariable;
import org.springframework.web.bind.annotation.RequestMapping;
import org.springframework.web.bind.annotation.RequestMethod;
import org.springframework.web.bind.annotation.RequestParam;

@Controller
@RequestMapping("/member/*")
public class MemberController {
  private MemberService memberService;
  public MemberController(MemberService memberService) {
    this.memberService = memberService;
  }

  @RequestMapping("/add")
  public String addMember(Model model) {
    model.addAttribute("member", new Member());
    model.addAttribute("guests", memberService.list());
    return "memberList";
  }

  @RequestMapping(path = { "/remove", "/delete" }, method = RequestMethod.GET)
  public String removeMember(@RequestParam("memberName") String memberName) {
    memberService.remove(memberName);
    return "redirect:";
  }

  @RequestMapping("/display/{member}")
  public String displayMember(@PathVariable("member") String member, Model model) {
    model.addAttribute("member", memberService.find(member).orElse(null));
    return "member";
  }

  @RequestMapping
  public void memberList() {}

  public void memberLogic(String memberName) {}
}
```

클래스 레벨의 @RequestMapping에는 와일드카드 패턴 URL을 사용한 /member/*를 지정했으므로 /member/로 시작하는 모든 URL 요청은 이 컨트롤러의 핸들러 메서드에서 처리합니다.

addMember()와 removeMember() 핸들러 메서드에도 @RequestMapping을 적용했습니다. URL이 /member/add인 HTTP GET 요청을 받으면 addMember()가 실행되고, /member/remove나 /member/delete인 HTTP GET 요청을 받으면 removeMember()가 실행됩니다.

displayMember() 핸들러 메서드에는 {path_variable}이라는 특별한 표기법을 사용합니다. 이 방식을 사용하면 URL에 포함된 값을 핸들러 메서드의 입력 매개변수로 전달할 수 있습니다. displayMember()에서는 @PathVariable("member") String member라고 선언했으니 member/display/jdoe와 같은 요청을 받으면 핸들러 메서드의 member 변수에 jdoe 값이 설정됩니다. 이 방법을 사용하면 Request 객체를 직접 다루지 않아도 핸들러에서 요청 매개변수를 가져올 수 있으며, 특히 RESTful 웹 서비스를 설계할 때 유용합니다.

memberList() 핸들러 메서드에도 @RequestMapping이 적용됐지만 URL 값을 지정하지 않았습니다. 클래스 레벨에 /member/*라는 와일드카드 URL을 지정했으므로 다른 핸들러 메서드와 매치되지 않은 요청을 이 핸들러 메서드가 처리합니다. 반환값은 void라서 핸들러 메서드 이름인 memberList와 같은 이름의 기본 뷰가 사용됩니다.

memberLogic() 메서드에는 @RequestMapping을 적용하지 않았습니다. 따라서 이 메서드는 클래스 내부에서 사용하는 유틸리티이며 스프링 MVC와는 관련이 없습니다.

HTTP 요청 타입에 따라 요청 매핑하기

기본적으로 @RequestMapping은 들어오는 모든 유형의 요청을 처리하지만, 대부분 GET 요청과 POST 요청을 동일한 메서드에서 처리하지는 않습니다. HTTP 메서드별로 요청을 구분하려면 다음과 같이@RequestMapping에 명시적으로 타입을 지정합니다.

```
@RequestMapping(value= "processUser", method = RequestMethod.POST)
public String submitForm(@ModelAttribute("member") Member member,
                         BindingResult result, Model model) {
}
```

핸들러 메서드의 HTTP 타입을 어떻게 지정할지는 컨트롤러와 상호작용하는 대상과 방식에 따라 달라집니다. 웹 브라우저는 HTTP GET과 POST 요청을 사용해 대부분의 작업을 수행하지만 다른 디바이스나 RESTful 웹 서비스와 같은 애플리케이션에서는 다른 유형의 요청을 지원해야 할 때도 있습니다. HTTP 요청 유형은 총 9가지이며 HEAD, GET, POST, PUT, DELETE, PATCH, TRACE, OPTIONS, CONNECT가 있습니다. 하지만 이러한 HTTP 요청 유형은 클라이언트와 웹서버가 모두 지원해야 사용할 수 있으므로 MVC 컨트롤러의 역할을 넘어서는 부분입니다. GET과 POST 요청이 대부분이므로 그 외 HTTP 요청 유형을 지원하도록 구현할 일은 거의 없습니다.

스프링 MVC는 널리 사용되는 요청 메서드들에 전용 애너테이션을 제공합니다.

표 2-1 요청 메서드에 매핑되는 애너테이션

요청 메서드	애너테이션
POST	`@PostMapping`
GET	`@GetMapping`
DELETE	`@DeleteMapping`
PUT	`@PutMapping`
PATCH	`@PatchMapping`

이러한 편의 애너테이션은 `@RequestMapping`의 특수한 버전이며 핸들러 메서드를 좀 더 간결하게 작성하도록 해 줍니다.

```
@PostMapping("processUser")
public String submitForm(@ModelAttribute("member") Member member,
                         BindingResult result, Model model) {
}
```

URL에 확장자를 넣지 않은 이유

`@RequestMapping`에 지정한 모든 URL에는 `.html`이나 `.jsp`와 같은 파일 확장자가 없습니다. 아직 이러한 방식을 널리 사용하지는 않지만 MVC 설계의 모범 사례입니다.

컨트롤러는 HTML이나 JSP와 같은 특정 뷰를 구현하는 기술에 얽매이지 않아야 하므로 뷰를 반환할 때 URL에 확장자를 넣지 않았습니다.

애플리케이션이 동일한 내용을 XML, JSON, PDF, XLS와 같은 다양한 형태의 포맷으로 제공하던 시절에는 뷰 리졸버가 URL에 명시된 확장자를 검사하고 어떤 뷰 기술을 사용할지 결정해야 했습니다.

이번 레시피에서는 `.jsp`와 같은 URL 파일 확장자를 사용하지 않고도 스프링 MVC에서 뷰 리졸버가 논리 뷰를 JSP 파일로 매핑하는 방법을 간단하게 알아봤습니다.

다음 레시피들에서는 URL에 확장자가 없어도 어떻게 스프링 MVC가 다양한 뷰 기술을 사용해 콘텐츠를 제공하는지 살펴보겠습니다.

레시피 2-3 핸들러 인터셉터로 요청 가로채기

과제 **서블릿 API에 정의된 서블릿 필터를 사용하면 모든 웹 요청을 서블릿 처리 전후에 각각 전처리pre-handle와 후처리post-handle를 할 수 있습니다. 스프링 웹 애플리케이션 컨텍스트에 필터와 유사한 함수를 구성해서 컨테이너의 기능을 이용해 보세요.**

더불어 스프링 MVC 핸들러가 웹 요청을 처리하기 전후에 각각 전처리와 후처리를 하고, 해당 핸들러가 반환하는 모델 속성이 뷰로 전달되기 전에 조작해 보세요.

해결 스프링 MVC에서는 핸들러 인터셉터를 사용해 웹 요청을 가로채 전처리와 후처리를 할 수 있습니다. 핸들러 인터셉터는 스프링 웹 애플리케이션 컨텍스트에 구성되므로 컨테이너의 모든 기능을 사용할 수 있고 컨테이너에 선언된 모든 빈을 참조할 수 있습니다. 핸들러 인터셉터가 특정 URL에서만 작동하도록 설정할 수 있습니다. 핸들러 인터셉터는 `HandlerInterceptor` 인터페이스를 구현해야 하며 `preHandle()`, `postHandle()`, `afterCompletion()`이라는 세 콜백 메서드 중 원하는 메서드를 구현하면 됩니다. `preHandle()`과 `postHandle()`은 핸들러가 요청을 처리하기 전과 후에 각각 호출됩니다. `postHandle()`은 핸들러가 반환한 `ModelAndView` 객체에 접근해 모델 속성을 조작할 수 있습니다. `afterCompletion()` 메서드는 모든 요청 처리가 완료된 후(즉, 뷰 렌더링까지 완료된 후)에 호출됩니다.

풀이 핸들러 메서드에서 웹 요청을 처리하는 데 걸리는 시간을 측정해서 뷰로 보여 주는 커스텀 핸들러 인터셉트를 작성해 봅시다.

```
package com.apress.spring6recipes.court.web;

import jakarta.servlet.http.HttpServletRequest;
import jakarta.servlet.http.HttpServletResponse;

import org.springframework.util.StopWatch;
import org.springframework.web.servlet.HandlerInterceptor;
import org.springframework.web.servlet.ModelAndView;

public class MeasurementInterceptor implements HandlerInterceptor {

  private static final String NAME = "MeasurementInterceptor.TIMER";

  @Override
  public boolean preHandle(HttpServletRequest request, HttpServletResponse response,
    Object handler) {
    var sw = new StopWatch();
    sw.start();
    request.setAttribute(NAME, sw);
    return true;
  }

  @Override
  public void postHandle(HttpServletRequest request, HttpServletResponse response,
    Object handler, ModelAndView modelAndView) {
    var timer = (StopWatch) request.getAttribute(NAME);
    timer.stop();
    modelAndView.addObject("processingTime", timer.getTotalTimeMillis());
  }
}
```

preHandle()에서 StopWatch 객체를 생성하고 start() 메서드를 수행해 시간 측정을 시작한 후 요청 속성에 해당 객체를 저장합니다. DispatcherServlet은 인터셉터의 preHandle()가 true를 반환하면 요청 처리를 계속 진행하고 false를 반환하면 해당 메서드에서 이미 요청 처리를 끝냈다고 판단해 사용자에게 즉시 응답을 반환합니다. postHandle()는 요청 속성에 저장된 StopWatch 객체를 가져와 stop() 메서드를 호출해 시간 측정을 중지합니다. 그리고 getTotalTimeMillis() 메서드를 호출해 전체 처리 시간을 얻습니다.

인터셉터를 등록하려면 WebMvcConfigurer 인터페이스를 사용합니다. WebMvcConfigurer는 스프링 웹 MVC 구성에 사용되는 몇 가지 콜백 메서드를 제공해 특정한 설정을 할 수 있게 해 줍니다. 이 인터페이스는 기존에 사용한 CourtConfiguration 클래스에서 구현하거나 별도의 구성 클래스를 만들어 구현할 수도 있습니다. 어떤 방법을 사용하든지 InterceptorRegistry 클래스에 접근해 인터셉터를 추가하는 addInterceptors() 메서드를 오버라이드 해야 합니다.

```
package com.apress.spring6recipes.court.config;

import com.apress.spring6recipes.court.web.MeasurementInterceptor;
import org.springframework.context.annotation.Bean;
import org.springframework.context.annotation.Configuration;
import org.springframework.web.servlet.config.annotation.InterceptorRegistry;
import org.springframework.web.servlet.config.annotation.WebMvcConfigurer;

@Configuration
public class InterceptorConfiguration implements WebMvcConfigurer {

  @Override
  public void addInterceptors(InterceptorRegistry registry) {
    registry.addInterceptor(measurementInterceptor());
  }

  @Bean
  public MeasurementInterceptor measurementInterceptor() {
    return new MeasurementInterceptor();
  }
}
```

welcome.jsp에 표시된 실행 시간을 확인해 인터셉터의 기능이 작동하는 모습을 볼 수 있습니다. WelcomeController가 처리하는 작업이 없으므로 시간이 0밀리초로 보일 수 있습니다. 그럴 때는 sleep 구문을 추가해 처리 시간을 늘리면 됩니다.

```
<!DOCTYPE html>
<html>
<head>
  <title>Welcome</title>
</head>

<body>
<h2>Welcome to Court Reservation System</h2>
```

```
Today is ${today}.
<hr/>
Processing time : ${processingTime}ms.
</body>
</html>
```

기본적으로 HandlerInterceptor는 @Controller 애너테이션이 적용된 모든 클래스에 적용되지만 특정 컨트롤러에만 적용할 수도 있습니다. 네임스페이스와 자바 기반의 구성을 이용해서 특정 URL에 인터셉터를 매핑하면 됩니다. 다음 자바 구성 예제에서 설정 방법을 확인해 보겠습니다.

```
package com.apress.spring6recipes.court.config;

import com.apress.spring6recipes.court.web.ExtensionInterceptor;
import com.apress.spring6recipes.court.web.MeasurementInterceptor;
import org.springframework.context.annotation.Bean;
import org.springframework.context.annotation.Configuration;
import org.springframework.web.servlet.config.annotation.InterceptorRegistry;
import org.springframework.web.servlet.config.annotation.WebMvcConfigurer;

@Configuration
public class InterceptorConfiguration implements WebMvcConfigurer {

  @Override
  public void addInterceptors(InterceptorRegistry registry) {
    registry.addInterceptor(measurementInterceptor());
    registry.addInterceptor(summaryReportInterceptor())
                  .addPathPatterns("/reservationSummary*");
  }

  @Bean
  public MeasurementInterceptor measurementInterceptor() {
    return new MeasurementInterceptor();
  }

  @Bean
  public ExtensionInterceptor summaryReportInterceptor(){
    return new ExtensionInterceptor();
  }
}
```

summaryReportInterceptor 빈을 새로 추가했습니다. 이 빈의 클래스 구조는 HandlerInterceptor를 구현한 MeasurementInterceptor의 구조와 동일합니다. 하지만 /reservationSummary URI에 매핑된 특정 컨트롤러가 수행될 때 작동하도록 제한된다는 점에 차이가 있습니다. 인터셉터를 등록할 때 매핑하는 URL을 지정하면 되는데, 보통 ANT 스타일 표현식을 사용합니다. addPathPatterns() 메서드를 사용해 매핑된 URL 패턴을 지정하거나 excludePathPatterns() 메서드를 사용해 특정 URL을 제외할 수도 있습니다.

레시피 2-4 사용자 로케일 해석하기

과제 웹 애플리케이션이 국제화internationalization를 지원하도록 각 사용자가 선호하는 로케일을 식별하고 그에 맞게 콘텐츠를 표시하세요.

해결 스프링 MVC 애플리케이션에서 사용자 로케일은 LocaleResolver 인터페이스를 구현한 로케일 리졸버가 식별합니다. 스프링 MVC는 다양한 기준으로 로케일을 해석하는 몇 가지 LocaleResolver 구현체를 제공합니다. LocaleResolver 인터페이스를 구현해 커스텀 로케일 리졸버를 만들 수도 있습니다.

로케일 리졸버는 웹 애플리케이션 컨텍스트에 LocalResolver 타입의 빈으로 등록됩니다. DispatcherServlet이 자동으로 로케일 리졸버를 자동 감지하도록 빈 이름을 localeResolver로 설정해야 하며 DispatcherServlet당 하나의 로케일 리졸버만 등록할 수 있습니다.

풀이 HTTP 요청 헤더로 로케일 해석하기

스프링의 기본 로케일 리졸버는 AcceptHeaderLocaleResolver이며 HTTP 요청의 accept-language 헤더값을 확인해 로케일을 해석합니다. 사용자 웹 브라우저는 로컬 운영체제의 로케일 설정에 맞게 해당 헤더를 설정하므로 이 로케일 리졸버로는 사용자의 로케일을 변경할 수 없습니다.

세션 속성으로 로케일 해석하기

SessionLocaleResolver는 사용자 세션에 사전 정의된 속성에 따라 로케일을 해석합니다. 세션 속성이 없다면 HTTP 요청의 accept-language 헤더값을 이용해 기본 로케일을 결정합니다.

```
@Bean
public LocaleResolver localeResolver() {
  var localeResolver = new SessionLocaleResolver();
  localeResolver.setDefaultLocale(Locale.of("en"));
  return localeResolver;
}
```

이 로케일 리졸버에 defaultLocale 프로퍼티를 설정해 로케일 세션 속성이 존재하지 않을 때를 대비할 수 있습니다. SessionLocaleResolver는 세션 속성을 변경해 사용자 로케일을 변경할 수 있습니다.

쿠키로 로케일 해석하기

CookieLocaleResolver는 사용자 브라우저의 쿠키값을 확인해 로케일을 해석합니다. 쿠키값이 없다면 HTTP 헤더의 accept-language 값을 이용해 기본 로케일을 결정합니다.

```
@Bean
public LocaleResolver localeResolver() {
  return new CookieLocaleResolver();
}
```

사용할 쿠키 이름은 로케일 리졸버의 생성자에 쿠키 이름을 전달해 지정할 수 있습니다. cookieMaxAge 프로퍼티는 쿠키를 유지할 시간(초)을 나타내며 예제처럼 Duration을 사용해 설정하는 방식을 권장합니다. 값을 -1로 설정하면 브라우저 종료 시 해당 쿠키를 무효화합니다.

```
@Bean
public LocaleResolver localeResolver() {
  var cookieLocaleResolver = new CookieLocaleResolver("language");
  cookieLocaleResolver.setCookieMaxAge(Duration.ofHours(1));
```

```
    cookieLocaleResolver.setDefaultLocale(Locale.of("en"));
    return cookieLocaleResolver;
  }
```

이 로케일 리졸버에 defaultLocale 프로퍼티를 설정해 사용자 브라우저에 로케일 쿠키가 존재하지 않을 때를 대비할 수 있습니다. 이 로케일 리졸버는 로케일을 저장하는 쿠키를 변경해 사용자의 로케일을 바꿀 수 있습니다.

사용자 로케일 변경하기

LocaleResolver.setLocale() 메서드를 호출해 사용자 로케일을 명시적으로 변경할 수 있지만 LocaleChangeInterceptor라는 인터셉터를 핸들러 매핑에 적용할 수도 있습니다. 이 인터셉터는 paramName 프로퍼티값으로 지정한 특정 매개변수가 HTTP 요청에 있는지 감지합니다. 현재 요청에 해당 매개변수가 있으면 해당 값으로 사용자 로케일을 변경합니다.

```
package com.apress.spring6recipes.court.config;

import org.springframework.context.annotation.Bean;
import org.springframework.context.annotation.Configuration;
import org.springframework.web.servlet.config.annotation.InterceptorRegistry;
import org.springframework.web.servlet.config.annotation.WebMvcConfigurer;
import org.springframework.web.servlet.i18n.CookieLocaleResolver;
import org.springframework.web.servlet.i18n.LocaleChangeInterceptor;

import java.time.Duration;
import java.util.Locale;

@Configuration
public class I18NConfiguration implements WebMvcConfigurer {

  @Override
  public void addInterceptors(InterceptorRegistry registry) {
    registry.addInterceptor(localeChangeInterceptor());
  }

  @Bean
  public LocaleChangeInterceptor localeChangeInterceptor() {
    var localeChangeInterceptor = new LocaleChangeInterceptor();
    localeChangeInterceptor.setParamName("language");
```

```
    return localeChangeInterceptor;
  }

  @Bean
  public CookieLocaleResolver localeResolver() {
    var cookieLocaleResolver = new CookieLocaleResolver("language");
    cookieLocaleResolver.setCookieMaxAge(Duration.ofHours(1));
    cookieLocaleResolver.setDefaultLocale(Locale.of("en"));
    return cookieLocaleResolver;
  }

}
```

이렇게 하면 `language` 매개변수가 포함된 URL을 사용해 사용자 로케일을 변경할 수 있습니다. 예를 들어 다음 두 URL은 사용자의 로케일을 각각 미국식 영어(en_US)와 독일어(de)로 변경합니다.

- `http://localhost:8080/court/welcome?language=en_US`
- `http://localhost:8080/court/welcome?language=de`

다음처럼 `welcome.jsp`에서 HTTP 응답 객체의 로케일을 표시해 로케일 인터셉터가 잘 구성됐는지 검증할 수 있습니다.

```
<!DOCTYPE html>
<html>
<head>
  <title>Welcome</title>
</head>

<body>
<h2>Welcome to Court Reservation System</h2>
Today is ${today}.

<hr/>
Processing time : ${processingTime}ms

<br/>
Locale : ${pageContext.response.locale}
</body>
</html>
```

레시피 2-5 로케일별 텍스트 메시지 외부화하기

과제 다국어 처리를 지원하는 웹 애플리케이션에서 사용자가 원하는 로케일로 웹 페이지를 표시해야 합니다. 하지만 동일한 내용의 페이지를 로케일별로 만들지 않을 방법이 필요합니다.

해결 로케일별로 페이지를 만들지 않으려면 로케일에 의존하는 텍스트 메시지를 외부화해 웹 페이지를 로케일에 독립적으로 개발해야 합니다. 스프링은 MessageSource 인터페이스를 구현한 메시지 소스로 텍스트 메시지를 해석합니다. JSP 파일에서 스프링의 태그 라이브러리의 <spring:message> 태그를 사용하면 메시지 코드에 맞게 해석된 메시지를 표시할 수 있습니다.

풀이 웹 애플리케이션 컨텍스트에 MessageSource 타입의 빈을 등록해 메시지 소스를 정의할 수 있습니다. 메시지 소스는 messageSource라는 이름으로 설정해야 DispatcherServlet이 자동으로 감지하며 DispatcherServlet당 하나의 메시지 소스만 등록할 수 있습니다. ResourceBundleMessageSource 구현체는 로케일별로 다른 리소스 번들을 이용해 메시지를 해석합니다. 다음과 같이 WebConfiguration 구성 클래스에 ResourceBundleMaessageSource 구현체를 등록하면 basename 속성이 messages인 리소스 번들을 로드합니다.

```
@Bean
public MessageSource messageSource() {
  var messageSource = new ResourceBundleMessageSource();
  messageSource.setBasename("messages");
  return messageSource;
}
```

다음으로 기본 로케일용 messages.properties와 독일어 로케일용 messages_de.properties라는 두 개의 리소스 번들을 작성합니다. 작성한 리소스 번들 파일은 클래스패스 루트(src/main/resources 디렉터리)에 둡니다.

```
welcome.title=Welcome
welcome.message=Welcome to Court Reservation System
```

```
welcome.title=Willkommen
welcome.message=Willkommen zum Spielplatz-Reservierungssystem
```

이제 welcome.jsp와 같은 JSP 파일에서 <spring:message> 태그를 사용하면 주어진 코드에 해당하는 메시지를 해석해 보여 줄 수 있습니다. 이 태그는 사용자의 현재 로케일에 따라 자동으로 메시지를 해석합니다. 스프링 태그 라이브러리에 정의된 태그이므로 반드시 JSP파일의 최상단에 스프링 태그 라이브러리를 선언해야 합니다.

```
<%@ taglib prefix="fmt" uri="http://java.sun.com/jsp/jstl/fmt" %>
<%@ taglib prefix="spring" uri="http://www.springframework.org/tags" %>
<html>
<head>
  <title><spring:message code="welcome.title" text="Welcome"/></title>
</head>

<body>
<h2><spring:message code="welcome.message"
                    text="Welcome to Court Reservaton System"/></h2>

Today is ${today}.

<hr/>
Processing time : ${processingTime} ms
<br/>
Locale : ${pageContext.response.locale}
</body>
</html>
```

<spring:message> 태그에 지정된 코드의 메시지를 해석할 수 없을 때 표시할 기본 텍스트는 text 속성에 지정합니다.

레시피 2-6 이름으로 뷰 해석하기

과제 핸들러가 요청 처리를 완료한 후 논리 뷰 이름을 반환하면 DispatcherServlet은 정보가 렌더링되도록 뷰 템플릿에 제어를 위임합니다. 이처럼 DispatcherServlet이 논리 뷰 이름에 따라 뷰를 해석하는 전략을 정의하세요.

해결 스프링 MVC 애플리케이션에서 뷰는 웹 애플리케이션 컨텍스트에 선언된 하나 이상의 뷰 리졸버 빈을 이용해 해석합니다. 뷰 리졸버 빈은 DispatcherServlet이 자동으로 감지할 수 있게 ViewResolver 인터페이스를 구현해야 합니다. 스프링 MVC는 다양한 방식으로 뷰를 해석할 수 있도록 몇 가지 ViewResolver 구현체를 제공합니다.

풀이 템플릿 이름과 위치로 뷰 해석하기

뷰를 해석하는 기본 전략은 템플릿의 이름과 위치를 직접 매핑하는 것입니다. InternalResourceViewResolver라는 뷰 리졸버는 접두어와 접미어를 사용해 각 뷰 이름을 애플리케이션의 디렉터리로 매핑합니다. InternalResourceViewResolver를 등록하려면 웹 애플리케이션 컨텍스트에 해당 타입의 빈을 선언합니다.

```
package com.apress.spring6recipes.court.config;

import org.springframework.context.annotation.Bean;
import org.springframework.context.annotation.Configuration;
import org.springframework.web.servlet.view.InternalResourceViewResolver;

@Configuration
public class ViewResolverConfiguration {

  @Bean
  public InternalResourceViewResolver internalResourceViewResolver() {
    var viewResolver = new InternalResourceViewResolver();
    viewResolver.setPrefix("/WEB-INF/jsp/");
    viewResolver.setSuffix(".jsp");
    return viewResolver;
  }
}
```

예를 들어 InternalResourceViewResolver는 welcome과 reservationQuery라는 뷰 이름을 다음과 같이 해석합니다.

- welcome → /WEB-INF/jsp/welcome.jsp
- reservationQuery → /WEB-INF/jsp/reservationQuery.jsp

해석된 뷰 타입을 viewClass 프로퍼티로 지정할 수 있습니다. InternalResourceViewResolver는 기본적으로 클래스패스에 JSTL 라이브러리(jstl.jar)가 있으면 뷰 이름을 jstl

View 타입의 뷰 객체로 해석합니다. 따라서 JSP 템플릿에 JSTL 태그가 있으면 viewClass 프로퍼티를 생략할 수 있습니다. InternalResourceViewResolver는 사용하기에 간단하지만 서블릿 API의 RequestDispatcher(예: 내부 JSP 파일이나 서블릿)가 포워딩할 수 있는 내부 리소스만 해석할 수 있습니다. 스프링 MVC가 지원하는 다른 뷰 타입을 사용하려면 다른 ViewResolver 구현체를 사용해야 합니다. 스프링은 [표 2-2]와 같은 뷰 기술을 지원합니다.

표 2-2 지원하는 뷰 기술

뷰 기술	뷰 리졸버
FreeMarker	org.springframework.web.servlet.view.freemarker.FreeMarkerViewResolver
Groovy 마크업	org.springframework.web.servlet.view.groovy.GroovyMarkupViewResolver
스크립트 템플릿Script template (JSR-223)	org.springframework.web.servlet.view.script.ScriptTemplateViewResolver
XSLT	org.springframework.web.servlet.view.xslt.XsltViewResolver
빈 이름	org.springframework.web.servlet.view.BeanNameViewResolver

BeanNameViewResolver를 사용해 구성 파일에 뷰를 정의하고 ViewResolver에 따라 뷰를 해석할 수 있으며 PDF, 엑셀, 아톰, RSS 등의 뷰도 지원합니다.

ViewResolverRegistry로 ViewResolver 등록하기

수동으로 빈을 추가해 구성하지 않고 ViewResolverRegistry 클래스를 사용해 여러 ViewResolver를 등록할 수도 있습니다. ViewResolverRegistry는 스프링에서 기본 지원하는 뷰 기술(표 2-2)의 구성을 도와주는 몇 가지 팩토리 메서드를 제공합니다. 이 덕분에 어떤 ViewResolver를 사용할지 고민하는 부담이 줄어듭니다.

```
package com.apress.spring6recipes.court.config;

import org.springframework.context.annotation.Configuration;
import org.springframework.web.servlet.config.annotation.ViewResolverRegistry;
import org.springframework.web.servlet.config.annotation.WebMvcConfigurer;
```

```java
@Configuration
public class ViewResolverConfiguration implements WebMvcConfigurer {

  @Override
  public void configureViewResolvers(ViewResolverRegistry registry) {
    registry.jsp()
            .prefix("/WEB-INF/jsp/")
            .suffix(".jsp");
  }
}
```

접두어로 리다이렉트하기

InternalResourceViewResolver를 포함한 UrlBasedViewResolver의 모든 구현체는 redirect: 접두어를 지원합니다. 예를 들어 웹 애플리케이션 컨텍스트에 InternalResourceViewResolver를 구성했다면 뷰 이름에 redirect: 접두어를 사용해 뷰의 리다이렉트 처리를 할 수 있습니다. redirect: 접두어 다음에 나오는 뷰 이름을 리다이렉트 URL로 처리합니다. 예를 들어 뷰 이름이 redirect:welcome이라면 상대 URL인 welcome으로 리다이렉트됩니다. 물론 뷰 이름을 절대 경로로 지정할 수도 있습니다.

레시피 2-7 뷰와 콘텐츠 협상 활용하기

과제 컨트롤러에서 welcome과 같이 확장자가 없는 URL을 사용하며 어떤 요청이 들어와도 정확한 유형의 콘텐츠를 반환하는 전략(즉, 콘텐츠 협상content negotiation 전략)을 수립하세요.

해결 웹 애플리케이션이 받은 사용자 요청에는 처리 프레임워크(즉, 스프링 MVC)가 클라이언트에 반환할 콘텐츠와 유형을 결정하는 데 필요한 여러 프로퍼티가 있습니다. 스프링에서 지원하는 기본 전략은 [표 2-3]과 같습니다.

표 2-3 콘텐츠 협상 전략

전략	설명	기본 활성화 여부	속성
HTTP Accept 헤더	HTTP 요청의 Accept 헤더를 확인해 사용할 미디어 유형을 결정함	O	ignoreAcceptHeader
File/URL 확장자	확장자(.pdf, .html 등)를 사용해 미디어 유형을 결정함	X	favorPathExtension
매개변수	요청의 매개변수를 사용해 미디어 유형을 결정함	X	favorParameter

예를 들어 /reservationSummary.xml 형식의 URL 요청이 들어오면 컨트롤러는 확장자를 보고 XML 뷰를 표현하는 논리 뷰로 전달합니다.

하지만 /reservationSummary 형식의 URL 요청이 들어오면 URL만 봐서는 XML 뷰나 HTML 뷰로 전달할지, 아니면 또 다른 뷰로 전달할지 판단하기 어렵습니다. 확장자가 없어 URL로 뷰의 타입을 구분할 수 없는 상황에는 요청을 기본 뷰로 처리하는 대신 HTTP Accept 헤더를 확인해 적절한 뷰 타입을 결정할 수 있습니다.

스프링 MVC는 컨트롤러에서 HTTP Accept 헤더를 직접 확인하는 작업의 번거로움을 줄여주는 ContentNegotiatingViewResolver 클래스를 지원합니다. 이를 사용해 헤더를 확인하고 URL 파일 확장자나 HTTP Accept 헤더값에 따라 뷰를 결정해 전달하도록 합니다.

풀이 스프링 MVC 콘텐츠 협상은 [레시피 2-6]에서처럼 리졸버 방식으로 구성된다는 점을 먼저 이해해야 합니다. 스프링 MVC 콘텐츠 협상 리졸버는 ContentNegotiatingViewResolver 클래스를 기반으로 합니다. 작동 방식을 살펴보기 전에 구성과 연동 방법을 알아보겠습니다.

```
package com.apress.spring6recipes.court.config;

import org.springframework.context.annotation.Configuration;
import org.springframework.http.MediaType;
import org.springframework.web.servlet.config.annotation.
ContentNegotiationConfigurer;
import org.springframework.web.servlet.config.annotation.ViewResolverRegistry;
import org.springframework.web.servlet.config.annotation.WebMvcConfigurer;

@Configuration
```

```java
@ComponentScan("com.apress.spring6recipes.court")
@EnableWebMvc

public class ViewResolverConfiguration implements WebMvcConfigurer {

  @Override
  public void configureContentNegotiation(ContentNegotiationConfigurer configurer) {
    configurer.mediaType("html", MediaType.TEXT_HTML);
    configurer.mediaType("xls", MediaType.valueOf("application/vnd.ms-excel"));
    configurer.mediaType("pdf", MediaType.APPLICATION_PDF);
    configurer.mediaType("xml", MediaType.APPLICATION_XML);
    configurer.mediaType("json", MediaType.APPLICATION_JSON);
    configurer.favorPathExtension(true);
  }

  @Override
  public void configureViewResolvers(ViewResolverRegistry registry) {
    registry.enableContentNegotiation();
    registry.jsp("/WEB-INF/jsp/", ".jsp");
  }
}
```

먼저 콘텐츠 협상을 구성했습니다. configureContentNegotiation() 메서드를 오버라이드하면 내부적으로 ContentNegotiationManager가 기본으로 추가됩니다. mediaType() 메서드를 사용해 지원하는 미디어 유형을 ContentNegotiationManager에 추가했습니다. 그리고 반환할 콘텐츠의 유형을 명시하는 경로 확장자를 처리하는 기능은 기본적으로 비활성화되므로 favorPathExtension(true)로 설정해 활성화했습니다.

CAUTION_ 스프링 MVC에서 favorPathExtension() 메서드는 사용이 중단될 예정deprecated입니다. 이는 확장자 없는 URL을 사용하면서 HTTP Accept 헤더값을 이용해 반환할 콘텐츠의 유형을 결정하는 방식을 선호하기 때문입니다.

ContentNegotiatingViewResolver를 활성화하려면 configureViewResolvers() 메서드를 오버라이드하고 enableContentNegotiation() 메서드를 호출해야 합니다. 이렇게 하면 리졸버 중에서 ContentNegotiatingViewResolver의 우선순위가 가장 높아져서 콘텐츠 협상이 가능해집니다. 그 이유는 이 리졸버가 직접 뷰를 처리하지 않고 자동으로 감지되는 다른 뷰 리졸버에 처리를 위임하기 때문입니다. 뷰를 직접 해석하지 않는 리졸버라는 의미가 잘

와닿지 않을 수 있으므로 구체적인 예를 들어 보겠습니다.

컨트롤러가 /reservationSummary.xml 요청을 수신한다고 가정해 보겠습니다. 그리고 핸들러 메서드의 실행이 완료되면 reservationSummary라는 이름의 논리 뷰로 제어가 넘어갑니다. 바로 이 시점에 스프링 MVC 리졸버 중에서 우선순위가 가장 높은 ContentNegotiatingViewResolver가 작동합니다.

ContentNegotiatingViewResolver는 (경로 확장자 처리 기능이 활성화되었다면) 다음과 같은 단계에 따라 미디어 유형을 결정합니다.

1 요청 경로에 포함된 확장자(예: .html, .xml, .pdf)를 ContentNegotiationManager 빈 구성의 mediaTypes 맵에 지정한 기본 미디어 유형(예: text/html)과 비교해 미디어 유형을 결정합니다.
2 요청 경로의 확장자가 기본 미디어 유형에 매치되지 않는다면 자바빈즈 액티베이션 프레임워크JavaBeans Activation Framework(JAF)의 FileTypeMap을 사용해 해당 확장자에 맞는 미디어 유형을 결정합니다.
3 요청 경로에 확장자가 없다면 요청의 HTTP Accept 헤더를 사용합니다.

예를 들어 요청 URL이 /reservationSummary.xml이라면 미디어 유형은 첫 번째 단계에서 application/xml로 결정됩니다. 하지만 요청 URL이 /reservationSummary라면 미디어 유형은 세 번째 단계까지 와서야 결정됩니다.

HTTP Accept 헤더는 Accept: text/html이나 Accept: application/pdf와 같은 값을 포함합니다. 이 헤더값은 요청 URL에 확장자가 없어도 사용자가 응답받기를 기대하는 미디어 유형을 결정하는 데 도움이 됩니다.

결국 ContentNegotiatingViewResolver는 미디어 유형 정보와 reservationSummary라는 이름의 논리 뷰 정보를 알게 됩니다. 이러한 정보를 바탕으로 우선순위에 따라 나머지 리졸버를 순회하면서 논리 뷰에 가장 적합한 뷰를 결정합니다.

이 과정에 따라 ContentNegotiatingViewResolver는 동일한 이름의 논리 뷰가 여러 개 있어도 각기 다른 미디어 유형(예: HTML, PDF, XLS)과 부합하는 뷰를 해석할 수 있습니다. 이러한 방식으로 컨트롤러의 설계를 더욱 단순화할 수 있습니다. 특정 미디어 유형을 생성할 때 필요한 논리 뷰(예: pdfReservation, xlsReservation, htmlReservation)를 각각 하드코딩하지 않고 단일 뷰(예: reservationSummary)를 사용하면서 ContentNegotiatingViewResolver가 가장 일치하는 뷰를 결정하도록 하면 됩니다.

콘텐츠 협상 과정에서 발생할 수 있는 시나리오를 몇 가지 더 살펴보겠습니다.

- 미디어 유형이 application/pdf로 결정되었고, 우선순위가 가장 높은(order 값이 가장 작은) 리졸버가 reservation이라는 이름의 논리 뷰에 매핑되었습니다. 하지만 해당 뷰가 application/pdf 유형을 지원하지 않아 매치되지 않습니다. 이후 나머지 리졸버를 대상으로 룩업lookup하는 과정이 계속 이루어집니다.
- 미디어 유형이 application/pdf로 결정되었고, 우선순위가 가장 높은(order 값이 가장 작은) 리졸버가 reservation이라는 이름의 논리 뷰에 매핑되었습니다. 해당 뷰가 application/pdf 유형을 지원해 매칭에 성공합니다.
- 미디어 유형이 text/html로 결정되었고, reservation 논리 뷰가 4개의 리졸버에 매핑되었습니다. 그중 우선순위가 가장 높은 두 리졸버는 text/html을 지원하지 않습니다. 따라서 나머지 두 리졸버 중 text/html을 지원하는 뷰에 매핑된 리졸버를 선택합니다.

이렇게 뷰를 찾는 과정은 애플리케이션에 구성된 모든 리졸버를 대상으로 자동으로 수행됩니다. 일치하는 뷰를 찾지 못하더라도 ContentNegotiatingViewResolver 빈 외부에서 이루어진 구성을 사용하고 싶지 않다면 빈 내부에 기본 뷰와 리졸버를 구성하면 됩니다. ContentNegotiatingViewResolver를 사용해 컨트롤러에서 애플리케이션 뷰를 결정하는 문제는 [레시피 2-11]에서 다룹니다.

레시피 2-8 뷰에 예외 매핑하기

과제 서버에서 알 수 없는 예외가 발생했을 때 이해하기 어려운 예외 스택 트레이스stack trace를 그대로 사용자 화면에 출력하는 애플리케이션이 있습니다. 이는 사용자 친화적이지 않을 뿐만 아니라, 내부 메서드 호출 계층 구조가 사용자에게 노출되어 잠재적인 보안 위험도 있습니다. HTTP 오류나 클래스 예외가 발생할 때 사용자 친화적인 JSP 페이지를 표시하도록 웹 애플리케이션의 web.xml을 구성할 수 있지만, 스프링 MVC는 클래스 예외 처리용 뷰 관리와 관련된 더 강력한 접근 방식을 지원합니다.

해결 스프링 MVC 애플리케이션에서는 웹 애플리케이션 컨텍스트에 하나 이상의 예외 리졸버 빈을 등록해 처리되지 못한 예외uncaught exception를 처리할 수 있습니다. 예외 리졸버 빈은 DispatcherServlet이 자동으로 감지할 수 있도록 HandlerExceptionResolver 인터페이스를 구현해야 합니다. 스프링 MVC가 제공하는 단순한 예외 리졸버를 사용하면 예외 카테고리별로 뷰를 매핑할 수 있습니다.

풀이 코트 예약 서비스에서 예약이 불가능할 때 다음과 같은 예외를 발생시키려 합니다.

```
package com.apress.spring6recipes.court.service;

import java.time.LocalDate;

public class ReservationNotAvailableException extends RuntimeException {

  public static final long serialVersionUID = 1L;

  private final String courtName;
  private final LocalDate date;
  private final int hour;

  public ReservationNotAvailableException(String courtName, LocalDate date,
    int hour) {
    this.courtName = courtName;
    this.date = date;
    this.hour = hour;
  }

  public String getCourtName() {
    return courtName;
  }

  public LocalDate getDate() {
    return date;
  }

  public int getHour() {
    return hour;
  }
}
```

HandlerExceptionResolver 인터페이스를 구현한 커스텀 예외 리졸버를 작성해 처리되지 못한 예외를 해석할 수 있습니다. 예외 카테고리별로 다른 오류 페이지를 매핑할 때가 많은데, 스프링 MVC는 웹 애플리케이션 컨텍스트에 예외 매핑을 구성할 수 있는 SimpleMapping

ExceptionResolver라는 예외 리졸버를 제공합니다. 다음처럼 구성 클래스에서 예외 리졸버를 등록해 봅시다.

```
package com.apress.spring6recipes.court.config;

import com.apress.spring6recipes.court.service.ReservationNotAvailableException;
import org.springframework.context.annotation.Bean;
import org.springframework.context.annotation.Configuration;
import org.springframework.web.servlet.HandlerExceptionResolver;
import org.springframework.web.servlet.config.annotation.WebMvcConfigurer;
import org.springframework.web.servlet.handler.SimpleMappingExceptionResolver;

import java.util.List;
import java.util.Properties;

@Configuration
public class ErrorHandlingConfiguration implements WebMvcConfigurer {

  @Override
  public void configureHandlerExceptionResolvers(
    List<HandlerExceptionResolver> resolvers) {
    resolvers.add(handlerExceptionResolver());
    ...
  }

  @Bean
  public HandlerExceptionResolver handlerExceptionResolver() {
    var mappings = new Properties();
    mappings.setProperty(ReservationNotAvailableException.class.getName(),
    "reservationNotAvailable");

    var resolver = new SimpleMappingExceptionResolver();
    resolver.setExceptionMappings(mappings);
    resolver.setDefaultErrorView("error");
    return resolver;
  }
}
```

이 예외 리졸버에서는 ReservationNotAvailableException 클래스의 논리 뷰 이름을 reservationNotAvailable로 정의했습니다. exceptionMappings 프로퍼티를 사용해 원하는 예외 클래스부터 더 일반적인 예외 클래스인 java.lang.Exception에 이르기까지 원하는 만큼의 예외를 추가할 수 있습니다. 이와 같이 예외 클래스 타입에 따라 사용자에게 뷰를 제공합니다.

defaultErrorView 프로퍼티에는 예외 클래스가 errorMappings에 매핑되지 않을 때 사용할 기본 뷰를 정의합니다. 예제에서는 error로 설정했습니다.

적절한 뷰를 매핑하고 웹 애플리케이션 컨텍스트에 InternalResourceViewResolver를 구성했다면 예약 처리가 불가능해 예외가 발생하는 상황에서 다음과 같은 reservationNotAvailable.jsp 페이지가 표시됩니다.

```
<%@ taglib prefix="fmt" uri="http://java.sun.com/jsp/jstl/fmt" %>

<html>
<head>
  <title>Reservation Not Available</title>
</head>

<body>
Your reservation for ${exception.courtName} is not available on ${exception.date} at
${exception.hour}:00.
</body>
</html>
```

오류 페이지에서 ${exception} 변수를 사용해 예외 인스턴스에 접근할 수 있으므로 해당 예외와 관련된 더 상세한 내용을 사용자에게 보여 줄 수도 있습니다.

미리 지정하지 않은 그 밖의 예외를 처리할 기본 오류 페이지를 정의하는 것이 좋습니다. defaultErrorView 프로퍼티를 사용해 기본 뷰를 정의하거나, 특정 페이지와 java.lang.Exception 키의 매핑을 마지막 매핑으로 추가해 다른 모든 매핑에 해당하지 않을 때 표시하도록 할 수 있습니다. 다음은 기본 오류 JSP 뷰(error.jsp) 예제입니다.

```
<html>
<head>
  <title>Error</title>
</head>

<body>
An error has occurred. Please contact our administrator for details.
```

```
</body>
</html>
```

@ExceptionHandler로 예외 매핑하기

HandlerExceptionResolver를 구성하지 않고 메서드에 @ExceptionHandler 애너테이션을 적용해 예외를 매핑할 수도 있습니다. 작동 방식은 @RequestMapping 애너테이션과 유사합니다.

```
@Controller
@RequestMapping("/reservationForm")
public class ReservationFormController {

  ...
  @ExceptionHandler(ReservationNotAvailableException.class)
  public String handle(ReservationNotAvailableException ex) {
    return "reservationNotAvailable";
  }

  @ExceptionHandler
  public String handleDefault(Exception e) {
    return "error";
  }
}
```

두 메서드에 @ExceptionHandler 애너테이션을 적용했습니다. 첫 번째 메서드인 handle()는 ReservationNotAvailableException 예외를 처리하고, 두 번째 메서드인 handleDefault()는 일반 예외를 처리(모든 예외를 붙잡아 처리)합니다. 이렇게 하면 WebConfiguration 구성 클래스에 HandlerExceptionResolver를 지정하지 않아도 됩니다.

@RequestMapping을 적용한 메서드와 마찬가지로, @ExceptionHandler를 적용한 메서드는 다양한 타입을 반환할 수 있습니다. 예제에서는 렌더링할 뷰 이름을 반환하지만 ModelAndView나 View 등의 객체도 반환할 수 있습니다.

@ExceptionHandler를 적용한 메서드로 예외를 처리하는 방법은 매우 강력하고 유연합니다. 하지만 이러한 메서드가 컨트롤러 내에 있다면 해당 메서드를 정의한 컨트롤러에서만 작동한

다는 약점이 있습니다. 즉, 다른 컨트롤러(예: WelcomeController)에서 예외가 발생하더라도 해당 메서드가 호출되지 않습니다. 따라서 범용 예외 처리 메서드를 별도 클래스로 분리하고 클래스 레벨에 @ControllerAdvice 애너테이션을 적용해야 합니다.

```
package com.apress.spring6recipes.court.web;

import com.apress.spring6recipes.court.service.ReservationNotAvailableException;
import org.springframework.web.bind.annotation.ControllerAdvice;
import org.springframework.web.bind.annotation.ExceptionHandler;

@ControllerAdvice
public class ExceptionHandlingAdvice {

  @ExceptionHandler(ReservationNotAvailableException.class)
  public String handle(ReservationNotAvailableException ex) {
    return "reservationNotAvailable";
  }

  @ExceptionHandler
  public String handleDefault(Exception ex) {
    return "error";
  }
}
```

이 클래스는 애플리케이션 컨텍스트의 모든 컨트롤러에 적용됩니다. 그래서 애너테이션 이름이 @ControllerAdvice입니다.

레시피 2-9 컨트롤러에서 폼 처리하기

과제 웹 애플리케이션에서 폼을 다룰 일이 많습니다. 폼 컨트롤러는 사용자에게 폼을 보여 주고 사용자가 전송한 폼을 처리해야 합니다. 폼을 다루는 일은 복잡하고 처리 방식도 다양합니다.

해결 사용자가 폼과 상호작용할 때 컨트롤러는 두 가지 일을 수행해야 합니다. 첫째, HTTP GET 요청으로 처음 폼을 요청하면 컨트롤러는 사용자에게 보여 줄 수 있게 폼 뷰를 렌더링합니다. 둘째, 사용자가 HTTP POST 요청으로 폼을 전송하면 컨트롤러는 폼 데이터의 유효성 검증validation을 수행하고 업무에 맞게 처리합니다. 폼 처리에 성공하면 성공과 관련된 뷰를 렌더링하고 실패하면 원래 폼에 오류를 표시해 렌더링합니다.

풀이 사용자가 예약 신청 폼을 작성해 코트를 예약하려 합니다. 컨트롤러가 폼 데이터를 어떻게 처리하는지 이해하는 데 도움이 되도록 컨트롤러의 뷰를 먼저 살펴보겠습니다.

폼 뷰 작성하기

reservationForm.jsp 폼 뷰를 작성해 보겠습니다. 이 폼은 스프링의 폼 태그 라이브러리를 사용합니다. 이로써 폼 데이터를 바인딩하고, 오류 메시지를 표시하며, 오류 발생 시 사용자에게 처음에 입력한 값을 다시 보여 주는 등의 작업을 손쉽게 처리할 수 있습니다.

```
<%@ taglib prefix="form" uri="http://www.springframework.org/tags/form" %>

<html>
<head>
  <title>Reservation Form</title>
  <style>
    .error {
      color: #ff0000;
      font-weight: bold;
    }
  </style>
</head>

<body>
<form:form method="post" modelAttribute="reservation">
  <form:errors path="*" cssClass="error"/>
    <table>
      <tr>
        <td>Court Name</td>
        <td><form:input path="courtName"/></td>
        <td><form:errors path="courtName" cssClass="error"/></td>
      </tr>
      <tr>
        <td>Date</td>
        <td><form:input path="date"/></td>
        <td><form:errors path="date" cssClass="error"/></td>
      </tr>
      <tr>
```

```
        <td>Hour</td>
        <td><form:input path="hour"/></td>
        <td><form:errors path="hour" cssClass="error"/></td>
      </tr>
      <tr>
        <td colspan="3"><input type="submit"/></td>
      </tr>
    </table>
</form:form>
</body>
</html>
```

스프링 <form:form> 태그에는 두 가지 속성이 있습니다. 첫 번째는 폼 전송이 HTTP POST 요청 방식으로 이루어짐을 나타내는 method="post" 속성이고, 두 번째는 폼 데이터가 reservation이라는 이름으로 지정된 모델에 바인딩됨을 나타내는 modelAttribute ="reservation" 속성입니다. 첫 번째 속성은 HTML 폼에서 많이 사용하므로 익숙할 것이고, 두 번째 속성은 컨트롤러가 폼을 어떻게 처리하는지 알고 나면 확실히 이해될 것입니다.

<form:form> 태그는 사용자에게 전송되기 전에 표준 HTML로 렌더링되므로 modelAttribute="reservation" 속성은 브라우저에서 사용하는 것이 아니라 실제 HTML 폼을 생성하는 데 사용합니다.

<form:errors> 태그는 폼이 컨트롤러가 정한 규칙을 만족시키지 못할 때 오류를 표시할 위치를 정의하는 데 사용합니다. path="*" 속성의 와일드카드(*)는 모든 오류를 표시하겠다는 의미이며 cssClass="error" 속성은 오류를 표시하는 데 사용하는 CSS 포매팅 클래스를 나타냅니다.

그 밑으로 <form:errors>와 짝을 이뤄 작성한 여러 <form:input> 태그가 있습니다. <form:input>의 path 속성으로 폼의 필드(예: courtName, date, hour)를 지정합니다.

<form:input> 태그는 modelAttribute 속성으로 지정된 모델의 프로퍼티와 path 속성으로 지정된 폼의 필드를 바인딩합니다. 이 태그는 사용자에게 필드의 초깃값을 보여 주며, 이후에는 사용자가 입력한 바인딩에 성공하거나 거부된 값이 표시됩니다. <form:input>은 <form:form> 안에서 사용해야 합니다. 참고로 <form:form>은 이름을 기준으로 modelAttribute에 바인딩할 폼을 정의합니다.

마지막으로 표준 HTML 태그인 <input type="submit"/>은 Submit 버튼을 그리며, 사용자가 해당 버튼을 클릭하면 <form:form>부터 </form:form>까지의 데이터를 서버로 전송합니다. 폼과 데이터가 정상적으로 처리되면 사용자에게 예약 성공 뷰인 reservationSuccess.jsp를 보여 줍니다.

```
<html>
<head>
  <title>Reservation Success</title>
</head>

<body>
Your reservation has been made successfully.
</body>
</html>
```

폼에 유효하지 않은 값이 있으면 오류가 발생할 수 있습니다. 예를 들어 date 필드값의 포맷이 유효하지 않거나 hour 필드값이 알파벳 문자로 입력된다면 컨트롤러는 이러한 필드값을 거부해야 합니다. 컨트롤러는 오류별 오류 코드 목록을 만들어 폼 뷰로 반환하며, 오류 메시지는 <form:errors> 태그에 표시됩니다.

예를 들어 date 필드에 유효하지 않은 입력값이 있다면 컨트롤러는 다음 오류 코드를 생성합니다.

```
typeMismatch.command.date
typeMismatch.date
typeMismatch.java.time.LocalDate
typeMismatch
```

ResourceBundleMessageSource를 정의했다면 적절한 로케일의 리소스 번들(예: 기본 로케일의 message.properties 등)에 다음과 같은 오류 메시지를 작성해 사용할 수 있습니다.

```
typeMismatch.date=Invalid date format
typeMismatch.hour=Invalid hour format
```

폼 데이터를 처리할 때 오류가 발생하면 오류 코드와 메시지가 사용자에게 반환됩니다.

지금까지 폼과 관련된 뷰의 구조와 데이터를 처리하는 방법을 알아봤으며, 다음으로 전송된 폼 데이터(예: reservation)를 다루는 로직을 살펴보겠습니다.

폼 처리 서비스 작성하기

폼 데이터는 컨트롤러가 아니라 컨트롤러가 호출하는 서비스에서 실제로 처리합니다. 먼저 서비스 인터페이스인 ReservationService에 다음과 같이 make() 메서드를 정의합니다.

```
package com.apress.spring6recipes.court.service;

import com.apress.spring6recipes.court.domain.Reservation;

public interface ReservationService {
  void make(Reservation reservation) throws ReservationNotAvailableException;
}
```

그런 다음 Reservation 객체를 예약 목록에 저장하는 make() 메서드를 구현하고 예약이 중복되면 ReservationNotAvailableException 예외를 발생하게 합니다.

```
package com.apress.spring6recipes.court.service;

@Service
class InMemoryReservationService implements ReservationService {

  ...
  private final List<Reservation> reservations =
    Collections.synchronizedList(new ArrayList<>());
  ...

  @Override
  public void make(Reservation res) throws ReservationNotAvailableException {
    long cnt = reservations.stream()
              .filter((r) -> Objects.equals(r.getCourtName(), res.getCourtName()))
              .filter((r) -> Objects.equals(r.getDate(), res.getDate()))
              .filter((r) -> r.getHour() == res.getHour()).count();

    if (cnt > 0) {
      throw new ReservationNotAvailableException(res.getCourtName(), res.getDate(),
                res.getHour());
```

```
      } else {
        reservations.add(res);
      }
    }
  }
```

컨트롤러와 상호작용하는 두 요소인 폼 뷰와 예약 서비스 클래스를 살펴봤습니다. 다음으로 코트 예약 폼을 처리하는 컨트롤러를 작성해 봅시다.

폼 컨트롤러 작성하기

폼을 처리하는 컨트롤러에 이전 레시피에서와 거의 동일한 애너테이션을 사용합니다. 바로 코드부터 살펴봅시다.

```
package com.apress.spring6recipes.court.web;

import com.apress.spring6recipes.court.domain.Reservation;
import com.apress.spring6recipes.court.service.ReservationService;
import org.springframework.stereotype.Controller;
import org.springframework.ui.Model;
import org.springframework.web.bind.annotation.GetMapping;
import org.springframework.web.bind.annotation.ModelAttribute;
import org.springframework.web.bind.annotation.PostMapping;
import org.springframework.web.bind.annotation.RequestMapping;
import org.springframework.web.bind.annotation.SessionAttributes;

@Controller
@RequestMapping("/reservationForm")
@SessionAttributes("reservation")
public class ReservationFormController {

  private final ReservationService reservationService;

  public ReservationFormController(ReservationService reservationService) {
    this.reservationService = reservationService;
  }

  @GetMapping
  public String setupForm(Model model) {
    var reservation = new Reservation();
    model.addAttribute("reservation", reservation);
```

```
    return "reservationForm";
  }

  @PostMapping
  public String submitForm(@ModelAttribute("reservation") @Validated
                           Reservation reservation, BindingResult result,
                           SessionStatus status) {
    if (result.hasErrors()) {
      return "reservationForm";
    } else {
      reservationService.make(reservation);
      status.setComplete();
      return "redirect:/reservationForm/reservationSuccess";
    }
  }
}
```

예제 컨트롤러는 표준 애너테이션인 @Controller로 시작하며 다음 URL에 접근할 수 있게 @RequestMapping 애너테이션을 적용합니다.

- http://localhost:8080/court/reservationForm

이 URL을 입력하면 웹 브라우저는 웹 애플리케이션에 HTTP GET 요청을 보냅니다. 그러면 해당 요청을 처리하도록 @RequestMapping 애너테이션을 적용한 ReservationFormController 클래스의 setupForm() 메서드가 호출됩니다.

핸들러 메서드인 setupForm()은 Model 객체를 입력 매개변수로 전달받는데, 이 객체는 모델 데이터를 담아 뷰(즉, 폼)에 전달하는 데 사용됩니다. setupForm()은 비어 있는[empty] Reservation 객체를 생성해 컨트롤러의 Model 객체 속성으로 추가합니다. 그런 다음 컨트롤러가 reservationForm 뷰에 처리를 넘기면 reservationForm.jsp(즉, 폼)로 해석하게 됩니다.

setupForm() 메서드에서 가장 중요한 점은 비어 있는 Reservation 객체가 입력 매개변수로 추가됐다는 것입니다. reservationForm.jsp 폼을 살펴보면 <form:form> 태그에 modelAttribute="reservation" 속성이 선언돼 있습니다. 이는 뷰를 렌더링할 때, 폼이 핸들러 메서드의 모델에 담긴 reservation이라는 이름의 객체를 사용할 수 있다는 의미입니다. 그리고 각 <form:input> 태그의 path 속성값은 Reservation 객체의 필드 이름에 해당

합니다. 따라서 폼을 처음 로딩할 때는 Reservation 객체가 비어 있어야 합니다.

다른 컨트롤러 핸들러 메서드를 살펴보기 전에, 컨트롤러에 적용된 @SessionAttribute("reservation") 애너테이션을 먼저 살펴보겠습니다. 제출한 폼의 일부 항목에서 오류가 발생했을 때 사용자가 전에 입력한 유효한 데이터까지도 모두 다시 입력해야 한다면 아주 불편할 것입니다. @SessionAttribute 애너테이션으로 reservation 필드를 사용자 세션에 저장해 두면 폼을 여러 번 전송하더라도 동일한 객체를 참조해서 필요한 값을 얻어올 수 있으므로 이 문제를 해결할 수 있습니다. 이 때문에 Reservation 객체를 하나만 생성해서 전체 컨트롤러에서 참조할 수 있는 reservation 필드에 할당했습니다. HTTP GET 핸들러 메서드가 비어 있는 Reservation 객체를 생성하면 사용자 세션에 저장되므로 이후 모든 작업은 동일한 객체를 참조할 수 있습니다.

이제 폼 전송과 관련된 부분을 알아봅시다. 폼 필드를 입력한 후 HTTP POST 요청을 전송하면 @PostMapping이 적용된 submitForm() 메서드가 호출됩니다. submitForm()에는 세 개의 매개변수가 있습니다. 첫 번째 매개변수인 @ModelAttribute("reservation") Reservation reservation은 reservation 객체를 참조하는 데 사용합니다. 두 번째 매개변수인 BindingResult 객체에는 사용자가 전송한 새로운 데이터가 담기며, 세 번째 매개변수인 SessionStatus 객체는 사용자의 세션에 접근할 때 사용합니다.

아직은 핸들러 메서드의 입력 매개변수인 BindingResult와 SessionStatus의 주 사용 목적인 폼 데이터의 유효성을 검증하거나 사용자 세션에 접근하는 코드가 없습니다. 잠시 후에 내용을 살펴보며 코드를 추가할 예정입니다.

핸들러 메서드가 하는 일은 reservationService.make(reservation)뿐입니다. 현재 상태의 reservation 객체를 전달하며 예약 서비스를 호출하는 일이죠. 보통 서비스를 호출하기 전에 전달하는 객체의 유효성 검증을 수행합니다. 마지막으로 핸들러 메서드는 redirect:reservationSuccess라는 뷰를 반환합니다. 이때 실제 뷰 이름은 reservationSuccess이고 앞서 작성했던 reservationSuccess.jsp 페이지로 해석됩니다.

뷰 이름 앞에 있는 redirect: 접두어는 폼의 중복 전송을 방지할 목적으로 사용합니다. 폼 처리 성공 뷰에서 웹 페이지를 새로고침하면 폼이 재전송되는 문제가 발생합니다. 이를 해결하려면 폼 처리가 성공한 후 HTML 페이지를 직접 반환하는 대신 전혀 다른 URL로 리다이렉트하게 하는 post/redirect/get(PRG) 디자인 패턴[7]을 적용합니다. 이것이 뷰 이름에 `redirect:`를 붙이는 이유입니다.

모델 속성 객체를 초기화하고 폼값 미리 채우기

코트 예약 신청 폼을 자세히 보면 `Reservation` 객체를 생성하는 데 사용할 필드 두 개가 빠져 있습니다. 그중 하나인 `player` 필드는 `Player` 객체에 해당합니다. `Player` 클래스에는 name과 phone 필드가 있습니다.

`player` 필드를 폼 뷰와 컨트롤러에 어떻게 포함해야 할까요? 먼저 폼 뷰를 살펴봅시다.

```
<tr>
  <td>Player Name</td>
  <td><form:input path="player.name"/></td>
  <td><form:errors path="player.name" cssClass="error"/></td>
</tr>
<tr>
  <td>Player Phone</td>
  <td><form:input path="player.phone"/></td>
  <td><form:errors path="player.phone" cssClass="error"/></td>
</tr>
```

알기 쉽게 `Player` 객체 필드를 표시하는 `<form:input>` 태그 두 개를 추가합니다. 폼 선언은 간단하지만 컨트롤러도 수정해야 합니다. 이는 뷰가 컨트롤러가 전달한 모델 객체에 접근해 `<form:input>` 태그의 path 속성값과 일치하는 값을 찾기 때문입니다.

컨트롤러의 HTTP GET 핸들러 메서드가 비어 있는 `Reservation` 객체를 뷰에 반환하면 `player` 프로퍼티가 `null`이므로 폼을 렌더링할 때 예외가 발생합니다. 이 문제를 해결하려면, 비어 있는 `Player` 객체를 초기화한 다음 `Reservation` 객체에 할당하고 뷰에 반환하면 됩니다.

```
@GetMapping
public String setupForm(@RequestParam(required = false, value = "username")
                        String username, Model model) {
  var reservation = new Reservation();
```

7 옮긴이_ PRG 패턴은 웹 개발 시에 권장되는 디자인 패턴이며 HTTP POST 요청에 대한 응답을 또 다른 URL로의 GET 요청으로 리다이렉트하는 방식입니다.

```
    reservation.setPlayer(new Player(username));
    model.addAttribute("reservation", reservation);
    return "reservationForm";
  }
```

비어 있는 Reservation 객체를 생성한 후에 setPlayer() 메서드로 비어 있는 Player 객체를 할당합니다. Player 객체 생성에 필요한 사용자 이름으로는 핸들러 메서드에서 @RequestParam 애너테이션으로 선언한 매개변수인 username을 사용합니다. 이처럼 요청 매개변수로 전달받은 username 값을 사용해 Player 객체를 생성하고 결과적으로 username 폼 필드에 이 값을 미리 채울 수 있습니다.

예를 들어 다음 URL로 폼을 요청해 봅시다.

- http://localhost:8080/court/reservationForm?username=Roger

이렇게 하면 핸들러 메서드가 username 매개변수를 추출해 얻은 Roger라는 값을 이용해 Player 객체를 생성하고, 폼의 username 필드에 해당 값을 미리 채울 수 있습니다. @RequestParam에 required=false 속성을 사용하면 username 매개변숫값이 없더라도 요청을 정상적으로 처리할 수 있습니다.

폼에 참조 데이터 제공하기

폼 컨트롤러가 폼 뷰를 렌더링할 때 폼에 전달하는 데이터에는 참조 데이터(예: HTML 셀렉트 박스에 표시되는 항목)도 있습니다. 사용자가 코트를 예약할 때 목록에서 스포츠 종목을 선택하도록 해 보겠습니다. 이와 관련된 필드가 Reservation 클래스에 추가할 마지막 필드입니다.

```
<tr>
  <td>Sport Type</td>
  <td>
    <form:select path="sportType" items="${sportTypes}"
                 itemValue="id" itemLabel="name"/>
  </td>
  <td><form:errors path="sportType" cssClass="error"/></td>
</tr>
```

<form:select> 태그는 컨트롤러가 뷰에 전달한 값 목록을 드롭다운drop-down 목록으로 생성

합니다. 따라서 sportType의 필드에는 (사용자가 직접 값을 입력하는 <input> 태그 대신에) <select> 태그를 사용합니다.

컨트롤러가 sportType 필드를 모델 속성에 어떻게 할당하는지 살펴보겠습니다. 이 과정은 이전에 살펴본 필드와 약간 다릅니다.

먼저, 선택할 수 있는 스포츠 종목을 조회하는 getAllSportTypes() 메서드를 ReservationService 인터페이스에 정의합니다.

```
package com.apress.spring6recipes.court.service;

import com.apress.spring6recipes.court.domain.SportType;
import java.util.List;

public interface ReservationService {
  ...
  List getAllSportTypes();
  ...
}
```

그런 다음 하드코딩한 스포츠 종목 목록을 반환하는 메서드를 구현합니다.

```
package com.apress.spring6recipes.court.service;

import com.apress.spring6recipes.court.domain.SportType;
import java.util.List;

@Service
class InMemoryReservationService implements ReservationService {
  private static final SportType TENNIS = new SportType(1, "Tennis");
  private static final SportType SOCCER = new SportType(2, "Soccer");

  ...
  @Override
  public List getAllSportTypes() {
    return List.of(TENNIS, SOCCER);
  }
  ...
}
```

하드코딩한 SportType 객체 목록을 반환하는 구현체가 준비되었습니다. 이제 컨트롤러가 이 목록을 어떻게 폼 뷰에 반환하는지 살펴보겠습니다.

```
package com.apress.spring6recipes.court.web;

import com.apress.spring6recipes.court.domain.Player;
import com.apress.spring6recipes.court.domain.Reservation;
import com.apress.spring6recipes.court.domain.SportType;
import com.apress.spring6recipes.court.service.ReservationService;
import org.springframework.stereotype.Controller;
import org.springframework.ui.Model;
import org.springframework.web.bind.annotation.GetMapping;
import org.springframework.web.bind.annotation.RequestMapping;
import org.springframework.web.bind.annotation.RequestParam;
import org.springframework.web.bind.annotation.ModelAttribute;
import org.springframework.web.bind.annotation.SessionAttributes;

import java.util.List;

@Controller
@RequestMapping("/reservationForm")
@SessionAttributes("reservation")
public class ReservationFormController {

  private final ReservationService reservationService;

  public ReservationFormController(ReservationService reservationService) {
    this.reservationService = reservationService;
  }

  @ModelAttribute("sportTypes")
  public List<SportType> populateSportTypes() {
    return reservationService.getAllSportTypes();
  }

  @GetMapping
  public String setupForm(@RequestParam(required = false, value = "username")
          String username, Model model) {
    var reservation = new Reservation();
    reservation.setPlayer(new Player(username));
    model.addAttribute("reservation", reservation);
    return "reservationForm";
  }
```

```
    ...
}
```

비어 있는 Reservation 객체를 폼 뷰에 반환하는 setupForm() 핸들러 메서드는 변경하지 않았습니다.

새로 추가한 populateSportTypes() 메서드에는 @ModelAttribute("sportTypes") 애너테이션을 적용해 폼 뷰에 SportType 목록을 모델 속성으로 전달하도록 했습니다. @ModelAttribute는 핸들러 메서드가 반환하는 모든 뷰에서 사용할 수 있는 전역 모델 속성을 정의합니다. 핸들러 메서드가 입력 매개변수로 Model 객체를 선언해 반환 뷰에서 접근할 속성을 해당 객체에 할당하는 것과 동일한 방식입니다.

@ModelAttribute("sportTypes")가 적용된 메서드는 List<SportType> 타입을 반환하고 reservationService.getAllSportTypes() 메서드를 호출하므로, 하드코딩된 SportType 객체(TENNIS, SOCCER)가 sportTypes라는 이름의 모델 속성에 할당됩니다. sportTypes는 폼 뷰에서 드롭다운 목록(<form:select> 태그)에 값을 채우는 데 사용됩니다.

커스텀 타입 프로퍼티 바인딩하기

컨트롤러는 전송받은 폼의 필드값을 동일한 이름의 모델 객체(Reservation) 프로퍼티로 바인딩합니다. 하지만 커스텀 타입의 프로퍼티는 별도의 프로퍼티 편집기property editor를 지정하지 않는 한 컨트롤러가 자동으로 변환할 수 없습니다.

예를 들어 HTML <select> 필드를 사용한 sportType 선택 필드에서 사용자가 스포츠 종목을 선택하면 해당 종목의 ID만 실제 서버로 전송됩니다. 따라서 프로퍼티 편집기를 이용해 이 ID를 SportType 객체로 변환해야 합니다. 우선 스포츠 종목 ID로 SportType 객체를 조회하는 getSportType() 메서드를 ReservationService에 작성합니다.

```
package com.apress.spring6recipes.court.service;

import com.apress.spring6recipes.court.domain.SportType;

public interface ReservationService {
  SportType getSportType(int sportTypeId);
}
```

여기서는 편의상 switch/case 구문을 사용해 getSportType()을 구현합니다.

```
package com.apress.spring6recipes.court.service;

import com.apress.spring6recipes.court.domain.SportType;
import org.springframework.stereotype.Service;
import java.util.List;

@Service
class InMemoryReservationService implements ReservationService {

  private static final SportType TENNIS = new SportType(1, "Tennis");
  private static final SportType SOCCER = new SportType(2, "Soccer");

  ...
  @Override
  public SportType getSportType(int sportTypeId) {
    return switch (sportTypeId) {
      case 1 -> TENNIS;
      case 2 -> SOCCER;
      default -> null;
    };
  }
}
```

그런 다음 SportTypeConverter 클래스를 작성해 스포츠 종목 ID를 SportType 객체로 변환합니다. 이 컨버터converter에서 SportType을 조회하려면 ReservationService가 필요합니다.

```
package com.apress.spring6recipes.court.domain;

import com.apress.spring6recipes.court.service.ReservationService
import org.springframework.core.convert.converter.Converter;
import org.springframework.stereotype.Component;

@Component
public class SportTypeConverter implements Converter<Spring, SportType> {

  private final ReservationService reservationService;

  public SportTypeConverter(ReservationService reservationService) {
    this.reservationService = reservationService;
  }
```

```
  @Override
  public SportType convert(String source) {
    var sportTypeId = Integer.parseInt(source);
    return reservationService.getSportType(sportTypeId);
  }
}
```

폼 프로퍼티를 커스텀 클래스인 SportType에 바인딩하는 SportTypeConverter 클래스가 생겼으니, 이를 컨트롤러에 연결해 보겠습니다. WebMvcConfigurer의 addFormatters() 메서드를 사용하면 됩니다.

구성 클래스에서 addFormatters()를 오버라이드해 컨트롤러와 커스텀 타입을 연결할 수 있습니다. SportTypeConverter 클래스 타입뿐만 아니라 다른 커스텀 타입(예: Date)도 연결 대상이 될 수 있습니다. 별도로 언급하지는 않았지만, date 필드에도 sportType 선택 필드와 동일한 문제가 있습니다. 사용자는 date 필드에 텍스트값을 직접 입력합니다. 컨트롤러가 해당 텍스트값을 Reservation 객체의 date 필드에 할당하려면 date 필드를 Date 객체로 변환해야 합니다. Date 클래스는 자바 언어의 일부분이므로 변환을 목적으로 SportTypeConverter와 같은 클래스를 만들지 않고 스프링 프레임워크가 제공하는 커스텀 클래스를 사용하면 됩니다.

SportTypeConverter 클래스를 기본 컨트롤러에 바인딩해야 하므로 다음처럼 구성 클래스를 수정하겠습니다.

```
package com.apress.spring6recipes.court.config;

import com.apress.spring6recipes.court.domain.SportTypeConverter;
import org.springframework.context.annotation.ComponentScan;
import org.springframework.context.annotation.Configuration;
import org.springframework.format.FormatterRegistry;
import org.springframework.web.servlet.config.annotation.EnableWebMvc;
import org.springframework.web.servlet.config.annotation.WebMvcConfigurer;

@Configuration
@ComponentScan("com.apress.spring6recipes.court")
@EnableWebMvc
public class CourtConfiguration implements WebMvcConfigurer {
```

```
  private final SportTypeConverter sportTypeConverter;

  public CourtConfiguration(SportTypeConverter sportTypeConverter) {
    this.sportTypeConverter = sportTypeConverter;
  }

  @Override
  public void addFormatters(FormatterRegistry registry) {
    registry.addConverter(sportTypeConverter);
  }
}
```

이 클래스의 유일한 필드인 sportTypeConverter를 사용해 애플리케이션의 SportTypeConverter 빈에 접근합니다. addFormatters() 메서드에서는 매개변수로 전달받은 FormatterRegistry 객체를 이용해 SportTypeConverter 클래스를 바인딩합니다. 이 방식을 사용하면 @Controller 애너테이션이 적용된 모든 컨트롤러는 핸들러 메서드에서 동일한 커스텀 컨버터와 포매터에 접근할 수 있습니다.

폼 데이터 유효성 검증하기

일반적으로 사용자가 전송한 폼의 데이터를 처리하기 전에 데이터 유효성 검증을 수행합니다. 스프링 MVC는 Validator 인터페이스를 구현한 검증기 객체를 이용해 유효성을 검증하는 기능을 지원합니다. 필수 폼 필드가 채워졌는지와 예약 희망 시간이 운영 시간 이내인지를 확인하도록 다음과 같은 유효성 검사기를 작성합니다.

```
package com.apress.spring6recipes.court.domain;

import org.springframework.stereotype.Component;
import org.springframework.validation.Errors;
import org.springframework.validation.ValidationUtils;
import org.springframework.validation.Validator;

import java.time.DayOfWeek;

@Component
public class ReservationValidator implements Validator {

  @Override
  public boolean supports(Class<?> clazz) {
```

```
        return Reservation.class.isAssignableFrom(clazz);
    }

    @Override
    public void validate(Object target, Errors errors) {
        ValidationUtils.rejectIfEmptyOrWhitespace(errors, "courtName",
            "required.courtName", "Court name is required.");
        ValidationUtils.rejectIfEmpty(errors, "date", "required.date",
            "Date is required.");
        ValidationUtils.rejectIfEmpty(errors, "hour", "required.hour",
            "Hour is required.");
        ValidationUtils.rejectIfEmptyOrWhitespace(errors, "player.name",
            "required.playerName", "Player name is required.");
        ValidationUtils.rejectIfEmpty(errors, "sportType", "required.sportType",
            "Sport type is required.");

        var reservation = (Reservation) target;
        var date = reservation.getDate();
        var hour = reservation.getHour();
        if (date != null) {
            if (date.getDayOfWeek() == DayOfWeek.SUNDAY) {
                if (hour < 8 || hour > 22) {
                    errors.reject("invalid.holidayHour", "Invalid holiday hour.");
                }
            } else {
                if (hour < 9 || hour > 21) {
                    errors.reject("invalid.weekdayHour", "Invalid weekday hour.");
                }
            }
        }
    }
}
```

ValidationUtils 클래스의 유틸리티 메서드(rejectIfEmptyOrWhitespace(), rejectIfEmpty())를 사용해 필수 폼 필드를 검증합니다. 이 메서드들은 폼 필드가 비어 있으면 필드 오류를 만들어 해당 필드에 바인딩합니다. 이 메서드들의 두 번째 인수는 프로퍼티 이름이고, 세 번째와 네 번째 인수는 오류 코드와 기본 오류 메시지입니다.

또한 예약 희망 시간이 운영 시간 이내인지를 확인합니다. 운영 시간이 아닐 때로 신청했다면 reject() 메서드를 사용해 오류 객체를 생성한 후 (이번에는 필드가 아니라) Reservation 객체에 바인딩합니다.

예제 검증기 클래스에 @Component를 적용했으므로 스프링은 해당 클래스의 이름(reservationValidator)으로 빈 인스턴스화를 합니다.

검증기가 유효성 검증을 수행하면서 만든 오류를 사용자에게 보여 주려면 각 오류 코드에 해당하는 메시지를 정의해야 합니다. ResourceBundleMessageSource를 정의했다면 해당 로케일용 리소스 번들(예: 기본 로케일이라면 message.properties)에 다음과 같은 오류 메시지를 넣어줍니다.

```
required.courtName=Court name is required
required.date=Date is required
required.hour=Hour is required
required.playerName=Player name is required
required.sportType=Sport type is required
invalid.holidayHour=Invalid holiday hour
invalid.weekdayHour=Invalid weekday hour
```

이 검증기를 사용하도록 컨트롤러를 다음과 같이 수정합니다.

```
package com.apress.spring6recipes.court.web;

import com.apress.spring6recipes.court.domain.Player;
import com.apress.spring6recipes.court.domain.Reservation;
import com.apress.spring6recipes.court.domain.ReservationValidator;
import com.apress.spring6recipes.court.domain.SportType;
import com.apress.spring6recipes.court.service.ReservationService;
import org.springframework.stereotype.Controller;
import org.springframework.ui.Model;
import org.springframework.validation.BindingResult;
import org.springframework.validation.annotation.Validated;
import org.springframework.web.bind.WebDataBinder;
import org.springframework.web.bind.annotation.GetMapping;
import org.springframework.web.bind.annotation.InitBinder;
import org.springframework.web.bind.annotation.ModelAttribute;
import org.springframework.web.bind.annotation.PostMapping;
import org.springframework.web.bind.annotation.RequestMapping;
import org.springframework.web.bind.annotation.RequestParam;
import org.springframework.web.bind.annotation.SessionAttributes;
import org.springframework.web.bind.support.SessionStatus;

import java.util.List;
```

```
@Controller
@RequestMapping("/reservationForm")
@SessionAttributes("reservation")
public class ReservationFormController {

  private final ReservationService reservationService;
  private final ReservationValidator reservationValidator;

  public ReservationFormController(ReservationService reservationService,
            ReservationValidator reservationValidator) {
    this.reservationService = reservationService;
    this.reservationValidator = reservationValidator;
  }

  ...
  @PostMapping
  public String submitForm(@ModelAttribute("reservation") @Validated
                           Reservation reservation, BindingResult result,
                           SessionStatus status) {
    if (result.hasErrors()) {
      return "reservationForm";
    } else {
      reservationService.make(reservation);
      return "redirect:reservationSuccess";
    }
  }

  ...
  @InitBinder
  public void initBinder(WebDataBinder binder) {
    binder.setValidator(reservationValidator);
  }
}
```

먼저 컨트롤러에서 검증기 빈 인스턴스에 접근할 수 있도록 ReservationValidator 필드를 추가했습니다.

사용자가 폼을 전송할 때 호출되는 HTTP POST 핸들러 메서드도 수정했습니다. @ModelAttribute 애너테이션 옆에 추가로 작성한 @Validated 애너테이션은 검증기 객체를 트리거합니다. 유효성 검증의 결과는 BindingResult 객체 매개변수에 저장되며, 이 객체의 hasErrors() 메서드를 사용해 오류 발생 여부를 확인할 수 있습니다. 검증 시 오류를 발견했다면 hasErrors()가 true를 반환하므로 이를 이용해 조건문을 작성하면 됩니다.

유효성 검증 과정에서 오류가 감지되면 핸들러 메서드는 사용자가 다시 정보를 작성해 전송할 수 있도록 동일한 폼인 reservationForm 뷰를 반환합니다. 반대로 오류가 감지되지 않았다면 reservationService.make(reservation);으로 예약 처리를 수행한 후 예약 성공 뷰인 reservationSuccess로 리다이렉트합니다.

검증기는 @InitBinder 애너테이션이 적용된 메서드에서 등록합니다. WebDataBinder의 setValidator() 메서드로 검증기를 등록하고 바인딩해 사용합니다. 또한 하나 이상의 Validator 인스턴스를 인수로 받는 addValidators() 메서드로 여러 검증기를 등록할 수도 있습니다.

TIP WebDataBinder는 타입 변환 용도로 PropertyEditor, Converter, Formatter 인스턴스를 추가 등록할 때도 사용합니다. 그러면 전역 PropertyEditor, Converter, Formatter를 등록하지 않아도 됩니다.

컨트롤러의 세션 데이터 만료시키기

폼이 여러 번 전송될 때 사용자의 폼 데이터가 유실되지 않게 하려면 컨트롤러에 @SessionAttributes 애너테이션을 적용합니다. 그러면 요청이 여러 번 오고 가더라도 Reservation 객체인 reservation 필드를 참조할 수 있습니다.

하지만 예약이 성공적으로 완료되면 사용자의 세션에 Reservation 객체를 유지할 이유가 없습니다. 게다가 사용자가 짧은 시간 내에 예약 페이지에 재방문했을 때 이전 Reservation 객체의 데이터가 나타날 가능성도 제거하면 좋겠죠.

@SessionAttributes로 세션에 할당된 값은 핸들러 메서드의 입력 매개변수로 전달되는 SessionStatus 객체를 사용해 삭제합니다. 다음은 컨트롤러에서 세션 데이터를 만료시키는 예제입니다.

```
package com.apress.spring6recipes.court.web;

import com.apress.spring6recipes.court.domain.Player;
import com.apress.spring6recipes.court.domain.Reservation;
import com.apress.spring6recipes.court.domain.ReservationValidator;
import com.apress.spring6recipes.court.domain.SportType;
import com.apress.spring6recipes.court.service.ReservationService;
```

```
import org.springframework.stereotype.Controller;
import org.springframework.ui.Model;
import org.springframework.validation.BindingResult;
import org.springframework.validation.annotation.Validated;
import org.springframework.web.bind.WebDataBinder;
import org.springframework.web.bind.annotation.GetMapping;
import org.springframework.web.bind.annotation.InitBinder;
import org.springframework.web.bind.annotation.ModelAttribute;
import org.springframework.web.bind.annotation.PostMapping;
import org.springframework.web.bind.annotation.RequestMapping;
import org.springframework.web.bind.annotation.RequestParam;
import org.springframework.web.bind.annotation.SessionAttributes;
import org.springframework.web.bind.support.SessionStatus;

import java.util.List;

@Controller
@RequestMapping("/reservationForm")
@SessionAttributes("reservation")
public class ReservationFormController {

  private final ReservationService reservationService;
  private final ReservationValidator reservationValidator;

  public ReservationFormController(ReservationService reservationService,
            ReservationValidator reservationValidator) {
    this.reservationService = reservationService;
    this.reservationValidator = reservationValidator;
  }

  ...
  @PostMapping
  public String submitForm(@ModelAttribute("reservation") @Validated
                           Reservation reservation, BindingResult result,
                           SessionStatus status) {
    if (result.hasErrors()) {
      return "reservationForm";
    } else {
      reservationService.make(reservation);
      status.setComplete();
      return "redirect:reservationSuccess";
    }
  }
```

```
    ...
    @InitBinder
    public void initBinder(WebDataBinder binder) {
      binder.setValidator(reservationValidator);
    }
  }
```

핸들러 메서드가 reservationService.make(reservation);를 호출해 예약 작업을 수행한 다음, 예약 성공 페이지를 리다이렉트하기 직전이 세션 데이터를 만료시키기에 이상적인 시점입니다. 이 작업은 SessionStatus 객체의 setComplete() 메서드를 호출함으로써 이루어집니다. 정말 간단하죠.

레시피 2-10 애너테이션으로 빈 유효성 검증하기

과제 웹 애플리케이션에서 자카르타 빈 유효성 검증Jakarta Bean Validation[8] 애너테이션을 사용해 자바 빈 객체의 유효성 검증을 하세요.

해결 빈 유효성 검증Bean Validation은 애너테이션을 사용해 자바 빈 유효성을 검증하는 방법을 표준화한 명세입니다. 지금까지는 스프링 프레임워크가 지원하는 빈 유효성 검증 방법을 살펴봤습니다. 특정 타입의 자바 빈 검증기 클래스를 만들려면 스프링 프레임워크가 제공하는 클래스를 상속해야 했습니다.

빈 유효성 검증의 목적은 자바 빈 클래스에 애너테이션을 직접 적용해 유효성 검증을 하는 것입니다. 스프링 프레임워크 클래스를 사용해 별도 클래스에 유효성 검증 규칙을 작성했던 이전 방식 대신에 소스 코드에 직접 유효성 검증 규칙을 지정할 수 있습니다.

풀이 자바 빈에 애너테이션을 사용해 유효성 검증을 하려면 먼저 클래스패스에 Bean Validation API와 API 구현체를 추가해야 합니다. 가장 많이 사용하는 API 구현체는 하이버네이트 유효성 검증기Hibernate Validator 프로젝트입니다.

8 https://jakarta.ee/specifications/bean-validation/

예제 2-1 자카르타 빈 유효성 검증 그레이들 의존성 추가(build.gradle)

```
implementation group: 'jakarta.validation', name: 'jakarta.validation-api',
version: '3.1.1'
runtimeOnly group: 'org.hibernate.validator', name: 'hibernate-validator',
version: '9.0.1.Final'
```

예제 2-2 자카르타 빈 유효성 검증 메이븐 의존성 추가(pom.xml)

```
<dependency>
  <groupId>jakarta.validation</groupId>
  <artifactId>jakarta.validation-api</artifactId>
  <version>3.1.1</version>
</dependency>
<dependency>
  <groupId>org.hibernate.validation</groupId>
  <artifactId>hibernate-validator</artifactId>
  <version>9.0.1.Final</version>
  <scope>runtime</scope>
</dependency>
```

코트 예약 애플리케이션의 Reservation 도메인 클래스에 자카르타 빈 유효성 검증 애너테이션을 적용해 보겠습니다.

```
package com.apress.spring6recipes.court.domain;

import jakarta.validation.Valid;
import jakarta.validation.constraints.Max;
import jakarta.validation.constraints.Min;
import jakarta.validation.constraints.NotNull;
import jakarta.validation.constraints.Size;

import java.time.LocalDate;

public class Reservation {

  @NotNull
  @Size(min = 4)
  private String courtName;

  @NotNull
  private LocalDate date;
```

```
    @Min(8)
    @Max(22)
    private int hour;

    @Valid
    private Player player;

    @NotNull
    private SportType sportType;
}
```

courtName 필드에는 두 개의 애너테이션을 적용했습니다. @NotNull 애너테이션은 필드에 null을 허용하지 않고 @Size(min = 4) 애너테이션은 최소한 4 글자가 입력되도록 합니다.

date와 sportType도 필수 필드이므로 @NotNull 애너테이션을 적용했습니다. hour 필드에는 최솟값, 최댓값을 지정하는 @Min, @Max 애너테이션을 적용했습니다.

player 필드에는 관련 객체의 유효성 검증을 하도록 @Valid 애너테이션을 적용했습니다. 실제 Player 도메인 클래스에 있는 두 필드에는 @NotEmpty 애너테이션을 적용했습니다.

지금까지 자바 빈 클래스에 자카르타 빈 유효성 검증 애너테이션을 어떻게 적용하는지 알아봤습니다. 이제 이렇게 적용한 유효성 검증 애너테이션을 컨트롤러에서 어떻게 활용하는지 살펴보겠습니다.

```
package com.apress.spring6recipes.court.web;

import com.apress.spring6recipes.court.domain.Player;
import com.apress.spring6recipes.court.domain.Reservation;
import com.apress.spring6recipes.court.domain.SportType;
import com.apress.spring6recipes.court.service.ReservationService;
import jakarta.validation.Valid;
import org.springframework.stereotype.Controller;
import org.springframework.ui.Model;
import org.springframework.validation.BindingResult;
import org.springframework.web.bind.annotation.GetMapping;
import org.springframework.web.bind.annotation.ModelAttribute;
import org.springframework.web.bind.annotation.PostMapping;
import org.springframework.web.bind.annotation.RequestMapping;
import org.springframework.web.bind.annotation.RequestParam;
import org.springframework.web.bind.annotation.SessionAttributes;
```

```java
import org.springframework.web.bind.support.SessionStatus;

import java.util.List;

@Controller
@RequestMapping("/reservationForm")
@SessionAttributes("reservation")
public class ReservationFormController {

  private final ReservationService reservationService;

  public ReservationFormController(ReservationService reservationService) {
    this.reservationService = reservationService;
  }

  ...
  @PostMapping
  public String submitForm(@ModelAttribute("reservation") @Valid
                           Reservation reservation, BindingResult result,
                           SessionStatus status) {
    if (result.hasErrors()) {
      return "reservationForm";
    } else {
      reservationService.make(reservation);
      status.setComplete();
      return "redirect:reservationSuccess";
    }
  }
  ...
}
```

이 컨트롤러는 [레시피 2-9]에서 살펴본 컨트롤러와 매우 유사합니다. 유일한 차이점은 `@InitBinder` 애너테이션이 적용된 메서드가 없다는 점입니다. 스프링 MVC는 클래스패스에 존재하는 `jakarta.validation.Validator`를 자동으로 감지하므로 `hibernate-validator` 구현체를 클래스패스에 추가했습니다.

다음으로 사용자가 전송한 데이터를 처리하는 HTTP POST 핸들러 메서드를 살펴봅시다. 이 메서드는 JSR-303 애너테이션[9]을 적용한 `Reservation` 객체를 입력 매개변수로 전달받아 해당 데이터의 유효성 검증을 합니다.

9 옮긴이_ JSR-303(Bean Validation 1.0)은 자바 빈 유효성 검증을 위한 자바 API 명세입니다.

submitForm() 메서드의 나머지 부분은 [레시피 2-9]와 동일합니다.

레시피 2-11 엑셀 및 PDF 뷰 작성하기

과제 웹 콘텐츠는 대부분 HTML로 표시되지만 엑셀이나 PDF 형식으로 내려받고 싶을 때도 있습니다. 엑셀과 PDF 파일을 생성하는 데 도움을 주는 여러 자바 라이브러리를 사용하면 되지만 웹 애플리케이션에서 이러한 라이브러리를 직접 사용하려면 백그라운드에서 파일을 생성하고 이를 바이너리 첨부 파일 형태로 사용자에게 반환해야 합니다. 또한 HTTP 응답 헤더와 출력 스트림도 목적에 맞게 다룰 수 있어야 합니다.

해결 스프링 MVC 프레임워크는 엑셀/PDF 파일 생성 기능을 지원합니다. 엑셀/PDF 파일을 특별한 유형의 뷰로 간주하고, 컨트롤러에서 웹 요청을 처리한 후 모델에 데이터를 추가해 엑셀/PDF 뷰로 전달합니다. 따라서 HTTP 응답 헤더와 출력 스트림을 처리할 필요가 없습니다. 스프링 MVC는 아파치 POI 라이브러리[10]를 이용해 엑셀 파일을 생성하는 AbstractXlsView, AbstractXlsxView, AbstractXlsxStreamingView 뷰 클래스를 지원합니다. PDF 파일은 iText API[11]로 생성하며 AbstractPdfView를 이용해 사용자에게 전달합니다.

풀이 사용자가 지정한 날짜에 해당하는 예약 정보 요약 보고서를 생성하려고 합니다. 사용자는 엑셀, PDF, 기본 HTML 형식 중 하나로 작성된 보고서를 원합니다. 먼저 서비스 계층에 특정 날짜의 모든 예약 정보를 반환하는 메서드를 선언합니다.

```
package com.apress.spring6recipes.court.service;

import com.apress.spring6recipes.court.domain.Reservation;
import java.time.LocalDate;
import java.util.List;

public interface ReservationService {

  ...
```

10 https://poi.apache.org/

11 https://itextpdf.com/

```
    List<Reservation> findByDate(LocalDate summaryDate);;
    ...
}
```

그런 다음 모든 예약 정보를 순회하며 정보를 만드는 간단한 구현체를 작성합니다.

```
package com.apress.spring6recipes.court.service;

import com.apress.spring6recipes.court.domain.Reservation;

import java.time.LocalDate;
import java.util.Objects;
import java.util.stream.Collectors;

@Service
class InMemoryReservationService implements ReservationService {

  ...
  @Override
  public List<Reservation> findByDate(LocalDate summaryDate) {
    return reservations.stream()
              .filter( (r) -> Objects.equals(r.getDate(), summaryDate))
              .toList();
  }
  ...
}
```

이번에는 URL에서 date 매개변수를 가져와 Date 객체로 포매팅한 후 서비스 계층에 전달해 예약 정보를 조회하는 간단한 컨트롤러를 작성합니다. 컨트롤러는 [레시피 2-7]에서 살펴본 콘텐츠 협상 리졸버에 의존하므로, 하나의 논리 뷰를 반환한 후 엑셀/PDF/기본 HTML 웹 페이지 중 어떤 뷰로 생성할지 판단하는 일은 콘텐츠 협상 리졸버에 맡깁니다.

```
package com.apress.spring6recipes.court.web;

import com.apress.spring6recipes.court.service.ReservationService;
import org.springframework.format.annotation.DateTimeFormat;
import org.springframework.stereotype.Controller;
import org.springframework.ui.Model;
import org.springframework.web.bind.ServletRequestBindingException;
import org.springframework.web.bind.annotation.ExceptionHandler;
```

```java
import org.springframework.web.bind.annotation.GetMapping;
import org.springframework.web.bind.annotation.RequestMapping;
import org.springframework.web.bind.annotation.RequestMethod;
import org.springframework.web.bind.annotation.RequestParam;

import java.text.ParseException;
import java.time.LocalDate;

@Controller
@RequestMapping("/reservationSummary*")
public class ReservationSummaryController {

  private final ReservationService reservationService;

  public ReservationSummaryController(ReservationService reservationService) {
    this.reservationService = reservationService;
  }

  @RequestMapping(method = RequestMethod.GET)
  public String generateSummary(
          @RequestParam(value = "date") @DateTimeFormat(pattern = "yyyy-MM-dd")
            LocalDate selectedDate, Model model) {
    var reservations = reservationService.findByDate(selectedDate);
    model.addAttribute("reservations", reservations);
    return "reservationSummary";
  }

  @ExceptionHandler
  public void handle(ServletRequestBindingException ex) {
    if (ex.getRootCause() instanceof ParseException) {
      throw new ReservationWebException(
        "Invalid date format for reservation summary", ex);
    }
  }
}
```

유일한 기본 HTTP GET 핸들러 메서드인 generateSummary()는 ReservationService의 findByDate() 메서드를 호출해 특정 날짜에 해당하는 Reservation 객체 목록을 가져옵니다. date 매개변수의 오류를 처리하도록 적용한 @ExceptionHandler 애너테이션도 볼 수 있습니다. LocalDate 파싱에 실패하면 ReservationWebException이라는 커스텀 예외가 발생합니다.

오류가 발생하지 않으면 Reservation 목록을 컨트롤러의 Model 객체에 저장합니다. 그런 다음 핸들러 메서드는 reservationSummary 뷰에 제어를 넘깁니다.

PDF, XLS, HTML 뷰를 모두 지원해야 하는데도 컨트롤러는 단일 뷰를 반환합니다. ContentNegotiatingViewResolver가 단일 뷰 이름을 사용해 여러 뷰 중에서 어떤 뷰를 사용할지 결정하기 때문입니다. 이 리졸버에 관한 자세한 내용은 [레시피 2-7]를 참고하세요.

엑셀 뷰 작성하기

엑셀 뷰는 AbstractXlsView나 AbstractXlsxView 클래스를 상속해 생성합니다. 이번 예제에서는 AbstractXlsxView 클래스를 사용합니다. buildExcelDocument() 메서드에서 컨트롤러가 전달해 준 모델과 미리 생성된 엑셀 워크북 객체에 접근할 수 있습니다. 따라서 모델의 데이터를 워크북에 채우는 작업만 하면 됩니다.

NOTE_ 웹 애플리케이션에서 아파치 POI[12]를 이용해 엑셀 파일을 생성하려면 클래스패스에 아파치 POI 라이브러리를 추가해야 합니다.

- 그레이들 의존성 추가(build.gradle)

```
implementation group: 'org.apache.poi', name: 'poi-ooxml', version: '5.4.1'
```

- 메이븐 의존성 추가(pom.xml)

```
<dependency>
  <groupId>org.apache.poi</groupId>
  <artifactId>poi-ooxml</artifactId>
  <version>5.4.1</version>
</dependency>
```

```
package com.apress.spring6recipes.court.web.view;

import com.apress.spring6recipes.court.domain.Reservation;
import jakarta.servlet.http.HttpServletRequest;
import jakarta.servlet.http.HttpServletResponse;
```

12 옮긴이_ https://poi.apache.org/

```java
import org.apache.poi.ss.usermodel.Sheet;
import org.apache.poi.ss.usermodel.Workbook;
import org.springframework.web.servlet.view.document.AbstractXlsxView;

import java.time.format.DateTimeFormatter;
import java.util.List;
import java.util.Map;

public class ExcelReservationSummary extends AbstractXlsxView {

  private static final DateTimeFormatter DATE_FORMAT =
      DateTimeFormatter.ofPattern("yyyy-MM-dd");

  @Override
  protected void buildExcelDocument(Map<String, Object> model, Workbook workbook,
    HttpServletRequest request, HttpServletResponse response) {
    @SuppressWarnings({ "unchecked" })
    var reservations = (List<Reservation>) model.get("reservations");
    var sheet = workbook.createSheet();

    addHeaderRow(sheet);

    reservations.forEach(reservation -> createRow(sheet, reservation));
  }

  private void addHeaderRow(Sheet sheet) {
    var header = sheet.createRow(0);
    header.createCell(0).setCellValue("Court Name");
    header.createCell(1).setCellValue("Date");
    header.createCell(2).setCellValue("Hour");
    header.createCell(3).setCellValue("Player Name");
    header.createCell(4).setCellValue("Player Phone");
  }

  private void createRow(Sheet sheet, Reservation reservation) {
    var row = sheet.createRow(sheet.getLastRowNum() + 1);
    row.createCell(0).setCellValue(reservation.getCourtName());
    row.createCell(1).setCellValue(DATE_FORMAT.format(reservation.getDate()));
    row.createCell(2).setCellValue(reservation.getHour());
    row.createCell(3).setCellValue(reservation.getPlayer().getName());
    row.createCell(4).setCellValue(reservation.getPlayer().getPhone());
  }
}
```

이 코드에서는 엑셀 뷰에서 워크북의 시트를 생성한 후 워크북 시트의 첫 번째 행에 보고서의 헤더를 넣습니다. 그리고 예약 정보 목록을 순회하며 예약 정보 행을 생성합니다.

컨트롤러에 `@RequestMapping("/reservationSummary*")` 애너테이션을 적용했고 핸들러 메서드가 `date`를 요청 매개변수로 받으므로 다음과 같은 URL로 엑셀 뷰에 접근할 수 있습니다.

- `http://localhost:8080/court/reservationSummary.xlsx?date=2022-01-14`

PDF 뷰 작성하기

PDF 뷰는 `AbstractPdfView` 클래스를 상속해 작성합니다. `buildPdfDocument()` 메서드에서는 컨트롤러가 전달한 모델과 미리 생성된 PDF 문서에 접근할 수 있습니다. 따라서 모델의 데이터를 문서에 채우기만 하면 됩니다.

NOTE_ 웹 애플리케이션에서 iText[13]를 사용해 PDF 파일을 생성하려면 클래스패스에 iText(또는 iText의 라이선스 제한이 없는 버전을 기반으로 만들어진 오픈 소스 포크 버전인 LibrePDF) 라이브러리 의존성을 추가해야 합니다.

- 그레이들 의존성 추가(`build.gradle`)

```
implementation group: 'com.github.librepdf', name: 'openpdf', version: '2.2.2'
```

- 메이븐 의존성 추가(`pom.xml`)

```
<dependency>
  <groupId>com.github.librepdf</groupId>
  <artifactId>openpdf</artifactId>
  <version>2.2.2</version>
</dependency>
```

```
package com.apress.spring6recipes.court.web.view;

import com.apress.spring6recipes.court.domain.Reservation;
```

13 https://itextpdf.com/

```
import com.lowagie.text.BadElementException;
import com.lowagie.text.Document;
import com.lowagie.text.Table;
import com.lowagie.text.pdf.PdfWriter;
import org.springframework.web.servlet.view.document.AbstractPdfView;

import jakarta.servlet.http.HttpServletRequest;
import jakarta.servlet.http.HttpServletResponse;
import java.time.format.DateTimeFormatter;
import java.util.List;
import java.util.Map;

public class PdfReservationSummary extends AbstractPdfView {

  private static final DateTimeFormatter DATE_FORMAT =
      DateTimeFormatter.ISO_LOCAL_DATE;

  @Override
  protected void buildPdfDocument(Map<String, Object> model, Document document,
        PdfWriter writer, HttpServletRequest request,
        HttpServletResponse response) {
    @SuppressWarnings("unchecked")
    var reservations = (List<Reservation>) model.get("reservations");
    var table = new Table(5);
    addTableHeader(table);
    reservations.forEach(reservation -> addContent(table, reservation));
    document.add(table);
  }

  private void addContent(Table tab, Reservation res) throws BadElementException {
    tab.addCell(res.getCourtName());
    tab.addCell(DATE_FORMAT.format(res.getDate()));
    tab.addCell(Integer.toString(res.getHour()));
    tab.addCell(res.getPlayer().getName());
    tab.addCell(res.getPlayer().getPhone());
  }

  private void addTableHeader(Table table) throws BadElementException {
    table.addCell("Court Name");
    table.addCell("Date");
    table.addCell("Hour");
    table.addCell("Player Name");
    table.addCell("Player Phone");
  }
}
```

컨트롤러에 @RequestMapping("/reservationSummary*") 애너테이션을 적용했고 핸들러 메서드가 date를 요청 매개변수로 받으므로 다음과 같은 URL로 PDF 뷰에 접근할 수 있습니다.

- http://localhost:8080/court/reservationSummary.pdf?date=2022-10-14

엑셀 및 PDF 뷰 리졸버 작성하기

[레시피 2-6]에서 논리 뷰 이름을 특정 뷰 구현체로 해석하는 다양한 전략을 배웠습니다. 그중 하나인 빈 이름을 이용해 뷰를 해석하는 전략을 사용해 보겠습니다. BeanNameViewResolver는 빈 이름에 따라 뷰를 해석합니다. 예제에서는 reservationSummary.xls과 reservationSummary.pdf를 빈 이름으로 사용합니다. BeanNameViewResolver를 설정하고 두 가지 뷰의 이름을 ApplicationContext에 등록해 보겠습니다.

```
package com.apress.spring6recipes.court.config;

import com.apress.spring6recipes.court.web.view.ExcelReservationSummary;
import com.apress.spring6recipes.court.web.view.PdfReservationSummary;
import org.springframework.context.annotation.Bean;
import org.springframework.context.annotation.Configuration;
import org.springframework.http.MediaType;
import org.springframework.web.servlet.config.annotation.
ContentNegotiationConfigurer;
import org.springframework.web.servlet.config.annotation.ViewResolverRegistry;
import org.springframework.web.servlet.config.annotation.WebMvcConfigurer;
import org.springframework.web.servlet.view.BeanNameViewResolver;

@Configuration
public class ViewResolverConfiguration implements WebMvcConfigurer {

  public static final MediaType APPLICATION_EXCEL =
  MediaType.valueOf("application/vnd.ms-excel");

  @Override
  public void configureContentNegotiation(ContentNegotiationConfigurer configurer) {
    configurer.mediaType("html", MediaType.TEXT_HTML);
    configurer.mediaType("pdf", MediaType.APPLICATION_PDF);
    configurer.mediaType("xls", APPLICATION_EXCEL);
    configurer.favorPathExtension(true);
  }

  @Override
```

```
  public void configureViewResolvers(ViewResolverRegistry registry) {
    registry.enableContentNegotiation();
    registry.jsp("/WEB-INF/jsp/", ".jsp");
    registry.viewResolver(new BeanNameViewResolver());
  }

  @Bean(name = "reservationSummary.pdf")
  public PdfReservationSummary pdfReservationSummaryView() {
    return new PdfReservationSummary();
  }

  @Bean(name = "reservationSummary.xls")
  public ExcelReservationSummary excelReservationSummaryView() {
    return new ExcelReservationSummary();
  }
}
```

PDF나 XLS 파일을 요청하려면 적절한 `Accept` 헤더(`application/pdf`나 `application/vnd.ms-excel`)를 전달해야 합니다. 자바스크립트를 지원하지 않는 브라우저에서는 cURL이나 HTTPie와 같은 툴을 사용하면 이를 쉽게 수행할 수 있습니다. 예제에서 URL 경로 기준의 콘텐츠 협상을 활성화하도록 `ContentNegotiationConfigurer`의 `favorPathExtension` 프로퍼티를 `true`로 설정했지만 권장하지는 않습니다. 이제 PDF나 XLS 파일을 요청하면 적절한 뷰로 해석해 PDF나 엑셀 문서를 렌더링합니다. 예를 들어 다음 명령과 같이 요청해 보세요.

```
$ http http://localhost:8080/court/reservationSummary.pdf date==2022-10-18
Accept:application/pdf
```

HTTPie 설치나 사용법이 익숙하지 않다면, 다음과 같이 curl 명령어를 사용할 수도 있습니다.

```
$ curl -G "http://localhost:8080/court/reservationSummary.pdf" --data-urlencode
"date=2022-10-18" -H "Accept: application/pdf"
```

PDF 및 XLS 파일명에 날짜 넣기

브라우저는 파일을 내려받을 때 사용자에게 'reservationSummary.xls 파일로 저장하겠습니까?'나 'reservationSummary.pdf 파일로 저장하겠습니까?'라고 물어봅니다. 관례적으로 사용자가 요청한 리소스 파일의 유형을 기반으로 물어보는 것이죠. 하지만 사용자가 URL에 date 정보를 함께 전달하므로 'ReservationSummary_2022_10_24.xlsx 파일로 저장하겠습니까?'나 'ReservationSummary_2022_10_14.pdf로 저장하겠습니까?'라고 물어보면 더 좋을 것입니다. 반환하는 URL을 재작성rewrite하는 인터셉터를 적용하면 이렇게 처리할 수 있습니다. 다음 코드를 살펴봅시다.

```
package com.apress.spring6recipes.court.web;

import jakarta.servlet.http.HttpServletRequest;
import jakarta.servlet.http.HttpServletResponse;

import org.springframework.web.servlet.HandlerInterceptor;
import org.springframework.web.servlet.ModelAndView;

public class ExtensionInterceptor implements HandlerInterceptor {

  public void postHandle(HttpServletRequest request, HttpServletResponse response,
                         Object handler, ModelAndView modelAndView)
  throws Exception {
    String reportName = null;
    var reportDate = request.getParameter("date").replace("-", "_");
    var path = request.getServletPath();
    if (path.endsWith(".pdf")) {
      reportName = "ReservationSummary_" + reportDate + ".pdf";
    } else if (path.endsWith(".xlsx")) {
      reportName = "ReservationSummary_" + reportDate + ".xlsx";
    }

    if (reportName != null) {
      response.setHeader("Content-Disposition", "attachment; filename=" + reportName);
    }
  }
}
```

이 인터셉터는 URL에서 .pdf나 .xlsx 확장자를 감지합니다. 해당 확장자를 감지하면 ReservationSummary_<보고일자>.<.pdf|.xlsx>와 같은 형식의 반환 파일 이름을 생성합니다. 이 이름을 사용자가 폼 내의 다운로드 창에서 확인할 수 있도록 Content-Disposition이라는 HTTP 헤더에 설정합니다.

인터셉터를 적용하고 PDF나 XLS 파일을 생성하는 컨트롤러의 URL에만 적용하려면 (인터셉터 클래스와 관련된 구성과 자세한 내용을 다루는) [레시피 2-3]을 참고하세요.

인터셉터에서 콘텐츠 협상과 HTTP 헤더 설정

예제 애플리케이션은 적절한 뷰를 선택하려고 `ContentNegotiatingViewResolver`를 사용하지만 반환되는 URL을 수정하는 일은 뷰 리졸버의 영역이 아닙니다. 인터셉터를 이용해 요청 확장자를 직접 확인하고 필요한 HTTP 헤더를 설정해서 반환되는 URL을 수정해야 합니다.

레시피 2-12 컨트롤러에서 비동기 요청 처리하기

과제 요청을 비동기로 처리해 서블릿 컨테이너의 부하를 줄여 보세요.

해결 사용자 요청을 동기 방식으로 처리하면 HTTP 요청 처리 스레드는 블로킹(차단)blocking 됩니다. `Callable`이나 `DeferredResult`와 같은 비동기 반환 타입을 사용해 스레드가 블로킹되는 일을 방지할 수 있습니다. 응답은 열린 상태로 유지되며 쓰기 작업을 할 수 있습니다. 이러한 방식은 요청을 처리하는 데 시간이 많이 소요될 때 유용하며, 스레드를 블로킹하지 않고 백그라운드에서 요청을 처리하며 완료 후에 사용자에게 결과를 반환합니다.

풀이 비동기 컨트롤러 작성하기

컨트롤러에서 핸들러 메서드의 반환값의 타입을 변경하기만 해도 쉽게 비동기 처리를 할 수 있습니다. `ReservationService`의 `make()` 메서드를 호출해 작업을 처리하는 시간이 오래 걸린다고 가정해 봅시다. 이럴 때도 서버가 사용자 요청을 더 받아들이지 못하는 상황이 발생하지 않도록 해 보겠습니다.

```
package com.apress.spring6recipes.court.web;

import com.apress.spring6recipes.court.domain.Player;
import com.apress.spring6recipes.court.domain.Reservation;
import com.apress.spring6recipes.court.domain.SportType;
```

```java
import com.apress.spring6recipes.court.service.ReservationService;
import com.apress.spring6recipes.utils.Utils;
import jakarta.validation.Valid;
import org.springframework.stereotype.Controller;
import org.springframework.ui.Model;
import org.springframework.validation.BindingResult;
import org.springframework.web.bind.annotation.GetMapping;
import org.springframework.web.bind.annotation.ModelAttribute;
import org.springframework.web.bind.annotation.PostMapping;
import org.springframework.web.bind.annotation.RequestMapping;
import org.springframework.web.bind.annotation.RequestParam;
import org.springframework.web.bind.annotation.SessionAttributes;
import org.springframework.web.bind.support.SessionStatus;

import java.time.Duration;
import java.util.List;
import java.util.concurrent.Callable;
import java.util.concurrent.ThreadLocalRandom;

@Controller
@RequestMapping("/reservationForm")
@SessionAttributes("reservation")
public class ReservationFormController {

  ...
  @PostMapping
  public Callable<String> submitForm(@ModelAttribute("reservation") @Valid
                                     Reservation reservation,
                                     BindingResult result, SessionStatus status) {

    return () -> {
      if (result.hasErrors()) {
        return "reservationForm";
      } else {
        // 일부러 서비스 응답 지연을 흉내 냄
        Utils.sleep(Duration.ofMillis(ThreadLocalRandom.current().nextInt(1000)));
        reservationService.make(reservation);
        status.setComplete();
        return "redirect:reservationSuccess";
      }
    };
  }
}
```

submitForm() 메서드는 String 값을 직접 반환하지 않고 Callable<String> 값을 반환합니다. Callable<String>을 이용해 새로 구성된 메서드에서는 make() 메서드를 호출하기 전에 시간이 오래 걸리는 상황을 만들려고 의도적으로 Utils.sleep() 메서드를 호출했습니다.

스프링 MVC는 비동기 방식으로 처리되는 다양한 반환 타입을 지원합니다.

- java.util.concurrent.Callable
- org.springframework.web.context.request.async.DeferredResult;
- java.util.concurrent.CompletionStage / java.util.concurrent.CompletableFuture
- org.springframework.web.context.request.async.WebAsyncTask
- Project, RxJava3, SmallRye Mutiny, Kotlin co-routines의 리액티브reactive 타입

비동기 처리 구성하기

스프링 MVC의 비동기 처리 기능을 사용하도록 활성화하려면 서블릿이나 필터를 등록할 때 setAsyncSupported() 메서드를 호출합니다.

WebApplicationInitializer 인터페이스를 다음과 같이 구현하면 됩니다.

```
public class CourtWebApplicationInitializer implements WebApplicationInitializer {
  public void onStartup(ServletContext ctx) {
    var servlet = new DispatcherServlet();
    var registration = ctx.addServlet("dispatcher", servlet);
    registration.setAsyncSupported(true);
  }
}
```

NOTE_ 애플리케이션에서 비동기로 요청을 처리하려면 모든 서블릿 필터와 서블릿의 해당 프로퍼티값을 true로 설정해야 합니다.

다행히도 스프링은 이와 관련된 유용한 기능을 제공합니다. AbstractAnnotationConfigDispatcherServletInitializer를 상위 클래스로 사용하면 등록되는 DispatcherServlet과 필터의 비동기 활성화 프로퍼티를 기본적으로 true로 변경해 줍니다. isAsyncSupported() 메서드를 오버라이드하고 비동기 활성화 여부를 결정하는 로직을 구현해 값을 변경할 수도 있습니다.

다음은 비동기 작업을 처리하는 인터페이스인 AsyncTaskExecutor를 구성하고 스프링 MVC 구성에 와이어링하는 코드입니다.

```
package com.apress.spring6recipes.court.config;

import org.springframework.context.annotation.Bean;
import org.springframework.context.annotation.Configuration;
import org.springframework.core.task.AsyncTaskExecutor;
import org.springframework.scheduling.concurrent.ThreadPoolTaskExecutor;
import org.springframework.web.servlet.config.annotation.AsyncSupportConfigurer;
import org.springframework.web.servlet.config.annotation.WebMvcConfigurer;

import java.time.Duration;

@Configuration
public class AsyncConfiguration implements WebMvcConfigurer {

  @Override
  public void configureAsyncSupport(AsyncSupportConfigurer configurer) {
    configurer.setDefaultTimeout(Duration.ofSeconds(5).toMillis());
    configurer.setTaskExecutor(mvcTaskExecutor());
  }

  @Bean
  public AsyncTaskExecutor mvcTaskExecutor() {
    var taskExecutor = new ThreadPoolTaskExecutor();
    taskExecutor.setThreadGroupName("mvcTaskExecutor");
    return taskExecutor;
  }
}
```

비동기 처리를 구성하려면 WebMvcConfigurationSupport의 configureAsyncSupport() 메서드를 오버라이드해야 합니다. 이 메서드를 오버라이드하면 AsyncSupportConfigurer에 접근할 수 있으며, 사용할 defaultTimeout과 AsyncTaskExecutor를 설정할 수 있습니다. 타임아웃은 5초로 설정하며, 스레드 실행자[executor]로 ThreadPoolTaskExecutor를 사용하도록 설정합니다(레시피 1-23). 이제 예약을 수행하면 다음과 같은 로그를 확인할 수 있습니다.

```
2022-10-31 19:15:03.077 [http-nio-8080-exec-3] [DEBUG] WebAsyncManager - Started
async request
```

```
2022-10-31 19:15:03.079 [http-nio-8080-exec-3] [DEBUG] DispatcherServlet - Exiting
but response remains open for further handling
2022-10-31 19:15:03.970 [mvcTaskExecutor-1] [DEBUG] WebAsyncManager - Async result
set, dispatch to /court/reservationForm
2022-10-31 19:15:03.972 [http-nio-8080-exec-4] [DEBUG] DispatcherServlet - "ASYNC"
dispatch for POST "/court/reservationForm", parameters={masked}
2022-10-31 19:15:03.974 [http-nio-8080-exec-4] [DEBUG] RequestMappingHandlerAdapter
- Resume with async result ["redirect:reservationSuccess"]
```

요청이 특정 스레드에서 처리되고 해당 스레드가 해제되면, 다른 스레드가 처리를 수행하고 결과를 반환함을 알 수 있습니다.

마치며

2장에서는 스프링 MVC 프레임워크를 사용해 자바 웹 애플리케이션을 개발하는 방법을 배웠습니다. 스프링 MVC의 핵심 컴포넌트는 `DispatcherServlet`으로, 적절한 핸들러가 요청을 처리하도록 하는 프런트 컨트롤러 역할을 합니다. 스프링 MVC에서 컨트롤러는 `@Controller`를 적용한 일반 자바 클래스입니다. 여러 레시피에서 스프링 MVC 컨트롤러가 사용하는 다양한 애너테이션을 활용하는 방법을 살펴봤습니다. `@RequestMapping`은 접속하는 URL을 나타내고, `@Autowired`는 빈 참조를 자동으로 주입하며, `@SessionAttributes`는 사용자 세션에 객체를 유지하는 역할을 합니다. 또한 애플리케이션에 컨트롤러의 요청과 응답 객체를 변경할 수 있는 인터셉터를 적용하는 방법을 배웠고, 스프링 MVC에서 스프링 검증기와 자카르타 빈 유효성 검증 API로 데이터 유효성 검증을 수행해 폼을 처리하는 방법도 살펴봤습니다. 또한 스프링 MVC가 다양한 프레젠테이션 기술에 대응하는 다양한 뷰를 지원하는 방법을 알아봤습니다. 마지막으로 서블릿 비동기 API를 사용해 비동기 요청을 처리하는 방법도 배웠습니다.

CHAPTER 3

스프링 MVC: REST 서비스

3장에서는 스프링에서 표현 상태 전송Representational State Transfer(REST)을 다루는 방법을 살펴봅니다. REST는 로이 필딩Roy Fielding[1]이 2000년에 만든 용어로, 이후 웹 애플리케이션에 중대한 영향을 미쳤습니다.

REST 아키텍처는 웹의 기본 프로토콜인 HTTP 기반으로 구축되었으며 웹 서비스 구현 방식으로 더 대중화되고 있습니다. 웹 서비스 자체는 웹에서 이루어지는 사물지능통신machine-to-machine(M2M)의 기초로 자리 잡았습니다. 많은 조직이 자바, 파이썬, 루비, 닷넷 등과 같은 다양한 기술을 선택했기 때문에 이러한 이질적인 환경 간의 격차를 메울 솔루션이 필요하게 됐습니다. 자바로 개발한 애플리케이션의 정보를 파이썬으로 개발한 애플리케이션에서 어떻게 접근해야 할까요? 닷넷으로 개발한 애플리케이션 정보를 자바 애플리케이션에서 어떻게 가져와야 할까요? 웹 서비스를 사용하면 이런 문제를 해결할 수 있습니다.

웹 서비스를 구현하는 방법은 다양하지만 RESTful 웹 서비스를 제공하는 웹 애플리케이션을 만드는 방법이 가장 일반적입니다. 구글과 야후 같은 대형 인터넷 포털에서는 RESTful 웹 서비스를 사용해 정보를 제공합니다. 또한 RESTful 웹 서비스는 브라우저에서 Ajax 호출로 데이터에 접근하게 해 주며, RSS와 같은 뉴스 피드로 정보를 배포하는 기반도 제공합니다.

지금부터 스프링 애플리케이션에서 REST를 사용해 정보에 접근하고 제공하는 방법을 살펴보겠습니다.

1 https://en.wikipedia.org/wiki/Roy_Fielding

레시피 3-1 REST 서비스로 XML 발행하기

과제 스프링에서 XML을 발행하는 REST 서비스를 개발하세요.

해결 다음 두 가지 중 어느 기능이 필요한지에 따라 스프링으로 REST 서비스를 설계하는 방식이 달라집니다. 첫 번째는 애플리케이션이 자신의 데이터를 REST 서비스로 발행하는 것이고 두 번째는 애플리케이션이 사용할 데이터를 서드파티 REST 서비스에 접근해 가져오는 것입니다. [레시피 3-1]을 비롯한 3장의 여러 레시피에서 전자를, [레시피 3-4]에서는 후자를 다룹니다.

스프링 MVC에서 애플리케이션의 데이터를 REST 서비스로 발행하는 데는 주로 `@RequestMapping`과 `@PathVariable` 애너테이션을 사용합니다. 이러한 애너테이션을 스프링 MVC 핸들러 메서드에 적용하면 스프링 애플리케이션은 자신의 데이터를 REST 서비스로 발행할 수 있습니다.

또한 스프링은 REST 서비스의 페이로드payload[2]를 생성하는 다양한 메커니즘을 제공합니다. [레시피 3-1]에서는 그중에서 가장 간단한 `MarshallingView` 클래스를 사용하는 메커니즘을 살펴봅니다. 3장의 뒷부분에서는 REST 서비스의 페이로드를 생성하는 고급 메커니즘을 배웁니다.

풀이 웹 애플리케이션의 데이터를 REST 서비스로 발행하기(즉, 엔드포인트endpoint 생성하기)는 2장에서 살펴본 스프링 MVC와 밀접한 연관이 있습니다. 스프링 MVC에서는 핸들러 메서드에 `@RequestMapping`을 적용해 접근 지점(URL)를 정의하는데, 이런 방식은 REST 서비스 엔드포인트를 정의하는 데도 좋습니다.

MarshallingView로 XML 생성하기

다음은 스프링 MVC 컨트롤러 클래스의 핸들러 메서드에 REST 서비스 엔드포인트를 정의한 코드입니다.

2 옮긴이_ 페이로드는 전송하는 데이터를 의미합니다. 데이터를 전송할 때 헤더와 메타데이터, 에러 체크 비트 등과 같은 다양한 요소를 함께 보내 데이터 전송의 효율과 안정성을 높이는데, 이때 전송하려는 데이터 자체를 페이로드라고 합니다.

```
package com.apress.spring6recipes.court.web;
import com.apress.spring6recipes.court.domain.Members;
import com.apress.spring6recipes.court.service.MemberService;
import org.springframework.stereotype.Controller;
import org.springframework.ui.Model;
import org.springframework.web.bind.annotation.GetMapping;

@Controller
public class RestMemberController {

  private final MemberService memberService;

  public RestMemberController(MemberService memberService) {
    this.memberService = memberService;
  }

  @GetMapping("/members")
  public String getRestMembers(Model model) {
    var members = new Members();
    members.addMembers(memberService.findAll());
    model.addAttribute("members", members);
    return "membertemplate";
  }
}
```

컨트롤러의 getRestMembers() 핸들러 메서드에 @GetMapping("/members") 애너테이션을 적용했으므로 http://[호스트 이름]/[애플리케이션 이름]/members 형식의 URL로 REST 서비스 엔드포인트에 접속할 수 있습니다. 이 메서드는 membertemplate라는 이름의 논리 뷰로 제어를 넘깁니다. 다음은 membertemplate을 정의하는 구성 클래스입니다.

```
package com.apress.spring6recipes.court.web.config;

import com.apress.spring6recipes.court.domain.Member;
import com.apress.spring6recipes.court.domain.Members;
import org.springframework.context.annotation.Bean;
import org.springframework.context.annotation.ComponentScan;
import org.springframework.context.annotation.Configuration;
import org.springframework.oxm.Marshaller;
import org.springframework.oxm.jaxb.Jaxb2Marshaller;
import org.springframework.web.servlet.config.annotation.EnableWebMvc;
import org.springframework.web.servlet.view.BeanNameViewResolver;
```

```java
import org.springframework.web.servlet.view.xml.MarshallingView;

import java.util.Map;

import static jakarta.xml.bind.Marshaller.JAXB_FORMATTED_OUTPUT;

@Configuration
@EnableWebMvc
@ComponentScan(basePackages = "com.apress.spring6recipes.court")
public class CourtRestConfiguration {

  @Bean
  public MarshallingView membertemplate(Marshaller marshaller) {
    return new MarshallingView(marshaller);
  }

  @Bean
  public Jaxb2Marshaller jaxb2Marshaller() {
    var marshaller = new Jaxb2Marshaller();
    marshaller.setClassesToBeBound(Member.class, Members.class);
    marshaller.setMarshallerProperties(Map.of(JAXB_FORMATTED_OUTPUT, Boolean.TRUE));
    return marshaller;
  }

  @Bean
  public BeanNameViewResolver viewResolver() {
    return new BeanNameViewResolver();
  }
}
```

membertemplate 뷰를 MarshallingView 타입으로 정의했는데, MarshallingView는 마샬러marshaller를 이용해 응답을 렌더링하는 범용 클래스입니다. 마샬링marshalling은 메모리에 있는 객체를 특정 데이터 서식format으로 변환하는 과정을 말합니다. 따라서 이 예제에서 마샬러는 Members 객체와 Member 객체를 XML 데이터 서식으로 변환하는 역할을 합니다. MarshallingView에서 사용하는 마샬러는 스프링이 제공하는 XML 마샬러 중 하나입니다.

마샬러 자체도 구성해야 합니다. 예제에서는 JAXBJava Architecture for XML Binding[3]를 구현한 간단한 Jaxb2Marshaller를 사용합니다. 그러나 개발자의 경험이나 프로젝트 환경 등에 따라

3 옮긴이_ JAXB는 자바 객체를 XML로 직렬화하거나, XML을 자바 객체로 역직렬화해 주는 자바 API입니다.

XStreamMarshaller 등 다른 마샬러가 더 효율적일 수 있습니다.

Jaxb2Marshaller를 구성할 때는 classesToBeBound나 contextPath 프로퍼티를 설정해야 합니다. classToBeBound에는 XML로 변환할 대상 클래스(즉, 객체)를 설정합니다. 다음은 Jaxb2Marshaller 프로퍼티에 Member 클래스를 설정한 코드입니다.

```
package com.apress.spring6recipes.court.domain;

import jakarta.xml.bind.annotation.XmlRootElement;

@XmlRootElement
public class Member {

  private String name;
  private String email;
  private String phone;

  public Member() {}

  public Member(String name, String phone, String email) {
    this.name=name;
    this.phone=phone;
    this.email=email;
  }

  public String getEmail() {
    return email;
  }

  public String getName() {
    return name;
  }

  public String getPhone() {
    return phone;
  }

  public void setEmail(String email) {
    this.email = email;
  }

  public void setName(String name) {
```

```
    this.name = name;
  }

  public void setPhone(String phone) {
    this.phone = phone;
  }
}
```

다음은 Members 클래스입니다.

```
package com.apress.spring6recipes.court.domain;

import jakarta.xml.bind.annotation.XmlAccessType;
import jakarta.xml.bind.annotation.XmlAccessorType;
import jakarta.xml.bind.annotation.XmlElement;
import jakarta.xml.bind.annotation.XmlRootElement;

import java.util.ArrayList;
import java.util.List;

@XmlRootElement
@XmlAccessorType(XmlAccessType.FIELD)
public class Members {

  @XmlElement(name = "member")
  private List<Member> members = new ArrayList<>();

  public List<Member> getMembers() {
    return members;
  }

  public void setMembers(List<Member> members) {
    this.members = members;
  }

  public void addMembers(Iterable<Member> members) {
    members.forEach(member -> this.members.add(member));
  }
}
```

Members 클래스는 @XmlRootElement 애너테이션이 적용된 POJO입니다. 특정 클래스에 @

XmlRootElement를 적용하면 Jaxb2Marshaller가 해당 클래스(즉, 객체)의 필드를 감지하고 XML 데이터로 변환합니다. 예를 들어 name=John을 <name>john</name>으로 변환하고 email=john@doe.com을 <email>john@doe.com</email>로 변환합니다.

정리하면 http://[호스트 이름]/[애플리케이션 이름]/members 형식의 URL로 요청하면 이에 대응하는 핸들러는 Members 객체를 생성해 membertemplate이라는 이름의 논리 뷰로 전달합니다. 이 마지막 뷰 정의에 따라, 마샬러를 이용해 Members 객체를 XML 페이로드로 변환하고 REST 서비스의 요청자에게 반환합니다. 다음은 REST 서비스가 반환하는 XML 페이로드입니다.

```
<?xml version="1.0" encoding="UTF-8" standalone="yes"?>
<members>
  <member>
    <email>marten@deinum.biz</email>
    <name>Marten Deinum</name>
    <phone>00-31-1234567890</phone>
  </member>
  <member>
    <email>john@doe.com</email>
    <name>John Doe</name>
    <phone>1-800-800-800</phone>
  </member>
  <member>
    <email>jane@doe.com</email>
    <name>Jane Doe</name>
    <phone>1-801-802-803</phone>
  </member>
</members>
```

REST 서비스의 응답을 매우 간단하게 XML 페이로드 형태로 생성하는 방법을 살펴봤습니다. 3장을 진행해 가면서 RSS, 아톰, JSON과 같이 널리 사용하는 REST 서비스 페이로드를 생성하는 방법과 같은 더 상세한 내용을 배울 것입니다.

일반적으로 REST 서비스 요청에는 Accept: application/xml 같은 HTTP 헤더가 포함됩니다. 따라서 스프링 MVC에 콘텐츠 협상 기능을 구성했다면 요청 URL에 확장자가 없어도 XML(REST) 페이로드를 응답해야 한다고 결정할 수 있습니다. 이는 HTML, PDF, XLS 같은 형식으로도 동일하게 적용됩니다.

@ResponseBody로 XML 생성하기

XML로 결과를 표시할 때는 MarshallingView를 사용하면 편하지만 동일한 데이터(Member 객체의 목록)를 JSON과 같은 서식으로 변환하려면 또 다른 뷰를 추가하는 번거로운 작업이 필요합니다. 이럴 때 스프링 MVC가 제공하는 HttpMessageConverter 구현체를 사용하면 사용자가 요청한 형식으로 객체를 변환할 수 있습니다. 다음과 같이 RestMemberController 클래스를 변경해 봅시다.

```
package com.apress.spring6recipes.court.web;

import com.apress.spring6recipes.court.domain.Members;
import com.apress.spring6recipes.court.service.MemberService;
import org.springframework.stereotype.Controller;
import org.springframework.web.bind.annotation.GetMapping;
import org.springframework.web.bind.annotation.ResponseBody;

@Controller
public class RestMemberController {

  private final MemberService memberService;

  public RestMemberController(MemberService memberService) {
    this.memberService = memberService;
  }

  @GetMapping("/members")
  @ResponseBody
  public Members getRestMembers() {
    var members = new Members();
    members.addMembers(memberService.findAll());
    return members;
  }
}
```

첫 번째로 컨트롤러의 메서드에 @ResponseBody 애너테이션을 적용하도록 변경했습니다. @ResponseBody를 적용하면 스프링 MVC는 메서드 실행 결과를 응답 본문body으로 사용합니다. 응답을 XML로 받고 싶을 때는 스프링이 제공하는 Jaxb2RootElementHttpMessageConverter 클래스가 마샬링 작업을 수행합니다. 두 번째로 @ResponseBody 애너테이션을 적용하도록 변경했는데, 이렇게 하면 뷰 이름은 필요 없고 간단히 Members 객체만 반환하면 됩니다.

TIP 메서드에 @ResponseBody를 적용하지 않고, 컨트롤러에 적용된 @Controller 애너테이션을 @RestController 애너테이션으로 바꿔도 똑같이 작동합니다. 특히 하나의 컨트롤러 안에 여러 메서드가 있을 때 편리합니다.

MarshallingView와 Jaxb2Marshaller가 필요 없어져 구성이 간결해졌습니다.

```
package com.apress.spring6recipes.court.web.config;

import org.springframework.context.annotation.ComponentScan;
import org.springframework.context.annotation.Configuration;
import org.springframework.web.servlet.config.annotation.EnableWebMvc;

@Configuration
@EnableWebMvc
@ComponentScan(basePackages = "com.apress.spring6recipes.court")
public class CourtRestConfiguration { }
```

애플리케이션을 배포하고 http://localhost:8080/court/members URL을 호출하면 소스 코드를 변경하기 전과 동일한 결과를 확인할 수 있습니다.

```
<?xml version="1.0" encoding="UTF-8" standalone="yes"?>
<members>
  <member>
    <email>marten@deinum.biz</email>
    <name>Marten Deinum</name>
    <phone>00-31-1234567890</phone>
  </member>
  <member>
    <email>john@doe.com</email>
    <name>John Doe</name>
    <phone>1-800-800-800</phone>
  </member>
  <member>
    <email>jane@doe.com</email>
    <name>Jane Doe</name>
    <phone>1-801-802-803</phone>
  </member>
</members>
```

@PathVariable로 결과 제한하기

일반적으로 REST 서비스 요청에는 페이로드의 양을 제한하거나 필터링할 목적으로 매개변수를 포함합니다. 예를 들어 `http://[호스트 이름]/[애플리케이션 이름]/members/353` 같이 요청하면 353번 회원의 정보를, `http://[호스트 이름]/[애플리케이션 이름]/reservations/07-07-2010` 같이 요청하면 2010년 7월 7일의 예약 내역을 조회할 수 있습니다.

스프링에서 REST 서비스를 구성할 때 핸들러 메서드의 입력 매개변수에 `@PathVariable` 애너테이션을 적용하면 (스프링 MVC 관례에 따라) 핸들러 메서드 안에서 REST 서비스 요청 매개변수를 사용할 수 있습니다. 다음 코드를 살펴봅시다.

```
@GetMapping("/members/{memberid}")
public Member getMember(@PathVariable("memberid") long memberID) {
  return memberService.findById(memberID).orElse(null);
}
```

`@GetMapping` 애너테이션의 값에 `{memberid}`가 있습니다. 중괄호로 감싼 부분은 URL 매개변수를 변수로 받아서 사용하겠다는 의미입니다. 핸들러 메서드에서는 입력 매개변수를 `@PathVariable("memberid") long memberID`로 정의했습니다. 이렇게 선언하면 URL의 `memberid` 값이 `memberID` 변수에 할당되므로 핸들러 메서드에서 해당 값을 사용할 수 있습니다. 따라서 핸들러 메서드가 `/members/353/` REST 엔드포인트를 처리하면 `memberID` 변수에 `353` 값이 할당됩니다. `/members/777/`이라면 `777` 값이 할당되겠죠. 핸들러 메서드에서 `memberID` 변수를 사용해 ID가 353(또는 777)인 회원 정보를 가져오는 적절한 쿼리를 수행한 후 REST 서비스의 페이로드를 반환합니다.

예를 들어 `http://localhost:8080/court/members/2` URL을 호출하면 다음과 같이 ID가 2인 회원 정보가 XML 형식으로 표시됩니다.

```
<?xml version="1.0" encoding="UTF-8" standalone="yes"?>
<member>
  <email>john@doe.com</email>
  <name>John Doe</name>
  <phone>1-800-800-800</phone>
</member>
```

ResponseEntity로 클라이언트에게 알려 주기

Member 인스턴스 하나만을 조회하는 엔드포인트는 유효한 회원 정보가 있으면 반환하고 없으면 아무것도 반환하지 않습니다. 두 상황 모두 클라이언트에게 정상 처리를 의미하는 HTTP 응답 코드 200을 보냅니다. 하지만 이는 사용자 친화적인 방식이 아니며, 처리할 리소스가 없다면 '찾을 수 없음Not Found'을 의미하는 응답 코드인 404를 반환하는 것이 이상적입니다. getMember() 메서드를 다음과 같이 변경해 봅시다.

```
@GetMapping("/members/{memberid}")
public ResponseEntity<Member> getMember(@PathVariable("memberid") long memberID) {
  return memberService.findById(memberID)
          .map(ResponseEntity::ok)
          .orElseGet(() -> ResponseEntity.notFound().build());
}
```

메서드의 반환 타입을 ResponseEntity<Member>로 변경했습니다. ResponseEntity 클래스는 HTTP 상태 코드와 결과 본문 객체를 함께 감싼 래퍼 역할을 하는 스프링 MVC의 클래스입니다. 이제 Member 인스턴스가 조회되면 HttpStatus.OK(HTTP 상태 코드 200)를, 조회되지 않으면 HttpStatus.NOT_FOUND(HTTP 상태 코드 404)를 반환합니다. 일반적으로 이러한 패턴을 준수해야 하는데, Optional 객체를 전달받는 ResponseEntity.of() 메서드를 사용해 다음과 같이 간단히 가독성 좋게 구현할 수 있습니다.

```
@GetMapping("/members/{memberid}")
public ResponseEntity<Member> getMember(@PathVariable("memberid") long memberID) {
  return ResponseEntity.of(memberService.findById(memberID));
}
```

레시피 3-2 REST 서비스로 JSON 발행하기

과제 스프링을 사용해 JSON을 발행하는 REST 서비스를 개발하세요.

해결 JSON은 REST 서비스의 가장 인기 있는 페이로드 형식으로 자리 잡았습니다. XML 마크업을 사용하는 대부분의 REST 서비스 페이로드와 다르게, JSON은 자바스크립트 언어의 특별한 표기법을 사용해 콘텐츠를 나타냅니다. 여기서는 스프링의 REST 지원 기능과 스프링에서 제공하는 `MappingJackson2JsonView` 클래스로 JSON 콘텐츠를 발행하는 방법을 살펴보겠습니다.

NOTE_ `MappingJackson2JsonView` 클래스를 이용하려면 잭슨Jackson JSON 라이브러리 2.x 버전이 필요합니다. 다음과 같이 그레이들과 메이븐 프로젝트에 잭슨 라이브러리 의존성을 추가하세요.

- 그레이들 의존성 추가(`build.gradle`)

```
implementation group:'com.fasterxml.jackson.core', name: 'jackson-databind',
version:'2.14.1'
```

- 메이븐 의존성 추가(`pom.xml`)

```
<dependency>
  <groupId>com.fasterxml.jackson.core</groupId>
  <artifactId>jackson-databind</artifactId>
  <version>2.14.1</version>
</dependency>
```

예제: JSON을 사용하는 이유

대부분 JSON 페이로드를 발행하도록 REST 서비스를 설계합니다. 이는 주로 브라우저의 처리 능력에 한계가 있기 때문입니다. 브라우저에서 REST 서비스가 발행한 XML 페이로드를 받아와 데이터를 처리하고 추출할 수는 있지만 그다지 효율적이지 않습니다. 브라우저는 자바스크립트 네이티브 인터프리터interpreter를 내장하므로, JSON 페이로드를 받아와 데이터 처리와 추출을 하는 편이 더 효율적입니다. 표준 규격인 RSS와 아톰 피드와 달리 JSON은 곧 살펴볼 문법을 제외하면 구조가 정해져 있지 않습니다. 따라서 JSON 요소의 페이로드 구조는 일반적으로 애플리케이션 설계를 담당하는 팀 구성원과 협력하여 결정합니다.

풀이 가장 먼저 해야 할 일은 JSON 페이로드로 발행할 정보를 결정하는 것입니다. 이 정보는 JDBCJava Database Connectivity나 객체 관계 매핑object-relational mapping(ORM)으로 접속할 수 있는 관계형 데이터베이스 관리 시스템relational database management system(RDBMS)이나 텍스트 파일에 저장되거나, 스프링 빈이나 다른 유형의 구성 요소로 포함될 것입니다. 해당 정보를 얻는 방법은 레시피의 범위를 벗어나므로 다루지 않겠습니다. 다음 코드 조각은 JSON 서식의 예입니다.

```
{
  "members" : {
    "members" : [ {
      "name" : "Marten Deinum",
      "phone" : "00-31-1234567890",
      "email" : "marten@deinum.biz"
    }, {
      "name" : "John Doe",
      "phone" : "1-800-800-800",
      "email" : "john@doe.com"
    }, {
      "name" : "Jane Doe",
      "phone" : "1-801-802-803",
      "email" : "jane@doe.com"
    } ]
  }
}
```

이와 같이 JSON 페이로드는 {, }, [,], :, " 와 같은 구분자separator와 텍스트로 구성됩니다. 각 구분자의 사용법을 자세히 설명하지는 않겠지만, 이러한 JSON 형식 구문을 사용하면 XML 형식보다 자바스크립트 엔진이 데이터를 다루기 더 쉽습니다.

MappingJackson2JsonView로 JSON 생성하기

스프링 MVC 컨트롤러에서 실제로 필요한 핸들러 메서드를 구현하겠습니다.

```
@GetMapping("/members")
public String getRestMembersJson(Model model) {
  var members = new Members();
  members.addMembers(memberService.findAll());
  model.addAttribute("members", members);
  return "jsonmembertemplate";
}
```

이는 REST 서비스를 이용해 데이터를 발행하는 방법을 살펴본 [레시피 3-1]의 컨트롤러 메서드와 매우 비슷하며, 반환하는 뷰 이름만 다릅니다. 반환하는 뷰 이름은 jsonmembertemplate이며 MappingJackson2JsonView에 매핑됩니다. 뷰는 다음과 같이 구성 클래스에 구성해야 합니다.

```
package com.apress.spring6recipes.court.web.config;

import org.springframework.context.annotation.Bean;
import org.springframework.context.annotation.ComponentScan;
import org.springframework.context.annotation.Configuration;
import org.springframework.web.servlet.config.annotation.EnableWebMvc;
import org.springframework.web.servlet.view.BeanNameViewResolver;
import org.springframework.web.servlet.view.json.MappingJackson2JsonView;

@Configuration
@EnableWebMvc
@ComponentScan(basePackages = "com.apress.spring6recipes.court")
public class CourtRestConfiguration {

  @Bean
  public MappingJackson2JsonView jsonmembertemplate() {
    var view = new MappingJackson2JsonView();
    view.setPrettyPrint(true);
    return view;
  }

  @Bean
  public BeanNameViewResolver viewResolver() {
    return new BeanNameViewResolver();
  }
}
```

MappingJackson2JsonView는 잭슨2 라이브러리를 이용해 객체를 JSON으로 변환하거나 JSON을 객체로 변환합니다. JSON 변환은 이 라이브러리의 ObjectMapper 인스턴스가 수행합니다. http://localhost:8080/court/members를 호출하면 컨트롤러 메서드가 호출되고 다음과 같은 JSON 유형의 응답을 반환합니다.

```
{
  "members" : {
```

```
    "members" : [ {
      "name" : "Marten Deinum",
      "phone" : "00-31-1234567890",
      "email" : "marten@deinum.biz"
    }, {
      "name" : "John Doe",
      "phone" : "1-800-800-800",
      "email" : "john@doe.com"
    }, {
      "name" : "Jane Doe",
      "phone" : "1-801-802-803",
      "email" : jane@doe.com"
    } ]
  }
}
```

이제 [레시피 3-1]에서 사용한 메서드와 뷰를 추가합니다.

```
package com.apress.spring6recipes.court.web;

import com.apress.spring6recipes.court.domain.Members;
import com.apress.spring6recipes.court.service.MemberService;
import org.springframework.http.MediaType;
import org.springframework.stereotype.Controller;
import org.springframework.ui.Model;
import org.springframework.web.bind.annotation.GetMapping;

@Controller
public class RestMemberController {

  private final MemberService memberService;

  public RestMemberController(MemberService memberService) {
    this.memberService = memberService;
  }

  @GetMapping(value = "/members", produces = MediaType.APPLICATION_XML_VALUE)
  public String getRestMembersXml(Model model) {
    prepareModel(model);
    return "xmlmembertemplate";
  }

  @GetMapping(value = "/members", produces = MediaType.APPLICATION_JSON_VALUE)
```

```
  public String getRestMembersJson(Model model) {
    prepareModel(model);
    return "jsonmembertemplate";
  }

  private void prepareModel(Model model) {
    var members = new Members();
    members.addMembers(memberService.findAll());
    model.addAttribute("members", members);
  }
}
```

getRestMembersXml()과 getRestMembersJson() 메서드가 준비됐습니다. 두 메서드는 서로 다른 뷰 이름을 반환한다는 점만 제외하면 기본적으로 동일합니다. @GetMapping 애너테이션의 produces 속성은 호출할 메서드를 결정하는 데 사용합니다. XML 용 Accept 헤더가 있는 /members 요청을 받으면 XML을 생성하고, JSON 용 Accept 헤더가 있는 /members 요청을 받으면 JSON을 생성합니다. 하지만 이러한 방식으로 다양한 뷰 타입을 지원하려면 똑같은 메서드를 중복해서 만들어야 하므로 엔터프라이즈 애플리케이션에서 사용하기에 적합하지 않습니다.

@ResponseBody로 JSON 생성하기

앞서 언급했듯이 MappingJackson2JsonView를 사용해 JSON을 생성하는 방법은 다양한 뷰 타입을 지원해야 할 때 문제가 될 수 있습니다. 이럴 때는 스프링 MVC가 제공하는 HttpMessageConverter 구현체를 사용해 객체를 사용자가 요청한 타입으로 변환하면 됩니다. 이러한 방법을 사용해 RestMemberController 클래스를 변경해 봅시다.

```
@Controller
public class RestMemberController {

  ...
  @GetMapping("/members")
  @ResponseBody
  public Members getRestMembers() {
    var members = new Members();
    members.addMembers(memberService.findAll());
    return members;
```

```
    }
    ...
}
```

컨트롤러 메서드에 @ResponseBody 애너테이션을 추가했습니다. 이렇게 하면 스프링 MVC는 해당 메서드의 결과를 응답 본문으로 사용합니다. JSON 형식으로 응답받기를 원하므로 스프링은 MappingJackson2HttpMessageConverter를 사용해 마샬링을 수행합니다. 또한 @ResponseBody를 적용하면 뷰 이름이 아니라 Members 객체만 반환하면 됩니다.

TIP 컨트롤러의 @Controller를 @RestController 애너테이션으로 바꿔도 메서드에 @ResponseBody를 적용할 때와 동일하게 동작합니다. 하나의 컨트롤러에 메서드가 여러 개 있을 때 특히 유용합니다.

이렇게 변경하고 나니 MappingJackson2JsonView가 필요 없어 구성이 더 깔끔해졌습니다.

```
package com.apress.spring6recipes.court.web.config;

import org.springframework.context.annotation.ComponentScan;
import org.springframework.context.annotation.Configuration;
import org.springframework.web.servlet.config.annotation.EnableWebMvc;

@Configuration
@EnableWebMvc
@ComponentScan(basePackages = "com.apress.spring6recipes.court")
public class CourtRestConfiguration { }
```

애플리케이션을 배포하고 Accept 헤더에 JSON(application/json)을 설정하고 http://localhost:8080/court/members를 호출해 회원 정보를 요청하면 이전과 동일한 결과를 얻습니다.


```
{
  "members" : {
    "members" : [ {
      "name" : "Marten Deinum",
      "phone" : "00-31-1234567890",
      "email" : "marten@deinum.biz"
    }, {
      "name" : "John Doe",
      "phone" : "1-800-800-800",
```

```
        "email" : "john@doe.com"
      }, {
        "name" : "Jane Doe",
        "phone" : "1-801-802-803",
        "email" : "jane@doe.com"
      } ]
    }
  }
```

RestMemberController 와 CourtRestConfiguration 클래스는 [레시피 3-1]에서와 동일합니다. Accept 헤더에 XML(application/xml)을 설정하고 http://localhost:8080/court/members를 호출하면 XML을 얻습니다.

별도로 구성을 추가하지 않았는데 어떻게 HttpMessageConverter가 작동할까요? 스프링 MVC는 클래스패스에 있는 JAXB2, Jackson/GSON, 롬ROME(레시피 3-5) 등의 라이브러리를 자동으로 감지해 해당 기술에 적합한 HttpMessageConverter를 알아서 등록합니다.

GSON으로 JSON 생성하기

이번에는 잭슨 라이브러리 대신 GSON을 이용해 객체를 JSON으로 변환해 보겠습니다. GSON은 스프링에서 기본으로 지원하는 유명한 라이브러리입니다. 다음처럼 클래스패스에 잭슨 대신 GSON 라이브러리를 추가해 보죠.

예제 3-1 GSON 라이브러리 그레이들 의존성 추가(build.gradle)

```
implementation  group: 'com.google.code.gson', name: 'gson', version: '2.10'
```

예제 3-2 GSON 라이브러리 메이븐 의존성 추가(pom.xml)

```
<dependency>
  </groudId>com.google.code.gson</groupId>
  <artifactId>gson</artifactId>
  <version>2.10</version>
</dependency>
```

잭슨과 마찬가지로, GSON으로 JSON 직렬화를 할 때도 의존성을 설정하기만 하면 됩니다. 애플리케이션을 기동하고 `http://localhost:8080/court/members`를 호출하면 GSON 라이브러리로 생성한 동일한 JSON 결과를 얻습니다.

레시피 3-3 REST 컨트롤러로 페이로드 받아오기

과제 컨트롤러에서 JSON이나 XML 등의 페이로드를 받아와 시스템에 저장하세요.

해결 컨트롤러에서 HTTP 페이로드를 받아오려면 메서드 매개변수 중 하나에 `@RequestBody` 애너테이션을 적용합니다. `@RequestBody`를 적용하면 스프링은 수신된 HTTP 페이로드를 애너테이션이 적용된 타입의 객체로 역직렬화deserialize합니다. 일반적으로 `@RequestBody`는 시스템에서 저장할 매개변수에 적용합니다. `@ResponseBody`와 함께 `@Valid` 애너테이션을 적용하면 수신된 페이로드의 유효성을 검증할 수 있습니다. 유효성 검증에 관한 내용은 [레시피 2-10]을 참고하세요.

풀이 페이로드를 가져올 때는 대개 POST 요청으로 처리하므로 핸들러 메서드에 `@PostMapping` 애너테이션을 적용합니다. 해당 메서드는 DB에 추가할 객체(여기서는 `Member` 객체)를 전달받습니다. XML이든 JSON이든 상관없이 동일한 코드를 사용해 단일 `Member` 객체를 전달받아 DB에 추가할 수 있습니다.

@RequestBody로 요청 처리하기

예제 3-3 POST 요청 JSON 예시

```
{
  "name" : "Nick Fury",
  "phone" : "secret",
  "email" : "nick.fury@shield.org"
}
```

예제 3-4 POST 요청 XML 예시

```
<?xml version="1.0" encoding="UTF-8" standalone="yes"?>
<member>
  <name>Nick Fury</name>
  <phone>secret</phone>
  <email>nick.fury@shield.org</email>
</member>
```

데이터 구조에 맞게 회원 정보를 받아오도록 컨트롤러를 수정합니다.

```
@PostMapping
public ResponseEntity<Member> newMember(@RequestBody Member newMember) {
  return ResponseEntity.ok(memberService.save(newMember));
}
```

컨트롤러에 `newMember()` 메서드를 추가하고 `@PostMapping`을 적용해 POST 요청을 처리합니다. `Member` 타입 매개변수에 `@RequestBody`를 적용했으므로 요청 본문이 객체로 역직렬화됩니다. 마지막으로 새로 생성된 엔티티entity와 함께 응답이 반환됩니다.

요청 페이로드 유효성 검증하기

스프링은 사용자 요청을 자동으로 검증하는 데 이용할 수 있는 유효성 검증 추상화validation abstraction를 제공합니다. 스프링 유효성 검사기의 구현체를 직접 개발할 수도 있지만 보통 자카르타 빈 유효성 검증 API를 이용합니다. 유효성 검증 기능을 활성화하려면 먼저 `hibernate-validator`와 같은 자카르타 빈 유효성 검증 공급자provider를 추가해야 합니다. 메서드의 매개변수에 `@RequestBody`와 함께 `jakarta.validation.@Valid` 애너테이션을 추가합니다.

```
@PostMapping
public ResponseEntity<Member> newMember(@Valid @RequestBody Member newMember) {
  return ResponseEntity.ok(memberService.save(newMember));
}
```

메서드 매개변수에 `@Valid` 애너테이션을 적용했으므로 스프링 MVC는 `Member` 객체의 유효성 검증을 수행합니다. 이제 `Member` 객체에 몇 가지 유효성 검증을 추가합니다. `name`과 `email` 필드는 필수값이므로 `@NotBlank` 애너테이션을 적용하고 `email` 필드에는 `@Email` 애너테이션을 적용해 이메일 형식의 유효성을 검증합니다.

NOTE_ 문자 타입 필드의 유효성을 검증할 때 @NotNull, @NotEmpty, @NotBlank 애너테이션을 사용할 수 있습니다. @NotNull은 필드가 null이 아닌지만 확인하고, @NotEmpty는 null이 아니고 빈 문자열이 아닌지 확인하며, @NotBlank는 필드가 null이 아니고 공백이나 제어 문자만이 아닌지를 확인합니다. 요구 사항에 맞는 애너테이션을 사용하면 되는데, 예제의 name과 email 필드에는 @NotBlank가 가장 적합하죠.

다음은 유효성 검증 애너테이션을 적용한 Member 클래스입니다.

```
package com.apress.spring6recipes.court.domain;

import jakarta.validation.constraints.Email;
import jakarta.validation.constraints.NotBlank;
import jakarta.xml.bind.annotation.XmlRootElement;

@XmlRootElement
public class Member {

  @NotBlank
  private String name;
  @NotBlank
  @Email
  private String email;
  private String phone;
  ...
}
```

name이나 email의 값이 없거나 유효하지 않은 이메일 형식이 포함되면 요청은 처리되지 않고 HTTP 상태 코드 400(잘못된 요청)이 반환됩니다.

스프링 MVC에서 오류 처리하기

스프링에 등록된 기본 오류 핸들러로 ExceptionHandlerExceptionResolver와 ResponseStatusExceptionResolver가 있습니다. ExceptionHandlerExceptionResolver는 던져진 예외를 처리할 수 있는 @ExceptionHandler 애너테이션이 붙은 메서드를 찾으려고 시도하는 반면, ResponseStatusExceptionResolver는 던져진 예외 클래스에 @ResponseStatus 애너테이션이 존재할 때 이를 이용해 응답 코드를 결정합니다.

앞서 예제에는 @ExceptionHandler를 적용한 예외 처리 메서드가 없으므로 ResponseStatusExceptionResolver가 오류를 해석합니다. 예외 처리 메서드를 추가해 요청에서 어디가 잘못되었는지를 알려 주는 응답을 반환하도록 오류 처리 기능을 개선해 보겠습니다.

RestMemberController 클래스에 MethodArgumentNotValidException을 처리하는 @ExceptionHandler를 적용한 메서드를 추가합니다. MethodArgumentNotValidException은 유효성 검증 과정에 오류가 있을 때 발생하는 예외이며, 해당 예외는 오류 메시지와 상세 정보를 포함합니다.

```
@ExceptionHandler
@ResponseStatus(HttpStatus.BAD_REQUEST)
public Map<String, String> handle(MethodArgumentNotValidException ex) {
  return ex.getFieldErrors().stream()
          .collect(
              Collectors.toMap(FieldError::getField,
                               FieldError::getDefaultMessage));
}
```

이 메서드는 MethodArgumentNotValidException 예외를 전달받고 필드 오류(유효성 검증 오류 포함)를 필드와 오류 메시지로 구성된 Map 타입의 값으로 변환합니다. 반환할 상태를 지정하는 @ResponseStatus도 적용했으며 HTTP 400 오류 코드를 반환하도록 그대로 사용합니다.

@ExceptionHandler를 적용한 메서드는 다양한 타입의 객체를 매개변수로 받을 수 있습니다. 발생한 예외 객체뿐만 아니라 요청 처리 메서드가 지원하는 다양한 타입을 받을 수 있습니다. [표 3-1]은 @ExceptionHandler 메서드에서 많이 사용하는 매개변수입니다.

표 3-1 @ExceptionHandler를 적용한 메서드에 많이 사용하는 매개변수

메서드 매개변수	설명
Exception 타입	처리해야 하는 예외
jakarta.servlet.ServletRequest jakarta.servlet.ServletResponse	사용자 요청과 응답
jakarta.servlet.http.HttpSession	HTTP 세션
java.security.Principal	현재 사용 주체(즉, 현재 인증된 사용자)

메서드 매개변수	설명
java.util.Map org.springframework.ui.Model org.springframework.ui.ModelMap	오류 응답에서 사용하는 모델로서 항상 비어 있으며 응답에 데이터를 추가할 때 사용함

[표 3-1]에서 살펴본 매개변수는 예외 처리 메서드에서도 일반적으로 사용합니다.

수정된 handle() 메서드는 오류 상황을 처리하고 [그림 3-1]처럼 더 적절한 결과를 반환합니다.

```
HTTP/1.1 400
Connection: close
Content-Type: application/json
Date: Fri, 25 Nov 2022 10:01:09 GMT
Transfer-Encoding: chunked

{
    "email": "must be a well-formed email address",
    "name": "must not be blank"
}
```

그림 3-1 오류 처리 응답 결과

RFC-7807을 사용해 스프링 MVC로 오류 처리하기

사실상 JSON이 웹 환경의 통신 표준이 되면서 이와 관련해 클라이언트에 오류 응답을 반환하는 표준도 마련되었습니다(현재 제안 상태). 이 표준은 RFC-7807[4] 명세로, 'HTTP의 문제 상세 API^Problem Details API for HTTP^'로 더 잘 알려졌습니다. 클라이언트가 보낸 요청에 어떤 문제가 있는지나 서버에서 무슨 일이 일어났는지와 관련된 정보를 제공하는 응답 형식을 정의하는 표준입니다.

응답은 정보를 담는 몇 개의 필드로 구성됩니다. 모든 필드는 선택 항목이며, 추가 필드와 정보를 사용해 응답을 확장할 수도 있습니다.

---

4 https://www.rfc-editor.org/rfc/rfc7807

표 3-2 오류 응답 구성 요소

필드	문자열/숫자	설명
type	문자열	오류를 나타내는 URI. 일반적으로 상태 코드를 설명하는 링크
title	문자열	오류를 간결하게 설명하는 제목
status	숫자	HTTP 응답 코드
detail	문자열	문제에 관한 이해하기 쉬운 설명
instance	문자열	문제의 원인이 되는 실제 인스턴스의 URI 참조(일반적으로 호출된 URL)

이 외에도 필요한 필드를 추가할 수 있습니다.

스프링은 RFC-7807 표준을 지원하지만 기본적으로 비활성화되어 있으며 스프링이 제공하는 전용 예외 핸들러를 확장해 활성화할 수 있습니다.

RFC-7807 표준을 사용해 예외 처리 코드를 다시 작성해 봅시다. `org.springframework.web.servlet.mvc.method.annotation.ResponseEntityExceptionHandler` 클래스를 상속하고 `handlerMethodArgumentNotValid()` 메서드를 오버라이드해서 기능을 커스터마이징합니다.

```
package com.apress.spring6recipes.court.web;

import org.springframework.context.i18n.LocaleContextHolder;
import org.springframework.http.HttpHeaders;
import org.springframework.http.HttpStatusCode;
import org.springframework.http.ResponseEntity;
import org.springframework.validation.FieldError;
import org.springframework.validation.ObjectError;
import org.springframework.web.bind.MethodArgumentNotValidException;
import org.springframework.web.bind.annotation.ControllerAdvice;
import org.springframework.web.context.request.WebRequest;
import org.springframework.web.servlet.mvc.method.annotation.
ResponseEntityExceptionHandler;

import java.util.stream.Collectors;

@ControllerAdvice
public class CourtExceptionHandlers extends ResponseEntityExceptionHandler {

  @Override
```

```java
    protected ResponseEntity<Object> handleMethodArgumentNotValid(
                                          MethodArgumentNotValidException ex,
                                          HttpHeaders headers, HttpStatusCode status,
                                          WebRequest request) {
      var errors = ex.getAllErrors().stream()
              .collect(Collectors.toMap(this::getKey, this::resolveMessage));
      ex.getBody().setProperty("errors", errors);
      return super.handleExceptionInternal(ex, null, headers, status, request);
    }

    private String getKey(ObjectError error) {
      return (error instanceof FieldError fe) ? fe.getCode() : error.getObjectName();
    }

    private String resolveMessage(ObjectError error) {
      return getMessageSource() != null
              ? getMessageSource().getMessage(error, LocaleContextHolder.getLocale())
              : error.getDefaultMessage();
    }
  }
```

CourtExceptionHandlers 클래스에 @ControllerAdvice 애너테이션을 적용했습니다. @ControllerAdvice를 적용한 클래스의 로직은 모든 컨트롤러에 적용되므로 예외 처리 코드를 넣기에 이상적입니다. CourtExceptionHandlers는 ResponseEntityExceptionHandler를 상속하고 handleMethodArgumentNotValid()를 오버라이드합니다.

기본 클래스의 헬퍼helper 메서드[5]인 createProblemDetail()을 사용해 초기 ProblemDetail 객체를 생성합니다. 이전 예제에서 생성한 오류 맵을 이번에도 생성해 ProblemDetail 객체의 프로퍼티로 추가합니다. 마지막으로 다른 헬퍼 메서드를 사용해 ProblemDetail 객체로 ResponseEntity를 생성합니다. 이러한 과정을 모두 거치면 [그림 3-2]처럼 RFC-7807 표준을 준수하는 오류 처리 결과를 반환할 수 있습니다.

5 옮긴이_ 헬퍼 메서드는 비즈니스의 처리와 같은 목적이 아닌 특정 기능을 제공하는 데 사용하는 메서드로, 불필요한 반복 코드를 줄여 줍니다.

```
HTTP/1.1 400
Connection: close
Content-Type: application/json
Date: Fri, 25 Nov 2022 10:45:45 GMT
Transfer-Encoding: chunked

{
    "detail": "Validation errors",
    "errors": {
        "email": "must be a well-formed email address",
        "name": "must not be blank"
    },
    "instance": "/court/members",
    "status": 400,
    "title": "Bad Request",
    "type": "about:blank"
}
```

그림 3-2 오류 처리 결과 응답

레시피 3-4 스프링 REST 서비스 접근하기

과제 스프링 애플리케이션에서 서드파티(예: 구글, 야후, 비즈니스 파트너) REST 서비스에 접근해 페이로드를 받아와 사용해 보세요.

해결 스프링 애플리케이션에서 서드파티 REST 서비스에 접근할 때는 스프링 `RestTemplate` 클래스를 사용합니다. `RestTemplate` 클래스는 다른 스프링 템플릿 클래스(예: `JdbcTemplate`, `JmsTemplate`)와 마찬가지로 수많은 일련의 작업을 기본 로직으로 단순화하도록 설계됐습니다. 덕분에 스프링 애플리케이션에서 REST 서비스를 호출하고 반환된 페이로드를 사용하기가 간편해졌습니다.

풀이 `RestTemplate` 클래스가 실제로 어떻게 동작하는지 이해하려면 REST 서비스의 라이프사이클을 알아야 합니다. REST 서비스의 라이프사이클은 브라우저를 이용해 살펴보면 좋습니다. 가장 먼저 REST 서비스 엔드포인트가 필요합니다. [레시피 3-2]에서 작성한 `http://localhost:8080/court/members.xml`(또는 `.json`) 엔드포인트를 다시 활용하겠습니다. 브라우저에서 해당 REST 서비스 엔드포인트를 로드하면 브라우저는 REST 서비스가 지원하는 가장 일반적인 HTTP 요청인 GET 요청을 실행합니다. REST 서비스를 로드하면 다음과 같은 응답 페이로드가 화면에 출력됩니다.

```
<?xml version="1.0" encoding="UTF-8" standalone="yes"?>
<members>
  <member>
    <email>marten@deinum.biz</email>
    <name>Marten Deinum</name>
    <phone>00-31-1234567890</phone>
  </member>
  <member>
    <email>john@doe.com</email>
    <name>John Doe</name>
    <phone>1-800-800-800</phone>
  </member>
  <member>
    <email>jane@doe.com</email>
    <name>Jane Doe</name>
    <phone>1-801-802-803</phone>
  </member>
</members>
```

이 페이로드는 잘 구성된 XML 형식을 따르며 여느 REST 서비스 응답과 다르지 않습니다. 페이로드의 실제 의미는 REST 서비스마다 다릅니다. `<members>`와 `<member>` 등은 직접 정의한 XML 태그이고, 각 태그 내부의 문자 데이터는 REST 서비스를 요청해 응답받은 데이터입니다.

REST 서비스의 페이로드 구조(어휘vocabulary라고도 함)를 이해하고 정보를 적절히 처리하는 일은 REST 서비스를 이용하는 사람의 몫입니다. 이 REST 서비스 예제에서는 커스텀 어휘를 사용했지만 RSS와 같은 표준화한 어휘를 사용하면 REST 서비스의 페이로드를 일관되게 처리할 수 있습니다. 또한 일부 REST 서비스는 페이로드를 쉽게 검색하고 사용할 수 있게 웹 애플리케이션 기술 언어Web Application Description Language(WADL)를 제공합니다.

지금까지 브라우저를 이용해 REST 서비스 라이프사이클을 살펴봤습니다. 이제 스프링 애플리케이션에서 `RestTemplate` 클래스로 REST 서비스 페이로드를 가져오는 방법을 살펴보겠습니다.

`RestTemplate`은 REST 서비스를 호출할 목적으로 설계됐으므로 해당 클래스의 주요 메서드는 REST의 토대가 되는 HTTP 메서드(HEAD, GET, POST, PUT, DELETE, OPTIONS)와 밀접하게 연관됩니다. [표 3-3]은 `RestTemplate`이 지원하는 주요 메서드입니다.

표 3-3 HTTP 요청 메서드 기반 RestTemplate 클래스 메서드

메서드	설명
headForHeaders	HTTP HEAD 작업을 수행함
getForObject	HTTP GET 작업을 수행하고 주어진 클래스 타입으로 결과를 반환함
getForEntity	HTTP GET 작업을 수행하고 ResponseEntity 타입의 결과를 반환함
patchForObject	HTTP PATCH 작업을 수행하고 주어진 클래스 타입으로 결과를 반환함
postForLocation	HTTP POST 작업을 수행하고 location 헤더값을 반환함
postForObject	HTTP POST 작업을 수행하고 주어진 클래스 타입으로 결과를 반환함
postForEntity	HTTP POST 작업을 수행하고 ResponseEntity 타입의 결과를 반환함
put	HTTP PUT 작업을 수행함
delete	HTTP DELETE 작업을 수행함
optionsForAllow	HTTP OPTIONS 작업을 수행함
execute	CONNECT를 제외한 모든 HTTP 작업 수행이 가능함

[표 3-3]에서 볼 수 있듯이 RestTemplate의 메서드 이름은 HTTP 요청 메서드(HEAD, GET, POST, PUT, DELETE, OPTIONS) 이름으로 시작합니다. execute() 메서드는 사용 빈도가 낮은 HTTP 메서드인 TRACE를 비롯해 어떤 HTTP 메서드라도 사용할 수 있는 범용 메서드입니다. 단 execute()가 사용하는 HttpMethod 열거형enum에서 포함되지 않는 CONNECT 메서드는 지원하지 않습니다.

NOTE_ REST 서비스에서 가장 일반적으로 사용하는 HTTP 메서드는 GET입니다. GET은 (데이터를 변경하지 않아) 안전하게 정보를 가져오기 때문입니다. 하지만 PUT, POST, DELETE와 같은 HTTP 메서드는 공급자의 데이터를 수정할 수 있게 설계되어서 REST 서비스 공급자가 해당 메서드를 지원할 가능성은 낮습니다. 데이터 변경이 필요할 경우, 서비스 공급자는 REST 서비스의 대체 메커니즘으로 SOAP 방식을 일반적으로 선호합니다.

RestTemplate을 살펴봤으니, 브라우저에서 호출했던 REST 서비스를 스프링 프레임워크를 사용해 자바 코드로 호출해 보겠습니다. 다음은 REST 서비스를 호출하고 그 결과를 System.out으로 출력하는 코드입니다.

```
package com.apress.spring6recipes.court;

import org.springframework.web.client.RestTemplate;
```

```
public class Main {

  public static void main(String[] args) {
    var uri = "http://localhost:8080/court/members";
    var restTemplate = new RestTemplate();
    var result = restTemplate.getForObject(uri, String.class);
    System.out.println(result);
  }
}
```

CAUTION_ 일부 REST 서비스 공급자는 요청 주체에 따라 데이터 피드 접근을 제한할 수도 있습니다. 일반적으로 요청에 포함된 HTTP 헤더나 IP 주소 같은 정보를 이용해 접근을 거부합니다. 그래서 데이터 피드가 다른 매체medium에서 잘 작동하더라도, 환경에 따라 공급자가 접근 거부 응답을 반환할 수 있습니다. 예를 들어 브라우저에서는 REST 서비스에 접근할 수 있지만 스프링 애플리케이션에서는 접근이 거부될 수도 있습니다. 이는 REST 공급자가 정한 이용 약관에 따라 다릅니다.

코드에서는 `RestTemplate` 클래스를 임포트하고 `RestTemplate` 인스턴스를 생성해 `getForObject()` 메서드를 호출합니다. [표 3-3]에서 살펴봤듯이 `getForObject()`는 (브라우저가 REST 서비스 페이로드를 가져오는 것과 동일하게) HTTP GET 요청 작업을 수행하는 데 사용합니다. 이 메서드에서 중요한 두 부분은 응답과 매개변수입니다.

`getForObject()`를 호출하고 받은 응답을 `String` 타입 객체에 할당했습니다. 이는 브라우저에서 REST 서비스를 호출했을 때 화면에 표시된 것과 동일한 내용(즉, XML 구조)이 `String` 타입으로 할당됨을 의미합니다. 자바에서 XML 구조의 문자열 데이터를 추출하고 조작하기는 쉽지 않습니다. REST 서비스 페이로드로 받아온 XML 데이터를 처리하기에 `String` 객체보다 더 적합한 클래스가 있는데, 3장의 다른 레시피에서 자세히 살펴보겠습니다.

`getForObject()`에 실제 REST 서비스 엔드포인트를 매개변수로 전달합니다. 첫 번째 매개변수는 엔드포인트 URL입니다. URL은 브라우저에서 호출할 때 사용한 것과 동일합니다.

이 코드를 실행하면 브라우저에서 호출했을 때와 동일한 내용이 콘솔에 출력됩니다.

매개변수화한 URL에서 데이터 가져오기

지금까지 URI를 호출해 데이터를 조회하는 방법을 살펴봤습니다. URI에 매개변수가 필요하다면 어떻게 해야 할까요? 매개변수를 URL에 하드코딩하지 않는 것이 좋습니다. RestTemplate 클래스를 사용하면 URL에 위치 지정자를 사용할 수 있는데 위치 지정자는 실행 시점에 실젯값으로 대체됩니다. 위치 지정자는 요청 매핑과 마찬가지로 중괄호({, })를 사용해 정의합니다([레시피 3-1], [레시피 3-2] 참조).

http://localhost:8080/court/members/{memberId}는 매개변수화한 URL의 예입니다. 이 URL을 이용해 REST 호출할 때는 위치 지정자에 값을 전달해야 합니다. 다음과 같이 Map 클래스를 사용해 RestTemplate의 getForObject()에서 세 번째 매개변수로 전달합니다.

```
package com.apress.spring6recipes.court;

import org.springframework.web.client.RestTemplate;

import java.util.Map;

public class Main {

  public static void main(String[] args) {
    var uri = "http://localhost:8080/court/members/{memberId}";
    var params = Map.of("memberId", "1");
    var restTemplate = new RestTemplate();
    var result = restTemplate.getForObject(uri, String.class, params);
    System.out.println(result);
  }
}
```

예제에서는 Map 클래스를 사용해 REST 서비스 매개변수를 갖는 인스턴스(params)를 생성하고 RestTemplate의 getForObject()에 전달합니다. RestTemplate의 다양한 메서드를 사용할 때 Map 타입 하나 대신 String 타입 매개변수를 여러 개 전달해도 결과는 동일합니다.

데이터를 매핑된 객체로 가져오기

애플리케이션에서 사용할 문자열을 반환하지 않고 Members와 Member 클래스를 (재)사용해 결과를 매핑할 수도 있습니다. getForObject()의 두 번째 매개변수로 String.class 대신 Members.class를 전달하면 응답 결과가 Members 클래스에 매핑됩니다.

```
package com.apress.spring6recipes.court;

import com.apress.spring6recipes.court.domain.Members;
import org.springframework.web.client.RestTemplate;

public class Main {

  public static void main(String[] args) {
    var uri = "http://localhost:8080/court/members";
    var restTemplate = new RestTemplate();
    var result = restTemplate.getForObject(uri, Members.class);
    System.out.println(result);
  }
}
```

RestTemplate은 @ResponseBody 애터네이션을 적용한 메서드가 있는 컨트롤러와 동일한 HttpMessageConverter 인프라스트럭처를 사용합니다. JAXB2(또는 잭슨)를 자동으로 감지하므로 JAXB를 이용해 객체를 매핑할 수 있습니다.

레시피 3-5 RSS/아톰 피드 발행하기

과제 스프링 애플리케이션에서 RSS나 아톰 피드를 발행하세요.

해결 RSS와 아톰 피드는 정보를 발행하는 데 널리 사용하는 방법으로, 보통 REST 서비스를 사용해 접근합니다. 스프링이 제공하는 REST 지원 기능을 사용하면서 RSS와 아톰 피드의 특성에 맞게 설계된 서드파티 라이브러리를 사용하면 이를 간편하게 구축할 수 있습니다. 여기서는 서드파티 라이브러리로 롬[6]을 사용하겠습니다.

TIP RSS와 아톰 피드는 주로 뉴스 피드로 분류되지만 사실 뉴스만 제공하는 초기 용도를 넘어섰습니다. 요즘은 블로그, 날씨, 여행 등 다양한 정보를 XML을 사용해 플랫폼에 관계없이 RSS와 아톰 피드로 발행합니다. 많은 애플리케이션이 지원하고 많은 개발자가 RSS와 아톰 피드 구조를 이해하므로 다양한 플랫폼에서 접근할 수 있는 정보를 발행하려면 RSS나 아톰 피드가 좋은 선택이 될 것입니다.

6 https://rometools.github.io/rome/

풀이 가장 먼저 RSS나 아톰 피드로 어떤 정보를 발행할지 정해야 합니다. 발행할 정보는 RDBMS(JDBC나 ORM을 사용해 접근함)나 텍스트 파일에 저장되어 있을 수도 있고, 스프링 빈 같은 다른 유형의 구성 요소 안에 포함되어 있을 수도 있습니다. 해당 정보를 가져오는 방법은 레시피의 범위를 벗어나므로 다루지 않겠습니다. 발행할 정보를 결정한 후, 해당 정보를 RSS나 아톰 피드로 구조화할 때 롬을 사용합니다.

먼저 RSS와 아톰 피드의 구조를 간략히 살펴보겠습니다. 다음은 RSS 피드의 예입니다.

```
<?xml version="1.0" encoding="utf-8"?>
<rss version="2.0">
  <channel>
    <title>RSS Example</title>
    <description>This is an example of an RSS feed</description>
    <link>http://www.example.org/link.htm</link>
    <lastBuildDate>Mon, 28 Aug 2006 11:12:55 -0400 </lastBuildDate>
    <pubDate>Tue, 31 Aug 2010 09:00:00 -0400</pubDate>
    <item>
      <title>Item Example</title>
      <description>This is an example of an Item</description>
      <link>http://www.example.org/link.htm</link>
      <guid isPermaLink="false"> 1102345</guid>
      <pubDate>Tue, 31 Aug 2010 09:00:00 -0400</pubDate>
    </item>
  </channel>
</rss>
```

다음은 아톰 피드의 예입니다.

```
<?xml version="1.0" encoding="utf-8"?>
<feed xmlns:="http://www.w3.org/2005/Atom">
  <title>Example Feed</title>
  <link href="http://example.org/"/>
  <updated>2010-08-31T18:30:02Z</updated>
  <author>
    <name>John Doe</name>
  </author>
  <id>urn:uuid:60a76c80-d399-11d9-b93C-0003939e0af6</id>
  <entry>
    <title>Atom-Powered Robots Run Amok</title>
    <link href="http://example.org/2010/08/31/atom03"/>
```

```
    <id>urn:uuid:1225c695-cfb8-4ebb-aaaa-80da344efa6a</id>
    <updated>2010-08-31T18:30:02Z</updated>
    <summary>Some text.</summary>
  </entry>
</feed>
```

이처럼 RSS와 아톰 피드는 정보를 발행하는 데 여러 요소를 사용하는 XML 페이로드일 뿐입니다. RSS와 아톰 피드 구조를 상세히 설명하려면 거의 책 한 권이 되겠지만 여기서는 두 서식의 공통적인 주요 특징만 살펴보겠습니다.

- 피드의 내용을 기술하는 메타데이터metadata 영역이 있습니다. 아톰 예시의 <author>와 <title>, RSS의 <description>과 <pubDate>가 이에 해당합니다.
- 정보를 기술하는 반복 요소가 있습니다. 각 반복 요소는 추가 정보를 기술하기 위한 요소의 셋으로 구성됩니다. 아톰 예시의 <entry> 요소, RSS의 <item> 요소가 이에 해당합니다.
- 버전이 다양합니다. RSS는 0.90, 0.91 넷스케이프Netscape, 0.91 유저랜드Userland, 0.92, 0.93, 0.94, 1.0, 2.0 버전이 있고 아톰은 0.3, 1.0 버전이 있습니다. ROME 라이브러리를 이용하면 자바 코드에서 사용할 수 있는 정보(예: 문자열, 맵)를 바탕으로 메타데이터 영역, 반복 요소, 앞서 언급한 버전을 생성할 수 있습니다.

롬이 제공하는 클래스를 사용하려면 클래스패스에 다음 의존성을 추가합니다.

예제 3-5 롬 라이브러리 그레이들 의존성 추가(build.gradle)

```
implementation group: 'com.rometools', name: 'rome', version: '1.18.0'
```

예제 3-6 롬 라이브러리 메이븐 의존성 추가(pom.xml)

```
<dependency>
  <groupId>com.rometools</groupId>
  <artifactId>rome</artifactId>
  <version>1.18.0</version>
</dependency>
```

RSS 및 아톰 피드의 구조와 롬 라이브러리의 역할을 살펴봤으므로, 이제 최종 사용자에게 피드를 제공하는 스프링 MVC 컨트롤러를 살펴보겠습니다.

```java
package com.apress.spring6recipes.court.web;

import com.apress.spring6recipes.court.feeds.TournamentContent;
import org.springframework.stereotype.Controller;
import org.springframework.ui.Model;
import org.springframework.web.bind.annotation.GetMapping;

import java.time.LocalDate;
import java.util.List;

@Controller
public class FeedController {

  @GetMapping("/atomfeed")
  public String getAtomFeed(Model model) {
    var date = LocalDate.now();
    var tournaments = List.of(
        TournamentContent.of("ATP", date, "Australian Open", "www.australianopen.com"),
        TournamentContent.of("ATP", date, "Roland Garros", "www.rolandgarros.com"),
        TournamentContent.of("ATP", date, "Wimbledon", "www.wimbledon.org"),
        TournamentContent.of("ATP", date, "US Open", "www.usopen.org"));
    model.addAttribute("feedContent", tournaments);
    return "atomfeedtemplate";
  }

  @GetMapping("/rssfeed")
  public String getRSSFeed(Model model) {
    prepareModel(model);
    return "rssfeedtemplate";
  }

  ...
  private void prepareModel(Model model) {
    var date = LocalDate.now();
    var tournaments = List.of(
        TournamentContent.of("FIFA", date, "World Cup", "www.fifa.com/worldcup/"),
        TournamentContent.of("FIFA", date, "U-20 World Cup",
          "www.fifa.com/u20worldcup/"),
        TournamentContent.of("FIFA", date, "U-17 World Cup",
          "www.fifa.com/u17worldcup/"),
        TournamentContent.of("FIFA", date, "Confederations Cup",
          "www.fifa.com/confederationscup/"));
```

```
    model.addAttribute("feedContent", tournaments);
  }
}
```

이 스프링 MVC 컨트롤러에는 getAtomFeed()와 getRSSFeed()라는 두 개의 핸들러 메서드가 있습니다. getAtomFeed()는 http://[호스트 이름]/[애플리케이션 이름]/atomfeed 같은 형식의 URL로 매핑되고, getRSSFeed() 메서드는 http://[호스트 이름]/[애플리케이션 이름]/rssfeed 같은 형식의 URL로 매핑됩니다.

각 핸들러 메서드는 내부에서 TournamentContent 객체 리스트를 선언했습니다. 이때 TournamentContent.of() 메서드로 생성된 객체는 POJO입니다. 해당 리스트를 핸들러 메서드의 모델 객체에 할당해 추후 뷰에서 접근할 수 있게 합니다. 각 핸들러 메서드는 atomfeedtemplate과 rssfeedtemplate이라는 논리 뷰를 반환합니다. 해당 논리 뷰는 다음과 같이 스프링 구성 클래스에 정의합니다.

```
package com.apress.spring6recipes.court.web.config;

import com.apress.spring6recipes.court.feeds.AtomFeedView;
import com.apress.spring6recipes.court.feeds.RSSFeedView;
import org.springframework.context.annotation.Bean;
import org.springframework.context.annotation.ComponentScan;
import org.springframework.context.annotation.Configuration;
import org.springframework.web.servlet.config.annotation.EnableWebMvc;
import org.springframework.web.servlet.view.BeanNameViewResolver;

@Configuration
@EnableWebMvc
@ComponentScan(basePackages = "com.apress.spring6recipes.court")
public class CourtRestConfiguration {

  ...
  @Bean
  public AtomFeedView atomfeedtemplate() {
    return new AtomFeedView();
  }

  @Bean
  public RSSFeedView rssfeedtemplate() {
```

```
    return new RSSFeedView();
  }
}
```

이처럼 각 논리 뷰는 특정 클래스로 매핑되며 아톰이나 RSS 뷰를 생성하는 데 필요한 로직을 각 클래스에 구현하면 됩니다. 2장에서 PDF와 엑셀 뷰를 구현한 방식과 동일하죠.

스프링은 롬 라이브러리를 이용해 개발된 아톰과 RSS 뷰를 지원하는 두 가지 클래스인 AbstractAtomFeedView와 AbstractRssFeedView를 제공합니다. 두 클래스를 이용하면 아톰이나 RSS 피트 서식을 상세하게 알지 못해도 쉽게 뷰를 구현할 수 있습니다.

다음은 AbstractAtomFeedView를 상속한 AtomFeedView 클래스로, atomfeedtemplate 논리 뷰를 구현한 코드입니다.

```
package com.apress.spring6recipes.court.feeds;

import com.rometools.rome.feed.atom.Content;
import com.rometools.rome.feed.atom.Entry;
import com.rometools.rome.feed.atom.Feed;
import jakarta.servlet.http.HttpServletRequest;
import jakarta.servlet.http.HttpServletResponse;
import org.springframework.web.servlet.view.feed.AbstractAtomFeedView;

import java.time.LocalDate;
import java.time.ZoneId;
import java.time.format.DateTimeFormatter;
import java.util.Date;
import java.util.List;
import java.util.Map;
import java.util.stream.Collectors;

public class AtomFeedView extends AbstractAtomFeedView {

  @Override
  protected void buildFeedMetadata(Map<String, Object> model, Feed feed,
                                   HttpServletRequest request) {
    feed.setId("tag:tennis.org");
    feed.setTitle("Grand Slam Tournaments");
```

```java
    @SuppressWarnings({ "unchecked" })
    var tournaments = (List<TournamentContent>) model.get("feedContent");

    var updated = tournaments.stream()
            .map(TournamentContent::publicationDate).sorted().findFirst()
            .map(this::toDate).orElse(null);
    feed.setUpdated(updated);
  }

  @Override
  protected List<Entry> buildFeedEntries(Map<String, Object> model,
                                         HttpServletRequest request,
                                         HttpServletResponse response) {
    @SuppressWarnings({ "unchecked" })
    var tournaments = (List<TournamentContent>) model.get("feedContent");
    return tournaments.stream().map(this::toEntry).collect(Collectors.toList());
  }

  private Entry toEntry(TournamentContent tc) {
    var summary = new Content();
    summary.setValue(String.format("%s - %s", tc.name(), tc.link()));

    var entry = new Entry();
    var date = DateTimeFormatter.ISO_DATE.format(tc.publicationDate());
    entry.setId(String.format("tag:tennis.org,%s:%d", date, tc.id()));
    entry.setTitle(String.format("%s - Posted by %s", tc.name(), tc.author()));
    entry.setUpdated(toDate(tc.publicationDate()));
    entry.setSummary(summary);
    return entry;
  }

  private Date toDate(LocalDate in) {
    return Date.from(in.atStartOfDay(ZoneId.systemDefault()).toInstant());
  }
}
```

먼저 이 클래스에서 com.rometools.rome.feed.atom 패키지에 있는 롬 클래스 몇 개를 임포트했습니다. 그리고 스프링 프레임워크가 제공하는 AbstractAtomFeedView를 구현하며 상속받은 buildFeedMetadata()와 buildFeedEntries() 메서드를 구현했습니다.

buildFeedMetadata() 메서드에는 세 개의 입력 매개변수가 있습니다. 첫 번째는 피드를 만들 때 사용하는 데이터(즉, 핸들러 메서드 내부에서 할당된 데이터. 예제의 TournamentContent 객체 리스트)를 담는 Map 객체이고, 두 번째는 피드 처리할 때 사용하는 롬 라이브러리의 Feed 객체이며, 세 번째는 HTTP 요청을 다루는 데 사용하는 HttpServletRequest 객체입니다.

buildFeedMetadata()에서 Feed 객체의 여러 세터 메서드(setId(), setTitle(), setUpdated())를 호출했습니다. setId()와 setTitle()은 하드코딩된 문자열을 전달하며 호출했으며, setUpdate()는 피드 데이터(Map 객체)를 순회하면서 결정된 값을 전달해 호출합니다. 이러한 세터 호출을 통해 아톰 피드의 메타데이터 정보를 할당합니다.

> **NOTE_** 아톰 피드의 메타데이터 영역에 추가로 다른 값을 할당하고 특정 아톰 버전을 지정하려면 롬 가이드 문서를 참고하세요. 기본 아톰 버전은 1.0입니다.

buildFeedEntries() 메서드에도 세 개의 매개변수가 있습니다. 첫 번째는 피드를 만드는 데 사용하는 데이터(즉, 핸들러 메서드 내부에서 할당된 데이터. 예제의 TournamentContent 객체 리스트)를 나타내는 Map 클래스 객체이고, 두 번째는 HTTP 요청을 다루는 데 사용하는 HttpServletRequest 객체이며, 세 번째는 HTTP 응답을 조작하는 데 사용하는 HttpServletResponse 객체입니다.

buildFeedEntries()는 객체 목록을 반환한다는 점이 매우 중요한데, 예제에서는 롬의 클래스를 이용해 아톰 피드의 반복되는 요소를 담는 Entry 객체 List를 반환합니다.

feedContent 객체를 얻어오면 빈 Entry 객체 List가 생성됩니다. 그런 TournamentContent 객체 List가 포함된 feedContent 객체를 순회하면서 요소마다 Entry 객체를 생성해 최상위 Entry 객체 List에 할당합니다. 순회가 끝나면 데이터가 채워진 Entry 객체 List를 반환합니다.

> **NOTE_** 아톰 피드의 반복 요소 영역에 값을 더 할당하려면 롬 공식 문서를 참고하세요.

스프링 MVC 컨트롤러와 함께 AtomFeedView 클래스를 배포하고 http://[호스트 이름]/[애플리케이션 이름]/atomfeed를 호출하면 다음과 같은 응답을 받습니다.

```
<?xml version="1.0" encoding="UTF-8"?>
<feed xmlns="http://www.w3.org/2005/Atom">
  <title>Grand Slam Tournaments</title>
  <id>tag:tennis.org</id>
  <updated>2025-08-02T00:00:00Z</updated>
  <entry>
    <title>Australian Open - Posted by ATP</title>
    <id>tag:tennis.org,2025-08-02:1</id>
    <updated>2025-08-02T00:00:00Z</updated>
    <summary>Australian Open - www.australianopen.com</summary>
  </entry>
  <entry>
    <title>Roland Garros - Posted by ATP</title>
    <id>tag:tennis.org,2025-08-02:2</id>
    <updated>2025-08-02T00:00:00Z</updated>
    <summary>Roland Garros - www.rolandgarros.com</summary>
  </entry>
  <entry>
    <title>Wimbledon - Posted by ATP</title>
    <id>tag:tennis.org,2025-08-02:3</id>
    <updated>2025-08-02T00:00:00Z</updated>
    <summary>Wimbledon - www.wimbledon.org</summary>
  </entry>
  <entry>
    <title>US Open - Posted by ATP</title>
    <id>tag:tennis.org,2025-08-02:4</id>
    <updated>2025-08-02T00:00:00Z</updated>
    <summary>US Open - www.usopen.org</summary>
  </entry>
</feed>
```

이번에는 RSS 피드를 생성하는 스프링 MVC 컨트롤러의 남은 핸들러 메서드인 getRSSFeed()를 살펴봅니다. 이는 앞서 설명한 아톰 피드를 생성하는 과정과 유사합니다. 해당 핸들러 메서드도 TournamentContent 객체 List를 생성합니다. 이 List 객체는 반환되는 뷰에서 접근할 수 있도록 핸들러 메서드의 모델 객체에 할당합니다. 하지만 이 메서드가 반환하는 논리 뷰 이름만 rssfeedtemplate으로 바뀌며, 앞서 설명했듯이 이 논리 뷰는 RssFeedView 클래스로 매핑됩니다.

다음은 AbstractRssFeedView 클래스를 상속해 구현한 RSSFeedView 클래스입니다.

```
package com.apress.spring6recipes.court.feeds;

import com.rometools.rome.feed.rss.Channel;
import com.rometools.rome.feed.rss.Item;
import jakarta.servlet.http.HttpServletRequest;
import jakarta.servlet.http.HttpServletResponse;
import org.springframework.web.servlet.view.feed.AbstractRssFeedView;

import java.time.LocalDate;
import java.time.ZoneId;
import java.util.Date;
import java.util.List;
import java.util.Map;
import java.util.stream.Collectors;

public class RSSFeedView extends AbstractRssFeedView {

  @Override
  protected void buildFeedMetadata(Map<String, Object> model, Channel feed,
                                   HttpServletRequest request) {
    feed.setTitle("World Soccer Tournaments");
    feed.setDescription("FIFA World Soccer Tournament Calendar");
    feed.setLink("fifa.com");

    @SuppressWarnings({ "unchecked" })
    var tournaments = (List<TournamentContent>) model.get("feedContent");
    var lastBuildDate = tournaments.stream()
            .map(TournamentContent::publicationDate).sorted().findFirst()
            .map(this::toDate).orElse(null);
    feed.setLastBuildDate(lastBuildDate);
  }

  @Override
  protected List<Item> buildFeedItems(Map<String, Object> model,
                                      HttpServletRequest request,
                                      HttpServletResponse response) {
    @SuppressWarnings({ "unchecked" })
    var tournamentList = (List<TournamentContent>) model.get("feedContent");
    return tournamentList.stream().map(this::toItem).collect(Collectors.toList());
  }

  private Item toItem(TournamentContent tc) {
    var item = new Item();
```

```
      item.setAuthor(tc.author());
      item.setTitle(String.format("%s - Posted by %s", tc.name(), tc.author()));
      item.setPubDate(toDate(tc.publicationDate()));
      item.setLink(tc.link());
      return item;
    }

    private Date toDate(LocalDate in) {
      return Date.from(in.atStartOfDay(ZoneId.systemDefault()).toInstant());
    }
  }
```

먼저 com.rometools.rome.feed.rss 패키지에 있는 롬 라이브러리 클래스 몇 개를 임포트합니다. 또한 스프링 프레임워크가 제공하는 AbstractRssFeedView도 구현했습니다. 그다음으로는 AbstractAtomFeedView에서 상속된 두 가지 메서드인 buildFeedMetadata()와 buildFeedItems()를 구현했습니다. buildFeedMetadata()는 아톰 피드를 생성할 때 사용한 buildFeedMetadata()와 비슷합니다.

buildFeedMetadata()는 롬 라이브러리의 Channel 객체를 사용해 RSS 피드를 생성하는데, 이는 아톰 피드를 만드는 데 사용한 Feed 객체에 대응됩니다. Channel 객체의 setTitle(), setDescription(), setLink() 등의 세터 메서드를 이용해 RSS 피드의 메타데이터 정보를 할당합니다. buildFeedItems()는 아톰의 buildFeedEntries()에 대응됩니다. 아톰에서는 순환 요소를 엔트리entry라고 하며 RSS에서는 아이템item이라고 합니다. 명명 규칙은 다르지만 로직은 비슷합니다.

buildFeedItems()에서 feedContent 객체(핸들러 메서드에서 할당된 객체)를 얻어오려고 Map 객체에 접근하는 부분이 있습니다. feedContent 객체를 얻어오는 작업이 완료되면 빈 Item 객체 List가 생성됩니다. 그다음으로 feedContent 객체(TournamentContent 객체 List가 포함됨)를 순회하면서 각 요소에 해당하는 Item 객체를 생성하고 최상위 Item 객체 List에 할당합니다. 순회가 끝나면 해당 메서드는 데이터가 채워진 Item 객체 List를 반환합니다.

NOTE_ 특정 RSS 버전을 지정하거나 RSS 피드 메타데이터 영역과 반복 요소에 값을 더 할당하려면 롬 프로젝트 API를 참고하세요. 기본적으로 RSS 2.0 버전을 사용합니다.

작성한 예제를 스프링 MVC 컨트롤러와 함께 배포한 후 `http://[호스트 이름]/rssfeed.rss`나 `http://[호스트 이름]/rssfeed.xml`로 접근하면 다음과 같은 응답을 받습니다.

```
<?xml version="1.0" encoding="UTF-8"?>
<rss version="2.0">
  <channel>
    <title>World Soccer Tournaments</title>
    <link>fifa.com</link>
    <description>FIFA World Soccer Tournament Calendar</description>
    <lastBuildDate>Fri, 23 Dec 2022 00:00:00 GMT</lastBuildDate>
    <item>
      <title>World Cup - Posted by FIFA</title>
      <link>www.fifa.com/worldcup/</link>
      <pubDate>Fri, 23 Dec 2022 00:00:00 GMT</pubDate>
      <author>FIFA</author>
    </item>
    <item>
      <title>U-20 World Cup - Posted by FIFA</title>
      <link>www.fifa.com/u20worldcup/</link>
      <pubDate>Fri, 23 Dec 2022 00:00:00 GMT</pubDate>
      <Author>FIFA</author>
    </item>
    <item>
      <title>U-17 World Cup - Posted by FIFA</title>
      <link>www.fifa.com/u17worldcup/</link>
      <pubDate>Fri, 23 Dec 2022 00:00:00 GMT</pubDate>
      <Author>FIFA</author>
    </item>
    <item>
      <title>Confederations Cup - Posted by FIFA</title>
      <link>www.fifa.com/confederationscup/</link>
      <pubDate>Fri, 23 Dec 2022 00:00:00 GMT</pubDate>
      <Author>FIFA</author>
    </item>
  </channel>
</rss>
```

레시피 3-6 응답 출력기

과제 서비스나 다중 호출의 응답을 청크[chunk]로 나눠서 클라이언트에 전송하세요.

해결 ResponseBodyEmitter(또는 SseEmitter) 클래스를 사용해 응답을 여러 청크로 나눠서 전송합니다.

풀이 여러 결과를 하나의 응답으로 전송하기

스프링 MVC가 제공하는 ResponseBodyEmitter는 하나의 결과(예: 뷰 이름, ModelAndView 객체)가 아닌 여러 객체를 반환할 때 유용하게 사용할 수 있습니다. 하나의 객체를 전송할 때는 HttpMessageConverter를 사용해 결과를 변환합니다. 여러 객체를 반환하려면 요청 처리 메서드에서 비동기 방식으로 ResponseBodyEmitter를 반환해야 합니다(비동기 컨트롤러와 관련된 자세한 내용은 [레시피 2-12] 참조).

다음과 같이 RestMemberController 클래스의 getRestMembers() 메서드를 변경하면 ResponseBodyEmitter를 반환하고 결과를 하나씩 클라이언트에 전송합니다.

```
package com.apress.spring6recipes.court.web;

import com.apress.spring6recipes.court.domain.Member;
import com.apress.spring6recipes.court.service.MemberService;
import com.apress.spring6recipes.utils.Utils;
import org.springframework.core.task.TaskExecutor;
import org.springframework.web.bind.annotation.GetMapping;
import org.springframework.web.bind.annotation.RequestMapping;
import org.springframework.web.bind.annotation.RestController;
import org.springframework.web.servlet.mvc.method.annotation.ResponseBodyEmitter;

import java.io.IOException;
import java.time.Duration;

@RestController
@RequestMapping("/members")
public class RestMemberController {

  private final MemberService memberService;
  private final TaskExecutor taskExecutor;
```

```java
    public RestMemberController(MemberService memberService,
      TaskExecutor taskExecutor) {
      this.memberService = memberService;
      this.taskExecutor = taskExecutor;
    }

    @GetMapping
    public ResponseBodyEmitter getRestMembers() {
      var emitter = new ResponseBodyEmitter();
      taskExecutor.execute(() -> {
        var members = memberService.findAll();
        try {
          for (var member : members) {
            emitter.send(member);
            Utils.sleep(Duration.ofMillis(25));
          }
          emitter.complete();
        } catch (IOException ex) {
          emitter.completeWithError(ex);
        }
      });
      return emitter;
    }
    ...
  }
```

getRestMembers()에서 가장 먼저 ResponseBodyEmitter 객체를 생성합니다. 이 객체는 해당 메서드의 마지막에 반환됩니다. 다음으로 MemberService.findAll() 메서드를 호출해 모든 회원 정보를 조회하고 해당 메서드 호출로 얻은 모든 결과를 ResponseBodyEmitter의 send 메서드를 사용해 하나씩 반환합니다(각 요소의 전송 사이에 약간의 지연 시간을 추가했습니다). 모든 객체를 전송하고 나면 응답을 전송하는 스레드가 요청을 완료하고 다음 응답을 처리할 수 있도록 complete() 메서드를 호출해 리소스를 해제합니다. 예외가 발생하면 completeWithError() 메서드를 호출해 사용자에게 알립니다. 예외는 스프링 MVC의 기본적인 예외 처리 과정(레시피 2-8)을 거치며 응답을 완료합니다.

HTTPie나 cURL 같은 도구로 http://localhost:8080/court/members를 호출하면 다음과 같은 결과를 확인할 수 있습니다. 호출 결과는 청크 방식이며 상태 코드는 200(OK)입니다.

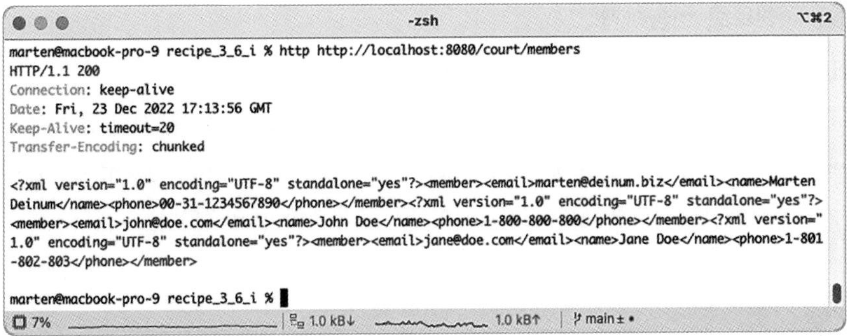

그림 3-3 청크 응답 결과

상태 코드를 변경하거나 커스텀 헤더를 추가하려면 `ResponseBodyEmitter`를 `ResponseEntity`로 래핑하면 됩니다. 그러면 반환 코드, 헤더 등과 같은 정보를 커스터마이징할 수 있습니다.

```
@GetMapping
public ResponseEntity<ResponseBodyEmitter> getRestMembers() {
  var emitter = new ResponseBodyEmitter();
  ....
  return ResponseEntity.status(HttpStatus.I_AM_A_TEAPOT)
          .header("Custom-Header", "Custom-Value")
          .body(emitter);
}
```

상태 코드를 418(`HttpStatus.I_AM_A_TEAPOT`)로 바꿨고, `Custom-Value`를 커스텀 헤더로 추가했습니다(그림 3-4).

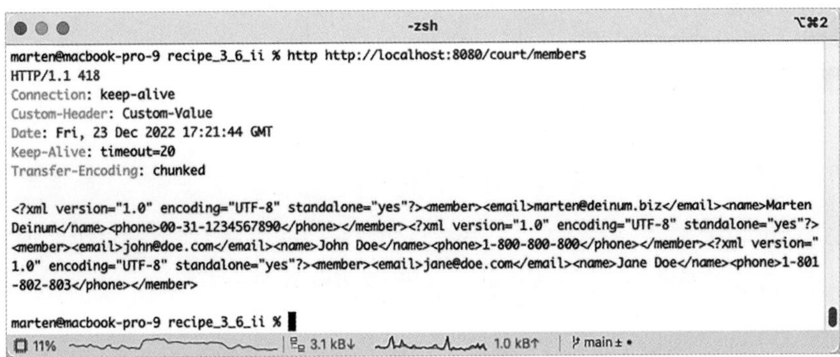

그림 3-4 변경된 청크 응답 결과

여러 결과를 이벤트로 전송하기

ResponseBodyEmitter의 형제 클래스인 SseEmitter는 서버에서 클라이언트로 이벤트를 전달할 수 있습니다. 이때 서버 전송 이벤트Server-Sent Event(SSE)가 활용됩니다. 서버 전송 이벤트는 서버에서 클라이언트로 보내는 메시지로, Content-Type 헤더가 text/event-stream 이며 매우 가볍습니다. 또한 [표 3-4]와 같은 4개의 필드를 정의할 수 있습니다.

표 3-4 서버 전송 이벤트의 필드

필드	설명
id	이벤트 ID
event	이벤트 타입
data	이벤트 데이터
retry	이벤트 스트림에 재접속하는 시간

요청 처리 메서드에서 이벤트를 전송하려면 SseEmitter 인스턴스를 생성하고 반환해야 합니다. 그런 다음 send() 메서드를 사용해 각 요소를 클라이언트로 전송합니다.

```
@GetMapping
public ResponseBodyEmitter getRestMembers() {
  var emitter = new SseEmitter();
  taskExecutor.execute(() -> {
    var members = memberService.findAll();
    try {
      for (var member : members) {
        emitter.send(member);
        Utils.sleep(Duration.ofMillis(50));
      }
      emitter.complete();
    } catch (IOException ex) {
      emitter.completeWithError(ex);
    }
  });
  return emitter;
}
```

> **NOTE_** 다양한 이벤트가 들어오는 모습을 확인하고자, 클라이언트에 각 항목을 전송할 때 지연 시간을 추가했습니다. 실제 코드에는 이런 부분이 없겠죠.

cURL이나 HTTPie 같은 도구로 `http://localhost:8080/court/members`를 호출하면 [그림 3-5]와 같이 이벤트가 하나씩 발생하는 것을 확인할 수 있습니다.

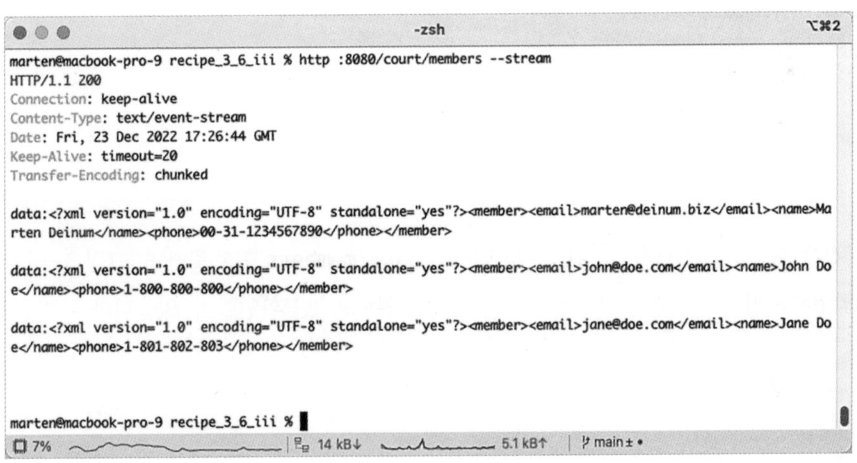

그림 3-5 서버 전송 이벤트 결과

`Content-Type` 헤더의 `text/event-stream`은 이벤트 스트림을 받는다는 의미입니다. 사용자는 이벤트 스트림을 열어놓고 이벤트 알림을 계속 받을 수 있습니다. 또한 일반 `ResponseBodyEmitter`와 동일하게 `HttpMessageConverter` 클래스를 이용해 각 객체가 XML로 변환됩니다. 각 객체는 `data` 태그 안에 이벤트 데이터로 작성됩니다.

이벤트에 더 많은 정보를 추가하려면([표 3-4]의 다른 필드를 추가하려면) `SseEventBuilder` 클래스를 사용하면 됩니다. `SseEmitter`에서 `event()` 팩토리 메서드를 호출해 얻은 `SseEventBuilder` 인스턴스를 사용해 `id` 필드에 `Member` 객체의 해시 코드를 입력하겠습니다.

```
@GetMapping
public ResponseBodyEmitter getRestMembers() {
  var emitter = new SseEmitter();
  taskExecutor.execute(() -> {
    var members = memberService.findAll();
```

```
        try {
          for (var member : members) {
            var data = SseEmitter.event()
                    .id(String.valueOf(member.hashCode()))
                    .data(member);
            emitter.send(data);
            Utils.sleep(Duration.ofMillis(50));
          }
          emitter.complete();
        } catch (IOException ex) {
          emitter.completeWithError(ex);
        }
      });
      return emitter;
    }
```

cURL과 같은 도구로 `http://localhost:8080/court/members`를 호출하면 [그림 3-6]과 같이 `id`와 `data` 필드가 포함된 이벤트가 하나씩 발생하는 모습을 확인할 수 있습니다.

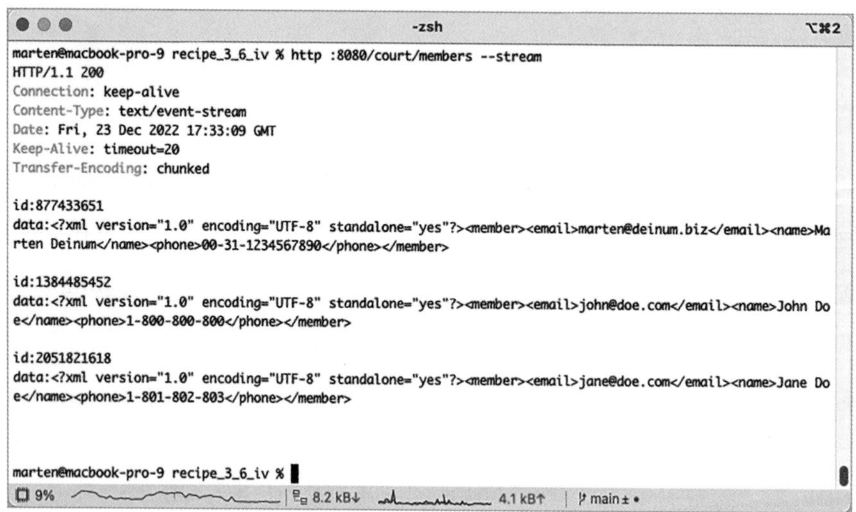

그림 3-6 서버 전송 이벤트 결과

마치며

3장에서는 스프링으로 REST 서비스를 개발하고 REST 서비스에 접근하는 방법을 배웠습니다. REST 서비스는 스프링 MVC와 밀접하게 연관돼 있습니다. 컨트롤러는 REST 서비스 요청을 전달하거나 서드파티 REST 서비스에 접근해 얻은 정보를 이용해 애플리케이션 콘텐츠를 구성합니다.

`@RequestMapping` 애너테이션으로 엔드포인트를 지정하거나 `@PathVariable` 애너테이션으로 접근 매개변수를 지정해 서비스 페이로드를 필터링하는 등, 스프링 MVC 컨트롤러에서 애너테이션을 활용해 REST 서비스를 구축하는 방법을 살펴봤습니다. 애플리케이션 객체를 XML로 변환하고 REST 서비스의 페이로드로 출력하는 `Jaxb2Marshaller`와 같은 스프링의 XML 마샬러도 배웠습니다. 또한 스프링 `RestTemplate` 클래스가 HEAD, GET, POST, PUT, DELETE 같은 HTTP 메서드를 어떻게 지원하는지 살펴봤고, 스프링 애플리케이션에서 직접 서드파티 REST 서비스에 접근해서 원하는 작업을 수행했습니다.

다음으로 롬 API 프로젝트를 활용해 스프링 애플리케이션에서 아톰과 RSS 피드를 발행하는 방법을 살펴봤습니다.

마지막으로 `ResponseBodyEmitter`와 `SseEmitter` 클래스를 이용해 클라이언트에 콘텐츠를 비동기적으로 전송하는 방법을 알아봤습니다.

CHAPTER 4

스프링 웹플럭스

서블릿 API가 처음 출시됐을 때 대부분의 컨테이너 구현체는 요청당 하나의 스레드를 사용했습니다. 따라서 요청을 처리하고 클라이언트에게 응답을 보낼 때까지 스레드가 블로킹(차단)됐습니다. 이때는 오늘날처럼 인터넷을 사용하는 기기가 많지 않았죠.

하지만 점차 인터넷 사용이 증가하면서 HTTP 요청 처리 건수도 크게 증가했고, 많은 웹 애플리케이션에서는 스레드 블로킹 방식이 적합하지 않게 됐습니다. 지난 몇 년간 리액티브(반응형) 프로그래밍이 급부상했으며 스프링을 이용해 리액티브 웹 애플리케이션을 개발할 수 있게 됐습니다. 리액티브 스프링은 리액티브 스트림 API^Reactive Stream API^ 구현체로 리액터 프로젝트^Project Reactor^[1]를 사용합니다. 이 책에서는 리액티브 프로그래밍을 자세히 다루지 않지만, 한 마디로 리액티브 프로그래밍은 논블로킹^non-blocking^ 함수형 프로그래밍을 하는 방법입니다.

기존의 웹 애플리케이션은 클라이언트의 요청을 받고 서버에서 HTML을 렌더링해 응답합니다. 하지만 지난 몇 년 동안 HTML 렌더링의 주체가 서버에서 클라이언트로 옮겨갔으며 서버와 클라이언트의 통신은 HTML이 아닌 JSON이나 XML 등의 방식으로 바뀌었습니다.

클라이언트가 `XmlHttpRequest`를 이용해 비동기 호출을 할 수 있게 됐지만 이 방법 역시 전통적인 블로킹 방식으로 요청과 응답이 이루어지는 구조입니다. 하지만 클라이언트와 서버 사이에는 다른 통신 방식도 존재합니다. 서버에서 클라이언트로 이루어지는 단방향 통신에는 서버 전송 이벤트를 활용할 수도 있고, 양방향 통신에는 웹소켓^WebSocket^을 사용할 수도 있습니다.

1 옮긴이_ JVM환경에서 동작하는 논블로킹 리액티브 라이브러리입니다(`https://projectreactor.io/`).

레시피 4-1 스프링 웹플럭스로 리액티브 애플리케이션 개발하기

과제 스프링 웹플럭스Spring WebFlux를 사용해 간단한 리액티브 웹 애플리케이션을 개발하며 스프링 웹플럭스의 기본 개념과 구성 방법을 익혀 보세요.

해결 스프링 웹플럭스에서 가장 기본이 되는 컴포넌트는 org.springframework.http.server.reactive.HttpHandler로, handle() 메서드 하나만 있는 인터페이스입니다.

```
package org.springframework.http.server.reactive;
import reactor.core.publisher.Mono;

public interface HttpHandler {
  Mono<Void> handle(ServerHttpRequest request, ServerHttpResponse response);
}
```

handle() 메서드는 void를 반환하는 리액티브 방식인 reactor.core.publisher.Mono<Void> 타입을 반환하고 org.springframework.http.server.reactive 패키지의 ServerHttpRequest와 ServerHttpResponse를 인수로 받습니다. 이 두 인터페이스의 인스턴스는 애플리케이션이 실행되는 컨테이너에 따라 생성되므로, 컨테이너에 적합한 어댑터나 브리지bridge가 제공됩니다. 논블로킹 IO를 지원하는 서블릿 컨테이너에서 애플리케이션을 실행할 때는 ServletHttpHandlerAdapter(또는 그 하위 클래스)가 일반 서블릿 방식과 리액티브 방식을 연결하는 역할을 합니다. 리액터 네티Reactor Netty[2] 같이 네이티브 리액티브 엔진에서 실행할 때는 ReactorHttpHandlerAdapter를 사용합니다.

스프링 웹플럭스 애플리케이션으로 웹 요청을 전송하면 HandlerAdapter가 먼저 접수한 후 스프링의 애플리케이션 컨텍스트에 구성된 다양한 컴포넌트를 이용해 요청을 처리합니다.

스프링 웹플럭스를 사용할 때 컨트롤러 클래스를 정의하려면 (2장과 3장에서 학습한 스프링 MVC에서처럼) 클래스에 @Controller나 @RestController 애너테이션을 적용하거나 RouterFunction을 사용하는 함수형 방식을 이용합니다.

@Controller가 적용된 클래스(컨트롤러 클래스)가 요청을 받으면 요청을 처리할 적절한 메

2 https://projectreactor.io/docs/netty/release/reference/index.html

서드를 찾습니다. 컨트롤러 클래스는 한 개 이상의 핸들러 매핑을 이용해 각 요청을 핸들러 메서드로 매핑해야 합니다. 핸들러 메서드는 컨트롤러 클래스의 메서드에 `@RequestMapping` 애너테이션을 적용해 만들 수 있습니다.

다른 일반 클래스와 마찬가지로 핸들러 메서드 시그니처에도 제약은 없습니다. 핸들러 메서드의 이름을 임의로 지정할 수 있고 다양한 메서드 인수를 정의할 수도 있습니다. 핸들러 메서드는 수행하는 애플리케이션 로직에 따라 일련의 값(예: 문자열, `void`)을 반환할 수 있습니다. 유효한 인수의 예는 다음과 같습니다.

- `ServerHttpRequest`나 `ServerHttpResponse`
- `@RequestParam`이 적용된 임의 타입의 URL 요청 매개변수
- `@ModelAttribute`가 적용된 임의 타입의 모델 속성
- `@CookieValue`가 적용된 요청에 포함된 쿠키값
- `@RequestHeader`가 적용된 임의 타입의 요청 헤더값
- `@RequestAttribute`가 적용된 임의 타입의 요청 속성
- 핸들러 메서드에서 모델에 속성을 추가하는 `Map`이나 `ModelMap`
- 세션 정보가 담긴 `WebSession`

컨트롤러 클래스는 적절한 핸들러 메서드를 선택하고 해당 메서드의 로직을 실행해 요청을 처리합니다. 보통 컨트롤러의 로직에서는 요청을 직접 처리하는 대신 백엔드 서비스를 호출해 요청의 처리를 위임합니다. 핸들러 메서드의 로직에서는 사용자 요청의 다양한 입력 인수(예: `ServerHttpRequest`, `Map`, `Errors`)에 정보를 추가하거나 삭제하는 작업을 수행합니다.

핸들러 메서드는 요청 처리를 완료한 후 클라이언트에게 값을 반환합니다. 이 반환값은 클라이언트가 사용할 JSON, XML(레시피 4-2)이거나 렌더링할 뷰의 이름(레시피 4-4)일 수 있습니다.

풀이 클라이언트로부터 선택적으로 이름을 전달받고 메시지를 반환하는 간단한 컨트롤러를 작성해 봅시다.

먼저 스프링 웹플럭스를 구성한 후 네티를 부트스트랩bootstrap하고 구성을 전달하는 코드를 작성합니다. 마지막으로 클라이언트에게 리액티브한 메시지를 반환하는 컨트롤러를 작성합니다.

스프링 웹플럭스 애플리케이션 초기 구성하기

스프링 웹플럭스를 사용하려면 먼저 클래스패스에 몇 가지 의존성을 추가해야 합니다. 가장 기본적인 의존성은 `spring-webflux`입니다. 애플리케이션의 리액티브 특성을 최대한 활용하려면 리액티브 런타임도 필요한데, 이 예제에서는 리액터 네티Reactor Netty 프로젝트를 사용합니다.

예제 4-1 스프링 웹플럭스와 네티 그레이들 의존성 추가(build.gradle)

```
implementation group: 'org.springframework', name: 'spring-webflux', version: '6.2.8'
implementation group: 'io.projectreactor.netty', name: 'reactor-netty-http',
version: '1.2.7'
```

예제 4-2 스프링 웹플럭스와 네티 메이븐 의존성 추가(pom.xml)

```
<dependency>
  <groupId>org.springframework</groupId>
  <artifactId>spring-webflux</artifactId>
  <version>6.2.8</version>
</dependency>

<dependency>
  <groupId>io.projectreactor.netty</groupId>
  <artifactId>reactor-netty-http</artifactId>
  <version>1.2.7</version>
</dependency>
```

리액티브하게 요청을 처리하려면 웹플럭스 기능을 활성화해야 합니다. `@Configuration` 애너테이션을 적용한 클래스에 `@EnableWebFlux` 애너테이션을 추가로 적용합니다.

```
package com.apress.spring6recipes.reactive.court;

import org.springframework.context.annotation.ComponentScan;
import org.springframework.context.annotation.Configuration;
import org.springframework.web.reactive.config.EnableWebFlux;
import org.springframework.web.reactive.config.WebFluxConfigurer;

@Configuration
@EnableWebFlux
@ComponentScan
public class WebFluxConfiguration implements WebFluxConfigurer { }
```

@EnableWebFlux는 리액티브 처리를 활성화합니다. 웹플럭스와 관련된 더 많은 구성을 하려면 WebFluxConfigurer를 구현하고 컨버터, 뷰 리졸버, 코덱 등을 추가 구성합니다.

애플리케이션 부트스트랩하기

애플리케이션을 부트스트랩하는 방법은 실행하는 런타임에 따라 달라집니다. 지원되는 모든 컨테이너(표 4-1)에는 전용 핸들러 어댑터가 있으며 각 런타임은 스프링 웹플럭스의 HttpHandler 추상화를 이용해 동작합니다. 모든 어댑터 클래스는 org.springframework.http.server.reactive 패키지 안에 있습니다.

표 4-1 지원하는 런타임과 핸들러 어댑터

런타임	어댑터
서블릿 컨테이너	ServletHttpHandlerAdapter
톰캣	TomcatHttpHandlerAdapter
제티	JettyHttpHandlerAdapter
리액터 네티	ReactorHttpHandlerAdapter
리액터 네티5	ReactorNetty2HttpHandlerAdapter
언더토우Undertow	UndertowHttpHandlerAdapter

NOTE_ 톰캣과 제티도 ServletHttpHandlerAdapter를 사용할 수 있으나 전용 어댑터 사용을 권장합니다.

런타임에 핸들러를 적용하기 전에 AnnotationConfigApplicationContext를 사용해 애플리케이션을 부트스트랩하고 HttpHandler를 구성해야 합니다. WebHttpHandlerBuilder를 사용하면 지정된 ApplicationContext에 HttpHandler를 더 쉽게 구성할 수 있습니다

```
var context = new AnnotationConfigApplicationContext(WebFluxConfiguration.class);
var handler = WebHttpHandlerBuilder.applicationContext(context).build();
```

그런 다음 런타임에 맞는 핸들러 어댑터를 등록합니다. 리액터 네티 런타임을 예로 들어 살펴보겠습니다.

```
var adapter = new ReactorHttpHandlerAdapter(handler);
HttpServer.create().host("0.0.0.0").port(8080).handle(adapter).bind().block();
System.in.read();
```

먼저 ReactorHttpHandlerAdapter를 생성합니다. 이 어댑터 클래스는 리액터 네티에 내부 HttpHandler를 적용하는 역할을 합니다. 다음으로는 해당 어댑터 클래스를 새로 생성된 리액터 네티 서버에 핸들러로 등록합니다.

서블릿 컨테이너에 애플리케이션을 배포할 때 WebApplicationInitializer 인터페이스를 구현한 클래스를 작성하고 수동으로 초기 구성을 할 수 있습니다.

```
package com.apress.spring6recipes.reactive.court;

import jakarta.servlet.ServletContext;
import org.springframework.context.annotation.AnnotationConfigApplicationContext;
import org.springframework.http.server.reactive.ServletHttpHandlerAdapter;
import org.springframework.web.WebApplicationInitializer;
import org.springframework.web.server.adapter.WebHttpHandlerBuilder;

public class WebFluxInitializer implements WebApplicationInitializer {

@Override
  public void onStartup(ServletContext servletContext) {
    var context = new AnnotationConfigApplicationContext(
      WebFluxConfiguration.class);
    var httpHandler = WebHttpHandlerBuilder.applicationContext(context).build();
    var adapter = new ServletHttpHandlerAdapter(httpHandler);

    var registration = servletContext.addServlet("dispatcher-handler", adapter);
    registration.setLoadOnStartup(1);
    registration.addMapping("/");
    registration.setAsyncSupported(true);
  }
}
```

먼저 AnnotationConfigApplicationContext를 생성한 후 애너테이션을 적용한 구성 클래스인 WebFluxConfiguration 클래스를 전달합니다. 다음으로 WebHttpHandlerBuilder 클래스를 사용해 요청을 처리하고 전달하는 HttpHandler를 생성한 후 ServletHttp

HandlerAdapter로 래핑해 사용 중인 서블릿 컨테이너에 서블릿으로 등록합니다. 리액티브하게 처리하기 위해 asyncSupported 값은 true로 설정합니다.

다음과 같이 AbstractReactiveWebInitializer 추상 클래스를 확장하면 더 쉽게 구성할 수 있습니다.

```
package com.apress.spring6recipes.reactive.court;

import org.springframework.web.server.adapter.AbstractReactiveWebInitializer;

public class WebFluxInitializer extends AbstractReactiveWebInitializer {
  @Override
  protected Class[] getConfigClasses() {
    return new Class[] { WebFluxConfiguration.class };
  }
}
```

getConfigClasses() 메서드만 오버라이드하면 됩니다. 나머지는 스프링 웹플럭스가 제공하는 기본 구성으로 동작합니다.

이제 일반 서블릿 컨테이너에서 애플리케이션을 실행할 수 있습니다.

NOTE_ 일반 서블릿 컨테이너에서 실행하면 완전히 리액티브하게 동작하지는 않습니다. 아직 톰캣의 기본 스레드 풀과 블로킹 특성을 사용하므로 서블릿 API의 비동기 기능과 논블로킹 I/O만 지원되며 배압backpressure과 탄력성elasticity[3] 관련 기능 등은 제공되지 않습니다.

스프링 웹플럭스 컨트롤러 작성하기

애너테이션 기반 컨트롤러 클래스는 특정 인터페이스를 구현하거나 특정 클래스를 상속하지 않은 일반 클래스에 @Controller나 @RestController 애너테이션을 적용해 만듭니다. 컨트롤러 클래스에는 하나 이상의 핸들러 메서드를 정의해 하나 또는 여러 작업을 처리할 수 있습니다. 핸들러 메서드의 시그니처는 구조가 유연해서 다양한 인수를 전달받을 수 있습니다

3 옮긴이_ 배압은 생산자와 소비자 간 속도 차이를 조절하는 메커니즘으로 데이터가 너무 빠르게 들어올 때 처리 가능한 속도로 조절하거나 제한함으로써 시스템 과부하를 방지하며, 탄력성은 오류나 장애가 발생해도 전체 시스템이 무너지지 않고 회복하거나 유지하는 능력으로 서비스의 안정성을 높이는 전략입니다.

(요청 매핑에 관한 내용은 [레시피 2-2] 참조).

@RequestMapping 애너테이션을 클래스 레벨이나 메서드 레벨로 적용할 수 있습니다. 첫 번째 매핑 전략은 특정 URL 패턴을 컨트롤러 클래스에서 매핑한 다음 HTTP 메서드별로 각각의 핸들러 메서드에 매핑하는 것입니다. 다음 컨트롤러 클래스를 살펴봅시다.

```
package com.apress.spring6recipes.reactive.court.web;

import org.springframework.web.bind.annotation.GetMapping;
import org.springframework.web.bind.annotation.RequestMapping;
import org.springframework.web.bind.annotation.RequestParam;
import org.springframework.web.bind.annotation.RestController;
import reactor.core.publisher.Mono;

@RestController
@RequestMapping("/welcome")
public class WelcomeController {
  @GetMapping
  public Mono<String> welcome(@RequestParam(defaultValue = "World") String name) {
    return Mono.just("Hello " + name+" from Spring WebFlux!");
  }
}
```

이 컨트롤러는 클라이언트로부터 name이라는 이름의 매개변수를 선택적으로 전달받고(기본값은 "World") 간단한 메시지를 반환합니다. 반환 타입인 Mono<String>는 단일 값(또는 값이 없음)을 반환하며 리액터 프로젝트가 제공하는 리액티브 타입입니다. 리액터 프로젝트 대신 RxJava 3[4]나 뮤니티Mutiny[5]가 제공하는 반환 타입을 사용할 수도 있습니다.

이미 @ComponentScan 애너테이션을 적용해 com.apress.spring6recipes.reactive.court 패키지의 애너테이션 스캔을 활성화했으므로 배포 시점에 컨트롤러 클래스에 적용된 애너테이션이 감지됩니다.

@RestController를 적용한 클래스는 컨트롤러가 됩니다. @RequestMapping은 프로퍼티를 지정할 수 있고 클래스와 핸들러 메서드에 모두 적용할 수 있습니다. WelcomeController 클래스에 사용한 첫 번째 값("/welcome")은 컨트롤러가 동작하는 URL을 지정하며, /welcome

4 https://reactivex.io/

5 https://smallrye.io/smallrye-mutiny/2.0.0/

URL 요청은 모두 이 클래스에서 처리합니다.

컨트롤러 클래스는 요청을 수신한 후 해당 요청의 처리를 내부에 선언된 기본 HTTP GET 핸들러 메서드로 위임합니다. 모든 초기 URL 요청은 HTTP GET 유형이기 때문입니다. 따라서 예제 컨트롤러는 `/welcome` URL 요청을 수신하고 기본 HTTP GET 핸들러 메서드에 해당 요청을 위임해 처리합니다.

`welcome()` 메서드에 `@GetMapping` 애너테이션을 적용해 컨트롤러의 기본 HTTP GET 핸들러 메서드로 만들겠습니다. 기본 HTTP GET 핸들러 메서드를 선언하지 않으면 `ResponseStatusException` 예외가 발생합니다. 따라서 스프링 웹플럭스 컨트롤러에는 최소한 URL 경로와 기본 HTTP GET 핸들러 메서드가 있어야 합니다.

다음처럼 메서드에 `@GetMapping`을 적용해 URL 경로와 기본 HTTP GET 핸들러 메서드를 함께 선언할 수도 있습니다.

```
@RestController
public class WelcomeController {
  @GetMapping("/welcome")
  public String welcome(Model model) { ... }
}
```

이 컨트롤러는 스프링 웹플럭스의 기본 원리를 보여 줍니다.

웹 애플리케이션 실행하기

런타임 환경에 따라 애플리케이션을 `main()` 메서드로 실행하기도 하고 웹 아카이브(WAR)로 빌드한 후 서블릿 컨테이너에 배포해 실행하기도 합니다. 여기서는 리액티브 런타임을 사용하고 `main()` 메서드를 실행해 애플리케이션을 기동해 보겠습니다. 기동 후 브라우저나 그 외의 방법(cURL이나 HTTPie)을 사용해 `http://localhost:8080/welcome` URL로 요청을 보내면 [그림 4-1]처럼 인사말을 반환합니다.

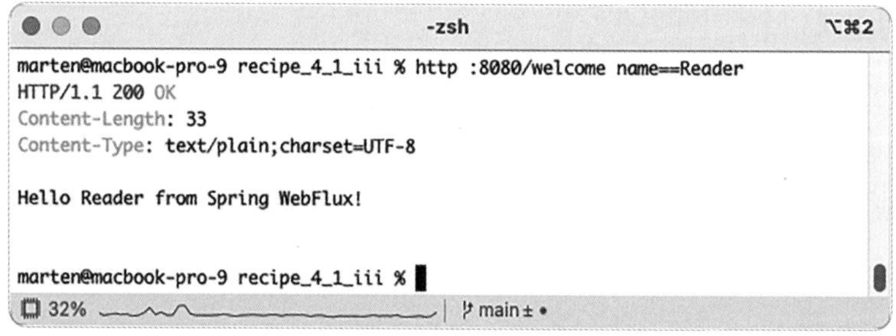

그림 4-1 WelcomeController 호출 및 결과

TIP run gradle docker 명령을 실행하면 톰캣과 애플리케이션이 포함된 도커 컨테이너를 얻을 수 있으며, gradle dockerRun 명령으로 도커 컨테이너를 시작하고 애플리케이션을 테스트할 수 있습니다.

레시피 4-2 리액티브 REST 서비스로 JSON 발행/소비하기

과제 스프링 웹플럭스를 이용해 JSON을 주고받는 간단한 리액티브 REST 애플리케이션을 개발하세요.

해결 스프링 웹플럭스는 @RestController 애너테이션과 잭슨 라이브러리를 이용해 JSON을 주고받습니다. 클라이언트가 보내는 데이터를 객체로 전달받으려면 @RequestBody 애너테이션을 사용해 JSON을 자바 객체로 역직렬화합니다.

풀이 먼저 다음과 같은 도메인 클래스를 작성합니다. 해당 클래스는 아직 리액티브하지 않은 일반 클래스입니다. 이 클래스는 [레시피 4-1]에서 일반적인 서블릿을 기반으로 사용했던 예제와 동일합니다.

```
package com.apress.spring6recipes.reactive.court.domain;

public record Member(String name, String email, String phone) { }
```

그런 다음 프레젠테이션 계층에 회원 서비스를 제공하도록 다음과 같은 서비스 인터페이스를 정의합니다.

```
package com.apress.spring6recipes.reactive.court.service;

import com.apress.spring6recipes.reactive.court.domain.Member;
import reactor.core.publisher.Flux;
import reactor.core.publisher.Mono;

public interface MemberService {

  Flux<Member> findAll();
  Mono<Member> findById(long id);
  Mono<Member> save(Member member);

}
```

findAll() 메서드는 0개 이상의 회원 정보를 의미하는 Flux<Member> 타입을 반환합니다.

운영용 애플리케이션에서는 이 인터페이스를 (가능하면 리액티브 처리를 지원하는) 데이터 저장소에 연결해 구현하지만 지금은 간단한 테스트가 목적이므로 여러 회원 정보를 맵에 저장하고 회원 정보를 하드코딩합니다.

```
package com.apress.spring6recipes.reactive.court.service;

import com.apress.spring6recipes.reactive.court.domain.Member;
import jakarta.annotation.PostConstruct;
import org.springframework.stereotype.Service;
import reactor.core.publisher.Flux;
import reactor.core.publisher.Mono;

import java.util.Map;
import java.util.concurrent.ConcurrentHashMap;
import java.util.concurrent.atomic.AtomicLong;

@Service
class InMemoryMemberService implements MemberService {

  private final AtomicLong sequence = new AtomicLong(1);
  private final Map<Long, Member> members = new ConcurrentHashMap<>();

  @PostConstruct
  public void init() {
    Flux.just(
```

```
      new Member("Marten Deinum", "00-31-1234567890", "marten@deinum.biz"),
      new Member("John Doe", "1-800-800-800", "john@doe.com"),
      new Member("Jane Doe", "1-801-802-803", "jane@doe.com"))
      .flatMap(this::save)
      .subscribe();
    }

  @Override
  public Flux<Member> findAll() {
    return Flux.fromIterable(members.values());
  }

  @Override
  public Mono<Member> findById(long id) {
    return Mono.justOrEmpty(members.get(id));
  }

  @Override
  public Mono<Member> save(Member member) {
    var id = sequence.getAndIncrement();
    this.members.put(id, member);
    return Mono.just(member);
  }
}
```

findById() 메서드는 Member를 찾으면 이를 포함한 Mono를 반환하고 못 찾으면 빈 Mono를 반환합니다.

JSON 발행하기

요청 처리 메서드에 @ResponseBody 애너테이션을 적용하면 응답은 요청 반환 타입과 클래스패스에 존재하는 라이브러리에 따라 JSON이나 XML로 반환됩니다. 클래스에 @RestController 애너테이션을 적용하면 해당 클래스의 모든 요청 처리 메서드에 자동으로 @ResponseBody가 적용됩니다.

시스템이 관리하는 모든 회원 정보를 반환하는 REST 컨트롤러를 작성해 봅시다. 클래스에 @RestController를 적용하고 Flux<Member> 타입을 반환하는 메서드에 @GetMapping 애너테이션을 적용합니다.

```
package com.apress.spring6recipes.reactive.court.web;

import com.apress.spring6recipes.reactive.court.domain.Member;
import com.apress.spring6recipes.reactive.court.service.MemberService;
import org.springframework.web.bind.annotation.GetMapping;
import org.springframework.web.bind.annotation.RequestMapping;
import org.springframework.web.bind.annotation.RestController;
import reactor.core.publisher.Flux;
import reactor.core.publisher.Mono;

@RestController
@RequestMapping("/members")
public class MemberController {

  private final MemberService memberService;

  public MemberController(MemberService memberService) {
    this.memberService = memberService;
  }

  @GetMapping
  public Flux<Member> list() {
    return memberService.findAll();
  }
  ...
}
```

JSON을 생성하려면 클래스패스에 잭슨 JSON 라이브러리가 있어야 합니다. 스프링 웹플럭스가 해당 라이브러리를 감지하면 적절한 Encoder/Decoder 메시지를 구성합니다. 그러면 HttpMessageWriter/HttpMessageReader가 해당 Encoder/Decoder의 구현체를 이용해 HTTP 메시지(요청이나 응답의 본문)를 쓰거나 읽습니다.

이처럼 리액티브 타입의 반환은 JSON/XML이나 서버 전송 이벤트(레시피 3-6)로 스트리밍됩니다. 반환 결과는 클라이언트의 Accept 헤더에 따라 달라집니다. HTTPie로 http http://localhost:8080/members 명령을 실행하면 JSON을 반환합니다. 명령에 --stream 옵션을 추가하면 결과가 서버 전송 이벤트로 발행됩니다.

JSON 소비하기

JSON을 생성해 발행했으니 이를 소비해 봅시다. 메서드 인수를 추가하고 @RequestBody를 적용하면 들어오는 요청의 본문은 객체에 매핑됩니다. 리액티브 컨트롤러는 단일 결과와 다중 결과를 각각 Mono와 Flux로 래핑합니다.

```
@PostMapping
public Mono<Member> create(@RequestBody Member member) {
  return memberService.save(member);
}
```

새로 추가한 메서드에 @PostMapping 애너테이션을 적용해 HTTP POST 메서드 요청을 처리하도록 바인딩합니다. 이 메서드는 Member 객체를 전달받은 후 서비스를 호출해 해당 객체를 저장합니다. 새로 생성된 Member는 사용자에게 반환됩니다.

이제 JSON 본문이 포함된 요청이 들어오면 Member 객체로 역직렬화됩니다. 이때 스프링 웹플럭스는 스프링 MVC와 마찬가지로 컨버터를 사용해 변환합니다. 실제 변환 작업은 HttpMessageReader의 인스턴스인 DecoderHttpMessageReader에 위임되며 이 클래스는 리액티브 스트림을 객체로 디코딩합니다. 디코딩 결과는 다시 Decoder에 위임돼 처리됩니다. JSON을 이용하므로(클래스패스에 잭슨 2 JSON 라이브러리가 존재) Jackson2JsonDecoder가 사용됩니다. HttpMessageReader와 Decoder 구현체는 일반 스프링 MVC에서 사용하는 HttpMessageConverter에 해당하는 리액티브 컨버터입니다.

HTTPie로 http POST http://localhost:8080/members/name="Josh Long" email="josh@example.com" 명령을 실행해 요청을 수행하면 새 회원 정보가 추가됩니다. 이후 모든 회원 정보를 조회해 보면 새로 추가한 회원 정보를 확인할 수 있습니다.

수신한 페이로드 유효성 검증하기

스프링 웹플럭스에서는 자카르타 빈 유효성 검증 API[6]를 사용해 수신한 페이로드의 유효성을 검증할 수 있습니다. 자카르타 빈 유효성 검증 API가 제공하는 애너테이션을 각 필드에 적용해 유효한 값만 허용할 수 있습니다. 다음처럼 Member 객체의 필드에 @NotBlank와 @Email 애

6 https://jakarta.ee/specifications/bean-validation/

너테이션을 적용해 name과 email의 값이 필수이며(입력하지 않아 값이 없거나 공백만 있는 값 등 빈 값을 허용하지 않음) 이메일 형식이 유효해야 한다고 표시합니다.

```
package com.apress.spring6recipes.reactive.court.domain;

import jakarta.validation.constraints.Email;
import jakarta.validation.constraints.NotBlank;

public record Member(@NotBlank String name,
                     @NotBlank @Email String email,
                     String phone) {}
```

자카르타 빈 유효성 검증 API가 동작하려면 클래스패스에 구현체가 있어야 합니다. 스프링은 하이버네이트 유효성 검증기 프로젝트를 지원하는데, 이를 사용하려면 기본적으로 EL(표현 언어) 구현체도 함께 클래스패스에 추가해야 합니다.

예제 4-3 그레이들 의존성 추가(build.gradle)

```
implementation group: 'jakarta.validation', name: 'jakarta.validation-api',
version: '3.1.1'
runtimeOnly group: 'org.hibernate.validator', name: 'hibernate-validator',
version: '9.0.1.Final'
runtimeOnly group: 'org.glassfish', name: 'jakarta.el', version: '4.0.2'
```

예제 4-4 메이븐 의존성 추가(pom.xml)

```
<dependency>
  <groupId>jakarta.validation</groupId>
  <artifactId>jakarta.validation-api</artifactId>
  <version>3.1.1</version>
</dependency>
<dependency>
  <groupId>org.hibernate.validator</groupId>
  <artifactId>hibernate-validator</artifactId>
  <version>9.0.1.Final</version>
  <scope>runtime</scope>
</dependency>
<dependency>
  <groupId>org.glassfish</groupId>
  <artifactId>jakarta.el</artifactId>
```

```
    <version>4.0.2</version>
    <scope>runtime</scope>
  </dependency>
```

마지막으로 @RequestBody 옆에 @Valid 애너테이션을 추가해 컨트롤러가 수신되는 페이로드의 유효성을 검증합니다.

```
@PostMapping
public Mono<Member> create(@Valid @RequestBody Member member) {
  return memberService.save(member);
}
```

유효하지 않은 요청을 보내면 잘못된 요청이 수신됐음을 의미하는 400 HTTP 상태 코드를 응답받습니다. 하지만 해당 응답만으로는 어떤 필드에서 무엇이 잘못되었는지를 알 수 없습니다. 그래서 더 정교한 예외 처리 방법을 사용합니다(레시피 4-3).

레시피 4-3 리액티브 컨트롤러에서 예외 처리하기

과제 웹 애플리케이션은 유효성 검증 오류나 DB의 기술적 오류와 같은 예외를 처리해야 합니다. 무슨 문제가 발생했는지 알 수 있도록 적절한 오류 응답을 보내 알려 주세요.

해결 스프링 웹플럭스에서 예외 핸들러를 사용하면 예외를 의미 있는 오류 응답으로 변환할 수 있습니다. 컨트롤러의 특정 메서드에 애너테이션을 적용하는 방식도 있고 모든 컨트롤러(또는 특정 하위 집합)에 적용하는 컨트롤러 어드바이스를 사용하는 전역적인 접근 방식도 있습니다.

풀이 [레시피 4-2]에서 요청 바디를 수신하고 유효성을 검증하는 방법을 살펴봤습니다. 클라이언트에게 유효성 검증 예외를 의미 있는 응답으로 변환해 전달하려면 이러한 작업을 수행하는 메서드를 구현하고 @ExceptionHandler 애너테이션을 적용합니다. @ExceptionHandler가 적용된 메서드는 의미 있는 오류를 작성하는 데 도움을 주는 다양한 타입의 객체를 사용할 수 있습니다. [표 4-2]는 사용 가능한 타입의 목록입니다.

표 4-2 @ExceptionHandler 애너테이션을 적용한 메서드에서 많이 사용하는 인수

메서드 인수	설명
Exception 타입	처리할 예외
ServerHttpRequest	요청에 접근
ServerHttpResponse	응답에 접근
ServerWebExchange	현재 ServerWebExchange 전체. 모든 HTTP 관련 컨테이너 정보(메서드, 요청, 응답, 세션 등)
java.security.Principal	현재 주체. 즉 현재 인증된 사용자
java.util.Map org.springframework.ui.Model org.springframework.ui.ModelMap	오류 응답에 대한 모델. 항상 비어 있으며 데이터를 응답에 추가할 수 있음
Errors BindingResult	명령어에 대한 유효성 검사 및 바인딩 결과로부터 오류 접근

유효성 검증 오류용 예외 핸들러 작성하기

@ExceptionHandler 애너테이션을 @Controller나 @RestController 애너테이션이 적용된 클래스에 적용하면 해당 컨트롤러에서 발생한 예외만 처리합니다. 하지만 @ExceptionHandler를 @ControllerAdvice 애너테이션이 적용된 클래스에 적용하면 컨트롤러 전체나 일부 컨트롤러 집합을 대상으로 전역적인 오류 처리를 할 수 있습니다.

여기서는 모든 컨트롤러 클래스의 유효성 검증/바인딩 오류를 처리하는 전역 오류 핸들러를 작성해 보겠습니다. 먼저 클래스를 작성하고 @ControllerAdvice 애너테이션을 적용한 후 메서드를 추가합니다.

TIP @ControllerAdvice와 유사한 @RestControllerAdvice 애너테이션도 있습니다. @ControllerAdvice는 모든 컨트롤러에 적용할 수 있지만, @RestControllerAdvice는 @RestController 애너테이션이 있는 컨트롤러에만 적용할 수 있다는 차이점이 있습니다.

```
package com.apress.spring6recipes.reactive.court.web;

import org.springframework.validation.FieldError;
import org.springframework.web.bind.annotation.ControllerAdvice;
import org.springframework.web.bind.annotation.ExceptionHandler;
```

```
import org.springframework.web.bind.annotation.ResponseBody;
import org.springframework.web.bind.support.WebExchangeBindException;
import reactor.core.publisher.Flux;

@ControllerAdvice
public class GlobalErrorHandler {

  @ExceptionHandler(WebExchangeBindException.class)
  @ResponseBody
  public Flux<ErrorMessage> handleValidationErrors(WebExchangeBindException ex) {
    return Flux.fromIterable(ex.getFieldErrors())
            .map(this::toErrorMessage);
  }

  private ErrorMessage toErrorMessage(FieldError fe) {
    return new ErrorMessage(fe.getField(), fe.getDefaultMessage());
  }

  record ErrorMessage(String field, String message) { }

}
```

@ExceptionHandler 애너테이션을 적용한 메서드는 애플리케이션에서 생성되는 모든 WebExchangeBindException을 처리합니다. 해당 메서드는 발생한 예외를 전달받아 필드 오류를 알아낸 후 오류가 발생한 필드 이름과 오류 메시지를 담는 객체로 변환합니다. 또한 @ResponseBody 애너테이션을 사용해 해당 내용을 응답 본문으로 만듭니다. [표 4-3]과 같이 다양한 반환 타입을 지원합니다.

표 4-3 지원하는 반환 타입의 예

응답 타입	설명
지원되는 리액티브 타입	Flux/Mono 타입을 지원하며 그 외 지원되는 다른 리액티브 라이브러리의 타입도 지원함
String	렌더링할 뷰의 이름
java.util.Map org.springframework. ui.Model	오류 응답 모델: URL기반으로 뷰가 렌더링됨
View	렌더링할 실제 뷰
ErrorResponse ProblemDetail	바디의 세부 정보를 이용해 RFC-7807 응답을 렌더링하는 데 사용함

이제 `http://localhost:8080/members` URL로 접근할 때 회원 정보를 전달하지 않으면 사용자 요청이 잘못되었음을 의미하는 400 상태 코드를 반환합니다(그림 4-2).

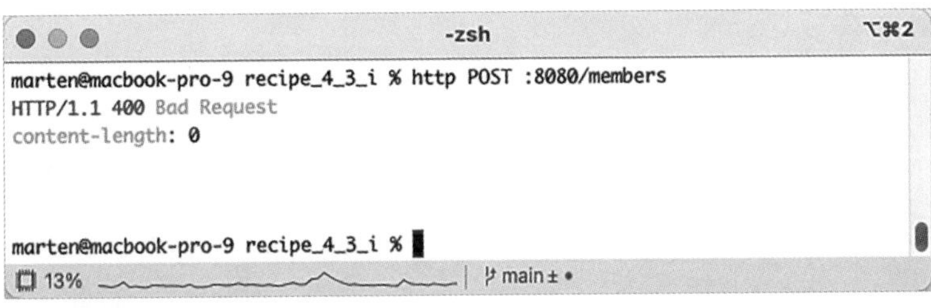

그림 4-2 예외 결과

잘못된 요청이므로 HTTP 상태 코드를 400으로 반환하지만 어떤 문제인지 알 수가 없습니다. 스프링 웹플럭스가 문제 세부 정보가 포함된 응답을 반환하도록 개선해 봅시다.

스프링 웹플럭스에서 문제 세부 정보(RFC-7807) 이용하기

스프링 웹플럭스는 스프링 웹Spring Web과 마찬가지로 HTTP API를 위한 문제 세부 정보Problem Details for HTTP APIs(RFC-7807[7]) 명세를 지원합니다. 두 가지 사용 방법이 있는데, 첫 번째는 `ProblemDetail`/`ErrorResponse` 타입을 반환하는 메서드에 `@ExceptionHandler` 애너테이션을 적용하는 방법이며 두 번째는 `ResponseEntityExceptionHandler` 클래스를 상속하는 방법입니다.

두 번째 방법이 더 간편하므로 `ResponseEntityExceptionHandler`를 상속하도록 `GlobalErrorHandler`를 수정해 봅시다.

```
package com.apress.spring6recipes.reactive.court.web;

import org.springframework.web.bind.annotation.ControllerAdvice;
import org.springframework.web.reactive.result.method.annotation.
ResponseEntityExceptionHandler;

@ControllerAdvice
public class GlobalErrorHandler extends ResponseEntityExceptionHandler { }
```

7 https://www.rfc-editor.org/rfc/rfc7807

단순히 ResponseEntityExceptionHandler를 상속하고 @ControllerAdvice 애너테이션을 적용한 클래스이지만, 이렇게만 해도 스프링 웹플럭스가 문제 세부 정보를 응답에 포함해 반환할 수 있습니다(그림 4-3).

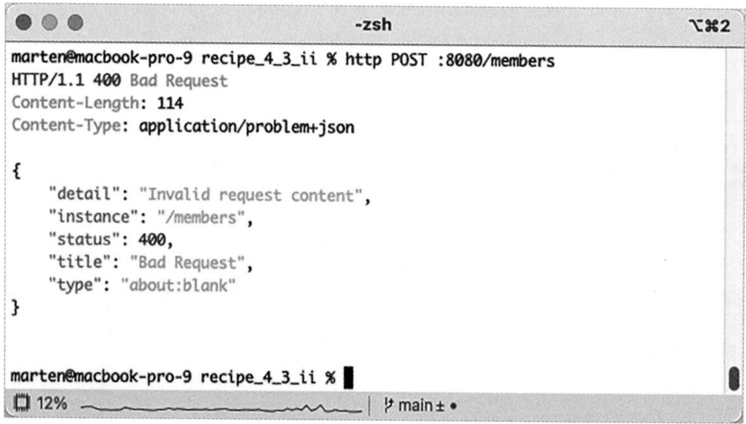

그림 4-3 기본적인 문제 세부 정보 예외 출력

하지만 WebExchangeBindException과 관련된 정보(예: 유효하지 않은 필드 이름)는 여전히 매우 부족합니다. 문제 세부 정보 RFC는 기본 구성 요소의 확장을 허용하므로 이를 쉽게 적용할 수 있습니다.

이미 ResponseEntityExceptionHandler를 상속받았으므로 handleWebExchangeBindException을 오버라이드하면 필요한 많은 정보를 담아 응답할 수 있습니다.

```
package com.apress.spring6recipes.reactive.court.web;

import java.util.Map;

import org.springframework.http.HttpHeaders;
import org.springframework.http.HttpStatusCode;
import org.springframework.http.ResponseEntity;
import org.springframework.web.bind.annotation.ControllerAdvice;
import org.springframework.web.bind.support.WebExchangeBindException;
import org.springframework.web.reactive.result.
method.annotation.ResponseEntityExceptionHandler;
import org.springframework.web.server.MissingRequestValueException;
```

```
import org.springframework.web.server.ServerWebExchange;
import org.springframework.web.server.ServerWebInputException;

import reactor.core.publisher.Mono;

@ControllerAdvice
public class GlobalErrorHandler extends ResponseEntityExceptionHandler {

  @Override
  protected Mono<ResponseEntity<Object>> handleWebExchangeBindException(
    WebExchangeBindException ex, HttpHeaders headers,
    HttpStatusCode status, ServerWebExchange exchange) {
    var locale = exchange.getLocaleContext().getLocale();
    var errors = ex.resolveErrorMessages(getMessageSource(), locale);
    ex.getBody().setProperty("errors", errors.values());
    return super.handleExceptionInternal(ex, null, headers, status, exchange);
  }
}
```

먼저 부모 클래스에서 MessageSource를 가져오고 ServerWebExchange에서 로케일(Locale)을 가져온 후 오류 메시지를 해석해 문제 세부 정보 응답에 errors라는 이름의 새 프로퍼티로 추가합니다. 이렇게 동작할 수 있는 이유는 WebExchangeBindException이 ErrorResponse 인터페이스를 구현했기 때문입니다. 스프링의 웹 처리 부분에서 던져지는 모든 예외는 편의상 해당 인터페이스를 구현합니다.

이제 요청에 오류가 발생하면 해당 요청에서 무엇이 잘못되었는지를 알려 주는 오류 정보를 확인할 수 있습니다(그림 4-4).

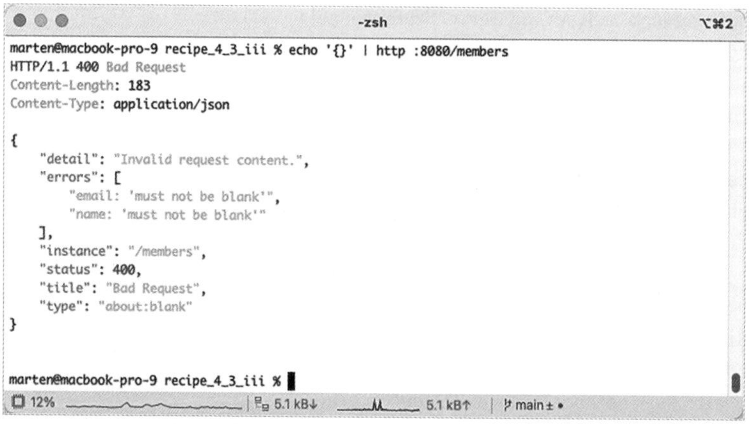

```
marten@macbook-pro-9 recipe_4_3_iii % echo '{}' | http :8080/members
HTTP/1.1 400 Bad Request
Content-Length: 183
Content-Type: application/json

{
    "detail": "Invalid request content.",
    "errors": [
        "email: 'must not be blank'",
        "name: 'must not be blank'"
    ],
    "instance": "/members",
    "status": 400,
    "title": "Bad Request",
    "type": "about:blank"
}

marten@macbook-pro-9 recipe_4_3_iii %
```

그림 4-4 확장된 문제 세부 정보 예외 출력

레시피 4-4 리액티브 컨트롤러로 폼 처리하기

과제 웹 애플리케이션에서는 폼을 자주 처리합니다. 폼 컨트롤러는 사용자에게 폼을 보여 주고 사용자가 제출한 폼을 처리해야 하는데, 이는 복잡하고 변수가 많은 작업입니다.

해결 폼을 이용해 사용자와 상호작용할 때 컨트롤러는 두 가지 작업을 해야 합니다. 첫째, 처음에 폼을 HTTP GET으로 요청하면 사용자에게 폼 뷰를 렌더링합니다. 둘째, 폼을 HTTP POST로 전송하면 폼 데이터를 전달받아 유효성 검증과 비즈니스 처리 업무를 수행합니다. 폼 처리에 성공하면 결과 뷰를, 실패하면 오류가 포함된 폼 뷰를 사용자에게 렌더링합니다.

풀이 사용자가 폼을 작성해 회원 정보를 등록하는 예제를 살펴보겠습니다. 우선 컨트롤러의 뷰(폼)를 살펴보면서 컨트롤러가 데이터를 처리하는 방법을 알아보겠습니다.

폼 뷰 생성하기

`member.html` 폼 뷰를 작성해 봅시다. 타임리프Thymeleaf 라이브러리를 이용하면 폼의 데이터 바인딩, 오류 메시지 표시, 오류 발생 시 사용자가 입력한 원래 값의 재표시 작업이 단순해집니다. 타임리프가 템플릿을 읽을 수 있도록 `src/main/resources/templates`에 폼 뷰 파일을

작성합니다(타임리프 구성은 [레시피 4-4]의 뒷부분에서 살펴봅니다).

```
<!DOCTYPE html>
<html lang="en" xmlns:th="http://www.thymeleaf.org">
<head>
  <title>Member Registration Form</title>
  <style>
    .error {
      color: #ff0000;
      font-weight: bold;
    }
  </style>
</head>

<body>
<form method="post" th:object="${member}">

  <table>
    <tr>
      <td><label for="name">Name</label></td>
      <td><input type="text" th:field="*{name}" required/></td>
      <td><span class="error" th:if="${#fields.hasErrors('name')}"
       th:errors="*{name}"></span></td>
    </tr>
    <tr>
      <td><label for="email">Email</label></td>
      <td><input type="email" th:field="*{email}" required/></td>
      <td><span class="error" th:if="${#fields.hasErrors('email')}"
      th:errors="*{email}"></span></td>
    </tr>
    <tr>
      <td><label for="phone">Phone</label></td>
      <td><input type="text" th:field="*{phone}"/></td>
      <td><span class="error" th:if="${#fields.hasErrors('phone')}"
      th:errors="*{phone}"></span></td>
    </tr>
    <tr>
      <td colspan="3"><input type="submit"/></td>
    </tr>
  </table>
</form>
</body>
</html>
```

form 태그의 th:object=${member}는 타임리프를 이용해 모든 폼 필드를 member라는 이름의 모델 속성에 바인딩합니다. 각 폼 필드에 th:field 속성이 있어 필드의 값이 Member 객체의 실제 필드값으로 각각 바인딩되고 표시됩니다. 필드에 오류가 있다면 th:errors 속성을 사용해 오류를 표시합니다.

<input type="submit"/>은 서버로 데이터를 전송하는 버튼을 생성하는 표준 HTML 태그입니다.

폼과 데이터 처리 성공 시 사용자에게 회원 정보가 등록되었음을 알려 주는 뷰인 member-success.html을 작성합니다.

```
<!DOCTYPE html>
<html lang="en">
<head>
  <meta charset="UTF-8">
  <title>Member registered successfully</title>
</head>
<body>
Your registration has been received successfully.
</body>
</html>
```

폼에 유효하지 않은 값이 포함돼 오류가 발생할 수도 있습니다. 필수 필드가 누락되거나 형식이 유효하지 않으면 컨트롤러가 해당 필드값을 거부하도록 설계되었습니다. 이런 상황을 만나면 컨트롤러는 폼 뷰에 반환될 각 오류에 대해 선택적으로 오류 코드 목록을 생성해 th:errors 태그에 표시합니다. 예를 들어 email 필드에 잘못된 값을 입력하면 데이터 바인딩 과정에서 다음 오류 코드를 생성합니다.

```
typeMismatch.command.email
typeMismatch.email
typeMismatch.java.time.LocalDate
typeMismatch
```

ResourceBundleMessageSource를 정의했다면 오류 메시지를 적절한 로케일의 리소스 번들 파일(예: 기본 로케일은 message.properties)에 작성합니다(다국어 처리의 외부화 방법은 [레시피 2-5] 참조).

```
typeMismatch.date=Invalid date format
typeMismatch.hour=Invalid hour format
```

폼 데이터 처리 시 오류가 발생하면 해당 오류 코드와 값이 사용자에게 반환됩니다.

지금까지 폼과 관련된 뷰의 구조와 데이터 처리 방법을 배웠으니 이제 제출된 폼 데이터(회원 정보)를 처리하는 로직을 살펴보겠습니다.

폼 데이터 처리 서비스 작성하기

[레시피 4-2]의 MemberService를 재사용해 서비스 인터페이스와 내부에 데이터를 저장하는 서비스 구현체를 정의합니다.

```
package com.apress.spring6recipes.reactive.court.service;

import com.apress.spring6recipes.reactive.court.domain.Member;
import reactor.core.publisher.Flux;
import reactor.core.publisher.Mono;

public interface MemberService {

  Flux<Member> findAll();
  Mono<Member> findById(long id);
  Mono<Member> save(Member member);
}
```

```
package com.apress.spring6recipes.reactive.court.service;

import com.apress.spring6recipes.reactive.court.domain.Member;
import jakarta.annotation.PostConstruct;
import org.springframework.stereotype.Service;
import reactor.core.publisher.Flux;
import reactor.core.publisher.Mono;

import java.util.Map;
import java.util.concurrent.ConcurrentHashMap;
import java.util.concurrent.atomic.AtomicLong;

@Service
```

```java
class InMemoryMemberService implements MemberService {

  private final AtomicLong sequence = new AtomicLong(1);
  private final Map<Long, Member> members = new ConcurrentHashMap<>();

  @PostConstruct
  public void init() {
    Flux.just(
      new Member("Marten Deinum", "00-31-1234567890", "marten@deinum.biz"),
      new Member("John Doe", "1-800-800-800", "john@doe.com"),
      new Member("Jane Doe", "1-801-802-803", "jane@doe.com"))
        .flatMap(this::save)
        .subscribe();
  }

  @Override
  public Flux<Member> findAll() {
    return Flux.fromIterable(members.values());
  }

  @Override
  public Mono<Member> findById(long id) {
    return Mono.justOrEmpty(members.get(id));
  }

  @Override
  public Mono<Member> save(Member member) {
    var id = sequence.getAndIncrement();
    this.members.put(id, member);
    return Mono.just(member);
  }
}
```

컨트롤러와 상호작용하는 두 가지 요소인 폼 뷰와 회원 서비스 클래스를 살펴봤으니 이제 회원 등록 폼을 처리하는 컨트롤러를 작성할 차례입니다.

폼 컨트롤러 작성하기

폼을 처리하는 컨트롤러는 앞에서와 동일한 애너테이션을 사용합니다. 다음 코드를 살펴봅시다.

```
package com.apress.spring6recipes.reactive.court.web;

import com.apress.spring6recipes.reactive.court.domain.Member;
import com.apress.spring6recipes.reactive.court.service.MemberService;
import org.springframework.stereotype.Controller;
import org.springframework.ui.Model;
import org.springframework.validation.BindingResult;
import org.springframework.web.bind.annotation.GetMapping;
import org.springframework.web.bind.annotation.ModelAttribute;
import org.springframework.web.bind.annotation.PostMapping;
import org.springframework.web.bind.annotation.RequestMapping;
import reactor.core.publisher.Mono;

@Controller
@RequestMapping("/members")
public class MemberController {

  private final MemberService memberService;

  public MemberController(MemberService memberService) {
    this.memberService = memberService;
  }

  @GetMapping
  public Mono<String> add(Model model) {
    model.addAttribute("member", new Member(null, null, null));
    return Mono.just("member");
  }

  @PostMapping
  public Mono<String> create(@ModelAttribute("member") Member member,
                             BindingResult bindingResult) {
    return memberService.save(member)
      .then(Mono.just("redirect:member-success"));
  }
}
```

컨트롤러에 표준 `@Controller` 애너테이션을 적용하고 `http://localhost:8080/members`와 같은 URL로 접근할 수 있게 `@RequestMapping` 애너테이션을 적용합니다.

브라우저에 URL을 입력하면 HTTP GET 요청이 웹 애플리케이션으로 전송됩니다. 그러면 해당 요청을 처리하도록 `@GetMapping` 애너테이션이 적용된 `add()` 메서드가 실행됩니다.

`add()`는 `Model` 객체를 입력 매개변수로 정의하며 뷰(폼)에 모델 데이터를 전달하는 역할을 합니다. 해당 핸들러 메서드는 빈 `Member` 객체를 생성해 컨트롤러의 `Model` 객체에 속성으로 추가합니다. 그런 다음 컨트롤러가 실행 흐름을 `member` 뷰에 넘기는데, 이는 `member.html`(폼)으로 해석됩니다.

`add()`에서 빈 `Member` 객체를 추가했다는 점이 중요합니다. `member.html`의 폼을 자세히 살펴보면 폼 태그에 `th:object="${member}"` 속성이 있습니다. 이는 뷰가 렌더링될 때 폼이 `member`라는 이름의 객체를 사용한다는 의미이며, 해당 객체는 핸들러 메서드의 `Model` 객체에 포함됩니다. 실제로 조금 더 살펴보면 각 입력 태그의 `th:field=*{expression}` 값이 `Member` 객체에 속한 필드 이름에 해당함을 알 수 있습니다. 폼이 처음 로드될 때도 `member` 객체가 있어야 하므로 빈 `Member` 객체를 추가했습니다.

이제 처음 폼을 제출하는 과정을 살펴보겠습니다. 폼 필드를 작성 후에 제출하면 HTTP POST 요청을 하게 되고 메서드의 `@PostMapping` 값에 따라 `create()` 메서드가 실행됩니다.

`create()`에 선언된 입력 필드는 `@ModelAttribute("member") Member member`(회원 객체 참조에 사용함)와 `BindingResult` 객체(사용자가 새롭게 제출한 데이터가 포함됨)입니다.

현재 핸들러 메서드는 `memberService.save(member);`를 호출하는 일만 합니다. 이 작업은 회원 객체의 현재 상태를 이용해 회원 서비스를 호출합니다. 보통 컨트롤러 객체는 이러한 작업을 수행하기 전에 먼저 유효성 검증을 하지만, 아직은 핸들러 메서드에 (`BindingResult` 객체의 목적인) 유효성 검증 로직을 넣지 않았습니다.

마지막으로 `create()`는 `redirect:member-success`라는 뷰를 반환합니다. 이때 뷰의 실제 이름은 `member-success`이며 앞서 작성한 `member-success.html` 페이지입니다.

뷰 이름에 있는 `redirect:` 접두어는 중복 폼 전송 문제를 방지하는 데 사용됩니다.

폼 성공 뷰에서 웹 페이지 새로고침을 하면 방금 제출했던 폼이 다시 제출됩니다. 이 문제를 방지하려면 폼 처리 성공 시 HTML 페이지를 직접 반환하지 말고 post/redirect/get 디자인 패턴을 적용해 다른 URL로 리다이렉션하기를 권장합니다.

모델 속성 객체를 초기화하고 폼값 미리 채우기

새로운 회원을 등록하도록 설계한 폼을 회원 정보를 수정할 때도 사용할 수 있습니다. 기존 회원의 정보로 member 변수를 미리 채운 다음 활용하면 좋겠죠.

동일한 뷰를 재사용하면서 이미 등록된 Member 객체를 사용해 모델을 미리 채우는 메서드를 컨트롤러에 추가해 보겠습니다.

```
@GetMapping("/{id}")
public Mono<String> add(@PathVariable("id") long id, Model model) {
  return memberService.findById(id)
          .defaultIfEmpty(new Member(null, null, null))
          .doOnNext( (member) -> model.addAttribute("member", member))
          .then(Mono.just("member"));
}
```

이 메서드는 URL에서 id 변수를 받아 기존 회원을 검색합니다. 검색 결과가 없다면 초기화한 빈 Member 인스턴스를 이용해 폼을 렌더링합니다. member.html은 변경할 필요가 없습니다.

이제 http://localhost:8080/members/1을 호출하면 폼의 필드가 미리 채워집니다. 이는 HTML에서 th:object와 th:field 태그를 사용하기 때문입니다. 타임리프는 모델(컨트롤러 메서드에서 채워짐)에서 얻은 값을 이용해 해당 태그를 처리합니다.

폼 참조 데이터 제공하기

폼 컨트롤러가 요청을 받아 폼 뷰를 렌더링할 때 폼에 제공할 참조 데이터(예: HTML 셀렉트 박스에 표시할 항목)가 있을 수 있습니다. 이번 예제에서는 등록할 스포츠 종목을 선택해 회원 등록을 하도록 해 보겠습니다.

```
package com.apress.spring6recipes.reactive.court.domain;
public record SportType(int id, String name) { }
```

SportType을 전달받을 수 있게 Member를 수정합니다.

```
package com.apress.spring6recipes.reactive.court.domain;

public record Member(String name, String email,
```

```
String phone, SportType preferredType) {
  public Member(String name, String email, String phone) {
    this(name, email, phone, null);
  }
}
```

SportType 타입을 포함하는 생성자를 추가했습니다. 그렇지 않으면 앞으로 수정할 InMemoryMemberService에서 생성자를 찾을 수 없다고 오류가 발생할 것입니다. 이제 목록에서 SportType을 선택할 수 있게 member.html에 드롭다운을 추가합니다. SportType 목록은 컨트롤러에서 모델에 추가할 것입니다.

```
<!DOCTYPE html>
<html lang="en" xmlns:th="http://www.thymeleaf.org">
<body>
<form method="post" th:object="${member}">
  <table>
    <tr>
      <td><label for="preferredType">Preferred Sport</label></td>
      <td>
        <select th:field="*{preferredType}">
          <option th:each="sportType : ${sportTypes}" th:value="${sportType.id}"
                  th:text="${sportType.name}"/>
        </select>
      </td>
      <td><span class="error"
                th:if="${#fields.hasErrors('preferredType')}"
                th:errors="*{preferredType}"></span></td>
    </tr>
    <tr>
      <td colspan="3"><input type="submit"/></td>
    </tr>
  </table>
</form>
</body>
</html>
```

<select> 태그는 컨트롤러가 뷰로 전달한 값의 드롭다운 목록을 생성합니다. 폼은 preferredType 필드를 (사용자가 직접 텍스트값을 입력해야 하는 <input> 필드 대신) HTML <select> 요소 목록으로 나타냅니다.

다음으로 컨트롤러가 sportType 필드를 모델 속성으로 지정하는 방법을 살펴봅니다. 이 과정은 앞선 예제의 필드를 처리할 때와 약간 다릅니다.

먼저 내부에 스포츠 종목 목록이 있고, 전체 목록이나 특정 스포츠 종목을 조회하는 메서드를 제공하는 간단한 SportTypeRepository를 추가합니다.

```
package com.apress.spring6recipes.reactive.court.web;

import com.apress.spring6recipes.reactive.court.domain.SportType;
import org.springframework.stereotype.Repository;
import reactor.core.publisher.Flux;

import java.util.List;
import java.util.Optional;

@Repository
public class SportTypeRepository {

  private final List<SportType> sportTypes = List.of(
    new SportType(1, "Tennis"),
    new SportType(2, "Soccer"),
    new SportType(3, "Swimming"));

  public Flux<SportType> findAll() {
    return Flux.fromIterable(this.sportTypes);
  }

  public Optional<SportType> findById(int id) {
    return sportTypes.stream().filter( (type) -> type.id() == id).findFirst();
  }
}
```

하드코딩된 SportType 객체 목록을 반환하는 구현체를 작성했으니 이제 컨트롤러가 이 목록을 폼 뷰에 어떻게 반환하는지 살펴보겠습니다.

```
package com.apress.spring6recipes.reactive.court.web;

import com.apress.spring6recipes.reactive.court.domain.SportType;
import com.apress.spring6recipes.reactive.court.domain.Member;
import com.apress.spring6recipes.reactive.court.service.MemberService;
import org.springframework.stereotype.Controller;
```

```java
import org.springframework.web.bind.annotation.GetMapping;
import org.springframework.web.bind.annotation.ModelAttribute;
import org.springframework.web.bind.annotation.PathVariable;
import org.springframework.web.bind.annotation.RequestMapping;
import reactor.core.publisher.Flux;
import reactor.core.publisher.Mono;

@Controller
@RequestMapping("/members")
public class MemberController {

  private final MemberService memberService;
  private final SportTypeRepository sportTypeRepository;

  public MemberController(MemberService memberService,
                          SportTypeRepository sportTypeRepository) {
    this.memberService = memberService;
    this.sportTypeRepository = sportTypeRepository;
  }

  @ModelAttribute("sportTypes")
  public Flux<SportType> sportTypes() {
    return sportTypeRepository.findAll();
  }

  ...
  @GetMapping("/{id}")
  public Mono<String> add(@PathVariable("id") long id, Model model) {
    return memberService.findById(id)
            .defaultIfEmpty(new Member(null, null, null, null))
            .doOnNext( (member) -> model.addAttribute("member", member))
            .then(Mono.just("member"));
  }
  ...
}
```

@ModelAttribute("sportTypes") 애너테이션을 적용한 sportTypes() 메서드를 추가했습니다. 이 메서드는 SportType 목록을 모델 속성으로 담아 폼 뷰에 전달합니다. @ModelAttribute는 핸들러 메서드가 반환하는 어떤 뷰라도 사용할 수 있는 전역 모델 속성을 정의하는 데 사용됩니다. 이는 핸들러 메서드가 Model 객체를 입력 매개변수로 선언하고 반환 뷰가 해당 Model 객체에 접근할 수 있게 하는 방식과 동일합니다. 이 마지막 모델 속성은 폼 뷰에서

드롭다운 목록(<select> 태그)을 채우는 데 사용됩니다. 결과 페이지는 [그림 4-5]와 같습니다.

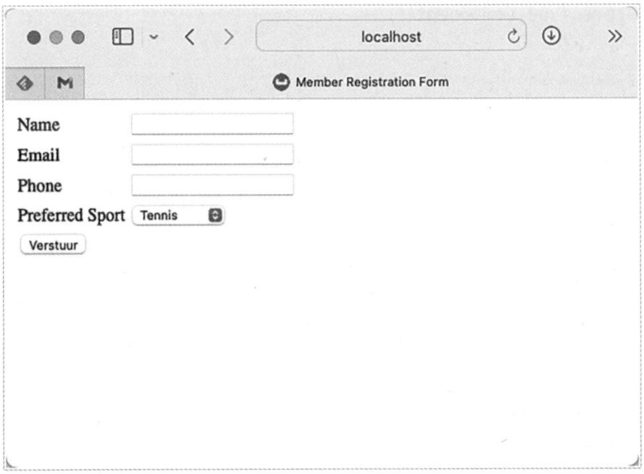

그림 4-5 완성된 멤버 폼

커스텀 타입 프로퍼티 바인딩하기

폼이 제출되면 컨트롤러는 폼 필드의 값을 동일한 이름의 모델 객체(Member 객체) 프로퍼티에 바인딩합니다. 하지만 커스텀 타입의 프로퍼티를 사용할 때는 해당 프로퍼티용 편집기를 지정하지 않으면 컨트롤러가 해당 프로퍼티를 변환할 수 없습니다.

예를 들어 스포츠 종목을 선택하는 필드는 HTML <select> 필드 동작 구조상 사용자가 선택한 스포츠 종목의 ID만 제출합니다. 따라서 프로퍼티 편집기를 사용해 해당 ID를 SportType 객체로 변환해야 합니다. 이때 앞서 작성한 findById()와 같이 입력을 기반으로 요청 객체를 반환하는 메서드를 사용합니다.

```
public Optional<SportType> findById(int id) {
  return sportTypes.stream().filter( (type) -> type.id() == id).findFirst();
}
```

SportTypeRepository를 사용해 스포츠 종목 ID를 SportType 객체로 변환하는 SportTypeConverter 클래스를 작성합니다.

```java
package com.apress.spring6recipes.reactive.court.web;

import com.apress.spring6recipes.reactive.court.domain.SportType;
import org.springframework.core.convert.converter.Converter;
import org.springframework.stereotype.Component;

@Component
public class SportTypeConverter implements Converter<String, SportType> {

  private final SportTypeRepository repository;

  public SportTypeConverter(SportTypeRepository repository) {
    this.repository = repository;
  }

  @Override
  public SportType convert(String source) {
    var sportTypeId = Integer.parseInt(source);
    return repository.findById(sportTypeId).orElse(null);
  }
}
```

폼 프로퍼티를 SportType 클래스와 같은 커스텀 클래스에 바인딩할 수 있게 지원하는 SportTypeConverter 클래스를 만들었으니 이제 WebFluxConfigurer의 addFormatters() 메서드를 사용해 컨트롤러와 연결합니다.

SportTypeConverter 클래스를 이용해 SportType과 같은 커스텀 타입을 컨트롤러와 연결하는 구성 클래스의 메서드를 오버라이드합니다.

```java
package com.apress.spring6recipes.reactive.court;

import com.apress.spring6recipes.reactive.court.web.SportTypeConverter;
import org.springframework.context.annotation.Bean;
import org.springframework.context.annotation.ComponentScan;
import org.springframework.context.annotation.Configuration;
import org.springframework.format.FormatterRegistry;
import org.springframework.web.reactive.config.EnableWebFlux;
import org.springframework.web.reactive.config.WebFluxConfigurer;

@Configuration
@EnableWebFlux
```

```
@ComponentScan
public class WebFluxConfiguration implements WebFluxConfigurer {

  private final SportTypeConverter sportTypeConverter;

  public WebFluxConfiguration(SportTypeConverter sportTypeConverter) {
    this.sportTypeConverter = sportTypeConverter;
  }

  ...
  @Override
  public void addFormatters(FormatterRegistry registry) {
    registry.addConverter(this.sportTypeConverter);
  }
}
```

이 마지막 클래스의 유일한 필드인 sportTypeConverter는 애플리케이션의 SportTypeConverter 빈에 접근하는 데 사용합니다. 이 컨버터는 Registry.addConverter()를 호출하는 addFormatters() 메서드를 사용해 레지스트리에 추가합니다. 이 방식으로 모든 애너테이션 기반 컨트롤러(@Controller를 적용한 클래스)의 핸들러 메서드는 동일한 커스텀 컨버터와 포매터에 접근할 수 있습니다.

폼 데이터 유효성 검증하기

보통 폼 제출을 처리하기 전에 사용자가 보내온 데이터의 유효성을 검증합니다. 스프링 MVC처럼 스프링 웹플럭스도 Validator 인터페이스를 구현한 검증기 객체를 이용해 유효성 검증을 할 수 있습니다. 자신만의 구현체를 만들 수도 있지만 일반적으로 자카르타 빈 유효성 검증 API[8]를 사용합니다. 이를 이용하면 모델 객체에 애너테이션을 적용해 스프링 웹플럭스가 자동으로 유효성 검증을 할 수 있습니다.

Member 객체에 몇 가지 유효성 검증 제약 조건을 추가해 봅시다.

```
package com.apress.spring6recipes.reactive.court.domain;

import jakarta.validation.constraints.Email;
```

8 https://jakarta.ee/specifications/bean-validation/

```
import jakarta.validation.constraints.NotBlank;
import jakarta.validation.constraints.NotNull;

public record Member(@NotBlank String name,
                     @NotBlank @Email String email,
                     String phone,
                     @NotNull SportType preferredType) {
}
```

이 제약 조건에 따르면 name 필드의 값은 필수이고(공백이나 null과 같은 빈 값을 허용하지 않음) email 필드의 값은 필수이며 올바른 이메일 주소 형식이어야 합니다. 마지막으로 preferredType 필드는 null이면 안 됩니다.

다음으로 사용자가 폼을 제출할 때 항상 호출되는 HTTP POST 핸들러 메서드를 변경합니다. @ModelAttribute 옆에 @Valid를 추가로 적용합니다. @Valid는 객체의 유효성 검증이 동작하게 트리거합니다. 유효성 검증 결과는 매개변수인 BindingResult 객체에 담깁니다. result.hasErrors() 메서드를 호출해 검증 결괏값을 확인하고 조건문을 수행합니다. 유효성 검증 클래스가 오류를 감지하면 해당 값은 true가 됩니다.

유효성 검증 과정에서 오류가 발견되면 핸들러 메서드는 사용자가 정보를 다시 제출할 수 있게 동일한 폼에 뷰 member를 반환합니다. 오류가 발견되지 않으면 이전 예제와 동일하게 동작합니다.

```
@PostMapping
public Mono<String> create(@Valid @ModelAttribute("member") Member member,
                           BindingResult bindingResult) {
  if (bindingResult.hasErrors()) {
    return Mono.just("member");
  }

  return Mono.just(member)
                 .map(memberService::save)
                 .then(Mono.just("redirect:member-success"));
}
```

레시피 4-5 비동기 웹 클라이언트

과제 애플리케이션에서 서드파티(예: 구글, 야후) REST 서비스에 접근해 페이로드를 받아와 사용해 보세요.

해결 스프링 애플리케이션에서 스프링 `WebClient` 추상화를 이용해 서드파티 REST 서비스에 접근할 수 있습니다. `WebClient`는 스프링의 다양한 `*Template` 클래스(`JdbcTemplate`, `JmsTemplate` 등)와 동일한 원칙으로 설계되어, 몇 가지 기본 로직만 작성하면 관련 작업이 수행되는 단순화된 접근 방식을 제공합니다. 이 덕분에 스프링 애플리케이션에서 REST 서비스를 호출하고 반환되는 페이로드를 사용하는 과정이 간결해집니다.

풀이 `WebClient`의 특징을 살펴보기 전에 REST 서비스 라이프사이클을 살펴보면 `WebClient`가 어떤 일을 하는지 이해하는 데 도움이 됩니다(레시피 3-4). REST 서비스의 라이프사이클은 브라우저를 사용하면 잘 확인할 수 있으니 브라우저를 열어 두세요.

먼저 REST 서비스 엔드포인트가 필요합니다. [레시피 4-2]에서 만든 `http://localhost:8080/members` 엔드포인트를 다시 사용하겠습니다. 브라우저로 해당 REST 서비스 엔드포인트에 접속하면 REST 서비스에서 가장 많이 쓰는 HTTP GET 요청을 수행하고 [그림 4-6]과 같은 응답 페이로드를 화면에 표시합니다.

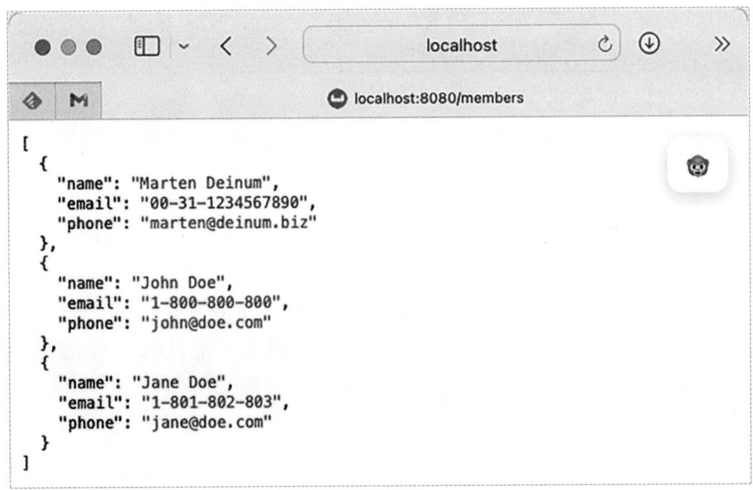

그림 4-6 JSON 결과

REST 서비스 소비자(사용자)는 REST 서비스가 제공하는 정보를 적절히 처리할 수 있게 페이로드 구조(어휘라고도 함)를 알아야 합니다. 예제에서는 커스텀 어휘를 사용했지만 일반적으로 REST 서비스는 표준화된 어휘(예: RSS)를 기반으로 페이로드를 일관성 있게 처리합니다. 또한 더 쉽게 페이로드를 검색하고 소비할 수 있게 WADL(웹 애플리케이션 기술 언어) 규약을 제공하는 REST 서비스도 있습니다.

지금까지 브라우저를 이용해 REST 서비스의 라이프사이클을 살펴봤습니다. 다음으로 스프링 `WebClient`를 사용해 스프링 애플리케이션과 REST 서비스의 페이로드를 통합하는 방법을 살펴보겠습니다. `WebClient`는 REST 서비스를 호출하는 용도로 설계됐으므로 주요 메서드는 HTTP 메서드(HEAD, GET, POST, PUT, DELETE, OPTIONS 등)와 밀접하게 연관됩니다. [표 4-4]는 `WebClient`가 지원하는 주요 메서드입니다.

표 4-4 HTTP 요청 메서드 기반의 WebClient 클래스 메서드

메서드	설명
`create()`	`WebClient` 생성(선택적으로 기본URL 전달 가능)
`head()`	HTTP HEAD 요청 준비
`get()`	HTTP GET 요청 준비
`post()`	HTTP POST 요청 준비
`put()`	HTTP PUT 요청 준비
`options()`	HTTP OPTIONS 요청 준비
`patch()`	HTTP PATCH 요청 준비
`delete()`	HTTP DELETE 요청 준비

이처럼 `WebClient` 빌더 메서드는 HTTP 메서드와 이름이 동일합니다.

> **NOTE_** REST 서비스에서 가장 많이 사용하는 HTTP 메서드는 GET입니다. 이는 HTTP GET 요청이 정보를 수정하지 않고 얻기만 하는 안전한 작업이기 때문입니다. 반면에 PUT, POST, DELETE 같은 HTTP 메서드는 정보 제공자의 정보를 변경하도록 설계됐으므로 REST 서비스 제공자가 지원하지 않는 경우가 많습니다. 많은 서비스 제공 업체는 데이터 변경이 필요할 때 REST 서비스 대신에 대체 메커니즘인 SOAP을 선택합니다.

`WebClient` 기본 빌더 메서드를 살펴봤으니 이제 앞서 브라우저로 호출했던 것과 동일한 REST

서비스를 호출해 보겠습니다. 이번에는 브라우저 대신에 자바 코드로 스프링 프레임워크를 사용해 호출합니다. 다음은 REST 서비스에 접근해 얻어온 내용을 System.out으로 출력하는 클래스입니다.

```
package com.apress.spring6recipes.reactive.court;

import org.springframework.http.MediaType;
import org.springframework.web.reactive.function.client.WebClient;

import java.io.IOException;

public class Main {

  public static void main(String[] args) throws IOException {
    var url = "http://localhost:8080/";

    WebClient.create(url).get().uri("/members")
                             .accept(MediaType.APPLICATION_JSON)
                             .exchangeToFlux( (cr) -> cr.bodyToFlux(String.class))
                             .subscribe(System.out::println);

    System.in.read();
  }
}
```

CAUTION_ 일부 REST 서비스 제공자는 요청자에 따라 데이터 피드의 접근을 제한합니다. 보통 요청에 포함된 데이터(헤더, IP 주소 등)에 따라 접근을 거부합니다. 따라서 서비스 제공자는 다른 매체에서 정상적으로 동작하는 데이터 피드일지라도 상황에 따라 사용자에게 접근을 거부하는 응답을 반환할 수 있습니다. 예를 들어 웹 브라우저를 이용할 때는 REST 서비스 요청이 정상적으로 처리되지만 스프링 애플리케이션을 이용할 때는 접근이 거부될 수 있습니다. 이는 REST 서비스 제공자가 정한 이용 규약에 따라 다릅니다.

클래스의 상단에 WebClient 임포트 구문을 선언하고 본문에서는 WebClient.create() 메서드로 WebClient의 인스턴스를 생성했습니다. 다음으로 [표 4-4]에서 설명한 WebClient의 get() 메서드는 브라우저를 사용해 REST 서비스의 페이로드를 얻어 오는 것처럼 HTTP GET 요청을 처리합니다. 다음으로 http://localhost:8080/members와 같이 기본 URL을 확장하고 JSON 형태로 응답을 받을 수 있게 accept(MediaType.APPLICATION_JSON) 메서드를 호출합니다.

exchangeToFlux() 메서드 호출은 응답 처리와 관련된 구성입니다. 0개 이상의 요소를 얻을 것으로 예상되므로 ClientResponse의 본문을 Flux로 변환할 수 있게 exchangeToFlux()가 필요합니다. 최대 1개의 요소가 예상된다면 exchangeToMono() 메서드를 사용해 Mono로 변환합니다. 이렇게 받아온 요소를 System.out으로 출력해서 구독하면 됩니다.

실행 후 콘솔에 출력된다는 점을 제외하면 브라우저에서 본 결과와 동일합니다.

매개변수화한 URL에서 데이터 조회하기

지금까지 URL을 호출해 데이터를 조회하는 방법을 살펴봤습니다. 그렇다면 URL에서 매개변수가 필요할 때는 어떻게 해야 할까요? 물론 URL에 매개변수를 하드코딩하고 싶지 않습니다. WebClient를 사용하면 URL을 위치 지정자와 함께 사용할 수 있으며 실행 시 실젯값으로 변환됩니다. 위치 지정자는 요청 매핑과 경로 변수와 마찬가지로 중괄호({, })를 사용해 정의합니다.

http://localhost:8080/members/{id}는 매개변수화된 URL이며 해당 URL에 접근하려면 위치 지정자에 값을 전달해야 합니다. WebClient의 uri() 메서드에 인수로 전달해 이 작업을 수행할 수 있습니다.

```
public class Main {

  public static void main(String[] args) throws IOException {
    WebClient.create(url)
                  .get().uri("/members/{id}", "1")
                  .accept(MediaType.APPLICATION_JSON)
                  .exchangeToFlux( (cr) -> cr.bodyToFlux(String.class))
                  .subscribe(System.out::println);

    System.in.read();
  }
}
```

데이터를 매핑된 객체로 가져오기

애플리케이션에서 문자열을 반환하는 대신 Member 클래스를 사용(재사용)해 결과를 매핑할 수도 있습니다. bodyToFlux() 메서드에 String.class 대신 Member.class를 매개변수로 전달하면 응답이 해당 클래스에 매핑됩니다.

```
package com.apress.spring6recipes.reactive.court;

import com.apress.spring6recipes.reactive.court.domain.Member;
import org.springframework.http.MediaType;
import org.springframework.web.reactive.function.client.WebClient;

import java.io.IOException;

public class ClientWithMapping {

  public static void main(String[] args) throws IOException {
    var url = "http://localhost:8080/";

    WebClient.create(url).get().uri("/members")
             .accept(MediaType.APPLICATION_JSON)
             .exchangeToFlux( (cr) -> cr.bodyToFlux(Member.class))
             .subscribe(System.out::println);

    System.in.read();
  }
}
```

WebClient는 @ResponseBody 애너테이션이 적용된 메서드가 있는 컨트롤러와 동일한 HttpMessageReader 인프라스트럭처를 사용합니다. 잭슨과 JAXB2 같은 라이브러리를 자동으로 감지하므로 손쉽게 객체를 변환합니다.

레시피 4-6 리액티브 핸들러 함수 작성하기

과제 사용자 요청을 처리하는 리액티브 함수를 작성하세요.

해결 ServerRequest를 전달받아 Mono<ServerResponse>를 반환하는 메서드를 작성하고 이 메서드를 라우터 함수router function로 매핑합니다.

풀이 @RequestMapping 애너테이션을 사용해 요청을 메서드에 매핑하는 대신 HandlerFunction 인터페이스를 이용해 함수를 작성할 수도 있습니다.

```
package org.springframework.web.reactive.function.server;

import reactor.core.publisher.Mono;

@FunctionalInterface
public interface HandlerFunction<T extends ServerResponse> {
  Mono<T> handle(ServerRequest request);
}
```

코드에서 확인할 수 있듯이 HandlerFunction은 기본적으로 ServerRequest를 인수로 전달받고 Mono<ServerResponse>를 반환하는 handler() 메서드가 있는 인터페이스입니다. ServerRequest와 ServerResponse는 모두 요청과 응답의 다양한 부분을 Mono나 Flux 스트림으로 제공해 완전히 리액티브하게 요청과 응답에 접근할 수 있습니다.

함수를 작성한 이후에는 RouterFunctions 클래스를 이용해 수신된 요청에 매핑합니다. URL, 헤더, 메서드, 커스텀 RequestPredicates 구현체 클래스를 대상으로 매핑이 이루어집니다. 기본적으로 RequestPredicates를 이용해 사용 가능한 요청 프레디케이트predicate[9]를 가져옵니다.

핸들러 함수 작성하기

MemberController 컨트롤러 클래스를 간단한 요청을 처리하는 함수로 변경해 봅시다.

먼저 모든 요청 매핑 애너테이션을 제거하고 클래스에 간단하게 @Component 애너테이션만 적용합니다. @Controller 애너테이션을 적용해도 동작하지만 실제로 컨트롤러 역할을 하지 않으므로 적절하지 않습니다. 그리고 HandlerFunction 인터페이스의 시그니처를 준수해 메서드를 다시 작성합니다.

```
package com.apress.spring6recipes.reactive.court.web;

import com.apress.spring6recipes.reactive.court.domain.Member;
```

9 옮긴이_ 조건식 등 true나 false 값을 반환하는 함수를 말합니다.

```java
import com.apress.spring6recipes.reactive.court.service.MemberService;
import org.springframework.stereotype.Component;
import org.springframework.web.reactive.function.server.ServerRequest;
import org.springframework.web.reactive.function.server.ServerResponse;
import reactor.core.publisher.Mono;

@Component
public class MemberController {

  private final MemberService memberService;

  public MemberController(MemberService memberService) {
    this.memberService = memberService;
  }

  public Mono<ServerResponse> list(ServerRequest request) {
    return ServerResponse
      .ok()
      .body(memberService.findAll(), Member.class);
  }

  public Mono<ServerResponse> create(ServerRequest request) {
    var member = request.bodyToMono(Member.class)
                     .flatMap(memberService::save);
    return ServerResponse.ok().body(member, Member.class);
  }
}
```

이 클래스에는 여전히 MemberService 의존성이 필요합니다. list()와 create() 메서드는 변경되었는데, 모두 Mono<ServerResponse>를 반환하고 ServerRequest를 입력으로 받으며 HTTP OK(200) 상태를 반환하는 ServerResponse.ok()를 호출합니다. 응답 본문으로는 memberService.findAll() 메서드의 반환값인 Flux<Member>를 사용했습니다. 또한 리액티브한 일반적인 특성 때문에 타입 정보를 미리 알아야 런타임 시에 타입에 맞게 처리할 수 있으므로 Member.class를 명시했습니다

create()는 앞서 설명한 과정과 거의 유사하게 동작합니다. 가장 먼저 bodyToMono() 메서드를 사용해 요청 본문을 Member로 매핑한 다음 그 결과를 이용해 MemberService의 save() 메서드를 호출합니다.

애플리케이션에 접속해 얻어온 결과는 [레시피 4-5]와 동일합니다(그림 4-6).

핸들러 함수로 요청 라우팅하기

애너테이션 기반으로 요청을 처리하는 메서드를 간단한 함수로 변경했으니 이제 라우팅도 달라져야 합니다. RouterFunctions를 사용해 매핑합니다.

```
@Bean
public RouterFunction<ServerResponse> membersRouter(MemberController handler) {
  return RouterFunctions.route()
    .GET("/members", handler::list)
    .POST("/members",handler::create)
    .build();
}
```

사용자가 /members URL로 보낸 HTTP GET 요청이 수신되면 list()가 호출되고 HTTP POST로 들어오면 create()가 호출됩니다.

RequestPredicates.GET처럼 호출하는 것은 RequestPredicates.method(HttpMethod.GET).and(RequestPredicates.path("/members"))와 같이 호출하는 것과 동일합니다. 원하는 만큼 RequestPredicate 구문을 조합해 사용할 수 있으며 [표 4-5]는 RequestPredicates 클래스가 제공하는 메서드입니다.

표 4-5 사용 가능한 기본 RequestPredicate

메서드	설명
method	HTTP 메서드를 지정하는 RequestPredicate
path	전체 URL이나 일부 URL을 지정하는 RequestPredicate
accept	요청된 미디어 유형과 일치하는 Accept 헤더를 지정하는 RequestPredicate
queryParam	쿼리 매개변수의 존재 여부를 확인하는 RequestPredicate
headers	요청 헤더의 존재 여부를 확인하는 RequestPredicate

RequestPredicates는 표에서 볼 수 있는 메서드뿐만 아니라 GET, POST, PUT, DELETE, HEAD, PATCH, OPTIONS용 단축 메서드도 제공합니다. 이 메서드를 사용하면 예제에서 봤듯이 두 표현식을 결합하지 않아도 됩니다.

마치며

4장에서는 리액티브 컨트롤러 작성 방법을 살펴봤는데, 앞선 장들에서 배운 내용과 크게 다르지는 않았습니다. 이러한 부분이 스프링이 제공하는 추상화의 강점이며 완전히 다른 기술을 사용할 때도 동일한 프로그래밍 모델을 사용할 수 있습니다. 리액티브 컨트롤러와 리액티브 핸들러 함수 작성 방법을 살펴봤으며 리액티브 핸들러가 조금 더 함수형 프로그래밍 방법으로 동일한 작업을 수행할 수 있음을 알았습니다.

`WebClient`를 이용해 REST API를 비동기적으로 소비하는 방법도 살펴봤습니다.

CHAPTER 5

스프링 시큐리티

5장에서는 스프링 시큐리티Spring Security 프레임워크로 애플리케이션에 안전하게 보안을 어떻게 적용하는지 살펴봅니다. 스프링 시큐리티는 아시지 시큐리티Acegi Security라는 이름으로 시작됐지만 스프링 포트폴리오Spring Portfolio 프로젝트에 합류하면서 이름이 변경됐습니다. 스프링 시큐리티는 모든 자바 애플리케이션에 적용할 수 있으며 특히 웹 애플리케이션에서 많이 사용합니다. 웹 애플리케이션은 인터넷으로 접근할 수 있으므로 보안 처리를 적절하게 하지 않으면 해커의 공격에 취약할 수밖에 없습니다.

애플리케이션 보안을 다뤄보지 않았다면 먼저 몇 가지 용어와 개념을 이해하고 넘어가야 합니다. 인증authentication은 접근 주체principal의 신원identity을 검증하는 과정입니다. 접근 주체는 사용자, 장치, 시스템이 될 수 있지만 일반적으로 사용자를 의미합니다. 접근 주체는 신원을 증명할 정보인 자격 증명credential을 제공해 인증을 받습니다. 대상 주체가 사용자라면 자격 증명은 보통 비밀번호password입니다.

인가authorization는 인증된 사용자에게 권한authority을 부여해 대상 애플리케이션의 특정 리소스에 접근하도록 허가하는 과정입니다. 인증 이후에는 인가를 수행해야 하며 권한은 일반적으로 역할role을 기준으로 부여합니다.

접근 제어access control는 애플리케이션 리소스의 접근을 통제하는 것을 의미합니다. 따라서 사용자가 리소스에 접근하게 허락할지를 결정하는 과정인 접근 제어 결정access control decision이 포함됩니다. 리소스의 접근 속성을 사용자에게 부여된 권한이나 다른 특성과 비교해 결정합니다.

5장을 마치고 나면 기본 보안 개념을 이해하고 URL 접근, 메서드 호출, 뷰 렌더링, 도메인 객체 등 여러 레벨에서 웹 애플리케이션에 보안을 적용하는 방법을 알게 될 것입니다.

> **NOTE_** 5장의 레시피로 들어가기 전에 `recipe_5_1_i` 애플리케이션을 살펴보세요(`recipe_5_shared`에 있는 공유 코드도 함께 확인하세요). 이 애플리케이션은 할 일을 등록하고 목록으로 보여 주며 완료 처리를 하는 일종의 스케줄 관리 애플리케이션이며, 5장에서 사용할 초기 보안이 적용되지 않았습니다. 애플리케이션을 배포하고 브라우저로 접속하면 [그림 5-1]과 같은 화면이 나타납니다.

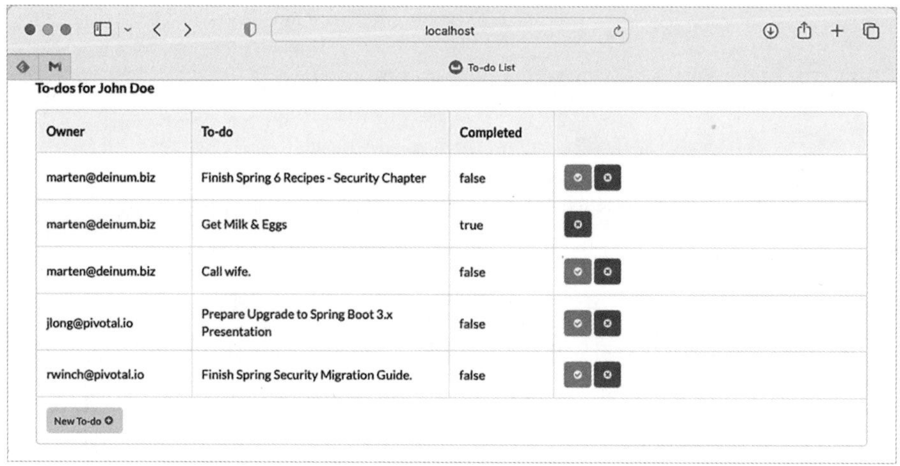

그림 5-1 할 일 관리 애플리케이션 첫 화면

레시피 5-1 URL 접근 보안 적용하기

> **과제** 많은 웹 애플리케이션에는 외부로 공개하지 않는 중요하고 민감한 URL이 있습니다. 이러한 URL을 미인가 접근으로부터 안전하게 보호할 수 있게 보안을 적용하세요.

해결 스프링 시큐리티를 사용하면 간단한 구성만으로 웹 애플리케이션 URL에 선언적 방식으로 접근 보안을 적용할 수 있습니다. 스프링 시큐리티는 HTTP 요청을 처리하는 서블릿 필터를 적용해 보안을 처리합니다. `AbstractSecurityWebApplicationInitializer`라는 기본 클래스를 상속하면 편리하게 필터를 등록하고 구성을 감지할 수 있습니다.

스프링 시큐리티는 `@Bean` 애너테이션이 적용된 메서드에서 `HttpSecurity` 클래스와 `WebSecurity` 클래스를 사용해 웹 애플리케이션 보안을 쉽게 (재)구성할 수 있습니다. 웹 애플리케이션의 보안 요구 사항이 간단하고 일반적이라면 별다른 구성을 하지 않아도 다음과 같은 기본 보안 설정을 바로 적용할 수 있습니다.

- **폼 기반 로그인 서비스**: 사용자가 애플리케이션에 로그인하는 기본 로그인 폼 페이지를 제공합니다.
- **HTTP 기본 인증**: HTTP 요청 헤더에 표시된 기본 인증 자격 증명을 처리합니다. 원격 프로토콜과 웹 서비스의 요청을 인증하는 데도 사용합니다.
- **로그아웃 서비스**: 사용자가 애플리케이션에서 로그아웃할 수 있는 URL에 매핑된 핸들러를 제공합니다.
- **익명 로그인**: 익명 사용자에게 접근 주체를 할당하고 권한을 부여해 일반 사용자처럼 처리합니다.
- **서블릿 API 통합**: `HttpServletRequest.isUserInRole()`과 `HttpServletRequest.getUserPrincipal()` 같은 표준 서블릿 API를 사용해 웹 애플리케이션에 있는 보안 정보에 접근합니다.
- **사이트 간 요청 위조**cross-site request forgery **(CSRF) 방어**: CSRF 토큰을 생성해 `HttpSession`에 담습니다.
- **보안 헤더**: 보안 패키지의 캐싱 비활성화, XSS 방어protection, 전송 보안transport security, X-Frame 보안 등의 기능을 제공합니다.

이러한 보안 서비스를 등록하면 특정 접근 권한이 필요한 URL 패턴을 지정할 수 있으며 스프링 시큐리티는 구성된 내용대로 보안 검사를 수행합니다. 사용자가 익명 접근이 가능한 공개 URL 이외의 보안 URL에 접근하려면 반드시 애플리케이션에 로그인해야 합니다. 스프링 시큐리티는 애플리케이션 요구 사항에 맞게 골라서 사용할 수 있게 다양한 인증 공급자authentication provider를 제공합니다. 인증 공급자는 사용자를 인증하고 해당 사용자에게 부여된 권한을 반환합니다.

풀이 먼저 `@Configuration` 애너테이션이 적용된 클래스에 `@EnableWebSecurity` 애너테이션을 추가로 적용해 보안을 활성화합니다. 애플리케이션이 컴포넌트 스캔을 이용해 초기 구성을 할 때 해당 클래스가 자동으로 선택되고 애플리케이션에 보안이 적용됩니다.

예제 5-1 간단한 보안 구성

```
package com.apress.spring6recipes.board.security;

import org.springframework.context.annotation.Configuration;
import org.springframework.security.config.annotation.web.configuration.
EnableWebSecurity;

@Configuration
@EnableWebSecurity
public class TodoSecurityConfig { }
```

> **NOTE_** 스프링 시큐리티를 웹/서비스 계층용 구성 클래스에 구성할 수도 있지만 보안 구성을 별도의 클래스(예: TodoSecurityConfig)에 하면 더 좋습니다.

스프링 시큐리티는 서블릿 필터를 이용해 HTTP 요청의 보안을 처리하므로 서블릿 필터를 등록해야 합니다. AbstractSecurityWebApplicationInitializer를 상속해 쉽게 등록할 수 있습니다(예제 5-2).

예제 5-2 보안 이니셜라이저

```
package com.apress.spring6recipes.board.security;
import org.springframework.security.web.context.AbstractSecurityWebApplicationIniti
alizer;
public class TodoSecurityInitializer extends AbstractSecurityWebApplicationInitiali
zer { }
```

AbstractSecurityWebApplicationInitializer는 보안 구성이 포함된 ApplicationContext를 자동으로 감지하고 이를 이용해 필터의 초기 구성을 합니다. JAX-RS 애플리케이션처럼 스프링 없이 스프링 시큐리티를 사용한다면 (구성 클래스를 인수로 받는) 생성자를 사용해 AbstractSecurityWebApplicationInitializer에 구성을 전달할 수 있습니다.

애플리케이션을 빌드하고 배포한 뒤 http://localhost:8080/todos/todos를 호출하면 스프링 시큐리티의 기본 로그인 페이지(그림 5-2)가 나타납니다.

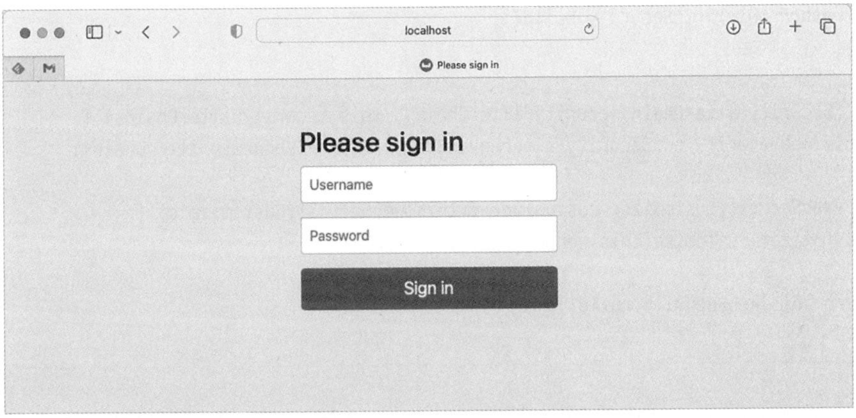

그림 5-2 스프링 시큐리티 기본 로그인 페이지

URL 접근 보안 적용하기

기본 구성은 org.springframework.security.config.annotation.web.configuration.HttpSecurityConfiguration 클래스로 HttpSecurity 타입의 빈을 제공합니다. 이 기본 구성을 도와주는 org.springframework.security.config.annotation.web.configuration.WebSecurityConfiguration 클래스는 웹 영역의 보안 관련 작업(보안을 적용하는 데 필요한 필터 체인 설정)을 합니다. [예제 5-3]은 springSecurityFilterChain이라는 빈을 생성하고 anyRequest().authenticated() 메서드를 호출해 스프링 시큐리티는 시스템에 들어오는 모든 요청을 대상으로 인증을 수행합니다. 또한 HTTP 기본 인증과 폼 기반 로그인을 활성화합니다. 폼 기반 로그인 페이지를 명시적으로 지정하지 않았으므로 스프링 시큐리티가 기본 로그인 페이지를 생성해 보여 줍니다.

예제 5-3 WebSecurityConfiguration **클래스의 구성 메서드**

```
@Bean(name = AbstractSecurityWebApplicationInitializer.DEFAULT_FILTER_NAME)
public Filter springSecurityFilterChain() throws Exception {
  boolean hasFilterChain = !this.securityFilterChains.isEmpty();
  if (!hasFilterChain) {
    this.webSecurity.addSecurityFilterChainBuilder(() -> {
    this.httpSecurity.authorizeHttpRequests(
      (authorize) -> authorize.anyRequest().authenticated());
      this.httpSecurity.formLogin(Customizer.withDefaults());
      this.httpSecurity.httpBasic(Customizer.withDefaults());
```

```
      return this.httpSecurity.build();
    });
  }
  for (SecurityFilterChain securityFilterChain : this.securityFilterChains) {
    this.webSecurity.addSecurityFilterChainBuilder(() -> securityFilterChain);
  }
  for (WebSecurityCustomizer customizer : this.webSecurityCustomizers) {
    customizer.customize(this.webSecurity);
  }
  return this.webSecurity.build();
}
```

몇 가지 보안 규칙을 직접 작성해 강력한 URL 접근 규칙을 적용해 봅시다. 그러려면 HttpSecurityConfiguration이 제공하는 HttpSecurity 빈을 매개변수로 전달받고 SecurityFilterChain을 반환하는 메서드를 작성해야 합니다. 단, SecurityFilterChain을 직접 제공하면 WebSecurityConfiguration의 기본 구성은 더는 적용되지 않으며 인증 메커니즘도 직접 지정해야 합니다.

예제 5-4 할 일 관리 애플리케이션 보안 구성

```
package com.apress.spring6recipes.board.security;

import org.springframework.context.annotation.Bean;
import org.springframework.context.annotation.Configuration;
import org.springframework.http.HttpMethod;
import org.springframework.security.config.Customizer;
import org.springframework.security.config.annotation.web.builders.HttpSecurity;
import org.springframework.security.config.annotation.web.configuration.
EnableWebSecurity;
import org.springframework.security.core.userdetails.User;
import org.springframework.security.provisioning.InMemoryUserDetailsManager;
import org.springframework.security.provisioning.UserDetailsManager;
import org.springframework.security.web.SecurityFilterChain;
import org.springframework.security.web.util.matcher.AntPathRequestMatcher;

@Configuration
@EnableWebSecurity
public class TodoSecurityConfig {

  @Bean
  public UserDetailsManager userDetailsService() {
```

```java
    var user = User.withDefaultPasswordEncoder()  // 현재 deprecated되었습니다.
      .username("user").password("user").authorities("USER").build();
    var admin = User.withDefaultPasswordEncoder()
      .username("admin").password("admin").authorities("USER", "ADMIN").build();
    return new InMemoryUserDetailsManager(user, admin);
  }

  @Bean
  public SecurityFilterChain securityFilterChain(HttpSecurity http)
    throws Exception {

    http.csrf().disable();
    http.formLogin(Customizer.withDefaults());
    http.authorizeHttpRequests(auth -> auth
        .requestMatchers(new AntPathRequestMatcher("/todos", "GET"))
        .hasAuthority("USER")
        .requestMatchers(new AntPathRequestMatcher("/todos/*", "GET"))
        .hasAuthority("USER")
        .requestMatchers(new AntPathRequestMatcher("/todos/*", "DELETE"))
        .hasAuthority("ADMIN"));
    return http.build();
  }
}
```

authorizeHttpRequests() 메서드로 URL에 보안을 적용할 수 있습니다. 예제에서는 여러 매처matcher 중에서 requestMatchers를 사용해 매칭 규칙과 사용자에게 필요한 권한을 정의했습니다. /todos와 하위 URL에는 USER 권한 사용자만 접근할 수 있고, /todos 하위 URL로 들어오는 DELETE 요청은 ADMIN 권한 사용자만 실행할 수 있습니다.

대부분의 인증 메커니즘은 UserDetailsService 인터페이스를 사용해 사용자 정보를 조회합니다. 이 인터페이스에는 사용자 상세 정보를 불러오는 loadByUsername() 메서드 하나만 있습니다. 이번 레시피에서는 InMemoryUserDetailsManager를 사용해 사용자 정보를 java.util.Map에 저장하며 User.UserBuilder를 사용해 몇몇 사용자 정보를 테스트 목적으로 생성합니다. 일반적인 운영 애플리케이션에서는 이러한 방식 대신에 DB, LDAP, 토큰 등에 사용자 정보를 저장합니다.

NOTE_ 예제 폼이 정상 동작하도록 csrf().disable() 메서드를 호출해 임시로 CSRF 방어 기능을 비활성화했습니다. 활성화하는 방법은 이번 레시피의 뒷부분에서 살펴보겠습니다.

인증 서비스를 일반 빈처럼 구성할 수 있습니다. 스프링 시큐리티는 DB나 LDAP 리포지터리에 저장된 정보를 이용하는 인증 방법을 포함한 다양한 사용자 인증 방법을 지원합니다. 또한 보안 요구 사항이 간단하다면 각 사용자의 이름, 비밀번호, 권한 셋 등을 사용자 상세 정보에 직접 정의할 수도 있습니다.

이제 애플리케이션을 다시 배포하고 보안 구성이 잘 적용됐는지 테스트해 봅시다. 애플리케이션에 사용자 이름과 비밀번호를 정확하게 입력하고 로그인하면 할 일 정보를 볼 수 있습니다. 관리자로 로그인하면 할 일 정보를 삭제할 수 있습니다.

CSRF 공격 방어하기

일반적으로 CSRF 방어 기능은 사이트 간 요청 위조 공격 위험을 줄일 수 있게 스프링 시큐리티의 기본값 그대로 활성화하는 것이 좋습니다. 예제 구성 클래스에서 `csrf().disable()` 코드를 삭제하면 다시 활성화됩니다. CSRF 방어 기능이 활성화되면 스프링 시큐리티는 `CsrfTokenRepository` 구현체를 사용해 토큰을 생성하고 저장하는 `CsrfFilter`를 필터 목록에 추가합니다. 기본 구현체는 생성한 토큰을 `HttpSession`에 저장하는 `HttpSessionCsrfTokenRepository` 클래스를 사용하며 쿠키에 토큰 정보를 저장하는 `CookieCsrfTokenRepository` 구현체도 있습니다. `csrfTokenRepository()` 구성 메서드를 사용하면 `CsrfTokenRepository` 구현체를 변경할 수 있으며 `HttpSessionCsrfTokenRepository`와 `CookieCsrfTokenRepository`뿐만 아니라 자체적으로 개발한 `CsrfTokenRepository` 인터페이스 구현체를 구성할 수도 있습니다. 예제에서는 `CookieCsrfTokenRepository`를 사용하겠습니다.

예제 5-5 할 일 보안 구성

```
@Bean
public SecurityFilterChain securityFilterChain(HttpSecurity http)
  throws Exception {
    http.csrf().csrfTokenRepository(csrfTokenRepository());
}

private CookieCsrfTokenRepository csrfTokenRepository() {
  return new CookieCsrfTokenRepository();
}
```

CSRF 방어 기능을 활성화한 후 사용자가 로그인하여 할 일 항목을 완료 처리하거나 삭제하려고 시도하면 CSRF 토큰이 없어서 실패합니다. 콘텐츠 변경 요청을 할 때 CSRF 토큰을 서버에 다시 전송하면 이러한 문제를 해결할 수 있습니다. 폼에서 `hidden` 타입의 `input` 필드를 사용하면 쉽게 이 작업을 할 수 있습니다. `CookieCsrfTokenRepository`는 토큰을 `XSRF-TOKEN`(명시적으로 구성하지 않을 때의 기본값)이라는 이름의 HTTP 쿠키로 노출합니다. 폼에서는 `parameterName`과 `token` 프로퍼티를 사용할 수 있습니다.

CSRF 토큰을 넣어 제출할 폼에 다음 코드를 추가합니다.

예제 5-6 폼 필드에 작성한 hidden 타입의 CSRF 토큰

```
<input type="hidden" name="${_csrf.parameterName}" value="${_csrf.token}"/>
```

이제 폼을 제출하면 요청에 CSRF 토큰이 함께 전송되므로 할 일 항목을 완료 처리하거나 삭제할 수 있습니다.

> **NOTE_** 애플리케이션이 타임리프를 사용해 페이지와 폼을 렌더링하면 모든 폼에 `hidden` 타입의 CSRF 토큰용 `input` 필드가 자동으로 추가됩니다.

`todo-create.html`에도 폼이 있지만 스프링 MVC 폼 태그를 사용하면 CSRF 토큰이 자동으로 폼에 추가되므로 수정할 필요가 없습니다. 스프링 시큐리티는 `org.springframework.security.web.servlet.support.csrf.CsrfRequestDataValueProcessor`를 등록해 폼에 토큰을 추가하는 작업을 수행합니다.

레시피 5-2 웹 애플리케이션 로그인하기

> **과제** 보안이 적용된 애플리케이션에서 사용자가 특정 기능을 사용하려면 먼저 로그인해야 합니다. 공개된 인터넷 환경에서 실행되는 웹 애플리케이션에서는 해커가 쉽게 접근할 수 있으므로 안전한 인증 절차가 매우 중요합니다. 따라서 대부분의 웹 애플리케이션은 사용자가 로그인할 때 자격 증명을 입력할 방법을 제공해야 합니다.

해결 스프링 시큐리티는 다양한 방식의 웹 애플리케이션 로그인을 지원합니다.

- 폼 기반 로그인
- HTTP 기본 인증
- HTTP 다이제스트digest 인증
- OAuth2 인증
- 인증서 기반certificate-based 인증(X.509)
- J2EE 인증(자카르타 컨테이너에 위임)

애플리케이션에서 시작 페이지welcome page와 같은 일부 리소스는 익명 접근을 허용해야 할 수도 있습니다. 스프링 시큐리티는 보안 정책을 정의할 때 익명 사용자를 일반 사용자처럼 처리할 수 있게 접근 주체를 할당하고 권한을 부여하는 익명 로그인 서비스를 제공합니다.

스프링 시큐리티는 사용자가 처음에 한 번만 로그인하면 다음에 다시 로그인할 필요가 없게 여러 브라우저 세션에 걸쳐 사용자의 신원을 기억하는 리멤버미remember-me 로그인을 지원합니다.

풀이 다양한 로그인 메커니즘을 잘 이해할 수 있게 먼저 스프링 시큐리티의 기본 구성을 살펴보겠습니다.

예제 5-7 HttpSecurityConfiguration의 HttpSecurity 빈 메서드

```
@Bean(HTTPSECURITY_BEAN_NAME)
@Scope("prototype")
HttpSecurity httpSecurity() throws Exception {
  // http 요소 설정 제거
  http
    .csrf(withDefaults())
    .addFilter(webAsyncManagerIntegrationFilter)
    .exceptionHandling(withDefaults())
    .headers(withDefaults())
    .sessionManagement(withDefaults())
    .securityContext(withDefaults())
    .requestCache(withDefaults())
    .anonymous(withDefaults())
    .servletApi(withDefaults())
    .apply(new DefaultLoginPageConfigurer<>());
    http.logout(withDefaults());
```

```
    applyDefaultConfigurers(http);
  return http;
}
```

[예제 5-7]은 HttpSecurityConfiguration 클래스의 일부분으로, HttpSecurity 빈과 관련된 기본 구성입니다. HttpSecurity 빈의 스코프가 프로토타입으로 선언됐으므로 HttpSecurity 인스턴스가 필요한 메서드는 자체 HttpSecurity 인스턴스를 얻게 됩니다(스코프에 관한 자세한 내용은 1장 참조).

스프링 시큐리티 구성에서 가장 중요한 부분은 securityContext와 exceptionHandling입니다. 이러한 기본 구성이 없으면 로그인한 사용자 정보를 저장하지 못하며, 보안 관련 예외 발생 시 적절한 예외 변환을 수행하지 못해 내부 정보가 외부에 노출될 수 있습니다.

HttpSecurity는 서블릿 API에 의존하므로 servletApi() 메서드를 이용해 서블릿 API 연동 기능을 자동으로 활성화합니다.

또한 스프링 시큐리티는 응답에 특정 헤더를 추가해 브라우저의 일부 기능을 비활성화합니다. 예를 들어 X-Frame 헤더는 프레임을 허용하지 않고 X-Content-Type-Options 헤더는 콘텐츠 스니핑content sniffing을 방지합니다.

스프링 시큐리티는 정보가 기본적으로 HTTP 세션에 저장될 수 있으므로 세션 가로채기hijacking를 방어하거나 어렵게 만들기 위해 기본적인 세션 관리를 설정합니다. [레시피 5-1]에서 언급했듯이 CSRF 방어 기능이 기본적으로 활성화되며 csrf() 메서드를 사용해 HTTP 세션에 정보를 저장하는 HttpSessionCsrfTokenRepository를 사용할 수 있습니다. requestCache는 요청을 캐시에 저장해 로그인 후 사용자의 원래 요청을 수행할 수 있도록 하는 데 사용합니다. 이 역시 기본적으로 HTTP 세션에 저장됩니다.

HTTP 기본 인증

httpBasic() 메서드를 사용해 HTTP 기본 인증 구성을 할 수 있습니다. HTTP 기본 인증이 필요할 때 보통 브라우저는 사용자가 로그인할 수 있는 로그인 대화 상자나 특정 로그인 페이지를 보여 줍니다.

예제 5-8 할 일 보안 구성: HTTP 기본 인증

```
package com.apress.spring6recipes.board.security;

import org.springframework.context.annotation.Bean;
import org.springframework.context.annotation.Configuration;
import org.springframework.http.HttpMethod;
import org.springframework.security.config.Customizer;
import org.springframework.security.config.annotation.web.builders.HttpSecurity;
import org.springframework.security.config.annotation.
web.configuration.EnableWebSecurity;
import org.springframework.security.core.userdetails.User;
import org.springframework.security.provisioning.InMemoryUserDetailsManager;
import org.springframework.security.provisioning.UserDetailsManager;
import org.springframework.security.web.SecurityFilterChain;
import org.springframework.security.web.util.matcher.AntPathRequestMatcher;

@Configuration
@EnableWebSecurity
public class TodoSecurityConfig {

  ...
  @Bean
  public SecurityFilterChain securityFilterChain(HttpSecurity http) throws Exception {

    http.formLogin().disable();
    http.httpBasic(Customizer.withDefaults());
    http.authorizeHttpRequests(auth -> auth
        .requestMatchers(new AntPathRequestMatcher("/todos", "GET"))
        .hasAuthority("USER")
        .requestMatchers(new AntPathRequestMatcher("/todos/*", "GET"))
        .hasAuthority("USER")
        .requestMatchers(new AntPathRequestMatcher("/todos/*", "DELETE"))
        .hasAuthority("ADMIN"));
    return http.build();
  }
}
```

NOTE_ HTTP 기본 인증과 폼 기반 로그인을 동시에 활성화하면 스프링 시큐리티가 후자를 우선 처리하므로 사용자는 HTTP 기본 팝업 대신 로그인 폼을 보게 됩니다.

폼 기반 로그인

폼 기반 로그인 서비스는 사용자가 로그인 상세 정보를 입력하고 폼을 제출하는 로그인 폼 웹 페이지를 렌더링합니다. 이는 `formLogin()` 메서드로 구성할 수 있습니다.

예제 5-9 할 일 보안 구성: 폼 로그인

```
package com.apress.spring6recipes.board.security;

import org.springframework.context.annotation.Bean;
import org.springframework.context.annotation.Configuration;
import org.springframework.http.HttpMethod;
import org.springframework.security.config.Customizer;
import org.springframework.security.config.annotation.web.builders.HttpSecurity;
import org.springframework.security.config.annotation.web.
configuration.EnableWebSecurity;
import org.springframework.security.web.SecurityFilterChain;
import org.springframework.security.web.util.matcher.AntPathRequestMatcher;

@Configuration
@EnableWebSecurity
public class TodoSecurityConfig {

  ...
  @Bean
  public SecurityFilterChain securityFilterChain(HttpSecurity http)
    throws Exception {
      http.httpBasic(Customizer.withDefaults());
      http.formLogin().disable();
      http.authorizeHttpRequests(auth -> auth
        .requestMatchers(new AntPathRequestMatcher("/todos", "GET"))
        .hasAuthority("USER")
        .requestMatchers(new AntPathRequestMatcher("/todos/*", "GET"))
        .hasAuthority("USER")
        .requestMatchers(new AntPathRequestMatcher("/todos/*", "DELETE"))
        .hasAuthority("ADMIN"));
    return http.build();
  }
}
```

스프링 시큐리티는 자동으로 로그인 페이지를 생성하고 `/login` URL로 매핑합니다. 따라서 애플리케이션(예: `todos.html`)에서 이 URL 링크를 이용해 로그인 페이지로 이동할 수 있습니다.

예제 5-10 로그인 URL 링크

```
<a th:href="@{/login}">">Login</a>
```

기본 로그인 페이지 대신 커스텀 로그인 페이지를 사용해도 됩니다. 예를 들어 `templates` 디렉터리에 다음과 같은 `login.html` 파일을 작성할 수 있습니다.

예제 5-11 커스텀 로그인 페이지

```
<!DOCTYPE html>
<html xmlns:th="http://www.thymeleaf.org">
<head>
  <title>Login</title>
  <link type="text/css" rel="stylesheet"
    href="https://cdnjs.cloudflare.com/ajax/libs/semantic-ui/2.2.10/semantic.min.css">
  <style type="text/css">
    body {
      background-color: #DADADA;
    }

    body > .grid {
      height: 100%;
    }

    .column {
      max-width: 450px;
    }
  </style>
</head>

<body>
<div class="ui middle aligned center aligned grid">
  <div class="column">
    <h2 class="ui header">Log-in to your account</h2>
      <form method="POST" th:action="@{/login}" class="ui large form">
        <div class="ui stacked segment">
          <div class="field">
            <div class="ui left icon input">
              <i class="user icon"></i>
              <input type="text" name="username" placeholder="E-mail address">
             </div>
           </div>
           <div class="field">
```

```
            <div class="ui left icon input">
              <i class="lock icon"></i>
              <input type="password" name="password" placeholder="Password">
            </div>
          </div>
          <button class="ui fluid large submit green button">Login</button>
        /div>
      </form>
    </div>
  </div>
  </body>
  </html>
```

이 로그인 페이지를 사용하려면 별도로 컨트롤러를 작성하거나 URL을 뷰 이름에 매핑하는 UrlFilenameViewController를 사용해야 합니다(컨트롤러 및 뷰에 관한 자세한 내용은 2장 참조). 이는 WebMvcConfigurer 인터페이스의 addViewControllers() 메서드를 사용하면 쉽게 구현할 수 있습니다.

예제 5-12 할 일 보안 구성: 폼 로그인

```
package com.apress.spring6recipes.board.security;

@Configuration
@EnableWebSecurity
public class TodoSecurityConfig implements WebMvcConfigurer {
  @Override
  public void addViewControllers(ViewControllerRegistry registry) {
    registry.addViewController("/login").setViewName("login");
  }
}
```

스프링 시큐리티의 기본 명명 규칙을 사용하면 앞서 작성한 예제만으로 충분히 커스텀 로그인 페이지를 렌더링할 수 있습니다. 다음으로 사용자가 로그인할 때 커스텀 로그인 페이지를 보여주도록 스프링 시큐리티 구성을 해야 합니다. loginPage() 구성 메서드에서 해당 URL을 지정합니다.

예제 5-13 할 일 보안 구성: 폼 로그인

```
@Configuration
@EnableWebSecurity
public class TodoSecurityConfig implements WebMvcConfigurer{

  @Bean
  public SecurityFilterChain securityFilterChain(HttpSecurity http)
    throws Exception {
      http.formLogin().loginPage("/login").permitAll();
  }
}
```

`loginPage()`에 이어서 `permitAll()` 메서드를 호출합니다. `permitAll()`을 호출하지 않으면 스프링 시큐리티가 로그인 페이지에 보안을 적용하므로 익명 사용자가 접근할 수 없습니다.

사용자가 보안 URL을 요청하면 스프링 시큐리티가 로그인 페이지를 보여 주고, 사용자가 로그인에 성공하면 원래 접속하려던 URL로 리다이렉트됩니다. 하지만 사용자가 직접 로그인 페이지 URL로 접근해 로그인하면 기본적으로 컨텍스트 경로의 루트(예: `http://localhost:8080/`)로 리다이렉트됩니다. 웹 배포 서술자에 시작 페이지를 따로 정의하지 않았다면 로그인 성공 후 리다이렉트할 기본 대상 URL을 다음과 같이 지정할 수 있습니다.

예제 5-14 할 일 보안 구성: `defaultSuccessUrl`을 사용하는 폼 로그인

```
@Configuration
@EnableWebSecurity
public class TodoSecurityConfig implements WebMvcConfigurer {

  @Bean
  public SecurityFilterChain securityFilterChain(HttpSecurity http)
    throws Exception {
      http.formLogin()
        .loginPage("/login")
        .defaultSuccessUrl("/todos");
      ...
      return http.build();
  }
}
```

스프링 시큐리티의 기본 로그인 페이지에서 로그인에 실패하면 오류 메시지와 함께 로그인 페이지를 다시 렌더링합니다. 하지만 커스텀 로그인 페이지를 지정했다면 로그인 오류를 리다이렉트하는 인증 실패 URL을 구성해야 합니다. 다음과 같이 error 요청 매개변수를 추가해 커스텀 로그인 페이지로 다시 리다이렉트할 수 있습니다.

예제 5-15 할 일 보안 구성: failureUrl을 사용하는 폼 로그인

```
@Configuration
@EnableWebSecurity
public class TodoSecurityConfig implements WebMvcConfigurer {

  @Bean
  public SecurityFilterChain securityFilterChain(HttpSecurity http)
    throws Exception {
      http
      ...
      .formLogin()
      .loginPage("/login")
      .defaultSuccessUrl("/todos")
      .failureUrl("/login?error=true");
    return http.build();
  }
}
```

로그인 페이지에서는 error 요청 매개변수가 있는지 확인하고 오류가 발생했다면 현재 사용자의 마지막 예외를 저장하는 세션 스코프 속성인 SPRING_SECURITY_LAST_EXCEPTION에 접근해 오류 메시지를 표시합니다.

예제 5-16 로그인 페이지에서 오류 메시지 표시

```
<form method="POST" th:action="@{/login}" class="ui large form">
  <div th:if="${param.error !=null}" class="ui error message" style="display: block;">
    Authentication Failed<br/>
    Reason: <span th:text="${session.SPRING_SECURITY_LAST_EXCEPTION.message}">
    Reason of login error</span>
  </div>
</form>
```

로그아웃 서비스

로그아웃 서비스는 로그아웃 요청을 처리하는 핸들러를 제공하며 `logout()` 구성 메서드를 이용해 구성합니다.

예제 5-17 할 일 보안 구성: 로그아웃 서비스

```
@Configuration
@EnableWebSecurity
public class TodoSecurityConfig implements WebMvcConfigurer {

  @Bean
  public SecurityFilterChain securityFilterChain(HttpSecurity http)
    throws Exception {
      http.logout();
      return http.build();
  }
}
```

로그아웃 서비스의 기본 URL은 `/logout`이며 POST 요청에만 응답합니다. 페이지에 간단한 HTML 폼을 추가하여 로그아웃할 수 있습니다.

예제 5-18 로그아웃 폼

```
<form th:action="@{/logout}" method="post"><button>Logout</button></form>
```

> **NOTE_** CSRF 방어 기능을 사용한다면 반드시 로그아웃 폼에 CSRF 토큰을 추가해야 합니다(레시피 5-1). 그렇지 않으면 로그아웃에 실패합니다.

로그아웃에 성공한 사용자는 기본적으로 컨텍스트 루트로 리다이렉트하지만 `logoutSuccessUrl()` 구성 메서드를 사용해 다른 URL로 리다이렉트할 수도 있습니다.

예제 5-19 할 일 보안 구성: `logoutSuccessUrl`을 사용하는 로그아웃 서비스

```
@Configuration
@EnableWebSecurity
public class TodoSecurityConfig implements WebMvcConfigurer {
```

```
    @Bean
    public SecurityFilterChain securityFilterChain(HttpSecurity http)
      throws Exception {
        http.logout().logoutSuccessUrl("logout-success");
        return http.build();
    }
}
```

로그아웃 후에 브라우저의 뒤로가기 버튼을 클릭하면 로그아웃 상태이지만 이전 페이지로 이동할 수 있습니다. 이는 브라우저가 페이지를 캐시하기 때문입니다. headers() 구성 메서드로 보안 헤더를 활성화하면 브라우저가 페이지를 캐시하지 않습니다.

예제 5-20 할 일 보안 구성: 헤더 보안

```
@Configuration
@EnableWebSecurity
public class TodoSecurityConfig implements WebMvcConfigurer {

    @Bean
    public SecurityFilterChain securityFilterChain(HttpSecurity http)
      throws Exception {
        http.headers();
        return http.build();
    }
}
```

이와 같이 구성하면 no-cache 헤더가 사용되며 콘텐츠 스니핑을 비활성화하고 X-Frame 방어(자세한 내용은 [레시피 5-1] 참조) 기능도 활성화합니다. 이제 브라우저의 뒤로가기 버튼을 클릭하면 로그인 페이지로 리다이렉트됩니다.

익명 로그인하기

자바 구성 클래스에서 anonymous() 메서드를 사용해 익명 로그인 서비스를 구성해 익명 사용자의 이름과 권한을 커스터마이징할 수 있습니다. 기본값은 anonymousUser와 ROLE_ANONYMOUS입니다.

예제 5-21 할 일 보안 구성: 익명 로그인

```
@Configuration
@EnableWebSecurity
public class TodoSecurityConfig implements WebMvcConfigurer {

  @Bean
  public SecurityFilterChain securityFilterChain(HttpSecurity http)
    throws Exception {
      http.anonymous().principal("guest").authorities("ROLE_GUEST");
      return http.build();
  }
}
```

리멤버미(자동 로그인) 지원

리멤버미 기능은 자바 구성 클래스에서 rememberMe() 메서드로 구성합니다. rememberMe()는 사용자 이름, 비밀번호, 리멤버미 만료 시간, 개인 키를 토큰으로 인코딩해 사용자 브라우저에 쿠키로 저장합니다. 이후에 사용자가 동일한 웹 애플리케이션에 접근하면 해당 토큰을 감지해 자동으로 로그인할 수 있습니다.

예제 5-22 할 일 보안 구성 리멤버미

```
@Configuration
@EnableWebSecurity
public class TodoSecurityConfig implements WebMvcConfigurer {

  @Bean
  public SecurityFilterChain securityFilterChain(HttpSecurity http)
    throws Exception {
      http.rememberMe();
      return http.build();
  }
}
```

하지만 정적static 리멤버미 토큰은 해커가 얼마든지 탈취할 수 있어 보안 문제가 있습니다. 스프링 시큐리티는 이런 문제를 해결할 수 있는 롤링rolling 리멤버미 토큰을 지원하지만 이 토큰을 저장하려면 별도의 DB가 필요합니다. 롤링 리멤버미 토큰 배포와 관련된 자세한 내용은 스프링 시큐리티 참조 문서를 참고하세요.

레시피 5-3 사용자 인증하기

과제 사용자가 로그인을 시도하면 애플리케이션은 사용자의 접근 주체를 인증하고 권한을 부여해야 합니다.

해결 스프링 시큐리티는 체인으로 연결된 하나 이상의 `AuthenticationProvider`(인증 공급자)를 이용해 인증을 수행합니다. 이 중 어느 하나라도 사용자 인증에 성공하면 해당 사용자는 애플리케이션에 로그인할 수 있습니다. 하지만 각 공급자의 사용자 인증이 모두 실패하거나, 어느 한 공급자라도 사용자 계정이 비활성화되었거나 잠겼다고 판단했을 때는 로그인할 수 없습니다.

스프링 시큐리티는 사용자를 인증하는 다양한 방법을 제공하며 이와 관련해 내장된 인증 공급자 구현체를 제공합니다. 스프링 시큐리티에서 제공하는 XML 요소를 사용해 인증 공급자를 손쉽게 구성할 수 있습니다. 대부분의 인증 공급자는 사용자 상세 정보가 보관된 사용자 리포지터리(예: 애플리케이션 메모리, 관계형 DB, LDAP 리포지터리)를 이용해 사용자를 인증합니다.

리포지터리에 사용자 상세 정보를 저장할 때 사용자 비밀번호를 평문으로 저장하면 해커의 공격에 취약해지므로 항상 암호화해 저장해야 합니다. 보통 단방향 해시 함수를 사용해 비밀번호를 인코딩합니다. 로그인 시에는 사용자가 입력한 비밀번호에 동일한 해시 함수를 적용한 후 그 결과를 리포지터리에 저장된 결과와 비교합니다. 스프링 시큐리티는 비밀번호를 인코딩하는 다양한 알고리즘(MD5, SHA 등)을 지원하고 알고리즘별로 비밀번호 인코더를 제공합니다.

사용자가 로그인을 시도할 때마다 사용자 리포지터리에서 사용자 상세 정보를 조회하면 애플리케이션 성능에 안 좋은 영향을 미칠 수 있습니다. 리포지터리가 일반적으로 원격에 존재하며 사용자 요청에 응답하는 과정에서 여러 쿼리를 수행하기 때문입니다. 스프링 시큐리티는 이러한 원격 쿼리 수행 과정에서 발생하는 오버헤드를 줄일 수 있게 로컬 메모리와 저장 공간에 사용자 상세 정보를 캐시하는 기능을 제공합니다.

풀이 인메모리 방식으로 인증하기

애플리케이션을 이용하는 사용자가 적고 사용자 상세 정보를 수정할 일이 거의 없다면 스프링 시큐리티 구성 파일에 사용자 상세 정보를 정의하고 인메모리[in-memory] 방식(애플리케이션 메모리에 로드하는 방식)으로 로드할 수도 있습니다.

예제 5-23 InMemoryUserDetailsManager에 사용자 정보 담기

```
@Configuration
@EnableWebSecurity
public class TodoSecurityConfig implements WebMvcConfigurer {

  ...
  @Bean
  public UserDetailsManager userDetailsService() {
    var user1 = User.withDefaultPasswordEncoder()  // 현재 deprecated되었습니다.
      .username("marten@deinum.biz").password("user").authorities("USER").build();
    var user2 = User.withDefaultPasswordEncoder()
      .username("jdoe@does.net").password("unknown").disabled(true)
      .authorities("USER").build();
    var admin = User.withDefaultPasswordEncoder()
      .username("admin@ya2do.io").password("admin").authorities("USER", "ADMIN")
      .build();
    return new InMemoryUserDetailsManager(user1, user2, admin);
  }
  ...
}
```

User 클래스와 with로 시작하는 메서드들을 이용해 사용자 상세 정보를 정의할 수 있습니다. 예제 로직에서는 평문으로 하드코딩한 비밀번호를 사용하지만 withDefaultPasswordEncoder() 메서드로 인코딩해 저장합니다. 사용자별로 사용자 이름, 비밀번호, 비활성화 상태, 허용 권한을 지정하며 비활성화된 사용자는 애플리케이션에 로그인할 수 없습니다.

DB를 이용해 인증하기

사용자 상세 정보를 DB에 저장하면 쉽게 사용자 정보를 유지 관리할 수 있습니다. 스프링 시큐리티는 DB에 저장된 사용자 상세 정보를 조회하는 기능을 지원합니다. 다음과 같이 SQL 구문을 사용해 권한을 포함한 사용자 상세 정보를 조회합니다.

예제 5-24 스프링 시큐리티의 기본 select SQL 구문

```
SELECT username, password, enabled
FROM users
WHERE username = ?

SELECT username, authority
```

```
FROM authorities
WHERE username = ?
```

스프링 시큐리티에서 이러한 SQL 구문을 사용해 사용자 상세 정보를 조회하려면 우선 DB에 해당 테이블을 생성해야 합니다. 다음 SQL 구문으로 할 일 스키마에 테이블을 생성합니다.

예제 5-25 USERS와 AUTHORITIES 테이블을 생성하는 SQL 구문

```
-- 스프링 시큐리티 사용자/권한 설정
-- 스프링 시큐리티의 users.ddl 파일 참고
CREATE TABLE USERS
(
  USERNAME VARCHAR(50) NOT NULL,
  PASSWORD VARCHAR(60) NOT NULL,
  ENABLED SMALLINT NOT NULL DEFAULT 0,
  PRIMARY KEY (USERNAME)
);

CREATE TABLE AUTHORITIES
(
  USERNAME VARCHAR(50) NOT NULL,
  AUTHORITY VARCHAR(50) NOT NULL,
  FOREIGN KEY (USERNAME) REFERENCES USERS
);
```

생성한 두 테이블에 테스트용 사용자 상세 정보를 저장합니다([표 5-1], [표 5-2]).

표 5-1 USERS 테이블의 테스트 데이터

USERNAME	PASSWORD	ENABLED
admin@ya2do.io	secret	1
marten@deinum.biz	user	1
jdoe@does.net	unknown	0

표 5-2 AUTHORITIES 테이블의 테스트 데이터

USERNAME	AUTHORITY
admin@ya2do.io	ADMIN
admin@ya2do.io	USER

USERNAME	AUTHORITY
marten@deinum.biz	USER
jdoe@does.net	USER

스프링 시큐리티가 이러한 테이블에 접근하려면 DB 연결을 생성하는 데 사용할 데이터소스를 선언해야 합니다. 예제에서는 데이터소스를 이미 TodoWebConfig에 정의해 두었으므로 userDetailsService() 메서드에 인수로 주입해 사용할 수 있습니다. 이제 userDetailsService에서 JdbcUserDetailsManager 인스턴스를 구성해 사용자를 조회하고 등록할 수 있습니다. 등록할 필요가 없다면 조회 기능만 제공하는 org.springframework.security.core.userdetails.jdbc.JdbcDaoImpl을 사용하면 됩니다.

예제 5-26 JDBC를 사용해 할 일 보안 구성하기

```
@Configuration
@EnableWebSecurity
public class TodoSecurityConfig implements WebMvcConfigurer {

  ...
  @Bean
  public UserDetailsManager userDetailsService(DataSource dataSource) {
    var userDetailsManager = new JdbcUserDetailsManager(dataSource);
    initializeUsers(userDetailsManager);
    return userDetailsManager;
  }

  private void initializeUsers(JdbcUserDetailsManager users) {
    var user1 = User.withDefaultPasswordEncoder()
      .username("marten@deinum.biz").password("user").authorities("USER").build();
    var user2 = User.withDefaultPasswordEncoder()
      .username("jdoe@does.net").password("unknown").disabled(true)
      .authorities("USER").build();
    var admin = User.withDefaultPasswordEncoder()
      .username("admin@ya2do.io").password("admin").authorities("USER", "ADMIN")
      .build();

    users.createUser(user1);
    users.createUser(user2);
    users.createUser(admin);
  }
  ...
}
```

하지만 사용자 정보가 레거시legacy DB(예전부터 사용해 온 DB)에 있을 수도 있습니다. 예를 들어 다음과 같은 SQL 구문을 사용해 **MEMBER** 테이블이 생성되었고 해당 테이블에 저장된 모든 사용자가 활성화된 상태라고 합시다.

예제 5-27 레거시 테이블 구조(예시)

```
CREATE TABLE MEMBER (
  ID BIGINT NOT NULL,
  USERNAME VARCHAR(50) NOT NULL,
  PASSWORD VARCHAR(32) NOT NULL,
  PRIMARY KEY (ID)
);

CREATE TABLE MEMBER_ROLE (
  MEMBER_ID BIGINT NOT NULL,
  ROLE VARCHAR(10) NOT NULL,
  FOREIGN KEY (MEMBER_ID) REFERENCES MEMBER
);
```

레거시 사용자 데이터는 [표 5-3]과 [표 5-4]와 같이 저장되었습니다.

표 5-3 MEMBER 테이블의 레거시 사용자 데이터

ID	USERNAME	PASSWORD
1	admin@ya2do.io	secret
2	marten@deinum.biz	user

표 5-4 MEMBER_ROLE 테이블의 레거시 사용자 데이터

MEMBER_ID	ROLE
1	ROLE_ADMIN
1	ROLE_USER
2	ROLE_USER

스프링 시큐리티는 커스텀 SQL 구문을 사용해 레거시 DB에서 사용자 상세 정보를 조회하는 기능도 제공합니다. 사용자 정보와 권한을 조회하는 SQL 구문을 `JdbcDaoImpl`/`JdbcUserDe` tailsManager의 usersByUsernameQuery와 authorityByUsernameQuery 프로퍼티를 사용해 지정할 수 있습니다.

예제 5-28 커스텀 JDBC 쿼리 보안 작업

```
@Configuration
@EnableWebSecurity
public class TodoSecurityConfig implements WebMvcConfigurer {

  private static final String USERS_BY_USERNAME =
    "SELECT username, password, 'true' as enabled FROM member WHERE username = ?";
  private static final String AUTHORITIES_BY_USERNAME = """
    SELECT member.username, member_role.role as authorities
    FROM member, member_role
    WHERE  member.username = ? AND member.id = member_role.member_id
    """;

  ...
  @Bean
  public UserDetailsManager userDetailsService(DataSource dataSource) {
    var userDetailsManager = new JdbcUserDetailsManager(dataSource);
    userDetailsManager.setUsersByUsernameQuery(USERS_BY_USERNAME);
    userDetailsManager.setAuthoritiesByUsernameQuery(AUTHORITIES_BY_USERNAME);
    initializeUsers(userDetailsManager);
    return userDetailsManager;
  }
  ...
}
```

비밀번호 암호화하기

지금까지는 기본 비밀번호 인코더인 BCryptPasswordEncoder를 사용해 사용자 상세 정보를 저장했지만 비밀번호의 인코딩 유형을 자동으로 감지해 동작하고, 감지되지 않으면 기본값을 사용하는 DelegatingPasswordEncoder를 사용해 보겠습니다. 비밀번호는 '{id}인코딩된 패스워드'와 같은 형식으로 저장되며 id는 구성된 인코더를 나타냅니다. 스프링 시큐리티는 기본으로 다음과 같은 인코더를 이용해 구성하는 방법을 제공합니다.

표 5-5 기본 비밀번호 인코더

ID	비밀번호 인코더	인코딩	사용 중단 예정
bcrypt	BCryptPasswordEncoder	BCrypt	×
ldap	LdapShaPasswordEncoder	SHA and SSHA	O
MD4	Md4PasswordEncoder	MD4	O
MD5	MessageDigestPasswordEncoder	MD5	O
noop	NoOpPasswordEncoder	평문	O
pbkdf2	Pbkdf2PasswordEncoder	PBKDF2	×
scrypt	SCryptPasswordEncoder	SCrypt	×
SHA-1	MessageDigestPasswordEncoder	SHA	O
SHA-256	MessageDigestPasswordEncoder	SHA-256	O
Sha-256	StandardPasswordEncoder	SHA-256	O
Argon2	Argon2PasswordEncoder	Argon2	×

일부 PasswordEncoder는 사용이 중단될 예정이며 이전 버전과의 호환성을 위해 제공됩니다. 애플리케이션에서 이런 인코더를 사용한다면 지원되는 다른 인코더로 변경을 검토해야 하며 이때 비밀번호가 평문으로 저장되지 않는 한 사용자가 비밀번호를 재설정해야 합니다.

DelegatingPasswordEncoder를 사용하지 않고 특정 인코더를 지정할 수도 있습니다. 애플리케이션에 단 하나의 PasswordEncoder만 구성했다면 스프링 시큐리티는 해당 인코더를 자동으로 선택해 사용합니다.

예제 5-29 명시적으로 PasswordEncoder를 구성해 할 일 보안 처리하기

```
@Configuration
@EnableWebSecurity
public class TodoSecurityConfig implements WebMvcConfigurer {
  ...
  @Bean
  public BCryptPasswordEncoder passwordEncoder() {
  return new BCryptPasswordEncoder();
  }
}
```

비밀번호 필드에 BCrypt 해시를 저장하려면 필드 길이가 60자(BCrypt 해시의 길이) 이상이어야 하며 `data.sql`과 같은 SQL 스크립트를 사용해 비밀번호 데이터를 DB에 등록한다면 비밀번호를 인코딩하고 등록해야 합니다. [표 5-6]에는 BCrypt로 인코딩된 사용자 비밀번호가 있습니다.

표 5-6 USERS 테이블의 사용자 데이터(비밀번호는 인코딩됨)

Username	Password	Enabled
admin@ya2do.io	$2a$10$E3mPTZb50e7sSW15fDx8Ne7hDZpfDjrmMPTTUp8wVjLTu.G5oPYCO	1
marten@deinum.biz	$2a$10$5VWqjwoMYnFRTTmbWCRZT.iY3WW8ny27kQuUL9y PK1/WJcPcBLFWO	1
jdoe@does.net	$2a$10$cFKh0.XCUOA9L.in5smIiO2QIOT8.6ufQSwIIC.AVz26WctxhSWC6	0

LDAP 리포지터리를 이용해 사용자 인증하기

스프링 시큐리티는 LDAP 리포지터리에 접근해 사용자를 인증하는 기능을 제공합니다. 먼저 LDAP 리포지터리에 저장할 사용자 데이터를 준비해야 합니다. 사용자 데이터는 LDAP 디렉터리 데이터를 가져오고 내보낼 수 있는 표준 평문 데이터 포맷인 LDAP 데이터 교환 형식LDAP Data Interchange Format(LDIF)이어야 합니다. 다음과 같이 `users.ldif` 파일을 작성합니다.

예제 5-30 LDAP 초기 구성에 사용하는 LDIF 파일

```
dn: dc=spring6recipes,dc=com
objectClass: top
objectClass: domain
dc: spring6recipes

dn: ou=groups,dc=spring6recipes,dc=com
objectClass: top
objectClass: organizationalUnit
ou: groups

dn: ou=people,dc=spring6recipes,dc=com
objectClass: top
objectClass: organizationalUnit
ou: people
```

```
dn: uid=admin,ou=people,dc=spring6recipes,dc=com
objectClass: top
objectClass: uidObject
objectClass: person
uid: admin
cn: admin
sn: admin
userPassword: secret

dn: uid=user1,ou=people,dc=spring6recipes,dc=com
objectClass: top
objectClass: uidObject
objectClass: person
uid: user1
cn: user1
sn: user1

dn: cn=admin,ou=groups,dc=spring6recipes,dc=com
objectClass: top
objectClass: groupOfNames
cn: admin
member: uid=admin,ou=people,dc=spring6recipes,dc=com

dn: cn=user,ou=groups,dc=spring6recipes,dc=com
objectClass: top
objectClass: groupOfNames
cn: user
member: uid=admin,ou=people,dc=spring6recipes,dc=com
member: uid=user1,ou=people,dc=spring6recipes,dc=com
```

LDIF 파일의 내용을 잘 이해하지 못해도 괜찮습니다. 대부분의 LDAP 서버는 GUI 도구를 지원하므로 LDIF 파일에서 LDAP 데이터를 직접 정의할 일은 많지 않습니다. `users.ldif` 파일에는 다음과 같은 내용이 있습니다.

- 기본 LDAP 도메인, `dc=spring6recipes,dc=com`
- 그룹과 사용자를 저장하기 위한 그룹과 사용자 조직 단위organization unit
- 비밀번호가 `secret`인 `admin` 사용자와 비밀번호가 1111인 `user1` 사용자
- 관리자 그룹(`admin` 사용자만 포함)과 사용자 그룹(`admin` 사용자와 `user1` 사용자 포함)

테스트 편의상 사용자 리포지터리를 호스팅할 LDAP 서버를 로컬 시스템에 설치합니다. 간편

하게 설치하고 구성할 수 있게 LDAP을 지원하는 자바 기반 오픈 소스 디렉터리 서비스 엔진인 OpenDS[1]를 설치합니다.

TIP bin 디렉터리에 있는 `ldap.sh`는 도커 버전의 OpenDS를 시작한 후 예제 `users.ldif` 파일을 임포트하는 스크립트입니다. 이 서버의 루트 사용자 이름은 `cn=Directory Manager`이며 비밀번호는 `ldap`입니다. 나중에 서버에 연결할 때 이 사용자 정보를 이용하세요.

LDAP 서버를 시작한 후 LDAP 리포지터리를 이용해 사용자를 인증하도록 스프링 시큐리티를 구성합니다.

LDAP을 사용하는 두 가지 방식이 있습니다. 첫 번째는 바인딩 인증을 사용하는 방식으로, 사용자는 지정된 사용자 이름/비밀번호를 사용해 LDAP 서버에서 인증받습니다. 두 번째는 비밀번호 인증을 사용하는 방식으로, 사용자 정보를 LDAP에서 조회하지만 스프링 시큐리티가 비밀번호 유효성 검사를 수행합니다. 두 번째 방식의 단점은 사용자 정보를 검색하려면 LDAP에 접근할 수 있는 읽기 전용 사용자 계정이 필요하다는 것입니다. 따라서 첫 번째 방식을 더 일반적으로 사용합니다. 바인딩 인증을 사용할 수 있게 활성화하려면 `BindAuthenticator`를 구성해야 하며 `LdapBindAuthenticationManagerFactory`가 초기 구성을 도와줍니다.

`BindAuthenticator`를 구성하기 전에 우선 `ContextSource`를 사용해 LDAP에 연결해야 합니다. 스프링 시큐리티가 제공하는 `DefaultSpringSecurityContextSource`를 사용하면 쉽게 연결할 수 있습니다. `DefaultSpringSecurityContextSource`는 생성자 인수로 LDAP 서버 URL만 전달받는데, 이를 이용해 LDAP 서버에 연결합니다.

예제에서 `ContextSource`는 `authenticationManager()` 메서드에 전달되어 `BindAuthenticator`와 `DefaultLdapAuthoritiesPopulator`를 구성하는 데 사용됩니다. `DefaultLdapAuthoritiesPopulator`는 사용자가 속한 그룹을 검색하고 이를 스프링 시큐리티가 사용할 권한으로 변환하는 데 필요합니다. 기본적으로 `NullLdapAuthoritiesPopulator`가 사용되며 사용자 인증을 하지만 어떠한 권한도 초기 구성하지 않습니다.

LDAP에서 적절한 사용자를 찾으려면 하나 이상의 `userDnPatterns`나 `userSearchFilter`를 구성해야 합니다. 예제 애플리케이션의 모든 사용자가 `people` 단위이므로 `uid={0},`

1 옮긴이_ OpenDS는 더 이상 활용되지 않으므로 자바 기반 오픈 소스 디렉터리 서버인 아파치 디렉터리 서버(Apache Directory Server)를 사용하는 것을 추천합니다. `https://directory.apache.org`를 참고하세요.

ou=people 패턴을 지정하며 {0}은 로그인 폼에서 전달된 사용자 이름으로 대체됩니다. DefaultLdapAuthoritiesPopulator에는 groupSearchBase가 필요하므로 groups 단위인 ou=groups를 지정합니다. 이렇게 구성하면 DefaultLdapAuthoritiesPopulator는 사용자가 속한 그룹을 획득하고 이를 권한으로 변환합니다.

예제 5-31 LDAP 이용하는 할 일 보안 구성

```
package com.apress.spring6recipes.board.security;

import org.springframework.context.annotation.Bean;
import org.springframework.context.annotation.Configuration;
import org.springframework.security.config.annotation.web.configuration.
EnableWebSecurity;
import org.springframework.security.core.userdetails.User;
import org.springframework.security.provisioning.InMemoryUserDetailsManager;
import org.springframework.security.provisioning.UserDetailsManager;
import org.springframework.web.servlet.config.annotation.ViewControllerRegistry;
import org.springframework.web.servlet.config.annotation.WebMvcConfigurer;

@Configuration
@EnableWebSecurity
public class TodoSecurityConfig implements WebMvcConfigurer {

  ...
  @Bean
  public DefaultSpringSecurityContextSource contextSource() {
    var url = "ldap://ldap-server:389/dc=spring6recipes,dc=com";
    return new DefaultSpringSecurityContextSource(url);
  }

  @Bean
  public AuthenticationManager authenticationManager(
    DefaultSpringSecurityContextSource contextSource) {
      var populator = new DefaultLdapAuthoritiesPopulator(contextSource,
        "ou=groups");
      populator.setRolePrefix("");
      var factory = new LdapBindAuthenticationManagerFactory(contextSource);
      factory.setUserDnPatterns("uid={0},ou=people");
      factory.setLdapAuthoritiesPopulator(populator);
      return factory.createAuthenticationManager();
  }
  ...
}
```

레시피 5-4 접근 제어 결정하기

과제 애플리케이션은 인증에 성공한 사용자에게 권한을 부여합니다. 이 사용자가 애플리케이션 리소스에 접근을 시도하면 애플리케이션은 부여된 권한이나 다른 특성을 사용해 리소스에 접근해도 되는지를 결정해야 합니다.

해결 사용자가 애플리케이션의 리소스에 접근할 수 있는지를 결정하는 것을 인가 결정authorization decision이라고 하며 사용자의 인증 상태, 리소스 특성과 접근 속성에 따라 이루어집니다. 스프링 시큐리티에서는 `AuthorizationManager` 인터페이스를 구현한 인가 관리자authorization manager가 인가 결정을 합니다. 필요시 이 인터페이스를 직접 구현해 자신만의 인가 관리자를 만들어도 되지만 스프링 시큐리티가 제공하는 구현체들을 사용할 수도 있습니다. 대부분 `http.authorizeHttpRequests`나 메서드 보안method security을 사용해 구성합니다(레시피 5-5).

풀이 사실 예제에서 이미 `AuthorizationManager` 인스턴스를 사용했습니다. `requestMatchers("/todos", "/todos/*").hasAuthority("USER")` 코드 중 `hasAuthority` 부분에서 `AuthorizationManager`(정확히는 `AuthorityAuthorizationManager`)를 사용합니다. 이 방식을 사용하면 하나의 `AuthorizationManager` 인스턴스만 사용하지만 접근 메서드access method를 사용하면 더 많은 `AuthorizationManager` 인스턴스를 사용하거나 특정 인스턴스를 적용할 수도 있습니다. 예를 들어 다음과 같이 모든 요청이 아닌 로컬호스트localhost에서 들어온 요청의 접근만 허용하는 `AuthorizationManager`를 만들 수 있습니다.

예제 5-32 커스텀 AuthorizationManager 구현체

```
package com.apress.spring6recipes.board.security;

import org.springframework.security.authorization.AuthorizationDecision;
import org.springframework.security.authorization.AuthorizationManager;
import org.springframework.security.core.Authentication;
import org.springframework.security.web.authentication.WebAuthenticationDetails;

import java.util.function.Supplier;

public class LocalhostAuthorizationManager<T> implements AuthorizationManager<T> {

  @Override
```

```
    public AuthorizationDecision check(Supplier<Authentication> authentication,
      T object) {
      var auth = authentication.get();
      var granted = false;
      if (auth.getDetails() instanceof WebAuthenticationDetails details) {
        String address = details.getRemoteAddress();
        granted = address.equals("127.0.0.1") || address.equals("0:0:0:0:0:0:0:1");
      }
      return new AuthorizationDecision(granted);
    }
  }
```

커스텀 AuthorizationManager는 사용자 웹 클라이언트의 IP 주소가 127.0.0.1이나 0:0:0:0:0:0:0:1이라면 접근을 허용하게 결정하며 그렇지 않으면 접근을 거부합니다. 현재 인증된 사용자(Authentication 객체로 표현됨)가 웹 클라이언트가 아닐 때도 접근을 거부합니다.

다음으로 이 인가 관리자를 포함하도록 커스텀 접근 규칙을 정의합니다.

예제 5-33 할 일 보안 구성: 커스텀 인가 관리자 사용하기

```
auth
  .requestMatchers(HttpMethod.DELETE, "/todos/*").access(
    AuthorizationManagers.allOf(
      AuthorityAuthorizationManager.hasAuthority("ADMIN"),
        new LocalhostAuthorizationManager<>()))
```

여러 인가 관리자 전체를 결합하거나 일부를 더 쉽게 결합하도록 도움을 주는 AuthorizationManagers 헬퍼 클래스가 있습니다. 예제에서는 두 개의 권한 관리자(권한 확인, IP 주소 확인)를 적용할 예정이므로 allOf 헬퍼 메서드로 두 관리자를 결합했습니다. AuthorityAuthorizationManager는 이제 권한과 IP 주소를 모두 확인할 수 있게 명시적으로 구성됐습니다.

표현식을 이용해 접근 제어 결정하기

인가 관리자는 어느 정도의 유연성을 허용하지만 때로는 더 복잡한 접근 제어 규칙을 사용하거나 더 유연하게 규칙을 적용해야 할 수도 있습니다. 스프링 시큐리티를 사용하면 SpEL을 사용해 강력한 접근 제어 규칙을 만들 수 있습니다. 스프링 시큐리티는 기본적으로 몇 가지 표현식을 지원합니다(표 5-7). and, or, not과 같은 구문을 사용하면 매우 강력하고 유연한 표현식을 만들 수 있습니다.

표 5-7 스프링 시큐리티 내장 표현식

표현식	설명
`hasRole('role') or hasAuthority('authority')`	주어진 역할(`role`)이나 권한(`authority`)이 현재 사용자에게 있다면 `true`를 반환
`hasAnyRole('role1','role2') / hasAnyAuthority('auth1','auth2')`	주어진 역할 중 하나 이상이 현재 사용자에게 있다면 `true`를 반환
`hasIpAddress('ip-address')`	주어진 IP 주소와 현재 사용자의 IP 주소와 같다면 `true`를 반환
`principal`	현재 사용자
`authentication`	스프링 시큐리티 인증 객체
`permitAll`	항상 `true`로 평가
`denyAll`	항상 `false`로 평가
`isAnonymous()`	현재 사용자가 익명의 사용자면 `true`를 반환
`isRememberMe()`	현재 사용자가 리멤버미 기능을 사용해 로그인했으면 `true`를 반환
`isAuthenticated()`	현재 사용자가 익명의 사용자가 아니라면 `true`를 반환
`isFullyAuthenticated()`	현재 사용자가 익명 사용자도 아니고 리멤버미도 아니라면 `true`를 반환

CAUTION_ 역할role과 권한authority은 거의 비슷한 개념이지만 처리 방식에서 중요한 차이가 있습니다. `hasRole()`을 사용할 때는 전달받은 역할의 값이 `ROLE_`(기본 역할 접두어) 접두어로 시작하지 않는다면 권한을 확인하기 전에 `ROLE_` 접두어를 추가합니다. 예를 들어 `hasRole('ADMIN')`은 실제로는 현재 사용자에게 `ROLE_ADMIN` 권한이 있는지 확인합니다. 하지만 `hasAuthority()`를 사용하면 전달받은 권한값을 그대로 사용해 권한을 확인합니다.

예제 5-34 할 일 보안 구성: 표현식 사용하기

```
auth
  .requestMatchers(HttpMethod.DELETE, "/todos/*").access(
    new WebExpressionAuthorizationManager("hasRole('ROLE_ADMIN') and
    (hasIpAddress('127.0.0.1') or hasIpAddress('0:0:0:0:0:0:0:1'))"))
```

이 표현식을 사용하면 ADMIN 역할이 있으며 로컬 장비에서 로그인하는 사용자에게 게시물 삭제 권한을 부여합니다. [예제 5-33]에서는 커스텀 `AuthorizationManager`를 만들었지만 이제는 표현식만 작성하면 됩니다.

표현식에 스프링 빈을 사용해 접근 제어 결정하기

스프링 시큐리티에는 표현식을 작성할 때 사용할 수 있는 여러 내장 함수가 있지만 자체적으로 만든 함수를 사용할 수도 있습니다. 표현식에서 @ 구문을 사용하면 애플리케이션 컨텍스트에 있는 어떠한 빈이라도 참조할 수 있습니다. 예를 들어 @accessChecker.hasLocalAccess(authentication)처럼 표현식을 작성하면 accessChecker 라는 이름의 빈을 참조해 Authentication 객체를 인수로 전달받는 hasLocalAccess() 메서드를 호출할 수 있습니다.

예제 5-35 AccessChecker 클래스

```
package com.apress.spring6recipes.board.security;

import org.springframework.security.core.Authentication;
import org.springframework.security.web.authentication.WebAuthenticationDetails;
import org.springframework.stereotype.Component;

@Component
public class AccessChecker {

  public boolean hasLocalAccess(Authentication authentication) {
    var access = false;
    if (authentication.getDetails() instanceof WebAuthenticationDetails details) {
      var address = details.getRemoteAddress();
      access = address.equals("127.0.0.1") || address.equals("0:0:0:0:0:0:0:1");
    }
    return access;
  }
}
```

AccessChecker는 여전히 앞서 사용한 LocalhostAuthorizationManager가 했던 검사를 동일하게 실행하지만 스프링 시큐리티가 제공하는 클래스를 상속받을 필요는 없습니다.

예제 5-36 할 일 보안 구성: 스프링 빈 사용 표현식 사용하기

```
auth
  .requestMatchers(HttpMethod.DELETE, "/todos/*").access(
    new WebExpressionAuthorizationManager(
      "hasRole('ROLE_ADMIN') and @accessChecker.hasLocalAccess(authentication)"))
```

레시피 5-5 메서드 호출 보안 적용하기

과제 웹 계층에서 URL 접근을 보호하는 것의 대안으로(또는 보완으로) 서비스 계층에서 메서드 호출을 보호해야 할 때가 있습니다. 예를 들어 컨트롤러가 서비스 계층의 여러 메서드를 호출할 때 메서드별로 세분된 보안 정책을 적용해야 할 수 있습니다.

해결 스프링 시큐리티를 사용하면 선언적 방식으로 메서드 호출에도 보안을 적용할 수 있습니다. 빈 인터페이스나 구현체 클래스에 선언된 메서드에 `@Secured`, `@PreAuthorize`/`@PostAuthorize`, `@PreFilter`/`@PostFilter` 애너테이션을 적용하고 구성 클래스에 `@EnableGlobalMethodSecurity` 애너테이션을 적용해 보안을 활성화합니다.

풀이 애너테이션으로 메서드 보안 적용하기

메서드 보안은 메서드에 `@Secured` 애너테이션을 사용해 적용합니다. 예를 들어 다음 `TodoServiceImpl` 클래스의 각 메서드에 `@Secured`를 적용하고 접근 속성값을 지정할 수 있습니다. 속성값은 `String[]` 타입이며 메서드에 접근할 수 있는 권한을 하나 이상 지정합니다.

예제 5-37 @Secured를 사용한 TodoService 구현체

```
package com.apress.spring6recipes.board;

import org.springframework.security.access.annotation.Secured;
import org.springframework.stereotype.Service;
import org.springframework.transaction.annotation.Transactional;

import java.util.List;
import java.util.Optional;

@Service
@Transactional
class TodoServiceImpl implements TodoService {

  private final TodoRepository todoRepository;

  TodoServiceImpl(TodoRepository todoRepository) {
    this.todoRepository = todoRepository;
  }
```

```
  @Override
  @Secured("USER")
  public List<Todo> listTodos() {
    return todoRepository.findAll();
  }

  @Override
  @Secured("USER")
  public void save(Todo todo) {
    this.todoRepository.save(todo);
  }

  @Override
  @Secured("USER")
  public void complete(long id) {
    findById(id)
                .ifPresent((todo) -> {
    todo.setCompleted(true);
                  todoRepository.save(todo);
                });
    }

  @Override
  @Secured({ "USER", "ADMIN" })
  public void remove(long id) {
    todoRepository.remove(id);
  }

  @Override
  @Secured("USER")
  public Optional<Todo> findById(long id) {
    return todoRepository.findOne(id);
  }
}
```

마지막으로 구성 클래스에 @EnableMethodSecurity를 추가해 메서드 보안을 활성화합니다. @Secured 애너테이션을 사용하므로 securedEnabled 속성을 true로 설정합니다.

예제 5-38 할 일 보안 구성: 메서드 보안 활성화하기

```
package com.apress.spring6recipes.board.security;

@Configuration
```

```
@EnableWebSecurity
@EnableMethodSecurity(securedEnabled = true)
public class TodoSecurityConfig implements WebMvcConfigurer { ... }
```

NOTE_ 보안을 적용하려는 빈이 포함된 애플리케이션 컨텍스트 구성 클래스에 @EnableMethodSecurity를 적용해야 합니다.

애너테이션과 표현식으로 메서드 보안 적용하기

메서드 보안에도 URL 보안에서처럼 더 정교한 보안 규칙을 적용하고 싶다면 @PreAuthorize와 @PostAuthorize 애너테이션 같은 SpEL 기반 보안 표현식을 사용합니다. 해당 애너테이션이 동작하게 활성화하려면 @EnableMethodSecurity를 적용하면서 prePostEnabled 속성을 true(기본값이기도 함)로 설정해야 합니다.

예제 5-39 할 일 보안 구성: 메서드 보안 활성화

```
package com.apress.spring6recipes.board.security;

@Configuration
@EnableWebSecurity
@EnableMethodSecurity(prePostEnabled = true)
public class TodoSecurityConfig implements WebMvcConfigurer {
}
```

@PreAuthorize와 @PostAuthorize로 애플리케이션에 보안을 적용해 봅시다.

예제 5-40 TodoService **구현체:** @PreAuthorize/@PostAuthorize **적용하기**

```
package com.apress.spring6recipes.board;

import org.springframework.security.access.prepost.PostAuthorize;
import org.springframework.security.access.prepost.PreAuthorize;
import org.springframework.stereotype.Service;
import org.springframework.transaction.annotation.Transactional;

import java.util.List;
import java.util.Optional;
```

```
@Service
@Transactional
class TodoServiceImpl implements TodoService {

  private final TodoRepository todoRepository;

  TodoServiceImpl(TodoRepository todoRepository) {
    this.todoRepository = todoRepository;
  }

  @Override
  @PreAuthorize("hasAuthority('USER')")
  public List<Todo> listTodos() {
    return todoRepository.findAll();
  }

  @Override
  @PreAuthorize("hasAuthority('USER')")
  public void save(Todo todo) {
    this.todoRepository.save(todo);
  }

  @Override
  @PreAuthorize("hasAuthority('USER')")
  public void complete(long id) {
    findById(id)
      .ifPresent((todo) -> {
        todo.setCompleted(true);
        todoRepository.save(todo);
      });
  }

  @Override
  @PreAuthorize("hasAnyAuthority('USER', 'ADMIN')")
  public void remove(long id) {
    todoRepository.remove(id);
  }

  @Override
  @PreAuthorize("hasAuthority('USER')")
  @PostAuthorize("returnObject.owner == authentication.name")
  public Optional<Todo> findById(long id) {
    return todoRepository.findOne(id);
```

```
    }
  }
```

@PreAuthorize는 메서드 호출 직전, @PostAuthorize 애너테이션은 메서드 호출 직후에 트리거됩니다. 보안 표현식을 작성하면서 returnObject 표현식을 사용해 메서드 호출 결과를 받아와 활용할 수도 있습니다. 예를 들어 findById() 메서드는 소유자 이외의 사용자가 할 일 정보에 접근하려고 시도하면 보안 예외를 발생시킵니다.

애너테이션과 표현식으로 필터링하기

@PreAuthorize/@PostAuthorize 이외에 @PreFilter/@PostFilter 애너테이션도 있습니다. @*Authorize 애너테이션은 보안 규칙에 맞지 않을 때 예외를 발생시키지만 @*Filter 애너테이션은 접근 권한이 없는 요소의 입력과 출력 변수를 단순히 필터링한다는 점에서 차이가 있습니다.

지금 listTodos() 메서드를 호출하면 DB에 저장된 모든 할 일 정보를 반환합니다. 하지만 ADMIN 권한이 있는 사용자에게만 전체를 보여 주고 다른 사용자는 자신의 할 일 정보만 볼 수 있게 제한하고 싶습니다. 이 보안 규칙은 [예제 5-41]과 같은 @PostFilter 애너테이션을 적용해 간단히 구현할 수 있습니다.

예제 5-41 TodoService **구현체 일부:** @PostFilter **적용하기**

```
@PostFilter("hasAnyAuthority('ADMIN') or filterObject.owner == authentication.name")
```

애플리케이션을 재배포한 후 사용자가 로그인하면 자신의 할 일 목록만 보이고 ADMIN 권한이 있는 사용자가 로그인하면 모든 가능한 할 일 목록을 볼 수 있습니다. @*Filter 애너테이션의 자세한 사용 방법은 [레시피 5-7]을 참고하세요.

> **CAUTION_** @PostFilter와 @PreFilter는 메서드 입출력을 필터링하는 편리한 방법이지만 결과 데이터가 많다면 애플리케이션 성능에 심각한 문제가 발생할 수 있으므로 신중하게 사용해야 합니다.

레시피 5-6 뷰에서 보안 처리하기

과제 웹 애플리케이션 뷰에서 접근 주체 이름이나 부여된 권한 등의 사용자 인증 정보를 보여 주고 사용자의 권한에 따라 뷰 콘텐츠를 조건부로 렌더링하도록 구현하세요.

해결 필요한 인증이나 인가(또는 둘 다) 정보를 검색할 수 있게 타임리프 템플릿 파일에 표현식을 작성할 수도 있지만 이는 이상적이거나 효율적인 방법이 아닙니다. 대신 타임리프와 스프링 시큐리티가 제공하는 타임리프 방언dialect을 이용해 뷰 템플릿에서 태그와 추가 표현식을 사용할 수 있습니다. 이러한 표현식을 사용하면 뷰 일부의 렌더링을 비활성화하거나 로그인 이름과 같은 추가 사용자 정보를 표시할 수 있습니다.

풀이 인증 정보 표시하기

할 일 목록 페이지(예: `todos.html`)의 헤더에 사용자의 접근 주체 이름과 부여된 권한을 표시하려고 합니다. 먼저 타임리프 보안 방언 의존성을 추가하고 타임리프가 이 방언을 인식하게 해야 합니다.

예제 5-42 타임리프와 스프링 시큐리티 그레이들 의존성 추가(build.gradle)

```
implementation group: 'org.thymeleaf.extras',
name: 'thymeleaf-extras-springsecurity6', version: '3.1.3.Release'
```

예제 5-43 타임리프와 스프링 시큐리티 메이븐 의존성 추가(pom.xml)

```
<dependency>
  <groupId>org.thymeleaf.extras</groupId>
  <artifactId>thymeleaf-extras-springsecurity6</artifactId>
  <version>3.1.3.Release</version>
</dependency>
```

예제 5-44 할 일 웹 구성에 표현식 추가

```
@Bean
public SpringTemplateEngine templateEngine(ITemplateResolver templateResolver) {
  var templateEngine = new SpringTemplateEngine();
```

```
        templateEngine.setTemplateResolver(templateResolver);
        templateEngine.addDialect(new SpringSecurityDialect());
        return templateEngine;
    }
```

타임리프 방언을 사용해 인증과 인가에 사용하는 새로운 표현식 객체를 얻고 타임리프와 스프링 시큐리티 표현식 규칙에 대한 표현식을 작성할 수 있습니다. 인증을 위한 authentication 객체는 현재 사용자의 Authentication 타입의 객체를 노출해 해당 객체의 프로퍼티를 렌더링하거나 표현식에서 사용할 수 있게 해 줍니다. 예를 들어 name 프로퍼티로 사용자의 접근 주체 이름을 렌더링할 수 있습니다. 인가를 위한 authorization 객체는 렌더링하려는 페이지(또는 페이지의 일부)에 스프링 시큐리티 표현식을 추가하는 데 사용할 수 있습니다.

예제 5-45 인증 표현식 사용하기

```
<h4>To-dos for <span th:text="${#authentication?.name}">John Doe</span></h4>
```

뷰 콘텐츠를 조건부로 렌더링하기

hasAuthority() 메서드를 사용하면 사용자의 권한에 맞게 조건부로 뷰 내용을 렌더링할 수 있습니다. 예를 들어, 사용자의 권한에 따라 메시지 작성자 정보를 화면에 보여 줄지 말지 결정할 수 있습니다.

예제 5-46 보안 표현식을 사용해 인가하기

```
<td>
    <span th:if="${#authorization.expression('hasAuthority(''ADMIN'')')}">...</span>
</td>
```

지정된 모든 권한이 있는 사용자에게만 숨겨진 콘텐츠를 렌더링하려면 ifAllGranted 속성에 권한을 지정합니다. 반대로 지정된 권한 중 하나라도 있는 사용자에게 숨겨진 콘텐츠를 렌더링하려면 ifAnyGranted 속성에 권한을 지정합니다.

예제 5-47 보안 표현식을 사용해 인가하기

```
<td>
  <span th:if="${#authorization.expression('hasAnyAuthority(''ADMIN'',
    ''USER'')')}">...</span>
</td>
```

레시피 5-7 도메인 객체 보안 처리하기

과제 도메인 객체 레벨에서 보안을 처리해야 하는 복잡한 보안 요구 사항이 있습니다. 즉 도메인 객체마다 접근 주체별로 접근 속성을 다르게 가져가야 합니다.

해결 스프링 시큐리티는 각 도메인 객체가 자신만의 접근 제어 목록access control list(ACL)을 가질 수 있게 하는 ACL이라는 모듈을 제공합니다. ACL에는 객체 ID(도메인 객체와 연결함)와 여러 개의 접근 제어 엔티티access control entry(ACE)가 있습니다. ACE는 다음 두 가지 핵심 요소가 있습니다.

- **퍼미션**permission**:** ACE의 퍼미션은 특정한 비트 마스크bit mask로 표시되며 각 비트값은 특정 퍼미션 유형을 나타냅니다. `BasePermission` 클래스에는 `READ`(비트 0 또는 정수 1), `WRITE`(비트 1 또는 정수 2), `CREATE`(비트 2 또는 정수 4), `DELETE`(비트 3 또는 정수 8), `ADMINISTRATION`(비트 4 또는 정수 16)이라는 다섯 가지 기본 퍼미션이 상수로 미리 정의돼 있습니다. 이 중 사용하지 않은 비트를 이용해 퍼미션을 직접 정의할 수도 있습니다.
- **보안 식별자** security identity **(SID):** 각 ACE에는 특정 SID에 대한 퍼미션이 있습니다. SID는 퍼미션과 연관된 접근 주체(`PrincipalSid`)나 인가(`GrantedAuthoritySid`)일 수도 있습니다. 스프링 시큐리티는 ACL 객체 모델을 정의하는 것 외에도 모델을 읽고 관리하는 데 사용하는 API를 정의하고 이러한 API를 구현한 고성능 JDBC 구현체도 제공합니다. 또한 ACL을 쉽게 사용할 수 있게 접근 결정 투표기access decision voter나 표현식과 같은 기능을 제공해 애플리케이션의 다른 보안 기능과 일관되게 사용할 수 있습니다.

풀이 ACL 서비스 설정하기

스프링 시큐리티는 관계형 DB에 ACL 데이터를 저장하고 JDBC를 사용해 접근하는 기능을 제공합니다. 먼저 ACL 데이터를 저장할 DB에 다음 테이블을 생성합니다.

예제 5-48 ACL 테이블 구조

```
CREATE TABLE ACL_SID(
  ID BIGINT NOT NULL GENERATED BY DEFAULT AS IDENTITY,
  PRINCIPAL SMALLINT NOT NULL,
  SID VARCHAR(100) NOT NULL,
  PRIMARY KEY (ID),
  UNIQUE (SID, PRINCIPAL)
);

CREATE TABLE ACL_CLASS(
  ID BIGINT NOT NULL GENERATED BY DEFAULT AS IDENTITY,
  CLASS VARCHAR(100) NOT NULL,
  CLASS_ID_TYPE VARCHAR(100),
  PRIMARY KEY (ID),
  UNIQUE (CLASS)
);

CREATE TABLE ACL_OBJECT_IDENTITY(
  ID BIGINT NOT NULL GENERATED BY DEFAULT AS IDENTITY,
  OBJECT_ID_CLASS BIGINT NOT NULL,
  OBJECT_ID_IDENTITY BIGINT NOT NULL,
  PARENT_OBJECT BIGINT,
  OWNER_SID BIGINT,
  ENTRIES_INHERITING SMALLINT NOT NULL,
  PRIMARY KEY (ID),
  UNIQUE (OBJECT_ID_CLASS, OBJECT_ID_IDENTITY),
  FOREIGN KEY (PARENT_OBJECT) REFERENCES ACL_OBJECT_IDENTITY,
  FOREIGN KEY (OBJECT_ID_CLASS) REFERENCES ACL_CLASS,
  FOREIGN KEY (OWNER_SID) REFERENCES ACL_SID
);

CREATE TABLE ACL_ENTRY(
  ID BIGINT NOT NULL GENERATED BY DEFAULT AS IDENTITY,
  ACL_OBJECT_IDENTITY BIGINT NOT NULL,
  ACE_ORDER INT NOT NULL,
  SID BIGINT NOT NULL,
  MASK INTEGER NOT NULL,
  GRANTING SMALLINT NOT NULL,
  AUDIT_SUCCESS SMALLINT NOT NULL,
  AUDIT_FAILURE SMALLINT NOT NULL,
```

```
    PRIMARY KEY (ID),
    UNIQUE (ACL_OBJECT_IDENTITY, ACE_ORDER),
    FOREIGN KEY (ACL_OBJECT_IDENTITY) REFERENCES ACL_OBJECT_IDENTITY,
    FOREIGN KEY (SID) REFERENCES ACL_SID
);
```

스프링 시큐리티는 이러한 테이블에 저장된 ACL 데이터에 접근하기 위한 API와 JDBC 구현체를 제공합니다. 따라서 DB에서 ACL 데이터에 직접 접근할 일은 거의 없습니다. 각 도메인 객체는 자신만의 ACL을 가질 수 있으므로 애플리케이션에 ACL이 상당히 많아질 수 있습니다. 다행히 스프링 시큐리티는 ACL 객체를 캐시하는 기능을 스프링 캐시Spring Cache 추상화를 사용해 지원합니다. 예제에서는 캐시 구현체로 Caffeine을 사용하겠습니다(스프링과 캐싱 관련 내용은 14장 참조).

예제 5-49 ACL 캐시 구성

```
@Bean
public Caffeine<Object, Object> caffeine() {
  return Caffeine.newBuilder().expireAfterWrite(Duration.ofMinutes(15));
}

@Bean
public CacheManager cacheManager(Caffeine<Object, Object> caffeine) {
  var cacheManager = new CaffeineCacheManager();
  cacheManager.setCaffeine(caffeine);
  return cacheManager;
}
```

다음으로 애플리케이션에 ACL 서비스를 설정합니다. 이 모듈은 일반 스프링 빈 그룹으로 구성해야 하므로 ACL 구성을 저장하는 TodoAclConfig라는 별도의 빈 구성 클래스를 작성합니다.

ACL 구성 파일에서 핵심 빈은 ACL 서비스이며 스프링 시큐리티에서 ACL 서비스 작업은 AclService와 MutableAclService라는 두 인터페이스로 정의합니다. AclService는 ACL을 읽을 수 있는 작업을 정의하며 MutableAclService는 AclService의 하위 인터페이스로 ACL의 등록, 수정, 삭제 작업을 정의합니다. 애플리케이션에서 ACL을 읽기만 한다면 JdbcAclService와 같은 AclService 구현체를 선택하고 그렇지 않다면 JdbcMutableAclService와 같은 MutableAclService 구현체를 선택하면 됩니다.

예제 5-50 할 일 ACL 보안 구성

```
package com.apress.spring6recipes.board.security;

import com.github.benmanes.caffeine.cache.Caffeine;
import org.springframework.cache.CacheManager;
import org.springframework.cache.caffeine.CaffeineCacheManager;
import org.springframework.context.annotation.Bean;
import org.springframework.context.annotation.Configuration;
import org.springframework.security.acls.AclEntryVoter;
import org.springframework.security.acls.AclPermissionEvaluator;
import org.springframework.security.acls.domain.AclAuthorizationStrategy;
import org.springframework.security.acls.domain.AclAuthorizationStrategyImpl;
import org.springframework.security.acls.domain.AuditLogger;
import org.springframework.security.acls.domain.BasePermission;
import org.springframework.security.acls.domain.ConsoleAuditLogger;
import org.springframework.security.acls.domain.DefaultPermissionGrantingStrategy;
import org.springframework.security.acls.domain.SpringCacheBasedAclCache;
import org.springframework.security.acls.jdbc.BasicLookupStrategy;
import org.springframework.security.acls.jdbc.JdbcMutableAclService;
import org.springframework.security.acls.jdbc.LookupStrategy;
import org.springframework.security.acls.model.AclCache;
import org.springframework.security.acls.model.AclService;
import org.springframework.security.acls.model.Permission;
import org.springframework.security.acls.model.PermissionGrantingStrategy;
import org.springframework.security.core.authority.SimpleGrantedAuthority;

import javax.sql.DataSource;
import java.time.Duration;

@Configuration
public class TodoAclConfig {

  private final DataSource dataSource;

  public TodoAclConfig(DataSource dataSource) {
    this.dataSource = dataSource;
  }

  @Bean
  public AclEntryVoter aclEntryVoter(AclService aclService) {
    return new AclEntryVoter(aclService, "ACL_MESSAGE_DELETE",
      new Permission[] { BasePermission.ADMINISTRATION, BasePermission.DELETE });
  }
```

```
@Bean
public Caffeine<Object, Object> caffeine() {
  return Caffeine.newBuilder().expireAfterWrite(Duration.ofMinutes(15));
}

@Bean
public CacheManager cacheManager(Caffeine<Object, Object> caffeine) {
  var cacheManager = new CaffeineCacheManager();
  cacheManager.setCaffeine(caffeine);
  return cacheManager;
}

@Bean
public AuditLogger auditLogger() {
  return new ConsoleAuditLogger();
}

@Bean
public PermissionGrantingStrategy permissionGrantingStrategy(AuditLogger
  auditLogger) {
  return new DefaultPermissionGrantingStrategy(auditLogger);
}

@Bean
public AclAuthorizationStrategy aclAuthorizationStrategy() {
  return new AclAuthorizationStrategyImpl(new SimpleGrantedAuthority("ADMIN"));
}

@Bean
public AclCache aclCache(CacheManager cacheManager,
  PermissionGrantingStrategy permissionGrantingStrategy,
  AclAuthorizationStrategy aclAuthorizationStrategy) {
    var aclCache = cacheManager.getCache("aclCache");
    return new SpringCacheBasedAclCache(aclCache, permissionGrantingStrategy,
      aclAuthorizationStrategy);
}

@Bean
public LookupStrategy lookupStrategy(AclCache aclCache,
  PermissionGrantingStrategy permissionGrantingStrategy,
  AclAuthorizationStrategy aclAuthorizationStrategy) {
    return new BasicLookupStrategy(this.dataSource, aclCache,
      aclAuthorizationStrategy,
```

```
      permissionGrantingStrategy);
  }

  @Bean
  public AclService aclService(LookupStrategy lookupStrategy, AclCache aclCache) {
    return new JdbcMutableAclService(this.dataSource, lookupStrategy, aclCache);
  }

  @Bean
  public AclPermissionEvaluator permissionEvaluator(AclService aclService) {
    return new AclPermissionEvaluator(aclService);

  }
}
```

ACL 구성 파일의 핵심인 ACL 서비스 빈은 `JdbcMutableAclService` 인스턴스이며 ACL을 관리합니다. `JdbcMutableAclService` 클래스는 세 개의 생성자 인수를 받습니다. 첫 번째 생성자 인수는 ACL 데이터가 보관된 DB에 접속할 때 사용하는 데이터소스입니다. 이 빈 구성에서는 간단하게 데이터소스를 참조할 수 있게 미리 데이터소스를 정의해 둬야 합니다(동일한 DB에 ACL 테이블을 생성했다고 가정함). 세 번째 생성자 인수는 ACL과 함께 사용할 캐시 인스턴스이며 백엔드 캐시 구현체는 스프링 캐시 구현체를 사용해 구성합니다.

`BasicLookupStrategy`는 스프링 시큐리티가 제공하는 유일한 구현체이며 표준 SQL(또는 호환 SQL) 구문을 사용해 기본적인 룩업을 수행합니다. 고급 DB 기능을 활용해 조회 성능을 높이고 싶다면 `LookupStrategy` 인터페이스를 직접 구현해 자신만의 룩업 전략을 만들어 사용합니다. `BasicLookupStrategy` 인스턴스도 ACL 서비스처럼 데이터소스와 캐시 인스턴스가 필요하며 `AclAuthorizationStrategy` 타입의 생성자 인수도 필요합니다. 이 객체는 일반적으로 프로퍼티 범주별로 필요한 권한을 지정해 접근 주체가 ACL의 특정 프로퍼티를 변경할 권한이 있는지 판단합니다. 앞 코드에서는 `ADMIN` 권한이 있는 사용자만 ACL의 소유권, ACE의 감사 상세 정보, 기타 ACL 및 ACE 상세 정보를 각각 변경할 수 있습니다. 마지막으로 `PermissionGrantingStrategy` 타입의 생성자 인수도 필요합니다. 이 객체는 주어진 `Sid`에 ACL 접근을 허용할지 검사합니다. 마지막으로 `JdbcMutableAclService`에는 관계형 DB에서 ACL 데이터를 관리할 때 필요한 표준 SQL 구문이 있습니다. 하지만 해당 SQL 구문이 모든 DB 제품과 호환되지 않을 수 있습니다. 예를 들어 아파치 더비Apache Derby를 사용한다면 식별자 쿼리문을 직접 작성해야 합니다.

도메인 객체용 ACL 관리하기

백엔드 서비스와 DAO는 앞서 정의한 ACL 서비스의 의존성을 주입받아 도메인 객체에 대한 ACL을 관리합니다. 예를 들어 할 일 서비스에서 할 일이 새로 등록되면 ACL을 생성하고 할 일이 삭제되면 ACL도 삭제해야 합니다.

예제 5-51 ACL을 사용한 TodoService 구현체

```
package com.apress.spring6recipes.board;

import org.springframework.security.access.prepost.PostFilter;
import org.springframework.security.access.prepost.PreAuthorize;
import org.springframework.security.acls.domain.GrantedAuthoritySid;
import org.springframework.security.acls.domain.ObjectIdentityImpl;
import org.springframework.security.acls.domain.PrincipalSid;
import org.springframework.security.acls.model.MutableAclService;
import org.springframework.stereotype.Service;
import org.springframework.transaction.annotation.Transactional;

import java.util.List;
import java.util.Optional;

import static org.springframework.security.acls.domain.BasePermission.DELETE;
import static org.springframework.security.acls.domain.BasePermission.READ;
import static org.springframework.security.acls.domain.BasePermission.WRITE;

@Service
@Transactional
class TodoServiceImpl implements TodoService {

  private final TodoRepository todoRepository;
  private final MutableAclService mutableAclService;

  TodoServiceImpl(TodoRepository todoRepository,
    MutableAclService mutableAclService) {
    this.todoRepository = todoRepository;
    this.mutableAclService = mutableAclService;
  }

  ...
  @PreAuthorize("hasAuthority('USER')")
  public void save(Todo todo) {
```

```
    this.todoRepository.save(todo);

    var oid = new ObjectIdentityImpl(Todo.class, todo.getId());
    var acl = mutableAclService.createAcl(oid);
    var principalSid = new PrincipalSid(todo.getOwner());
    var authoritySid = new GrantedAuthoritySid("ADMIN");

    acl.insertAce(0, READ, principalSid, true);
    acl.insertAce(1, WRITE, principalSid, true);
    acl.insertAce(2, DELETE, principalSid, true);

    acl.insertAce(3, READ, authoritySid, true);
    acl.insertAce(4, WRITE, authoritySid, true);
    acl.insertAce(5, DELETE, authoritySid, true);
    mutableAclService.updateAcl(acl);
  }

  ...
  @PreAuthorize("hasPermission(#id, 'com.apress.spring6recipes.board.Todo',
    'delete')")
  public void remove(long id) {
    todoRepository.remove(id);

    var oid = new ObjectIdentityImpl(Todo.class, id);
    mutableAclService.deleteAcl(oid, false);
  }
  ...
}
```

사용자가 할 일을 등록하면 ACL 객체 ID를 사용해 새로운 ACL을 동시에 생성하고 할 일을 삭제하면 해당 ACL도 함께 삭제합니다. 새로 등록한 할 일과 관련해서 다음 ACE를 ACL에 삽입합니다.

- 할 일 소유자는 할 일을 READ, WRITE, DELETE할 수 있습니다.
- ADMIN 권한이 있는 사용자도 할 일을 READ, WRITE, DELETE할 수 있습니다.

JdbcMutableAclService에서는 호출 메서드에 트랜잭션을 활성화해야 트랜잭션 안에서 SQL 구문을 실행할 수 있습니다. 트랜잭션 활성화 방법은 7장의 레시피를 참고하세요.

표현식을 사용해 접근 제어 결정하기

도메인 객체마다 ACL을 사용한다면 객체의 ACL을 사용해 해당 객체와 관련된 메서드에 접근 제어 결정을 내릴 수 있습니다. 예를 들어 사용자가 할 일을 삭제하려고 할 때 ACL을 참조해 사용자가 관련 퍼미션이 있는지 판단할 수 있습니다.

ACL 구성은 어려운 작업이지만 다행히 애너테이션과 표현식을 사용하면 쉽게 구성할 수 있습니다. `@PreAuthorize`와 `@PreFilter` 애너테이션을 사용해 누군가가 메서드를 실행하거나 특정 메서드 인수를 사용할 권한이 있는지 확인할 수 있습니다. `@PostAuthorize`와 `@PostFilter` 애너테이션을 사용하면 사용자가 메서드 실행 결과에 접근할 수 있는지 확인하거나 ACL을 기반으로 결과를 필터링할 수 있습니다. 이러한 애너테이션을 활성화하려면 `@EnableMethodSecurity` 애너테이션의 `prePostEnabled` 속성을 `true`(기본값)로 설정해야 합니다.

추가적으로 접근 제어 결정이 실제로 수행되려면 객체의 퍼미션을 평가하는 평가기[evaluator]인 `AclPermissionEvaluator`라는 인프라스트럭처 컴포넌트를 구성해야 합니다. 표현식을 사용해 ACL로 메서드를 보호하려면 커스텀 퍼미션 평가기가 필요합니다. `AclPermissionEvaluator`가 확인이 필요한 대상 객체의 ACL을 얻어오려면 `AclService`가 필요합니다. 자바로 구성한다면 `PermissionEvaluator`가 자동으로 감지해서 `DefaultMethodSecurityExpressionHandler`에 연결하므로 이 정도 구성만으로 충분합니다.

이제 애너테이션과 표현식을 사용해 접근 제어를 할 준비가 모두 끝났습니다.

예제 5-52 TodoService ACL **표현식**

```
package com.apress.spring6recipes.board;

@Service
@Transactional
class TodoServiceImpl implements TodoService {

  ...
  @Override
  @PreAuthorize("hasAuthority('USER')")
  @PostFilter("hasAnyAuthority('ADMIN') or hasPermission(filterObject, 'read')")
  public List<Todo> listTodos() {
  ...
  }
```

```
    @Override
    @PreAuthorize("hasAuthority('USER')")
    public void save(Todo todo) {
    ...
    }

    @Override
    @PreAuthorize("hasPermission(#id, 'com.apress.spring6recipes.board.Todo', 'write')")
    public void complete(long id) {
    ...
    }

    @Override
    @PreAuthorize("hasPermission(#id, 'com.apress.spring6recipes.board.Todo', 'delete')")
    public void remove(long id) {
    ...
    }

    @Override
    @PostAuthorize("returnObject.orElse(null) == null ||
      hasPermission(returnObject.get(), 'read')")
    public Optional<Todo> findById(long id) {
    ...
    }
}
```

다양한 애너테이션과 그 안에 작성된 다양한 표현식이 눈에 들어옵니다. @PreAuthorize를 적용하면 사용자에게 해당 메서드를 실행할 퍼미션이 있는지 확인할 수 있습니다. #id와 같은 표현식은 id라는 이름의 메서드 인수를 가리키며 hasPermission 표현식은 스프링 시큐리티의 기본 표현식입니다(표 5-7).

@PostFilter 애너테이션을 적용하면 컬렉션을 필터링해 사용자가 읽을 권한이 없는 요소를 제거할 수 있습니다. 표현식에서 filterObject 키워드는 컬렉션의 요소를 가리키며 컬렉션이 그대로 있으려면 로그인한 사용자에게 읽기 퍼미션이 있어야 합니다.

@PostAuthorize를 적용하면 단일 반환값을 사용할 수 있는지(즉 사용자에게 올바른 퍼미션이 있는지) 확인할 수 있습니다. 표현식에서 반환값을 사용하려면 returnObject 키워드를 사용합니다.

레시피 5-8 스프링 웹플럭스 애플리케이션에 보안 적용하기

과제 스프링 웹플럭스(4장 참조)로 개발한 애플리케이션에 보안을 적용하세요.

해결 @EnableWebFluxSecurity 애너테이션을 구성에 추가해 보안 기능을 활성화하고 SecurityWebFilterChain을 생성해 보안 구성을 합니다.

풀이 스프링 웹플럭스 애플리케이션은 일반 스프링 MVC 애플리케이션과 성격이 매우 다릅니다. 하지만 스프링 시큐리티는 가능한 한 일반 웹 구성과 비슷하고 쉽게 구성할 수 있도록 지원합니다.

URL 접근 보안 적용하기

먼저 SecurityConfiguration 클래스를 생성하고 @EnableWebFluxSecurity를 적용합니다.

예제 5-53 스프링 웹플럭스 기본 보안 구성

```
@Configuration
@EnableWebFluxSecurity
public class SecurityConfiguration { ... }
```

@EnableWebFluxSecurity는 WebFluxConfigurer(4장 참조)를 등록하여 AuthenticationPrincipalArgumentResolver를 자동으로 추가하므로 Authentication을 스프링 웹 플럭스 핸들러 메서드에 주입할 수 있습니다. 또한 스프링 시큐리티의 WebFluxSecurityConfiguration 클래스를 등록해 SecurityWebFilterChain(보안 구성 포함) 인스턴스를 감지하게 합니다. SecurityWebFilterChain 클래스는 WebFilter(일반 서블릿 필터에 해당함)로 래핑되며 스프링 웹플럭스가 수신하는 요청에 특정 기능을 추가하는 데 사용합니다(일반 서블릿 필터와 동일함).

더 이상의 추가 구성 없이도 스프링 시큐리티는 특정 HTTP 헤더를 자동으로 추가하고 /logout URL로 로그아웃하게 하는 등 기본값을 사용해 실행됩니다. 다음으로 HTTP 기본 인증과 폼 로그인을 모두 활성화하고 애플리케이션에 보안을 적용해 모든 URL에 대해 사용자 인증을 요구합니다.

이제 org.springframework.security.config.web.server.ServerHttpSecurity 클래스는 익숙할 것입니다(레시피 5-1). ServerHttpSecurity를 이용해 보안 규칙을 추가하고 추가 구성(헤더 추가/제거 및 로그인 메서드 구성 등)을 합니다. 보안 규칙은 authorizeExchange를 사용해 작성합니다. 예제에서는 URL에 보안을 적용해 /welcome URL은 모든 사람에게 허용하며 /reservation URL은 USER 역할을 가진 사용자만 접근할 수 있게 합니다. 그 외의 요청은 인증을 받은 사용자만 접근할 수 있습니다. 마지막으로 build() 메서드를 호출해 실제로 SecurityWebFilterChain을 빌드합니다.

authorizeExchange()와 함께 headers() 구성 메서드를 사용하면 사이트 간 요청 위조 방어, 캐시 헤더 등의 보안 헤더를 요청에 추가할 수 있습니다(레시피 5-2).

사용자 인증하기

스프링 웹플럭스 애플리케이션은 ReactiveAuthenticationManager 인터페이스를 이용해 사용자를 인증합니다. 이 인터페이스에는 authenticate()라는 메서드 하나만 있으며 이를 직접 구현하거나 다음의 구현체 중에서 하나를 사용할 수 있습니다. 첫 번째는 ReactiveUserDetailsService 인스턴스를 래핑한 UserDetailsRepositoryReactiveAuthenticationManager 구현체입니다. 두 번째는 일반 AuthenticationManager를 래핑한 ReactiveAuthenticationManagerAdapter 구현체입니다(레시피 5-3). 인스턴스를 래핑하는 방식이라서 블로킹 방식으로 동작하는 구현체를 리액티브하게 사용할 수 있습니다. 사실 내부적으로는 여전히 블로킹 방식으로 동작하지만 기존에 만든 기능을 재사용할 수 있습니다. 이러한 방식으로 리액티브 애플리케이션에서도 JDBC와 LDAP 등을 사용할 수 있습니다.

스프링 웹플럭스 애플리케이션에서 스프링 시큐리티를 구성할 때 자바 구성 클래스에 ReactiveAuthenticationManager나 ReactiveUserDetailsService 인스턴스를 추가할 수 있습니다. ReactiveUserDetailsService가 감지되면 자동으로 UserDetailsRepositoryReactiveAuthenticationManager에 래핑됩니다.

예제 5-54 리액티브 할 일 보안 구성

```
package com.apress.spring6recipes.todo;

import org.springframework.context.annotation.Bean;
import org.springframework.context.annotation.Configuration;
import org.springframework.security.config.annotation.
web.reactive.EnableWebFluxSecurity;
import org.springframework.security.core.userdetails.MapReactiveUserDetailsService;
import org.springframework.security.core.userdetails.User;

@Configuration
@EnableWebFluxSecurity
public class SecurityConfiguration {

  @Bean
  public MapReactiveUserDetailsService userDetailsRepository() {
    var marten = User.withDefaultPasswordEncoder()
      .username("marten").password("secret").authorities("USER").build();
    var admin = User.withDefaultPasswordEncoder()
      .username("admin").password("admin").authorities("USER", "ADMIN").build();
    return new MapReactiveUserDetailsService(marten, admin);
  }
}
```

이제 애플리케이션을 배포하고(또는 `ReactorNettyBootstrap` 클래스를 실행하고) `http://localhost:8080/todos` URL에 접속하면 스프링 시큐리티가 제공하는 기본 로그인 페이지가 나타납니다. 웹 페이지를 렌더링하는 URL을 요청했으므로 로그인 페이지가 표시됩니다. 반면 JSON으로 요청하거나 JSON으로 응답 받도록 요청한다면 HTTP 기본 인증이 필요합니다.

HTTP 기본 인증

HTTP 기본 인증 지원 기능은 `httpBasic()` 메서드를 사용해 구성할 수 있습니다. HTTP 기본 인증이 필요할 때 브라우저는 일반적으로 사용자가 로그인할 수 있는 로그인 대화 상자나 특정 로그인 페이지를 표시합니다.

예제 5-55 리액티브 할 일 보안 구성: HTTP 기본 인증

```
@Bean
public SecurityWebFilterChain springWebFilterChain(ServerHttpSecurity http) {
  return http.httpBasic().and().build();
}
```

폼 로그인

폼 로그인 서비스는 사용자가 로그인 폼에 로그인 상세 정보를 입력하고 전송할 수 있는 로그인 폼이 포함된 웹 페이지를 렌더링합니다. 폼 로그인 서비스는 `formLogin()` 메서드를 사용해 구성할 수 있습니다.

예제 5-56 리액티브 할 일 보안 구성: 폼 로그인

```
@Bean
public SecurityWebFilterChain springWebFilterChain(ServerHttpSecurity http) {
  return http.formLogin().and().build();
}
```

기본적으로 스프링 시큐리티는 자동으로 로그인 페이지를 생성하고 이를 `/login` URL로 매핑합니다. 따라서 다음처럼 로그인 URL 링크를 애플리케이션(예: `todos.html`)에 추가할 수 있습니다.

예제 5-57 로그인 링크 예시

```
<a th:href="@{/login}">Login</a>
```

기본 로그인 페이지를 사용하고 싶지 않다면 커스텀 로그인 페이지를 직접 작성해도 됩니다. 예를 들어 템플릿 디렉터리에 다음과 같은 `login.html` 파일을 작성합니다.

예제 5-58 커스텀 로그인 페이지

```
<!DOCTYPE html>
<html xmlns:th="http://www.thymeleaf.org">
<head>
  <title>Login</title>
  <link type="text/css" rel="stylesheet"
```

```
    href="https://cdnjs.cloudflare.com/ajax/libs/semantic-ui/2.2.10/semantic.min.css">
    <style type="text/css">
      body {
        background-color: #DADADA;
      }

      body > .grid {
        height: 100%;
      }

      .column {
        max-width: 450px;
      }
    </style>
</head>

<body>
<div class="ui middle aligned center aligned grid">
  <div class="column">
    <h2 class="ui header">Log-in to your account</h2>
    <form method="POST" th:action="@{/login}" class="ui large form">
      <div class="ui stacked segment">
        <div class="field">
          <div class="ui left icon input">
            <i class="user icon"></i>
            <input type="text" name="username" placeholder="E-mail address">
          </div>
        </div>
        <div class="field">
          <div class="ui left icon input">
            <i class="lock icon"></i>
            <input type="password" name="password" placeholder="Password">
          </div>
        </div>
        <button class="ui fluid large submit green button">Login</button>
      </div>
      <div th:if="${param.error != null}" class="ui error message"
           style="display: block;">
        Authentication Failed<br/>
      </div>
    </form>
  </div>
</div>
</body>
</html>
```

커스텀 로그인 페이지를 사용하려면 핸들러를 작성해야 합니다. RouterFunction 인터페이스를 사용하면 이를 쉽게 할 수 있습니다. RouterFunction 타입의 빈을 구성 클래스에 추가하고 RouterFunctions 헬퍼 클래스로 핸들러 메서드를 추가해 /login GET 요청을 login 이라는 뷰에 매핑합니다.

예제 5-59 웹플럭스 구성 로그인 페이지

```
@Bean
public RouterFunction<ServerResponse> securityPages() {
  return RouterFunctions
    .route().GET("/login", (req) -> ServerResponse.ok().render("login")).build();
}
```

스프링 시큐리티의 기본 명명 규칙을 사용하면 지금까지 한 구성만으로도 커스텀 로그인 페이지를 충분히 렌더링할 수 있습니다. 다음으로 로그인 요청 시 커스텀 로그인 페이지를 표시하려면 스프링 시큐리티 구성을 해야 합니다. loginPage 구성 메서드에 해당 URL을 지정합니다.

예제 5-60 리액티브 할 일 보안 구성: 폼 로그인

```
public SecurityWebFilterChain springWebFilterChain(ServerHttpSecurity http) {
  return http
    .formLogin( (formLogin) -> formLogin.loginPage("/login"))
    .csrf(ServerHttpSecurity.CsrfSpec::disable)
    .authorizeExchange( (auth) -> auth.pathMatchers("/login").permitAll())
    .build();
}
```

/login URL을 permitAll()로 설정하지 않으면 로그인 페이지가 스프링 시큐리티의 보안이 적용되므로 익명 사용자가 접근할 수 없습니다. 지금은 CSRF 방어를 비활성화하도록 합니다. 그렇지 않으면 CSRF 토큰이 필요하기 때문에 로그인할 수 없게 됩니다(활성화 방법은 다음 절 참조). 사용자가 보안 URL을 요청하면 스프링 시큐리티가 로그인 페이지를 표시하며 로그인이 성공하면 사용자 요청이 원래 접속하려던 URL로 리다이렉트됩니다.

CSRF 방어 적용하기

보통 CSRF 방어 기능을 활성화해 사이트 간 요청 위조 공격의 위험을 줄이는 것이 좋습니다. 스프링 시큐리티에서는 CSRF 방어가 기본적으로 활성화돼 있습니다. 예제 구성 클래스에서 csrf(ServerHttpSecurity.CsrfSpec::disable) 같은 비활성화 관련 코드를 제거하면 활성화됩니다. CSRF 방어가 활성화되면 스프링 시큐리티는 방어에 사용하는 필터 목록에 CsrfWebFilter를 추가하며 해당 필터는 ServerCsrfTokenRepository 구현체를 사용해 토큰을 생성하고 저장합니다. 기본으로 생성된 토큰을 WebSession에 저장하는 WebSessionServerCsrfTokenRepository가 사용되며 토큰 정보를 쿠키에 저장하는 CookieServerCsrfTokenRepository도 있습니다. csrfTokenRepository() 구성 메서드를 사용해 ServerCsrfTokenRepository를 변경할 수 있으며 이를 사용해 명시적으로 구성된 WebSessionServerCsrfTokenRepository, CookieServerCsrfTokenRepository, ServerCsrfTokenRepository와 같은 인터페이스의 자체 구현체를 구성할 수도 있습니다. 지금은 기본 WebSessionServerCsrfTokenRepository를 사용하겠습니다.

CSRF 방어가 활성화된 상태에서 로그인한 후, 할 일 항목을 완료 처리하거나 삭제하려고 하면 CSRF 토큰이 없어서 실패합니다. 콘텐츠 수정을 요청할 때 CSRF 토큰을 서버에 다시 전달해 이 문제를 해결할 수 있습니다. 이를 지원하는 뷰 기술(타임리프 등)을 사용할 때 토큰을 잘 알려진 위치에 노출해 주는 CsrfRequestDataValueProcessor를 사용해 자동으로 수행할 수 있지만 이렇게 동작하려면 CSRF 토큰을 특정 속성에 복사해야 합니다. HandlerFilterFunction과 @ControllerAdvice 애너테이션을 사용해 적절한 이름으로 CsrfToken을 노출할 수 있습니다.

예제 5-61 리액티브 할 일 보안 구성: CSRF 구성

```
@Bean
public RouterFunction<ServerResponse> securityPages() {
  return RouterFunctions
    .route().filter(csrfToken())
    .GET("/login", (req) -> ServerResponse.ok().render("login")).build();
}

public HandlerFilterFunction<ServerResponse, ServerResponse> csrfToken() {
  var name = CsrfToken.class.getName();
  return (req, next) -> req.exchange()
    .getAttributeOrDefault(name, Mono.empty().ofType(CsrfToken.class))
    .flatMap(token -> {
      req.exchange()
        .getAttributes()
```

```
        .put(CsrfRequestDataValueProcessor.DEFAULT_CSRF_ATTR_NAME, token);
      return next.handle(req);
    });
}
```

이제 앞서 작성한 필터는 RouterFunction에서 잘 동작하지만 @(Rest)Controller 애너테이션이 적용된 클래스에서는 동작하지 않습니다. 해당 클래스에서도 잘 동작하게 하려면 @ControllerAdvice 애너테이션을 적용한 클래스 안에서 @ModelAttribute 애너테이션을 적용한 메서드를 작성합니다. 그러면 @(Rest)Controller의 각 메서드가 호출되기 전에 @ModelAttribute를 적용한 메서드가 호출됩니다.

예제 5-62 CSRF **토큰을 복사하는** ControllerAdvice

```
package com.apress.spring6recipes.todo.web;

import org.springframework.security.web.reactive.result.view.
CsrfRequestDataValueProcessor;
import org.springframework.security.web.server.csrf.CsrfToken;
import org.springframework.web.bind.annotation.ControllerAdvice;
import org.springframework.web.bind.annotation.ModelAttribute;
import org.springframework.web.server.ServerWebExchange;
import reactor.core.publisher.Mono;

@ControllerAdvice
public class SecurityControllerAdvice {

  @ModelAttribute
  public Mono<CsrfToken> csrfToken(ServerWebExchange exchange) {
    Mono<CsrfToken> csrfToken = exchange.getAttribute(CsrfToken.class.getName());
    return csrfToken.doOnSuccess( (token) -> exchange.getAttributes()
      .put(CsrfRequestDataValueProcessor.DEFAULT_CSRF_ATTR_NAME, token));
  }
}
```

모든 작업이 완료됐으므로 이제 숨겨진 필드에 CSRF 토큰을 노출할 수 있습니다. 폼에 hidden 타입의 input 태그를 사용하면 간단합니다. WebSessionServerCsrfTokenRepository는 세션에 토큰을 노출하며 폼에서 parameterName과 token 프로퍼티를 사용할 수 있습니다. 할 일 항목을 완료 처리/삭제하는 폼에 다음 코드를 추가합니다.

예제 5-63 폼의 숨겨진 필드에 노출된 CSRF 토큰

```
<input type="hidden" name="${_csrf.parameterName}" value="${_csrf.token}"/>
```

이제 폼을 제출하면 토큰이 요청의 일부분으로 함께 전달되어 할 일 항목을 다시 완료 처리하거나 삭제할 수 있게 됩니다.

> **NOTE_** 예제 애플리케이션은 타임리프를 사용해 페이지와 폼을 렌더링합니다. 이때 모든 폼에 CSRF 토큰을 담는 `hidden input` 필드가 자동으로 추가됩니다.

`todo-create.html`에도 폼이 있지만 해당 html은 스프링 MVC 폼 태그를 사용하므로 수정할 필요가 없습니다. 스프링 MVC 폼 태그를 사용하면 폼에 CSRF 토큰이 자동으로 추가됩니다. 그러려면 스프링 시큐리티에서 폼에 토큰을 추가하는 작업을 담당하는 `org.springframework.security.web.reactive.result.view.CsrfRequestDataValueProcessor`를 등록해야 합니다.

접근 제어 결정하기

사용자가 애플리케이션의 리소스에 접근할 수 있는지를 결정하는 것을 인가 결정이라고 하며 사용자의 인증 상태, 리소스의 성격과 접근 속성에 따라 이루어집니다. 스프링 시큐리티에서는 `ReactiveAuthorizationManager` 인터페이스를 구현한 인가 관리자가 인가 결정을 내립니다. 필요시 이 인터페이스를 구현해 자신만의 인가 관리자를 만들어도 되지만 스프링 시큐리티에서 제공하는 구현체들을 사용할 수도 있습니다. 대부분 `http.authorizeExchange`나 메서드 보안(레시피 5-5)으로 구성할 수 있습니다.

사실 예제에서 이러한 인가 관리자를 이미 사용했습니다. `pathMatchers("/login").permitAll()` 표현식의 `permitAll()` 부분에서 사용자의 접근을 모두 허용하려고 항상 `true`를 반환하는 간단한 `ReactiveAuthorizationManager`를 사용했습니다. 하지만 이는 한 가지 예시이며 그 외의 편의 메서드(표 5-8)를 사용하면 더 많은 인스턴스를 사용할 수 있습니다. 또한 `access()` 메서드로 접근 허용을 결정하는 더 복잡한 함수를 사용할 수도 있습니다.

표 5-8 스프링 시큐리티 웹플럭스의 내장 표현식

표현식	설명
hasRole('role') or hasAuthority('authority')	현재 사용자가 주어진 역할을 가지고 있다면 true를 반환
hasAnyRole('role') or hasAnyAuthority('authority')	현재 사용자가 주어진 역할들 중 하나라도 가지고 있다면 true를 반환
permitAll()	항상 true 반환
denyAll()	항상 false 반환
authenticated()	인가된 사용자면 true 반환
hasIpAddress()	선택한 IP 범위의 사용자면 true 반환
access()	함수를 사용해 접근 권한이 있는지 확인

CAUTION_ 역할과 권한은 거의 비슷한 개념이지만 처리 방식에서 중요한 차이가 있습니다. hasRole을 사용할 때는 전달받은 역할의 값이 ROLE_(기본 역할 접두어) 접두어로 시작하지 않는다면 권한을 확인하기 전에 ROLE_ 접두어를 추가합니다. 예를 들어 hasRole('ADMIN')은 실제로는 현재 사용자에게 ROLE_ADMIN 권한이 있는지 확인합니다. 하지만 hasAuthority를 사용하면 전달받은 권한값을 있는 그대로 사용해 권한을 확인합니다.

예제 5-64 리액티브 할 일 보안 구성

```
@Bean
public SecurityWebFilterChain springWebFilterChain(ServerHttpSecurity http) {
  return http
    .formLogin( (formLogin) -> formLogin.loginPage("/login"))
    .csrf( (csrf) -> csrf.csrfTokenRepository(new CookieServerCsrfTokenRepository()))
    .authorizeExchange( (auth) -> {
      auth.pathMatchers("/login").permitAll();
      auth.pathMatchers("/todos").hasAuthority("USER");
      auth.pathMatchers(HttpMethod.DELETE, "/todos").access(this::todoRemoveAllowed);
    }
  )
  .build();
}

private Mono<AuthorizationDecision> todoRemoveAllowed(
  Mono<Authentication> authentication, AuthorizationContext context) {
   return authentication
```

```
                .map ( (auth) -> auth.getAuthorities().contains(
                  new SimpleGrantedAuthority("ADMIN")) || isOwner(auth, context))
                .map(AuthorizationDecision::new);
}

private Mono<Boolean> isOwner(Authentication auth, AuthorizationContext context) {
  var id = Long.valueOf(context.getVariables().getOrDefault("id", "-1").toString());
  return todoService.findById(id)
    .map(todo -> Objects.equals(todo.getOwner(), auth.getName()))
    .defaultIfEmpty(false);
}
```

access() 표현식을 사용하면 매우 강력한 표현식을 작성할 수 있습니다. 예제에서는 URL 경로 매개변수 id를 사용해 현재 사용자가 실제 사용자이거나 ADMIN 권한이 있을 때만 접근을 허용합니다. AuthorizationContext에는 파싱한 변수가 포함되어 URI의 이름을 비교할 수 있으며 Authentication에는 GrantedAuthorities 컬렉션이 포함되어 ROLE_ADMIN을 확인할 수 있습니다. 또한 IP 주소나 요청 헤더 등을 확인하는 등 복잡한 표현식도 작성할 수 있습니다.

마치며

5장에서는 스프링 시큐리티를 이용해 애플리케이션에 보안을 적용하는 방법을 배웠습니다. 모든 자바 애플리케이션에서 사용할 수 있지만 주로 웹 애플리케이션에서 많이 사용합니다. 인증, 인가, 접근 제어는 보안 영역의 필수 개념이므로 확실히 이해해야 합니다.

중요한 URL에서는 인가되지 않은 접근을 차단해 보안을 유지해야 합니다. 스프링 시큐리티를 사용하면 이를 선언적인 방법으로 지원할 수 있고 간단한 자바 기반 구성의 서블릿 필터로 보안을 적용할 수 있습니다. 스프링 시큐리티는 기본적인 보안 서비스를 자동으로 구성하며 최대한 보안을 유지하는 방향으로 동작합니다.

스프링 시큐리티는 사용자들이 웹 애플리케이션에 로그인하는 다양한 방법(예: 폼 기반 로그인, HTTP 기본 인증)을 지원합니다. 또한 익명 사용자를 일반 사용자처럼 처리할 수 있는 익명 로그인 서비스도 제공합니다. 리멤버미 기능을 사용하면 애플리케이션 사용자의 신원을 여러 브라우저 세션에서 기억할 수 있습니다.

스프링 시큐리티는 사용자를 인증하는 다양한 방법을 제공하며 여러 공급자 구현체를 갖추었습니다. 예를 들어 인메모리, 관계형 DB(RDBMS), LDAP 리포지터리를 이용한 사용자 인증을 지원합니다. 평문 비밀번호는 해커 공격에 취약하므로 리포지터리에는 항상 암호화된 비밀번호를 저장해야 합니다. 스프링 시큐리티는 사용자 정보를 로컬에 캐시해 원격 쿼리 수행 시 발생하는 오버헤드를 줄이는 방법도 지원합니다.

접근 결정 관리자는 사용자가 특정 자원에 접근할 수 있는지를 결정합니다. 스프링 시큐리티는 투표voting 방식을 기준으로 세 가지 접근 결정 관리자를 제공하며, 이를 활용하려면 접근 제어 투표를 수행할 투표기 그룹을 구성해야 합니다.

스프링 시큐리티는 선언적 방식으로 메서드 호출에 보안을 적용하는 기능을 제공합니다. 빈 정의에 보안 인터셉터를 포함하거나 AspectJ 포인트컷 표현식이나 애너테이션으로 여러 메서드를 매치할 수 있습니다. 또한 사용자 인증 정보를 JSP 뷰에 표시하고 사용자 권한에 따라 조건부로 뷰 내용을 렌더링할 수 있습니다.

스프링 시큐리티는 도메인 객체별로 접근 제어를 할 수 있도록 ACL 모듈을 제공합니다. JDBC로 구현한 스프링 시큐리티의 고성능 API를 활용해 각 도메인 객체의 ACL을 읽고 관리할 수 있고 접근 결정 투표기, JSP 태그 등의 기능을 제공해 다른 보안 기능과 일관성 있게 ACL을 사용할 수 있습니다.

스프링 시큐리티는 스프링 웹플럭스 애플리케이션 보안도 지원하며 [레시피 5-8]에서 리액티브 애플리케이션에 보안을 적용하는 방법을 살펴봤습니다.

CHAPTER 6

데이터 액세스

6장에서는 스프링으로 DB 접근 작업을 단순화하는 방법을 살펴봅니다(스프링은 NoSQL과 빅데이터 작업도 단순화할 수 있으며 9장에서 관련 내용을 다룹니다). 데이터 액세스data access는 거의 모든 엔터프라이즈 애플리케이션의 공통 요구 사항으로 대부분 관계형 DB에 저장된 데이터에 접근합니다. 자바 SE의 핵심 요소인 JDBC는 DB 공급업체에 독립적으로 관계형 DB에 접근할 수 있는 표준 API 집합을 정의합니다.

JDBC의 주 용도는 DB에 SQL 구문SQL statement을 실행하는 API를 제공하는 것이지만 JDBC를 그대로 사용하면 DB 리소스를 직접 관리하고 DB 예외를 명시적으로 처리해야 합니다. 스프링은 JDBC와 연동하는 추상화 프레임워크를 제공해 이러한 번거로움을 줄여 줍니다. 스프링 JDBC 프레임워크의 핵심인 JDBC 템플릿JDBC template은 다양한 JDBC 작업용 템플릿 메서드를 제공합니다. 각 템플릿 메서드는 데이터 액세스 과정 전체를 제어하고 해당 과정 내 특정 작업을 재정의할 수 있습니다.

JDBC를 그대로 사용해서는 요구 사항을 충족할 수 없거나 애플리케이션에서 좀 더 고수준의 기능을 사용해 이점을 얻고 싶다면 스프링 ORM 솔루션에서 지원하는 기능이 매우 흥미로울 것입니다. 6장에서 스프링 애플리케이션에 ORM(객체 관계 매핑) 프레임워크를 연동하는 방법을 살펴봅니다. 스프링은 하이버네이트와 자바 퍼시스턴스 APIJava Persistence API(JPA)를 포함해 널리 사용되는 대부분의 ORM(또는 데이터 매퍼mapper) 프레임워크를 지원합니다. 하이버네이트와 JPA를 중심으로 살펴보겠지만 스프링이 일관된 방식으로 ORM 프레임워크를 지원하므로 다른 ORM 프레임워크를 사용할 때도 여기서 배운 내용을 쉽게 적용할 수 있습니다.

ORM은 객체를 관계형 DB에 저장하는 기술입니다. ORM 프레임워크는 클래스와 테이블 매핑, 프로퍼티와 열 매핑 등과 같은 사용자가 제공하는 매핑 메타데이터(XML이나 애너테이션 기반)에 맞게 객체를 저장합니다. 객체를 저장하는 SQL 구문은 런타임에 생성되므로 각 DB가 제공하는 특별한 기능을 활용하거나 자체적으로 최적화된 SQL 구문을 사용할 의도가 아니라면 DB별 SQL 구문을 따로 작성할 필요가 없습니다. ORM 프레임워크를 사용하면 JDBC를 직접 사용할 때보다 데이터 액세스가 훨씬 간편해집니다.

하이버네이트는 자바 커뮤니티에서 널리 알려진 오픈 소스이며 고성능의 ORM 프레임워크입니다. 하이버네이트는 대부분의 JDBC 호환 DB를 지원하며 각 DB가 제공하는 특화된 방언을 사용할 수 있습니다. 기본적인 ORM 기능 외에도 캐싱, 캐스케이딩cascading, 지연 로딩lazy loading과 같은 고급 기능도 지원하며 하이버네이트 쿼리 언어Hibernate Query Language(HQL)를 이용해 간단하지만 강력한 객체 쿼리를 작성할 수 있습니다.

JPA는 자바 SE와 자바 EE 플랫폼 모두에서 사용할 수 있는 객체 영속성을 위한 표준 애너테이션과 API 세트를 정의합니다. JPA는 자카르타 퍼시스턴스Jakarta Persistence[1] 명세로 정의합니다. JPA는 단지 표준 API 세트이므로 실제로 객체를 저장하는 기능을 제공하는 JPA 호환JPA-compliant 엔진이 필요합니다. JPA를 JDBC API라고 하면 JPA 엔진은 JDBC 드라이버라고 할 수 있습니다. 하이버네이트 EntityManager라는 확장 모듈을 이용하면 하이버네이트를 JPA 호환 엔진으로 구성할 수 있습니다. 6장에서는 기본 엔진으로 주로 하이버네이트를 사용해 JPA를 알아봅니다.

레시피 6-1 JDBC 직접 사용하여 구성하기

자동차 등록 애플리케이션을 개발하려고 합니다. 해당 애플리케이션의 주요 기능은 자동차 기록의 CRUD(등록create, 조회read, 수정update, 삭제delete)이며 자동차 기록을 관계형 DB에 저장하고 JDBC를 이용해 접근합니다. 먼저 자동차를 나타내는 `Vehicle` 클래스를 설계해 봅시다.

1 https://jakarta.ee/specifications/persistence/

예제 6-1 Vehicle 클래스

```
package com.apress.spring6recipes.vehicle;

public class Vehicle {

  private String vehicleNo;
  private String color;
  private int wheel;
  private int seat;

  // 생성자, 게터, 세터
  ...
}
```

레시피 6-2 애플리케이션 DB 설정하기

먼저 DB부터 설정해 보죠. 여기서는 PostgreSQL을 사용하겠습니다.

제공하는 예제 프로젝트의 최상위 경로 내에 위치한 `bin` 디렉터리의 스크립트를 사용하면 도커 기반 PostgreSQL 인스턴스를 기동하고 접속할 수 있습니다. PostgreSQL 인스턴스를 기동하고 DB를 생성하는 절차는 다음과 같습니다.

1. `bin\postgres.sh`를 실행해 Postgres 도커 컨테이너를 내려받고 기동합니다.
2. `bin\psql.sh`를 실행해 기동된 Postgres 컨테이너에 연결합니다.
3. `CREATE DATABASE vehicle` 구문을 실행해 예제에서 사용할 DB를 생성합니다.
4. 다음 SQL 구문을 실행해 자동차 기록을 저장할 `VEHICLE` 테이블을 생성합니다. 기본으로 `VEHICLE` 테이블은 APP DB의 APP DB 스키마에 생성됩니다.

```
CREATE TABLE VEHICLE (
  VEHICLE_NO VARCHAR(10) NOT NULL,
  COLOR VARCHAR(10),
  WHEEL INT,
  SEAT INT,
  PRIMARY KEY (VEHICLE_NO)
);
```

표 6-1 애플리케이션 DB 연결에 사용한 JDBC 프로퍼티

속성	값
드라이버 클래스	org.postgresql.Driver
URL	jdbc:postgresql://localhost:5432/vehicle
사용자 이름	postgres
비밀번호	password

DAO 디자인 패턴 이해하기

설계할 때 하나의 큰 모듈에 다른 종류의 로직(프레젠테이션 로직, 비즈니스 로직, 데이터 액세스 로직)을 뒤섞는 실수를 하는 경우가 많습니다. 그러면 모듈이 서로 강하게 결합하므로 모듈을 재사용하거나 유지 보수하기 어려워집니다. DAO(데이터 액세스 객체) 패턴의 주요 목적은 데이터 액세스 로직을 비즈니스 로직과 프레젠테이션 로직에서 분리해 이러한 문제를 방지하는 것입니다. 이는 DAO라는 독립적인 모듈에 데이터 액세스 로직을 캡슐화하는 패턴입니다.

자동차 등록 애플리케이션에서는 자동차 기록을 등록, 조회, 수정, 삭제하는 데이터 액세스 작업을 추상화할 수 있습니다. 다음과 같이 DAO 인터페이스에 선언해서 다양한 DAO 구현 기술을 적용할 수 있습니다.

예제 6-2 VehicleDao 인터페이스

```
package com.apress.spring6recipes.vehicle;

import java.util.Collection;
import java.util.List;

public interface VehicleDao {

  void insert(Vehicle vehicle);
  void update(Vehicle vehicle);
  void delete(Vehicle vehicle);
  Vehicle findByVehicleNo(String vehicleNo);
  List<Vehicle> findAll();

  default void insert(Collection<Vehicle> vehicles) {
```

```
    vehicles.forEach(this::insert);
  }
}
```

대부분의 JDBC API는 java.sql.SQLException 예외를 던지도록 설계됐지만 VehicleDao 인터페이스의 유일한 의의는 데이터 액세스 작업을 추상화하는 것이므로 특정 구현 기술에 의존하면 안 됩니다. 따라서 VehicleDao가 JDBC에 특화된 SQLException을 던지는 것은 바람직하지 않습니다. 보통 DAO 인터페이스를 구현할 때는 이런 예외를 런타임 예외(직접 구현한 비즈니스 예외 하위 클래스나 제네릭generic 예외)로 래핑합니다.

JDBC로 DAO 구현하기

JDBC를 사용해 DB에 접근하려면 DAO 인터페이스(예: JdbcVehicleDao)의 구현체를 작성합니다. DAO 구현체는 DB에서 SQL 구문을 실행해야 하므로 드라이버 클래스 이름, DB URL, 사용자 이름, 비밀번호를 설정해 DB에 연결해야 합니다. 하지만 javax.sql.DataSource 객체를 이용하면 연결 정보가 없이도 사전에 구성한 DB에 연결할 수 있습니다.

예제 6-3 일반적인 JDBC VehicleDao 구현체

```
package com.apress.spring6recipes.vehicle;

import javax.sql.DataSource;
import java.sql.PreparedStatement;
import java.sql.ResultSet;
import java.sql.SQLException;
import java.util.ArrayList;
import java.util.List;

public class PlainJdbcVehicleDao implements VehicleDao {

  pivate static final String INSERT_SQL = "INSERT INTO VEHICLE (COLOR, WHEEL, SEAT,
    VEHICLE_NO) VALUES (?, ?, ?, ?)";
  private static final String UPDATE_SQL = "UPDATE VEHICLE SET
    COLOR=?,WHEEL=?,SEAT=? WHERE VEHICLE_NO=?";
  private static final String SELECT_ALL_SQL = "SELECT * FROM VEHICLE";
  private static final String SELECT_ONE_SQL = "SELECT * FROM VEHICLE WHERE
    VEHICLE_NO = ?";
```

```
private static final String DELETE_SQL = "DELETE FROM VEHICLE WHERE VEHICLE_
  NO=?";

private final DataSource dataSource;

public PlainJdbcVehicleDao(DataSource dataSource) {
  this.dataSource = dataSource;
}

@Override
public void insert(Vehicle vehicle) {
  try (var conn = dataSource.getConnection();
    var ps = conn.prepareStatement(INSERT_SQL)) {
    prepareStatement(ps, vehicle);
    ps.executeUpdate();
  } catch (SQLException e) {
    throw new RuntimeException(e);
  }
}

@Override
public Vehicle findByVehicleNo(String vehicleNo) {
  try (var conn = dataSource.getConnection();
    var ps = conn.prepareStatement(SELECT_ONE_SQL)) {
    ps.setString(1, vehicleNo);
    Vehicle vehicle = null;
    try (var rs = ps.executeQuery()) {
      if (rs.next()) {
        vehicle = toVehicle(rs);
      }
    }
    return vehicle;
  } catch (SQLException e) {
    throw new RuntimeException(e);
  }
}

@Override
public void update(Vehicle vehicle) {
  try (var conn = dataSource.getConnection();
    var ps = conn.prepareStatement(UPDATE_SQL)) {
    prepareStatement(ps, vehicle);
    ps.executeUpdate();
  } catch (SQLException e) {
```

```
      throw new RuntimeException(e);
    }
  }

  @Override
  public void delete(Vehicle vehicle) {
    try (var conn = dataSource.getConnection();
      var ps = conn.prepareStatement(DELETE_SQL)) {
      ps.setString(1, vehicle.getVehicleNo());
      ps.executeUpdate();
    } catch (SQLException e) {
      throw new RuntimeException(e);
    }
  }

  private Vehicle toVehicle(ResultSet rs) throws SQLException {
    return new Vehicle(rs.getString("VEHICLE_NO"), rs.getString("COLOR"),
    rs.getInt("WHEEL"), rs.getInt("SEAT"));
  }

  private void prepareStatement(PreparedStatement ps, Vehicle vehicle)
    throws SQLException {
    ps.setString(1, vehicle.getColor());
    ps.setInt(2, vehicle.getWheel());
    ps.setInt(3, vehicle.getSeat());
    ps.setString(4, vehicle.getVehicleNo());
  }
}
```

자동차 정보 등록 작업은 전형적인 JDBC의 수정 시나리오입니다. `insert()` 메서드를 호출할 때마다 데이터소스에서 DB 연결을 얻어온 후 해당 연결을 이용해 SQL 구문을 실행합니다. DAO 인터페이스에서 체크 예외checked exception를 던지도록 선언하지 않았으므로 `SQLException`이 발생하면 `RuntimeException`과 같은 언체크 예외unchecked exception로 래핑해야 합니다(DAO에서 예외를 다루는 방법은 6장 후반부에서 살펴봅니다). 예제에서는 자동 리소스 닫기try-with-resources 메커니즘을 적용해 사용을 마친 리소스(`Connection`, `PreparedStatement`, `ResultSet`)를 자동으로 닫습니다. 자동 리소스 닫기 블록을 사용하지 않는다면 사용한 리소스를 직접 닫아야 하므로 연결 누수connection leak가 발생할 가능성이 있습니다.

`update()`와 `delete()` 메서드는 `insert()`와 기술적으로 동일한 작업이므로 별도로 설명

하지 않겠습니다. 조회 작업 시에는 SQL 구문을 실행한 후 반환된 결과에서 데이터를 추출해 Vehicle 객체를 만들어야 합니다. toVehicle() 메서드는 매핑 로직을 재사용하게 하는 간단한 헬퍼 메서드이며 prepareStatement() 메서드는 insert()와 update()에서 매개변수를 설정하는 데 도움을 줍니다.

스프링에서 데이터소스 구성하기

javax.sql.DataSource 인터페이스는 Connection 인스턴스를 생성하는 표준 인터페이스로 JDBC 명세에 정의되어 있습니다. 여러 업체와 프로젝트의 데이터소스 구현체가 있는데 그중에서 히카리CP[HikariCP]와 아파치 커먼즈 DBCP[Apache Commons DBCP]가 잘 알려진 오픈 소스 구현체입니다. 애플리케이션 서버 업체는 보통 자체 개발한 구현체를 제공합니다. 이러한 다양한 데이터소스 구현체는 모두 공통 DataSource 인터페이스를 구현하므로 다른 데이터소스로 전환하기가 매우 쉽습니다. 자바 애플리케이션 프레임워크인 스프링도 간편하면서 강력한 여러 데이터소스 구현체를 제공합니다. 그중 DriverManagerDataSource는 애플리케이션이 연결을 요청할 때마다 새로운 연결을 여는 가장 간단한 구현체입니다.

예제 6-4 자동차 JDBC 구성

```
package com.apress.spring6recipes.vehicle.config;

import javax.sql.DataSource;

import org.postgresql.Driver;
import org.springframework.context.annotation.Bean;
import org.springframework.context.annotation.Configuration;
import org.springframework.jdbc.datasource.SimpleDriverDataSource;

import com.apress.spring6recipes.vehicle.PlainJdbcVehicleDao;
import com.apress.spring6recipes.vehicle.VehicleDao;

@Configuration
public class VehicleConfiguration {

  @Bean
  public VehicleDao vehicleDao(DataSource dataSource) {
    return new PlainJdbcVehicleDao(dataSource);
```

```
  }

  @Bean
  public DataSource dataSource() {
    var dataSource = new SimpleDriverDataSource();
    dataSource.setDriverClass(Driver.class);
    dataSource.setUrl("jdbc:postgresql://localhost:5432/vehicle");
    dataSource.setUsername("postgres");
    dataSource.setPassword("password");
    return dataSource;
  }
}
```

DriverManagerDataSource와 동일한 추상 클래스를 상속하는 SimpleDriverDataSource 클래스도 클라이언트가 연결을 요청할 때마다 새로운 연결을 열기 때문에 효율적인 데이터소스 구현체가 아닙니다. 스프링에서 제공하는 또 다른 데이터소스 구현체인 SingleConnectionDataSource(DriverManagerDataSource의 하위 클래스) 클래스는 그 이름처럼 단 하나의 연결을 유지하면서 재사용하고 절대 닫지 않으므로 멀티스레드 환경에는 적합하지 않습니다.

스프링이 제공하는 기본 데이터소스 구현체는 주로 테스트용으로 사용하지만 운영 환경용 데이터소스 구현체는 대부분 연결을 풀pool로 관리하는 커넥션 풀링connection pooling을 지원합니다. 예를 들어 HikariCP의 HikariDataSource는 DriverManagerDataSource와 동일한 연결 프로퍼티를 사용할 수 있으며 커넥션 풀connection pool의 최소 풀 개수와 최대 활성 연결 개수 등 다른 프로퍼티를 지정할 수 있습니다.

예제 6-5 커넥션 풀을 사용한 자동차 JDBC 구성

```
@Bean
public DataSource dataSource() {
  var dataSource = new HikariDataSource();
  dataSource.setDataSourceClassName("org.postgresql.ds.PGSimpleDataSource");
  dataSource.setJdbcUrl("jdbc:postgresql://localhost:5432/vehicle");
  dataSource.setUsername("postgres");
  dataSource.setPassword("password");
  dataSource.setMinimumIdle(2);
  dataSource.setMaximumPoolSize(5);
  return dataSource;
}
```

NOTE_ HikariCP에서 제공하는 데이터소스 구현체를 사용하려면 클래스패스에 라이브러리를 추가해야 합니다.

- 그레이들 의존성 추가(build.gradle)

```
implementation 'com.zaxxer:HikariCP:5.0.1'
```

- 메이븐 의존성 추가(pom.xml)

```
<dependency>
  <groupId>com.zaxxer</groupId>
  <artifactId>HikariCP</artifactId>
  <version>5.0.1</version>
</dependency>
```

많은 자카르타 EE 애플리케이션 서버는 서버 콘솔이나 구성 파일에서 구성할 수 있는 내장 데이터소스 구현체를 제공합니다. 애플리케이션 서버에 데이터소스를 JNDI로 룩업할 수 있게 구성하면 `JndiDataSourceLookup` 클래스로 해당 데이터소스를 룩업할 수 있습니다.

예제 6-6 JNDI 룩업

```
@Bean
public DataSource dataSource() {
  return new JndiDataSourceLookup().getDataSource("jdbc/VehicleDS");
}
```

DAO 실행하기

다음 메인 클래스는 새 자동차 정보를 DAO를 사용해 DB에 등록하는 테스트를 수행합니다. 등록이 성공하면 자동차 정보를 바로 DB에서 조회할 수 있습니다.

예제 6-7 메인 클래스

```
package com.apress.spring6recipes.vehicle;

import org.springframework.context.annotation.AnnotationConfigApplicationContext;

import com.apress.spring6recipes.vehicle.config.VehicleConfiguration;

public class Main {
  public static void main(String[] args) throws Exception {
    var cfg = VehicleConfiguration.class;
    try (var ctx = new AnnotationConfigApplicationContext(cfg)) {
      var vehicleDao = ctx.getBean(VehicleDao.class);
      var vehicle = new Vehicle("TEM0001", "Red", 4, 4);
      vehicleDao.insert(vehicle);

      vehicle = vehicleDao.findByVehicleNo("TEM0001");
      System.out.println(vehicle);
    }
  }
}
```

이제 JDBC를 사용해 직접 DAO를 구현할 수 있지만 `VehicleDao`에서와 비슷한 JDBC 코드를 DB 작업을 할 때마다 반복해서 작성해야 합니다. 이러한 중복 코드 때문에 DAO 메서드가 길어지고 가독성도 떨어지게 됩니다.

한 단계 더 나아가기

또 다른 접근 방식으로 ORM 도구를 사용할 수 있습니다. 이 방식을 사용하면 도메인 모델domain model의 엔티티와 DB 테이블을 매핑하는 특수한 로직을 작성할 수 있습니다. ORM은 매핑 정보를 이용해 클래스의 데이터를 DB에 효과적으로 저장하는 방법을 찾아냅니다. DB SQL 파서의 동작 방식이 갑자기 바뀌는 것과 같은 영향에서 벗어나 업무와 도메인 모델에만 집중하게 되므로 개발자는 큰 부담을 덜 수 있습니다. 그러나 클라이언트와 DB 사이의 통신에 관여할 수 없게 되므로 ORM 계층이 정상적으로 잘 동작할 것이라고 믿어야만 합니다.

레시피 6-3 JDBC 템플릿으로 DB 작업하기

과제 JDBC를 직접 사용하면 중복된 수많은 API 호출 코드를 직접 작성하고 관리해야 합니다. JDBC 수정 작업을 구현할 때는 다음과 같은 작업을 반복 수행해야 하죠.

1 데이터소스에서 DB 연결을 얻어옵니다.

2 DB 연결을 이용해 PreparedStatement 객체를 생성합니다.

3 매개변수를 PreparedStatement 객체에 바인딩합니다.

4 PreparedStatement 객체를 실행합니다.

5 SQLException 예외를 처리합니다.

JDBC API는 저수준[low level]이지만 JDBC 템플릿을 이용하면 더 효과적이고 안정적으로 DB 작업을 수행할 수 있으며 반복 작업에 걸리는 시간을 줄여 애플리케이션 로직에 집중할 수 있습니다.

해결 org.springframework.jdbc.core.JdbcTemplate 클래스에는 수정 과정을 전반적으로 제어하는 다양한 update() 템플릿 메서드가 오버로드되어 있습니다. 이러한 update()를 사용하면 기본적인 제어 과정의 다양한 하위 작업을 재정의할 수 있습니다. 스프링 JDBC 프레임워크는 다양한 하위 작업을 캡슐화하는 여러 콜백 인터페이스를 사전에 정의합니다. 콜백 인터페이스 중 하나를 구현하고 그 인스턴스를 적절한 update()에 전달하여 수정 과정을 수행합니다.

풀이 구문 생성기로 DB 수정하기

첫 번째 콜백 인터페이스는 PreparedStatementCreator입니다. 이 인터페이스를 구현해 전체 수정 과정에서 SQL 구문 생성 작업(2번 작업)과 매개변수 바인딩 작업(3번 작업)을 재정의합니다. 다음과 같이 PreparedStatementCreator 인터페이스를 구현해 자동차 정보를 DB에 등록합니다.

예제 6-8 스프링 JdbcTempate 기반 VehicleDao 구현체

```
package com.apress.spring6recipes.vehicle;

import java.sql.Connection;
import java.sql.PreparedStatement;
import java.sql.ResultSet;
import java.sql.SQLException;
```

```
import java.util.ArrayList;
import java.util.List;

import javax.sql.DataSource;

import org.springframework.jdbc.core.JdbcTemplate;
import org.springframework.jdbc.core.PreparedStatementCreator;

public class JdbcVehicleDao implements VehicleDao {

  ...

  private void prepareStatement(PreparedStatement ps, Vehicle vehicle)
    throws SQLException {
    ps.setString(1, vehicle.getColor());
    ps.setInt(2, vehicle.getWheel());
    ps.setInt(3, vehicle.getSeat());
    ps.setString(4, vehicle.getVehicleNo());
  }

  private class InsertVehicleStatementCreator implements PreparedStatementCreator {
    private final Vehicle vehicle;

    InsertVehicleStatementCreator(Vehicle vehicle) {
      this.vehicle = vehicle;
    }

    @Override
    public PreparedStatement createPreparedStatement(Connection conn)
      throws SQLException {
      var ps = conn.prepareStatement(INSERT_SQL);
      prepareStatement(ps, this.vehicle);
      return ps;
    }
  }
}
```

PreparedStatementCreator 인터페이스를 구현할 때 createPreparedStatement() 메서드의 인수로 DB 연결(Connection 객체)을 얻어옵니다. 이 메서드는 해당 DB 연결을 이용해 PreparedStatement 객체를 생성한 후, 이 PreparedStatement 객체에 Vehicle 객체의 데이터를 바인딩하고 반환합니다. 메서드 시그니처로 선언한 throws SQLException은 이러한 예외를 직접 처리할 필요가 없음을 의미합니다. InsertVehicleStatementCreator 클래스는 DAO의 내부 클래스inner class로, prepareStatement 메서드를 헬퍼 메서드로 호출할 수 있습니다. 이제 구문 생성기statement creator를 이용하면 자동차 정보 등록 작업이 간단해집니다. 먼저 JdbcTemplate 클래스의 인스턴스를 생성한 후 데이터소스를 전달해 DB 연결을 얻어옵니다. 그런 다음 해당 템플릿의 SQL 구문 생성기를 update()에 전달하고 호출해 수정합니다.

예제 6-9 스프링 JdbcTemplate 기반의 VehicleDao 구현체(PreparedStatementCreator 사용)

```
package com.apress.spring6recipes.vehicle;

import java.sql.Connection;
import java.sql.PreparedStatement;
import java.sql.ResultSet;
import java.sql.SQLException;
import java.util.ArrayList;
import java.util.List;

import javax.sql.DataSource;
import org.springframework.jdbc.core.JdbcTemplate;
import org.springframework.jdbc.core.PreparedStatementCreator;

public class JdbcVehicleDao implements VehicleDao {

  ...
  @Override
  public void insert(Vehicle vehicle) {
    var jdbcTemplate = new JdbcTemplate(this.dataSource);
    jdbcTemplate.update(new InsertVehicleStatementCreator(vehicle));
  }
  ...
}
```

PreparedStatementCreator 인터페이스와 기타 콜백 인터페이스를 메서드 하나에서만 사용한다면 익명 내부 클래스anonymous inner class로 구현하는 편이 더 좋습니다. 지역 변수와 메서드 인수를 생성자 인수로 전달하지 않아도 내부 클래스에서 직접 접근할 수 있기 때문입니다. 그렇지 않고 지역 변수를 사용하고 싶다면 해당 변수를 final로 선언해야 합니다. 다음은 익명 내부 클래스 방식처럼 사용하되 조금 더 간결하도록 람다식으로 변경한 예제입니다.

예제 6-10 스프링 JdbcTemplate 기반의 VehicleDao 구현체(람다식 사용)

```
package com.apress.spring6recipes.vehicle;

import java.sql.Connection;
import java.sql.PreparedStatement;
import java.sql.ResultSet;
import java.sql.SQLException;
import java.util.ArrayList;
import java.util.List;

import javax.sql.DataSource;
import org.springframework.jdbc.core.JdbcTemplate;

public class JdbcVehicleDao implements VehicleDao {

  ...
  @Override
  public void insert(Vehicle vehicle) {
    var jdbcTemplate = new JdbcTemplate(this.dataSource);
    jdbcTemplate.update( (conn) -> {
      var ps = conn.prepareStatement(INSERT_SQL);
      prepareStatement(ps, vehicle);
      return ps;
    });
  }

  ...
  private void prepareStatement(PreparedStatement ps, Vehicle vehicle)
    throws SQLException {
    ps.setString(1, vehicle.getColor());
    ps.setInt(2, vehicle.getWheel());
    ps.setInt(3, vehicle.getSeat());
    ps.setString(4, vehicle.getVehicleNo());
  }
}
```

InsertVehicleStatementCreator 내부 클래스는 이제 사용하지 않으므로 삭제합니다.

SQL 구문 세터로 DB 수정하기

두 번째 콜백 인터페이스인 PreparedStatementSetter는 이름 그대로 전체 수정 과정에서 매개변수를 바인딩하는 작업(3번 작업)만 수행합니다.

또 다른 update() 템플릿 메서드는 SQL 구문과 PreparedStatementSetter 인터페이스 구현체 객체를 인수로 전달받습니다. 이 템플릿 메서드는 SQL 구문을 이용해 PreparedStatement 객체를 생성합니다. PreparedStatementSetter 인터페이스 구현 시에는 매개변수를 PreparedStatement 객체에 바인딩하기만 하면 됩니다(prepareStatement() 메서드에 해당 작업의 처리를 다시 위임합니다).

예제 6-11 스프링 JdbcTemplate 기반의 VehicleDao 구현체(PreparedStatementSetter 사용)

```
package com.apress.spring6recipes.vehicle;
...
import org.springframework.jdbc.core.JdbcTemplate;
import org.springframework.jdbc.core.PreparedStatementSetter;

public class JdbcVehicleDao implements VehicleDao {
 ...
  public void insert(final Vehicle vehicle) {
    JdbcTemplate jdbcTemplate = new JdbcTemplate(dataSource);

    jdbcTemplate.update(INSERT_SQL, new PreparedStatementSetter() {
      public void setValues(PreparedStatement ps)
        throws SQLException {
          prepareStatement(ps, vehicle);
        }
      });
  }
  ...
}
```

자바 람다식lambda expression[2]을 사용하면 좀 더 간결하게 작성할 수 있습니다.

예제 6-12 스프링 JdbcTemplate 기반의 VehicleDao 구현체(람다식 사용)

```
@Override
public void insert(Vehicle vehicle) {
  var jdbcTemplate = new JdbcTemplate(this.dataSource);
```

2 옮긴이_ 자바 8 버전부터 지원합니다.

```
    jdbcTemplate.update(INSERT_SQL, ps -> prepareStatement(ps, vehicle));
  }
```

SQL 구문과 매개변숫값으로 DB 수정하기

마지막으로 살펴볼 update() 템플릿 메서드는 SQL 구문과 매개변수로 사용할 객체 배열을 전달받습니다. SQL 구문을 이용해 PreparedStatement 객체를 생성하고 전달받은 매개변수를 바인딩하므로 수정 과정에서 작업을 재정의할 필요가 없습니다.

예제 6-13 스프링 JdbcTemplate 기반의 VehicleDao 구현체(매개변수 활용)

```
@Override
public void insert(Vehicle vehicle) {
  var jdbcTemplate = new JdbcTemplate(this.dataSource);
  jdbcTemplate.update(INSERT_SQL, vehicle.getColor(), vehicle.getWheel(),
    vehicle.getSeat(),
    vehicle.getVehicleNo());
    ...
}
```

지금까지 살펴본 세 가지 방식 중에서 마지막에 설명한 update()는 콜백 인터페이스를 구현할 필요가 없어 가장 간단합니다. 추가로 쿼리를 매개변수화하는 데 사용하는 세터 스타일의 메서드를 제거했습니다. 한편, 첫 번째 메서드는 PreparedStatement 객체를 쿼리 실행 전에 미리 전처리 작업을 수행할 수 있으므로 가장 유연합니다. 실무에 사용할 때는 모든 요구 사항을 만족하는 방법 중에서 가장 간단한 방법을 선택하면 됩니다. 그 밖에도 JdbcTemplate은 오버로드된 update()를 다양하게 제공합니다. 자세한 내용은 자바독[3]을 참고하세요.

DB 배치 수정하기

DB에 대량의 자동차 정보를 등록하려고 합니다. update()를 여러 번 호출하면 매번 SQL 구문을 컴파일하고 실행하므로 속도가 매우 느려집니다. 따라서 대량의 자동차 정보를 등록할 때는 배치 수정을 사용하면 좋습니다.

3 https://docs.spring.io/spring-framework/docs/current/javadoc-api/org/springframework/jdbc/core/JdbcTemplate.html

JdbcTemplate 클래스는 일괄 배치 작업을 할 수 있는 batchUpdate() 템플릿 메서드를 여러 개 제공합니다. 예제에서 사용할 batchUpdate()는 SQL 구문, 아이템의 컬렉션, 일괄 작업의 개수, ParameterizedPreparedStatementSetter를 인수로 받습니다.

예제 6-14 스프링 JdbcTemplate 기반의 VehicleDao 구현체(PreparedStatementSetter를 사용한 배치 등록)

```
package com.apress.spring6recipes.vehicle;
...
import org.springframework.jdbc.core.BatchPreparedStatementSetter;
import org.springframework.jdbc.core.JdbcTemplate;
import org.springframework.jdbc.core.ParameterizedPreparedStatementSetter;

public class JdbcVehicleDao implements VehicleDao {
 ...
  @Override
  public void insert(Collection<Vehicle> vehicles) {
    var jdbcTemplate = new JdbcTemplate(this.dataSource);
     var ppss = new ParameterizedPreparedStatementSetter<Vehicle>() {
       @Override
       public void setValues(PreparedStatement ps, Vehicle argument)
         throws SQLException {
         prepareStatement(ps, argument);
       }
     });
    jdbcTemplate.batchUpdate(INSERT_SQL, vehicles, vehicles.size(), ppss);
   }
  ...
}
```

자바 람다식을 사용하면 더 간결하게 작성할 수 있습니다.

예제 6-15 스프링 JdbcTemplate 기반의 VehicleDao 구현체(람다식을 사용한 배치 등록)

```
@Override
public void insert(Collection<Vehicle> vehicles) {
  var jdbcTemplate = new JdbcTemplate(this.dataSource);
  jdbcTemplate.batchUpdate(INSERT_SQL, vehicles, vehicles.size(),
    this::prepareStatement);
}
```

다음 메인 클래스를 이용해 배치 등록 작업을 테스트해 봅시다.

예제 6-16 메인 클래스

```
package com.apress.spring6recipes.vehicle;

import java.util.Arrays;
import java.util.List;
import org.springframework.context.ApplicationContext;
import org.springframework.context.annotation.AnnotationConfigApplicationContext;
import com.apress.spring6recipes.vehicle.config.VehicleConfiguration;

public class Main {
  public static void main(String[] args) throws Exception {
    var cfg = VehicleConfiguration.class;
    try (var context = new AnnotationConfigApplicationContext(cfg)) {

      var vehicleDao = context.getBean(VehicleDao.class);
      var vehicle1 = new Vehicle("TEM0022", "Blue", 4, 4);
      var vehicle2 = new Vehicle("TEM0023", "Black", 4, 6);
      var vehicle3 = new Vehicle("TEM0024", "Green", 4, 5);
      vehicleDao.insert(List.of(vehicle1, vehicle2, vehicle3));

      vehicleDao.findAll().forEach(System.out::println);
    }
  }
}
```

레시피 6-4 JDBC 템플릿으로 DB 조회하기

과제 다음은 JDBC를 사용한 DB 쿼리 작업 순서입니다. [레시피 6-3]의 수정 작업보다 두 가지(5번, 6번)가 추가됐습니다.

1 데이터소스에서 DB 연결을 얻어옵니다.

2 DB 연결을 이용해 PreparedStatement 객체를 생성합니다.

3 매개변수를 PreparedStatement 객체에 바인딩합니다.

4 PreparedStatement 객체를 실행합니다.

5 반환된 결과셋(ResultSet)을 대상으로 반복합니다.

6 결과셋에서 데이터를 가져옵니다.

7 SQLException 예외를 처리합니다.

이 중 비즈니스 로직과 관련된 곳은 쿼리를 정의하고 결과셋에서 결괏값을 가져오는 부분이며 나머지 작업은 JDBC 템플릿으로 처리하기를 권장합니다.

해결 JdbcTemplate 클래스에는 전체 쿼리 과정을 제어하는 여러 개의 오버로드된 query() 템플릿 메서드가 있습니다. 수정 작업과 동일하게 PreparedStatementCreator와 PreparedStatementSetter 인터페이스를 구현해서 SQL 구문 생성 작업(2번 작업)과 매개변수 바인딩 작업(3번 작업)을 재정의할 수 있습니다. 또한 스프링 JDBC 프레임워크는 데이터 추출을 재정의하는 다양한 방법을 지원합니다(6번 작업).

풀이 RowCallbackHandler로 데이터 추출하기

RowCallbackHandler는 결과셋의 현재 행을 처리하는 기본 인터페이스입니다. 특정 query()는 결과셋의 행을 반복 처리하며 RowCallbackHandler 구현체를 호출합니다. 따라서 RowCallbackHandler 구현체 클래스의 toVehicle() 메서드는 반환된 결과셋의 각 행을 처리할 때 한 번씩 호출됩니다.

예제 6-17 일반 JDBC 기반의 VehicleDao 구현체

```
@Override
public Vehicle findByVehicleNo(String vehicleNo) {
  try (var conn = dataSource.getConnection();
    var ps = conn.prepareStatement(SELECT_ONE_SQL)) {
    ps.setString(1, vehicleNo);

    Vehicle vehicle = null;
    try (ResultSet rs = ps.executeQuery()) {
      if (rs.next()) {
        vehicle = toVehicle(rs);
      }
    }
    ps.setString(1, vehicle.getVehicleNo());
    ...
```

이 예제에서는 RowCallbackHandler를 사용하지 않고 직접 ResultSet을 다뤘습니다. 다음은 자바 람다식으로 간결하게 RowCallbackHandler를 사용한 예제입니다.

예제 6-18 스프링 JdbcTemplate 기반의 VehicleDao 구현체(람다 콜백 사용)

```
@Override
public Vehicle findByVehicleNo(String vehicleNo) {
  var jdbcTemplate = new JdbcTemplate(dataSource);

  var vehicle = new Vehicle();
  jdbcTemplate.query(SELECT_ONE_SQL,
    rs -> {
      vehicle.setVehicleNo(rs.getString("VEHICLE_NO"));
      vehicle.setColor(rs.getString("COLOR"));
      vehicle.setWheel(rs.getInt("WHEEL"));
      vehicle.setSeat(rs.getInt("SEAT"));
    }, vehicleNo);
  return vehicle;
}
```

SQL 쿼리를 실행하면 최대 1개의 행이 결과로 반환되므로 Vehicle 객체를 로컬 변수로 생성하고 결과셋에서 데이터를 추출해 해당 객체의 프로퍼티를 설정할 수 있습니다. 결과셋에 행이 두 개 이상이라면 Vehicle 객체의 목록(예: List 타입)으로 수집해야 합니다.

NOTE_ RowCallbackHandler는 조회 메서드에서 얻은 결과를 반환하는 작업보다는 레코드를 행별로 처리하여 CSV나 엑셀 문서로 내보내는export 작업에 더 적합합니다.

RowMapper에서 데이터 추출하기

RowMapper 인터페이스는 RowCallbackHandler보다 일반화한 인터페이스로 결과셋의 행 하나를 커스터마이징된 객체 하나에 매핑해 단일 행 결과셋은 물론 다중 행 결과셋에도 적용할 수 있습니다.

재사용 관점에서 RowMapper 인터페이스를 내부 클래스보다는 일반 클래스로 구현하는 편이 더 유리합니다. 이 인터페이스의 mapRow() 메서드에서는 각 행에 해당하는 객체를 생성하고 반환합니다.

예제 6-19 스프링 JdbcTemplate 기반의 VehicleDao 구현체(RowMapper 사용)

```
package com.apress.spring6recipes.vehicle;

import java.sql.ResultSet;
import java.sql.SQLException;
import org.springframework.jdbc.core.RowMapper;

public class JdbcVehicleDao implements VehicleDao {
  ...
  private Vehicle toVehicle(ResultSet rs) throws SQLException {
    return new Vehicle(rs.getString("VEHICLE_NO"), rs.getString("COLOR"),
    rs.getInt("WHEEL"), rs.getInt("SEAT"));
  }

  private class VehicleRowMapper implements RowMapper<Vehicle> {

    @Override
    public Vehicle mapRow(ResultSet rs, int rowNum) throws SQLException {
      return toVehicle(rs);
    }
  }
}
```

앞서 언급했듯이 RowMapper는 단일행이나 다중행 결과셋 모두에 사용할 수 있습니다. findByVehicleNo() 메서드처럼 특정 조건에 맞는 고유한 객체를 조회할 때는 JdbcTemplate의 queryForObject() 메서드를 호출합니다.

예제 6-20 스프링 JdbcTemplate 기반의 VehicleDao 구현체(queryForObject() 사용)

```
package com.apress.spring6recipes.vehicle;

import org.springframework.jdbc.core.JdbcTemplate;

public class JdbcVehicleDao implements VehicleDao {

  ...
  @Override
  public Vehicle findByVehicleNo(String vehicleNo) {
    var jdbcTemplate = new JdbcTemplate(dataSource);
    return jdbcTemplate.queryForObject(SELECT_ONE_SQL, new VehicleRowMapper(),
      vehicleNo);
  }
```

```
  ...
}
```

스프링은 결과셋의 행을 지정된 클래스의 새 인스턴스로 자동으로 매핑하는 편리한 RowMapper 구현체인 BeanPropertyRowMapper 클래스를 제공합니다. 지정된 클래스는 최상위 클래스여야 하며 기본 생성자나 인수가 없는 생성자가 있어야 합니다. 먼저 해당 클래스를 인스턴스화한 후에 이름을 기준으로 각 열의 값을 프로퍼티에 매핑합니다. 프로퍼티 이름(예: vehicleNo)을 동일한 열 이름이나 언더스코어(_)가 있는 열 이름(예: VEHICLE_NO)으로 매치하는 기능을 지원합니다.

예제 6-21 스프링 JdbcTemplate 기반의 VehicleDao 구현체(BeanPropertyRowMapper 사용)

```
package com.apress.spring6recipes.vehicle;

import org.springframework.jdbc.core.BeanPropertyRowMapper;
import org.springframework.jdbc.core.JdbcTemplate;

public class JdbcVehicleDao implements VehicleDao {
  ...
  @Override
  public Vehicle findByVehicleNo(String vehicleNo) {
    var jdbcTemplate = new JdbcTemplate(dataSource);
    var mapper = BeanPropertyRowMapper.newInstance(Vehicle.class);
    return jdbcTemplate.queryForObject(SELECT_ONE_SQL, mapper , vehicleNo);
  }
  ...
}
```

다중 행 쿼리하기

이제 다중 행이 포함된 결과셋을 쿼리하는 방법을 살펴보겠습니다. 모든 자동차 정보를 가져오는 DAO 인터페이스에 findAll() 메서드를 추가합니다.

예제 6-22 스프링 JdbcTemplate 기반의 VehicleDao 구현체(findAll() 메서드 추가)

```
package com.apress.spring6recipes.vehicle;
...
public interface VehicleDao {
```

```
  ...
  List<Vehicle> findAll();
  ...
}
```

RowMapper 없이도 queryForList() 메서드에 SQL 구문(SELECT_ALL_SQL)을 넣어 호출하면 맵 리스트가 반환됩니다. 결과셋의 각 행은 열 이름을 키로 사용해 맵에 저장됩니다.

예제 6-23 스프링 JdbcTemplate 기반의 VehicleDao 구현체(맵 리스트로 결과셋을 반환)

```
package com.apress.spring6recipes.vehicle;

import java.util.List;
import org.springframework.jdbc.core.JdbcTemplate;
import java.util.stream.Collectors;

public class JdbcVehicleDao implements VehicleDao {

  ...
  @Override
  public List<Vehicle> findAll() {
    var jdbcTemplate = new JdbcTemplate(dataSource);
    var rows = jdbcTemplate.queryForList(SELECT_ALL_SQL);
    return rows.stream().map(row -> {
      var vehicle = new Vehicle();
      vehicle.setVehicleNo((String) row.get("VEHICLE_NO"));
      vehicle.setColor((String) row.get("COLOR"));
      vehicle.setWheel((Integer) row.get("WHEEL"));
      vehicle.setSeat((Integer) row.get("SEAT"));
      return vehicle;
    }).collect(Collectors.toList());
  }
  ...
}
```

다음 메인 클래스로 findAll()을 테스트해 봅시다.

예제 6-24 메인 클래스

```
package com.apress.spring6recipes.vehicle;
import org.springframework.context.annotation.AnnotationConfigApplicationContext;
import com.apress.spring6recipes.vehicle.config.VehicleConfiguration;
```

```
public class Main {
  public static void main(String[] args) throws Exception {
    var cfg = VehicleConfiguration.class;
    try (var context = new AnnotationConfigApplicationContext(cfg)) {
      var vehicleDao = context.getBean(VehicleDao.class);
      var vehicles = vehicleDao.findAll();
      for (var vehicle : vehicles) {
        System.out.println("Vehicle No: " + vehicle.getVehicleNo());
        System.out.println("Color: " + vehicle.getColor());
        System.out.println("Wheel: " + vehicle.getWheel());
        System.out.println("Seat: " + vehicle.getSeat());
      }
    }
  }
}
```

RowMapper 객체를 사용해 결과셋의 행을 매핑하면 query()가 반환하는 매핑된 객체의 List 타입 결과를 얻을 수 있습니다.

예제 6-25 스프링 JdbcTemplate 기반의 VehicleDao 구현체(RowMapper 객체 사용)

```
package com.apress.spring6recipes.vehicle;
...
import org.springframework.jdbc.core.BeanPropertyRowMapper;
import org.springframework.jdbc.core.JdbcTemplate;
public class JdbcVehicleDao implements VehicleDao {
 ...
  public List<Vehicle> findAll() {
    var jdbcTemplate = new JdbcTemplate(dataSource);
    var mapper = BeanPropertyRowMapper.newInstance(Vehicle.class);
    return jdbcTemplate.query (SELECT_ALL_SQL, mapper);
  }
  ...
}
```

단일 값 쿼리하기

마지막으로 단일 행의 단일 열 결과셋을 쿼리하는 방법을 살펴보겠습니다. DAO 인터페이스에 다음 작업을 추가합니다.

예제 6-26 RowMapper를 사용해 단일 결과를 조회하는 VehicleDao

```
package com.apress.spring6recipes.vehicle;

public interface VehicleDao {
  ...
  default String getColor(String vehicleNo) {
    throw new IllegalStateException("Method is not implemented!");
  }

  default int countAll() {
    throw new IllegalStateException("Method is not implemented!");
  }
}
```

> **NOTE_** VehicleDao 인터페이스에 추가하는 메서드는 기본 메서드default method여야 합니다. 그래야 해당 메서드를 추가하기 전에 작성한 VehicleDao 구현체에서 오류가 발생하지 않습니다.

단일 문자열값을 쿼리하려면 `java.lang.Class` 타입의 인수를 전달받는 오버로드된 `queryForObject()` 메서드를 호출하면 됩니다. 이 메서드는 결괏값을 지정한 타입으로 매핑하는 데 도움이 됩니다.

예제 6-27 스프링 JdbcTemplate 기반의 VehicleDao 구현체(queryForObject() 메서드 사용)

```
package com.apress.spring6recipes.vehicle;

public class JdbcVehicleDao implements VehicleDao {

  ...
  private static final String COUNT_ALL_SQL = "SELECT COUNT(*) FROM VEHICLE";
  private static final String SELECT_COLOR_SQL = "SELECT COLOR FROM VEHICLE WHERE
    VEHICLE_NO=?";

  ...
  @Override
  public String getColor(String vehicleNo) {
    var jdbcTemplate = new JdbcTemplate(dataSource);
    return jdbcTemplate.queryForObject(SELECT_COLOR_SQL, String.class, vehicleNo);
  }
  @Override
```

```
    public int countAll() {
        var jdbcTemplate = new JdbcTemplate(dataSource);
        return jdbcTemplate.queryForObject(COUNT_ALL_SQL, Integer.class);
    }
    ...
}
```

다음 메인 클래스로 getColor()와 countAll() 메서드를 테스트해 봅시다.

예제 6-28 메인 클래스

```
package com.apress.spring6recipes.vehicle;

import org.springframework.context.annotation.AnnotationConfigApplicationContext;
import com.apress.spring6recipes.vehicle.config.VehicleConfiguration;

public class Main {
    public static void main(String[] args) throws Exception {
        var cfg = VehicleConfiguration.class;
        try (var ctx = new AnnotationConfigApplicationContext(cfg)) {
            var vehicleDao = ctx.getBean(VehicleDao.class);
            var count = vehicleDao.countAll();
            System.out.println("Vehicle Count: " + count);
            var color = vehicleDao.getColor("TEM0001");
            System.out.println("Color for [TEM0001]: " + color);
        }
    }
}
```

레시피 6-5 간단하게 JDBC 템플릿 생성하기

과제 필요할 때마다 JdbcTemplate 클래스의 새 인스턴스를 생성하면 반복해서 SQL 구문을 생성해야 하므로 객체 생성 비용 면에서 비효율적입니다.

해결 JdbcTemplate은 스레드 안전thread-safe하게 설계된 클래스로, IoC 컨테이너에 해당 클래스를 단일 인스턴스로 선언하고 모든 DAO 인스턴스에 주입해 사용할 수 있습니다. 스프링 JDBC 프레임워크가 제공하는 편의 클래스인 org.springframework.jdbc.core.support.JdbcDaoSupport를 사용하면 DAO를 더 단순하게 구현할 수 있습니다. 이 클래스에 선언된 jdbcTemplate 프로퍼티는 IoC 컨테이너로부터 주입받거나 데이터소스를 이용해 자동 생성할 수 있으므로(예: JdbcTemplate jdbcTemplate = new JdbcTemplate(dataSource)) DAO가 JdbcDaoSupport를 상속하면 해당 프로퍼티도 자동으로 상속됩니다.

풀이 JDBC 템플릿 주입하기

지금까지는 각 DAO 메서드에서 JdbcTemplate 클래스의 새 인스턴스를 생성했습니다. 실제로는 해당 인스턴스를 DAO의 클래스 레벨에 주입하고 주입된 인스턴스를 해당 클래스의 모든 메서드에서 사용합니다. 편의상 insert() 메서드의 변경 사항만 살펴보겠습니다.

예제 6-29 클래스 레벨에 JdbcTemplate 주입하기

```
package com.apress.spring6recipes.vehicle;

import org.springframework.jdbc.core.JdbcTemplate;

public class JdbcVehicleDao extends JdbcDaoSupport implements VehicleDao {
  private final JdbcTemplate jdbcTemplate;

  public JdbcVehicleDao(JdbcTemplate jdbcTemplate) {
    this.jdbcTemplate = jdbcTemplate;
  }

  ...
@Override
  public void insert(Vehicle vehicle) {
    jdbcTemplate.update(INSERT_SQL, vehicle.getColor(), vehicle.getWheel(),
    vehicle.getSeat(), vehicle.getVehicleNo());
  }
  ...
}
```

JDBC 템플릿을 설정하려면 데이터소스가 필요하며 세터 메서드나 생성자 인수를 이용해 데이터소스 프로퍼티를 주입합니다. 그러면 이 DAO에 JdbcTemplate을 주입할 수 있습니다.

예제 6-30 VehicleDao 구성

```
package com.apress.spring6recipes.vehicle.config;

import javax.sql.DataSource;
import org.springframework.context.annotation.Bean;
import org.springframework.context.annotation.Configuration;
import org.springframework.jdbc.core.JdbcTemplate;
import com.apress.spring6recipes.vehicle.JdbcVehicleDao;
import com.apress.spring6recipes.vehicle.VehicleDao;
import com.zaxxer.hikari.HikariDataSource;

@Configuration
public class VehicleConfiguration {

  @Bean
  public VehicleDao vehicleDao(JdbcTemplate jdbcTemplate) {
    return new JdbcVehicleDao(jdbcTemplate);
  }

  @Bean
  public JdbcTemplate jdbcTemplate(DataSource dataSource) {
    return new JdbcTemplate(dataSource);
  }

  @Bean
  public DataSource dataSource() {
    var dataSource = new HikariDataSource();
    dataSource.setDataSourceClassName("org.postgresql.ds.PGSimpleDataSource");
    dataSource.setJdbcUrl("jdbc:postgresql://localhost:5432/vehicle");
    dataSource.setUsername("postgres");
    dataSource.setPassword("password");
    dataSource.setMinimumIdle(2);
    dataSource.setMaximumPoolSize(5);
    return dataSource;
  }
}
```

JdbcDaoSupport 클래스 상속하기

org.springframework.jdbc.core.support.JdbcDaoSupport 클래스에는 setDataSource() 메서드와 setJdbcTemplate() 메서드가 있습니다. 이 클래스를 상속한 DAO 클래

스는 두 메서드도 상속받아 JdbcTemplate을 직접 주입하거나 데이터소스를 주입해 JdbcTemplate 객체를 생성할 수 있습니다.

DAO 클래스의 메서드 내에서 getJdbcTemplate() 메서드를 호출해 JDBC 템플릿을 가져옵니다. DAO 클래스가 JdbcDaoSupport를 상속하면서 불필요해진 dataSource와 jdbcTemplate 프로퍼티를 설정하는 세터 메서드를 삭제할 수 있습니다. 간단하게 insert() 메서드의 변경 사항만 살펴보겠습니다.

예제 6-31 스프링 JdbcDaoSupport

```
package com.apress.spring6recipes.vehicle;

public class JdbcVehicleDao extends JdbcDaoSupport implements VehicleDao {
  ...
  private static final String INSERT_SQL =
    "INSERT INTO VEHICLE (COLOR, WHEEL, SEAT, VEHICLE_NO) VALUES (?, ?, ?, ?)";
  ...

  public JdbcVehicleDao(JdbcTemplate jdbcTemplate) {
    this.jdbcTemplate = jdbcTemplate;
  }

  @Override
  public void insert(Vehicle vehicle) {
    jdbcTemplate.update(INSERT_SQL, vehicle.getColor(), vehicle.getWheel(),
      vehicle.getSeat(), vehicle.getVehicleNo());
  }
  ...
}
```

DAO 클래스는 JdbcDaoSupport를 상속했으므로 setDataSource() 메서드도 상속받았습니다. DAO 인스턴스에 데이터소스를 주입해 JDBC 템플릿을 생성합니다.

예제 6-32 VehicleDao 구성

```
@Configuration
public class VehicleConfiguration {
...
  @Bean
  public VehicleDao vehicleDao(DataSource dataSource) {
```

```
    var vehicleDao = new JdbcVehicleDao();
    vehicleDao.setDataSource(dataSource);
    return vehicleDao;
  }
}
```

레시피 6-6 JDBC 템플릿에서 명명된 매개변수 사용하기

과제 JDBC로 쿼리할 때는 SQL 매개변수가 들어갈 자리에 위치 지정자 ?를 표시하고 그 위치에 맞게 매개변수를 바인딩해 사용합니다. 이렇게 위치를 지정해 매개변수를 바인딩하는 방식은 매개변수 순서가 변경될 때마다 매개변수 바인딩도 변경해야 하는 문제점이 있습니다. SQL 구문에 매개변수가 많다면 위치에 맞게 매개변수를 바인딩하기가 매우 번거롭습니다.

해결 스프링 JDBC 프레임워크에서는 명명된 매개변수named parameter를 사용해 SQL 매개변수를 바인딩할 수도 있습니다. 명명된 SQL 매개변수는 위치가 아닌 콜론(:)으로 시작하는 이름을 이용해 지정하며 유지 관리를 편하게 해 주고 가독성도 높여 줍니다. 스프링은 런타임에 명명된 매개변수를 위치 지정자로 교체합니다. NamedParameterJdbcTemplate 클래스가 명명된 매개변수를 지원합니다.

풀이 SQL 구문에서 명명된 매개변수를 사용할 때 매개변수의 이름을 키로 사용하는 맵에 매개변숫값을 전달할 수 있습니다.

예제 6-33 스프링 NamedParameterJdbcDaoSupport 기반의 VehicleDao 구현체(Map 사용)

```
package com.apress.spring6recipes.vehicle;
...
import org.springframework.jdbc.core.namedparam.NamedParameterJdbcDaoSupport;

public class JdbcVehicleDao extends NamedParameterJdbcDaoSupport
  implements VehicleDao {
  private static final String INSERT_SQL =
    "INSERT INTO VEHICLE (COLOR, WHEEL, SEAT, VEHICLE_NO) VALUES (:color, :wheel,
    :seat, :vehicleNo)";
```

```
  ...
  public void insert(Vehicle vehicle) {
    getNamedParameterJdbcTemplate().update(INSERT_SQL, toParameterMap(vehicle));
  }

  private Map<String, Object> toParameterMap(Vehicle vehicle) {
    var parameters = new HashMap<String, Object>();
    parameters.put("vehicleNo", vehicle.getVehicleNo());
    parameters.put("color", vehicle.getColor());
    parameters.put("wheel", vehicle.getWheel());
    parameters.put("seat", vehicle.getSeat());
    return parameters;
  }
 ...
}
```

명명된 SQL 매개변수에 해당하는 SQL 매개변숫값을 SqlParameterSource(SQL 매개변수 소스) 인터페이스를 사용해 제공할 수도 있습니다. 이러한 역할을 하는 세 가지 SqlParameterSource 구현체가 있으며 기본 구현체는 맵을 매개변수 소스로 래핑하는 MapSqlParameterSource 클래스입니다. 앞 예제보다 SqlParameterSource 객체가 하나 늘어나므로 손해를 감수해야 합니다.

예제 6-34 스프링 NamedParameterJdbcDaoSupport 기반의 VehicleDao 구현체(MapSqlParameterSource 사용)

```
package com.apress.spring6recipes.vehicle;
...
import org.springframework.jdbc.core.namedparam.MapSqlParameterSource;
import org.springframework.jdbc.core.namedparam.SqlParameterSource;
import org.springframework.jdbc.core.namedparam.NamedParameterJdbcDaoSupport;

public class JdbcVehicleDao extends NamedParameterJdbcDaoSupport
  implements VehicleDao {

  ...
  public void insert(Vehicle vehicle) {
    var parameterSource = new MapSqlParameterSource(toParameterMap(vehicle));
    getNamedParameterJdbcTemplate().update(INSERT_SQL, parameterSource);
  }
 ...
}
```

매개변숫값의 소스와 실제로 `update()` 메서드에 전달할 매개변수 사이에 간접적인 단계를 추가하면 그 강력함이 드러납니다. 예를 들어 자바 빈에서 프로퍼티를 가져오려면 어떻게 해야 할까요? 바로 이때 `SqlParameterSource`를 중개자로 사용하면 유용합니다. 또 다른 `SqlParameterSource` 구현체인 `BeanPropertySqlParameterSource` 클래스는 일반 자바 객체를 SQL 매개변수 소스로 래핑합니다. 각 명명된 매개변수와 이름이 동일한 프로퍼티가 해당 매개변수의 값으로 사용됩니다.

예제 6-35 스프링 NamedParameterJdbcDaoSupport 기반의 VehicleDao 구현체(BeanPropertySqlParameterSource 사용)

```
package com.apress.spring6recipes.vehicle;

import org.springframework.jdbc.core.namedparam.BeanPropertySqlParameterSource;
import org.springframework.jdbc.core.namedparam.SqlParameterSource;
import org.springframework.jdbc.core.namedparam.NamedParameterJdbcDaoSupport;

public class JdbcVehicleDao extends NamedParameterJdbcDaoSupport
  implements VehicleDao {

  ...
  public void insert(Vehicle vehicle) {
    var parameterSource = new BeanPropertySqlParameterSource(vehicle);
    getNamedParameterJdbcTemplate ().update(INSERT_SQL, parameterSource);
  }
  ...
}
```

명명된 매개변수는 배치 수정할 때도 사용할 수 있습니다. 매개변숫값은 맵, 배열, `SqlParameterSource` 배열을 전달할 수 있습니다.

예제 6-36 스프링 NamedParameterJdbcDaoSupport 기반의 VehicleDao 구현체(배치 수정)

```
package com.apress.spring6recipes.vehicle;
...
import org.springframework.jdbc.core.namedparam.BeanPropertySqlParameterSource;
import org.springframework.jdbc.core.namedparam.SqlParameterSource;
import org.springframework.jdbc.core.namedparam.NamedParameterJdbcDaoSupport;

public class JdbcVehicleDao extends NamedParameterJdbcDaoSupport
```

```
  implements VehicleDao {
 ...
  @Override
  public void insert(Collection<Vehicle> vehicles) {
    var sources = vehicles.stream()
      .map(BeanPropertySqlParameterSource::new)
      .toArray(SqlParameterSource[]::new);
    getNamedParameterJdbcTemplate().batchUpdate(INSERT_SQL, sources);
  }
  ...
}
```

레시피 6-7 스프링 JDBC 프레임워크에서 예외 처리하기

과제 대부분의 JDBC API는 체크 예외(반드시 잡아서 처리해야 하는 Exception 타입)인 java.sql.SQLException을 던지도록 설계되었습니다. DB 작업을 수행할 때마다 이러한 예외를 매번 처리하려면 매우 번거롭겠죠. 이러한 예외를 처리할 정책을 자체적으로 수립하지 않으면 일관성 없이 처리될 수 있습니다.

해결 스프링 프레임워크는 JDBC 프레임워크를 비롯한 데이터 액세스 모듈에서 발생하는 데이터 액세스 예외를 일관되게 처리하는 메커니즘을 제공합니다. 스프링 JDBC 프레임워크에서 발생하는 모든 예외는 RuntimeException(강제로 잡아 처리할 필요가 없는 Exception 타입)인 org.springframework.dao.DataAccessException의 하위 클래스입니다. DataAccessException은 스프링 데이터 액세스 모듈에서 모든 예외 클래스의 루트 예외 클래스입니다.

[그림 6-1]은 스프링 데이터 액세스 모듈에서 사용하는 DataAccessException 계층 구조의 일부분입니다. 여러 카테고리로 분류된 데이터 액세스 예외가 30개 이상의 예외 클래스로 정의되었습니다.

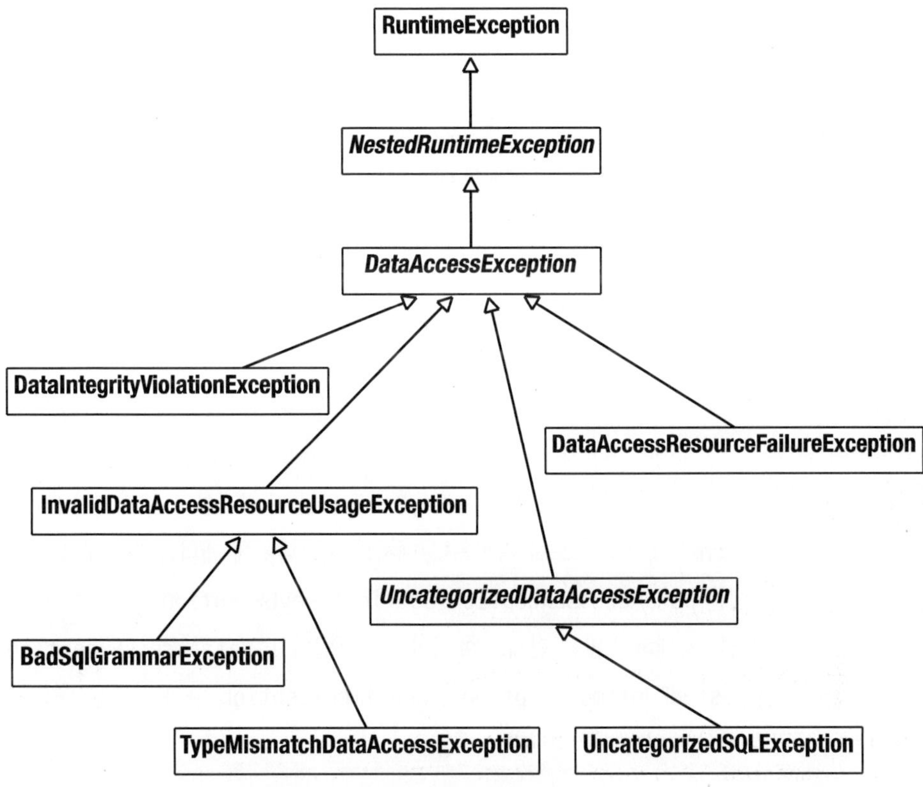

그림 6-1 DataAccessException 계층 구조의 공통 예외 클래스

풀이 스프링 JDBC 프레임워크에서 예외 처리하기

지금까지는 JDBC 템플릿이나 JDBC 작업 객체를 사용할 때 JDBC 예외를 명시적으로 처리하지 않았습니다. 자동차 정보를 등록하는 메인 클래스를 살펴보며 스프링 JDBC 프레임워크의 예외 처리 메커니즘을 알아보겠습니다. 자동차 번호가 같은 자동차를 중복해 등록하려고 시도하면 어떻게 될까요?

예제 6-37 메인 클래스

```
package com.apress.spring6recipes.vehicle;

import org.springframework.context.annotation.AnnotationConfigApplicationContext;
import com.apress.spring6recipes.vehicle.config.VehicleConfiguration;
```

```java
public class Main {
  public static void main(String[] args) throws Exception {

    var cfg = VehicleConfiguration.class;
    try (var context = new AnnotationConfigApplicationContext(cfg)) {
      var vehicleDao = context.getBean(VehicleDao.class);
      var vehicle = new Vehicle("EX0001", "Green", 4, 4);
      vehicleDao.insert(vehicle);
    }
  }
}
```

main() 메서드를 두 번 실행하거나 자동차 정보가 이미 DB에 등록되었을 때 실행한다면 DataAccessException의 하위 클래스인 DuplicateKeyException이 발생합니다. 하지만 DAO 메서드에서 try/catch 블록으로 코드를 감싸거나 메서드 시그니처에 예외를 던지게 선언할 필요는 없습니다. 이는 DataAccessException(DuplicateKeyException을 포함한 하위 클래스)가 예외 처리를 강제하지 않는 언체크 예외이기 때문입니다. DataAccessException의 상위 클래스인 NestedRuntimeException은 RuntimeException 타입의 다른 예외를 래핑하는 스프링의 핵심 예외 클래스입니다.

스프링 JDBC 프레임워크는 SQLException이 발생하면 해당 예외를 DataAccessException의 하위 클래스 중 하나로 래핑합니다. DataAccessException 예외는 RuntimeException이므로 잡을 필요가 없습니다.

그런데 스프링 JDBC 프레임워크는 DataAccessException 계층 구조의 여러 예외 중에서 구체적으로 어떤 예외가 발생하는지 알 수 있을까요? 스프링은 발생한 SQLException의 errorCode와 SQLState 프로퍼티를 확인해 이를 판단합니다. DataAccessException이 근본 원인root cause으로 SQLException을 래핑하므로 다음과 같이 catch 블록을 사용해 errorCode와 SQLState 프로퍼티를 확인할 수 있습니다.

예제 6-38 메인 클래스

```java
package com.apress.spring6recipes.vehicle;
...
import java.sql.SQLException;
import org.springframework.dao.DataAccessException;
```

```
public class Main {
  public static void main(String[] args) {
  ...
    var vehicleDao = context.getBean(VehicleDao.class);
    var vehicle = new Vehicle("EX0001", "Green", 4, 4);
    try {
      vehicleDao.insert(vehicle);
    } catch (DataAccessException e) {
      var sqle = (SQLException) e.getCause();
      System.out.println("Error code: " + sqle.getErrorCode());
      System.out.println("SQL state: " + sqle.getSQLState());
    }
  }
}
```

자동차 정보를 중복해서 등록하면 PostgreSQL DB가 다음과 같은 오류 코드와 SQL 상태를 반환합니다.

```
Error code: 0
SQL state: 23505
```

PostgreSQL 매뉴얼을 살펴보면 [표 6-2]와 같은 오류 코드 설명을 찾을 수 있습니다.

표 6-2 PostgreSQL 오류 코드 설명

SQL 상탯값	메시지 텍스트
23505	unique_violation

스프링 JDBC 프레임워크는 SQL 상탯값 23505가 `DuplicateKeyException`에 매핑된다는 것을 어떻게 알까요? 오류 코드와 SQL 상탯값은 DB마다 다르므로, 동일한 오류에도 DB 제품마다 서로 다른 코드를 반환할 수 있습니다. 일부 DB 제품은 오류를 `errorCode` 프로퍼티에 지정하고 PostgreSQL과 같은 제품은 `SQLState` 프로퍼티에 지정합니다.

오픈 소스 자바 애플리케이션 프레임워크인 스프링은 가장 널리 사용되는 DB 제품의 오류 코드를 알고 있습니다. 하지만 오류 코드가 매우 많으므로 자주 발생하는 오류의 매핑 정보만 관리합니다. 매핑 정보는 `org.springframework.jdbc.support` 패키지에 있는 `sql-error-`

codes.xml 파일에 정의됩니다. 다음은 PostgreSQL 오류 정보의 일부입니다.

예제 6-39 sql-error-codes.xml **파일**

```
<?xml version="1.0" encoding="UTF-8"?>
<!DOCTYPE beans PUBLIC "-//SPRING//DTD BEAN 3.0//EN"
    "http://www.springframework.org/dtd/spring-beans-3.0.dtd">

<beans>
 ...

  <bean id="PostgreSQL" class="org.springframework.jdbc.support.SQLErrorCodes">
    <property name="useSqlStateForTranslation">
      <value>true</value>
    </property>
    <property name="badSqlGrammarCodes">
      <value>03000,42000,42601,42602,42622,42804,42P01</value>
    </property>
    <property name="duplicateKeyCodes">
      <value>23505</value>
    </property>
    <property name="dataIntegrityViolationCodes">
      <value>23000,23502,23503,23514</value>
    </property>
    <property name="dataAccessResourceFailureCodes">
      <value>53000,53100,53200,53300</value>
    </property>
    <property name="cannotAcquireLockCodes">
      <value>55P03</value>
    </property>
    <property name="cannotSerializeTransactionCodes">
      <value>40001</value>
    </property>
    <property name="deadlockLoserCodes">
      <value>40P01</value>
    </property>
  </bean>
...
</beans>
```

useSqlStateForTranslation을 true로 설정하면 errorCode 프로퍼티가 아닌 SQLState 프로퍼티를 사용해 오류 코드를 매치합니다. 마지막으로 SQLErrorCodes 클래스는 DB 오류 코드를 매핑하는 여러 범주를 정의합니다. 코드 23505는 duplicateKeyCodes 범주에 해당합니다.

데이터 액세스 예외 처리 커스터마이징하기

스프링 JDBC 프레임워크에는 잘 알려진 오류 코드만 매핑되었으므로 직접 매핑을 커스터마이징해야 할 때도 있습니다. 예를 들어 기존 범주에 더 많은 코드를 추가하거나 특정 오류 코드 용도의 커스텀 예외를 정의할 수 있습니다.

[표 6-2]에서 오류 코드 23505는 PostgreSQL의 중복 키 오류를 나타내며 해당 코드는 기본적으로 DataIntegrityViolationException에 매핑됩니다. 하지만 해당 오류 코드에 매핑할 MyDuplicateKeyException이라는 커스텀 예외를 작성한다고 가정해 봅시다. 해당 오류는 일종의 데이터 무결성 위반 오류이므로 DataIntegrityViolationException을 상속합니다. 참고로 스프링 JDBC 프레임워크에서 발생하는 예외는 루트 예외 클래스 DataAccessException과 호환돼야 합니다.

예제 6-40 커스텀 예외 클래스

```
package com.apress.spring6recipes.vehicle;

import org.springframework.dao.DataIntegrityViolationException;

public class MyDuplicateKeyException extends DataIntegrityViolationException {

  public MyDuplicateKeyException(String msg) {
    super(msg);
  }

  public MyDuplicateKeyException(String msg, Throwable cause) {
    super(msg, cause);
  }
}
```

기본적으로 스프링은 org.springframework.jdbc.support 패키지에 있는 sql-error-codes.xml 파일에서 오류 코드에 해당하는 예외를 룩업합니다. 하지만 클래스패스 루트에 동일한 이름의 파일을 만들면 일부 매핑을 오버라이드할 수 있습니다. 스프링이 커스텀 파일을 찾으면 해당 파일의 매핑에서 예외를 먼저 룩업하고, 적절한 예외가 없으면 기본 매핑에서 예외를 룩업합니다. 예를 들어 커스텀 예외인 MyDuplicateKeyException 타입을 23505 오류 코드에 매핑하려면 CustomSQLErrorCodesTranslation 빈을 사용해 바인딩을 추가하고 해당 빈을 customTranslations 범주에 추가합니다.

예제 6-41 sql-error-codes.xml 파일

```
<?xml version="1.0" encoding="UTF-8"?>
<!DOCTYPE beans PUBLIC "-//SPRING//DTD BEAN 2.0//EN"
  "http://www.springframework.org/dtd/spring-beans-2.0.dtd">

<beans>
  <bean id="Ch06-PostgreSQL"
      class="org.springframework.jdbc.support.SQLErrorCodes">
    <property name="useSqlStateForTranslation">
      <value>true</value>
    </property>
    <property name="customTranslations">
      <list>
        <ref bean="myDuplicateKeyTranslation" />
      </list>
    </property>
  </bean>

  <bean id="myDuplicateKeyTranslation"
    class="org.springframework.jdbc.support.CustomSQLErrorCodesTranslation">
    <property name="errorCodes">
      <value>23505</value>
    </property>
    <property name="exceptionClass">
      <value>
        com.apress.spring6recipes.vehicle.MyDuplicateKeyException
      </value>
    </property>
  </bean>
</beans>
```

이제 자동차 정보 등록 로직을 감싼 try/catch 블록을 제거하고 중복된 자동차 정보를 등록하면 스프링 JDBC 프레임워크에서 기존 예외 대신에 MyDuplicateKeyException이 발생합니다. 하지만 SQLErrorCodes 클래스에서 사용하는 기본 코드-예외 매핑이 만족스럽지 않다면

SQLExceptionTranslator 인터페이스를 추가로 구현하고 setExceptionTranslator() 메서드를 사용해 해당 인스턴스를 JDBC 템플릿에 주입하면 됩니다.

레시피 6-8 ORM 프레임워크 직접 사용하기

과제 이제 다음 단계로 넘어가겠습니다. 도메인 모델이 더 복잡해지고 각 엔티티를 수동으로 코딩하기가 번거로워지면 하이버네이트와 같은 몇 가지 대안을 찾게 됩니다. 하이버네이트가 매우 강력하지만 결코 단순하다고 말할 수 없다는 사실을 알고나면 깜짝 놀랄 것입니다.

해결 스프링은 일반 JDBC 접근 기능을 대체할 수 있는 ORM 계층을 처리하는 기능을 제공합니다.

풀이 교육 센터의 강좌 관리 시스템을 개발하려고 합니다. 제일 먼저 Course 클래스를 작성합니다. 실제 엔티티(강좌)를 나타내는 Course 클래스는 인스턴스를 DB에 저장하므로 엔티티 클래스entity class나 퍼시스턴스 클래스persistent class라고 합니다. ORM 프레임워크를 이용해 저장하는 각 엔티티 클래스에는 인수가 없는 기본 생성자가 있어야 합니다.

예제 6-42 Course 클래스

```
package com.apress.spring6recipes.course;

import java.time.LocalDateTime;

public class Course {
    private Long id;
    private String title;
    private LocalDate beginDate;
    private LocalDate endDate;
    private int fee;
}
```

각 엔티티 클래스에는 엔티티를 고유하게 식별하는 식별자 프로퍼티를 정의해야 합니다. 해당 식별자 프로퍼티는 비즈니스와 관련 없으며 어떤 상황에서도 변하지 않으므로 자동 생성되는 식별자를 선언하는 것이 가장 좋습니다. 이 식별자는 ORM 프레임워크에서 엔티티의 상태를 결정하는 데도 사용됩니다. 식별자의 값이 null이면 엔티티는 아직 저장되지 않은 새 엔티티로 간주하고 해당 엔티티가 저장될 때 등록(INSERT) SQL 구문을 실행합니다. 식별자의 값이 null이 아니면 수정(UPDATE) SQL 구문을 실행합니다. 식별자가 null이 되도록 허용하려면 java.lang.Integer나 java.lang.Long과 같은 원시primitive 래퍼 타입으로 선언해야 합니다. 강좌 관리 시스템에도 데이터 액세스 로직을 캡슐화한 CourseDao 인터페이스가 필요합니다. 다음과 같이 작성해 보죠.

예제 6-43 CourseDao 인터페이스

```
package com.apress.spring6recipes.course;

import java.util.List;

public interface CourseDao {

  Course store(Course course);
  void delete(Long courseId);
  Course findById(Long courseId);
  List<Course> findAll();
}
```

보통 ORM을 사용해 객체를 저장할 때 등록과 수정 작업은 각각 존재하지 않고 단일 작업(예: 저장)으로 결합됩니다. 객체 등록이나 수정 여부는 사용자가 아닌 ORM 프레임워크가 결정합니다. ORM 프레임워크가 객체를 DB에 저장하려면 엔티티 클래스의 매핑 메타데이터를 알아야 하며 ORM 프레임워크가 지원하는 포맷으로 매핑 메타데이터를 제공해야 합니다. 하이버네이트를 사용할 때는 XML 포맷으로 매핑 메타데이터를 제공하지만 ORM 프레임워크마다 매핑 메타데이터를 정의하는 포맷이 다를 수 있으므로 JPA는 서로 다른 ORM 프레임워크에서 재사용할 수 있는 표준 포맷으로 매핑 메타데이터를 정의하도록 퍼시스턴스 애너테이션persistent annotation 세트를 정의합니다.

하이버네이트도 JPA 애너테이션을 사용해 매핑 메타데이터를 정의할 수 있게 지원합니다. 하이버네이트와 JPA를 사용해 객체를 매핑하고 저장하는 전략은 다음 세 가지입니다.

- 하이버네이트 XML로 매핑한 객체를 하이버네이트 API를 사용해 저장합니다.
- JPA 애너테이션을 적용해 매핑한 객체를 하이버네이트 API를 사용해 저장합니다.
- JPA 애너테이션을 적용해 매핑한 객체를 JPA를 사용해 저장합니다.

하이버네이트, JPA 등 ORM 프레임워크의 핵심 프로그래밍 요소는 JDBC와 유사합니다. [표 6-3]에서 데이터 액세스 전략별 핵심 프로그래밍 요소를 정리했습니다.

표 6-3 데이터 액세스 전략별 핵심 프로그래밍 요소

개념	JDBC	하이버네이트	JPA
리소스	Connection	Session	EntityManager
리소스 팩토리	DataSource	SessionFactory	EntityManagerFactory
예외	SQLException	HibernateException	PersistenceException

하이버네이트에서 객체 저장의 핵심 인터페이스는 `Session`이며 `SessionFactory` 인스턴스에서 가져올 수 있습니다. 이에 대응하는 JPA의 인터페이스는 `EntityManager`이며 `EntityManagerFactory` 인스턴스에서 얻습니다. 하이버네이트에서 발생하는 예외는 `HibernateException` 타입이지만 JPA가 던지는 예외는 `PersistenceException` 타입이거나 기타 자바 SE 예외 타입(예: `IllegalArgumentException`, `IllegalStateException`)일 수 있습니다. 이러한 예외는 모두 `RuntimeException`의 하위 클래스이므로 직접 잡아서 처리할 필요가 없습니다.

JPA 애너테이션을 적용한 객체를 하이버네이트 API를 사용해 저장하기

JPA 애너테이션은 자카르타 퍼시스턴스[4] 명세에 따라 표준화됐으므로 하이버네이트를 포함한 모든 JPA 호환 ORM 프레임워크에서 지원됩니다. 아무래도 애너테이션을 사용하면 같은 파일 내에 소스와 매핑 메타데이터가 있어 더 편하게 편집할 수 있습니다.

다음은 JPA 애너테이션을 사용해 매핑 메타데이터를 정의한 `Course` 클래스입니다.

예제 6-44 JPA 애너테이션을 적용한 Course 클래스

```
package com.apress.spring6recipes.course;

import jakarta.persistence.Column;
import jakarta.persistence.Entity;
import jakarta.persistence.GeneratedValue;
```

4 https://jakarta.ee/specifications/persistence/

```
import jakarta.persistence.GenerationType;
import jakarta.persistence.Id;
import jakarta.persistence.Table;

import java.time.LocalDate;
import java.util.Objects;

@Entity
@Table(name = "COURSE")
public class Course {

  @Id
  @GeneratedValue(strategy = GenerationType.IDENTITY)
  @Column(name = "ID")
  private Long id;

  @Column(name = "TITLE", length = 100, nullable = false)
  private String title;

  @Column(name = "BEGIN_DATE")
  private LocalDate beginDate;

  @Column(name = "END_DATE")
  private LocalDate endDate;

  @Column(name = "FEE")
  private int fee;
  ...
}
```

엔티티 클래스에 `@Entity` 애너테이션을 적용하고 이 클래스에 대응하는 테이블 이름을 지정할 수 있습니다. 각 프로퍼티에는 `@Column` 애너테이션을 적용해 열 이름과 세부 정보를 지정합니다.

각 엔티티 클래스에는 `@Id` 애너테이션이 적용된 식별자가 있어야 하며 `@GeneratedValue` 애너테이션을 적용해 식별자 생성 전략을 선택할 수 있습니다. 예제에서는 테이블 ID 열로 자동 생성한 식별자를 사용합니다.

이제 일반 하이버네이트 API를 사용해 `hibernate` 패키지 하위에 DAO 인터페이스를 구현해 보겠습니다. 하이버네이트 API를 호출해 객체를 저장하기 전에 (생성자 등에서) `Hibernate`

SessionFactory를 초기화해야 합니다.

예제 6-45 하이버네이트 기반 Course 구현체

```
package com.apress.spring6recipes.course.hibernate;

import java.util.List;

import org.hibernate.SessionFactory;
import org.hibernate.cfg.AvailableSettings;
import org.hibernate.cfg.Configuration;

import com.apress.spring6recipes.course.Course;
import com.apress.spring6recipes.course.CourseDao;

public class HibernateCourseDao implements CourseDao {

  private final SessionFactory sessionFactory;

  public HibernateCourseDao() {
    var url = "jdbc:postgresql://localhost:5432/course";
    var configuration = new Configuration()
          .setProperty(AvailableSettings.URL, url)
          .setProperty(AvailableSettings.USER, "postgres")
          .setProperty(AvailableSettings.PASS, "password")
          .setProperty(AvailableSettings.SHOW_SQL, String.valueOf(true))
          .setProperty(AvailableSettings.HBM2DDL_AUTO, "update")
          .addClass(Course.class);

    this.sessionFactory = configuration.buildSessionFactory();
  }

  @Override
  public Course store(Course course) {
    var session = sessionFactory.openSession();
    try (session) {
      session.getTransaction().begin();
      if (course.getId() == null) {
        session.persist(course);
      } else {
        session.merge(course);
      }
      session.getTransaction().commit();
```

```
      return course;
    } catch (RuntimeException e) {
      session.getTransaction().rollback();
      throw e;
    }
  }

  @Override
  public void delete(Long courseId) {
    var session = sessionFactory.openSession();
    try (session) {
      session.getTransaction().begin();
      Course course = session.get(Course.class, courseId);
      session.remove(course);
      session.getTransaction().commit();
    } catch (RuntimeException e) {
      session.getTransaction().rollback();
      throw e;
    }
  }

  @Override
  public Course findById(Long courseId) {
    try (var session = sessionFactory.openSession()) {
      return session.find(Course.class, courseId);
    }
  }

  @Override
  public List<Course> findAll() {
    try (var session = sessionFactory.openSession()) {
      return session.createQuery("SELECT c FROM Course c", Course.class)
        .getResultList();
    }
  }
}
```

하이버네이트를 사용하는 첫 번째 단계는 Configuration 객체를 생성하고 DB 설정(JDBC 연결 속성이나 데이터소스의 JNDI 이름), DB 방언, 매핑 메타데이터 경로 등과 같은 프로퍼티를 구성하는 것입니다. JPA 애너테이션을 사용해 매핑 메타데이터를 정의할 때는 하이버네이트가 어떤 클래스를 관리해야 하는지 알 수 있게 addClass() 메서드를 사용합니다. 다음으로 객체를 저장하는 세션을 생성하는 하이버네이트 세션 팩토리를 Configuration 객체를 이용해 빌드합니다. 객체를 저장하려면 먼저 객체 데이터를 저장할 수 있게 DB 스키마schema에 테이블을 생성해야 합니다. 보통 하이버네이트와 같은 ORM 프레임워크를 사용하면 테이블을 직접 설계할 필요가 없습니다. hibernate.hbm2ddl.auto 프로퍼티를 update로 설정하면 하이버네이트가 필요한 시점에 DB 스키마를 수정하고 테이블을 생성합니다.

NOTE_ hibernate.hbm2ddl.auto 프로퍼티를 활성화하면 개발 속도가 매우 빨라지지만 운영 환경에서는 절대 활성화하면 안 됩니다.

작성한 DAO 클래스의 메서드에서 먼저 세션 팩토리에서 얻어온 세션을 엽니다(open() 메서드 호출). persist()와 remove() 메서드처럼 DB 수정과 관련된 모든 작업에서 해당 세션을 이용해 하이버네이트 트랜잭션을 시작합니다(begin() 메서드 호출). 성공적으로 작업을 완료하면 트랜잭션을 커밋하고(commit() 메서드 호출) 그렇지 않으면 RuntimeException이 발생하며 롤백합니다(rollback() 메서드 호출). get() 메서드나 HQL 쿼리와 같은 읽기 전용read-only 작업에서는 트랜잭션을 시작할 필요가 없습니다. 마지막으로 이 세션이 보유한 리소스를 해제하려면 반드시 세션을 닫아야 합니다(close() 메서드 호출).

다음은 HibernateCourseDao의 메서드를 테스트하고 엔티티의 라이프사이클을 보여 주는 메인 클래스입니다.

예제 6-46 메인 클래스

```
package com.apress.spring6recipes.course;

import java.time.LocalDate;

import com.apress.spring6recipes.course.hibernate.HibernateCourseDao;

public class Main {

  public static void main(String[] args) {

    var courseDao = new HibernateCourseDao();

    var course = new Course();
    course.setTitle("Core Spring Framework 6");
```

```
        course.setBeginDate(LocalDate.of(2022, 8, 1));
        course.setEndDate(LocalDate.of(2022, 9, 1));
        course.setFee(1000);

        System.out.println("\nCourse before persisting");
        System.out.println(course);

        courseDao.store(course);

        System.out.println("\nCourse after persisting");
        System.out.println(course);

        var courseId = course.getId();
        var courseFromDb = courseDao.findById(courseId);

        System.out.println("\nCourse fresh from database");
        System.out.println(courseFromDb);

        courseDao.delete(courseId);

        System.exit(0);
    }

}
```

하이버네이트를 JPA 엔진으로 활용해 객체 저장하기

JPA는 퍼시스턴스 애너테이션 외에도 객체를 저장할 수 있는 프로그래밍 인터페이스 세트를 정의합니다. 하지만 JPA 자체는 퍼시스턴스 구현체가 아니므로 실제로 객체를 저장하려면 JPA 호환JPA-compliant 엔진이 필요합니다. EntityManager를 사용하면 하이버네이트가 기본 JPA 엔진으로 동작하며 객체를 저장할 수 있습니다. 이로써 하이버네이트를 이용해 DB 작업을 더 빠르고 요구 사항에 부합하는 방향으로 작업을 처리하면서 JPA와 호환되는 코드를 작성해 다른 JPA 엔진으로도 동작할 수 있습니다. 이는 코드 베이스를 JPA로 변환하는 유용한 방법이기도 합니다. 새로운 코드는 JPA API를 엄격하게 준수하며 작성하고 기존 코드는 JPA 인터페이스를 사용할 수 있게 변환할 것입니다.

자카르타 EE 환경에서는 자바 EE 컨테이너에 JPA 엔진을 구성할 수 있지만 SE 애플리케이션에서는 로컬에 JPA 엔진을 직접 구성해야 합니다. JPA는 클래스패스 루트 경로의 META-INF 디렉터리에 있는 persistence.xml이라는 파일에 구성합니다. 해당 파일에 기본 엔진 구성에 맞게 공급 업체별 프로퍼티를 설정할 수 있습니다. 하지만 스프링으로 EntityManagerFactory를 구성할 때는 persistence.xml가 필요 없으며 스프링만을 사용해 구성할 수 있습니다.

이제 JPA 구성 파일 persistence.xml을 클래스패스 루트의 META-INF 디렉터리에 작성해 봅시다. 각 JPA 구성 파일에는 하나 이상의 퍼시스턴스 단위persistence unit 요소인 <persistence-unit>가 있으며 여기에 퍼시스턴스 대상 클래스와 방법을 작성합니다. 각 퍼시스턴스 단위 요소에는 각각을 식별하는 이름이 필요한데 예제에서는 course를 사용합니다.

예제 6-47 JPA persistence.xml **파일**

```
<?xml version="1.0" encoding="UTF-8" standalone="yes"?>
<persistence xmlns="https://jakarta.ee/xml/ns/persistence"
    xmlns:xsi="http://www.w3.org/2001/XMLSchema-instance"
    xsi:schemaLocation="https://jakarta.ee/xml/ns/persistence
    https://jakarta.ee/xml/ns/persistence/persistence_3_1.xsd"
    version="3.1">
  <persistence-unit name="course" transaction-type="RESOURCE_LOCAL">
    <provider>org.hibernate.jpa.HibernatePersistenceProvider</provider>
    <class>com.apress.spring6recipes.course.Course</class>
    <properties>
      <property name="jakarta.persistence.jdbc.url"
                value="jdbc:postgresql://localhost:5432/course"/>
      <property name="jakarta.persistence.jdbc.user" value="postgres"/>
      <property name="jakarta.persistence.jdbc.password" value="password"/>
      <property name="hibernate.dialect"
                value="org.hibernate.dialect.PostgreSQLDialect"/>
      <property name="hibernate.hbm2ddl.auto" value="update"/>
      <property name="hibernate.show_sql" value="true"/>
    </properties>
  </persistence-unit>
</persistence>
```

하이버네이트를 JPA 구성 파일에 기본 JPA 엔진으로 구성하고 몇 가지 일반 jakarta.persistence 프로퍼티를 사용해 DB 위치, 사용자 이름, 비밀번호 등을 작성합니다. 그다음에 하이버네이트 전용 방언과 hibernate.hbm2ddl.auto 프로퍼티를 설정하고 <class> 요소에 매핑할 클래스를 지정합니다.

자카르타 EE 환경에서는 자카르타 EE 컨테이너가 엔티티 관리자를 관리하고 이를 애플리케이션의 컴포넌트에 직접 주입할 수 있습니다. 하지만 자카르타 EE 컨테이너 외부(예: 자바 SE 애플리케이션)에서는 직접 엔티티 관리자를 생성해야 JPA를 사용할 수 있습니다. 이제 자바 SE 애플리케이션에서 JPA를 사용해 CourseDao 인터페이스를 구현해 봅시다. JPA를 호출해 객체를 저장하기 전에 엔티티 관리자 팩토리를 초기화해야 합니다. 엔티티 관리자 팩토리는 객체를 저장하는 엔티티 관리자를 생성하는 역할을 합니다.

예제 6-48 JPA 기반 CourseDao 구현체

```
package com.apress.spring6recipes.course.jpa;

import java.util.List;

import jakarta.persistence.EntityManagerFactory;
import jakarta.persistence.Persistence;

import com.apress.spring6recipes.course.Course;
import com.apress.spring6recipes.course.CourseDao;

public class JpaCourseDao implements CourseDao {

  private final EntityManagerFactory entityManagerFactory
        = Persistence.createEntityManagerFactory("course");

  @Override
  public Course store(Course course) {
    var manager = entityManagerFactory.createEntityManager();
    var tx = manager.getTransaction();
    try {
      tx.begin();
      var persisted = manager.merge(course);
      tx.commit();
      return persisted;
    } catch (RuntimeException e) {
      tx.rollback();
      throw e;
    } finally {
      manager.close();
    }
  }

  @Override
```

```java
  public void delete(Long courseId) {
    var manager = entityManagerFactory.createEntityManager();
    var tx = manager.getTransaction();
    try {
      tx.begin();
      Course course = manager.find(Course.class, courseId);
      manager.remove(course);
      tx.commit();
    } catch (RuntimeException e) {
      tx.rollback();
      throw e;
    } finally {
      manager.close();
    }
  }

  @Override
  public Course findById(Long courseId) {
    var manager = entityManagerFactory.createEntityManager();
    try {
      return manager.find(Course.class, courseId);
    } finally {
      manager.close();
    }
  }

  @Override
  public List<Course> findAll() {
    var manager = entityManagerFactory.createEntityManager();
    try {
      return manager.createQuery("select course from Course course", Course.class)
        .getResultList();
    } finally {
      manager.close();
    }
  }
}
```

엔티티 관리자 팩토리는 `jakarta.persistence.Persistence` 클래스의 정적 메서드인 `createEntityManagerFactory()`를 사용해 생성합니다. 엔티티 관리자 팩토리를 빌드할 때 `persistence.xml`에 정의된 퍼시스턴스 단위 이름을 전달해야 합니다.

예제의 DAO 메서드들은 먼저 엔티티 관리자 팩토리에서 엔티티 관리자를 생성합니다. merge()와 remove() 메서드처럼 DB 수정과 관련된 작업을 수행할 때는 엔티티 관리자에서 JPA 트랜잭션을 시작해야 합니다(begin() 메서드 사용). 하지만 find() 메서드와 JPA 쿼리처럼 읽기 전용 작업을 수행할 때는 트랜잭션을 시작할 필요가 없습니다. 마지막으로 리소스를 해제하려면 엔티티 관리자를 닫아야 합니다(close() 메서드 사용).

이번에는 JPA DAO 구현체를 인스턴스화한 메인 클래스를 이용해 DAO를 테스트합니다.

예제 6-49 메인 클래스

```
package com.apress.spring6recipes.course;

public class Main {
  public static void main(String[] args) {
    var courseDao = new JpaCourseDao();
  ...
  }
}
```

지금까지 작성한 하이버네이트와 JPA를 사용한 DAO 구현체 메서드를 비교해 보면 한두 줄만 다르고 나머지는 반복되는 코드입니다. 또한 각 ORM 프레임워크에는 로컬 트랜잭션을 관리하는 자체 API가 있습니다.

레시피 6-9 스프링에서 ORM 리소스 팩토리 구성하기

과제 ORM 프레임워크를 단독으로 사용한다면, 해당 프레임워크의 API를 사용해 리소스 팩토리를 직접 구성해야 합니다. 예를 들어 하이버네이트나 JPA를 사용할 때는 하이버네이트의 세션 팩토리나 JPA의 엔티티 관리자 팩토리를 해당 API를 통해 직접 생성해야 합니다. 이때 스프링의 지원 없이는 이러한 객체들을 수동으로 관리할 수밖에 없습니다.

해결 스프링은 IoC 컨테이너에서 하이버네이트 세션 팩토리나 JPA 엔티티 관리자 팩토리를 싱글턴 빈으로 생성하는 여러 팩토리 빈을 제공하며 의존성 주입을 사용해 여러 빈이 팩토리를 공유할 수 있습니다. 또한 세션 팩토리와 엔티티 관리자 팩토리를 데이터소스나 트랜잭션 관리자와 같은 다른 스프링 데이터 액세스 기능과 연동할 수 있습니다.

풀이 하이버네이트 세션 팩토리 구성하기

먼저 네이티브 하이버네이트 API를 사용해 생성자에서 세션 팩토리를 직접 생성하는 대신 세션 팩토리 의존성을 주입받도록 HibernateCourseDao를 수정합니다.

예제 6-50 하이버네이트 기반 CourseDao 구현체

```
package com.apress.spring6recipes.course.hibernate;
...
import org.hibernate.SessionFactory;

public class HibernateCourseDao implements CourseDao {

  private final SessionFactory sessionFactory;

  public HibernateCourseDao(SessionFactory sessionFactory) {
    this.sessionFactory = sessionFactory;
  }
  ...
}
```

그런 다음 하이버네이트를 ORM 프레임워크로 사용하도록 구성 클래스를 작성합니다. HibernateCourseDao 인스턴스도 스프링이 관리하도록 선언합니다.

예제 6-51 Course 구성(SessionFactory만 사용)

```
package com.apress.spring6recipes.course.config;

import java.util.Properties;

import org.hibernate.SessionFactory;
import org.hibernate.cfg.AvailableSettings;
import org.springframework.context.annotation.Bean;
import org.springframework.context.annotation.Configuration;
import org.springframework.orm.hibernate5.LocalSessionFactoryBuilder;

import com.apress.spring6recipes.course.Course;
import com.apress.spring6recipes.course.CourseDao;
import com.apress.spring6recipes.course.hibernate.HibernateCourseDao;
```

```java
@Configuration
public class CourseConfiguration {

  @Bean
  public CourseDao courseDao(SessionFactory sessionFactory) {
    return new HibernateCourseDao(sessionFactory);
  }

  @Bean
  public SessionFactory sessionFactory() {
    return new LocalSessionFactoryBuilder(null)
            .addAnnotatedClasses(Course.class)
            .addProperties(hibernateProperties())
            .buildSessionFactory();
  }

  private Properties hibernateProperties() {
    var url = "jdbc:postgresql://localhost:5432/course";
    var properties = new Properties();
    properties.setProperty(AvailableSettings.URL, url);
    properties.setProperty(AvailableSettings.USER, "postgres");
    properties.setProperty(AvailableSettings.PASS, "password");
    properties.setProperty(AvailableSettings.SHOW_SQL, String.valueOf(true));
    properties.setProperty(AvailableSettings.HBM2DDL_AUTO, "update");
    return properties;
  }
}
```

이제 하이버네이트 구성에 설정한 모든 프로퍼티를 Properties 객체로 변환하고 LocalSessionFactoryBuilder에 추가합니다. 하이버네이트가 알 수 있게 애너테이션을 적용한 클래스(Course)를 addAnnotatedClasses() 메서드의 인수로 전달합니다. 이렇게 구성된 SessionFactory는 HibernateCourseDao 생성자를 사용해 전달됩니다.

여전히 하이버네이트 매핑 파일을 사용하는 프로젝트에서는 addDirectory()나 addFile() 메서드로 매핑 디렉터리나 파일을 지정할 수 있습니다.

IoC 컨테이너에서 HibernateCourseDao 인스턴스를 검색할 수 있게 메인 클래스를 수정해 봅시다.

예제 6-52 메인 클래스

```
package com.apress.spring6recipes.course;

import org.springframework.context.annotation.AnnotationConfigApplicationContext;

import com.apress.spring6recipes.course.config.CourseConfiguration;

public class Main {

  public static void main(String[] args) {

    var cfg = CourseConfiguration.class;
    try (var context = new AnnotationConfigApplicationContext(cfg)) {
      var courseDao = context.getBean(CourseDao.class);
      ...
    }
  }
}
```

이전 예제에서 빌더builder는 DB 설정(JDBC 연결 프로퍼티나 데이터소스의 JNDI 이름)이 포함된 하이버네이트 구성 파일을 로드해 세션 팩토리를 생성했습니다. 이번에는 스프링 IoC 컨테이너에 데이터소스가 정의되었다고 가정해 보죠. 세션 팩토리에서 데이터소스를 사용하려면 `LocalSessionFactoryBuilder`의 생성자를 사용해 데이터소스를 주입합니다. 프로퍼티로 지정된 데이터소스는 하이버네이트 구성의 DB 설정을 오버라이드하는데, 이때 연결 공급자connection provider를 정의하지 않아야 의미 없는 하이버네이트 중복 구성을 피할 수 있습니다.

예제 6-53 Course 구성(DataSource를 사용하는 SessionFactory)

```
package com.apress.spring6recipes.course.config;

import java.util.Properties;

import javax.sql.DataSource;

import org.hibernate.SessionFactory;
import org.hibernate.cfg.AvailableSettings;
import org.springframework.context.annotation.Bean;
import org.springframework.context.annotation.Configuration;
import org.springframework.orm.hibernate5.LocalSessionFactoryBuilder;
```

```java
import com.apress.spring6recipes.course.Course;
import com.apress.spring6recipes.course.CourseDao;
import com.apress.spring6recipes.course.hibernate.HibernateCourseDao;
import com.zaxxer.hikari.HikariDataSource;

@Configuration
public class CourseConfiguration {

  @Bean
  public CourseDao courseDao(SessionFactory sessionFactory) {
    return new HibernateCourseDao(sessionFactory);
  }

  @Bean
  public DataSource dataSource() {
    var dataSource = new HikariDataSource();
    dataSource.setUsername("postgres");
    dataSource.setPassword("password");
    dataSource.setJdbcUrl("jdbc:postgresql://localhost:5432/course");
    dataSource.setMinimumIdle(2);
    dataSource.setMaximumPoolSize(5);
    return dataSource;
  }

  @Bean
  public SessionFactory sessionFactory(DataSource dataSource) {
    return new LocalSessionFactoryBuilder(dataSource)
            .addAnnotatedClasses(Course.class)
            .addProperties(hibernateProperties())
            .buildSessionFactory();
  }

  private Properties hibernateProperties() {
    var properties = new Properties();
    properties.setProperty(AvailableSettings.SHOW_SQL, String.valueOf(true));
    properties.setProperty(AvailableSettings.HBM2DDL_AUTO, "update");
    return properties;
  }
}
```

스프링에서 JPA 엔티티 관리자 팩토리 구성하기

먼저 JpaCourseDao 클래스에서 직접 엔티티 관리자 팩토리를 생성하지 않고 의존성 주입을 받도록 수정합니다.

예제 6-54 JPA 기반 CourseDao 구현체

```
package com.apress.spring6recipes.course;
...
import jakarta.persistence.EntityManagerFactory;
import jakarta.persistence.Persistence;

public class JpaCourseDao implements CourseDao {

  private final EntityManagerFactory entityManagerFactory;

  public JpaCourseDao (EntityManagerFactory entityManagerFactory) {
    this.entityManagerFactory = entityManagerFactory;
  }
  ...
}
```

JPA 사용에 필요한 빈 구성 파일을 작성합시다. 스프링은 LocalEntityManagerFactoryBean 팩토리 빈을 이용해 IoC 컨테이너에 엔티티 관리자 팩토리를 생성할 수 있습니다. 이때 JPA 구성 파일에 정의한 퍼시스턴스 단위 이름을 지정해야 합니다. 또한 JpaCourseDao 인스턴스도 스프링이 관리하도록 선언합니다.

예제 6-55 Course 구성 (persistence.xml 사용)

```
package com.apress.spring6recipes.course.config;

import jakarta.persistence.EntityManagerFactory;

import org.springframework.context.annotation.Bean;
import org.springframework.context.annotation.Configuration;
import org.springframework.orm.jpa.LocalEntityManagerFactoryBean;

import com.apress.spring6recipes.course.CourseDao;
import com.apress.spring6recipes.course.jpa.JpaCourseDao;

@Configuration
```

```
public class CourseConfiguration {

  @Bean
  public CourseDao courseDao(EntityManagerFactory entityManagerFactory) {
    return new JpaCourseDao(entityManagerFactory);
  }

  @Bean
  public LocalEntityManagerFactoryBean entityManagerFactory() {
    var emf = new LocalEntityManagerFactoryBean();
    emf.setPersistenceUnitName("course");
    return emf;
  }
}
```

스프링 IoC 컨테이너에서 JpaCourseDao 인스턴스를 가져오도록 메인 클래스를 수정해 테스트합시다.

예제 6-56 메인 클래스

```
package com.apress.spring6recipes.course;

import org.springframework.context.annotation.AnnotationConfigApplicationContext;

import com.apress.spring6recipes.course.config.CourseConfiguration;

public class Main {

  public static void main(String[] args) {

    try (var context =
      new AnnotationConfigApplicationContext(CourseConfiguration.class)) {
      var courseDao = context.getBean(CourseDao.class);
      ...
  }
}
```

자카르타 EE 환경에서는 자바 EE 컨테이너가 JNDI를 사용해 엔티티 관리자 팩토리를 룩업할 수 있습니다. 스프링에서는 (JndiObjectFactoryBean을 사용해도 되지만 더 간단하게) JndiLocatorDelegate 객체로 JNDI 룩업을 수행합니다.

예제 6-57 EntityManagerFactory의 JNDI 룩업

```
@Bean
public EntityManagerFactory entityManagerFactory() throws NamingException {
  return JndiLocatorDelegate.createDefaultResourceRefLocator()
      .lookup("jpa/coursePU", EntityManagerFactory.class);
}
```

LocalEntityManagerFactoryBean은 JPA 구성 파일(예: persistence.xml)을 로드해 엔티티 관리자 팩토리를 생성합니다. 스프링이 제공하는 또 다른 팩토리 빈인 LocalContainerEntityManagerFactoryBean을 사용하면 더 유연하게 엔티티 관리자 팩토리를 생성할 수 있습니다. 이 방법으로 데이터소스와 DB 방언과 같은 JPA 구성 파일의 일부 구성을 오버라이드할 수 있습니다. 따라서 스프링의 데이터 액세스 기능을 충분히 활용해 엔티티 관리자 팩토리를 구성할 수 있습니다.

예제 6-58 Course 구성(스프링 구성)

```
@Configuration
public class CourseConfiguration {

  @Bean
  public CourseDao courseDao(EntityManagerFactory entityManagerFactory) {
    return new JpaCourseDao(entityManagerFactory);
  }

  @Bean
  public LocalContainerEntityManagerFactoryBean entityManagerFactory(DataSource ds) {
    var emf = new LocalContainerEntityManagerFactoryBean();
    emf.setPersistenceUnitName("course");
    emf.setDataSource(ds);
    emf.setJpaVendorAdapter(jpaVendorAdapter());
    return emf;
  }

  private JpaVendorAdapter jpaVendorAdapter() {
    var jpaVendorAdapter = new HibernateJpaVendorAdapter();
    jpaVendorAdapter.setShowSql(true);
    jpaVendorAdapter.setGenerateDdl(true);
    return jpaVendorAdapter;
  }
```

```
  @Bean
  public DataSource dataSource() {
    var dataSource = new HikariDataSource();
    dataSource.setUsername("postgres");
    dataSource.setPassword("password");
    dataSource.setJdbcUrl("jdbc:postgresql://localhost:5432/course");
    dataSource.setMinimumIdle(2);
    dataSource.setMaximumPoolSize(5);
    return dataSource;
  }
}
```

엔티티 관리자 팩토리에 데이터소스를 주입해 JPA 구성 파일의 DB 설정을 오버라이드했습니다. `JpaVendorAdapter` 객체를 `LocalContainerEntityManagerFactoryBean`에 설정해 JPA 엔진별 프로퍼티를 지정할 수 있습니다. 하이버네이트를 기본 JPA 엔진으로 사용하면 `HibernateJpaVendorAdapter`를 사용해야 하며 이 어댑터에서 지원하지 않는 프로퍼티는 `jpaProperties` 프로퍼티에 지정할 수 있습니다.

JPA 구성 파일(`persistence.xml`)이 스프링으로 옮겨졌으므로 다음과 같이 코드가 간단해졌습니다.

예제 6-59 단순화된 JPA persistence.xml 파일

```
<persistence xmlns:="https://jakarta.ee/xml/ns/persistence"
             xmlns:xsi="http://www.w3.org/2001/XMLSchema-instance"
             xsi:schemaLocation="https://jakarta.ee/xml/ns/persistence
                     https://jakarta.ee/xml/ns/persistence/persistence_3_1.xsd"
             version="3.1">

  <persistence-unit name="course" transaction-type="RESOURCE_LOCAL">
    <class>com.apress.spring6recipes.course.Course</class>
  </persistence-unit>

</persistence>
```

`persistence.xml` 파일이 없이도 스프링 구성 파일을 이용해 JPA 엔티티 관리자 팩토리를 구성할 수 있습니다. 단 `persistenceUnitName` 대신 `packagesToScan` 프로퍼티를 지정해야 하며 `persistence.xml` 파일은 완전히 제거할 수 있습니다.

예제 6-60 Course 구성(스프링 구성만 사용)

```
@Bean
public LocalContainerEntityManagerFactoryBean entityManagerFactory(
  DataSource dataSource) {
  var emf = new LocalContainerEntityManagerFactoryBean();
  emf.setDataSource(dataSource);
  emf.setJpaVendorAdapter(jpaVendorAdapter());
  emf.setPackagesToScan("com.apress.spring6recipes.course");
  return emf;
}
```

레시피 6-10 하이버네이트 컨텍스트 세션으로 객체 저장하기

과제 일반 하이버네이트 API 기반으로 스프링이 관리하는 트랜잭션을 이용해 DAO를 작성하세요.

해결 하이버네이트 3 버전부터 세션 팩토리가 컨텍스트 세션을 관리할 수 있으며 org.hibernate.SessionFactory의 getCurrentSession() 메서드로 세션을 가져올 수 있습니다. 단일 트랜잭션 내에서는 getCurrentSession()을 여러 번 호출하더라도 동일한 세션을 얻을 수 있으며 트랜잭션당 정확히 하나의 하이버네이트 세션만 사용하도록 보장하므로 스프링의 트랜잭션 관리 지원 기능과 함께 잘 동작합니다.

풀이 컨텍스트 세션 방식을 이용하려면 일단 DAO 메서드에서 세션 팩토리에 접근해 세터 메서드나 생성자 인수를 사용해 주입하면 됩니다. 그러면 각 DAO 메서드는 세션 팩토리에서 컨텍스트 세션을 가져와 객체를 저장하는 데 사용합니다.

예제 6-61 하이버네이트 기반 CousrseDao 구현체

```
package com.apress.spring6recipes.course.hibernate;

import java.util.List;

import org.hibernate.SessionFactory;
import org.springframework.stereotype.Repository;
```

```java
import org.springframework.transaction.annotation.Transactional;

import com.apress.spring6recipes.course.Course;
import com.apress.spring6recipes.course.CourseDao;

@Repository
public class HibernateCourseDao implements CourseDao {

  private final SessionFactory sessionFactory;

  public HibernateCourseDao(SessionFactory sessionFactory) {
    this.sessionFactory = sessionFactory;
  }

  @Override
  @Transactional
  public Course store(Course course) {
    var session = sessionFactory.getCurrentSession();
    if (course.getId() == null) {
      session.persist(course);
    } else {
      course = session.merge(course);
    }
    return course;
  }

  @Override
  @Transactional
  public void delete(Long courseId) {
    var session = sessionFactory.getCurrentSession();
    var course = session.getReference(Course.class, courseId);
    session.remove(course);
  }

  @Override
  @Transactional(readOnly = true)
  public Course findById(Long courseId) {
    var session = sessionFactory.getCurrentSession();
    return session.get(Course.class, courseId);
  }

  @Override
  @Transactional(readOnly = true)
  public List<Course> findAll() {
```

```
    var session = sessionFactory.getCurrentSession();
    return session.createQuery("from Course", Course.class).list();
  }
}
```

모든 DAO 메서드는 트랜잭션 내에서 실행되어야 합니다. 이는 스프링이 하이버네이트의 컨텍스트 세션을 사용해 하이버네이트와 연동하려면 트랜잭션이 필요하기 때문입니다. 스프링은 자체적으로 하이버네이트의 `CurrentSessionContext` 인터페이스 구현체를 제공하며, 트랜잭션을 찾아내지 못하면 하이버네이트 세션이 스레드에 바인딩되지 않았다고 불평합니다. 이 문제는 `@Transactional` 애너테이션을 각 메서드나 클래스 레벨에 적용하면 해결되며 DAO 메서드에서 객체 저장 작업이 동일한 트랜잭션(동일 세션)에서 실행됩니다. 또한 서비스 계층 컴포넌트의 메서드가 여러 DAO 메서드를 호출하면서 자체 트랜잭션을 다른 메서드에 전파propagation하더라도 모든 DAO 메서드가 동일한 세션 내에서 실행됩니다.

CAUTION_ 스프링에서 하이버네이트를 구성할 때 `hibernate.current_session_context_class` 프로퍼티는 절대 설정하지 마세요. 스프링 트랜잭션을 관리하지 못하게 방해하기 때문입니다. 이 프로퍼티는 JTA 트랜잭션이 필요할 때만 설정해야 합니다.

빈 구성 파일에 예제 애플리케이션이 사용할 `HibernateTransactionManager` 인스턴스를 선언하고 `@EnableTransactionManagement` 애너테이션을 적용해 선언적 트랜잭션 관리 기능을 활성화합니다.

예제 6-62 Course 구성(하이버네이트 트랜잭션 관리)

```
@Configuration
@EnableTransactionManagement
public class CourseConfiguration {

  ...
  @Bean
  public HibernateTransactionManager transactionManager(SessionFactory
    sessionFactory) {
    return new HibernateTransactionManager(sessionFactory);
  }
}
```

하이버네이트 세션에서 네이티브 메서드를 호출할 때 예외가 발생하면 HibernateException이라는 네이티브 타입 예외가 던져집니다. 예외 처리를 일관되게 하려면 하이버네이트 예외를 스프링 DataAccessException으로 변환해야 하는데, 예외 변환이 필요한 DAO 클래스에 @Repository 애너테이션을 적용하면 됩니다.

예제 6-63 하이버네이트 기반의 CourseDao 구현체

```
package com.apress.spring6recipes.course.hibernate;

import org.springframework.stereotype.Repository;

@Repository
public class HibernateCourseDao implements CourseDao {

  public List<Course> findAll() {
  ...
```

PersistenceExceptionTranslationPostProcessor는 네이티브 하이버네이트 예외를 스프링 DataAccessException 계층의 데이터 액세스 예외로 변환하는 작업을 담당합니다. 이 빈 후처리기는 @Repository를 적용한 빈에서 발생한 예외만 변환합니다. 자바 구성을 사용한다면 해당 빈은 AnnotationConfigApplicationContext에 자동으로 등록되므로 명시적으로 빈을 선언할 필요가 없습니다.

스프링의 @Repository는 스테레오타입stereotype 애너테이션으로, 이를 적용한 클래스는 컴포넌트 스캔을 통해 자동으로 감지됩니다. @Repository에 컴포넌트 이름을 할당하면 스프링 IoC 컨테이너가 세션 팩토리를 자동와이어링할 수 있습니다.

예제 6-64 @Repository를 선언한 CourseDao 구현체(하이버네이트 기반)

```
package com.apress.spring6recipes.course.hibernate;
...
import org.hibernate.SessionFactory;
import org.springframework.beans.factory.annotation.Autowired;
import org.springframework.stereotype.Repository;

@Repository("courseDao")
public class HibernateCourseDao implements CourseDao {
```

```
  private final SessionFactory sessionFactory;

  public HibernateCourseDao (SessionFactory sessionFactory) {
    this.sessionFactory = sessionFactory;
  }
  ...
}
```

다음으로 @ComponentScan 애너테이션을 추가하고 이전 예제에 작성한 HibernateCourseDao 빈 선언(@bean 애너테이션)을 삭제합니다.

예제 6-65 구성 요소 스캔 Course 구성

```
@Configuration
@EnableTransactionManagement
@ComponentScan("com.apress.spring6recipes.course")
public class CourseConfiguration { ... }
```

레시피 6-11 JPA 컨텍스트를 주입해 객체 저장하기

과제 자카르타 EE 환경에서는 자카르타 EE 컨테이너가 엔티티 관리자를 대신 관리해 EJB 컴포넌트에 직접 주입해 줍니다. EJB 컴포넌트는 엔티티 관리자 생성과 트랜잭션 관리 등에 크게 신경 쓰지 않고 주입된 엔티티 관리자를 이용해 객체 저장 작업을 간단하게 수행할 수 있습니다.

해결 원래 @PersistenceContext 애너테이션은 EJB 컴포넌트의 엔티티 관리자를 주입하는 데 사용하지만, 스프링은 빈 후처리기를 사용해 해당 애너테이션을 해석할 수 있습니다. 스프링은 @PersistenceContext를 적용한 프로퍼티에 엔티티 관리자를 주입해 단일 트랜잭션 내의 모든 저장 작업을 동일한 엔티티 관리자가 처리하도록 보장합니다.

풀이 컨텍스트 주입 방식을 사용하려면 DAO에 엔티티 관리자 필드를 선언하고 @PersistenceContext를 적용합니다. 그러면 스프링은 객체 저장에 사용할 엔티티 관리자를 해당 필드에 주입합니다.

예제 6-66 JPA 기반 CourseDao 구현체

```
package com.apress.spring6recipes.course.jpa;

import java.util.List;

import jakarta.persistence.EntityManager;
import jakarta.persistence.PersistenceContext;
import jakarta.persistence.TypedQuery;

import org.springframework.transaction.annotation.Transactional;

import com.apress.spring6recipes.course.Course;
import com.apress.spring6recipes.course.CourseDao;

public class JpaCourseDao implements CourseDao {

  @PersistenceContext
  private EntityManager entityManager;

  @Override
  @Transactional
  public Course store(Course course) {
    return entityManager.merge(course);
  }

  @Override
  @Transactional
  public void delete(Long courseId) {
    Course course = entityManager.find(Course.class, courseId);
    entityManager.remove(course);
  }

  @Override
  @Transactional(readOnly = true)
  public Course findById(Long courseId) {
    return entityManager.find(Course.class, courseId);
  }

  @Override
  @Transactional(readOnly = true)
  public List<Course> findAll() {
    TypedQuery<Course> query = entityManager.createQuery(
      "SELECT c FROM Course c", Course.class);
```

```
    return query.getResultList();
  }
}
```

@Transactional 애너테이션을 DAO 클래스나 각 메서드에 적용하면 해당 DAO의 모든 메서드에 트랜잭션이 적용됩니다. 이렇게 해야 단일 메서드에서 동일한 엔티티 관리자가 동일한 트랜잭션에서 객체 저장 작업을 수행합니다.

빈 구성 파일에 JpaTransactionManager 인스턴스를 선언하고 @EnableTransactionManagement 애너테이션을 적용해 선언적 트랜잭션 관리 기능을 활성화합니다. 자바 구성을 사용할 때 PersistenceAnnotationBeanPostProcessor 인스턴스가 자동으로 등록되어 엔티티 관리자를 @PersistenceContext가 적용된 프로퍼티에 주입합니다.

예제 6-67 Course 구성(JPA 트랜잭션 관리)

```
package com.apress.spring6recipes.course.config;

import jakarta.persistence.EntityManagerFactory;

import javax.sql.DataSource;

import org.hibernate.dialect.PostgreSQLDialect;
import org.springframework.context.annotation.Bean;
import org.springframework.context.annotation.Configuration;
import org.springframework.orm.jpa.JpaTransactionManager;
import org.springframework.orm.jpa.JpaVendorAdapter;
import org.springframework.orm.jpa.LocalContainerEntityManagerFactoryBean;
import org.springframework.orm.jpa.vendor.HibernateJpaVendorAdapter;
import org.springframework.transaction.annotation.EnableTransactionManagement;

import com.apress.spring6recipes.course.CourseDao;
import com.apress.spring6recipes.course.jpa.JpaCourseDao;
import com.zaxxer.hikari.HikariDataSource;

@Configuration
@EnableTransactionManagement
public class CourseConfiguration {

  @Bean
  public CourseDao courseDao() {
```

```
        return new JpaCourseDao();
    }

    @Bean
    public LocalContainerEntityManagerFactoryBean entityManagerFactory(DataSource ds) {
        var emf = new LocalContainerEntityManagerFactoryBean();
        emf.setPackagesToScan("com.apress.spring6recipes.course");
        emf.setDataSource(ds);
        emf.setJpaVendorAdapter(jpaVendorAdapter());
        return emf;
    }

    private JpaVendorAdapter jpaVendorAdapter() {
        var jpaVendorAdapter = new HibernateJpaVendorAdapter();
        jpaVendorAdapter.setShowSql(true);
        jpaVendorAdapter.setGenerateDdl(true);
        return jpaVendorAdapter;
    }

    @Bean
    public DataSource dataSource() {
        var dataSource = new HikariDataSource();
        dataSource.setUsername("postgres");
        dataSource.setPassword("password");
        dataSource.setJdbcUrl("jdbc:postgresql://localhost:5432/course");
        dataSource.setMinimumIdle(2);
        dataSource.setMaximumPoolSize(5);
        return dataSource;
    }

    @Bean
    public JpaTransactionManager transactionManager(EntityManagerFactory emf) {
        return new JpaTransactionManager(emf);
    }

}
```

PersistenceAnnotationBeanPostProcessor는 @PersistenceUnit 애너테이션이 적용된 프로퍼티에 엔티티 관리자 팩토리를 주입하며 이 팩토리를 이용해 엔티티 관리자를 생성하고 트랜잭션을 직접 관리할 수 있습니다. 이 방식은 세터 메서드를 사용해 엔티티 관리자 팩토리를 주입하는 것과 다르지 않습니다.

예제 6-68 JPA 애너테이션을 적용한 JPA 기반 CourseDao 구현체

```
package com.apress.spring6recipes.course;
...
import jakarta.persistence.EntityManagerFactory;
import jakarta.persistence.PersistenceUnit;

public class JpaCourseDao implements CourseDao {
  @PersistenceContext
  private EntityManager entityManager;

  @PersistenceUnit
  private EntityManagerFactory entityManagerFactory;
  ...
}
```

JPA 엔터티 관리자의 네이티브 메서드를 호출할 때 예외가 발생하면 네이티브 타입의 예외(PersistenceException)나 자바 SE 예외(IllegalArgumentException과 IllegalStateException)를 던집니다. JPA 예외를 스프링의 DataAccessException으로 변환하려면 DAO 클래스에 @Repository 애너테이션을 적용합니다.

예제 6-69 @Repository 애너테이션을 적용한 JPA 기반 CourseDao 구현체

```
package com.apress.spring6recipes.course.jpa;

import java.util.List;

import org.springframework.stereotype.Repository;
import org.springframework.transaction.annotation.Transactional;

import com.apress.spring6recipes.course.Course;
import com.apress.spring6recipes.course.CourseDao;

import jakarta.persistence.EntityManager;
import jakarta.persistence.PersistenceContext;

@Repository("courseDao")
public class JpaCourseDao implements CourseDao {

  @PersistenceContext
  private EntityManager entityManager;
```

```
  @Transactional
  public Course store(Course course) {
    return entityManager.merge(course);
  }

  @Transactional
  public void delete(Long courseId) {
    var course = entityManager.getReference(Course.class, courseId);
    entityManager.remove(course);
  }

  @Transactional(readOnly = true)
  public Course findById(Long courseId) {
    return entityManager.find(Course.class, courseId);
  }

  @Transactional(readOnly = true)
  public List<Course> findAll() {
    return entityManager.createQuery("select c from Course c", Course.class)
      .getResultList();
  }
}
```

PersistenceExceptionTranslationPostProcessor 인스턴스는 네이티브 JPA 예외를 스프링의 DataAccessException 계층의 예외로 변환합니다. 자바 구성을 사용한다면 해당 빈은 AnnotationConfigApplicationContext에 자동으로 등록되므로 명시적으로 선언할 필요가 없습니다.

레시피 6-12 스프링 데이터 JPA로 JPA 코드 단순화하기

과제 JPA를 사용하더라도 데이터 액세스 코드를 작성하는 일은 지루한 반복 작업입니다. 수많은 DAO의 엔티티마다 findById()와 findAll() 메서드를 반복 선언해야 하고 EntityManager나 EntityManagerFactory에 수시로 접근해 쿼리를 만들어야 합니다.

해결 스프링 데이터 JPA[Spring Data JPA]를 사용하면 다른 스프링 모듈처럼 반복되는 코드를 작성하는 대신에 중요한 비즈니스 로직에 집중할 수 있습니다. 스프링 데이터 JPA는 빈번하게 사용하는 데이터 액세스 메서드(findAll, delete, save 등)의 기본 구현체를 제공합니다.

풀이 스프링 데이터 JPA를 사용하려면 스프링 데이터 JPA가 제공하는 인터페이스 중 하나를 상속해야 합니다. 런타임에 해당 인터페이스가 감지되며 리포지터리의 기본 구현체가 생성됩니다. 대부분 CrudRepository 인터페이스를 상속하면 됩니다.

예제 6-70 스프링 데이터 JPA 기반 CourseRepository

```
package com.apress.spring6recipes.course;

import com.apress.spring6recipes.course.Course;
import org.springframework.data.repository.CrudRepository;

public interface CourseRepository extends CrudRepository<Course, Long>{}
```

이렇게 작성하기만 해도 Course 엔티티와 관련된 CRUD 작업을 수행할 수 있습니다. 스프링 데이터 인터페이스를 상속할 때 저장할 객체 타입인 Course와 기본 키 타입인 Long을 지정합니다. 해당 정보는 런타임 시에 리포지터리를 생성하는 데 필요합니다.

> **NOTE_** JpaRepository를 상속하면 몇 가지 JPA 특화 메서드(flush(), saveAndFlush())와 페이징paging/정렬sorting 기능이 지원되는 쿼리 메서드를 사용할 수 있습니다.

스프링 데이터가 사용하는 리포지터리를 감지하도록 활성화하려면 스프링 데이터 JPA가 제공하는 @EnableJpaRepositories 애너테이션을 적용합니다.

예제 6-71 스프링 데이터 JPA Course 구성

```
@Configuration
@EnableTransactionManagement
@EnableJpaRepositories("com.apress.spring6recipes.course")
public class CourseConfiguration { ... }
```

그러면 스프링 데이터 JPA가 부트스트랩되고 사용 가능한 리포지터리가 구성됩니다. 기본적으로 모든 리포지터리 메서드에는 @Transactional 애너테이션이 적용되었으니 애너테이션을 추가할 필요가 없습니다.

이제 스프링 IoC 컨테이너에서 CourseRepository 인스턴스를 조회하는 메인 클래스를 실행해 봅시다.

예제 6-72 메인 클래스

```
package com.apress.spring6recipes.course.datajpa;
...
import org.springframework.context.ApplicationContext;

public class Main {

  public static void main(String[] args) {
    var context = new AnnotationConfigApplicationContext(
      CourseConfiguration.class);

    var repository = context.getBean(CourseRepository.class);
    ...
  }
}
```

예외 변환, 트랜잭션 관리, 손쉬운 EntityManagerFactory 구성과 같은 다른 모든 사항은 스프링 데이터 JPA 기반 리포지터리에 동일하게 적용됩니다. 덕분에 더 쉽게 데이터 액세스 기능을 만들고 중요한 비즈니스 로직에 집중할 수 있습니다.

레시피 6-13 R2DBC로 리액티브 DB 접근하기

대부분의 자바 개발자는 JDBC API를 알거나 적어도 들어본 적은 있을 것입니다(6장 시작 부분 참조). 하지만 JDBC는 본질적으로 블로킹 방식이므로 리액티브 프로그래밍 환경에서는 잘 동작하지 않습니다. 리액티브 프로그래밍과 SQL DB를 이용한다면 R2DBC[5]를 사용합니다. R2DBC는 커뮤니티에서 개발한 저수준 리액티브 API(사실 SPIservice provider interface에 가깝습니다)이며 PostgreSQL, Oracle, MySQL, H2 등 여러 DB는 이미 SPI 기반의 드라이버 구현체를 제공합니다.

5 https://r2dbc.io/

일반 R2DBC 사용 시의 문제점

R2DBC가 일종의 API를 제공하지만 이는 드라이버가 구현할 인터페이스 세트 정도이며 아주 저수준의 API이므로 실제로 사용하기 어려울 수 있습니다. 리포지터리의 순수한 R2DBC 구현체를 살펴보겠습니다. JDBC를 배울 때 작성한 `Vehicle` 예제를 다시 사용해 봅시다.

예제 6-73 Vehicle **클래스**

```
package com.apress.spring6recipes.vehicle;

import java.util.Objects;

public class Vehicle {

  private String vehicleNo;
  private String color;
  private int wheel;
  private int seat;

  public Vehicle() {}

  public Vehicle(String vehicleNo, String color, int wheel, int seat) {
    this.vehicleNo = vehicleNo;
    this.color = color;
    this.wheel = wheel;
    this.seat = seat;
  }

  public String getColor() {
    return color;
  }

  public void setColor(String color) {
    this.color = color;
  }

  public int getSeat() {
    return seat;
  }

  public void setSeat(int seat) {
    this.seat = seat;
```

```
  }

  public String getVehicleNo() {
    return vehicleNo;
  }

  public void setVehicleNo(String vehicleNo) {
    this.vehicleNo = vehicleNo;
  }

  public int getWheel() {
    return wheel;
  }

  public void setWheel(int wheel) {
    this.wheel = wheel;
  }

  @Override
  public boolean equals(Object o) {
    if (this == o)
      return true;
    if (vehicleNo != null && o instanceof Vehicle vehicle) {
      return Objects.equals(this.vehicleNo, vehicle.vehicleNo);
    }
    return false;
  }

  @Override
  public int hashCode() {
    return Objects.hash(vehicleNo);
  }

  @Override
  public String toString() {
    var fmt = "Vehicle [vehicleNo='%s', color='%s', wheel=%d, seat=%d]";
    return String.format(fmt, vehicleNo, color, wheel, seat);
  }

}
```

다음으로 리액티브 VehicleDao 인터페이스를 작성합니다. 메서드의 반환 타입은 Mono(값을 0~1개 반환)나 Flux(값을 0개 이상 반환)이고 지원되는 다른 리액티브 타입(RxJava 3나

Mutiny Rye)을 사용할 수도 있지만 여기서는 리액터 프로젝트를 이용합니다.

예제 6-74 리액티브 VehicleDao 인터페이스

```
package com.apress.spring6recipes.vehicle;

import reactor.core.publisher.Flux;
import reactor.core.publisher.Mono;

public interface VehicleDao {

  Mono<Vehicle> save(Vehicle vehicle);
  Mono<Vehicle> findByVehicleNo(String vehicleNo);
  Flux<Vehicle> findAll();
  Mono<Void> delete(Vehicle vehicle);
}
```

예제 6-75 리액터 프로젝트 R2DBC 기반 VehicleDao 구현체

```
package com.apress.spring6recipes.vehicle;

import io.r2dbc.spi.ConnectionFactory;
import io.r2dbc.spi.Result;
import io.r2dbc.spi.Row;
import io.r2dbc.spi.Statement;
import reactor.core.publisher.Flux;
import reactor.core.publisher.Mono;

public class R2dbcVehicleDao implements VehicleDao {

  private static final String INSERT_SQL = "INSERT INTO VEHICLE (
    COLOR, WHEEL, SEAT, VEHICLE_NO) VALUES ($1, $2, $3, $4)";
  private static final String SELECT_ALL_SQL = "SELECT * FROM VEHICLE";
  private static final String SELECT_ONE_SQL = "SELECT * FROM VEHICLE WHERE
    VEHICLE_NO = $1";
  private static final String DELETE_SQL = "DELETE FROM VEHICLE WHERE VEHICLE_
    NO=$1";

  private final ConnectionFactory connectionFactory;

  public R2dbcVehicleDao(ConnectionFactory connectionFactory) {
    this.connectionFactory = connectionFactory;
```

```
    }

    @Override
    public Mono<Vehicle> save(Vehicle vehicle) {
      return Mono.usingWhen(
              connectionFactory.create(),
              c -> Mono.from(prepareStatement(c.createStatement(INSERT_SQL),
              vehicle).execute())
                   .flatMap(res -> Mono.from(res.getRowsUpdated()))
                   .doOnNext( (cnt) -> System.out.printf("Rows inserted: %d%n", cnt)),
              c -> c.close())
              .then(this.findByVehicleNo(vehicle.getVehicleNo()));
    }

    @Override
    public Mono<Vehicle> findByVehicleNo(String vehicleNo) {
      return Mono.usingWhen(
              connectionFactory.create(),
              con ->  Mono.from(con.createStatement(SELECT_ONE_SQL).
                bind("$1", vehicleNo).execute())
                      .flatMap((rs) -> Mono.from(rs.map((row, meta) -> toVehicle(row)))),
              c -> c.close());
    }

    @Override
    public Flux<Vehicle> findAll() {
      return Flux.usingWhen(
              connectionFactory.create(),
              con -> Flux.from(con.createStatement(SELECT_ALL_SQL).execute())
                      .flatMap((rs) -> Flux.from(rs.map((row, meta) -> toVehicle(row)))),
              con -> con.close());
    }

    @Override
    public Mono<Void> delete(Vehicle vehicle) {
      return Mono.usingWhen(
              connectionFactory.create(),
              con ->  Mono.from(con.createStatement(DELETE_SQL).bind("$1", vehicle.
              getVehicleNo()).execute())
                      .flatMap(res -> Mono.from(res.getRowsUpdated()))
                      .doOnNext( (cnt) -> System.out.printf("Rows deleted: %d%n", cnt)),
              c -> c.close()).then();
    }
```

```
  private Statement prepareStatement(Statement st, Vehicle vehicle) {
    return st.bind("$1", vehicle.getColor())
            .bind("$2", vehicle.getWheel())
            .bind("$3", vehicle.getSeat())
            .bind("$4", vehicle.getVehicleNo());
  }

  private Vehicle toVehicle(Row row) {
    return new Vehicle(row.get("VEHICLE_NO", String.class),
            row.get("COLOR", String.class),
            row.get("WHEEL", Integer.class),
            row.get("SEAT", Integer.class));
  }
}
```

R2dbcVehicleDao 클래스를 잠시 살펴보겠습니다. DB에 연결하려면 JDBC의 데이터소스의 리액티브 버전에 해당하는 ConnectionFactory가 필요하고 이 팩토리에서 연결(Connection)을 얻어와 한 개 이상의 SQL 구문(Statement)을 생성하고 쿼리합니다. R2DBC를 사용할 때 어떤 리액티브 런타임이 사용되는지와 상관없이 리액티브 API가 최상위 Publisher를 반환하므로 반환 결과를 코드에서 Mono나 Flux 객체로 래핑해야 합니다. SQL 구문 실행 시 변경된 행의 개수나 결과(예제에서는 Vehicle)에 매핑하는 데 사용할 Row와 Map을 결괏값으로 얻습니다.

마지막으로 모든 코드가 실행된 후에는 연결 누수를 방지하도록 연결을 닫아야 합니다. Mono.usingWhen()과 Flux.usingWhen() 메서드를 사용해 관련된 코드를 약간 더 단순화했습니다. 첫 번째로 리소스를 생성(Connection)하는 코드가 수행되고 두 번째로 해당 리소스를 이용해 SQL 구문이 실행되는 코드가 실행되며 리액티브 파이프라인이 완료되면(성공 여부에 관계없이) 마지막 코드가 호출되어 연결을 닫습니다.

ConnectionFactory와 VehicleDao 구성도 필요합니다.

예제 6-76 리액티브 Vehicle 구성

```
package com.apress.spring6recipes.vehicle.config;

import static io.r2dbc.spi.ConnectionFactoryOptions.DATABASE;
import static io.r2dbc.spi.ConnectionFactoryOptions.DRIVER;
import static io.r2dbc.spi.ConnectionFactoryOptions.HOST;
```

```java
import static io.r2dbc.spi.ConnectionFactoryOptions.PASSWORD;
import static io.r2dbc.spi.ConnectionFactoryOptions.PORT;
import static io.r2dbc.spi.ConnectionFactoryOptions.USER;

import org.springframework.context.annotation.Bean;
import org.springframework.context.annotation.Configuration;
import org.springframework.core.io.ClassPathResource;
import org.springframework.r2dbc.connection.init.ConnectionFactoryInitializer;
import org.springframework.r2dbc.connection.init.ResourceDatabasePopulator;

import com.apress.spring6recipes.vehicle.R2dbcVehicleDao;

import io.r2dbc.spi.ConnectionFactories;
import io.r2dbc.spi.ConnectionFactory;
import io.r2dbc.spi.ConnectionFactoryOptions;

@Configuration
public class VehicleConfiguration {

  @Bean
  public R2dbcVehicleDao vehicleDao(ConnectionFactory cf) {
    return new R2dbcVehicleDao(cf);
  }

  @Bean
  public ConnectionFactory connectionFactory() {
    var options = ConnectionFactoryOptions.builder()
            .option(DRIVER, "postgresql")
            .option(HOST, "localhost").option(PORT, 5432)
            .option(DATABASE, "vehicle")
            .option(USER, "postgres").option(PASSWORD, "password")
            .build();
    return ConnectionFactories.get(options);
  }

  @Bean
  public ConnectionFactoryInitializer initializer(ConnectionFactory cf) {
    var initializer = new ConnectionFactoryInitializer();
    initializer.setConnectionFactory(cf);
    initializer.setDatabasePopulator(new ResourceDatabasePopulator(
            new ClassPathResource("/sql/vehicle.sql")));
    return initializer;
  }
}
```

ConnectionFactory는 DB 연결 정보를 알아야 합니다. 예제에서는 DB 연결 정보를 전달하는 ConnectionFactoryOptions를 사용해 빌더 패턴으로 DB 연결 정보를 설정하고 팩토리에 전달합니다. 또는 JDBC에서 사용되는 JDBC URL처럼 문자열 형식의 URL을 활용하는 ConnectionFactories.get() 메서드를 사용해도 됩니다. 그런 다음 ConnectionFactory가 R2dbcVehicleDao에 주입되어 ConnectionFactoryInitializer에서 사용됩니다. ConnectionFactoryInitializer는 코드에서 사용할 자동차 정보 저장용 테이블을 생성합니다.

이를 모두 실행할 메인 클래스를 작성해 봅시다.

예제 6-77 메인 클래스

```
package com.apress.spring6recipes.vehicle;

import java.util.concurrent.CountDownLatch;

import org.springframework.context.annotation.AnnotationConfigApplicationContext;

import com.apress.spring6recipes.vehicle.config.VehicleConfiguration;

import reactor.core.publisher.Flux;

public class Main {

  public static void main(String[] args) throws Exception {
    var cfg = VehicleConfiguration.class;
    try (var ctx = new AnnotationConfigApplicationContext(cfg)) {
      var vehicleDao = ctx.getBean(VehicleDao.class);
      var vehicle1 = new Vehicle("TEM0442", "Blue", 4, 4);
      var vehicle2 = new Vehicle("TEM0443", "Black", 4, 6);

      var latch = new CountDownLatch(1);
      var vehicles = Flux.just(vehicle1, vehicle2);

      vehicles.flatMap(vehicleDao::save)
              .thenMany(vehicleDao.findAll().doOnNext(System.out::println)
              .flatMap(vehicleDao::delete))
              .doOnTerminate(latch::countDown).subscribe();

      latch.await();
    }
  }
}
```

Main 클래스는 두 개의 자동차 기록을 저장하고 해당 정보를 검색한 후 콘솔에 출력하고 다시 삭제합니다.

과제 리액티브 프로그래밍을 사용하면서 일반 SQL DB에 객체를 저장하고 싶습니다.

해결 R2DBC 드라이버를 사용하고 스프링과 스프링 데이터 R2DBC^Spring Data R2DBC^를 사용해 리액티브 리소스 작업을 수행합니다.

풀이 R2DBC는 아주 저수준 API이므로 클라이언트 API를 사용하는 편이 좋습니다. 다행히도 스프링 프레임워크는 자체적으로 spring-r2dbc 모듈에 포함된 DatabaseClient라는 클라이언트를 제공합니다. 스프링 데이터 R2DBC[6]는 스프링 R2DBC 기반으로 만들어졌으며 (JPA와 마찬가지로) 리포지터리 방식을 지원합니다.

NOTE_ 스프링 R2DBC나 스프링 데이터 R2DBC를 사용하기 전에 관련 jar 파일을 클래스패스에 추가해야 합니다.

- 메이븐 의존성 추가(pom.xml)

```
<dependency>
  <groupId>org.postgresql</groupId>
  <artifactId>r2dbc-postgresql</artifactId>
  <version>1.0.0.RELEASE</version>
</dependency>
<dependency>
  <groupId>org.springframework</groupId>
  <artifactId>spring-r2dbc</artifactId>
  <version>6.0.3</version>
</dependency>
<dependency>
  <groupId>org.springframework.data</groupId>
  <artifactId>spring-data-r2dbc</artifactId>
  <version>3.0.0</version>
</dependency>
```

6 https://spring.io/projects/spring-data-r2dbc

• 그레이들 의존성 추가(build.gradle)

```
implementation group: 'org.postgresql', name: 'r2dbc-postgresql', version:
'1.0.0.RELEASE'
implementation group: 'org.springframework', name: 'spring-r2dbc', version:
'6.0.3'
implementation group: 'org.springframework.data', name: 'spring-data-r2dbc',
version: '3.0.0'
```

스프링 R2DBC DB 클라이언트

스프링 R2DBC는 JDBC의 JdbcTemplate과 매우 유사한 DatabaseClient를 제공하며 이를 사용하면 R2DBC 작업이 더 쉬워집니다. 연결을 관리하고 R2DBC가 동작하려면 여전히 ConnectionFactory가 필요하지만 많은 부분이 추상화돼 있습니다.

예제 6-78 DatabaseClient 기반 VehicleDao 구현체

```
package com.apress.spring6recipes.vehicle;

import org.springframework.r2dbc.core.DatabaseClient;

import io.r2dbc.spi.Row;
import reactor.core.publisher.Flux;
import reactor.core.publisher.Mono;

public class R2dbcVehicleDao implements VehicleDao {

  private static final String INSERT_SQL = "INSERT INTO VEHICLE (
    COLOR, WHEEL, SEAT, VEHICLE_NO) VALUES ($1, $2, $3, $4)";
  private static final String UPDATE_SQL = "UPDATE VEHICLE SET
    COLOR=$1,WHEEL=$2,SEAT=$3 WHERE VEHICLE_NO=$4";
  private static final String SELECT_ALL_SQL = "SELECT * FROM VEHICLE";
  private static final String SELECT_ONE_SQL = "SELECT * FROM VEHICLE WHERE
    VEHICLE_NO = $1";
  private static final String DELETE_SQL = "DELETE FROM VEHICLE WHERE VEHICLE_NO=$1";

  private final DatabaseClient client;

  public R2dbcVehicleDao(DatabaseClient client) {
    this.client = client;
  }
```

```java
@Override
public Mono<Vehicle> save(Vehicle vehicle) {
  return prepareStatement(client.sql(INSERT_SQL), vehicle)
          .fetch()
          .rowsUpdated().doOnNext((cnt) -> System.out.printf("Rows inserted:
          %d%n", cnt))
          .then(this.findByVehicleNo(vehicle.getVehicleNo()));
}

@Override
public Mono<Vehicle> findByVehicleNo(String vehicleNo) {
  return client.sql(SELECT_ONE_SQL)
          .bind("$1", vehicleNo)
          .map( (r, rmd) -> toVehicle(r))
          .one();
}

@Override
public Flux<Vehicle> findAll() {
  return client.sql(SELECT_ALL_SQL)
          .map( (r, rmd) -> toVehicle(r))
          .all();
}

@Override
public Mono<Void> delete(Vehicle vehicle) {
  return client.sql(DELETE_SQL)
          .bind("$1", vehicle.getVehicleNo())
          .fetch().rowsUpdated()
          .doOnNext( (cnt) -> System.out.printf("Rows deleted: %d%n", cnt))
          .then();
}

private DatabaseClient.GenericExecuteSpec prepareStatement(DatabaseClient.
  GenericExecuteSpec st, Vehicle vehicle) {
  return st.bind("$1", vehicle.getColor())
          .bind("$2", vehicle.getWheel())
          .bind("$3", vehicle.getSeat())
          .bind("$4", vehicle.getVehicleNo());
}

private Vehicle toVehicle(Row row) {
```

```
        return new Vehicle(row.get("VEHICLE_NO", String.class),
                row.get("COLOR", String.class),
                row.get("WHEEL", Integer.class),
                row.get("SEAT", Integer.class));
    }
}
```

DatabaseClient를 사용하면 R2DBC 작업이 더 쉬워지며 연결 관리와 같은 작업이 자동으로 처리됩니다. 쿼리를 실행할 때는 수정 쿼리조차도 fetch() 메서드를 호출해 수행합니다. 조회 쿼리를 수행할 때는 all() 메서드를 호출해 Flux를 반환받거나 one() 메서드를 호출해 Mono를 반환받아 결과를 매핑할 수 있습니다. 이렇게 하면 코드가 더 깔끔해지고 원하는 작업에 더 집중할 수 있습니다.

ConnectionFactory 다음에 DatabaseClient을 추가로 구성하겠습니다.

예제 6-79 리액티브 Vehicle 구성(DatabaseClient 사용하기)

```
package com.apress.spring6recipes.vehicle.config;

import static io.r2dbc.spi.ConnectionFactoryOptions.DATABASE;
import static io.r2dbc.spi.ConnectionFactoryOptions.DRIVER;
import static io.r2dbc.spi.ConnectionFactoryOptions.HOST;
import static io.r2dbc.spi.ConnectionFactoryOptions.PASSWORD;
import static io.r2dbc.spi.ConnectionFactoryOptions.PORT;
import static io.r2dbc.spi.ConnectionFactoryOptions.USER;
import org.springframework.context.annotation.Bean;
import org.springframework.context.annotation.Configuration;
import org.springframework.core.io.ClassPathResource;
import org.springframework.r2dbc.connection.init.ConnectionFactoryInitializer;
import org.springframework.r2dbc.connection.init.ResourceDatabasePopulator;
import org.springframework.r2dbc.core.DatabaseClient;
import com.apress.spring6recipes.vehicle.R2dbcVehicleDao;
import io.r2dbc.spi.ConnectionFactories;
import io.r2dbc.spi.ConnectionFactory;
import io.r2dbc.spi.ConnectionFactoryOptions;

@Configuration
public class VehicleConfiguration {

    @Bean
```

```java
    public ConnectionFactory connectionFactory() {
        var options = ConnectionFactoryOptions.builder()
                .option(DRIVER, "postgresql")
                .option(HOST, "localhost").option(PORT, 5432)
                .option(DATABASE, "vehicle")
                .option(USER, "postgres").option(PASSWORD, "password")
                .build();
        return ConnectionFactories.get(options);
    }

    @Bean
    public DatabaseClient databaseClient(ConnectionFactory cf) {
        return DatabaseClient.create(cf);
    }

    @Bean
    public R2dbcVehicleDao vehicleDao(DatabaseClient dc) {
        return new R2dbcVehicleDao(dc);
    }

    @Bean
    public ConnectionFactoryInitializer initializer(ConnectionFactory cf) {
        var initializer = new ConnectionFactoryInitializer();
        initializer.setConnectionFactory(cf);
        initializer.setDatabasePopulator(new ResourceDatabasePopulator(
            new ClassPathResource("/sql/vehicle.sql")));
        return initializer;
    }
}
```

Main 클래스는 변경할 필요가 없으며 코드를 실행하면 여전히 동일한 출력 결과가 표시됩니다.

스프링 데이터 R2DBC 템플릿

스프링 데이터 R2DBC에서 제공하는 R2dbcEntityTemplate을 사용하면 코드가 훨씬 더 깔끔해집니다. 해당 템플릿 클래스는 Vehicle 클래스에 적용된 @Id, @Column, @Table과 같은 스프링 데이터 애너테이션을 이용해 쿼리를 생성합니다. @Id 애너테이션은 엔티티의 기본 키 필드에 꼭 적용해야 하지만 @Column과 @Table 애너테이션은 필수가 아닙니다. 기본적으로 클래스와 이름이 동일한 테이블, 필드와 이름이 동일한 열에 매핑되며 @Column과 @Table 등으로 열과 테이블 이름을 지정할 수도 있습니다.

Vehicle의 vehicleNo 필드에 @Id만 추가하고 나머지 부분은 그대로 둡니다.

예제 6-80 @Id 애너테이션을 적용한 Vehicle 클래스

```
package com.apress.spring6recipes.vehicle;

import java.util.Objects;
import org.springframework.data.annotation.Id;

public class Vehicle {
  @Id
  private String vehicleNo;
  ...
}
```

다음으로 DatabaseClient 대신 R2dbcEntityTemplate을 사용하도록 R2dbcVehicleDao를 변경합니다.

예제 6-81 R2dbcEntityTemplate 기반 VehicleDao 구현체

```
package com.apress.spring6recipes.vehicle;

import static org.springframework.data.relational.core.query.Criteria.where;
import static org.springframework.data.relational.core.query.Query.query;

import org.springframework.data.r2dbc.core.R2dbcEntityTemplate;

import reactor.core.publisher.Flux;
import reactor.core.publisher.Mono;

public class R2dbcVehicleDao implements VehicleDao {

  private final R2dbcEntityTemplate template;

  public R2dbcVehicleDao(R2dbcEntityTemplate template) {
    this.template = template;
  }

  @Override
  public Mono<Vehicle> save(Vehicle vehicle) {
    return template.insert(vehicle);
  }
```

```
  @Override
  public Mono<Vehicle> findByVehicleNo(String vehicleNo) {
    var query = query(where("vehicleNo").is(vehicleNo));
    return template.selectOne(query, Vehicle.class);
  }

  @Override
  public Flux<Vehicle> findAll() {
    return template.select(Vehicle.class).all();
  }

  @Override
  public Mono<Void> delete(Vehicle vehicle) {
    return template.delete(vehicle).then();
  }
}
```

구현체에서 R2dbcEntityTemplate을 사용하므로 더는 SQL 쿼리를 지정할 필요가 없으며(필요하거나 원한다면 여전히 가능함) 등록과 조회 작업이 훨씬 더 쉬워졌습니다. 등록 작업을 할 때는 저장할 Vehicle 인스턴스를 템플릿의 insert() 메서드에 전달하기만 하면 나머지는 알아서 처리됩니다. 조회 작업을 할 때는 기본적으로 SQL의 where 절에 해당하는 쿼리를 정의한 후 한 행(Mono 타입)이나 여러 행(Flux 타입)을 조회하는 데 사용하면 됩니다. 이제 모든 코드가 훨씬 더 깔끔하고 이해하기 쉬워졌습니다.

마지막으로 스프링 데이터 R2DBC는 구성을 단순화하는 데 유용한 기본 클래스인 AbstractR2dbcConfiguration을 제공합니다. 이 클래스에서 connectionFactory() 메서드를 구현해 ConnectionFactory를 설정하고 반환하면 됩니다.

예제 6-82 스프링 데이터 기본 클래스를 사용한 Vehicle 구성

```
@Configuration
@EnableR2dbcRepositories("com.apress.spring6recipes.vehicle")
public class VehicleConfiguration extends AbstractR2dbcConfiguration {

  @Override
  @Bean
  public ConnectionFactory connectionFactory() {
    var options = ConnectionFactoryOptions.builder()
```

```
          .option(DRIVER, "postgresql")
          .option(HOST, "localhost").option(PORT, 5432)
          .option(DATABASE, "vehicle")
          .option(USER, "postgres").option(PASSWORD, "password")
          .build();
    return ConnectionFactories.get(options);
  }

  @Bean
  public R2dbcVehicleDao vehicleDao(R2dbcEntityTemplate template) {
    return new R2dbcVehicleDao(template);
  }
}
```

AbstractR2dbcConfiguration은 예제에서 사용하는 DatabaseClient와 R2dbcEntityTemplate 구성을 담당합니다.

스프링 데이터 R2DBC 리포지터리

ReactiveCrudRepository를 상속하면 R2dbcVehicleDao의 모든 구현 로직을 제거할 수 있습니다.

```
package com.apress.spring6recipes.vehicle;

import org.springframework.data.repository.reactive.ReactiveCrudRepository;
import reactor.core.publisher.Flux;
import reactor.core.publisher.Mono;

public interface VehicleDao extends ReactiveCrudRepository<Vehicle, String> {
  Mono<Vehicle> findByVehicleNo(String vehicleNo);
}
```

다음 구성에서 @EnableR2dbcRepositories 애너테이션으로 R2DBC 리포지터리 지원 기능을 활성화하고 R2dbcVehicleDao 구성을 제거합니다.

```
package com.apress.spring6recipes.vehicle.config;
```

```java
import static io.r2dbc.spi.ConnectionFactoryOptions.DATABASE;
import static io.r2dbc.spi.ConnectionFactoryOptions.DRIVER;
import static io.r2dbc.spi.ConnectionFactoryOptions.HOST;
import static io.r2dbc.spi.ConnectionFactoryOptions.PASSWORD;
import static io.r2dbc.spi.ConnectionFactoryOptions.PORT;
import static io.r2dbc.spi.ConnectionFactoryOptions.USER;

import org.springframework.context.annotation.Bean;
import org.springframework.context.annotation.Configuration;
import org.springframework.core.io.ClassPathResource;
import org.springframework.data.r2dbc.config.AbstractR2dbcConfiguration;
import org.springframework.data.r2dbc.repository.config.EnableR2dbcRepositories;
import org.springframework.r2dbc.connection.init.ConnectionFactoryInitializer;
import org.springframework.r2dbc.connection.init.ResourceDatabasePopulator;

import io.r2dbc.spi.ConnectionFactories;
import io.r2dbc.spi.ConnectionFactory;
import io.r2dbc.spi.ConnectionFactoryOptions;

@Configuration
@EnableR2dbcRepositories("com.apress.spring6recipes.vehicle")
public class VehicleConfiguration extends AbstractR2dbcConfiguration {

  @Bean
  public ConnectionFactory connectionFactory() {
    var options = ConnectionFactoryOptions.builder()
            .option(DRIVER, "postgresql")
            .option(HOST, "localhost").option(PORT, 5432)
            .option(DATABASE, "vehicle")
            .option(USER, "postgres").option(PASSWORD, "password")
            .build();
    return ConnectionFactories.get(options);
  }

  @Bean
  public ConnectionFactoryInitializer initializer(ConnectionFactory cf) {
    var initializer = new ConnectionFactoryInitializer();
    initializer.setConnectionFactory(cf);
    initializer.setDatabasePopulator(new ResourceDatabasePopulator(
            new ClassPathResource("/sql/vehicle.sql")));
    return initializer;
  }
}
```

@EnableR2dbcRepositories를 적용하면 지정된 패키지에서 감지된 인터페이스를 기반으로 동적 리포지터리를 생성할 수 있게 스프링이 지원 클래스를 등록합니다. 이때 필요한 인프라스트럭처는 대부분 AbstractR2dbcConfiguration에서 제공되며 우리는 ConnectionFactory만 제공하면 됩니다.

코드가 처음보다 훨씬 더 간단해졌고 메인 클래스는 여전히 잘 동작하며 자동차 정보를 저장하고 조회한 후 삭제합니다.

마치며

6장에서는 스프링 JDBC, 하이버네이트+JPA, R2DBC 지원 기능과 사용 방법을 살펴봤습니다. DB에 연결하기 위해 DataSource를 구성하는 방법과 스프링의 JdbcTemplate 및 NamedParameterJdbcTemplate을 사용해 반복되는 코드를 제거하는 방법을 배웠습니다. 유틸리티 기반 클래스로 JDBC와 하이버네이트로 DAO 클래스를 작성하는 방법과 스프링의 스테레오타입 애너테이션 및 컴포넌트 스캔 지원 기능을 사용해 새로운 DAO와 서비스를 손쉽게 구축하는 방법을 알아봤습니다.

다음으로 하이버네이트와 JPA를 살펴봤고 스프링과 스프링 데이터가 이러한 환경에서 작성해야 하는 코드와 프로그래밍의 복잡성을 줄이는 방법도 다뤘습니다.

마지막으로 살펴본 R2DBC는 DB 분야에서 비교적 새로운 기술입니다. R2DBC는 DB에 리액티브 방식으로 접근할 수 있으며 스프링 R2DBC와 스프링 데이터 R2DBC를 사용하면 R2DBC를 더 쉽고 간단하게 다룰 수 있었습니다.

CHAPTER 7

스프링 트랜잭션 관리

7장에서는 트랜잭션의 기본 개념과 스프링에서 트랜잭션을 관리하는 방법을 살펴봅니다. 트랜잭션 관리는 엔터프라이즈 애플리케이션에서 데이터 무결성integrity과 정합성consistency을 보장하는 필수 기술입니다. 엔터프라이즈 애플리케이션 프레임워크인 스프링 역시 다양한 트랜잭션 관리 API의 추상화 계층을 제공합니다. 개발자는 트랜잭션 관리 API를 잘 모르더라도 스프링의 트랜잭션 관리 기능을 사용할 수 있습니다.

EJB에서 빈 관리 트랜잭션bean-managed transaction(BMT)과 컨테이너 관리 트랜잭션container-managed transaction(CMT)을 지원하듯이 스프링도 프로그램 방식과 선언적 방식의 트랜잭션 관리 기능을 제공합니다. 스프링 트랜잭션은 POJO에 트랜잭션 처리 기능을 제공해 EJB 트랜잭션의 대안을 제공하는 것이 목표입니다.

프로그램 방식의 트랜잭션 관리는 비즈니스 메서드에 트랜잭션 관리 코드를 작성해 트랜잭션의 커밋과 롤백을 제어합니다. 보통 메서드가 정상적으로 완료되면 트랜잭션을 커밋하고 메서드에서 특정 예외가 발생하면 트랜잭션을 롤백합니다. 프로그램 방식으로 트랜잭션을 관리하면 트랜잭션 커밋과 롤백 규칙을 직접 정의할 수 있습니다.

하지만 프로그램 방식을 사용하면 트랜잭션마다 반복해서 트랜잭션 관리 코드를 작성해야 하고 트랜잭션 관리 기능을 활성화/비활성화하기도 어렵습니다. AOP 개념을 확실히 이해했다면 트랜잭션 관리가 일종의 횡단 관심사라는 사실을 이미 눈치챘을 것입니다.

프로그램 방식으로 트랜잭션을 관리하기보다 선언적으로 트랜잭션을 관리하는 것이 일반적으로 바람직합니다. 선언적으로 트랜잭션을 관리하면 비즈니스 메서드에서 트랜잭션 관리 코드를 떼어놓을 수 있습니다. 트랜잭션 관리는 일종의 횡단 관심사이므로 AOP를 이용해 모듈화할 수 있습니다. 스프링은 스프링 AOP 프레임워크를 이용한 선언적인 트랜잭션 관리 기능을 지원합니다. 덕분에 애플리케이션에서 트랜잭션을 쉽게 관리할 수 있고 정합성을 유지하는 트랜잭션 정책을 정의할 수 있습니다. 선언적 트랜잭션 관리는 프로그램 방식 트랜잭션 관리보다 유연성은 조금 부족합니다.

프로그램 방식으로 트랜잭션을 관리하면 개발자는 명시적으로 트랜잭션의 시작, 커밋, 조인을 처리하는 코드를 비즈니스 로직의 적절한 위치에 추가해 제어할 수 있으며 트랜잭션 속성을 지정해 아주 세부적으로 트랜잭션을 정의할 수 있습니다. 스프링은 전파 방식propagation behavior, 격리 수준isolation level, 롤백 정책, 트랜잭션 타임아웃, 읽기 전용 트랜잭션 여부 등의 트랜잭션 속성을 지원하므로 이를 이용해 트랜잭션 기능을 커스터마이징할 수 있습니다.

7장을 다 읽고 나면 다양한 트랜잭션 관리 전략을 애플리케이션에 적절하게 적용할 수 있으며 여러 가지 트랜잭션 속성을 이해해 트랜잭션을 세부적으로 정의할 수 있게 될 것입니다.

스프링 프록시를 추가하면 성능에 문제가 발생할 수 있을 때는 프로그램 방식의 트랜잭션 관리를 고려할 수도 있습니다. 프로그램 방식은 네이티브 트랜잭션에 직접 접근해 수동으로 트랜잭션을 제어할 수 있고 `TransactionTemplate` 클래스를 이용해 트랜잭션 경계transactional boundary(트랜잭션이 시작되고 종료되는 경계)를 지정하여 스프링 프록시의 오버헤드를 쉽게 방지할 수 있습니다.

레시피 7-1 트랜잭션 관리의 문제

엔터프라이즈 애플리케이션에서는 데이터 무결성과 정합성이 매우 중요하므로 트랜잭션 관리가 필요합니다. 트랜잭션 관리가 없다면 데이터와 리소스가 손상되어 정합성이 훼손될 수 있습니다. 트랜잭션 관리는 동시성 환경과 분산distributed 환경에서 예상치 못한 오류가 발생할 때 데이터를 복구하는 데 특히 중요합니다.

쉽게 말해서 트랜잭션은 여러 작업을 하나의 단위로 묶어 처리하는 것을 말합니다. 트랜잭션으로 묶인 작업은 모두 정상적으로 처리되거나, 전혀 실행되지 않은 것처럼 처리되어야 합니다.

모든 작업이 정상적으로 처리되면 트랜잭션을 영구적으로 커밋하고 반대로 하나라도 잘못됐다면 아무 일이 없었던 처음 상태로 트랜잭션을 롤백해야 합니다.

트랜잭션의 개념은 원자성, 정합성, 격리성, 지속성atomicity, consistency, isolation, durability(ACID)이라는 4개의 핵심 프로퍼티로 설명할 수 있습니다.

- **원자성:** 트랜잭션은 여러 작업으로 구성된 원자성 작업입니다. 트랜잭션의 원자성은 모든 작업이 완전히 완료되거나 전혀 영향을 미치지 않도록 보장합니다.
- **정합성:** 트랜잭션의 모든 작업이 완료되면 트랜잭션을 커밋합니다. 데이터와 리소스는 비즈니스 규칙을 따르는 일관된 상태를 유지합니다.
- **격리성:** 여러 트랜잭션이 동시에 같은 데이터셋을 처리할 수 있으므로 각 트랜잭션을 격리해 데이터 손상을 방지해야 합니다.
- **지속성:** 트랜잭션이 완료되면 그 결과는 시스템 장애가 발생하더라도 보존돼야 합니다. 보통 트랜잭션 결과를 영구적인 저장소에 저장합니다.

도서를 구매할 수 있는 서점 애플리케이션을 예로 들어 트랜잭션 관리의 중요성을 살펴보겠습니다. 먼저 애플리케이션에서 사용할 새로운 스키마를 DB에 생성합니다. 여기서는 PostgreSQL DB를 사용합니다. 7장 예제의 `bin` 디렉터리에 두 개의 스크립트 파일이 있습니다. `postgres.sh`은 Postgres 도커 컨테이너를 내려받아 Postgres 인스턴스를 기동하고 `psql.sh`는 Postgres 인스턴스에 접속합니다. [표 7-1]은 DB 접속에 필요한 프로퍼티에 관한 설명입니다.

NOTE_ 7장 예제에서는 도커 기반의 PorstgreSQL 인스턴스를 기동하고 접속할 수 있게 `bin` 디렉터리 내에 스크립트 파일을 제공합니다. 인스턴스를 기동하고 DB를 생성하려면 다음 순서로 작업을 수행합니다.

1. `bin\postgres.sh` 실행: Postgres 도커 컨테이너를 내려받고 기동합니다.
2. `bin\psql.sh` 실행: 실행 중인 Postgres 컨테이너에 접속합니다.
3. `CREATE DATABASE bookstore` 쿼리를 실행해 예제에서 사용할 DB를 생성합니다.

표 7-1 DB 접속에 사용하는 JDBC 프로퍼티

프로퍼티	값
드라이버 클래스	`org.postgresql.Driver`
URL	`jdbc:postgresql://localhost:5432/bookstore`
사용자 이름	`postgres`
비밀번호	`password`

서점 애플리케이션의 데이터를 저장할 공간이 필요하므로 도서와 계정 정보를 관리할 DB를 생성합니다.

[그림 7-1]은 테이블의 엔티티 관계 다이어그램entity-relationship diagram(ERD)입니다.

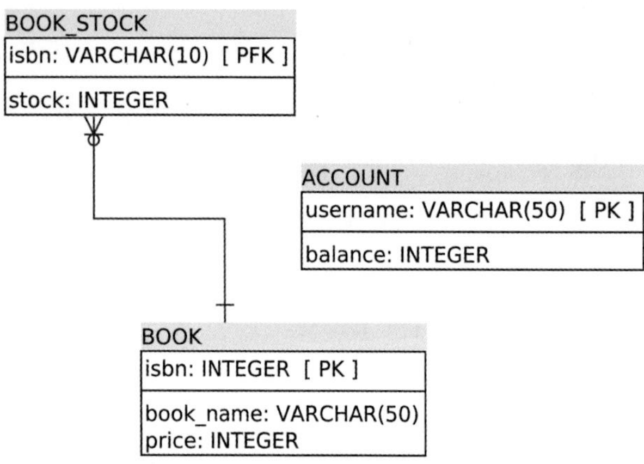

그림 7-1 BOOK의 재고를 나타내는 BOOK_STOCK

[그림 7-1]의 모델에 맞게 SQL을 작성합니다. `bin\psql.sh`를 실행해서 컨테이너에 접속하고 `psql` 도구를 엽니다.

다음과 같은 SQL 구문을 셸에 붙여 넣고 성공적으로 실행되는지 확인합니다.

예제 7-1 Bookstore 테이블

```
CREATE TABLE BOOK (
    ISBN         VARCHAR(50)    NOT NULL,
    BOOK_NAME    VARCHAR(100)   NOT NULL,
    PRICE        INT,
```

```
    PRIMARY KEY (ISBN)
);

CREATE TABLE BOOK_STOCK (
    ISBN      VARCHAR(50)    NOT NULL,
    STOCK     INT            NOT NULL,
    PRIMARY KEY (ISBN),
    CONSTRAINT positive_stock CHECK (STOCK >= 0)
);

CREATE TABLE ACCOUNT (
    USERNAME    VARCHAR(50)    NOT NULL,
    BALANCE     INT            NOT NULL,
    PRIMARY KEY (USERNAME),
    CONSTRAINT positive_balance CHECK (BALANCE >= 0)
);
```

NOTE_ 실제 애플리케이션에서는 가격 필드의 타입으로 decimal을 사용하겠지만 예제에서는 편의상 int 타입을 사용했습니다.

BOOK 테이블에는 도서의 ISBN을 기본 키로 하여 도서 이름, 가격과 같은 기본 도서 정보를 저장합니다. BOOK_STOCK 테이블에는 도서의 재고 정보를 저장합니다. 재고의 값은 0 이상이어야 한다는 CHECK 제약 조건이 있습니다. CHECK 제약 조건은 SQL-99에 정의돼 있지만 모든 DB 엔진에서 지원하지는 않습니다. 사용 중인 DB에서 CHECK 제약 조건을 지원하지 않는다면 해당 DB 문서를 참고해서 유사한 제약 조건을 찾아서 사용하면 됩니다. 마지막으로 ACCOUNT 테이블에는 고객의 계정과 잔액을 저장하며 잔액도 재고와 마찬가지로 0 이상이어야 한다는 제약 조건이 있습니다.

서점 애플리케이션의 기능은 다음과 같이 BookShop 인터페이스에 정의합니다. 지금은 구매 기능을 하는 purchase() 메서드만 정의합니다.

예제 7-2 BookShop **인터페이스**

```
package com.apress.spring6recipes.bookshop;

public interface BookShop {
  void purchase(String isbn, String username);
}
```

JDBC를 사용하는 BookShop 인터페이스 구현체인 JdbcBookShop 클래스를 다음과 같이 작성합니다. 트랜잭션의 특성을 더 잘 파악할 수 있게 스프링 JDBC 기능을 사용하지 않고 JDBC 자체만을 사용해 이 클래스를 구현해 봅시다.

예제 7-3 BookShop JDBC 구현체

```
package com.apress.spring6recipes.bookshop;

import java.sql.SQLException;

import javax.sql.DataSource;

public class JdbcBookShop implements BookShop {

  private final DataSource dataSource;

  public JdbcBookShop(DataSource dataSource) {
    this.dataSource = dataSource;
  }

  public void purchase(String isbn, String username) {
    try (var conn = dataSource.getConnection()) {
      int price;
      var PRICE_SQL = "SELECT PRICE FROM BOOK WHERE ISBN = ?";
      try (var stmt1 = conn.prepareStatement(PRICE_SQL)) {
        stmt1.setString(1, isbn);
        try (var rs = stmt1.executeQuery()) {
          rs.next();
          price = rs.getInt("PRICE");
        }
      }
      var STOCK_SQL = "UPDATE BOOK_STOCK SET STOCK = STOCK - 1 WHERE ISBN = ?";
      try (var stmt2 = conn.prepareStatement(STOCK_SQL)) {
        stmt2.setString(1, isbn);
        stmt2.executeUpdate();

        var BALANCE_SQL = "UPDATE ACCOUNT SET BALANCE = BALANCE - ? WHERE USERNAME = ?";
        try (var stmt3 = conn.prepareStatement(BALANCE_SQL)) {
          stmt3.setInt(1, price);
          stmt3.setString(2, username);
          stmt3.executeUpdate();
        }
```

```
            }
        } catch (SQLException e) {
            throw new RuntimeException(e);
        }
    }
}
```

purchase()에서는 도서의 가격을 조회하고 SQL 구문으로 각 도서의 재고와 계정의 잔액을 수정하는 총 3개의 SQL 구문을 실행합니다. 다음으로 스프링 IoC 컨테이너에 BookShop 인스턴스를 선언해 구매 서비스를 제공합니다. 예제에서는 편의상 DriverManagerDataSource 클래스로 사용자 요청마다 새로운 DB 커넥션[connection]을 엽니다.

> **NOTE_** PostgreSQL DB에 접근하려면 클래스패스에 Postgres 클라이언트 라이브러리를 추가합니다.

예제 7-4 Bookstore **구성**

```
package com.apress.spring6recipes.bookshop.config;

import javax.sql.DataSource;

import org.springframework.context.annotation.Bean;
import org.springframework.context.annotation.Configuration;
import org.springframework.jdbc.datasource.DriverManagerDataSource;

import com.apress.spring6recipes.bookshop.JdbcBookShop;

@Configuration
public class BookstoreConfiguration {

    @Bean
    public DriverManagerDataSource dataSource() {
        var dataSource = new DriverManagerDataSource();
        dataSource.setDriverClassName(org.postgresql.Driver.class.getName());
        dataSource.setUrl("jdbc:postgresql://localhost:5432/bookstore");
        dataSource.setUsername("postgres");
        dataSource.setPassword("password");
        return dataSource;
    }
```

```
    @Bean
    public JdbcBookShop bookShop(DataSource dataSource) {
      return new JdbcBookShop(dataSource);
    }
  }
```

트랜잭션 관리를 하지 않는다면 어떠한 문제가 발생하는지 살펴봅시다. 다음 세 표의 데이터가 DB에 저장되어 있다고 가정해 보죠.

표 7-2 트랜잭션 테스트용 BOOK 테이블 데이터

ISBN	BOOK_NAME	PRICE
0001	The First Book	30

표 7-3 트랜잭션 테스트용 BOOK_STOCK 테이블 데이터

ISBN	STOCK
0001	10

표 7-4 트랜잭션 테스트용 ACCOUNT 테이블 데이터

USERNAME	BALANCE
user1	20

이름이 `user1`인 사용자가 ISBN이 `0001`인 도서를 구매하는 상황을 테스트하는 메인 클래스를 다음과 같이 작성합니다. 하지만 해당 사용자의 잔액이 20달러밖에 되지 않아 도서를 구매하기엔 부족한 상태입니다.

예제 7-5 서점 애플리케이션 테스트용 메인 클래스

```
package com.apress.spring6recipes.bookshop;

import com.apress.spring6recipes.bookshop.config.BookstoreConfiguration;
import org.springframework.context.annotation.AnnotationConfigApplicationContext;

public class Main {
```

```
    public static void main(String[] args) {
      var cfg = BookstoreConfiguration.class;
      try(var context = new AnnotationConfigApplicationContext(cfg)) {
        var bookShop = context.getBean(BookShop.class);
        bookShop.purchase("0001", "user1");
      }
    }
  }
```

애플리케이션을 실행하면 ACCOUNT 테이블의 CHECK 제약 조건에 위배되므로 SQLException이 발생합니다. 잔액보다 더 큰 금액을 사용하려고 했으므로 이미 예상할 수 있는 결과입니다.

하지만 사용자가 도서 구매에 실패했는데도 BOOK_STOCK 테이블의 도서의 재고 수량이 줄어들었습니다. 세 번째 SQL 구문을 실행하면서 예외가 발생했지만 그 전에 재고를 줄이는 두 번째 SQL 실행이 이미 완료돼 재고 수량이 줄었기 때문입니다.

트랜잭션 관리를 하지 않으면 데이터 정합성이 훼손되는 문제를 초래합니다. purchase()에서 실행되는 SQL 구문 세 개를 하나의 트랜잭션으로 실행해 데이터 정합성을 유지해야 하며 트랜잭션에서 한 작업이라도 실패하면 트랜잭션 전체를 롤백해 모든 변경 사항을 원상복구 해야 합니다.

JDBC 커밋과 롤백으로 트랜잭션 관리하기

JDBC를 이용해 DB의 데이터를 수정할 때 기본적으로 각 SQL 구문이 실행되면 바로 커밋되며 이를 자동 커밋auto-commit이라고 합니다. 하지만 자동 커밋이 이루어지면 작업의 트랜잭션을 관리할 수 없습니다. JDBC는 커넥션 객체의 commit()과 rollback() 메서드를 명시적으로 호출하는 방식으로 기본적인 트랜잭션을 관리할 수 있게 지원하지만 그러려면 기본적으로 활성화된 자동 커밋 기능을 비활성화해야 합니다.

예제 7-6 트랜잭션을 적용한 BookShop JDBC 구현체

```
package com.apress.spring6recipes.bookshop;

public class JdbcBookShop implements BookShop {
```

```
  public void purchase(String isbn, String username) {
    try (var conn = dataSource.getConnection()) {
      try {
      conn.setAutoCommit(false);
        int price;
        var BOOK_SQL = "SELECT PRICE FROM BOOK WHERE ISBN = ?";
        try (var stmt1 = conn.prepareStatement(BOOK_SQL)) {
          stmt1.setString(1, isbn);
          try (var rs = stmt1.executeQuery()) {
            rs.next();
            price = rs.getInt("PRICE");
          }
        }

        var STOCK_SQL = "UPDATE BOOK_STOCK SET STOCK = STOCK - 1 WHERE ISBN = ?";
        try (var stmt2 = conn
                .prepareStatement(STOCK_SQL)) {
          stmt2.setString(1, isbn);
          stmt2.executeUpdate();
        }

        var ACCOUNT_SQL = "UPDATE ACCOUNT SET BALANCE = BALANCE - ? WHERE USERNAME = ?";
        try (var stmt3 = conn
                .prepareStatement(ACCOUNT_SQL)) {
          stmt3.setInt(1, price);
          stmt3.setString(2, username);
          stmt3.executeUpdate();
        }
        conn.commit();
      } catch (SQLException ex) {
        conn.rollback();
        throw ex;
      }
    } catch (SQLException ex) {
      throw new RuntimeException(ex);
    }
  }
}
```

자동 커밋 기능은 `setAutoCommit()` 메서드를 사용해 활성화하거나 비활성화할 수 있습니다. 기본적으로 자동 커밋 기능이 활성화되며 SQL 구문 실행은 바로 커밋됩니다. 예제에서는 트랜잭션 관리가 가능하게 자동 커밋 기능을 비활성화하고 모든 SQL 구문이 성공적으로 실행되면 커밋합니다. SQL 구문이 하나라도 실패하면 해당 커넥션에서 발생한 모든 변경 내역을 롤백합니다.

애플리케이션을 다시 실행해 보면 이제는 사용자의 잔액이 부족해 도서를 구매하지 못할 때 재고 수량이 줄어들지 않습니다.

이처럼 JDBC 커넥션의 커밋과 롤백을 이용해 명시적으로 트랜잭션을 관리할 수도 있지만 필요할 때마다 같은 내용의 트랜잭션 관리 코드를 반복해서 작성해야 합니다. 게다가 이 코드는 JDBC를 이용할 때 사용하므로 데이터 액세스 기술을 변경하면 코드도 일일이 수정해야 합니다. 스프링 트랜잭션은 트랜잭션 관리자(`org.springframework.transaction.PlatformTransactionManager`), 트랜잭션 템플릿(`org.springframework.transaction.support.TransactionTemplate`), 트랜잭션 선언 등과 같은 기술 독립적인 기능을 제공해 트랜잭션 관리를 쉽게 하도록 도와줍니다.

레시피 7-2 트랜잭션 관리자 구현체 선정하기

과제 애플리케이션에서 데이터소스 하나만 사용한다면 DB 커넥션의 `commit()`과 `rollback()` 메서드를 호출해 트랜잭션을 간단하게 관리할 수 있지만 트랜잭션이 여러 데이터소스에 걸쳐 있거나 자카르타 EE 애플리케이션 서버에서 제공하는 트랜잭션 관리 기능을 사용하고 싶다면 자카르타 트랜잭션 API[Jakarta Transaction API](JTA) 사용을 고민해봐야 합니다. 또한 하이버네이트와 JPA 같은 ORM 프레임워크마다 다른 트랜잭션 API를 호출해야 할 수도 있습니다.

결과적으로 선택한 기술에 맞는 트랜잭션 API를 사용해야 하지만 특정 기술의 API를 사용하다가 다른 기술의 API로 전환하는 일은 상당히 번거롭습니다.

해결 스프링은 다양한 트랜잭션 관리 API의 기능 중에서 범용적인 트랜잭션 기능을 추상화합니다. 따라서 애플리케이션 개발자는 하부 트랜잭션 API를 잘 모르더라도 스프링 트랜잭션 기능을 간단히 사용할 수 있고 특정 기술에 의존하지 않고 트랜잭션 관리 코드를 작성할 수 있습니다.

스프링의 `PlatformTransactionManager` 인터페이스는 트랜잭션 관리에 사용되는 기술 독립적인 메서드를 캡슐화한 핵심 인터페이스입니다. 스프링에서 어떤 트랜잭션 관리 전략(프로그래밍 방식이나 선언적 방식)을 선택하든지 트랜잭션 관리자가 필요합니다. `PlatformTransactionManager`는 트랜잭션 작업에 사용하는 다음 세 메서드를 제공합니다.

- `TransactionStatus getTransaction(TransactionDefinition definition) throws TransactionException;`
- `void commit(TransactionStatus status) throws TransactionException;`
- `void rollback(TransactionStatus status) throws TransactionException;`

스프링의 `ReactiveTransactionManager` 인터페이스는 리액티브 트랜잭션 관리 추상화하며 `PlatformTransactionManager`와 거의 동일하지만 리액티브 방식이라는 점만 다릅니다. `ReactiveTransactionManager`는 다음 세 메서드를 제공합니다.

- `Mono<ReactiveTransaction> getReactiveTransaction(TransactionDefinition definition) throws TransactionException;`
- `Mono<Void> commit(ReactiveTransaction transaction) throws TransactionException;`
- `Mono<Void> rollback(ReactiveTransaction transaction) throws TransactionException;`

풀이 `PlatformTransactionManager`와 `ReactiveTransactionManager`는 모든 스프링 트랜잭션 관리자를 아우르는 범용 인터페이스로, 다양한 트랜잭션 관리 API에 적용할 수 있는 구현체를 제공합니다.

- 애플리케이션에서 단일 데이터소스만 사용하고 이를 JDBC로 접근한다면 `DataSourceTransactionManager` 클래스를 사용합니다.
- 자카르타 EE 애플리케이션 서버에서 JTA를 사용해 트랜잭션을 관리한다면 `JtaTransactionManager` 클래스로 애플리케이션 서버에서 트랜잭션을 룩업해야 합니다. 또한 클래스를 다룰 때도 분산 트랜잭션(여러 리소스에 걸친 트랜잭션)을 다룰 때는 `JtaTransactionManager`가 적합합니다. 대부분 JTA 트랜잭션 관리자를 사용해 애플리케이션 서버의 트랜잭션 관리자를 연동하지만 Atomikos와 같은 단독 실행형 JTA 트랜잭션 관리자를 사용해도 문제없습니다.
- ORM 프레임워크를 사용해 DB에 접근한다면 `HibernateTransactionManager`나 `JpaTransactionManager` 클래스처럼 각 프레임워크에 맞는 트랜잭션 관리자를 사용합니다.
- R2DBC를 사용한다면 `R2dbcTransactionManager` 클래스를 사용합니다.

[그림 7-2]는 스프링에서 사용할 수 있는 PlatformTransactionManager 구현체입니다.

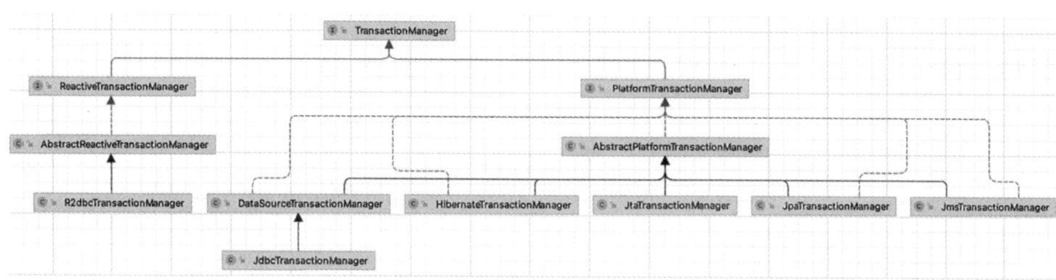

그림 7-2 스프링이 제공하는 공통 트랜잭션 관리자 구현체

트랜잭션 관리자는 스프링 IoC 컨테이너에 일반 빈으로 선언합니다. 다음은 DataSource TransactionManager 인스턴스를 선언한 빈 구성 예제입니다. 이 빈은 전달받은 데이터소스로 생성한 커넥션을 이용해 트랜잭션을 관리합니다.

예제 7-7 DataSourceTransactionManager 빈

```
@Bean
public DataSourceTransactionManager transactionManager(DataSource dataSource) {
  return new DataSourceTransactionManager(dataSource);
}
```

레시피 7-3 트랜잭션 관리자 API를 이용해 프로그램 방식으로 트랜잭션 관리하기

과제 비즈니스 메서드에서는 하부 트랜잭션 API를 직접 사용하지 않고 트랜잭션의 커밋과 롤백을 정교하게 제어하고 싶습니다.

해결 스프링 트랜잭션 관리자가 제공하는 기술 독립적인 API를 이용하면 getTransaction() 메서드를 호출해 새로운 트랜잭션을 시작하고(또는 현재 활성화된 트랜잭션을 얻고) commit()과 rollback() 메서드를 호출해 트랜잭션을 관리할 수 있습니다. PlatformTran sactionManager는 트랜잭션 관리를 추상화한 인터페이스이므로 트랜잭션을 관리할 때 호출하는 메서드는 기술 독립적으로 동작합니다.

풀이 PlatformTransactionManager와 ReactiveTransactionManager는 본질적으로 유사하지만 프로그래밍 모델이 다릅니다. 애플리케이션 컨텍스트에 빈을 선언하고 이를 사용하는 클래스에 주입해 사용한다는 점은 동일합니다. 먼저 PlatformTransactionManager 사용법을 살펴보고 이어서 ReactiveTransactionManager 클래스 사용법을 살펴보겠습니다.

PlatformTransactionManager 구성/사용하기

스프링 JDBC 템플릿을 사용하는 TransactionalJdbcBookShop 클래스를 새로 작성해 트랜잭션 관리자 API 사용법을 살펴보겠습니다. 트랜잭션 관리자를 다뤄야 하므로 PlatformTransactionManager 타입의 필드를 추가하고 생성자를 사용해 주입합니다.

예제 7-8 PlatformTransactionManager를 사용한 BookShop JDBC 구현체

```
package com.apress.spring6recipes.bookshop;

import org.springframework.dao.DataAccessException;
import org.springframework.jdbc.core.support.JdbcDaoSupport;
import org.springframework.transaction.PlatformTransactionManager;
import org.springframework.transaction.TransactionDefinition;
import org.springframework.transaction.TransactionStatus;
import org.springframework.transaction.support.DefaultTransactionDefinition;

import javax.sql.DataSource;

public class TransactionalJdbcBookShop extends JdbcDaoSupport implements BookShop {

  private final PlatformTransactionManager transactionManager;

  public TransactionalJdbcBookShop(PlatformTransactionManager transactionManager,
    DataSource dataSource) {
    this.transactionManager = transactionManager;
    setDataSource(dataSource);
  }

  public void purchase(String isbn, String username) {
```

```
      var def = new DefaultTransactionDefinition();
      var status = transactionManager.getTransaction(def);

      try {
        var BOOK_SQL = "SELECT PRICE FROM BOOK WHERE ISBN = ?";
        var price = getJdbcTemplate().queryForObject(BOOK_SQL, Integer.class, isbn);

        var STOCK_SQL = "UPDATE BOOK_STOCK SET STOCK = STOCK - 1 WHERE ISBN = ?";
        getJdbcTemplate().update(STOCK_SQL, isbn);

        var BALANCE_SQL = "UPDATE ACCOUNT SET BALANCE = BALANCE - ? WHERE USERNAME = ?";
        getJdbcTemplate().update(BALANCE_SQL, price, username);

        transactionManager.commit(status);
      }
      catch (DataAccessException e) {
        transactionManager.rollback(status);
        throw e;
      }
    }
  }
```

새 트랜잭션을 시작하기 전에 TransactionDefinition 타입의 트랜잭션 정의 객체에 트랜잭션 속성을 지정합니다. 예제에서는 단순하게 DefaultTransactionDefinition 인스턴스를 생성해서 기본 트랜잭션 속성을 사용합니다.

다음으로 트랜잭션 관리자의 getTransaction() 메서드를 호출하면서 트랜잭션 정의 객체를 전달해 트랜잭션 관리자가 새 트랜잭션을 시작하도록 요청합니다. 그러면 트랜잭션 관리자는 TransactionStatus 객체를 반환해 트랜잭션 상태를 추적하게 해 줍니다. 모든 SQL 구문이 성공적으로 실행되면 트랜잭션 관리자에게 트랜잭션 상태를 전달해 트랜잭션을 커밋하도록 요청합니다. 스프링 JDBC 템플릿에서 발생하는 모든 예외는 DataAccessException의 하위 클래스이므로 이러한 타입의 예외가 발생하면 트랜잭션을 롤백하도록 트랜잭션 관리자에게 요청합니다.

이 클래스에서는 트랜잭션 관리자 프로퍼티의 타입을 PlatformTransactionManager로 선언했습니다. 이제 적절한 트랜잭션 관리자 구현체를 주입해 보겠습니다. 단일 데이터소스만 사용하고 JDBC를 이용해 접근하므로 DataSourceTransactionManager를 선택합니다. 이 클래스가 스프링 JdbcDaoSupport 클래스의 하위 클래스이므로 DataSource도 와이어링해야 합니다.

예제 7-9 Bookstore 구성

```
@Configuration
public class BookstoreConfiguration {
  ...
  @Bean
  public DataSourceTransactionManager transactionManager(DataSource dataSource) {
    return new DataSourceTransactionManager(dataSource);
  }

  @Bean
  public TransactionalJdbcBookShop bookShop(DataSource dataSource,
    PlatformTransactionManager transactionManager) {
    return new TransactionalJdbcBookShop(transactionManager, dataSource);
  }
}
```

ReactiveTransactionManager 구성/사용하기

R2DBC DatabaseClient를 사용하는 TransactionalR2dbcBookShop 클래스를 새로 작성해 리액티브 트랜잭션 관리자 API 사용법을 살펴보겠습니다. 트랜잭션 관리자를 다뤄야 하므로 ReactiveTransactionManager 타입의 필드를 추가하고 생성자를 사용해 주입합니다.

예제 7-10 ReactiveTransactionManager 클래스를 사용한 리액티브 Bookstore 구현체

```
package com.apress.spring6recipes.bookshop.reactive;

import org.springframework.r2dbc.core.DatabaseClient;
import org.springframework.transaction.ReactiveTransactionManager;
import org.springframework.transaction.support.DefaultTransactionDefinition;

import io.r2dbc.spi.ConnectionFactory;
import reactor.core.publisher.Mono;

public class TransactionalR2dbcBookShop implements BookShop {

  private final ReactiveTransactionManager txManager;
```

```
  private final DatabaseClient client;

  public TransactionalR2dbcBookShop(ReactiveTransactionManager txManager,
                                    ConnectionFactory cf) {
    this.txManager = txManager;
    this.client = DatabaseClient.create(cf);
  }

  public Mono<Void> purchase(String isbn, String username) {
    var def = new DefaultTransactionDefinition();
    var tx = txManager.getReactiveTransaction(def);

    var BOOK_SQL = "SELECT PRICE FROM BOOK WHERE ISBN = $1";
    var STOCK_SQL = "UPDATE BOOK_STOCK SET STOCK = STOCK - 1 WHERE ISBN = $1";
    var BALANCE_SQL = "UPDATE ACCOUNT SET BALANCE = BALANCE - $1 WHERE USERNAME = $2";
    return tx.flatMap((status) -> {
      var price = client.sql(BOOK_SQL).bind("$1", isbn)
              .map((row, meta) -> row.get("PRICE", Integer.class))
              .one();
      var stock = price.doOnNext((p) -> client.sql(STOCK_SQL)
              .bind("$1", price).fetch());
      var balance = stock.doOnNext((p) -> client.sql(BALANCE_SQL)
              .bind("$1", price)
              .bind("$2", username).fetch());
      return balance.then(txManager.commit(status))
                .onErrorResume((ex) ->
                  txManager.rollback(status).then(Mono.error(ex)));
    });
  }
}
```

새 트랜잭션을 시작하기 전에 TransactionDefinition 타입의 트랜잭션 정의 객체에 트랜잭션 속성을 지정합니다. 예제에서는 단순하게 DefaultTransactionDefinition 인스턴스를 생성해서 기본 트랜잭션 속성을 사용합니다.

다음으로 트랜잭션 관리자의 getReactiveTransaction() 메서드를 호출하며 트랜잭션 정의 객체를 전달해서 트랜잭션 관리자가 새 트랜잭션을 시작하도록 요청합니다. 그러면 트랜잭션 관리자는 Mono<ReactiveTransaction> 객체를 반환해 트랜잭션 상태를 추적하게 해 줍니다. 모든 SQL 구문이 성공적으로 실행되면 트랜잭션 관리자에게 트랜잭션 상태를 전달해 트랜잭션을 커밋하도록 요청하고, 오류가 발생하면 트랜잭션을 롤백하도록 요청합니다.

이 클래스에서는 트랜잭션 관리자 프로퍼티의 타입을 ReactiveTransactionManager로 선언했습니다. 이제 적절한 트랜잭션 관리자 구현체를 주입해 보겠습니다. 단일 데이터소스만 사용하고 R2DBC를 이용해 접근하므로 R2dbcTransactionManager를 선택합니다. ConnectionFactory도 와이어링해 DatabaseClient 클래스를 생성하고 데이터에 접근합니다.

예제 7-11 리액티브 Bookstore 구성

```
@Configuration
public class ReactiveBookstoreConfiguration {

  ...
  @Bean
  public R2dbcTransactionManager transactionManager(ConnectionFactory cf) {
    return new R2dbcTransactionManager(cf);
  }

  @Bean
  public TransactionalR2dbcBookShop bookShop(ReactiveTransactionManager txManager,
                                             ConnectionFactory cf) {
    return new TransactionalR2dbcBookShop(txManager, cf);
  }
}
```

레시피 7-4 트랜잭션 템플릿을 이용해 프로그램 방식으로 트랜잭션 관리하기

과제 전체가 아닌 일부 코드 블록에서 다음과 같은 트랜잭션 요구 사항을 적용해야 하는 비즈니스 메서드가 있습니다.

- 코드 블록 시작 지점에서 새 트랜잭션을 시작합니다.
- 코드 블록이 성공적으로 완료되면 트랜잭션을 커밋합니다.
- 코드 블록에서 예외가 발생하면 트랜잭션을 롤백합니다.

스프링 트랜잭션 관리자 API를 직접 호출하면 트랜잭션 관리 코드는 구현 기술과 독립적으로 일반화할 수 있습니다. 하지만 코드 블록에 비슷한 트랜잭션 관리 코드를 반복 작성하지 않을 방법이 필요합니다.

해결 스프링은 일반적인 방식이나 리액티브 방식에 대한 트랜잭션 관리를 도와주는 트랜잭션 템플릿을 제공합니다. 일반적인 데이터 액세스 시에는 TransactionTemplate 클래스를 사용하며 리액티브 데이터 액세스 시에는 TransactionalOperator 클래스를 사용합니다. 두 클래스를 사용하면 프로그램 방식으로 트랜잭션을 더 쉽게 관리할 수 있으며 트랜잭션을 명시적으로 시작, 커밋, 롤백하지 않아도 됩니다. execute() 메서드에 전달되는 TransactionCallback 구현 코드는 하나의 트랜잭션 내에서 수행됩니다. 트랜잭션은 실행 순간에 시작되고 실행 마지막에 커밋되거나 롤백됩니다.

스프링이 제공하는 템플릿은 아주 가벼운 객체여서 성능에 별다른 영향 없이 폐기하거나 재생성할 수 있습니다. DataSource를 참조해서 JDBC 템플릿을 재생성할 수 있듯이 트랜잭션 관리자를 참조해서 TransactionTemplate도 언제든지 재생성할 수 있습니다. 물론 스프링 애플리케이션 컨텍스트에 템플릿을 생성해도 됩니다.

풀이 트랜잭션 템플릿 사용하기

스프링은 JDBC 템플릿과 마찬가지로 TransactionTemplate을 제공해서 전반적인 트랜잭션 관리 과정과 트랜잭션 예외 처리를 효과적으로 제어하도록 지원합니다. TransactionCallback 인터페이스를 구현하는 콜백 클래스에 코드 블록을 캡슐화해서 TransactionTemplate의 execute()에 전달하기만 하면 됩니다. 이런 방법을 사용하면 트랜잭션 관리 코드를 반복해서 작성할 필요가 없습니다.

JDBC 템플릿이 데이터소스가 있어야 생성되듯이 TransactionTemplate도 트랜잭션 관리자가 있어야 생성됩니다. 트랜잭션 템플릿은 트랜잭션 코드 블록을 캡슐화하는 트랜잭션 콜백 객체를 실행합니다. 콜백 인터페이스는 별도의 클래스나 내부 클래스로 구현할 수 있으며 내부 클래스로 구현한다면 메서드 인수를 final로 선언해야 접근할 수 있습니다.

예제 7-12 TransactionTemplate을 이용하는 BookShop JDBC 구현체: PlatformTransactionManager 주입하기

```
package com.apress.spring6recipes.bookshop;

import org.springframework.jdbc.core.support.JdbcDaoSupport;
import org.springframework.transaction.PlatformTransactionManager;
import org.springframework.transaction.TransactionStatus;
import org.springframework.transaction.support.TransactionCallbackWithoutResult;
```

```java
import org.springframework.transaction.support.TransactionTemplate;

import javax.sql.DataSource;

public class TransactionalJdbcBookShop extends JdbcDaoSupport implements BookShop {

  private final PlatformTransactionManager transactionManager;

  public TransactionalJdbcBookShop(PlatformTransactionManager txManager,
    DataSource ds) {
    this.transactionManager = txManager;
    setDataSource(ds);
  }

  public void purchase(final String isbn, final String username) {
    var txTemplate = new TransactionTemplate(transactionManager);

    txTemplate.execute(new TransactionCallbackWithoutResult() {

      protected void doInTransactionWithoutResult(TransactionStatus ts) {

        var BOOK_SQL = "SELECT PRICE FROM BOOK WHERE ISBN = ?";
        int price = getJdbcTemplate().queryForObject(BOOK_SQL, Integer.class, isbn);

        var STOCK_SQL = "UPDATE BOOK_STOCK SET STOCK = STOCK - 1 WHERE ISBN = ?";
        getJdbcTemplate().update(STOCK_SQL, isbn);

        var BALANCE_SQL = "UPDATE ACCOUNT SET BALANCE = BALANCE - ? WHERE USERNAME = ?";
        getJdbcTemplate().update(BALANCE_SQL, price, username);
      }
    });
  }
}
```

TransactionTemplate은 트랜잭션 콜백 객체를 전달받습니다. 이 트랜잭션 콜백 객체는 직접 개발한 TransactionCallback 인터페이스 구현체 클래스이거나 해당 인터페이스를 구현한 스프링 내장 클래스인 TransactionCallbackWithoutResult 클래스입니다. 도서 재고와 계정 잔액을 차감하는 purchase() 메서드의 코드 블록에서 반환할 값이 없으므로 TransactionCallbackWithoutResult를 사용했지만, 반환할 값이 있다면 TransactionCallback<T> 인터페이스를 사용해야 합니다. 콜백 객체의 반환값은 최종적으로 템플릿의 T execute() 메서드가 반환합니다. 템플릿을 사용할 때 트랜잭션 시작, 롤백, 커밋과 관련된 책임을 지지 않아도 된다는 것이 가장 큰 이점입니다.

콜백 객체를 실행하는 동안 RuntimeException이나 DataAccessException 예외 같은 언체크 예외가 발생하거나 doInTransactionWithoutResult() 메서드의 인수인 TransactionStatus의 setRollbackOnly() 메서드를 명시적으로 호출하면 트랜잭션이 롤백되고 그렇지 않으면 콜백 객체 실행이 완료된 후 커밋됩니다.

빈 구성 파일에서 bookshop 빈이 TransactionTemplate 인스턴스를 생성하려면 트랜잭션 관리자가 여전히 필요합니다.

예제 7-13 Bookstore **구성**

```
@Configuration
public class BookstoreConfiguration {

  ...
  @Bean
  public DataSourceTransactionManager transactionManager(DataSource ds) {
    return new DataSourceTransactionManager(ds);
  }

  @Bean
  public TransactionalJdbcBookShop bookShop(PlatformTransactionManager ptm,
                                            DataSource dataSource) {
    return new TransactionalJdbcBookShop(ptm, dataSource);
  }
}
```

트랜잭션 템플릿을 직접 생성하지 않고 IoC 컨테이너가 트랜잭션 템플릿을 주입하게 할 수도 있습니다. 트랜잭션 템플릿이 모든 트랜잭션을 처리하므로 더는 예제 클래스에서 트랜잭션 관리자를 참조할 필요가 없습니다.

예제 7-14 TransactionTemplate**을 주입한** BookShop JDBC **구현체**

```
package com.apress.spring6recipes.bookshop;

import org.springframework.jdbc.core.support.JdbcDaoSupport;
```

```
import org.springframework.transaction.TransactionStatus;
import org.springframework.transaction.support.TransactionCallbackWithoutResult;
import org.springframework.transaction.support.TransactionTemplate;

import javax.sql.DataSource;

public class TransactionalJdbcBookShop extends JdbcDaoSupport implements BookShop {

  private final TransactionTemplate transactionTemplate;

  public TransactionalJdbcBookShop(TransactionTemplate txTemplate, DataSource ds) {
    this.transactionTemplate = txTemplate;
    setDataSource(ds);
  }

  public void purchase(final String isbn, final String username) {

    transactionTemplate.execute(new TransactionCallbackWithoutResult() {

      protected void doInTransactionWithoutResult(TransactionStatus ts) {

        var BOOK_SQL = "SELECT PRICE FROM BOOK WHERE ISBN = ?";
        int price = getJdbcTemplate().queryForObject(BOOK_SQL, Integer.class, isbn);

        var STOCK_SQL = "UPDATE BOOK_STOCK SET STOCK = STOCK - 1 WHERE ISBN = ?";
        getJdbcTemplate().update(STOCK_SQL, isbn);

        var BALANCE_SQL = "UPDATE ACCOUNT SET BALANCE = BALANCE - ? WHERE USERNAME = ?";
        getJdbcTemplate().update(BALANCE_SQL, price, username);
      }
    });
  }
}
```

빈 구성 파일에 트랜잭션 템플릿을 정의하고 bookshop 빈에 (트랜잭션 관리자가 아니라) 트랜잭션 템플릿을 주입합니다. 트랜잭션 템플릿 인스턴스는 스레드 안전한 객체이므로 여러 트랜잭션 빈에서 동시에 사용해도 됩니다. 마지막으로 트랜잭션 템플릿에서 트랜잭션 관리자 프로퍼티를 설정하는 것을 잊지 마세요.

예제 7-15 Bookstore 구성

```
@Configuration
public class BookstoreConfiguration {

  ...
  @Bean
  public DataSourceTransactionManager transactionManager(DataSource dataSource) {
    return new DataSourceTransactionManager(dataSource);
  }

  @Bean
  public TransactionTemplate transactionTemplate(PlatformTransactionManager ptm) {
    return new TransactionTemplate(ptm);
  }

  @Bean
  public TransactionalJdbcBookShop bookShop(DataSource ds, TransactionTemplate tt) {
    return new TransactionalJdbcBookShop(tt, ds);
  }
}
```

TransactionalOperator 사용하기

TransactionalOperator는 트랜잭션 관리자를 기반으로 생성되며, 트랜잭션 코드 블록을 캡슐화하는 트랜잭션 콜백 객체를 실행합니다. 콜백 인터페이스는 별도의 클래스나 내부 클래스로 구현할 수 있습니다. 내부 클래스로 구현한다면 메서드 인수를 final로 선언해야 접근할 수 있습니다.

예제 7-16 TransactionalOperator **클래스를 이용한 리액티브** BookShop **구현체**

```
package com.apress.spring6recipes.bookshop.reactive;

import org.springframework.r2dbc.core.DatabaseClient;
import org.springframework.transaction.ReactiveTransactionManager;
import org.springframework.transaction.reactive.TransactionalOperator;

import io.r2dbc.spi.ConnectionFactory;
import reactor.core.publisher.Mono;
```

```java
public class TransactionalR2dbcBookShop implements BookShop {

  private final ReactiveTransactionManager txManager;
  private final DatabaseClient client;

  public TransactionalR2dbcBookShop(ReactiveTransactionManager txManager,
                                    ConnectionFactory cf) {
    this.txManager = txManager;
    this.client = DatabaseClient.create(cf);
  }

  public Mono<Void> purchase(String isbn, String username) {
    var tx = TransactionalOperator.create(txManager);

    var BOOK_SQL = "SELECT PRICE FROM BOOK WHERE ISBN = $1";
    var STOCK_SQL = "UPDATE BOOK_STOCK SET STOCK = STOCK - 1 WHERE ISBN = $1";
    var BALANCE_SQL = "UPDATE ACCOUNT SET BALANCE = BALANCE - $1 WHERE USERNAME = $2";

    var price = client.sql(BOOK_SQL).bind("$1", isbn)
            .map((row, meta) -> row.get("PRICE", Integer.class))
            .one();
    var stock = price.doOnNext((p) -> client.sql(STOCK_SQL)
            .bind("$1", price).fetch());
    var balance = stock.doOnNext((p) -> client.sql(BALANCE_SQL)
            .bind("$1", price)
            .bind("$2", username).fetch());
    return balance.as(tx::transactional).then();
  }
}
```

TransactionalOperator는 TransactionCallback을 구현한 트랜잭션 콜백 객체를 전달받고 콜백 객체의 반환값은 최종적으로 템플릿의 T execute() 메서드가 반환합니다. 템플릿을 사용하면 개발자가 트랜잭션 시작, 롤백, 커밋에 직접 신경 쓰지 않아도 된다는 큰 이점이 있습니다.

콜백 객체를 실행하는 동안 RuntimeException이나 DataAccessException 예외 같은 언체크 예외가 발생하거나 execute() 메서드의 인수인 ReactiveTransaction의 setRollbackOnly() 메서드를 명시적으로 호출하면 트랜잭션이 롤백되고, 그렇지 않으면 콜백 객체 실행이 완료된 후 커밋됩니다.

빈 구성 파일에서 bookshop 빈이 TransactionalOperator 인스턴스를 생성하려면 여전히 트랜잭션 관리자가 필요합니다.

예제 7-17 리액티브 Bookstore 구성

```
@Configuration
public class ReactiveBookstoreConfiguration {

  ...
  @Bean
  public R2dbcTransactionManager transactionManager(ConnectionFactory cf) {
    return new R2dbcTransactionManager(cf);
  }

  @Bean
  public TransactionalR2dbcBookShop bookShop(ReactiveTransactionManager rtm,
                                              ConnectionFactory cf) {
    return new TransactionalR2dbcBookShop(rtm, cf);
  }
}
```

TransactionalOperator를 직접 생성하지 않고 IoC 컨테이너가 TransactionalOperator를 주입하게 할 수도 있습니다. TransactionalOperator가 모든 트랜잭션을 처리하므로 예제 클래스에서 더는 트랜잭션 관리자를 참조할 필요가 없습니다.

예제 7-18 TransactionalOperator를 주입한 BookShop JDBC 구현체

```
package com.apress.spring6recipes.bookshop.reactive;

import org.springframework.r2dbc.core.DatabaseClient;
import org.springframework.transaction.reactive.TransactionalOperator;

import io.r2dbc.spi.ConnectionFactory;
import reactor.core.publisher.Mono;

public class TransactionalR2dbcBookShop implements BookShop {

  private final TransactionalOperator txOperator;
  private final DatabaseClient client;
```

```
  public TransactionalR2dbcBookShop(TransactionalOperator txOperator,
                                    ConnectionFactory cf) {
    this.txOperator = txOperator;
    this.client = DatabaseClient.create(cf);
  }

  public Mono<Void> purchase(String isbn, String username) {
    var BOOK_SQL = "SELECT PRICE FROM BOOK WHERE ISBN = $1";
    var STOCK_SQL = "UPDATE BOOK_STOCK SET STOCK = STOCK - 1 WHERE ISBN = $1";
    var BALANCE_SQL = "UPDATE ACCOUNT SET BALANCE = BALANCE - $1 WHERE USERNAME = $2";

    var price = client.sql(BOOK_SQL).bind("$1", isbn)
            .map((row, meta) -> row.get("PRICE", Integer.class))
            .one();
    var stock = price.doOnNext((p) -> client.sql(STOCK_SQL)
            .bind("$1", price).fetch());
    var balance = stock.doOnNext((p) -> client.sql(BALANCE_SQL)
            .bind("$1", price)
            .bind("$2", username).fetch());
    return balance.as(txOperator::transactional).then();
  }
}
```

빈 구성 파일에 TransactionalOperator를 정의하며 bookshop 빈에 (트랜잭션 관리자가 아니라) TransactionalOperator를 주입합니다. TransactionalOperator 인스턴스는 스레드 안전한 객체이므로 여러 트랜잭션 빈이 동시에 사용해도 됩니다.

예제 7-19 리액티브 Bookstore 구성

```
@Configuration
public class ReactiveBookstoreConfiguration {

  ...
  @Bean
  public R2dbcTransactionManager transactionManager(ConnectionFactory cf) {
    return new R2dbcTransactionManager(cf);
  }
```

레시피 7-5 @Transactional로 선언적으로 트랜잭션 관리하기

과제 빈 구성 파일에 트랜잭션을 선언하려면 포인트컷, 어드바이스, 어드바이저 같은 AOP 개념을 잘 알아야 하며 이런 지식이 없으면 선언적으로 트랜잭션을 관리하기 어렵습니다.

해결 스프링에서는 트랜잭션을 적용할 메서드에 `@Transactional` 애너테이션, 구성 클래스에 `@EnableTransactionManagement` 애너테이션을 적용해 간단하게 트랜잭션을 선언할 수 있습니다

풀이 메서드에 트랜잭션을 정의하려면 `@Transactional`을 적용하면 됩니다. 단, 스프링 AOP가 프록시 기반으로 동작하므로 `public` 메서드에만 적용할 수 있다는 점에 주의하세요.

예제 7-20 `@Transactional` 애너테이션을 적용한 Bookstore JDBC 구현체

```
package com.apress.spring6recipes.bookshop;

import org.springframework.jdbc.core.support.JdbcDaoSupport;
import org.springframework.transaction.annotation.Transactional;

import javax.sql.DataSource;

public class JdbcBookShop extends JdbcDaoSupport implements BookShop {

  public JdbcBookShop(DataSource dataSource) {
    setDataSource(dataSource);
  }

  @Transactional
  public void purchase(String isbn, String username) {

    var BOOK_SQL = "SELECT PRICE FROM BOOK WHERE ISBN = ?";
    int price = getJdbcTemplate().queryForObject(BOOK_SQL, Integer.class, isbn);

    var STOCK_SQL = "UPDATE BOOK_STOCK SET STOCK = STOCK - 1 WHERE ISBN = ?";
    getJdbcTemplate().update(STOCK_SQL, isbn);

    var BALANCE_SQL = "UPDATE ACCOUNT SET BALANCE = BALANCE - ? WHERE USERNAME = ?";
    getJdbcTemplate().update(BALANCE_SQL, price, username);
  }
}
```

JdbcDaoSupport를 상속하면 DataSource 세터 메서드가 필요하지 않게 되므로 DAO 클래스에서 삭제합니다.

예제 7-21 @Transactional 애너테이션을 적용한 리액티브 BookShop 구현체

```
package com.apress.spring6recipes.bookshop.reactive;

import org.springframework.r2dbc.core.DatabaseClient;
import org.springframework.transaction.annotation.Transactional;

import io.r2dbc.spi.ConnectionFactory;
import reactor.core.publisher.Mono;

public class TransactionalR2dbcBookShop implements BookShop {

  private final DatabaseClient client;

  public TransactionalR2dbcBookShop(ConnectionFactory cf) {
    this.client = DatabaseClient.create(cf);
  }

  @Transactional
  public Mono<Void> purchase(String isbn, String username) {
    var BOOK_SQL = "SELECT PRICE FROM BOOK WHERE ISBN = $1";
    var STOCK_SQL = "UPDATE BOOK_STOCK SET STOCK = STOCK - 1 WHERE ISBN = $1";
    var BALANCE_SQL = "UPDATE ACCOUNT SET BALANCE = BALANCE - $1 WHERE USERNAME = $2";

    var price = client.sql(BOOK_SQL).bind("$1", isbn)
                      .map((row, meta) -> row.get("PRICE", Integer.class))
                      .one();
    var stock = price.doOnNext((p) -> client.sql(STOCK_SQL).bind("$1", price)
                                      .fetch());
    var balance = stock.doOnNext((p) -> client.sql(BALANCE_SQL)
                                        .bind("$1", price)
                                        .bind("$2", username).fetch());
    return balance.then();
  }
}
```

@Transactional은 메서드뿐만 아니라 클래스 레벨에도 적용할 수 있습니다. 클래스에 적용하면 클래스의 모든 public 메서드가 트랜잭션 메서드로 선언됩니다. 인터페이스나 인터페이스의 메서드에도 @Transactional을 적용할 수는 있지만 CGLIB 프록시 같은 클래스 기반 프록시에서는 오동작할 수 있어 권장하지 않습니다.

자바 구성 클래스에는 @EnableTransactionManagement를 적용하기만 하면 됩니다. 스프링은 IoC 컨테이너에 선언된 빈으로부터 @Transactional을 적용한 메서드(또는 @Transactional을 적용한 클래스의 모든 public 메서드)를 찾아 어드바이스합니다. 결과적으로 스프링은 이런 방식으로 식별한 메서드의 트랜잭션을 관리합니다.

예제 7-22 @EnableTransactionManagement **애너테이션을 적용한 구성**

```
@Configuration
@EnableTransactionManagement
public class BookstoreConfiguration { ... }
```

레시피 7-6 트랜잭션 전파 속성 설정하기

과제 **트랜잭션 메서드가 다른 트랜잭션 메서드를 호출할 때는 트랜잭션을 어떻게 전파할지 지정해야 합니다. 트랜잭션 메서드를 기존 트랜잭션 내에서 실행할 수도 있고 새 트랜잭션을 생성해 독립적으로 실행할 수도 있습니다.**

해결 트랜잭션의 전파 방식은 propagation이라는 트랜잭션 속성으로 지정합니다. 스프링은 [표 7-5]와 같은 일곱 가지 전파 방식을 정의하며 이는 org.springframework.transaction.TransactionDefinition 인터페이스에 정의되었습니다. 트랜잭션 관리자의 종류에 따라 이러한 전파 방식을 모두 지원하지 않을 수도 있으며 하부 리소스에 따라 전파 방식이 달라지기도 합니다. 예를 들어 DB가 지원하는 다양한 격리 수준에 따라 트랜잭션 관리자가 지원할 수 있는 전파 방식에 제한이 있을 수도 있습니다.

표 7-5 스프링에서 지원하는 전파 방식

전파 방식	설명
REQUIRED	진행 중인 기존 트랜잭션이 있으면 해당 트랜잭션 내에서 현재 메서드를 실행함. 그렇지 않으면 독립적으로 새 트랜잭션을 시작해 그 안에서 현재 메서드를 실행함.
REQUIRES_NEW	새 트랜잭션을 시작하고 자체 트랜잭션 내에서 현재 메서드를 실행함. 기존에 진행 중인 트랜잭션이 있으면 해당 트랜잭션은 잠시 중단함.
SUPPORTS	진행 중인 기존 트랜잭션이 있으면 해당 트랜잭션 내에서 현재 메서드를 실행함. 그렇지 않으면 트랜잭션 없이 실행함.
NOT_SUPPORTED	트랜잭션 없이 현재 메서드를 실행함. 진행 중인 기존 트랜잭션이 있으면 해당 트랜잭션은 잠시 중단함.
MANDATORY	기존 트랜잭션 내에서 현재 메서드를 실행해야 함. 진행 중인 기존 트랜잭션이 없으면 예외가 발생함.
NEVER	트랜잭션 없이 현재 메서드를 실행해야 함. 진행 중인 기존 트랜잭션이 있으면 예외가 발생함.
NESTED	진행 중인 기존 트랜잭션이 있으면 해당 트랜잭션의 중첩 트랜잭션nested transaction 내에서 현재 메서드를 실행함. 그렇지 않으면 새 트랜잭션을 시작하고 자체 트랜잭션 내에서 실행함. 다른 트랜잭션 전파 방식은 자카르타 EE 트랜잭션 전파 방식과 유사하지만 이 방식은 스프링만의 고유 방식임. 오래 걸리는 작업을 묶음 단위로 나눠 커밋하는 배치 처리와 같은 상황에서 유용함. 예를 들어 100만 개의 레코드를 처리하면서 1만 개마다 커밋하는 상황에 문제가 발생하면 중첩된 트랜잭션을 롤백하여 100만 개 전체가 아닌 1만 개 레코드 분량의 작업만 손실되게 할 수 있음.

풀이 트랜잭션 전파는 트랜잭션 메서드를 다른 메서드가 호출할 때 발생합니다. 고객이 서점 계산대에서 구매할 모든 도서를 결제하는 상황이라고 하면 다음과 같이 Cashier 인터페이스를 정의합니다.

예제 7-23 Cashier **인터페이스**

```
package com.apress.spring6recipes.bookshop;

import java.util.List;

public interface Cashier {

  void checkout(List<String> isbns, String username);

}
```

이 인터페이스는 실제 구매 처리를 bookshop 빈에 위임해 bookshop 빈의 purchase() 메서드를 여러 번 호출하는 방식으로 구현합니다. 당연히 checkout() 메서드에 @Transactional 애너테이션을 적용해야 합니다.

예제 7-24 Cashier **구현체**

```
package com.apress.spring6recipes.bookshop;

import java.util.List;

import org.springframework.transaction.annotation.Transactional;

public class BookShopCashier implements Cashier {

  private final BookShop bookShop;

  public BookShopCashier(BookShop bookShop) {
    this.bookShop = bookShop;
  }

  @Transactional
  public void checkout(List<String> isbns, String username) {
    isbns.forEach(isbn -> bookShop.purchase(isbn, username));
  }
}
```

그런 다음 빈 구성 파일에 Cashier 빈을 정의하고 도서 구매 처리에 사용할 bookshop 빈을 Cashier 빈이 참조하게 합니다.

예제 7-25 Cashier**와 관련된** Bookstore **구성**

```
@Configuration
@EnableTransactionManagement
public class BookstoreConfiguration {
...
  @Bean
  public Cashier cashier(BookShop bookShop) {
    return new BookShopCashier(bookShop);
  }
}
```

다음 세 표의 데이터를 서점 DB에 저장하고 이를 이용해 트랜잭션 전파 방식을 살펴보겠습니다.

표 7-6 전파 방식 테스트용 BOOK 테이블 데이터

ISBN	BOOK_NAME	PRICE
0001	The First Book	30
0002	The Second Book	50

표 7-7 전파 방식 테스트용 BOOK_STOCK 테이블 데이터

ISBN	STOCK
0001	10
0002	10

표 7-8 전파 방식 테스트용 ACCOUNT 테이블 데이터

USERNAME	BALANCE
user1	40

REQUIRED 전파 방식

user1 사용자가 계산대에서 두 권의 도서를 결제할 때 계정에 잔액이 부족해 첫 번째 도서만 구매할 수 있다고 합시다.

예제 7-26 Cashier 테스트용 메인 클래스

```
package com.apress.spring6recipes.bookshop;

import java.util.List;

import com.apress.spring6recipes.bookshop.config.BookstoreConfiguration;

import org.springframework.context.annotation.AnnotationConfigApplicationContext;

public class Main {
```

```
    public static void main(String[] args) {
      var cfg =BookstoreConfiguration.class;
      try (var context = new AnnotationConfigApplicationContext(cfg)) {
        var isbnList = List.of("0001", "0002");
        var cashier = context.getBean(Cashier.class);
        cashier.checkout(isbnList, "user1");
      }
    }
  }
```

bookshop 빈의 purchase()를 checkout()과 같은 다른 트랜잭션 메서드가 호출하면 purchase()는 기본적으로 기존 트랜잭션 내에서 실행됩니다. 이러한 기본 전파 방식이 REQUIRED입니다. 즉 checkout()의 시작에서 종료까지 단 하나의 트랜잭션만 존재하며 이 트랜잭션은 checkout()이 끝나면 커밋됩니다. 결국 트랜잭션이 실패하므로 결국 user1 사용자는 어떤 도서도 구매할 수 없습니다.

[그림 7-3]은 REQUIRED 전파 방식을 보여 줍니다.

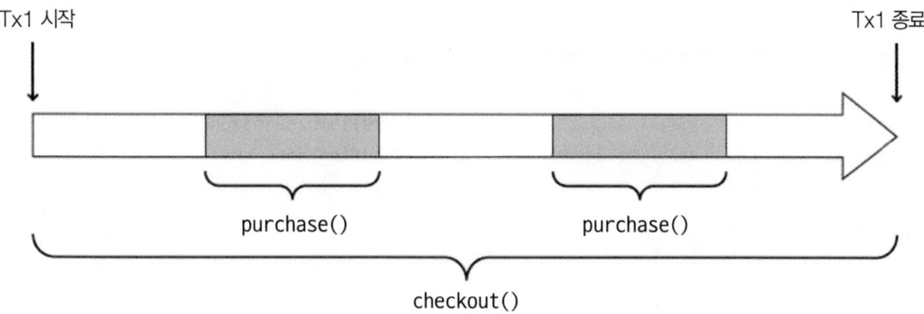

그림 7-3 REQUIRED **트랜잭션 전파 방식**

트랜잭션을 사용하지 않는 메서드가 purchase()를 호출하면 실행 중인 트랜잭션이 없으므로 새 트랜잭션을 시작하고 자체 트랜잭션 내에서 purchase()를 실행합니다. 트랜잭션 전파 방식은 @Transactional의 propagation 트랜잭션 속성으로 지정합니다. 다음과 같이 REQUIRED 전파 방식을 설정할 수 있으며 REQUIRED가 기본 트랜잭션 전파 방식이므로 생략해도 됩니다.

예제 7-27 @Transactional에 REQUIRED 전파 방식을 적용한 BookShop 구현체

```
package com.apress.spring6recipes.bookshop.spring;
...
import org.springframework.transaction.annotation.Propagation;
import org.springframework.transaction.annotation.Transactional;

public class JdbcBookShop extends JdbcDaoSupport implements BookShop {
  ...
  @Transactional(propagation = Propagation.REQUIRED)
  public void purchase(String isbn, String username) {
    ...
  }
}
```

예제 7-28 @Transactional에 REQUIRED 전파 방식을 적용한 BookShopCashier

```
package com.apress.spring6recipes.bookshop.spring;
...
import org.springframework.transaction.annotation.Propagation;
import org.springframework.transaction.annotation.Transactional;

public class BookShopCashier implements Cashier {
  ...
  @Transactional(propagation = Propagation.REQUIRED)
  public void checkout(List<String> isbns, String username) {
    ...
  }
}
```

REQUIRES_NEW 전파 방식

REQUIRES_NEW도 많이 사용하는 전파 방식이며 트랜잭션 메서드가 반드시 새로 시작한 트랜잭션 내에서 실행되게 합니다. 진행 중인 기존 트랜잭션이 있으면 잠시 중단시킵니다. REQUIRED를 적용한 BookShopCashier의 checkout() 트랜잭션은 REQUIRES_NEW로 정의된 purchase()를 실행하는 동안 중단됩니다.

예제 7-29 @Transactional 애너테이션에 REQUIRES_NEW 전파 방식을 적용한 Bookshop 구현체

```
package com.apress.spring6recipes.bookshop;
...
import org.springframework.transaction.annotation.Propagation;
import org.springframework.transaction.annotation.Transactional;

public class JdbcBookShop extends JdbcDaoSupport implements BookShop {

  ...
  @Transactional(propagation = Propagation.REQUIRES_NEW)
  public void purchase(String isbn, String username) {
    ...
  }
}
```

예제에서는 총 3개의 트랜잭션이 시작됩니다. 첫 번째 트랜잭션은 checkout()에서 시작하지만 이 메서드가 첫 번째 purchase()를 호출하면 첫 번째 트랜잭션이 잠시 중단되고 새로운 트랜잭션이 시작됩니다. 첫 번째 purchase()가 끝나면 새 트랜잭션이 완료되고 커밋됩니다. 두 번째 purchase()가 호출되면 또 다른 새로운 트랜잭션이 시작되지만 이 트랜잭션은 결국 실패해 롤백됩니다. 결과적으로 첫 번째 도서는 구매는 성공하지만 두 번째 도서 구매는 실패합니다. [그림 7-4]는 REQUIRES_NEW 전파 방식을 보여 줍니다.

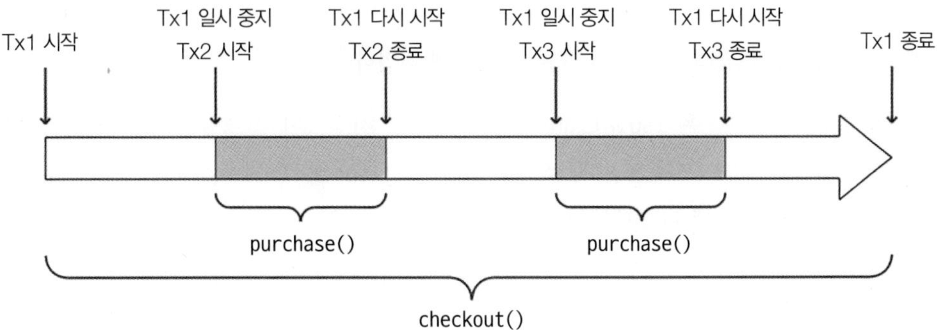

그림 7-4 REQUIRES_NEW 트랜잭션 전파 방식

레시피 7-7 트랜잭션 격리 속성 설정하기

과제 동일한 애플리케이션이나 서로 다른 애플리케이션에서 여러 트랜잭션이 동일한 데이터를 대상으로 동시에 작업을 수행하면 예상하지 못하는 많은 문제가 발생할 수 있습니다. 이럴 때는 트랜잭션이 서로 어떻게 격리되어야 하는지 명시해야 합니다.

해결 동시성 트랜잭션concurrent transaction으로 발생할 수 있는 문제를 다음 네 가지로 분류할 수 있습니다. T1과 T2라는 두 트랜잭션이 있다고 가정하고 설명하겠습니다.

- **부정 판독**dirty read: T2가 수정했지만 아직 커밋되지 않은 필드를 T1이 읽습니다. 그런 다음 T2가 롤백되면 T1이 읽은 필드는 일시적인 값이라 더는 유효하지 않습니다.
- **비반복 판독**nonrepeatable read: T1이 특정 필드를 읽은 이후에 T2가 해당 필드를 수정합니다. 그런 다음 T1이 해당 필드를 다시 읽으면 다른 값을 얻습니다.
- **가상 판독**phantom read: T1이 테이블 몇 행을 읽은 후 T2가 테이블에 새 행을 삽입합니다. 그런 다음 T1이 동일한 테이블을 다시 읽으면 추가된 행이 보입니다.
- **수정 분실**lost updates: T1과 T2가 모두 특정 행을 조회하고 해당 행의 상태에 따라 수정하려고 합니다. T1이 행을 수정하고 커밋하기 전에 T2도 같은 행을 수정합니다. T1이 커밋하고 T2가 커밋하면 T2가 T1을 덮어쓰게 됩니다.

이론적으로 이런 모든 문제를 피하려면 트랜잭션을 서로 완전히 격리(`SERIALIZABLE` 격리 수준)해야 하지만 그러면 트랜잭션이 차례대로 실행되므로 성능이 크게 떨어집니다. 따라서 실제로는 격리 수준을 낮춰 성능을 개선하는 것이 일반적입니다.

트랜잭션의 격리 수준은 `isolation` 속성을 이용해 지정하며 스프링은 [표 7-9]와 같이 5가지 격리 수준을 지원합니다. 격리 수준은 `org.springframework.transaction.TransactionDefinition` 인터페이스에 정의되었습니다.

표 7-9 스프링이 제공하는 격리 수준

격리 수준	설명
DEFAULT	DB의 기본 격리 수준을 사용함. DB의 기본 격리 수준은 대부분 READ_COMMITTED임.
READ_UNCOMMITTED	다른 트랜잭션이 아직 커밋하지 않은 변경 사항을 트랜잭션이 읽도록 허용함. 부정 판독, 비반복 판독, 가상 판독 문제가 발생할 수 있음.

격리 수준	설명
READ_COMMITTED	다른 트랜잭션이 커밋한 변경 사항만 트랜잭션이 읽도록 허용함. 부정 판독 문제를 피할 수 있지만 비반복 판독과 가상 판독 문제가 발생할 수 있음.
REPEATABLE_READ	트랜잭션이 여러 번 필드를 읽어도 동일한 값을 읽게 보장함. 트랜잭션이 진행되는 동안 다른 트랜잭션의 수정 작업이 금지됨. 부정 판독과 비반복 판독 문제는 피할 수 있지만 가상 판독 문제는 여전히 발생할 수 있음.
SERIALIZABLE	트랜잭션이 여러 번 필드를 읽어도 동일한 값을 읽게 보장함. 트랜잭션이 진행되는 동안 다른 트랜잭션이 테이블에 데이터를 등록, 수정, 삭제하는 작업이 금지됨. 모든 동시성 문제를 피할 수 있지만 성능이 떨어짐.

NOTE_ 트랜잭션 격리는 애플리케이션이나 프레임워크가 아니라 DB 엔진에서 지원합니다. 하지만 모든 DB 엔진이 모든 격리 수준을 지원하는 것은 아닙니다. `java.sql.Connection` 인터페이스의 `setTransactionIsolation()` 메서드를 호출해서 JDBC 커넥션의 격리 수준을 변경할 수 있습니다.

풀이 BookShop 인터페이스에 도서 재고를 늘리고 확인하는 기능을 추가하면서 동시성 트랜잭션 문제를 살펴보겠습니다.

예제 7-30 변경된 BookShop 인터페이스

```
package com.apress.spring6recipes.bookshop;

public interface BookShop {

  void purchase(String isbn, String username);
  void increaseStock(String isbn, int stock);
  int checkStock(String isbn);
}
```

다음으로 추가한 두 메서드에 모두 `@Transactionl`을 적용합니다.

예제 7-31 변경된 BookShop 구현체

```
package com.apress.spring6recipes.bookshop;

import com.apress.spring6recipes.utils.Utils;
import org.springframework.jdbc.core.support.JdbcDaoSupport;
import org.springframework.transaction.annotation.Isolation;
```

```
import org.springframework.transaction.annotation.Transactional;

import javax.sql.DataSource;

public class JdbcBookShop extends JdbcDaoSupport implements BookShop {

  public JdbcBookShop(DataSource dataSource) {
    setDataSource(dataSource);
  }

  @Transactional
  public void purchase(String isbn, String username) {
    var BOOK_SQL = "SELECT PRICE FROM BOOK WHERE ISBN = ?";
    int price = getJdbcTemplate().queryForObject(BOOK_SQL, Integer.class, isbn);

    var STOCK_SQL = "UPDATE BOOK_STOCK SET STOCK = STOCK - 1 WHERE ISBN = ?";
    getJdbcTemplate().update(STOCK_SQL, isbn);

    var BALANCE_SQL = "UPDATE ACCOUNT SET BALANCE = BALANCE - ? WHERE USERNAME = ?";
    getJdbcTemplate().update(BALANCE_SQL, price, username);

  }

  @Transactional
  public void increaseStock(String isbn, int stock) {
    String threadName = Thread.currentThread().getName();
    System.out.println(threadName + " - Prepare to increase book stock");

    var STOCK_SQL = "UPDATE BOOK_STOCK SET STOCK = STOCK + ? WHERE ISBN = ?";
    getJdbcTemplate().update(STOCK_SQL, stock, isbn);

    System.out.println(threadName + " - Book stock increased by " + stock);
    sleep(threadName);

    System.out.println(threadName + " - Book stock rolled back");
    throw new RuntimeException("Increased by mistake");
  }

  @Transactional(isolation = Isolation.READ_UNCOMMITTED)
  public int checkStock(String isbn) {
    String threadName = Thread.currentThread().getName();
    System.out.println(threadName + " - Prepare to check book stock");

    var STOCK_SQL = "SELECT STOCK FROM BOOK_STOCK WHERE ISBN = ?";
```

```
        int stock = getJdbcTemplate().queryForObject(STOCK_SQL, Integer.class, isbn);

        System.out.println(threadName + " - Book stock is " + stock);
        sleep(threadName);

        return stock;
    }

    private void sleep(String threadName) {
        System.out.println(threadName + " - Sleeping");
        Utils.sleep(10000);
        System.out.println(threadName + " - Wake up");
    }
}
```

동시성을 시뮬레이션하려면 다중 스레드로 작업을 실행해야 합니다. SQL 구문 실행 전후에 println() 메서드를 사용해 작업 상태 메시지를 콘솔로 출력하겠습니다. 출력하는 메시지에 스레드 이름을 넣어 현재 작업이 어떤 스레드에서 실행되는지 확인합니다.

각 SQL 구문을 실행한 후에 작업이 수행되는 스레드가 10초 동안 잠들게 합니다. 이미 알겠지만 작업이 완료되면 트랜잭션이 바로 커밋되거나 롤백됩니다. sleep() 메서드를 사용하면 커밋이나 롤백 시점을 지연할 수 있습니다. increaseStock() 메서드는 마지막에 RuntimeException 예외를 발생시켜 트랜잭션을 롤백합니다. 이제 예제를 실행하는 간단한 클라이언트를 살펴보겠습니다.

격리 수준 테스트 예제를 실행하기 전에 [표 7-10]과 [표 7-11]의 데이터를 DB에 저장합니다(이번에는 ACCOUNT 테이블은 사용하지 않습니다).

표 7-10 격리 수준 테스트용 BOOK 테이블 데이터

ISBN	BOOK_NAME	PRICE
0001	The First Book	30

표 7-11 격리 수준 테스트용 BOOK_STOCK 테이블 데이터

ISBN	STOCK
0001	10

READ_UNCOMMITTED/READ_COMMITTED 격리 수준

READ_UNCOMMITTED는 트랜잭션이 커밋하지 않은 변경 사항을 다른 트랜잭션이 읽도록 허용하는 가장 낮은 격리 수준입니다. checkStock() 메서드에 @Transactional 애너테이션을 적용하면서 READ_UNCOMMITTED 격리 수준을 지정할 수 있습니다.

예제 7-32 READ_UNCOMMITTED 격리 수준을 적용한 BookShop 구현체

```
package com.apress.spring6recipes.bookshop.spring;
...
import org.springframework.transaction.annotation.Isolation;
import org.springframework.transaction.annotation.Transactional;

public class JdbcBookShop extends JdbcDaoSupport implements BookShop {
  ...
  @Transactional(isolation = Isolation.READ_UNCOMMITTED)
  public int checkStock(String isbn) {
    ...
  }
}
```

READ_UNCOMMITTED 트랜잭션 격리 수준을 실험할 스레드를 여러 개 만들어 봅시다. 다음과 같이 메인 클래스에서 스레드 두 개를 생성합니다. 1번 스레드는 도서 재고를 늘리고 2번 스레드는 도서 재고를 확인합니다. 1번 스레드를 실행하고 5초 후에 2번 스레드를 시작합니다.

예제 7-33 메인 클래스

```
package com.apress.spring6recipes.bookshop;

import com.apress.spring6recipes.bookshop.config.BookstoreConfiguration;
import com.apress.spring6recipes.utils.Utils;
import org.springframework.context.annotation.AnnotationConfigApplicationContext;

public class Main {

  public static void main(String[] args) {
    var cfg = BookstoreConfiguration.class;
    try (var context = new AnnotationConfigApplicationContext(cfg)) {

      var bookShop = context.getBean(BookShop.class);
```

```
        var thread1 = new Thread(() -> {
          try {
            bookShop.increaseStock("0001", 5);
          } catch (RuntimeException e) {
          }

        }, "Thread 1");

        var thread2 = new Thread(() -> bookShop.checkStock("0001"), "Thread 2");

        thread1.start();
        Utils.sleep(5000);
        thread2.start();

      }
    }

  }
```

애플리케이션 실행 결과는 다음과 같습니다.

예제 7-34 콘솔 출력 결과

```
Thread 1 - Prepare to increase book stock
Thread 1 - Book stock increased by 5
Thread 1 - Sleeping
Thread 2 - Prepare to check book stock
Thread 2 - Book stock is 15
Thread 2 - Sleeping
Thread 1 - Wake up
Thread 1 - Book stock rolled back
Thread 2 - Wake up
```

먼저 1번 스레드는 도서 재고를 늘린 후 중단 상태가 됩니다. 이때 1번 스레드의 트랜잭션은 아직 롤백되지 않습니다. 1번 스레드가 중단된 동안 2번 스레드가 시작되어 도서 재고를 읽으려고 시도합니다. `READ_UNCOMMITTED` 격리 수준에서 2번 스레드는 1번 스레드의 트랜잭션 내에서 수정됐지만 아직 커밋되지 않은 재고를 읽습니다.

하지만 1번 스레드가 깨어날 때 `RuntimeException` 예외가 발생해 트랜잭션이 롤백되면 2번 스레드가 읽은 값은 이제 유효하지 않은 일시적인 값이 됩니다. 트랜잭션 내에서 '부정한[dirty] 값'

을 읽는다고 해서 이 문제를 부정 판독이라고 합니다.

부정 판독 문제를 회피하려면 checkStock()의 격리 수준을 READ_COMMITTED로 올려야 합니다.

예제 7-35 READ_COMMITTED 격리 수준을 적용한 BookShop 구현체

```
package com.apress.spring6recipes.bookshop.spring;
...
import org.springframework.transaction.annotation.Isolation;
import org.springframework.transaction.annotation.Transactional;

public class JdbcBookShop extends JdbcDaoSupport implements BookShop {
  ...
  @Transactional(isolation = Isolation.READ_COMMITTED)
  public int checkStock(String isbn) {
    ...
  }
}
```

애플리케이션을 다시 실행하면 2번 스레드는 1번 스레드가 롤백하기 전까지 재고를 조회할 수 없습니다. 이 방식은 다른 트랜잭션에서 수정하고 커밋하지 않은 데이터를 조회할 수 없으므로 부정 판독 문제를 예방할 수 있습니다.

예제 7-36 콘솔 출력 결과

```
Thread 1 - Prepare to increase book stock
Thread 1 - Book stock increased by 5
Thread 1 - Sleeping
Thread 2 - Prepare to check book stock
Thread 1 - Wake up
Thread 1 - Book stock rolled back
Thread 2 - Book stock is 10
Thread 2 - Sleeping
Thread 2 - Wake up
```

DB가 READ_COMMITTED 격리 수준을 지원하려면 아직 커밋되지 않은 수정된 행에 수정 락update lock을 걸 수 있어야 합니다. 결국 다른 트랜잭션은 이 트랜잭션이 커밋되거나 롤백되어 수정 락이 해제될 때까지 기다렸다가 행을 읽어야 합니다.

REPEATABLE_READ 격리 수준

스레드를 재구성해서 또 다른 동시성 문제 상황을 만들어 봅시다. 이번에는 두 스레드의 순서를 바꿔서 1번 스레드가 도서 재고를 확인한 뒤 2번 스레드가 도서의 재고를 늘립니다.

예제 7-37 메인 클래스

```
package com.apress.spring6recipes.bookshop;

import com.apress.spring6recipes.bookshop.config.BookstoreConfiguration;
import com.apress.spring6recipes.utils.Utils;
import org.springframework.context.annotation.AnnotationConfigApplicationContext;

public class Main {

  public static void main(String[] args) {
    try (var context = new AnnotationConfigApplicationContext(
      BookstoreConfiguration.class)) {

      var bookShop = context.getBean(BookShop.class);

      var thread1 = new Thread(() -> bookShop.checkStock("0001"), "Thread 1");

      var thread2 = new Thread(() -> {
        try {
          bookShop.increaseStock("0001", 5);
        } catch (RuntimeException e) {
        }
      }, "Thread 2");

      thread1.start();
      Utils.sleep(5000);
      thread2.start();

    }
  }
}
```

애플리케이션 실행 결과는 다음과 같습니다.

예제 7-38 콘솔 출력 결과

```
Thread 1 - Prepare to check book stock
Thread 1 - Book stock is 10
Thread 1 - Sleeping
Thread 2 - Prepare to increase book stock
Thread 2 - Book stock increased by 5
Thread 2 - Sleeping
Thread 1 - Wake up
Thread 2 - Wake up
Thread 2 - Book stock rolled back
```

먼저 1번 스레드는 도서 재고를 읽은 후 중단 상태가 됩니다. 이때 1번 스레드의 트랜잭션은 아직 커밋되지 않습니다. 1번 스레드가 중단 상태인 동안에 2번 스레드가 시작되어 도서 재고를 늘리려고 시도합니다. READ_COMMITTED 격리 수준에서 2번 스레드는 커밋되지 않은 트랜잭션에서 읽은 재곳값을 수정할 수 있습니다.

하지만 1번 스레드가 깨어나 도서 재고를 다시 읽으면 값이 처음 읽은 값과 달라집니다. 트랜잭션이 동일한 필드를 다른 값으로 읽어 들일 수 있으므로 이 문제를 비반복 판독이라고 합니다.

checkStock()의 격리 수준을 REPEATABLE_READ로 올리면 비반복 판독 문제가 발생하지 않습니다.

예제 7-39 REPEATABLE_READ **격리 수준을 적용한** BookShop **구현체**

```
package com.apress.spring6recipes.bookshop.spring;
...
import org.springframework.transaction.annotation.Isolation;
import org.springframework.transaction.annotation.Transactional;

public class JdbcBookShop extends JdbcDaoSupport implements BookShop {
  ...
  @Transactional(isolation = Isolation.REPEATABLE_READ)
  public int checkStock(String isbn) {
    ...
  }
}
```

애플리케이션을 다시 실행해 보면 2번 스레드는 1번 스레드가 트랜잭션을 커밋할 때까지 도서 재고를 수정할 수 없습니다. 이러한 방식처럼 어떤 트랜잭션이 커밋되지 않은 값을 조회했다면 다른 트랜잭션이 해당 값을 수정하지 못하게 막아 반복 불가능한 읽기 문제를 방지할 수 있습니다.

예제 7-40 콘솔 출력 결과

```
Thread 1 - Prepare to check book stock
Thread 1 - Book stock is 10
Thread 1 - Sleeping
Thread 2 - Prepare to increase book stock
Thread 1 - Wake up
Thread 2 - Book stock increased by 5
Thread 2 - Sleeping
Thread 2 - Wake up
Thread 2 - Book stock rolled back
```

DB가 REPEATABLE_READ 격리 수준을 지원하려면 조회는 되었지만 아직 커밋되지 않은 행을 대상으로 읽기 락read lock을 걸어야 합니다. 결국 다른 트랜잭션은 이 트랜잭션이 커밋되거나 롤백되어 읽기 락이 해제될 때까지 기다렸다가 행을 수정해야 합니다.

SERIALIZABLE 격리 수준

어떤 트랜잭션에서 테이블의 여러 행을 조회한 이후에 다른 트랜잭션에서 같은 테이블에 새로운 행을 추가합니다. 첫 번째 트랜잭션이 해당 테이블을 다시 조회하면 새로 행이 추가되었다는 사실을 알게 됩니다. 이것이 가상 판독 문제입니다. 가상 판독 문제는 여러 행이 관련된다는 점을 제외하고는 비반복 판독과 매우 비슷합니다.

가상 판독 문제를 예방하려면 가장 높은 격리 수준인 SERIALIZABLE을 적용해야 하지만 전체 테이블에 읽기 락이 필요해서 성능이 가장 느려집니다. 실제로는 요구 사항을 만족시키는 선에서 가장 낮은 격리 수준을 선택하는 것이 좋습니다.

레시피 7-8 트랜잭션 롤백 속성 설정하기

과제 기본적으로는 언체크 예외(예: RuntimeException이나 Error 타입)가 발생할 때만 트랜잭션이 롤백됩니다. 때로는 이 규칙에서 벗어나 직접 트랜잭션을 롤백시키는 예외를 설정해야 합니다.

해결 트랜잭션을 롤백하는 예외를 rollback 트랜잭션 속성에 지정합니다. 여기에 명시적으로 지정하지 않은 예외는 기본 롤백 규칙(언체크 예외는 롤백하고 체크 예외는 롤백하지 않음)대로 처리합니다.

풀이 @Transactional 애너테이션의 rollbackFor와 noRollbackFor 속성을 사용해 트랜잭션 롤백 규칙을 정의합니다. 둘 다 Class[] 타입으로 선언된 속성이므로 여러 개의 예외를 지정할 수 있습니다.

예제 7-41 @Transactional의 속성을 적용한 BookShop 구현체

```
package com.apress.spring6recipes.bookshop.spring;
...
import org.springframework.transaction.annotation.Propagation;
import org.springframework.transaction.annotation.Transactional;
import java.io.IOException;

public class JdbcBookShop extends JdbcDaoSupport implements BookShop {
  ...
  @Transactional(
      propagation = Propagation.REQUIRES_NEW,
      rollbackFor = IOException.class,
      noRollbackFor = ArithmeticException.class)
  public void purchase(String isbn, String username) throws Exception{
    throw new ArithmeticException();
  }
}
```

레시피 7-9 트랜잭션 타임아웃/읽기 전용 속성 설정하기

과제 트랜잭션이 행과 테이블에 락을 걸기 때문에 실행 시간이 긴 트랜잭션이 리소스를 잡고 있으면 성능이 전반적으로 떨어집니다. 한편 트랜잭션이 읽기만 하고 수정을 하지 않는다면 DB 엔진은 이 트랜잭션을 최적화해 성능을 개선할 수 있습니다. 이러한 두 가지 상황에서 사용할 수 있는 관련 속성을 설정해 애플리케이션의 성능을 향상할 수 있습니다.

해결 `timeout` 트랜잭션 속성은 트랜잭션이 몇 초가 지나면 강제로 롤백할지 지정하므로 긴 트랜잭션이 리소스를 잡아 두는 일을 방지할 수 있습니다. `readOnly` 트랜잭션 속성은 읽기 전용 트랜잭션을 표시해 리소스가 트랜잭션 처리를 최적화하도록 돕는 힌트일 뿐, 실제로 쓰기 작업을 하더라도 실패로 처리되지는 않습니다.

풀이 `timeout`과 `readOnly` 트랜잭션 속성은 `@Transactional` 애너테이션에 지정합니다. `timeout` 속성값은 초 단위로 지정합니다.

예제 7-42 @Transactional의 timeout/readOnly 속성을 지정한 BookShop 구현체

```
package com.apress.spring6recipes.bookshop.spring;
...
import org.springframework.transaction.annotation.Isolation;
import org.springframework.transaction.annotation.Transactional;

public class JdbcBookShop extends JdbcDaoSupport implements BookShop {
  ...
  @Transactional(
      isolation = Isolation.REPEATABLE_READ,
      timeout = 30,
      readOnly = true)
  public int checkStock(String isbn) {
    ...
  }
}
```

레시피 7-10 로드 타임 위빙으로 트랜잭션 관리하기

과제 스프링의 선언적 트랜잭션 관리는 기본적으로 AOP 프레임워크를 이용해 동작합니다. 스프링 AOP는 스프링 IoC 컨테이너에 선언된 빈의 public 메서드만 어드바이스하므로 이러한 범위 내에서만 트랜잭션을 관리할 수 있습니다. 하지만 public이 아닌 메서드나 스프링 IoC 컨테이너 외부에서 생성된 객체(도메인 객체 등)의 메서드를 대상으로도 트랜잭션을 관리해야 할 때가 있습니다.

해결 스프링은 AnnotationTransactionAspect라는 AspectJ 애스펙트를 제공합니다. 이 애스펙트를 이용하면 public이 아닌 메서드와 스프링 IoC 컨네이너 외부에서 생성된 객체 등 모든 객체의 모든 메서드의 트랜잭션을 관리할 수 있습니다. 이 애스펙트는 @Transactional 애너테이션이 적용된 모든 메서드의 트랜잭션을 관리해 주며, AspectJ의 컴파일 타임 위빙이나 로드 타임 위빙 중에 하나를 선택해 활성화합니다.

풀이 로드 타임에 애스펙트가 도메인 클래스 안으로 위빙하려면 구성 클래스에 @EnableLoadTimeWeaving 애너테이션을 적용합니다. 그런 다음 AnnotationTransactionAspect를 사용해 트랜잭션을 관리하도록 구성 클래스에 @EnableTransactionManagement 애너테이션을 추가로 적용하면서 mode 속성값을 ASPECTJ로 지정합니다. @EnableTransactionManagement의 mode 속성값으로는 ASPECTJ와 PROXY 중 하나를 사용합니다. ASPECTJ는 컨테이너가 로드 타임 위빙이나 컴파일 타임 위빙을 사용해 트랜잭션 어드바이스를 활성화합니다. 그러려면 로드 타임 위빙이나 컴파일 타임 위빙을 적절하게 구성하고 클래스패스에 spring-instrument JAR 파일 경로를 추가해야 합니다. 또 다른 대안인 PROXY를 선택하면 컨테이너는 스프링 AOP 메커니즘을 사용하도록 지시합니다(예제에서 ASPECTJ를 사용하기 때문에 PROXY를 자세히 설명하지 않겠습니다.)

ASPECTJ 모드에서는 인터페이스에 @Transactional 애너테이션을 적용하는 방식을 지원하지 않습니다. 트랜잭션 애스펙트는 자동으로 활성화되며 이 애스펙트가 사용할 트랜잭션 관리자를 지정해야 합니다. 기본적으로는 이름이 transactionManager인 트랜잭션 관리자를 찾습니다.

예제 7-43 로드 타임 위빙을 적용한 Bookstore 구성

```
package com.apress.spring6recipes.bookshop;

@Configuration
@EnableTransactionManagement(mode = AdviceMode.ASPECTJ)
@EnableLoadTimeWeaving
public class BookstoreConfiguration { ... }
```

NOTE_ AspectJ 스프링 애스펙트 라이브러리를 사용하려면 클래스패스에 spring-aspects 모듈을 넣어야 합니다. 로드 타임 위빙을 활성화하려면 spring-instrument 모듈 안에 있는 자바 에이전트를 포함해야 합니다.

단순한 자바 애플리케이션을 기동할 때 VM 인수로 스프링 에이전트를 지정하면 로드 타임 위빙을 할 수 있습니다.

예제 7-44 실행 셸 명령어

```
java -javaagent:lib/spring-instrument-6.1.21.RELEASE.jar -jar recipe_7_10_i.jar
```

마치며

7장에서는 트랜잭션이 무엇인지와 왜 트랜잭션을 사용해야 하는지 살펴봤습니다. 역사적으로 자카르타 EE에서 트랜잭션을 어떻게 관리해 왔는지를 살펴본 후 스프링 프레임워크가 제공하는 관리 방식이 어떻게 다른지도 살펴봤습니다. 트랜잭션을 소스 코드에서 명시적으로 관리하는 방법과 애너테이션 기반의 애스펙트를 암시적으로 사용하는 방법도 배웠습니다. DB를 설정하고 트랜잭션을 이용해 데이터의 무결성을 유지하는 방법도 알아봤습니다.

8장에서는 스프링 배치를 살펴봅니다. 스프링 배치는 배치 처리 잡에 필요한 인프라스트럭처와 컴포넌트를 제공합니다.

CHAPTER 8

스프링 배치

배치 처리는 정보기술 분야의 초창기부터 널리 활용해 온 기술입니다. 초창기에는 사용자와 상호작용도 없었고 메모리에 여러 애플리케이션을 로드할 역량도 없었습니다. 컴퓨터 가격은 매우 비쌌고 최근의 서버와는 다르게 보통 낮에는 여러 사용자가 (시간을 나누어) 공유해서 사용하고 저녁에는 사용하지 않아 낭비가 심했습니다. 기업에서는 컴퓨터를 사용하지 않는 시간을 활용해 하루 동안 집계한 작업을 수행할 방법을 고민했고 이러한 과정에서 배치 처리가 등장했습니다.

배치 처리 솔루션은 보통 시스템의 이벤트와 상관없이 오프라인으로 실행됩니다. 과거에는 어쩔 수 없이 오프라인으로 배치 처리를 했지만 오늘날에는 아키텍처상으로 정해진 시간에 정해진 분량의 작업을 완료해야 하는 요구 사항이 많아 오프라인으로 실행합니다. 배치 처리 솔루션은 보통 요청을 받아 응답하는 방식은 아니지만 메시지나 요청에 따라 배치를 시작할 수도 있습니다. 배치 처리는 보통 대규모 데이터를 대상으로 실행되며 아키텍처와 구현 측면에서 처리 시간이 매우 중요합니다. 배치 처리는 몇 분에서 며칠까지 걸리기도 합니다. 모든 잡이 완료될 때까지 제한 시간 없이 실행하거나 실행 시간을 명확하게 제한할 수도 있습니다(예를 들어 행 하나를 처리하는 데 걸리는 시간이 동일하다고 하면 잡이 특정 시간 내에 완료될 것으로 예측할 수 있습니다).

배치 처리는 오랜 역사만큼이나 현대의 배치 처리 솔루션에 많은 영향을 끼쳤습니다.

메인프레임mainframe 애플리케이션에서 배치 처리를 활용했으며 지금도 많이 사용하는 메인프레임 운영체제인 z/OS 기반의 고객 정보 제어 시스템customer information control system (CICS)은 대표적인 배치 처리 환경입니다. CICS는 입력을 받아 처리하고 결과를 출력하는 작업에 매우 적합하고, 다양한 언어(COBOL, C, PLI 등)로 개발된 프로그램을 운영하는 금융기관, 정부 등에서 가장 많이 사용하는 트랜잭션 서버이며, 초당 수천 건의 트랜잭션도 쉽게 처리합니다. CICS는 1969년에 등장했음에도 스프링과 자카르타 EE 사용자에게 익숙한 개념을 도입한 초기 컨테이너 중 하나입니다. 지금도 IBM이 CICS를 판매하고 설치하지만 도입 비용이 매우 높아서 다른 솔루션이 속속 출시됐습니다. 이러한 솔루션은 메인프레임 기반의 COBOL/CICS, 유닉스Unix 기반의 C, 다양한 환경 기반에서 동작하는 자바 등 특정 환경에서 동작합니다. 문제는 이러한 배치 처리 솔루션을 처리하는 표준화된 인프라스트럭처가 거의 없었고 자바 플랫폼은 기본적으로 배치 처리를 지원하지 않는다는 사실을 이해하는 사람도 거의 없었다는 점입니다. 또한 배치 처리 솔루션이 필요한 기업이 각자 사내에서 솔루션을 개발하다 보니 표준화되지 않고 부실한 코드만 만들어졌습니다.

하지만 자카르타 EE와 스프링 기반 애플리케이션 컨테이너라는 강력한 개념을 비롯해 트랜잭션 지원, 빠른 I/O, 쿼츠와 같은 스케줄러, 빈틈없는 스레드 지원 등의 기술이 존재했고, 이러한 상황에서 자연스럽게 데이브 사이어Dave Syer와 그의 팀이 스프링 플랫폼에서 동작하는 배치 처리 솔루션인 스프링 배치Spring Batch를 개발했습니다.

스프링 배치 프레임워크를 세부적으로 살펴보기 전에 이 프레임워크가 어떤 문제를 해결하려고 하는지 생각해 봐야 합니다. 기술은 보통 문제를 해결하는 과정에서 나오기 때문입니다. 스프링 배치 애플리케이션은 보통 대용량 데이터를 읽고 변환한 후 출력하며 트랜잭션 경계, 입력 크기, 동시성, 처리 단계의 순서 등 전체적인 부분까지 고려해 결정해야 합니다.

B2Bbusiness-to-business 거래 정보를 처리하거나 오래된 레거시 애플리케이션과 통합할 목적으로 CSV 파일 데이터를 로드하는 작업은 가장 흔한 배치 처리 사례입니다. DB 레코드를 업데이트하는 작업 자체가 출력인 배치 사례도 있습니다. 예를 들어 이미지 파일의 크기가 DB의 메타데이터에 저장된 상태에서 이미지 파일의 크기가 바뀌거나 특정 조건에 따라 다른 프로세스를 트리거하는 상황이 있을 수 있습니다.

NOTE_ 고정폭 데이터fixed-width data는 CSV 파일과 유사하게 행과 셀cell의 포맷으로 작성됩니다. 하지만 CSV 파일의 셀은 콤마나 탭으로 구분하고 고정폭 데이터는 각 값을 특정 길이로 구분합니다. 예를 들어 처음 9개 문자가 첫 번째 값이 되고 그다음 4개의 문자가 두번째 값이 되는 식입니다.

레거시 시스템이나 임베디드 시스템에서 흔히 사용하는 고정폭 데이터는 배치 처리에 매우 적합합니다. 근본적으로 비트랜잭션non-transactional 리소스(예: 웹 서비스, 파일)를 다루는 상황에서는 배치 처리가 적합합니다. 배치로 처리하면 대부분의 웹 서비스에서 제공하지 않는 재시도retry, 건너뛰기skip, 실패fail 기능을 제공할 수 있습니다.

스프링 배치가 지원하지 않는 작업을 이해하는 것도 중요합니다. 스프링 배치가 유연하기는 하지만 모든 작업을 지원하지는 않습니다. 이미 있는 것을 불필요하게 다시 만들지 않겠다는 스프링의 사상처럼 스프링 배치 역시 중요한 부분은 개발자의 재량으로 남겨두었습니다. 예를 들면 스프링 배치가 제공하는 일반화된 잡 기동 메커니즘을 이용해서 명령줄, 유닉스 크론cron, 운영체제 서비스, 쿼츠(10장 참조), 엔터프라이즈 서비스 버스(ESB)(예: 뮬Mule ESB나 스프링 자체 ESB 솔루션인 ESB 스프링 인티그레이션. 12장 참조)의 이벤트 응답으로 잡을 기동하게 구현할 수 있습니다. 스프링 배치가 배치 처리 상태를 관리하는 방식도 그렇습니다. 스프링 배치는 지속 가능한 저장소가 필요하며 유일한 저장소 구현체인 `JobRepository`(런타임 메타데이터를 저장할 목적으로 스프링 배치가 제공하는 인터페이스)도 DB가 필요합니다. DB는 트랜잭션을 보장하며 다시 만들지 않고 사용하기만 하면 됩니다. 사용할 수 있는 다양한 DB가 있으며 어떤 DB를 사용할지는 선택하기 나름입니다.

레시피 8-1 런타임 메타데이터 모델

스프링 배치는 잡job 단위로 (`JobInstances`, `JobExecution`, `StepExecution` 컴포넌트 같은) 모든 정보와 메타데이터를 유지하는 `JobRepository`를 중심으로 동작합니다. 각 잡은 하나 이상의 스텝(`Step`)으로 구성됩니다. 스프링 배치를 사용하면 초기 워크플로에 따라 조건부로 이전 스텝에서 다음 스텝으로 진행되게 구성하거나 동시성 스텝(두 개의 스텝을 같은 시간에 실행)으로 구성할 수도 있습니다.

잡은 보통 관련된 매개변수가 담기는 `JobParameters`와 결합돼 실행됩니다. 예를 들어 특정 날짜를 매개변수로 사용해 해당하는 레코드를 처리하는 잡이 그런 경우입니다. 잡과 `JobParameters`의 결합은 `JobInstance`로 나타내며 `JobInstance`는 `JobParameters`와 연관되므로 하나밖에 없습니다. 동일한 `JobInstance`(잡과 `JobParameter`의 조합이 동일한 경우)의 실제 실행을 `JobExecution`으로 나타냅니다. `JobExecution`은 런타임 컨텍스트이며 이상적으로는 JobInstance 당 단 하나의 JobExecution(JobInstance가 처음 실행될 때 생성한 JobExecution)만 있어야 합니다. 하지만 처리 도중 오류가 발생하면 JobInstance를 다시 실행해야 하고 또 다른 JobExecution이 생성됩니다. 잡에 포함된 스텝을 실행할 때는 (JobExecution에 포함된) StepExecution이 생성됩니다.

스프링 배치는 잡의 설계/빌드 관점과 잡의 런타임 관점이라는 두 관점을 함께 투영한 일종의 미러링된 객체 그래프를 가진다고 할 수 있습니다. 이처럼 프로토타입과 인스턴스 사이를 나누어 생각하는 것은 jBPM 같은 많은 워크플로 엔진의 동작 방식과 매우 유사합니다.

예를 들어 새벽 2시에 일별 보고서를 생성한다고 합시다. 이 잡은 날짜(전날일 가능성이 높음)를 매개변수로 받고 로딩 스텝, 요약 스텝, 출력 스텝으로 모델링할 수 있습니다. 매일 잡을 실행할 때마다 새로운 JobInstance와 JobExecution이 생성되고 동일한 JobInstance를 여러 번 재시도하면 그 횟수만큼 JobExecution이 생성됩니다.

레시피 8-2 스프링 배치의 인프라스트럭처 설정하기

과제 스프링 배치는 애플리케이션에 많은 유연성을 제공하고 품질을 보장하지만 정상적으로 동작하려면 JobRepository용 DB가 필요하고 스프링 배치가 동작에 사용되는 여러 객체가 추가로 필요합니다. 이 구성은 대부분 표준화되어 있습니다.

해결 [레시피 8-2]에서는 스프링 배치에서 사용할 DB를 설정하고 앞으로 작성할 예제에서 사용할 스프링 애플리케이션 구성 클래스를 만듭니다. 대부분 반복되는 번거로운 작업이지만 스프링 배치는 이러한 구성을 이용해 메타데이터를 저장할 DB가 어디인지 알려 줍니다.

풀이 스프링 배치 처리를 설정할 때 가장 먼저 다루는 부분은 JobRepository 인터페이스입니다. 코드로 직접 다룰 일은 별로 없지만 JobRepository는 스프링 배치 구성에서 다른 모든 것을 동작시키는 데 핵심적인 역할을 합니다. 스프링 배치는 JobRepository의 단 하나뿐인 유용한 구현체인 SimpleJobRepository 클래스를 제공하며 이를 이용해 배치 처리 상태와 관련된 정보를 DB에 저장합니다. JobRepositoryFactoryBean이 SimpleJobRepository 인스턴스를 생성하며 또 다른 표준 팩토리인 MapJobRepositoryFactoryBean은 메모리에 저장하는 구현체를 사용하므로 배치 처리 상태 정보가 유지되지 않아 주로 테스트용으로 사용합니다. 두 팩토리 모두 SimpleJobRepository의 인스턴스를 생성합니다.

JobRepository 인스턴스는 DB를 이용해 동작하므로 DB에 스프링 배치용 스키마를 미리 구성해야 합니다. DB별 전용 스키마가 스프링 배치 배포판에 준비되어 있습니다. 자바 구성 파일에서 DataSourceInitializer를 사용하면 간단하게 DB를 초기화할 수 있습니다. org/springframework/batch/core 디렉터리에서 DB별 스키마 파일을 찾을 수 있습니다. 이 디렉터리에 데이터 정의 언어data definition language(DDL, DB 구조를 정의하고 검사하는 데 사용하는 SQL의 하위 집합)로 작성된 .sql 파일이 DB별로 존재하므로 선택한 DB에 맞는 파일을 사용하면 됩니다. 예제에서는 H2 DB를 사용할 것이므로 H2용 DDL 파일인 schema-h2.sql을 선택했습니다. 다음과 같이 스프링 배치를 구성해 봅시다.

예제 8-1 명시적 기본값을 사용한 배치 구성

```
@Configuration
@ComponentScan("com.apress.spring6recipes.springbatch")
@PropertySource("classpath:batch.properties")
public class BatchConfiguration {

  @Bean
  public DataSource dataSource(Environment env) {
    var dataSource = new DriverManagerDataSource();
    dataSource.setUrl(env.getRequiredProperty("datasource.url"));
    dataSource.setUsername(env.getRequiredProperty("datasource.username"));
    dataSource.setPassword(env.getRequiredProperty("datasource.password"));
    return dataSource;
  }

  @Bean
  public DataSourceInitializer dataSourceInitializer(
          DataSource dataSource,
          DatabasePopulator databasePopulator) {
    var initializer = new DataSourceInitializer();
    initializer.setDataSource(dataSource);
    initializer.setDatabasePopulator(databasePopulator);
    return initializer;
  }

  @Bean
  public DatabasePopulator databasePopulator() {
```

```
  var databasePopulator = new ResourceDatabasePopulator();
  databasePopulator.setContinueOnError(true);
  databasePopulator.addScript(
          new ClassPathResource("org/springframework/batch/core/schema-h2.sql"));
  databasePopulator.addScript(
          new ClassPathResource("sql/reset_user_registration.sql"));
  return databasePopulator;
}

@Bean
public DataSourceTransactionManager transactionManager(DataSource dataSource) {
  return new DataSourceTransactionManager(dataSource);
}

@Bean
public JobRepositoryFactoryBean jobRepository(
        DataSource dataSource,
        PlatformTransactionManager transactionManager) {
  var jobRepositoryFactoryBean = new JobRepositoryFactoryBean();
  jobRepositoryFactoryBean.setDataSource(dataSource);
  jobRepositoryFactoryBean.setTransactionManager(transactionManager);
  return jobRepositoryFactoryBean;
}

@Bean
public TaskExecutorJobLauncher jobLauncher(JobRepository jobRepository) {
  var jobLauncher = new TaskExecutorJobLauncher();
  jobLauncher.setJobRepository(jobRepository);
  return jobLauncher;
}

@Bean
public JobRegistryBeanPostProcessor jobRegistryBeanPostProcessor(
        JobRegistry jobRegistry) {
  var jobRegistryBeanPostProcessor = new JobRegistryBeanPostProcessor();
  jobRegistryBeanPostProcessor.setJobRegistry(jobRegistry);
  return jobRegistryBeanPostProcessor;
}
@Bean
public JobRegistry jobRegistry() {
  return new MapJobRegistry();
}
```

처음 몇 개의 빈으로 데이터소스, 트랜잭션 관리자, 데이터소스 이니셜라이저initializer를 구성했습니다. 특별히 새롭거나 특이하지 않으며 스프링 배치에 특화한 구성도 아니죠.

마지막 부분에서 `MapJobRegistry` 인스턴스를 선언하는 코드를 확인할 수 있습니다. 이 빈은 매우 중요한데, 각 잡과 관련된 정보의 중앙 저장소이며 시스템 내부의 모든 잡의 '큰 그림'을 관장하기 때문입니다. 스프링 배치의 모든 것이 이 인스턴스와 함께 동작합니다.

다음으로 확인할 부분은 `TaskExecutorJobLauncher`로, 이 빈의 유일한 목적은 배치 잡을 기동하는 메커니즘을 제공하는 것입니다. 여기에서 '잡'이란 사용 중인 배치 솔루션을 말하며 `JobLauncher`는 실행할 배치 솔루션의 이름과 필요한 매개변수를 지정하는 데 사용합니다. 자세한 내용은 다음 레시피에서 다루겠습니다.

`JobRegistryBeanPostProcessor` 빈은 스프링 컨텍스트 파일을 스캔해 구성된 잡을 발견하면 `MapJobRegistry`에 등록하는 작업을 합니다.

마지막으로 `JobRepositoryFactoryBean`이 `SimpleJobRepository`를 생성하는 부분에서 `JobRepository`는 (엔터프라이즈 애플리케이션 아키텍처 패턴 관점에서의 용어인) '리포지터리' 구현체입니다. 이 빈은 잡과 스텝을 비롯해 도메인 모델에 관한 저장과 조회 작업을 처리합니다.

`@PropertySource` 애너테이션을 적용해 스프링이 `batch.properties` 파일을 로드하도록 지시하고 필요한 프로퍼티를 `Environment` 클래스로 조회합니다.

NOTE_ 프로퍼티를 개별로 `@Value` 애너테이션을 적용해 주입할 수도 있지만 구성 클래스에서 여러 프로퍼티를 가져와 사용할 때는 `Environment` 객체를 사용하면 더 쉽습니다.

다음은 `batch.properties`의 DB 프로퍼티입니다.

예제 8-2 DB 프로퍼티

```
datasource.password=sa
datasource.username=
datasource.url=jdbc:h2:~/batch
```

이 방법도 작동하지만 `@EnableBatchProcessing` 애너테이션을 적용해 바로 기본값을 구성하면 더 편합니다.

예제 8-3 암시적 기본값을 사용한 배치 구성

```
@Configuration
@EnableBatchProcessing
@ComponentScan("com.apress.spring6recipes.springbatch")
@PropertySource("classpath:/batch.properties")
public class BatchConfiguration {

  @Bean
  public DataSource dataSource(Environment env) {
    var dataSource = new DriverManagerDataSource();
    dataSource.setUrl(env.getRequiredProperty("datasource.url"));
    dataSource.setUsername(env.getProperty("datasource.username"));
    dataSource.setPassword(env.getProperty("datasource.password"));
    return dataSource;
  }

  @Bean
  public DataSourceTransactionManager transactionManager(DataSource dataSource) {
    return new DataSourceTransactionManager(dataSource);
  }

  @Bean
  public DataSourceInitializer databasePopulator(DataSource dataSource) {
    var populator = new ResourceDatabasePopulator();
    populator.addScript(
            new ClassPathResource("org/springframework/batch/core/schema-h2.sql"));
    populator.addScript(
            new ClassPathResource("sql/reset_user_registration.sql"));
    populator.setContinueOnError(true);
    populator.setIgnoreFailedDrops(true);
    ...
  }
```

이 구성 클래스에는 데이터소스, 트랜잭션 관리자, DB 초기화 용도의 빈 세 개만 정의되었습니다. 그 밖의 모든 것은 @EnableBatchProcessing 애너테이션 덕분에 스프링 배치가 알아서 처리합니다. 구성 클래스는 몇 가지 적절한 기본값을 사용해 스프링 배치를 부트스트랩합니다.

JobRepository, JobRegistry, JobLauncher는 기본으로 구성됩니다. 애플리케이션에 데이터소스가 여러 개라면 명시적으로 BatchConfigurer를 추가해 애플리케이션 내부의 배치 처리에서 사용할 데이터소스를 지정해야 합니다.

예제 8-4 메인 클래스

```
package com.apress.spring6recipes.springbatch;

import com.apress.spring6recipes.springbatch.config.BatchConfiguration;
import org.springframework.batch.core.configuration.JobRegistry;
import org.springframework.batch.core.launch.JobLauncher;
import org.springframework.batch.core.repository.JobRepository;
import org.springframework.context.annotation.AnnotationConfigApplicationContext;

public class Main {
  public static void main(String[] args) {

    var cfg = BatchConfiguration.class;
    try (var context = new AnnotationConfigApplicationContext(cfg)) {

      var jobRegistry = context.getBean("jobRegistry", JobRegistry.class);
      var jobLauncher = context.getBean("jobLauncher", JobLauncher.class);
      var jobRepository = context.getBean("jobRepository", JobRepository.class);

      System.out.println("JobRegistry: " + jobRegistry);
      System.out.println("JobLauncher: " + jobLauncher);
      System.out.println("JobRepository: " + jobRepository);
    }
  }
}
```

레시피 8-3 데이터 읽고 쓰기

과제 파일의 데이터를 DB에 저장하려고 합니다. 이 작업은 스프링 배치를 활용하는 매우 단순한 사례이지만 스프링 배치 컴포넌트의 기본 동작 방식을 살펴볼 좋은 기회입니다.

해결 스프링 배치 기술을 사용하면서 최소한의 작업을 수행하는 애플리케이션을 구축해 봅시다. 이 애플리케이션은 임의 길이의 파일에 기록된 데이터를 읽고 해당 데이터를 DB에 넣습니다. 최종 완성된 애플리케이션 결과물에서 직접 작성한 코드는 거의 없습니다. 예제에서는 기존 모델 클래스를 그대로 사용하고 `public static void main(String [] args)` 메서드가 있는 클래스 하나만 작성할 것입니다. 모델 클래스를 하이버네이트나 다른 DAO 계층 기술로 구현하지 못할 이유는 없지만 예제에서는 단순한 POJO를 사용하고 [레시피 8-1]에서 구성한 컴포넌트를 재사용하겠습니다.

풀이 이번 예제는 확장성을 제공하는 간단한 스프링 배치 활용 사례를 보여 줍니다. 이 애플리케이션은 콤마로 필드가 구분되고 줄바꿈으로 행이 구분되는 CSV 파일에서 데이터를 읽고 DB 테이블에 레코드를 등록하는 일만 합니다. 스프링 배치가 제공하는 영리한 인프라스트럭처를 이용하면 확장성과 관련된 걱정을 할 필요가 없습니다. 이 애플리케이션은 수작업으로도 쉽게 만들 수 있습니다. 아직 똑똑한 트랜잭션 기능이나 재시도와 같은 문제는 신경 쓰지 않을 것입니다.

스프링 배치는 XML 스키마를 사용해 모델링합니다. 스프링 배치의 추상화와 용어가 전통적인 배치 처리 사상을 따르므로 예전 기술에서 최신 기술로 쉽게 옮겨갈 수 있습니다. 스프링 배치는 오버라이드하거나 선택적으로 조정할 수 있는 유용한 기본 클래스를 제공하므로 앞으로 예제에서 스프링 배치가 제공하는 많은 유틸리티 구현체를 계속 사용할 것입니다. 대부분의 솔루션은 거의 비슷하고 동일한 인터페이스 세트를 사용해 기능을 제공합니다. 이 중에서 적절한 것을 선택해 사용하면 됩니다.

이 배치 애플리케이션을 2만 행, 100만 행의 데이터가 기록된 파일을 이용해 실행했을 때 모두 잘 동작했습니다. 메모리 사용량도 증가하지 않은 것을 보면 메모리 누수도 없었습니다. 물론 처리되는 데 매우 오래 걸렸습니다. 100만 행 등록 작업은 몇 시간이나 걸렸죠.

> **NOTE_** 100만 개의 행을 처리하다가 끝에서 두 번째 행에서 실패하면 트랜잭션이 롤백되면서 모든 작업 결과를 잃게 되므로 정말 참담할 것입니다. 묶음 처리인 청킹chunking 예제를 찾아 읽어 본 후 추가로 7장을 읽어보면서 트랜잭션 관련 내용을 복습해 보세요.

예제 8-5 User 등록 SQL

```
create table USER_REGISTRATION
(
  ID BIGINT NOT NULL PRIMARY KEY GENERATED ALWAYS AS IDENTITY (START WITH 1,
    INCREMENT BY 1),
  FIRST_NAME VARCHAR(255) not null,
  LAST_NAME VARCHAR(255) not null,
```

```
    COMPANY VARCHAR(255) not null,
    ADDRESS VARCHAR(255) not null,
    CITY VARCHAR(255) not null,
    STATE VARCHAR(255) not null,
    ZIP VARCHAR(255) not null,
    COUNTY VARCHAR(255) not null,
    URL VARCHAR(255) not null,
    PHONE_NUMBER VARCHAR(255) not null,
    FAX VARCHAR(255) not null
);
```

데이터 로딩과 데이터 웨어하우스

앞의 테이블은 전혀 튜닝되지 않아서 기본 키 외에 어떤 열에도 인덱스가 없습니다. 예제 편의상 이렇게 했지만 운영 환경에서는 이러한 테이블을 사용하지 않도록 세심하게 주의를 기울여야 합니다.

스프링 배치 애플리케이션은 대량 작업을 처리하므로 운영 중에 생각지도 못한 병목 현상이 발견될 가능성도 있습니다. 10분마다 100만 개의 새로운 행이 DB에 등록된다면 어떻게 될까요? DB가 멈춰버릴 수도 있지 않을까요? DB 등록 속도는 애플리케이션 성능에 큰 영향을 미치는 요소입니다. 소프트웨어 개발자는 DB 스키마가 비즈니스 로직의 제약 조건을 얼마나 잘 준수하는지 그리고 전체 비즈니스 모델에 얼마나 잘 부합하는지를 고민해야 합니다. 하지만 애플리케이션을 개발할 때 DBA 관점에서 바라보는 것도 중요합니다. 일반적으로 테이블을 반정규화하고 등록 시 트리거를 걸어 무조건 유효한 데이터만 DB에 들어오게 강제하는데, 이는 데이터 웨어하우징에서 많이 사용하는 방법입니다. 나중에 스프링 배치를 사용해 등록 전에 레코드를 처리하는 방법을 살펴보겠습니다. 이렇게 하면 개발자는 DB에 등록되는 입력을 확인하거나 오버라이드할 수 있습니다. 이런 처리 방식은 DB에 제약 조건을 적절하게 설정해서 함께 사용할 때 매우 강력하고 빠른 애플리케이션을 만들 수 있게 해 줍니다.

잡 구성하기

잡은 다음과 같이 구성합니다.

예제 8-6 User 잡 정의

```
package com.apress.spring6recipes.springbatch.config;

import com.apress.spring6recipes.springbatch.UserRegistration;
import org.springframework.batch.core.Job;
import org.springframework.batch.core.Step;
import org.springframework.batch.core.job.builder.JobBuilder;
import org.springframework.batch.core.repository.JobRepository;
import org.springframework.batch.core.step.builder.StepBuilder;
import org.springframework.batch.item.ItemReader;
import org.springframework.batch.item.ItemWriter;
import org.springframework.batch.item.database.BeanPropertyItemSqlParameterSourcePr
ovider;
import org.springframework.batch.item.database.JdbcBatchItemWriter;
import org.springframework.batch.item.file.FlatFileItemReader;
import org.springframework.batch.item.file.LineMapper;
import org.springframework.batch.item.file.mapping.BeanWrapperFieldSetMapper;
import org.springframework.batch.item.file.mapping.DefaultLineMapper;
import org.springframework.batch.item.file.mapping.FieldSetMapper;
import org.springframework.batch.item.file.transform.DelimitedLineTokenizer;
import org.springframework.batch.item.file.transform.LineTokenizer;
import org.springframework.beans.factory.annotation.Value;
import org.springframework.context.annotation.Bean;
import org.springframework.context.annotation.Configuration;
import org.springframework.core.io.Resource;
import org.springframework.transaction.PlatformTransactionManager;

import javax.sql.DataSource;

@Configuration
public class UserJob {

  private static final String INSERT_REGISTRATION_QUERY = """
          insert into USER_REGISTRATION (FIRST_NAME, LAST_NAME, COMPANY, ADDRESS,
            CITY,STATE,ZIP,COUNTY,URL,PHONE_NUMBER,FAX)
          values
          (:firstName,:lastName,:company,:address,:city,:state,:zip,:county,
          :url,:phoneNumber,:fax)""";

  private final JobRepository jobRepository;

  @Value("file:${user.home}/batches/registrations.csv")
  private Resource input;
```

```
public UserJob(JobRepository jobRepository) {
  this.jobRepository = jobRepository;
}

@Bean
public Job insertIntoDbFromCsvJob(Step step1) {
  var name = "User Registration Import Job";
  var builder = new JobBuilder(name, jobRepository);
  return builder.start(step1).build();
}

@Bean
public Step step1(ItemReader<UserRegistration> reader,
                  ItemWriter<UserRegistration> writer,
                  PlatformTransactionManager txManager) {
  var name = "User Registration CSV To DB Step";
  var builder = new StepBuilder(name, jobRepository);
  return builder
          .<UserRegistration, UserRegistration>chunk(5, txManager)
          .reader(reader)
          .writer(writer)
          .build();
}

@Bean
public FlatFileItemReader<UserRegistration> csvFileReader(
        LineMapper<UserRegistration> lineMapper) {
  var itemReader = new FlatFileItemReader<UserRegistration>();
  itemReader.setLineMapper(lineMapper);
  itemReader.setResource(input);
  return itemReader;
}

@Bean
public DefaultLineMapper<UserRegistration> lineMapper(LineTokenizer tokenizer,
                            FieldSetMapper<UserRegistration> mapper) {
  var lineMapper = new DefaultLineMapper<UserRegistration>();
  lineMapper.setLineTokenizer(tokenizer);
  lineMapper.setFieldSetMapper(mapper);
  return lineMapper;
}

@Bean
```

```
public BeanWrapperFieldSetMapper<UserRegistration> fieldSetMapper() {
  var fieldSetMapper = new BeanWrapperFieldSetMapper<UserRegistration>();
  fieldSetMapper.setTargetType(UserRegistration.class);
  return fieldSetMapper;
}

@Bean
public DelimitedLineTokenizer tokenizer() {
  var tokenizer = new DelimitedLineTokenizer();
  tokenizer.setDelimiter(",");
  tokenizer.setNames("firstName", "lastName", "company", "address", "city",
                    "state", "zip", "county", "url", "phoneNumber", "fax");
  return tokenizer;
}

@Bean
public JdbcBatchItemWriter<UserRegistration> jdbcItemWriter(DataSource
dataSource) {
  var provider = new BeanPropertyItemSqlParameterSourceProvider<UserRegistration>();
  var itemWriter = new JdbcBatchItemWriter<UserRegistration>();
  itemWriter.setDataSource(dataSource);
  itemWriter.setSql(INSERT_REGISTRATION_QUERY);
  itemWriter.setItemSqlParameterSourceProvider(provider);
  return itemWriter;
}
}
```

앞서 알아봤듯이 잡은 스텝으로 구성되며 실제로는 스텝이 주어진 작업을 열심히 수행합니다. 스텝은 잡 내부에서 수행되는 가장 작은 작업 단위이며 원하는 만큼 복잡하거나 단순하게 만들 수도 있습니다. 입력(읽을 데이터)을 스텝에서 전달받아 처리한 후 출력(쓸 데이터)을 만듭니다. 입력 처리 로직은 `Tasklet`을 이용해 작성합니다. 자신만의 `Tasklet` 구현체를 만들어 사용해도 되고 다양한 처리 시나리오에 맞게 사전에 구성된 구성을 사용해도 됩니다. 이러한 구현체는 `Tasklet` 요소의 하위 요소로 제공됩니다. 배치 처리의 중요한 단면인 청크 지향chunk-oriented 처리를 할 때 `chunk()` 구성 메서드를 사용합니다.

청크 지향 처리에서 입력기reader는 입력을 읽고 선택적으로 처리한 후 애그리게이션aggregation(집계)합니다. 마지막으로 모든 입력을 `commit-interval` 속성으로 지정한 값(트랜잭션이 커밋되기 전까지 출력기writer에 전달할 아이템 개수를 지정한 값)으로 나눠서 출력기에 보냅니다. 트랜잭션 관리자가 동작하는 중이라면 트랜잭션도 함께 커밋합니다. 커밋 바로 직전에 DB의 메타데이터를 업데이트해 잡 진행 상황을 기록합니다.

트랜잭션을 인지한transaction-aware 출력기(또는 처리기processor)가 롤백할 때는 입력값을 다루는 부분에서 미묘한 차이가 발생합니다. 스프링 배치는 읽은 값을 캐시했다가 출력기에 보내 출력합니다. 출력기 컴포넌트에는 (DB처럼) 트랜잭션이 적용되고 입력기에는 적용되지 않았다면 캐시된 입력값으로 재시도(또는 다른 작업)하더라도 본질적으로 잘못될 일은 없습니다. 하지만 입력기에도 트랜잭션을 적용한다면 리소스에서 읽은 값이 롤백되고 변경될 수 있으므로 메모리에 캐시된 값이 더는 유효하지 않게 됩니다. 이러한 상황에서 `chunk` 요소에 `reader-transactional-queue="true"`를 설정하면 값을 캐시하지 않도록 청크 구성을 할 수 있습니다.

입력

첫 번째로 할 일은 파일 시스템에서 파일을 읽는 것입니다. 예제에서는 스프링 배치가 제공하는 구현체를 사용합니다. CSV 파일을 읽는 시나리오는 매우 일반적이며 스프링 배치는 매우 만족스러운 기능을 제공합니다. `org.springframework.batch.item.file.FlatFileItemReader` 클래스는 파일의 필드와 레코드를 구분하는 작업을 `LineMapper`에 위임하고 `LineMapper`는 해당 레코드에서 필드를 식별하는 작업을 `LineTokenizer`에 위임합니다. 예제에서는 `org.springframework.batch.item.file.transform.DelimitedLineTokenizer`라는 `LineTokenizer`를 사용해 콤마를 기준으로 필드를 구분합니다.

또한 `DefaultLineMapper`에 선언된 `fieldSetMapper` 속성에는 `FieldSetMapper` 구현체가 필요합니다. 이 빈은 입력 이름-값 쌍을 전달받아 출력기 컴포넌트에 제공할 객체를 생성하는 역할을 합니다.

예제에서는 `UserRegistration` 타입의 POJO 빈을 생성하는 `BeanWrapperFieldSetMapper`를 사용합니다. 이제 필드 이름을 지정해 구성 내에서 참조하게 해 줍니다. 필드 이름이 입력 파일의 헤더 행으로 포함되지 않아도 되며 구성 파일에서 입력 파일의 필드 순서에 맞게 지정하면 됩니다. 이 필드 이름은 `FieldSetMapper`에서 POJO의 속성을 일치시키는 데 사용합니다. 레코드를 한 줄씩 읽을 때마다 값을 POJO 인스턴스에 적용한 후 해당 인스턴스를 반환합니다.

예제 8-7 User 잡 정의: CSV 아이템 입력기

```
@Bean
public FlatFileItemReader<UserRegistration> csvFileReader(
        LineMapper<UserRegistration> lineMapper) {
  var itemReader = new FlatFileItemReader<UserRegistration>();
  itemReader.setLineMapper(lineMapper);
  itemReader.setResource(input);
  return itemReader;
}

@Bean
public DefaultLineMapper<UserRegistration> lineMapper(LineTokenizer tokenizer,
                          FieldSetMapper<UserRegistration> mapper) {
  var lineMapper = new DefaultLineMapper<UserRegistration>();
  lineMapper.setLineTokenizer(tokenizer);
  lineMapper.setFieldSetMapper(mapper);
  return lineMapper;
}

@Bean
public BeanWrapperFieldSetMapper<UserRegistration> fieldSetMapper() {
  var fieldSetMapper = new BeanWrapperFieldSetMapper<UserRegistration>();
  fieldSetMapper.setTargetType(UserRegistration.class);
  return fieldSetMapper;
}

@Bean
public DelimitedLineTokenizer tokenizer() {
  var tokenizer = new DelimitedLineTokenizer();
  tokenizer.setDelimiter(",");
  tokenizer.setNames("firstName", "lastName", "company", "address", "city",
                     "state", "zip", "county", "url", "phoneNumber", "fax");
  return tokenizer;
}
```

입력기가 반환한 `UserRegistration` 클래스는 일반 자바 레코드[recod]입니다.

예제 8-8 UserRegistration 클래스

```
package com.apress.spring6recipes.springbatch;

public record UserRegistration(
```

```
        String firstName,
        String lastName,
        String company,
        String address,
        String city,
        String state,
        String zip,
        String county,
        String url,
        String phoneNumber,
        String fax) {
}
```

출력

출력기는 입력기가 읽어 모아둔 아이템 컬렉션을 가져와 처리를 수행할 컴포넌트입니다. 예제에서는 새 컬렉션(java.util.List)을 생성하고 계속 아이템을 하나씩 담다가 개수가 chunk 요소의 commit-interval 속성값을 초과할 때 다시 초기화합니다. 스프링 배치의 org.springframework.batch.item.database.JdbcBatchItemWriter 클래스로 DB에 쓰기 작업을 수행합니다. 이 클래스는 데이터를 입력받아 DB에 쓰는 기능을 지원하며 어떤 입력을 제공하고 어떤 SQL을 실행해 쓰기 작업을 할지 결정하는 것은 개발자의 몫입니다. 출력기는 제공되는 입력을 commit-interval 속성값으로 지정된 횟수만큼 읽어 SQL을 실행한 후 전체 트랜잭션을 커밋하는 작업을 반복합니다. 예제에서는 간단한 INSERT SQL 구문을 수행합니다. 명명된 매개변수의 이름과 값은 itemSqlParameterSourceProvider 프로퍼티에 구성한 BeanPropertyItemSqlParameterSourceProvider 빈이 생성합니다. 이 빈은 자바빈 프로퍼티와 명명된 매개변수를 연관 짓는 역할을 합니다.

예제 8-9 User 잡 정의: JDBC 아이템 출력기

```
@Bean
public JdbcBatchItemWriter<UserRegistration> jdbcItemWriter(DataSource dataSource)
{
  var provider = new BeanPropertyItemSqlParameterSourceProvider<UserRegistration>();
  var itemWriter = new JdbcBatchItemWriter<UserRegistration>();
  itemWriter.setDataSource(dataSource);
  itemWriter.setSql(INSERT_REGISTRATION_QUERY);
```

```
    itemWriter.setItemSqlParameterSourceProvider(provider);
    return itemWriter;
  }
```

여기까지가 해야 할 일의 전부입니다. 구성도 크게 수정하지 않았고 커스텀 코드를 작성하지도 않았지만 대용량 CSV 파일을 읽어서 DB에 저장하는 배치 애플리케이션을 만들었습니다. 이 애플리케이션은 기본 기능에 충실하며 그 이상의 기능(예: 아이템을 읽고 DB에 저장하기 전에 가공하기)은 아직 고려하지 않았습니다.

다음은 이전과 정반대의 작업(DB에서 읽고 CSV 파일에 쓰는 작업)을 하는 잡 예제이며 구현 방법은 비슷합니다.

예제 8-10 User 잡 정의: 잡과 스텝

```
  @Bean
  public Job insertIntoDbFromCsvJob(Step step1) {
    var name = "User Registration Import Job";
    var builder = new JobBuilder(name, jobRepository);
    return builder.start(step1).build();
  }

  @Bean
  public Step step1(ItemReader<UserRegistration> reader,
                    ItemWriter<UserRegistration> writer,
                    PlatformTransactionManager txManager) {
    var name = "User Registration CSV To DB Step";
    var builder = new StepBuilder(name, jobRepository);
    return builder
            .<UserRegistration, UserRegistration>chunk(5, txManager)
            .reader(reader)
            .writer(writer)
            .build();
  }
```

새로운 스텝을 구성하기 위해 'User Registration CSV To DB Step'이라고 이름을 지정합니다. 청크 기반으로 처리하므로 청크 크기를 5로 지정하고 입력기와 출력기를 지정합니다. 마지막으로 스텝 빌더에 이 스텝을 빌드하도록 지시합니다. 이로써 이름이 'User Registration Import Job'인 잡의 시작점이며 유일한 스텝이 구성됐습니다.

ItemReader와 ItemWriter 간단하게 구성하기

ItemReader와 ItemWriter를 구성하려면 스프링 배치의 내부 구조(어떤 클래스를 사용해야 하는지 등)를 잘 알아야 하므로 어렵게 느껴질 수 있습니다. 스프링 배치 4부터는 다양한 입력기와 출력기 용도의 빌더가 제공되어 구성 작업이 훨씬 쉬워졌습니다.

다음과 같이 FlatFileItemReader를 구성할 때 FlatFileItemReaderBuilder를 사용하면 4개의 개별 빈을 구성하는 대신에 6줄의 코드(주로 포매팅과 관련된 부분)만 작성하면 됩니다.

예제 8-11 User 잡 정의: CSV 아이템 입력기

```
@Bean
public FlatFileItemReader<UserRegistration> csvFileReader() {
  var names = new String[] {
          "firstName", "lastName", "company", "address", "city",
          "state", "zip", "county", "url", "phoneNumber", "fax"
  };
  return new FlatFileItemReaderBuilder<UserRegistration>()
          .name(ClassUtils.getShortName(FlatFileItemReader.class))
          .resource(input)
          .targetType(UserRegistration.class)
          .delimited()
          .names(names)
          .build();
}
```

FlatFileItemReaderBuilder는 DefaultLineMapper, BeanWrapperFieldSetMapper, DelimitedLineTokenizer를 자동으로 생성하므로 내부에서 어떤 일이 일어나는지 몰라도 됩니다. 이제 모든 항목을 명시적으로 구성하지 않고 기본 구성 하나만 작성하면 됩니다.

JdbcBatchItemWriter도 JdbcBatchItemWriterBuilder를 사용해 동일하게 적용할 수 있습니다.

예제 8-12 User 잡 정의: JDBC 아이템 출력기

```
@Bean
public JdbcBatchItemWriter<UserRegistration> jdbcItemWriter(DataSource dataSource)
{
```

```
    return new JdbcBatchItemWriterBuilder<UserRegistration>()
            .dataSource(dataSource)
            .sql(INSERT_REGISTRATION_QUERY)
            .beanMapped()
            .build();
}
```

레시피 8-4 커스텀 ItemWriter와 ItemReader 작성하기

과제 스프링 배치가 연결하는 방법을 알지 못하는 리소스(RSS 피드, 기타 커스텀 데이터 형식 등)와 통신해 보세요.

해결 자신만의 `ItemWriter`나 `ItemReader`를 쉽게 작성할 수 있습니다. 인터페이스는 매우 단순하며 구현 클래스가 할 일도 많지 않습니다.

풀이 직접 작성하기 쉽다고 해도 스프링 배치가 제공하는 내장 기능을 활용하면 더 편하겠죠. 잘 살펴보면 요구 사항에 딱 맞는 것을 찾을 수 있습니다. JMS(`JmsItemWriter`), JPA(`JpaItemWriter`), JDBC(`JdbcBatchItemWriter`), 파일(`FlatFileItemWriter`), 하이버네이트(`HibernateItemWriter`) 등을 이용해 쓰기 작업을 할 수 있습니다. 심지어 빈(`PropertyExtractingDelegatingItemWriter`)에서 메서드를 호출하면서 아이템을 인수로 전달해 쓰기 작업을 할 수도 있습니다. 숫자를 매긴 여러 파일에 쓰기 작업을 하는 `MultiResourceItemWriter` 출력기도 유용합니다. 이 구현체는 다른 적합한 `ItemWriter` 출력기에 쓰기 작업을 위임하며 하나의 큰 파일 대신 여러 개의 작은 파일에 쓰기 작업이 이루어지게 해 줍니다. 종류가 더 적기는 하지만 `ItemReader`도 유용한 구현체를 제공합니다. 지금까지 언급한 구현체가 요구 사항을 만족하지 않는다면 잘 찾아 보고 그래도 찾을 수 없다면 직접 작성하면 됩니다. 지금부터 그 방법을 살펴보겠습니다.

커스텀 ItemReader 작성하기

`ItemReader` 예제는 간단합니다. 다음은 원격 프로시저 호출remote procedure call(RPC) 엔드포인

트에서 UserRegistration 객체를 조회하는 ItemReader 입니다.

예제 8-13 UserRegistrationItemReader

```
package com.apress.spring6recipes.springbatch;

import org.springframework.batch.item.ItemReader;

import java.time.LocalDate;

public class UserRegistrationItemReader implements ItemReader<UserRegistration> {

  private final UserRegistrationService usr;

  public UserRegistrationItemReader(UserRegistrationService usr) {
    this.usr = usr;
  }

  public UserRegistration read() throws Exception {
    var today = LocalDate.now();
    var registrations = usr.getOutstandingUserRegistrationBatchForDate(1, today);
    var iter = registrations.iterator();
    return iter.hasNext() ? iter.next() : null;
  }
}
```

ItemReader 인터페이스는 매우 단순합니다. 중요한 대부분의 작업을 원격 서비스에 넘깁니다. ItemWriter 인터페이스의 read() 메서드는 한 개의 레코드를 매개변수화한 아이템 타입으로 반환합니다. 이렇게 읽어들인 아이템은 전부 묶여서 ItemWriter에 전달됩니다.

커스텀 ItemWriter 작성하기

ItemWriter 예제도 간단합니다. 스프링이 제공하는 다양한 원격 지원 기능 중에서 하나를 선택하고 원격 서비스를 호출한 뒤 쓰기 작업을 한다고 합시다. ItemWriter 인터페이스는 출력한 아이템 타입(UserRegistration)으로 매개변수화한 인터페이스이며 아이템 타입의 청크를 전달받는 write() 메서드 하나만 있습니다. 이 청크는 ItemReader가 읽어 들인 아이템이 묶여있는 객체입니다. commit-interval이 10이면 청크에 10개 이하의 아이템이 있을 것입니다.

예제 8-14 UserRegistrationServiceItemWriter 소스

```
package com.apress.spring6recipes.springbatch;

import org.slf4j.Logger;
import org.slf4j.LoggerFactory;
import org.springframework.batch.item.Chunk;
import org.springframework.batch.item.ItemWriter;

import java.util.List;

public class UserRegistrationServiceItemWriter
  implements ItemWriter<UserRegistration> {

  private final Logger logger = LoggerFactory.getLogger(getClass());

  private final UserRegistrationService urs;

  public UserRegistrationServiceItemWriter(UserRegistrationService urs) {
    this.urs = urs;
  }

  @Override
  public void write(Chunk<? extends UserRegistration> items) throws Exception {
    items.forEach(this::write);
  }

  private void write(UserRegistration ur) {
    var registration = urs.registerUser(ur);
    logger.debug("Registered: {}", registration);
  }
}
```

예제에서는 원격 서비스의 클라이언트 인터페이스를 주입했습니다. 출력기의 write()는 UserRegistration 객체 리스트를 간단하게 순회하며 서비스를 호출하고 동일한 UserRegistration 인스턴스를 반환받습니다. 불필요한 공백, 중괄호, 로깅 출력 코드를 제거하고 나면 정말 필요한 코드는 단 두 줄입니다. 다음 코드는 UserRegistrationService 인터페이스입니다.

예제 8-15 UserRegistrationService 인터페이스

```
package com.apress.spring6recipes.springbatch;

import java.time.LocalDate;

public interface UserRegistrationService {

  Iterable<UserRegistration> getOutstandingUserRegistrationBatchForDate(
    int quantity, LocalDate date);

  UserRegistration registerUser(UserRegistration userRegistrationRegistration);
}
```

이 예제에서 인터페이스에 대한 구현 로직을 작성하지는 않았습니다. 이는 구현 내용이 중요하지 않기 때문입니다. 스프링 배치가 모르는 어떠한 인터페이스든 사용할 수 있습니다.

레시피 8-5 출력하기 전에 입력 처리하기

과제 스프레드시트나 CSV 덤프 파일을 그대로 읽고 별다른 처리 없이 데이터를 전달할 수도 있지만 출력하기 전에 데이터를 가공하고 싶을 수 있습니다. CSV 파일의 데이터나 더 일반적인 데이터소스에서 읽어온 데이터는 보통 바로 출력하기에 적합하지 않습니다. 스프링 배치가 사용자를 대신해 입력 데이터를 POJO로 변환해 주기는 하지만 그렇다고 해서 데이터가 출력하기에 적합하다는 뜻은 아닙니다. 읽어 들인 데이터를 출력에 적합하게 만들려면 다른 서비스에서 얻어온 데이터를 이용해 추론하거나 추가 데이터를 채워야 할 수 있습니다.

해결 스프링 배치에서는 입력기가 읽은 데이터가 출력기에 전달되기 전에 (데이터 타입을 변경하는 등) 사실상 어떤 작업도 처리할 수 있습니다.

풀이 스프링 배치는 입력기가 읽은 데이터를 대상으로 커스텀 로직을 적용할 수 있게 지원합니다. 청크 구성의 processor 속성에 org.springframework.batch.item.ItemProcessor 인터페이스의 빈을 주입하면 됩니다. [레시피 8-4]에서 작성한 잡 구성을 다음과 같이 수정합니다.

예제 8-16 UserRegistrationValidationItemProcessor를 사용하게 수정한 스텝 구성

```
@Bean
public Step step1(ItemReader<UserRegistration> reader,
    ItemProcessor<UserRegistration, UserRegistration> processor,
    ItemWriter<UserRegistration> writer,
    PlatformTransactionManager txManager) {
  var name = "User Registration CSV To DB Step";
  var builder = new StepBuilder(name, jobRepository);
  return builder
          .<UserRegistration, UserRegistration>chunk(5, txManager)
          .reader(reader)
          .processor(processor)
          .writer(writer)
          .build();
}
```

DB에 데이터를 기록하기 전에 데이터의 유효성을 검증하려고 이렇게 변경했습니다. 레코드가 유효하지 않다고 판단되면 ItemProcessor가 null을 반환하며 이후 작업은 중단됩니다. 이러한 안전장치는 매우 중요합니다. 또한 데이터가 올바른 포맷인지 검사해야 합니다. 스키마에서 나라 이름이 아니라 2자리 국가 코드가 필요할 수 있습니다. 전화번호는 포맷에 맞아야 하며 ItemProcessor를 사용해 전화번호에서 불필요한 문자를 제거하고 (미국이라면) 유효한 10자리 전화번호만 남길 수도 있으며 우편번호에도 동일하게 적용됩니다. 미국 우편번호는 5개의 문자, 하이픈(선택적), 4자리 코드로 구성됩니다. 마지막으로 중복 데이터 검증 기능은 DB에 가장 잘 구현되어 있지만 DB에 레코드를 등록하기 전에 미리 조회해 레코드 중복 검사를 할 수도 있습니다.

다음은 ItemProcessor를 구성하는 예제입니다.

예제 8-17 UserRegistrationValidationItemProcessor 빈 구성

```
@Bean
public UserRegistrationValidationItemProcessor validatingItemProcessor() {
  return new UserRegistrationValidationItemProcessor();
}
```

지면 관계상 클래스의 일부 내용만 표시했지만 중요한 부분은 명확하게 확인할 수 있습니다.

예제 8-18 UserRegistrationValidationItemProcessor 소스

```
package com.apress.spring6recipes.springbatch;

import org.springframework.batch.item.ItemProcessor;
import org.springframework.util.StringUtils;

import java.util.Arrays;
import java.util.Collection;

public class UserRegistrationValidationItemProcessor
        implements ItemProcessor<UserRegistration, UserRegistration> {

  ...
  private String stripNonNumbers(String input) {
  ...
  }

  private boolean isTelephoneValid(String telephone) {
  ...
  }

  private boolean isZipCodeValid(String zip) {
  ...
  }

  private boolean isValidState(String state) {
  ...
  }

  public UserRegistration process(UserRegistration input) {
    var zipCode = stripNonNumbers(input.zip());
    var telephone = stripNonNumbers(input.phoneNumber());
    var state = input.state();

    if (isTelephoneValid(telephone) && isZipCodeValid(zipCode) &&
      isValidState(state)) {
      return new UserRegistration(
              input.firstName(), input.lastName(), input.company(), input.address(),
              input.city(), input.state(), zipCode, input.county(), input.url(),
              telephone, input.fax());
    }
    return null;
  }
```

입력과 출력 타입을 매개변수화한 클래스입니다. 입력은 process() 메서드에 전달되는 데이터이며 출력은 process()가 반환하는 데이터입니다. 이 예제에서는 아무것도 변환하지 않으므로 입력 타입과 출력 타입이 동일합니다. 데이터 처리가 완료되면 스프링 배치 메타데이터 테이블에 여러 유용한 정보가 쌓입니다. DB에서 다음 쿼리를 실행해 봅시다.

예제 8-19 StepExecution **확인용 쿼리**

```
select * from BATCH_STEP_EXECUTION;
```

쿼리를 실행하면 잡의 종료 상태, 커밋 횟수, 읽은 아이템 개수, 필터링된 아이템 개수를 얻을 수 있습니다. 예를 들어 잡이 100개 행을 대상으로 배치 처리를 할 때 각 아이템을 읽고 프로세서에 전달해 유효성 검증을 하는 과정에서 10개 아이템이 유효성 검증에 실패했다면(프로세서가 null을 10회 반환했다면) filter_count 열의 값은 10이 됩니다. 100개의 아이템을 읽었으므로 read_count 열의 값은 100이고, 10개의 아이템이 처리되지 않았으므로 write_count 열의 값은 90이 되어야 합니다.

프로세서 서로 연결하기

이미 구성한 프로세서의 목적과 다른 처리를 추가하고 싶을 수도 있습니다. 스프링 배치는 이전 필터의 출력을 그다음 필터의 입력으로 전달하는 편의 클래스인 CompositeItemProcessor<I,O>를 제공합니다. 이런 방식으로 단일 처리를 하는 ItemProcessor<I,O>를 여러 개 만들고 필요에 따라 연결chaining(체이닝)해 사용할 수 있습니다.

예제 8-20 CompositeItemProcessor **구성 예시**

```
@Bean
public CompositeItemProcessor<Customer, Customer> compositeBankCustomerProcessor()
{
  return new CompositeItemProcessor<>(
    creditScoreValidationProcessor(),
    salaryValidationProcessor(),
    customerEligibilityProcessor());
}
```

매우 간단한 워크플로를 생성했습니다. ItemReader가 읽어 들인 모든 아이템(Customer 객체)은 첫 번째 ItemProcessor에 전달됩니다. 첫 번째 프로세서가 신용 점수를 확인하고 문제가 없다면 아이템은 두 번째 프로세서에 전달됩니다. 두 번째 프로세서가 급여와 소득의 확인을 끝내면 아이템은 세 번째 프로세서에 전달됩니다. 세 번째 프로세서가 또 다른 검증을 마치면 최종적으로 아이템이 출력기에 전달되어 출력됩니다. 세 개의 프로세서 중 어느 한 곳에서라도 실패가 발생하면 해당 ItemProcessor는 단순히 null을 반환하고 처리를 중단합니다.

레시피 8-6 다양한 트랜잭션 기반 처리 방법 적용하기

과제 정확하고 문제없이 읽기와 쓰기 작업을 하면서 예외를 적절하게 처리하도록 트랜잭션을 적용해야 합니다.

해결 트랜잭션 기능은 스프링 프레임워크의 핵심 기능을 기반으로 만들어졌습니다. 스프링 배치에서도 트랜잭션을 구성해 관리할 수 있습니다. 청크 기반 처리chunk-oriented processing 관점에서도 커밋 주기를 조정하고 롤백을 제어하는 등 많은 부분을 제어할 수 있습니다.

풀이 트랜잭션

스프링의 코어 프레임워크는 최고 수준의 트랜잭션 지원 기능을 제공합니다. JdbcTemplate이나 HibernateTemplate에서 그랬듯이 간단히 PlatformTransactionManager를 연결하고 스프링 배치에서 참조할 수 있게 구성하면 됩니다. 스프링 배치 애플리케이션을 구축하면서 스텝에 트랜잭션을 적용해 제어할 수 있습니다. 이전 예제에서 이미 트랜잭션 기능을 적절히 활용하는 코드를 보았죠.

이전 예제에서 DriverManagerDataSource와 DataSourceTransactionManager 빈을 구성하고 PlatformTransactionManager와 DataSource를 JobRepositoryFactoryBean에 주입한 다음 이 빈이 지금까지 모든 잡을 실행하는 데 사용한 JobLauncher에 주입됐습니다. 이로써 지금까지 잡이 생성한 모든 메타데이터를 트랜잭션 방식으로 DB에 기록할 수 있습니다.

앞서 작성한 예제를 살펴보면 chunk() 메서드를 호출할 때 숫자와 트랜잭션 관리자를 함께 지정했습니다. 숫자만 허용하는 chunk()도 있지만 더는 사용되지 않으며 향후 스프링 배치 출시

버전에서는 제거될 예정입니다. 스텝 구성 시에 트랜잭션 관리자 없이 chunk()를 호출하면 기본적으로 컨텍스트에서 transactionManager라는 이름의 PlatformTransactionManager를 사용하려고 시도합니다. 트랜잭션 관리자를 명시적으로 구성하려면 다음과 같이 transactionManager 프로퍼티를 지정하면 됩니다. JDBC 작업에 사용할 간단한 트랜잭션 관리자는 다음과 같이 작성할 수 있습니다.

예제 8-21 PlatformTransactionManager를 사용하는 스텝 구성

```
@Bean
protected Step step1(PlatformTransactionManager txManager) {
  var name = "step1";
  var builder = new StepBuilder(name, jobRepository);
  return builder
      .<UserRegistration,UserRegistration>chunk(5)
      .reader(csvFileReader())
      .processor(userRegistrationValidationItemProcessor())
      .writer(jdbcItemWriter())
      .transactionManager(txManager)
      .build();
}
```

chunk(5) 메서드는 곧 지원이 중단될 예정이므로 transactionManager 프로퍼티를 통해 트랜잭션 관리자를 다시 설정하지 않고 chunk(5, transactionManager) 메서드를 사용하도록 수정하겠습니다.

대개 ItemReader는 읽은 아이템을 모아둡니다. ItemWriter가 커밋에 실패하면 모아둔 아이템을 그대로 다시 제출합니다. 이러한 처리 방식은 효율적이며 대부분 잘 동작하지만 트랜잭션 리소스(예: JMS 큐queue, DB)에서 아이템을 읽을 때는 문제가 됩니다. 메시지 큐에서 읽은 아이템은 트랜잭션이 실패할 때(여기서는 출력기의 트랜잭션이 실패할 때) 롤백돼야 하기 때문입니다.

예제 8-22 트랜잭션이 적용된 큐를 사용하는 스텝 구성

```
@Bean
protected Step step1(PlatformTransactionManager txManager) {
  var name = "step1";
  var builder = new StepBuilder(name, jobRepository);
  return builder
```

```
        .<UserRegistration,UserRegistration>chunk(5, txManager)
        .reader(csvFileReader()).readerIsTransactionalQueue()
        .processor(userRegistrationValidationItemProcessor())
        .writer(jdbcItemWriter())
        .build();
}
```

롤백

단순한 배치 사례(예: X 개의 아이템을 읽고 Y 개의 아이템마다 DB 트랜잭션으로 커밋함)는 쉽게 처리할 수 있습니다. 스프링 배치는 아주 견고하게 잘 만들어진 프레임워크여서 간단한 구성 옵션으로 경계 문제나 실패 상황에 대처할 수 있습니다.

ItemWriter가 쓰기 작업에 실패하거나 처리 중 다른 예외가 발생하면 스프링 배치는 트랜잭션을 롤백합니다. 이러한 처리는 대부분의 상황에서 유효하며 상황에 따라 트랜잭션을 롤백해야 하는 예외적인 상황을 직접 제어해야 할 수도 있습니다. 자바 구성으로 롤백을 활성화할 때 스텝이 결함을 허용fault-tolerant해야 롤백하지 않을 예외를 지정할 수 있습니다.

먼저 faultTolerant() 메서드로 스텝에 결함을 허용합니다. 다음으로 skipLimit() 메서드를 사용해 잡 실행을 실제로 중지하기 전에 무시할 롤백 횟수를 지정합니다. 마지막으로 noRollback() 메서드로 롤백하지 않을 예외를 지정합니다. 이때 여러 개의 예외를 지정하려면 noRollback()을 연달아 호출해 연결하기만 하면 됩니다.

예제 8-23 롤백 규칙을 사용하는 구성 예시

```
@Bean
protected Step step1(PlatformTransactionManager txManager) {
  var name = "step1";
  var builder = new StepBuilder(name, jobRepository);
  return builder
       .<UserRegistration,UserRegistration>chunk(10, txManager)
         .faultTolerant()
           .noRollback(com.yourdomain.exceptions.YourBusinessException.class)
       .reader(csvFileReader())
       .processor(userRegistrationValidationItemProcessor())
       .writer(jdbcItemWriter())
       .build();
}
```

레시피 8-7 재시도하기

과제 처리 중 실패할 가능성이 있는 기능을 트랜잭션으로 적용하지 않고 다루려고 합니다. 아마도 트랜잭션을 적용하더라도 신뢰할 수 없을 것이며 리소스를 읽거나 쓸 때 오류가 발생할 수도 있습니다. 엔드포인트가 다운되는 등의 여러 가지 이유로 네트워크 연결에 실패할 수도 있습니다. 하지만 언젠가는 복구될 것이므로 재시도할 필요가 있습니다.

해결 스프링 배치의 재시도 기능을 이용해 체계적으로 읽기와 쓰기 작업을 재시도합니다.

풀이 [레시피 8-6]에서 살펴봤듯이 스프링 배치를 사용하면 트랜잭션 리소스를 쉽게 다룰 수 있습니다. 일시적이거나 신뢰할 수 없는 리소스를 사용한다면 다른 접근 방법이 필요합니다. 이러한 리소스는 분산되어 있고 발생한 문제가 언젠가는 대부분 스스로 복구됩니다. 어떤 리소스(예: 웹 서비스)는 분산된 특성 때문에 본질적으로 트랜잭션으로 묶을 수 없습니다. 한 서버에서 트랜잭션을 시작한 후 트랜잭션 컨텍스트를 분산 서버에 전파해 다른 서버에서 트랜잭션을 완료할 수 있는 제품이 있지만 매우 드물고 그리 효율적이지도 않습니다. 또는 분산('전역' 또는 XA) 트랜잭션을 지원하는 기능을 사용할 수도 있습니다. 하지만 이러한 특성이 없는 리소스를 다뤄야 할 수도 있습니다. 흔한 예로는 RMI 서비스나 REST 엔드포인트와 같은 원격 서비스에 대한 호출이 그렇습니다. 일부 호출은 실패할 수 있지만 트랜잭션을 적용한 상태에서 여러 번 재시도하면 성공할 수도 있습니다. 예를 들어 DB 업데이트 작업 시에 `org.springframework.dao.DeadlockLoserDataAccessException`이 발생하면 재시도 기능을 사용하는 것이 유용합니다.

스텝 구성하기

다음은 가장 간단한 스텝 구성 예제입니다. 예제 구성에서 재시도할 예외 클래스를 지정합니다. 롤백 예외를 지정했던 방식과 마찬가지로 이 예외 목록도 줄바꿈이나 콤마로 구분할 수 있습니다.

자바 구성을 사용해 재시도를 활성화하려면 결함을 허용하도록 스텝을 구성하고 재시도 제한 횟수와 재시도 가능한 예외를 지정해야 합니다. 먼저 `faultTolerant()` 메서드로 결함 허용 스텝을 얻고 `retryLimit()` 메서드로 재시도 제한 횟수를 지정합니다. 마지막으로 `retry()` 메서드로 재시도를 트리거하는 예외를 지정할 수 있습니다. 예외를 여러 개 지정하려면 `retry()`를 연달아 호출해 연결하면 됩니다.

예제 8-24 재시도 기능을 사용하는 스텝 구성

```
@Bean
public Step step1(ItemReader<UserRegistration> reader,
        ItemWriter<UserRegistration> writer,
        PlatformTransactionManager txManager) {
  var name = "User Registration CSV To DB Step";
  var builder = new StepBuilder(name, jobRepository);
  return builder
          .<UserRegistration, UserRegistration>chunk(5, txManager)
          .faultTolerant()
            .retryLimit(3).retry(DeadlockLoserDataAccessException.class)
          .reader(reader)
          .writer(writer)
          .build();
}
```

재시도 템플릿

스프링 리트라이Spring Retry[1]가 지원하는 기능을 이용해 코드에서 재시도 및 복구를 하는 방법도 있습니다. 예를 들어 커스텀 `ItemWriter`나 전체 서비스 인터페이스에 재시도 기능을 적용할 수 있습니다.

스프링 배치는 이러한 재시도 시나리오에서 사용할 수 있는 `RetryTemplate`을 제공합니다. `RetryTemplate`은 (다른 템플릿 클래스와 마찬가지로) 비즈니스 로직과 재시도 로직이 섞이지 않게 해 주고 마치 재시도 없이 한 번만 시도하는 것처럼 코드를 작성할 수 있게 해 줍니다. 나머지는 선언적 구성을 통해 스프링 배치가 처리해 줍니다.

`RetryTemplate`은 복잡하고 반복적인 재시도/실패/복구 과정을 간결하게 하나의 메서드로 감싸 처리할 수 있는 편리한 API를 제공합니다.

커스텀 `ItemWriter` 작성 방법을 배운 [레시피 8-3]에서 사용했던 간단한 `ItemWriter` 예제를 변경해 보겠습니다. 해당 코드는 아주 간단하고 이상적인 상황에서는 잘 동작하지만 서비스에 오류가 발생하면 처리하지 못합니다. RPC 서비스를 사용할 때는 언제라도 문제가 발생할

1 https://github.com/spring-projects/spring-retry

수 있다고 생각해야 합니다. DB 중복 키 문제나 잘못된 신용카드 번호 등과 같은 서비스 오류를 확인할 수도 있습니다. 물론 이는 서비스가 분산 환경에서 실행되든, VM 내에서 실행되든 상관없이 발생합니다.

그 외에도 시스템 하부의 RPC 계층에서 오류가 발생할 수도 있습니다. 다음은 재시도하도록 다시 작성한 코드입니다.

예제 8-25 RetryableUserRegistrationServiceItemWriter **구현체**

```
package com.apress.spring6recipes.springbatch;

import org.springframework.batch.item.Chunk;
import org.springframework.batch.item.ItemWriter;
import org.springframework.retry.RetryCallback;
import org.springframework.retry.support.RetryTemplate;

public class RetryableUserRegistrationServiceItemWriter
        implements ItemWriter<UserRegistration> {

  private final UserRegistrationService userRegistrationService;

  private final RetryTemplate retryTemplate;

  public RetryableUserRegistrationServiceItemWriter(UserRegistrationService usr,
                                                    RetryTemplate retryTemplate) {
    this.userRegistrationService = usr;
    this.retryTemplate = retryTemplate;
  }

  public void write(Chunk<? extends UserRegistration> items)
          throws Exception {
    for (var userRegistration : items) {
      retryTemplate.execute(context ->
              userRegistrationService.registerUser(userRegistration));
    }
  }
}
```

많이 변경하지 않았지만 코드가 훨씬 더 견고해졌습니다. RetryTemplate을 코드에서 간단하게 생성해도 되지만 스프링 컨텍스트에 구성해 스프링이 나머지 구성을 알아서 처리하게 했습니다.

RetryTemplate의 재시도 시간 간격을 지정하는 BackOffPolicy도 유용한 설정입니다. 게다가 BackOffPolicy는 서로 다른 클라이언트가 동일한 호출을 할 때 락이 걸리는 상황을 피하도록 재시도 시간 간격을 점점 늘리는 기능도 지원합니다. 이는 동일한 리소스를 대상으로 수많은 동시 시도가 이루어져 경합이 발생하는 상황에 유용합니다. 일정 시간 기다렸다가 재시도하게 해 주는 FixBackOffPolicy를 비롯한 여러 가지 BackOffPolicy가 있습니다.

예제 8-26 RetryTemplate 구성

```
@Bean
public RetryTemplate retryTemplate(BackOffPolicy backOffPolicy) {
  var retryTemplate = new RetryTemplate();
  retryTemplate.setBackOffPolicy(backOffPolicy);
  return retryTemplate;
}

@Bean
public ExponentialBackOffPolicy backOffPolicy() {
  var backOffPolicy = new ExponentialBackOffPolicy();
  backOffPolicy.setInitialInterval(1000);
  backOffPolicy.setMaxInterval(10000);
  backOffPolicy.setMultiplier(2);
  return backOffPolicy;
}
```

RetryTemplate의 BackOffPolicy를 구성해 제일 처음 재시도하기 전에 1초(1,000밀리초)를 대기하게 했습니다. 이후 이루어지는 재시도 시간 간격은 두 배(multiplier 속성을 2로 설정함)씩 늘어납니다. 시간 간격은 maxInterval 속성의 값까지 계속 증가하며 이후에는 일정한 시간 간격으로 재시도합니다.

AOP로 재시도하기

또 다른 대안으로 스프링 배치가 제공하는 재시도 AOP 어드바이저를 이용해 RetryTemplate처럼 재시도해도 성공을 보장할 수 없는 메서드 호출을 래핑하는 방식이 있습니다. 이전 예제에서는 RetryTemplate을 사용하도록 ItemWriter<T>를 변경했습니다. userRegistrationService 프록시 전체에 재시도 로직을 어드바이스로 적용하면 원래 코드를 그대로 사용할 수 있습니다.

이렇게 하려면 재시도할 메서드에 `@Retryable` 애너테이션을 적용합니다. 명시적으로 `RetryTemplate`을 사용하게 작성한 코드처럼 동작하도록 다음과 같이 작성합니다.

예제 8-27 UserRegistrationService에 애너테이션 기반의 재시도 적용하기

```
@Retryable(backoff = @Backoff(delay = 1000, maxDelay = 10000, multiplier = 2))
public UserRegistration registerUser(UserRegistration registration) { ... }
```

`@Retryable`이 동작하려면 구성 클래스에 `@EnableRetry` 애너테이션을 적용해 활성화해야 합니다.

예제 8-28 애너테이션 기반 재시도를 사용하는 구성

```
@Configuration
@EnableBatchProcessing
@EnableRetry
@ComponentScan("com.apress.spring6recipes.springbatch")
@PropertySource("classpath:/batch.properties")
public class BatchConfiguration { ... }
```

레시피 8-8 스텝 실행 제어하기

과제 스텝을 동시에 처리하거나 어떤 조건을 만족하는 경우에만 스텝을 실행하는 등 시간 낭비를 줄이는 차원에서 스텝 실행을 제어하세요.

해결 잡의 런타임 프로파일을 변경하는 여러 방법이 있습니다. 주로 스텝이 실행되는 방식(동시 스텝concurrent step, 결정decision, 순차 스텝sequential step)을 제어해 작업의 런타임 프로파일을 변경합니다.

풀이 지금까지는 잡 내부에 있는 하나의 스텝을 실행하는 방법을 살펴보았습니다. 하지만 일반적으로 대부분의 복잡한 잡에는 여러 스텝이 있습니다. 스텝은 빈과 비즈니스 로직에 경계(트랜잭션이 적용되거나 적용되지 않을 수 있음)를 제공합니다. 스텝은 자체 입력기, 프로세서,

출력기를 가질 수 있습니다. 각 스텝은 다음에 실행할 스텝을 결정하는 데 도움을 줍니다. 각 스텝은 서로 독립적이며 스프링 배치가 제공하는 스키마와 구성 옵션을 사용해 매우 정교한 워크플로를 구성할 수 있습니다. 실제로 앞으로 보게 될 일부 개념과 패턴은 비즈니스 프로세스 관리business process management(BPM) 시스템과 워크플로에 관심이 있는 사람이라면 매우 익숙할 것입니다. BPM은 프로세스나 잡을 제어하는 다양한 구성을 제공하며 이는 앞으로 살펴볼 내용과 유사합니다. 잡 정의에서 스텝은 보통 주요 항목에 해당합니다. 예를 들어 일별 판매 실적을 읽어 보고서를 만드는 배치 작업은 다음과 같은 스텝으로 이루어집니다.

1 CSV 파일에서 고객 정보를 읽어 DB에 로드하기
2 일별 지표를 계산하고 보고서 파일에 쓰기
3 새롭게 로드된 고객마다 등록이 성공했다는 메시지를 메시지 큐에 전송해 외부 시스템에 알리기

순차 스텝

처음 두 스텝 사이에는 암묵적인 선후 관계가 있습니다. 당연히 모든 고객 정보의 등록이 완료될 때까지 보고서 파일을 작성할 수 없습니다. 이러한 선후 관계는 두 스텝 사이에 존재하는 가장 기본적인 관계이며 한 스텝은 다른 스텝 이후에 실행돼야 합니다. 스텝마다 자체 실행 컨텍스트 내에서 실행되며 오직 부모 잡 실행 컨텍스트와 순서를 공유합니다.

예제 8-29 순차 스텝으로 구성된 잡

```
@Bean
public Job nightlyRegistrationsJob () {
  var name = "nightlyRegistrationsJob";
  var builder = new JobBuilder(name, jobRepository);
  return builder
      .start(loadRegistrations())
      .next(reportStatistics())
      .next(...)
      .build();
  }
}
```

동시성

초창기 스프링 배치는 동일한 스레드로 배치 처리하거나 (약간 변경을 가해) 가상 머신 내부에서 수행하는 방식에 중점을 두었습니다. 물론 다른 해결 방안도 있었지만 현실적이지 않았습니다.

예제 잡의 2번과 3번 스텝은 1번 스텝에 의존하므로 1번 스텝이 먼저 실행되어야 합니다. 하지만 2번과 3번 스텝은 서로에게 의존하지 않습니다. JMS 메시지를 전송하는 동시에 보고서를 만들어도 되죠. 스프링 배치는 이와 같이 처리를 분기fork해 동시에 스텝을 실행하는 기능을 제공합니다.

예제 8-30 동시 실행 스텝으로 구성된 잡

```
@Bean
public Job insertIntoDbFromCsvJob() {
  var name = "insertIntoDbFromCsvJob";
  var builder = new JobBuilder(name, jobRepository);
  return builder
      .start(loadRegistrations())
      .split(taskExecutor())
        .add(
          builder.flow(reportStatistics()),
          builder.flow(sendJmsNotifications()))
      .build();
}
```

잡 빌더의 `split()` 메서드를 사용해 분기하고 `flow()` 메서드로 플로flow에 스텝을 추가합니다. 더 많은 스텝을 추가하고 싶다면 `next()` 메서드를 사용하면 됩니다. `split()`을 호출할 때는 `TaskExecutor`를 매개변수로 전달해야 합니다. 스케줄링과 동시성에 관한 자세한 내용은 [레시피 1-23]을 참고하세요.

`flow` 요소 안이나 `split` 요소 이후에 얼마든지 스텝을 추가할 수 있습니다. `split` 요소에는 `step` 요소와 마찬가지로 `next` 속성이 있습니다.

스프링 배치는 처리를 다른 프로세스에 넘기는 메커니즘을 제공합니다. 이처럼 부하를 분산시키려면 내구성 있고 안정적인 연결이 필요합니다. 이럴 때는 견고하고 트랜잭션 처리가 가능하며 빠르고 안정적인 JMS가 제격입니다. 스프링 배치가 지원하는 기능은 스프링 인티그레이션이 제공하는 채널에 대한 추상화보다 약간 더 고수준으로 모델링됐습니다. 이 지원 기능은 기본 스프링 배치 프로젝트가 아니라 스프링 배치 인티그레이션spring-batch integration 프로젝트에서 찾을 수 있습니다. 원격 청킹remote chunking 기능을 사용하면 마치 메인 스레드 내부에서 처리하듯 각 스텝이 개별적으로 아이템을 읽어 묶을 수 있습니다. 이러한 스텝을 마스터master라고 합니다. 읽어들인 아이템은 슬레이브slave라는 다른 프로세스에서 실행 중인 `ItemProcessor/ItemWriter`로 전송됩니다. 슬레이브가 공격적인 소비기aggressive consumer[2]일 때 확장할 수 있는 간단하고 일반적인 메커니즘이 있습니다. 즉 가능한 한 많은 JMS 클라이언트를 사용해 작업을 분배하면 됩니다. 공격적인 소비기 패턴aggressive consumer pattern은 많은 JMS 클라이언트를 이용해 동일한 큐 메시지를 빠르게 소비하는 것을 말합니다. 한 클라이언트가 메시지를 소비하고 처리 중이면 다른 유휴 큐가 대신 메시지를 받습니다. 유휴 상태인 클라이언트가 한 개라도 있다면 메시지는 즉시 처리됩니다.

또한 스프링 배치는 파티셔닝partitioning 기능을 제공해 암묵적으로 수평적 확장scale out을 지원합니다. 이는 내장 기능이며 매우 유연합니다. 스텝의 인스턴스를 `PartitionStep` 클래스(`Step` 클래스의 하위 클래스)의 인스턴스로 교체하면 해당 스텝은 어떻게 분산된 실행기가 조정되고 스텝의 실행과 관련된 메타데이터가 관리되는지 알 수 있게 됩니다. 따라서 '원격 청킹'과 같은 지속적인 통신 매체가 더는 필요하지 않습니다.

이 기능은 아주 범용적이어서 그리드게인GridGain이나 하둡Hadoop과 같은 그리드 패브릭 기술grid fabric technology과도 함께 사용할 수 있습니다. 스프링 배치는 `TaskExecutorPartitionHandler`만 제공하며 `TaskExecutor` 전략을 사용해 여러 스레드에서 스텝을 실행합니다. 간단한 개선이지만 충분히 의미 있습니다. 하지만 이 정도로는 해결할 수 없는 상황이라면 직접 확장해서 사용할 수도 있습니다.

상태에 따른 조건부 스텝

주어진 잡이나 스텝의 `ExitStatus`를 사용해 다음 스텝을 결정하는 것은 조건부 플로의 가장 간단한 사례이며, 스프링 배치가 제공하는 `stop`, `next`, `fail`, `end` 요소를 사용하면 됩니다. 어떠한 추가 조정도 없다는 전제하에 기본적으로 스텝은 자신의 `BatchStatus`에 대응하는 `ExitStatus`를 가집니다. `BatchStatus`는 열거형 프로퍼티이며 `COMPLETED`, `STARTING`, `STARTED`, `STOPPING`, `STOPPED`, `FAILED`, `ABANDONED`, `UNKNOWN` 중 하나입니다.

---

2 옮긴이_ 여러 컴퓨팅 자원(서버, 스토리지, 네트워크 등)을 논리적으로 연결해 하나의 유연한 자원 풀처럼 동작하게 하는 기술입니다.

다음은 이전 스텝의 성공 여부에 따라 두 개의 스텝 중 하나를 실행하는 예제입니다.

예제 8-31 조건부 스텝을 구성한 잡

```
@Bean
public Job insertIntoDbFromCsvJob() {
  var name = "User Registration Import Job";
  var builder = new JobBuilder(name, jobRepository);
  return builder
      .start(step1())
        .on("COMPLETED").to(step2())
        .on("FAILED").to(failureStep())
      .build();
}
```

와일드카드(*)를 사용할 수도 있습니다. 와일드카드를 사용하면 명확하게 지정하고 싶은 특정 BatchStatus와 나머지 BatchStatus를 구분해 지정할 수 있습니다.

예제 8-32 와일드카드를 사용해 조건부 스텝을 구성한 잡

```
@Bean
public Job insertIntoDbFromCsvJob() {
  var name = "User Registration Import Job";
  var builder = new JobBuilder(name, jobRepository);
  return builder
      .start(step1())
        .on("COMPLETED").to(step2())
        .on("*").to(failureStep())
      .build();
}
```

명시적으로 지정한 ExitStatus가 아닌 나머지 ExitStatus일 때 특정 스텝을 수행하도록 구성했습니다. 이번에는 코드를 조금 수정해서 BatchStatus가 FAILED이면 처리를 완전히 중지해 보겠습니다. fail 요소를 사용하면 됩니다.

예제 8-33 조건부 스텝과 실패 처리를 구성한 잡

```
@Bean
public Job insertIntoDbFromCsvJob() {
  var name = "User Registration Import Job";
  var builder = new JobBuilder(name, jobRegistry);
```

```
    return builder
        .start(step1())
          .on("COMPLETED").to(step2())
          .on("FAILED").fail()
        .build();
}
```

지금까지는 스프링 배치 프레임워크가 제공하는 표준 BatchStatuses를 사용했지만 자신만의 ExitStatus를 사용할 수도 있습니다. 예를 들어 다음과 같이 MAN DOWN이라는 커스텀 ExitStatus로 전체 작업이 실패하게 해 보겠습니다.

예제 8-34 조건부 스텝에 따른 잡 또는 종료 스텝

```
@Bean
public Job insertIntoDbFromCsvJob() {
  var name = "User Registration Import Job";
  var builder = new JobBuilder(name, jobRepository);
  return builder
    .start(step1())
      .on("COMPLETED").to(step2())
      .on("FAILED").end("MAN DOWN")
    .build();
}
```

마지막으로 BatchStatus가 COMPLETED인 상태로 처리를 종료하려면 end() 메서드를 사용합니다. 이는 모든 스텝이 완료되었고 아무 오류도 없는 상태로 플로가 종료됨을 명시적으로 나타내는 방법입니다.

예제 8-35 조건부 스텝을 구성한 잡

```
@Bean
public Job insertIntoDbFromCsvJob() {
  var name = "User Registration Import Job";
  var builder = new JobBuilder(name, jobRepository);
  return builder
      .start(step1())
        .on("COMPLETED").end()
        .on("FAILED").to(errorStep())
      .build();
}
```

결정에 따른 조건부 스텝

잡의 ExitStatus보다 훨씬 더 복잡한 로직으로 실행 플로를 변경하려면 스프링 배치의 결정(decision) 요소와 JobExecutionDecider 구현체를 사용합니다.

예제 8-36 HoroscopeDecider 클래스

```
package com.apress.spring6recipes.springbatch;

import org.springframework.batch.core.JobExecution;
import org.springframework.batch.core.StepExecution;
import org.springframework.batch.core.job.flow.FlowExecutionStatus;
import org.springframework.batch.core.job.flow.JobExecutionDecider;

import java.util.concurrent.ThreadLocalRandom;

public class HoroscopeDecider implements JobExecutionDecider {

  private boolean isMercuryIsInRetrograde() {
    return ThreadLocalRandom.current().nextDouble() > .9;
  }

  public FlowExecutionStatus decide(JobExecution jobExecution, StepExecution
    stepExecution) {
    if (isMercuryIsInRetrograde()) {
      return FlowExecutionStatus.FAILED;
    }
    return FlowExecutionStatus.COMPLETED;
  }
}
```

다음과 같이 구성합니다.

예제 8-37 JobExecutionDecider 기반으로 조건부 스텝 작업하기

```
@Bean
public Job insertIntoDbFromCsvJob(JobExecutionDecider decider) {
  var name = "User Registration Import Job";
  var builder = new JobBuilder(name, jobRepository);
  return builder
      .start(step1())
      .next(decider)
```

```
            .on("MERCURY_IN_RETROGRADE").to(step2())
            .on("COMPLETED").to(step3())
        .build();
}
```

레시피 8-9 잡 실행하기

과제 스프링 배치는 어떤 배포 시나리오를 지원할까요? 스프링 배치는 어떻게 실행하며 스프링 배치를 크론이나 오토시스autosys와 같은 시스템 스케줄러나 웹 애플리케이션과 연동해 동작하려면 어떻게 해야 할까요?

해결 스프링 배치는 스프링이 실행되는 모든 환경(즉 자바 애플리케이션의 `main()` 메서드, 웹 애플리케이션 등 어디에서나)에서 잘 동작합니다. 하지만 일부 까다로운 사례도 있습니다. 예를 들어 HTTP 응답과 동일한 스레드에서 스프링 배치를 실행하면 실행이 지연될 수 있으므로 실용적이지 않습니다. 스프링 배치는 이러한 상황에서 사용할 수 있는 비동기 실행을 지원합니다. 또한 크론이나 오토시스와 연동해 잡을 쉽게 실행할 수 있는 편리한 클래스도 제공합니다. 추가로 스프링의 스케줄러 네임스페이스는 잡을 스케줄링하는 훌륭한 메커니즘을 제공합니다.

풀이 배치 애플리케이션을 개발하기 전에 애플리케이션을 배포하고 동작시키는 방법을 알아야 합니다. 모든 배치 애플리케이션은 최소한 하나의 잡과 `JobLauncher`가 필요합니다. 이전 레시피에서 이러한 컴포넌트를 이미 구성했습니다. 앞으로 살펴보겠지만 잡은 스프링 애플리케이션 컨텍스트에 구성합니다. 다음은 스프링 배치 애플리케이션을 실행하는 간단한 자바 코드로, 네 줄밖에 되지 않습니다. 이미 `ApplicationContext`를 가져왔다면 세 줄이겠죠.

예제 8-38 잡을 실행하는 메인 클래스

```
package com.apress.spring6recipes.springbatch;

public class Main {
  public static void main(String[] args) throws Throwable {
    var context = new AnnotationConfigApplicationContext(BatchConfiguration.class);
```

```
        var jobLauncher = context.getBean("jobLauncher", JobLauncher.class);
        var job = context.getBean("myJobName". Job.class);
        var jobExecution = jobLauncher.run(job, new JobParameters());
    }
}
```

앞서 이전에 구성한 JobLauncher 참조를 가져온 다음 잡과 JobParameters를 전달해 잡 인스턴스를 실행한 결과로 JobExecution을 반환받습니다. JobExecution에서 종료 상태나 런타임 상태와 같은 잡 상태 정보를 확인할 수 있습니다.

예제 8-39 잡 실행 상태 확인

```
var jobExecution = jobLauncher.run(job, jobParameters);
var batchStatus = jobExecution.getStatus();
while(batchStatus.isRunning()) {
  System.out.println( "Still running...");
  Utils.sleep( 5, SECONDS );
}
```

또한 ExitStatus도 가져올 수 있습니다.

예제 8-40 종료 상태 확인

```
System.out.printf( "Exit code: %s%n", jobExecution.getExitStatus().getExitCode());
```

JobExecution은 잡 생성 시간, 시작 시간, 최종 수정 날짜, 종료 시간 등 매우 유용한 정보를 java.time.LocalDateTime 타입의 인스턴스로 제공합니다. 잡을 다시 DB와 연관시키려면 JobInstance와 ID가 필요합니다.

예제 8-41 JobInstance ID 조회

```
var jobInstance = jobExecution.getJobInstance();
System.out.printf( "job instance Id: %d%n", jobInstance.getId());
```

예제 편의상 빈 JobParameters 인스턴스를 사용했는데, 이렇게 하면 실제로 딱 한 번만 동작합니다. 스프링 배치는 매개변수를 기반으로 고유한 키를 만들고 이를 사용해 서로 다른 잡 실행을 구분합니다. 잡의 매개변수화는 [레시피 8-10]에서 자세히 알아보겠습니다.

웹 애플리케이션에서 기동하기

웹 애플리케이션에서 잡을 기동하려고 할 때 보통 클라이언트 스레드(HTTP 요청 등)가 배치 잡이 완료될 때까지 기다릴 수 없으므로 약간 다른 접근 방식이 필요합니다. 이상적인 방법은 클라이언트 스레드와 상관없이 웹 계층의 컨트롤러나 액션에서 잡을 비동기적으로 실행하는 것입니다. 스프링 배치는 스프링의 TaskExecutor를 사용해 이러한 시나리오를 지원합니다. 비동기 방식으로 잡을 실행하려면 JobLauncher 구성을 조금 변경해야 하지만 다른 자바 코드는 변경하지 않아도 됩니다. 예제에서는 SimpleAsyncTaskExecutor로 실행 스레드를 생성해 블로킹 없이 관리합니다.

예제 8-42 TaskExecutor를 사용하는 배치 구성

```
package com.apress.spring6recipes.springbatch.config;

@Configuration
@EnableBatchProcessing
@ComponentScan("com.apress.spring6recipes.springbatch")
@PropertySource("classpath:/batch.properties")
public class BatchConfiguration {

  ...
  @Bean
  public SimpleAsyncTaskExecutor taskExecutor() {
    return new SimpleAsyncTaskExecutor();
  }
}
```

스프링 배치는 기본적으로 taskExecutor라는 이름의 TaskExecutor 빈을 찾아 자신의 TaskExecutor로 사용합니다. 만약 taskExecutor라는 이름의 TaskExecutor를 사용할 수 없다면 @EnableBatchProcessing 애너테이션을 적용할 때 taskExecutorRef 속성을 사용해 원하는 TaskExecutor의 이름을 지정할 수 있습니다.

예제 8-43 커스텀 TaskExecutor 이름을 지정한 배치 구성

```
@Configuration
@EnableBatchProcessing(taskExecutorRef = "customTaskExecutor")
@ComponentScan("com.apress.spring6recipes.springbatch")
@PropertySource("classpath:/batch.properties")
```

```
public class BatchConfiguration {

  ...
  @Bean
  public SimpleAsyncTaskExecutor customTaskExecutor() {
    return new SimpleAsyncTaskExecutor();
  }
}
```

명령줄에서 실행하기

크론, 오토시스, 윈도우의 이벤트 스케줄러와 같은 시스템 스케줄러를 이용해 배치 처리를 실행하는 일도 흔합니다. 스프링 배치는 (잡 실행에 필요한 모든 것이 담긴) 애플리케이션 컨텍스트와 잡 빈의 이름을 매개변수로 전달받는 편의 클래스를 제공합니다. 추가로 매개변수를 제공할 수 있으며 잡을 매개변수화해 사용할 수도 있습니다. 매개변수는 **'이름=값'** 형식이어야 합니다. 클래스패스를 설정했다면 (유닉스 계열 시스템의) 명령줄에서 다음과 같이 클래스를 호출할 수 있습니다.

예제 8-44 셸 명령으로 실행하기

```
java -cp "userjob.jar:libs/*" org.springframework.batch.core.launch.support.
CommandLineJobRunner \
 com.apress.spring6recipes.springbatch.confug.UserJob \
 insertIntoDbFromCsvJob date=`date +%m/%d/%Y` time=`date +%H`
```

`org.springframework.batch.core.launch.support.CommandLineJobRunner`가 시스템 오류 코드(0은 성공, 1은 실패, 2는 배치 잡 로드에 문제 발생)를 반환하므로 대부분의 시스템 스케줄러가 사용하는 셸에서 실패에 관한 조치를 취할 수 있습니다. `ExitCodeMapper` 인터페이스를 구현한 최상위 빈을 작성하고 선언하면 더 복잡한 반환 코드를 받아 볼 수 있습니다. 프로세스 종료 시 정수 기반의 오류 코드가 문자열 메시지로 변환되어 셸에 표시된다면 더 유용할 것입니다.

스케줄링하여 실행하기

스프링 스케줄링 프레임워크([레시피 10-5]와 [레시피 10-6] 참조)는 스프링 배치를 실행하기에 제격입니다. 먼저 기존 애플리케이션 컨텍스트 구성에 @EnableScheduling 애너테이션을 적용해 스케줄링 기능을 활성화하고 ThreadPoolTaskScheduler를 추가합니다.

예제 8-45 TaskScheduler를 사용하는 BatchConfiguration 클래스

```
package com.apress.springrecipes.springbatch.config;

@Configuration
@EnableBatchProcessing
@ComponentScan("com.apress.spring6recipes.springbatch")
@PropertySource("classpath:/batch.properties")
@EnableScheduling
@EnableAsync
public class BatchConfiguration {

  ...
  @Bean
  public ThreadPoolTaskScheduler taskScheduler() {
    var taskScheduler = new ThreadPoolTaskScheduler();
    taskScheduler.setThreadGroupName("batch-scheduler");
    taskScheduler.setPoolSize(10);
    return taskScheduler;
  }

}
```

이렇게 매우 간단하게 스케줄링 기능을 사용할 수 있습니다. @ComponentScan 애너테이션은 com.apress.spring6recipes.springbatch 패키지 하위의 모든 빈을 찾아 구성하고 스케줄링합니다. 다음은 스케줄러 빈입니다.

예제 8-46 JobScheduler 클래스

```
package com.apress.spring6recipes.springbatch.scheduler;

import org.springframework.batch.core.Job;
import org.springframework.batch.core.JobParametersBuilder;
import org.springframework.batch.core.launch.JobLauncher;
import org.springframework.scheduling.annotation.Scheduled;
import org.springframework.stereotype.Component;

import java.time.LocalDate;
```

```java
import java.time.LocalDateTime;
import java.time.ZoneId;
import java.util.Date;

@Component
public class JobScheduler {

  private final JobLauncher jobLauncher;
  private final Job job;

  public JobScheduler(JobLauncher jobLauncher, Job job) {
    this.jobLauncher = jobLauncher;
    this.job = job;
  }

  public void runRegistrationsJob(LocalDateTime date) throws Exception{
    System.out.println("Starting job at " + date.toString());

    var jobParametersBuilder = new JobParametersBuilder();
    jobParametersBuilder.addLocalDateTime("date", date);
    jobParametersBuilder.addString("input.file", "registrations");

    var jobParameters = jobParametersBuilder.toJobParameters();
    var jobExecution = jobLauncher.run(job, jobParameters);
    var exitcode = jobExecution.getExitStatus().getExitCode();
    System.out.printf("jobExecution finished, exit code: %s%n", exitcode);
  }

  @Scheduled(fixedDelay = 10_0000)
  public void runRegistrationsJobOnASchedule() throws Exception {
    runRegistrationsJob(LocalDateTime.now());
  }
}
```

특별히 새로운 내용은 없지만 스프링 프레임워크의 다양한 컴포넌트가 어떻게 유기적으로 잘 동작하는지 알 수 있습니다. 구성 클래스에 @ComponentScan을 적용했으므로 @Component 애너테이션이 적용된 빈이 애플리케이션 컨텍스트의 일부분으로 구성됩니다. UserJob 클래스에는 잡과 JobLauncher가 하나씩만 있으므로 빈에 자동와이어링해 사용하면 됩니다. 마지막으로 배치 실행을 시작하는 로직은 runRegistrationsJob(java.time.LocalDateTime date) 메서드 내에 있습니다. 어디에서든 이 메서드를 호출할 수 있으며 스케줄링된 메서드인

runRegistrationsJobOnASchedule()에서 호출합니다. 프레임워크는 @Scheduled 애너테이션에 지정한 시간 흐름에 따라 이 메서드를 호출합니다.

이 외에도 여러 스케줄링 방식이 있습니다. 오래전부터 자바와 스프링 세계에서는 쿼츠를 사용해 왔습니다. 스프링의 스케줄링 지원 기능이 쿼츠만큼 확장성이 좋지 않으므로 여전히 쿼츠가 유용합니다. 더 전통적이고 운영 친화적인 스케줄링 도구가 필요하다면 크론, 오토시스, BMC와 같은 도구를 사용하기 바랍니다.

레시피 8-10 잡 매개변수화하기

과제 이전 예제들이 잘 동작하지만 유연성 측면에서 아쉬움이 있습니다. 배치 코드를 다른 파일에 적용하려면 구성을 변경하고 이름도 직접 하드코딩해야 합니다. 배치 애플리케이션을 매개변수화하는 기능이 있으면 매우 유용할 것입니다.

해결 JobParameters로 잡을 매개변수화한 다음 스프링 배치의 표현 언어나 API 호출을 통해 스텝에서 JobParameters를 가져와 사용할 수 있습니다.

풀이 매개변수를 이용해 잡 실행하기

잡은 JobInstance의 프로토타입이며 JobParameters는 고유한 잡의 실행(JobInstance)을 식별하는 데 사용됩니다. JobParameters를 사용하면 자바 메서드에 인수를 전달하듯이 배치 처리에 입력값을 전달할 수 있습니다. 이전 예제에서도 JobParameters를 봤지만 자세히 다루지는 않았습니다. JobLauncher를 사용해 잡을 기동하면 JobParameters 객체가 생성됩니다. 다음은 잡 실행 날짜를 전달하고 dailySalesFigures라는 이름의 잡을 실행하는 코드입니다.

예제 8-47 메인 클래스

```
package com.apress.spring6recipes.springbatch;

import java.time.LocalDateTime;
```

```
import org.springframework.batch.core.Job;
import org.springframework.batch.core.JobParametersBuilder;
import org.springframework.batch.core.launch.JobLauncher;
import org.springframework.context.annotation.AnnotationConfigApplicationContext;

import com.apress.spring6recipes.springbatch.config.BatchConfiguration;

public class Main {
  public static void main(String[] args) throws Throwable {
    var cfg = BatchConfiguration.class;
    try (var ctx = new AnnotationConfigApplicationContext(cfg)) {
      var jobLauncher = ctx.getBean(JobLauncher.class);
      var job = ctx.getBean("dailySalesFigures", Job.class);
      var builder = new JobParametersBuilder();
      var parameters = builder.addLocalDateTime("date", LocalDateTime.now())
              .toJobParameters();
      jobLauncher.run(job, parameters);
  }}
}
```

JobParameters에 접근하기

엄밀히 따지면 스텝과 잡의 ExecutionContext를 통해 JobParameters에 접근할 수 있습니다. JobParameters를 가져왔다면 getLong()이나 getString() 같은 메서드를 호출해 타입 안전한 방식으로 매개변수에 접근할 수 있습니다. @BeforeStep 이벤트에 바인딩해 StepExecution을 얻어와 사용하는 방식이 가장 간단합니다. 얻어온 StepExecution에서 JobParameters를 꺼내 온 후 매개변수를 하나씩 확인해 가면서 원하는 값을 찾아 작업에 이용하면 됩니다. 앞서 작성한 ItemProcessor를 다음과 같이 수정해 보죠.

예제 8-48 StepExecution을 통해 JobParameters에 접근하기

```
// ...
private StepExecution stepExecution;

@BeforeStep
public void saveStepExecution(StepExecution stepExecution) {
  this.stepExecution = stepExecution;
}
```

```java
public UserRegistration process(UserRegistration input) throws Exception {

  var params =  stepExecution.getJobParameters().getParameters();

  // 모든 매개변수를 하나씩 확인합니다.
  for (var key : params.keySet()) {
    var value = params.get(key).getValue().toString();
    System.out.printf("%s=%s%n", key, value);
  }

  // 원하는 매개변수를 작업에 이용합니다.
  var date = stepExecution.getJobParameters().getDate("date");
  // 기타 ...
}
```

이러한 방법은 적용 범위가 너무 제한적입니다. 대부분의 사례에서 잡 실행에 필요한 매개변수는 애플리케이션 컨텍스트에 있는 스프링 빈에 바인딩해야 합니다. 이러한 매개변수는 오직 런타임에만 사용할 수 있지만 각 스텝은 설계 시점에 구성됩니다. 이런 일은 언제든지 발생할 수 있습니다. 이전 예제에서는 `ItemWriter`와 `ItemReader`에 리소스 경로를 하드코딩했습니다. 파일 이름을 매개변수화하지 않고도 잘 동작했지만 잡을 한 번만 사용할 계획이 아니라면 이렇게 해서는 안 됩니다.

스프링 배치에서 스프링 프레임워크의 핵심 기능인 고급 표현 언어를 사용하면 정확한 시점(예제에서는 빈이 올바른 스코프에 들어올 때)까지 매개변수 바인딩을 미룰 수 있습니다. 스프링 배치는 이러한 목적을 위해 '스텝' 스코프를 제공합니다. `ItemReader`의 리소스에 매개변수화된 파일 이름을 사용하도록 다음과 같이 변경할 수 있습니다.

```java
@Bean
@StepScope
public ItemReader<UserRegistration> csvFileReader(
  @Value("file:${user.home}/batches/#{jobParameters['input.fileName']}.csv")
  Resource input) { ... }
```

빈(즉 `FlatFileItemReader`)의 스코프를 스텝의 라이프사이클(`JobParameters`가 올바르게 해석되는 시점)로 지정했으며 EL 구문을 사용해 작업 경로를 매개변수화했습니다.

마치며

8장에서는 배치 처리의 개념과 간략한 역사를 알아보고 아직도 현대 아키텍처에서 배치 처리가 중요한 이유를 살펴봤습니다. 스프링 배치 프레임워크를 소개하고 이를 이용한 배치 처리 방법과 배치 잡에서 `ItemReader`와 `ItemWriter` 구현체를 이용해 읽고 사용하는 방법을 배웠습니다. 또한 필요에 따라 커스텀 `ItemReader`와 `ItemWriter` 구현체를 작성하고 잡 내의 스텝 실행을 제어하는 방법을 살펴봤습니다.

CHAPTER 9

NoSQL 스프링 데이터 액세스

많은 애플리케이션이 오라클Oracle, MySQL, PostgreSQL 같은 관계형 DB(RDBMS)를 사용하지만 그 밖에도 다양한 데이터 저장소가 있습니다.

1 관계형 DB(오라클, MySQL, PostgreSQL 등)
2 문서 저장소(몽고DBMongoDB, 카우치베이스Couchbase)
3 키-값 저장소(레디스Redis, 볼드모트Voldemort)
4 열column 저장소(카산드라Cassandra)
5 그래프 저장소(Neo4j, 아파치 지라프Apache Giraph)

이러한 다양한 데이터 저장 기술(및 다양한 구현체)은 각자의 용도가 있으며 기술에 따라 사용하거나 구성하기 어려울 수도 있습니다. 또한 트랜잭션 처리와 오류를 변환하는 연결 코드plumbing code를 반복해서 작성해야 합니다.

스프링 데이터 프로젝트는 연결 코드를 쉽게 구성해 주므로 다양한 기술을 더 간편하게 구성할 수 있습니다. 스프링 데이터를 이용하면 각 연계 모듈에서 발생한 예외를 스프링의 일관된 `DataAccessException` 계열의 예외로 변환하여 스프링의 템플릿 접근 방식을 그대로 이용할 수 있습니다. 또한 스프링 데이터는 몇몇 기술을 대상으로 종류에 상관없이 데이터를 저장할 수 있는 방안을 제공하므로 일부 데이터는 JPA를 이용해 관계형 DB에 저장하고 다른 데이터는 그래프나 문서 저장소에 저장할 수도 있습니다.

> **NOTE_** 필요한 퍼시스턴스 저장소를 내려받아 설치하는 방법을 각 레시피에서 확인할 수 있으며 예제 프로젝트의 bin 디렉터리에는 각 퍼시스턴스 저장소용 도커 컨테이너를 설정하는 스크립트가 있습니다.

레시피 9-1 몽고DB 이용하기

과제 몽고DB를 이용해 문서를 저장하고 조회하세요.

해결 몽고DB를 내려받고 구성합니다.

풀이 몽고DB 다운로드 및 기동하기

먼저 몽고DB 공식 사이트(`https://www.mongodb.com`)에서 운영체제에 맞는 설치 파일을 내려받고 매뉴얼(`https://www.mongodb.com/ko-kr/docs/manual/installation/`)을 참고해 설치합니다.

설치를 완료하고 명령줄에서 `mongodb` 명령어를 실행하면 몽고DB 서버가 27017 포트로 실행됩니다(그림 9-1). 다른 포트 번호를 사용하려면 명령줄에서 `--port` 옵션으로 지정합니다.

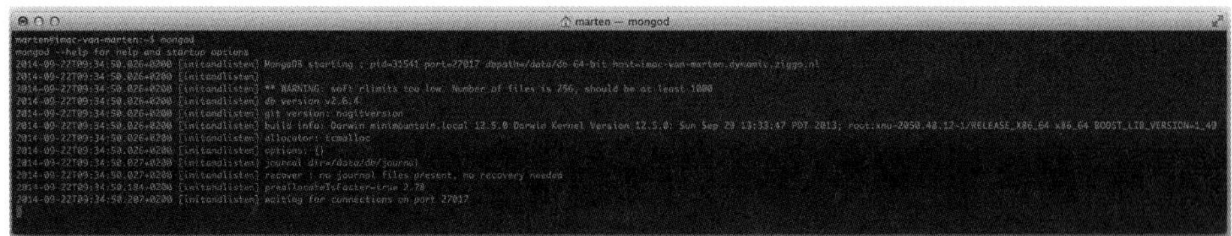

그림 9-1 몽고DB 초기 기동 로그 출력

기본 데이터 저장 경로는 `/data/db`(윈도우 환경이라면 몽고DB가 설치된 경로 하위의 `\data\db`)입니다. 명령줄에 `--dbpath` 옵션을 추가해 저장 경로를 변경할 수도 있습니다. 실제로 존재하는 경로인지, 해당 경로에 쓰기가 가능한지 확인해야 합니다.

몽고DB 접속하기

몽고DB에 접속하려면 Mongo 인스턴스가 필요합니다. 이 인스턴스를 사용하면 DB와 실제 컬렉션collection을 가져올 수 있습니다. 몽고DB를 이용하는 작은 시스템을 만들어 봅시다. 먼저 저장할 객체를 작성합니다.

예제 9-1 Vehicle **레코드**

```
package com.apress.spring6recipes.nosql;

public record Vehicle(String vehicleNo, String color, int wheel, int seat) { }
```

이 객체를 저장하는 데 사용할 리포지터리 인터페이스를 작성합니다.

예제 9-2 VehicleRepository **인터페이스**

```
package com.apress.spring6recipes.nosql;

import java.util.List;

public interface VehicleRepository {

  long count();
  void save(Vehicle vehicle);
  void delete(Vehicle vehicle);
  List<Vehicle> findAll();
  Vehicle findByVehicleNo(String vehicleNo);
}
```

몽고DB용으로 VehicleRepository 인터페이스를 구현한 MongoVehicleRepository를 작성합니다.

예제 9-3 몽고DB용 VehicleRepository **구현체**

```
package com.apress.spring6recipes.nosql;

import com.mongodb.client.MongoClient;
import com.mongodb.client.MongoCollection;
import org.bson.Document;
```

```java
import java.util.List;
import java.util.stream.Collectors;
import java.util.stream.StreamSupport;

import static com.mongodb.client.model.Filters.eq;

public class MongoVehicleRepository implements VehicleRepository {

  private final MongoClient mongo;
  private final String collectionName;
  private final String databaseName;

  public MongoVehicleRepository(MongoClient mongo, String databaseName,
                                String collectionName) {
    this.mongo = mongo;
    this.databaseName = databaseName;
    this.collectionName = collectionName;
  }

  @Override
  public long count() {
    return getCollection().countDocuments();
  }

  @Override
  public void save(Vehicle vehicle) {
    var dbVehicle = transform(vehicle);
    getCollection().insertOne(dbVehicle);
  }

  @Override
  public void delete(Vehicle vehicle) {
    getCollection().deleteOne(eq("vehicleNo", vehicle.vehicleNo()));
  }

  @Override
  public List<Vehicle> findAll() {
    return StreamSupport.stream(getCollection().find().spliterator(), false)
            .map(this::transform)
            .collect(Collectors.toList());
  }

  @Override
  public Vehicle findByVehicleNo(String vehicleNo) {
```

```
    return transform(getCollection().find(eq("vehicleNo", vehicleNo)).first());
  }

  private MongoCollection<Document> getCollection() {
    return mongo.getDatabase(databaseName).getCollection(collectionName);
  }

  private Vehicle transform(Document dbVehicle) {
    if (dbVehicle == null) {
      return null;
    }
    return new Vehicle(
            dbVehicle.getString("vehicleNo"),
            dbVehicle.getString("color"),
            dbVehicle.getInteger("wheel"),
            dbVehicle.getInteger("seat"));
  }

  private Document transform(Vehicle vehicle) {
    return new Document("vehicleNo", vehicle.vehicleNo())
            .append("color", vehicle.color())
            .append("wheel", vehicle.wheel())
            .append("seat", vehicle.seat());
  }
}
```

생성자는 몽고DB 클라이언트, DB 이름, 객체를 저장할 컬렉션 이름이라는 세 가지 인수를 받습니다. 몽고DB의 문서document는 DB에 속한 컬렉션에 저장됩니다.

getCollection() 메서드를 사용해 MongoCollection에 쉽게 접근할 수 있습니다. 이 메서드는 몽고DB 커넥션을 가져온 후 MongoCollection을 얻어와 반환합니다. MongoCollection을 사용해 문서를 저장, 삭제, 수정할 수 있습니다.

save() 메서드는 전달받은 Vehicle 객체를 사용해 먼저 기존 문서를 수정하려고 시도하며 실패하면 문서를 새로 생성합니다. 객체를 저장하려면 먼저 Vehicle 타입인 도메인 객체의 타입을 Document로 변환해야 합니다. Vehicle 객체의 다양한 프로퍼티는 Document 객체의 키/값으로 저장됩니다. 문서를 조회할 때는 Document 객체를 사용하며 이 객체에 존재하는 키/값 쌍으로 문서를 찾습니다. 예제의 findByVehicleNo() 메서드에서 관련 내용을 확인할 수 있습니다. Vehicle 객체와 Document 객체의 상호 변환은 transform() 메서드가 수행합니다.

다음과 같이 메인 클래스를 작성합니다.

예제 9-4 코드를 실행하는 메인 클래스

```
package com.apress.spring6recipes.nosql;

import com.mongodb.client.MongoClients;

public class Main {

  private static final String DB_NAME = "vehicledb";
  private static final String COUNT = "Number of Vehicles: %d%n";

  public static void main(String[] args) {
    try (var mongo = MongoClients.create()) {

      var repository = new MongoVehicleRepository(mongo, DB_NAME, "vehicles");

      System.out.printf(COUNT, repository.count());

      repository.save(new Vehicle("TEM0001", "RED", 4, 4));
      repository.save(new Vehicle("TEM0002", "RED", 4, 4));

      System.out.printf(COUNT, repository.count());

      var v = repository.findByVehicleNo("TEM0001");

      System.out.println(v);

      var vehicleList = repository.findAll();

      System.out.printf(COUNT, vehicleList.size());
      vehicleList.forEach(System.out::println);
      System.out.printf(COUNT, repository.count());

      mongo.getDatabase(DB_NAME).drop();
    }
  }
}
```

메인 클래스는 MongoClients 헬퍼를 이용해 MongoClient 인스턴스를 생성합니다. MongoClient 인스턴스는 로컬호스트의 27017 포트로 몽고DB 인스턴스에 접속을 시도합니다. 다른 호스트나 포트로 접근하려면 MongoClient의 create() 메서드를 사용하면 되는데, 이 메서드는 커넥션 문자열이나 (더 구체적으로 파라미터 구성을 할 수 있는) MongoClientSettings를 전달받습니다. 그다음으로 MongoVehicleRepository의 인스턴스를 생성합니다. 이때 이전에 생성한 MongoClient, DB 이름인 vehicledb, 컬렉션 이름인 vehicles를 인수로 전달합니다.

다음으로 DB에 Vehicle 두 개를 신규로 삽입하고 조회한 후 삭제합니다. 메인 클래스의 마지막 줄에서는 DB를 삭제drop합니다. 실제 운영 환경에서 DB를 이용할 때는 DB를 삭제하면 안 됩니다. 마지막으로 몽고DB와 통신하는 데 사용한 MongoClient를 자동 리소스 닫기 블록에서 닫습니다.

출력 결과는 다음과 같습니다.

```
Number of Vehicles: 0
Number of Vehicles: 2
Vehicle[vehicleNo=TEM0001, color=RED, wheel=4, seat=4]
Number of Vehicles: 2
Vehicle[vehicleNo=TEM0001, color=RED, wheel=4, seat=4]
Vehicle[vehicleNo=TEM0002, color=RED, wheel=4, seat=4]
Number of Vehicles: 2
```

스프링으로 구성하기

스프링 구성을 이용해 쉽게 MongoClient와 MongoVehicleRepository를 설정하고 구성할 수 있습니다.

예제 9-5 @Configuration을 적용해 몽고DB 이용하기

```
package com.apress.spring6recipes.nosql.config;

import com.apress.spring6recipes.nosql.MongoVehicleRepository;
import com.apress.spring6recipes.nosql.VehicleRepository;
import com.mongodb.client.MongoClient;
import com.mongodb.client.MongoClients;
import org.springframework.context.annotation.Bean;
import org.springframework.context.annotation.Configuration;
```

```
@Configuration
public class MongoConfiguration {

  private static final String DB_NAME = "vehicledb";
  private static final String COLLECTION_NAME = "vehicles";

  @Bean
  public MongoClient mongo() {
    return MongoClients.create();
  }

  @Bean
  public MongoVehicleRepository vehicleRepository(MongoClient mongo) {
    return new MongoVehicleRepository(mongo, DB_NAME, COLLECTION_NAME);
  }
}
```

다음과 같이 MongoVehicleRepository에 DB를 삭제하는 메서드를 추가하고 @PreDestroy 애너테이션을 적용합니다.

예제 9-6 @PreDestroy **애너테이션을 적용한 메서드를 추가한** MongoVehicleRepository

```
@PreDestroy
public void cleanUp() {
  mongo.getDatabase(databaseName).drop();
}
```

마지막으로 메인 클래스에 변경 사항을 적용합니다.

예제 9-7 코드를 실행하는 메인 클래스

```
package com.apress.spring6recipes.nosql;

import com.apress.spring6recipes.nosql.config.MongoConfiguration;
import org.springframework.context.annotation.AnnotationConfigApplicationContext;

import java.util.List;

public class Main {

  private static final String COUNT = "Number of Vehicles: %d%n";
```

```
    public static void main(String[] args) {
      var cfg = MongoConfiguration.class;
      try (var ctx = new AnnotationConfigApplicationContext(cfg)) {
        var repository = ctx.getBean(VehicleRepository.class);

        System.out.printf(COUNT, repository.count());

        repository.save(new Vehicle("TEM0001", "RED", 4, 4));
        repository.save(new Vehicle("TEM0002", "RED", 4, 4));

        System.out.printf(COUNT, repository.count());

        var v = repository.findByVehicleNo("TEM0001");

        System.out.println(v);

        var vehicleList = repository.findAll();

        System.out.printf(COUNT, vehicleList.size());

        vehicleList.forEach(System.out::println);

        System.out.printf(COUNT, repository.count());
      }
    }
  }
```

AnnotationConfigApplicationContext를 이용해 구성을 로드하고 이 컨텍스트에서 VehicleRepository 빈을 가져와 여러 작업에서 사용합니다. 컨텍스트를 실행한 코드가 끝나면 MongoVehicleRepository의 cleanUp() 메서드가 실행됩니다.

MongoTemplate으로 몽고DB 코드 단순화하기

지금까지는 MongoVehicleRepository에서 몽고DB API를 사용했습니다. 몽고DB API가 아주 복잡하지는 않지만 API를 어느 정도 이해해야 하고 Vehicle 객체 매핑 같은 작업을 반복해야 합니다. MongoTemplate을 이용하면 리포지터리 코드를 단순화할 수 있습니다.

NOTE_ 스프링 데이터 몽고DB[1]를 사용하기 전에 적절한 jar 파일 경로를 클래스패스에 추가해야 합니다.

- 메이븐 의존성 추가(pom.xml)

```
<dependency>
  <groupId>org.springframework.data</groupId>
  <artifactId>spring-data-mongodb</artifactId>
  <version>4.0.0</version>
</dependency>
```

- 그레이들 의존성 추가(build.gradle)

```
implementation 'org.springframework.data:spring-data-mongodb:4.0.0'
```

예제 9-8 MongoTemplate을 이용한 MongoVehicleRepository

```
package com.apress.spring6recipes.nosql;

import jakarta.annotation.PreDestroy;
import org.springframework.data.mongodb.core.MongoTemplate;
import org.springframework.data.mongodb.core.query.Query;

import java.util.List;

import static org.springframework.data.mongodb.core.query.Criteria.where;

public class MongoVehicleRepository implements VehicleRepository {

  private final MongoTemplate mongo;
  private final String collectionName;

  public MongoVehicleRepository(MongoTemplate mongo, String collectionName) {
    this.mongo = mongo;
    this.collectionName = collectionName;
  }

  @Override
  public long count() {
```

1 https://spring.io/projects/spring-data-mongodb

```
    return mongo.count(new Query(), collectionName);
  }

  @Override
  public void save(Vehicle vehicle) {
    mongo.save(vehicle, collectionName);
  }

  @Override
  public void delete(Vehicle vehicle) {
    mongo.remove(vehicle, collectionName);
  }

  @Override
  public List<Vehicle> findAll() {
    return mongo.findAll(Vehicle.class, collectionName);
  }

  @Override
  public Vehicle findByVehicleNo(String vehicleNo) {
    var query = new Query(where("vehicleNo").is(vehicleNo));
    return mongo.findOne(query, Vehicle.class, collectionName);
  }

  @PreDestroy
  public void cleanUp() {
    mongo.execute(db -> {
      db.drop();
      return null;
    });
  }
}
```

MongoTemplate을 사용하면 코드가 훨씬 깔끔해집니다. save(), update(), delete() 같은 다양한 작업에 필요한 메서드를 제공하며 (findByVehicleNo()에서와 같이) 쿼리를 간결하게 작성할 수 있도록 도와주기도 합니다. 몽고DB 클래스와 매핑하는 작업을 하지 않아도 되므로 Document를 생성할 필요도 없습니다. 이제 이러한 작업은 MongoTemplate이 알아서 처리합니다. Vehicle 객체를 몽고DB 클래스로 변환하는 작업은 MongoConverter가 수행하며 기본적으로 MappingMongoConverter를 사용합니다. 이 매퍼는 프로퍼티를 속성 이름에 매핑하거나 그 반대로 매핑하며 이 과정에서 최대한 정확한 데이터 타입을 맞추려고 시도합니다.

커스텀 매핑이 필요하다면 MongoConverter를 직접 구현해 MongoTemplate에 등록하면 됩니다.

MongoTemplate을 사용하도록 구성을 변경합니다.

예제 9-9 MongoTemplate을 **이용하도록 변경한** MongoConfiguration

```
package com.apress.spring6recipes.nosql.config;

import com.apress.spring6recipes.nosql.MongoVehicleRepository;
import com.mongodb.client.MongoClient;
import org.springframework.context.annotation.Bean;
import org.springframework.context.annotation.Configuration;
import org.springframework.data.mongodb.core.MongoClientFactoryBean;
import org.springframework.data.mongodb.core.MongoTemplate;

@Configuration
public class MongoConfiguration {

  private static final String DB_NAME = "vehicledb";
  private static final String COLLECTION_NAME = "vehicles";

  @Bean
  public MongoTemplate mongo(MongoClient mongo) throws Exception {
    return new MongoTemplate(mongo, DB_NAME);
  }

  @Bean
  public MongoClientFactoryBean mongoFactoryBean() {
    return new MongoClientFactoryBean();
  }

  @Bean
  public MongoVehicleRepository vehicleRepository(MongoTemplate mongo) {
    return new MongoVehicleRepository(mongo, COLLECTION_NAME);
  }
}
```

MongoClientFactoryBean이 없어도 MongoTemplate을 사용할 수 있지만 이 빈을 사용하면 MongoClient를 더 쉽게 구성할 수 있습니다. MongoTemplate은 다양한 생성자를 제공합니다. 예제에는 MongoClient 인스턴스와 사용할 DB 이름을 전달받는 생성자를 사용했습니다. MongoDatabaseFactory 인스턴스를 이용해 DB를 확인합니다. 기본적으로 SimpleMongoClientDatabaseFactory가 사용됩니다. 대부분 기본 구현체를 사용하면 되지만 특수한 상황(예: 암호화된 접속이 필요한 상황)이라면 기본 구현체를 상속해 쉽게 구현할 수도 있습니다. 마지막으로 MongoTemplate과 컬렉션 이름을 MongoVehicleRepository에 주입합니다.

마지막으로 자동으로 생성된 ID를 저장하는 데 사용할 필드를 Vehicle 객체에 추가해야 합니다. 해당 필드의 이름을 id로 정하거나 필드에 @Id 애너테이션을 적용합니다.

예제 9-10 id 필드를 추가한 Vehicle 레코드

```
package com.apress.spring6recipes.nosql;

public record Vehicle(String id, String vehicleNo, String color, int wheel,
  int seat) { }
```

애너테이션으로 매핑 정보 지정하기

MongoVehicleRepository는 접근하려는 컬렉션의 이름을 알아야 합니다. 저장하려는 객체(예제에서는 Vehicle)에 컬렉션의 이름을 지정할 수 있다면 더 쉽고 유연하게 구성할 수 있겠죠. 이럴 때는 스프링 데이터 몽고Spring Data Mongo가 제공하는 @Document 애너테이션을 이용하면 됩니다. JPA의 @Table 애너테이션과 유사한 역할을 하죠.

예제 9-11 @Document를 적용한 Vehicle 레코드

```
package com.apress.spring6recipes.nosql;

import org.springframework.data.mongodb.core.mapping.Document;

@Document(collection = "vehicles")
public record Vehicle(String id, String vehicleNo, String color, int wheel,
  int seat) { }
```

@Document에는 collection, language, collation이라는 세 가지 프로퍼티를 사용할 수 있습니다. collection에는 사용할 컬렉션의 이름을 지정합니다. language에는 이 객체의 언어를 지정합니다. collation에는 대소문자 구분과 악센트 표시 규칙 같은 문자열 비

교에 필요한 언어별 규칙을 지정합니다. 매핑 정보가 이제 Vehicle 클래스에 담겼으므로 MongoVehicleRepository에서 컬렉션 이름을 제거해도 됩니다.

예제 9-12 컬렉션 이름을 제거한 MongoVehicleRepository

```
package com.apress.spring6recipes.nosql;

import jakarta.annotation.PreDestroy;
import org.springframework.data.mongodb.core.MongoTemplate;
import org.springframework.data.mongodb.core.query.Query;

import java.util.List;

import static org.springframework.data.mongodb.core.query.Criteria.where;

public class MongoVehicleRepository implements VehicleRepository {

  private final MongoTemplate mongo;

  public MongoVehicleRepository(MongoTemplate mongo) {
    this.mongo = mongo;
  }

  @Override
  public long count() {
    return mongo.count(new Query(), Vehicle.class);
  }

  @Override
  public void save(Vehicle vehicle) {
    mongo.save(vehicle);
  }

  @Override
  public void delete(Vehicle vehicle) {
    mongo.remove(vehicle);
  }

  @Override
  public List<Vehicle> findAll() {
    return mongo.findAll(Vehicle.class);
  }
```

```
  @Override
  public Vehicle findByVehicleNo(String vehicleNo) {
    var query = new Query(where("vehicleNo").is(vehicleNo));
    return mongo.findOne(query, Vehicle.class);
  }

  @PreDestroy
  public void cleanUp() {
    mongo.execute(db -> {
      db.drop();
      return null;
    });
  }
}
```

MongoVehicleRepository의 구성에서도 컬렉션 이름을 제거합니다. MongoTemplate 등 나머지 구성은 그대로 유지합니다.

예제 9-13 변경한 MongoVehicleRepository 구성

```
package com.apress.spring6recipes.nosql.config;

import org.springframework.context.annotation.Bean;
import org.springframework.context.annotation.Configuration;

@Configuration
public class MongoConfiguration {

  ...
  @Bean
  public MongoVehicleRepository vehicleRepository(MongoTemplate mongo) {
    return new MongoVehicleRepository(mongo);
  }
}
```

메인 클래스를 실행한 결과는 이전과 동일합니다.

스프링 데이터 몽고DB 리포지터리 생성하기

몽고DB 클래스 매핑 작업이 필요 없고 컬렉션 이름을 전달하지 않아도 되니 코드가 많이 줄었지만 아직도 더 줄일 수 있습니다. 스프링 데이터 몽고의 또 다른 기능을 활용하면 MongoVehicleRepository 구현체 관련 부분을 완전히 제거할 수 있습니다.

먼저 다음과 같이 구성을 수정합니다.

예제 9-14 몽고DB 구성

```
package com.apress.spring6recipes.nosql.config;

import com.mongodb.client.MongoClient;
import org.springframework.context.annotation.Bean;
import org.springframework.context.annotation.Configuration;
import org.springframework.data.mongodb.core.MongoClientFactoryBean;
import org.springframework.data.mongodb.core.MongoTemplate;
import org.springframework.data.mongodb.repository.config.EnableMongoRepositories;

@Configuration
@EnableMongoRepositories(basePackages = "com.apress.spring6recipes.nosql")
public class MongoConfiguration {

  public static final String DB_NAME = "vehicledb";

  @Bean
  public MongoTemplate mongoTemplate(MongoClient mongo) {
    return new MongoTemplate(mongo, DB_NAME);
  }

  @Bean
  public MongoClientFactoryBean mongoFactoryBean() {
    return new MongoClientFactoryBean();
  }
}
```

MongoVehicleRepository를 생성하던 @Bean 메서드를 제거했으며 클래스에 @EnableMongoRepositories 애너테이션을 적용했습니다. 이로써 스프링 데이터 Repository 인터페이스(또는 그 하위 인터페이스 중 하나)를 상속받은 인터페이스가 자동으로 감지돼 @Document 애너테이션이 적용된 도메인 객체에서 사용됩니다.

스프링 데이터가 감지하려면 VehicleRepository는 CrudRepository나 그 하위 인터페이스(예: MongoRepository) 중 하나를 상속해야 합니다.

예제 9-15 스프링 데이터 기반 VehicleRepository 인터페이스

```
package com.apress.spring6recipes.nosql;

import org.springframework.data.mongodb.repository.MongoRepository;

public interface VehicleRepository extends MongoRepository<Vehicle, String> {
  Vehicle findByVehicleNo(String vehicleNo);

}
```

이전에 작성한 여러 메서드가 어디로 사라졌는지 궁금할 것입니다. 상위 인터페이스에 이미 정의된 메서드들이라 제거했죠. findByVehicleNo()는 아직 남아 있으며 vehicleNo 프로퍼티를 이용해 Vehicle을 조회하는 데 사용합니다. 이름이 findBy로 시작하는 모든 메서드는 몽고DB 쿼리로 변환됩니다. findBy 뒷부분은 프로퍼티 이름으로 해석됩니다. and, or, between 같은 다양한 연산자를 사용해 더 복잡한 쿼리를 작성할 수도 있습니다.

메인 클래스 실행 결과는 동일하지만 몽고DB를 다루는 코드는 훨씬 줄었습니다.

리액티브 스프링 데이터 몽고DB 리포지터리 생성하기

전통적인 몽고DB 리포지터리를 만드는 대신 ReactiveMongoRepository(또는 다른 반응 저장소 인터페이스 중 하나)를 상속해 리액티브 리포지터리를 만들 수 있습니다. 이때 단일 값을 반환하는 메서드의 반환 타입은 Mono, 0개 이상의 요소를 반환하는 메서드의 반환 타입은 Flux로 바뀝니다.

> **NOTE_** 리액터 프로젝트 대신 RxJava를 사용하고 싶다면 RxJava3*Repository 인터페이스 중 하나를 상속하고 Mono/Flux 대신 Single/Observable을 사용합니다.

리액티브 리포지터리 구현체를 사용하려면 먼저 몽고DB 드라이버의 리액티브 구현체를 사용하고 해당 드라이버를 사용하도록 스프링 데이터를 구성해야 합니다. AbstractReactiveMongoConfiguration을 상속하고 필수 메서드인 getDatabaseName()과 reactiveMongoClient()를 구현하면 이를 쉽게 진행할 수 있습니다.

예제 9-16 리액티브 몽고DB 구성

```
package com.apress.spring6recipes.nosql.config;

import com.mongodb.reactivestreams.client.MongoClient;
import com.mongodb.reactivestreams.client.MongoClients;
import org.springframework.context.annotation.Bean;
import org.springframework.context.annotation.Configuration;
import org.springframework.data.mongodb.config.AbstractReactiveMongoConfiguration;
import org.springframework.data.mongodb.repository.config.
EnableReactiveMongoRepositories;

@Configuration
@EnableReactiveMongoRepositories(basePackages = "com.apress.spring6recipes.nosql")
public class MongoConfiguration extends AbstractReactiveMongoConfiguration {

  private static final String DB_NAME = "vehicledb";

  @Bean
  @Override
  public MongoClient reactiveMongoClient() {
    return MongoClients.create();
  }

  @Override
  protected String getDatabaseName() {
    return DB_NAME;
  }
}
```

@EnableMongoRepositories 대신 @EnableReactiveMongoRepositories 애너테이션을 적용했다는 점도 달라졌습니다. DB 이름은 여전히 필요하며 리액티브 드라이버를 이용해 몽고DB 인스턴스에 접속해야 합니다. MongoClients의 create() 메서드 중 하나를 사용해 접속할 수 있습니다. 여기서는 간단히 기본 메서드를 사용합니다.

다음으로 ReactiveMongoRepository 인터페이스를 상속하도록 VehicleRepository 인터페이스를 변경해 리액티브로 바꾸고 findByVehicleNo()의 반환 타입도 Vehicle에서 Mono<Vehicle>로 변경합니다.

예제 9-17 리액티브 스프링 데이터 기반 VehicleRepository 인터페이스

```
package com.apress.spring6recipes.nosql;

import org.springframework.data.mongodb.repository.ReactiveMongoRepository;
import reactor.core.publisher.Mono;

public interface VehicleRepository extends ReactiveMongoRepository<Vehicle, String> {
  Mono<Vehicle> findByVehicleNo(String vehicleNo);

}
```

마지막으로 이를 모두 테스트하는 메인 클래스를 변경합니다. 호출을 블로킹하는 대신 호출할 메서드의 스트림을 사용합니다.

예제 9-18 코드를 실행하는 메인 클래스

```
package com.apress.spring6recipes.nosql;

import com.apress.spring6recipes.nosql.config.MongoConfiguration;
import org.springframework.context.annotation.AnnotationConfigApplicationContext;
import reactor.core.publisher.Flux;

import java.util.concurrent.CountDownLatch;

public class Main {

  private static final String COUNT = "Number of Vehicles: %d%n";

  public static void main(String[] args) throws Exception {
    var cfg = MongoConfiguration.class;
    try (var ctx = new AnnotationConfigApplicationContext(cfg)) {
      var repository = ctx.getBean(VehicleRepository.class);
      var countDownLatch = new CountDownLatch(1);

      repository.count().doOnSuccess(cnt -> System.out.printf(COUNT, cnt))
        .thenMany(repository.saveAll(
          Flux.just(
            new Vehicle(null, "TEM0001", "RED", 4, 4),
            new Vehicle(null, "TEM0002", "RED", 4, 4))))
              .last()
              .then(repository.count())
              .doOnSuccess(cnt -> System.out.printf(COUNT, cnt))
```

```
            .then(repository.findByVehicleNo("TEM0001"))
            .doOnSuccess(System.out::println)
            .then(repository.deleteAll())
            .doOnTerminate(countDownLatch::countDown)
            .then(repository.count())
            .subscribe(cnt -> System.out.printf(COUNT, cnt));

        countDownLatch.await();
      }
    }
  }
```

먼저 몽고DB에 저장돼 있는 전체 데이터 개수를 출력합니다. 그리고 두 개의 Vehicle을 몽고DB에 추가하고 저장이 완료되면 저장된 전체 데이터 개수를 다시 세어 출력합니다. 그 다음 특정 Vehicle을 조회하는 쿼리를 수행한 후 deleteAll() 메서드를 호출합니다. 이 모든 메서드는 이벤트에 의해 트리거되며 하나씩 차례대로 리액티브 방식으로 호출됩니다. block() 메서드를 사용해 블로킹하지 않고 CountDownLatch를 활용해 모든 레코드가 삭제될 때까지 대기합니다. 모든 레코드가 삭제돼 CountDownLatch의 값이 감소하면 이후 로직이 실행됩니다. 사실 이렇게 해도 여전히 블로킹됩니다. 하지만 완전한 리액티브 스택에서 이 코드를 사용한다면 일반적으로는 마지막 then() 메서드에서 반환된 Mono를 그대로 반환합니다. 그리고 이 Mono에 추가로 다른 작업을 이어붙이거나 스프링 WebFlux 컨트롤러의 출력에 이용할 수 있습니다(4장 참조).

레시피 9-2 레디스 이용하기

과제 레디스를 이용해 데이터를 저장하세요.

해결 레디스를 내려받아 설치하고 스프링과 스프링 데이터를 이용해 레디스 인스턴스에 접속합니다.

풀이 레디스는 DB, 캐시(14장 참조), 메시지 브로커, 스트리밍 엔진으로 활용할 수 있는 인메모리 데이터 구조 저장소입니다. 여기서는 데이터 저장소 기능을 살펴볼 예정이며 레디스는 이와 관련된 리스트, (정렬된) 셋, 해시, 문자열, 비트맵, 지리공간 인덱스geospatial index, 스트림을 제공합니다. 성능 향상을 위해 레디스는 인메모리 데이터셋을 사용하며 필요에 따라 주기적으로 디스크에 저장하거나 지속적으로 커밋 로그를 추가할 수 있습니다.

레디스 다운로드 및 설치하기

레디스 공식 다운로드 사이트(`https://redis.io/download`)에서 레디스를 내려받을 수 있습니다. 이 책을 쓰는 현재 최신 안정 버전은 7.0입니다. 공식 사이트에서 운영체제별 설치 가이드(`https://redis.io/docs/install/install-redis/`)를 참고해 설치하세요.

레디스를 설치하고 나면 명령줄에서 `redis-server` 명령어를 이용해 레디스를 기동합니다. 정상적으로 기동되면 [그림 9-2]와 같은 내용이 출력됩니다. 출력 결과에 프로세스 ID(PID)와 리스닝 중인 포트 번호(기본 설정 값인 6379)가 표시됩니다.

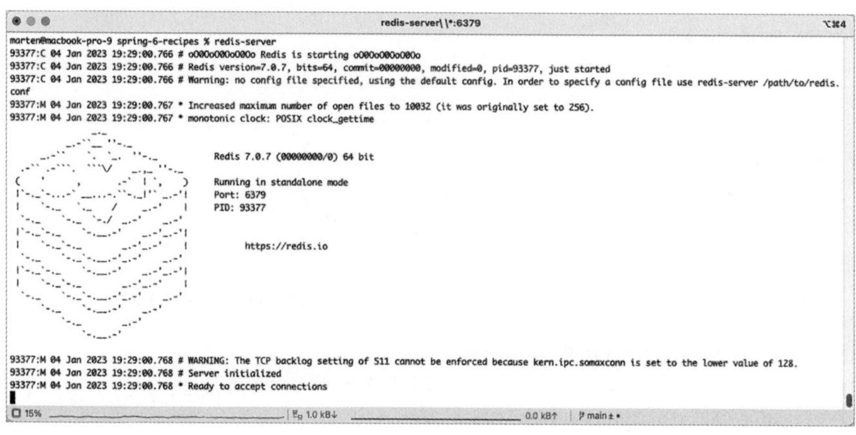

그림 9-2 레디스 기동 후 출력

레디스 접속하기

DB에 접속하려면 JDBC 드라이버가 필요하듯이 레디스에 접속하려면 클라이언트가 필요합니다. 여러 클라이언트가 있으며 레디스 웹사이트(`https://redis.io/clients`)에서 전체 예제를 확인할 수 있습니다. 이번 레시피에서는 매우 활발하게 개발되며 레디스 팀도 권장하는 제디스Jedis 클라이언트를 사용합니다.

NOTE_ 제디스를 사용하려면 관련 의존성을 클래스패스에 추가해야 합니다.

- 메이븐 의존성 추가(pom.xml)

```
<dependency>
  <groupId>redis.clients</groupId>
  <artifactId>jedis</artifactId>
  <version>4.3.1</version>
</dependency>
```

- 그레이들 의존성 추가(build.gradle)

```
implementation 'redis.clients:jedis:6.0.0'
```

hello world 예제를 작성해 레디스 접속이 정상적으로 이루어지는지 확인해 보겠습니다.

예제 9-19 제디스 클라이언트 사용

```
package com.apress.spring6recipes.nosql;

import redis.clients.jedis.Jedis;

import static redis.clients.jedis.Protocol.DEFAULT_PORT;

public class Main {

  public static void main(String[] args) {
    try (var jedis = new Jedis("localhost", DEFAULT_PORT)) {
      jedis.set("msg", "Hello World, from Redis!");
      System.out.println(jedis.get("msg"));
    }
  }
}
```

제디스 클라이언트를 생성할 때 호스트 이름과 접속할 포트를 전달합니다. 여기서는 단순히 localhost와 기본 포트(6379)를 전달했습니다. 제디스 클라이언트의 set() 메서드를 사용해 저장소에 메시지를 넣고 get() 메서드를 사용해 메시지를 다시 조회합니다. 단순한 객체 대신에 List나 Map과 비슷한 레디스 타입을 사용할 수도 있습니다.

예제 9-20 코드를 실행하는 메인 클래스

```
package com.apress.spring6recipes.nosql;

import redis.clients.jedis.Jedis;

import static redis.clients.jedis.Protocol.DEFAULT_PORT;

public class Main {

  public static void main(String[] args) {
    try (var jedis = new Jedis("localhost", DEFAULT_PORT)) {
      jedis.rpush("authors", "Marten Deinum", "Josh Long", "Daniel Rubio", "Gary Mak");
      System.out.println("Authors: " + jedis.lrange("authors", 0, -1));

      jedis.hset("sr_5", "authors", "Josh Long, Marten Deinum");
      jedis.hset("sr_5", "published", "2019");

      jedis.hset("sr_6", "authors", "Josh Long, Marten Deinum");
      jedis.hset("sr_6", "published", "2023");

      System.out.println("Spring 5 Recipes " + jedis.hgetAll("sr_5"));
      System.out.println("Spring 6 Recipes " + jedis.hgetAll("sr_6"));
    }

  }
}
```

rpush()와 lpush() 메서드로 리스트에 요소를 추가할 수 있습니다. rpush()는 리스트의 끝에 요소를 추가하고 lpush()는 리스트의 시작 부분에 요소를 추가합니다. 리스트의 요소를 꺼내려면 lrange()와 rrange() 메서드를 사용합니다. lrange()는 왼쪽부터 요소를 찾기 시작하며 꺼내 올 요소의 시작과 종료 인덱스를 인수로 받습니다. 예제에서는 전부 꺼내 오라는 의미인 -1을 종료 인덱스로 사용했습니다.

맵에 요소를 추가하려면 키, 필드, 값을 받는 hset() 메서드를 사용합니다. 또는 Map<String, String>이나 Map<byte[], byte[]>를 인수로 받는 hmset() 메서드를 사용할 수도 있습니다.

레디스에 객체 저장하기

레디스는 String이나 byte[] 타입만 처리하는 키/값 저장소입니다. 따라서 레디스에 객체를 저장하는 일은 다른 기술만큼 간단하지 않습니다. 객체를 저장하기 전에 String이나 byte[] 타입으로 직렬화해야 합니다.

제디스 클라이언트를 이용해 ([레시피 9-1]에서 사용한) Vehicle 레코드를 저장하고 조회해 보겠습니다.

예제 9-21 Vehicle 레코드

```
package com.apress.spring6recipes.nosql;

import java.io.Serializable;

public record Vehicle (String vehicleNo, String color, int wheel, int seat)
        implements Serializable {

}
```

VehicleRepository 인터페이스도 선언합니다([레시피 9-1]의 몽고DB 예제와 동일합니다).

예제 9-22 VehicleRepository 인터페이스

```
package com.apress.spring6recipes.nosql;

import java.util.List;

public interface VehicleRepository {

  long count();
  void save(Vehicle vehicle);
  void delete(Vehicle vehicle);
  List<Vehicle> findAll();
  Vehicle findByVehicleNo(String vehicleNo);
}
```

마지막으로 VehicleRepository를 레디스에 맞게 구현합니다.

예제 9-23 레디스 RedisVehicleRepository 구현체

```
package com.apress.spring6recipes.nosql;

import java.util.List;

import org.springframework.util.SerializationUtils;

import jakarta.annotation.PreDestroy;
import redis.clients.jedis.Jedis;

public class RedisVehicleRepository implements VehicleRepository {

  private static final String DB_NAME = "vehicles";

  private final Jedis jedis;

  public RedisVehicleRepository(Jedis jedis) {
    this.jedis = jedis;
  }

  @Override
  public long count() {
    return jedis.hkeys(DB_NAME.getBytes()).size();
  }

  @Override
  public void save(Vehicle vehicle) {
    var key = vehicle.vehicleNo();
    var vehicleArray = SerializationUtils.serialize(vehicle);
    jedis.hset(DB_NAME.getBytes(), key.getBytes(), vehicleArray);
  }

  @Override
  public void delete(Vehicle vehicle) {
    jedis.hdel(DB_NAME.getBytes(), vehicle.vehicleNo().getBytes());
  }

  @Override
  public List<Vehicle> findAll() {
    return jedis.hkeys(DB_NAME).stream()
            .map(this::findByVehicleNo).toList();
  }
```

```
  @Override
  public Vehicle findByVehicleNo(String vehicleNo) {
    var vehicleArray = jedis.hget(DB_NAME.getBytes(), vehicleNo.getBytes());
    return (Vehicle) SerializationUtils.deserialize(vehicleArray);
  }

  @PreDestroy
  public void cleanUp() {
    findAll().forEach(this::delete);
  }
}
```

리포지터리에 원하는 객체를 저장하려면 앞에서 사용한 제디스 클라이언트가 필요합니다. 레디스에는 테이블이 없어서 일종의 분산 맵distributed map이라고 할 수 있는 해시(Hash) 타입을 대신 사용합니다. 해시의 키로 vehicles를 사용해 결과 해시에 차량 정보를 추가할 것입니다. 해시 키는 byte[]로 변환되며 Vehicle 객체도 Serializable이므로 byte[]로 변환될 수 있습니다.

NOTE_ 자바 직렬화를 사용하려면 java.io.Serializable 인터페이스를 구현해야 합니다. 이는 자바에서 객체를 직렬화하는 데 필요합니다. 객체를 저장소에 저장하기 전에 byte[]로 변환해야 하는데 자바에서는 ObjectOutputStream으로 객체를 바이트 스트림화한 후 ByteArrayOutputStream으로 byte[]로 변환합니다. byte[]를 다시 객체로 변환하려면 ObjectInputStream과 ByteArrayInputStream을 사용합니다. 스프링의 org.springframework.util.SerializationUtils 헬퍼 클래스는 직렬화와 역직렬화 헬퍼 메서드를 제공합니다.

CAUTION_ 구현된 코드는 간단한 예시일 뿐, 레디스 기반 리포지터리에 최적화되지 않았습니다.

이제 메인 클래스에서 Vehicle 인스턴스를 생성하고 리포지터리를 이용해 저장하고 조회해 보겠습니다.

예제 9-24 메인 클래스

```
package com.apress.spring6recipes.nosql;

import org.springframework.context.annotation.AnnotationConfigApplicationContext;
```

```
import com.apress.spring6recipes.nosql.config.RedisConfig;

public class Main {

  private static final String COUNT = "Number of Vehicles: %d%n";

  public static void main(String[] args) {
    var cfg = RedisConfig.class;
    try (var ctx = new AnnotationConfigApplicationContext(cfg)) {
      var repository = ctx.getBean(VehicleRepository.class);

      System.out.printf(COUNT, repository.count());

      repository.save(new Vehicle("TEM0001", "RED", 4, 4));
      repository.save(new Vehicle("TEM0002", "RED", 4, 4));

      System.out.printf(COUNT, repository.count());

      var v = repository.findByVehicleNo("TEM0001");

      System.out.println(v);

      var vehicleList = repository.findAll();

      System.out.printf(COUNT, vehicleList.size());
      vehicleList.forEach(System.out::println);
      System.out.printf(COUNT, repository.count());

    }
  }
}
```

객체를 String 타입으로 나타내는 방법도 있습니다. Vehicle을 XML이나 JSON으로 변환하면 byte[]보다 더 유연하게 사용할 수 있습니다. 유용한 잭슨 JSON 라이브러리를 이용해 객체를 JSON으로 변환하는 방법을 살펴보겠습니다.

예제 9-25 레디스 Vehicle 구현체: JSON으로 저장

```
package com.apress.spring6recipes.nosql;

import java.util.List;
```

```
import org.springframework.util.SerializationUtils;

import com.fasterxml.jackson.core.JsonProcessingException;
import com.fasterxml.jackson.databind.ObjectMapper;

import jakarta.annotation.PreDestroy;
import redis.clients.jedis.Jedis;

public class RedisVehicleRepository implements VehicleRepository{

  private static final String DB_NAME = "vehicles";

  private final Jedis jedis;
  private final ObjectMapper mapper;

  public RedisVehicleRepository(Jedis jedis, ObjectMapper mapper) {
    this.jedis = jedis;
    this.mapper = mapper;
  }

  @Override
  public long count() {
    return jedis.hkeys(DB_NAME).size();
  }

  @Override
  public void save(Vehicle vehicle) {
    try {
      var vehicleJson = mapper.writeValueAsString(vehicle);
      jedis.hset(DB_NAME, vehicle.vehicleNo(), vehicleJson);
    } catch (JsonProcessingException e) {
      throw new RuntimeException(e);
    }
  }

  @Override
  public void delete(Vehicle vehicle) {
    jedis.hdel(DB_NAME, vehicle.vehicleNo());
  }

  @Override
  public List<Vehicle> findAll() {
    return jedis.hkeys(DB_NAME).stream()
            .map(this::findByVehicleNo).toList();
```

```
    }

    @Override
    public Vehicle findByVehicleNo(String vehicleNo) {
      var vehicleJson = jedis.hget(DB_NAME, vehicleNo);
      try {
        return mapper.readValue(vehicleJson, Vehicle.class);
      } catch (JsonProcessingException ex) {
        throw new RuntimeException(ex);
      }
    }

    @PreDestroy
    public void cleanUp() {
      findAll().forEach(this::delete);
    }
  }
```

우선 JSON 변환에 사용할 잭슨 ObjectMapper 인스턴스를 주입받아 writeValueAsString() 메서드를 사용해 객체를 JSON 문자열로 변환하고 레디스에 저장합니다. 다음으로 스트링을 다시 읽어서 ObjectMapper의 readValue() 메서드로 전달합니다. 그러면 타입 인수(예제에서 Vehicle.class)에 맞는 인스턴스가 생성되며 JSON이 매핑됩니다.

레디스를 사용할 때 객체를 저장하는 일은 간단하지 않으며, 레디스가 복잡한 객체 구조를 저장하는 용도로 만들어진 것이 아니라고 말하는 사람들도 있습니다.

레디스 템플릿 구성 및 사용하기

레디스에 접속할 때 이용하는 클라이언트의 종류에 따라 레디스 API 사용법이 쉬울 수도 있고 더 어려울 수도 있습니다. RedisTemplate은 사용법을 일원화해 주며 대부분의 레디스 자바 클라이언트와 호환됩니다. 어떤 예외라도 스프링의 DataAccessException 계열의 예외로 바꿔주는 일도 합니다. 이로써 기존 데이터 액세스 코드와 원활하게 통합하고 스프링의 트랜잭션 기능도 이용할 수 있습니다.

NOTE_ 스프링 데이터 레디스를 사용하려면 관련 jar 파일을 클래스패스에 추가해야 합니다.

- 메이븐 의존성 추가(pom.xml)

```
<dependency>
  <groupId>org.springframework.data</groupId>
  <artifactId>spring-data-redis</artifactId>
  <version>3.0.0</version>
</dependency>
```

- 그레이들 의존성 추가(build.gradle)

```
implementation 'org.springframework.data:spring-data-redis:3.0.0'
```

RedisTemplate에는 레디스 커넥션을 가져올 RedisConnectionFactory가 필요합니다. 다양한 RedisConnectionFactory 인터페이스 구현체 중에서 JedisConnectionFactory를 사용해 보겠습니다.

예제 9-26 RedisTemplate **구성**

```
package com.apress.spring6recipes.nosql.config;

import com.apress.spring6recipes.nosql.RedisVehicleRepository;
import com.apress.spring6recipes.nosql.Vehicle;
import org.springframework.context.annotation.Bean;
import org.springframework.context.annotation.Configuration;
import org.springframework.data.redis.connection.RedisConnectionFactory;
import org.springframework.data.redis.connection.jedis.JedisConnectionFactory;
import org.springframework.data.redis.core.RedisTemplate;

@Configuration
public class RedisConfig {

  @Bean
  public RedisTemplate<String, Vehicle> redisTemplate(
          RedisConnectionFactory connectionFactory) {
    var template = new RedisTemplate<String, Vehicle>();
    template.setConnectionFactory(connectionFactory);
    return template;
  }
```

```
    @Bean
    public RedisConnectionFactory redisConnectionFactory() {
      return new JedisConnectionFactory();
    }

    @Bean
    public RedisVehicleRepository vehicleRepository(
      RedisTemplate<String, Vehicle> redis) {
      return new RedisVehicleRepository(redis);
    }
  }
```

redisTemplate() 메서드의 반환 타입은 RedisTemplate입니다. RedisTemplate은 제네릭 클래스이므로 키와 값 타입을 지정해야 합니다. 키는 String 타입, 값은 Vehicle 타입으로 지정했으며 객체를 저장하고 조회할 때 레디스 템플릿이 알아서 타입을 변환합니다. 내부적으로는 RedisSerializer 인터페이스 구현체가 변환합니다(표 9-1). 기본 RedisSerializer 구현체인 JdkSerializationRedisSerializer는 표준 자바 직렬화 기술을 이용해 객체를 byte[]로 변환하거나 그 반대로 변환합니다.

표 9-1 기본 RedisSerializer 구현체

이름	설명
ByteArrayRedisSerializer	byte[]를 그대로 저장하고 반환함
GenericToStringSerializer	문자열을 byte[]로 변환하는 직렬화기로, 객체를 byte[]로 변환하기 전에 스프링 ConversionService를 사용해 문자열로 변환함
GenericJackson2ToStringSerializer	잭슨 2 ObjectMapper의 동적 타입 변환 기술을 활용해 JSON 읽고 쓰기를 수행함
Jackson2JsonRedisSerializer	잭슨 2 ObjectMapper의 정적 타입 변환 기술을 활용해 JSON 읽고 쓰기를 수행함(객체 타입별로 직렬화기가 필요함)
JdkSerializationRedisSerializer	기본 자바 직렬화 및 역직렬화 기술을 사용하는 기본 구현체임
OmxSerializer	스프링 Marshaller와 Unmarshaller를 이용해 XML 읽고 쓰기를 수행함
StringRedisSerializer	문자열을 byte[]로 단순 변환함

레디스 템플릿을 이용하려면 RedisVehicleRepository를 수정해야 하며 메인 클래스는 수정하지 않아도 됩니다.

예제 9-27 RedisTemplate을 이용한 VehicleRepository 구현체

```
package com.apress.spring6recipes.nosql;

import java.util.List;
import java.util.Map;

import org.springframework.data.redis.core.RedisTemplate;
import org.springframework.data.redis.core.ScanOptions;

import jakarta.annotation.PreDestroy;

public class RedisVehicleRepository implements VehicleRepository{

  private static final String DB_NAME = "vehicles";

  private final RedisTemplate<String, Vehicle> redis;

  public RedisVehicleRepository(RedisTemplate<String, Vehicle> redis) {
    this.redis = redis;
  }

  @Override
  public long count() {
    return redis.opsForHash().size(DB_NAME);
  }

  @Override
  public void save(Vehicle vehicle) {
    redis.opsForHash().put(DB_NAME, vehicle.vehicleNo(), vehicle);
  }

  @Override
  public void delete(Vehicle vehicle) {
    redis.opsForHash().delete(DB_NAME, vehicle.vehicleNo());
  }

  @Override
  public List<Vehicle> findAll() {
    try (var cursor = redis.opsForHash().scan(DB_NAME, ScanOptions.NONE)) {
      return cursor.stream()
              .map(Map.Entry::getValue)
              .map(Vehicle.class::cast).toList();
    }
```

```java
    }

    @Override
    public Vehicle findByVehicleNo(String vehicleNo) {
      return (Vehicle) redis.opsForHash().get(DB_NAME, vehicleNo);
    }

    @PreDestroy
    public void cleanUp() {
      findAll().forEach(this::delete);
    }
  }
```

RedisTemplate을 사용하면 객체를 사용하면서도 템플릿이 객체 간 변환이라는 힘든 작업을 처리해 준다는 큰 장점이 있습니다. RedisTemplate을 생성할 때 String과 byte[] 타입이 아니라 String과 Vehicle을 인수로 받는데, 이렇게 하면 코드의 가독성이 높아지고 유지 보수가 쉬워집니다. 기본 JDK 직렬화기를 사용했지만 잭슨을 이용하고 싶다면 RedisSerializer 구성을 변경하면 됩니다.

예제 9-28 VehicleRepository **구성**

```java
package com.apress.spring6recipes.nosql.config;

@Configuration
public class RedisConfig {

  @Bean
  public RedisTemplate<String, Vehicle> redisTemplate(
          RedisConnectionFactory connectionFactory) {
    var template = new RedisTemplate<String, Vehicle>();
    template.setConnectionFactory(connectionFactory);
    template.setDefaultSerializer(new GenericJackson2JsonRedisSerializer());
    template.setEnableTransactionSupport(true);
    return template;
  }

  @Bean
  public RedisConnectionFactory redisConnectionFactory() {
    return new JedisConnectionFactory();
  }
  ...
```

RedisTemplate은 이제 잭슨 ObjectMapper를 사용해 직렬화와 역직렬화를 수행합니다. 나머지 코드는 그대로 둡니다. 메인 클래스를 다시 실행하면 여전히 정상적으로 동작하고 객체는 JSON 형태로 저장될 것입니다. RedisTemplate의 enableTransactionSupport 프로퍼티를 true로 설정하면 레디스 작업을 트랜잭션에 포함할 수 있습니다. 이렇게 하면 트랜잭션이 커밋될 때 RedisTemplate이 레디스와 관련된 일을 알아서 처리합니다.

스프링 데이터 레디스 리포지터리 작성하기

RedisTemplate을 사용하는 리포지터리 덕분에 레디스를 쉽게 다룰 수 있습니다. 하지만 훨씬 더 쉽게 사용할 수 있는 방법도 있습니다. JPA와 마찬가지로 스프링 데이터 레디스도 스프링 데이터의 기본 클래스 중 하나를 사용해 리포지터리를 작성하고 별도의 추가 설정이나 수정 없이 바로 사용할 수 있는 방법을 제공합니다. 그러려면 스프링 데이터의 Repository 인터페이스(또는 하위 인터페이스 중 하나)를 상속해야 합니다.

RedisTemplate을 내부적으로 사용하므로 코드가 훨씬 깔끔합니다. RedisVehicleRepository를 완전히 제거하고 VehicleRepository가 CrudRepository 인터페이스를 상속하면 됩니다.

먼저 다음과 같이 구성 클래스를 변경합니다.

예제 9-29 스프링 데이터 레디스 구성

```
package com.apress.spring6recipes.nosql.config;

import com.apress.spring6recipes.nosql.Vehicle;
import org.springframework.context.annotation.Bean;
import org.springframework.context.annotation.Configuration;
import org.springframework.data.redis.connection.RedisConnectionFactory;
import org.springframework.data.redis.connection.jedis.JedisConnectionFactory;
import org.springframework.data.redis.core.RedisTemplate;
import org.springframework.data.redis.repository.
configuration.EnableRedisRepositories;
import org.springframework.data.redis.serializer.GenericJackson2JsonRedisSerializer;

@Configuration
@EnableRedisRepositories(basePackages = "com.apress.spring6recipes.nosql")
public class RedisConfig {
```

```
  @Bean
  public RedisTemplate<String, Vehicle> redisTemplate(
          RedisConnectionFactory connectionFactory) {
    var template = new RedisTemplate<String, Vehicle>();
    template.setConnectionFactory(connectionFactory);
    template.setDefaultSerializer(new GenericJackson2JsonRedisSerializer());
    template.setEnableTransactionSupport(true);
    return template;
  }

  @Bean
  public RedisConnectionFactory redisConnectionFactory() {
    return new JedisConnectionFactory();
  }
}
```

RedisVehicleRepository를 생성하는 @Bean 메서드를 제거하고 클래스에 @EnableRedisRepositories 애너테이션을 적용했습니다. 그러면 스프링 데이터의 Repository 인터페이스(또는 해당 하위 인터페이스 중 하나)를 상속하고 도메인 객체와 관련된 작업에 사용되는 인터페이스를 감지할 수 있습니다.

스프링 데이터는 Vehicle의 어느 필드를 키로 사용할지 알아야 합니다. 기본적으로 이름이 id인 필드나 org.springframework.data.annotation 패키지의 @Id 애너테이션이 적용된 필드를 찾습니다. 예제에서는 Vehicle에 id라는 필드를 추가하겠습니다. 키스페이스keyspace(이전에 사용한 해시)를 정의하려면 클래스에 @RedisHash 애너테이션을 적용합니다. 기본적으로 Vehicle 클래스의 이름을 키스페이스로 사용하지만 vehicles를 사용하도록 명시적으로 추가하겠습니다. 마지막으로 vehicleNo 필드에 @Indexed 애너테이션을 적용하면 이 필드에 대한 보조 인덱스가 생성되지만 그렇지 않으면 인덱스를 사용할 수 없으므로 성능이 저하될 수 있습니다.

예제 9-30 변경한 Vehicle 클래스

```
package com.apress.spring6recipes.nosql;

import java.util.UUID;
```

```
import org.springframework.data.redis.core.RedisHash;
import org.springframework.data.redis.core.index.Indexed;

@RedisHash("vehicles")
public record Vehicle (String id, @Indexed String vehicleNo, String color,
  int wheel, int seat) {

  public Vehicle(String vehicleNo, String color, int wheel, int seat) {
    this(UUID.randomUUID().toString(), vehicleNo, color, wheel, seat);
  }
}
```

마지막으로 VehicleRepository 인터페이스는 다음과 같습니다.

예제 9-31 스프링 데이터 VehicleRepository 인터페이스

```
package com.apress.spring6recipes.nosql;

import org.springframework.data.repository.ListCrudRepository;

public interface VehicleRepository extends ListCrudRepository<Vehicle, String> {

  Vehicle findByVehicleNo(String vehicleNo);
}
```

이전에 작성한 여러 메서드가 어디로 사라졌는지 궁금할 것입니다. 상위 인터페이스에 이미 정의된 메서드들이라 제거했죠. findByVehicleNo() 메서드는 여전히 존재하며 vehicleNo 프로퍼티를 이용해 Vehicle을 조회하는 데 사용됩니다. 이름이 findBy로 시작하는 메서드는 모두 레디스 쿼리로 변환됩니다. findBy 뒷부분은 프로퍼티 이름으로 해석됩니다. and, or, between 같은 다양한 연산자를 사용해 더 복잡한 쿼리를 작성할 수도 있습니다.

> **NOTE_** 편의상 ListCrudRepository를 상속했습니다. findAll() 메서드는 Iterable이 아닌 List 타입을 반환합니다.

메인 클래스를 다시 실행해 보면 결과가 동일합니다. 하지만 레디스와 관련해 작성한 코드는 훨씬 간소화됐습니다.

예제 9-32 메인 클래스

```
package com.apress.spring6recipes.nosql;

import org.springframework.context.annotation.AnnotationConfigApplicationContext;

import com.apress.spring6recipes.nosql.config.RedisConfig;

public class Main {

  private static final String COUNT = "Number of Vehicles: %d%n";

  public static void main(String[] args) {
    var cfg = RedisConfig.class;
    try (var ctx = new AnnotationConfigApplicationContext(cfg)) {
      var repository = ctx.getBean(VehicleRepository.class);

      System.out.printf(COUNT, repository.count());

      repository.save(new Vehicle("TEM0001", "RED", 4, 4));
      repository.save(new Vehicle("TEM0002", "RED", 4, 4));

      System.out.printf(COUNT, repository.count());

      var v = repository.findByVehicleNo("TEM0001");

      System.out.println(v);

      var vehicleList = repository.findAll();

      System.out.printf(COUNT, vehicleList.size());
      vehicleList.forEach(System.out::println);
      System.out.printf(COUNT, repository.count());
      repository.deleteAll();
    }
  }
}
```

리액티브 스프링 데이터 레디스 리포지터리 생성하기

전통적인 레디스 리포지터리 대신 리액티브 리포지터리를 만들 수도 있습니다. 하지만 이 책을 집필하는 현재, 스프링 데이터 레디스는 리액티브 리포지터리 방식을 지원하지 않으며 Reacti veRedisTemplate을 이용해 리포지터리를 구현하게 해 줍니다. ReactiveRedisTemplate을 사용하려면 리액티브 드라이버 구현체를 사용하도록 구성을 변경해야 합니다.

예제 9-33 리액티브 레디스 구성

```
package com.apress.spring6recipes.nosql.config;

import org.springframework.context.annotation.Bean;
import org.springframework.context.annotation.Configuration;
import org.springframework.data.redis.connection.ReactiveRedisConnectionFactory;
import org.springframework.data.redis.connection.lettuce.LettuceConnectionFactory;
import org.springframework.data.redis.core.ReactiveRedisTemplate;
import org.springframework.data.redis.serializer.Jackson2JsonRedisSerializer;
import org.springframework.data.redis.serializer.RedisSerializationContext;
import org.springframework.data.redis.serializer.StringRedisSerializer;

import com.apress.spring6recipes.nosql.RedisVehicleRepository;
import com.apress.spring6recipes.nosql.Vehicle;

@Configuration
public class RedisConfig {

  @Bean
  public ReactiveRedisTemplate<String, Vehicle> redisTemplate(
          ReactiveRedisConnectionFactory connectionFactory) {

    RedisSerializationContext.RedisSerializationContextBuilder<String, Vehicle>
        builder = RedisSerializationContext.newSerializationContext(
          new StringRedisSerializer());
    var serializer = new Jackson2JsonRedisSerializer<>(Vehicle.class);
    RedisSerializationContext<String, Vehicle> context = builder.
    hashValue(serializer).build();

    return new ReactiveRedisTemplate<>(connectionFactory, context);
  }

  @Bean
  public ReactiveRedisConnectionFactory redisConnectionFactory() {
    return new LettuceConnectionFactory("localhost", 6379);
  }

  @Bean
  public RedisVehicleRepository vehicleRepository(
```

```
    ReactiveRedisTemplate<String, Vehicle> redis) {
    return new RedisVehicleRepository(redis);
  }

}
```

리액티브 리포지터리 구현체를 사용하려면 우선 레디스 드라이버의 리액티브 구현체를 사용해야 합니다. 제디스 드라이버는 리액티브 방식이 아니므로 레터스Lettuce[2] 드라이버로 바꿨습니다. LettuceConnectionFactory는 레터스 드라이버를 사용합니다. 이 드라이버는 일반적인 방식으로 사용할 수 있으며 블로킹과 논블로킹 방식 모두를 지원합니다. ReactiveRedisConnectionFactory는 ReactiveRedisTemplate을 생성하는 데 필요합니다. RedisSerializationContext 옆에 키와 값을 직렬화하는 방법에 관한 정보를 입력합니다. 일반 String을 사용하려면 StringRedisSerializer를 기본으로 사용하고 해시값(hashValue)에는 잭슨 JSON 라이브러리의 Jackson2JsonRedisSerializer를 사용합니다. 이렇게 ReactiveRedisTemplate을 생성한 후 RedisVehicleRepository에 주입합니다.

VehicleRepository를 ReactiveRedisTemplate을 사용하도록 변경해 리액티브 방식으로 만들고 메서드의 반환 타입을 Mono(0~1개의 값)나 Flux(0개 이상의 값)로 변경합니다. 여기서는 리액터 프로젝트를 이용하지만 RxJava3나 Mutiny Rye 같은 리액티브 방식을 이용해도 됩니다.

예제 9-34 리액티브 스프링 데이터 기반 VehicleRepository 구현체

```
package com.apress.spring6recipes.nosql;

import java.util.Map;

import org.springframework.data.redis.core.ReactiveRedisTemplate;
import org.springframework.data.redis.core.ScanOptions;

import jakarta.annotation.PreDestroy;
import reactor.core.publisher.Flux;
import reactor.core.publisher.Mono;

public class RedisVehicleRepository implements VehicleRepository{
```

2 https://redis.github.io/lettuce/

```
  private static final String DB_NAME = "vehicles";

  private final ReactiveRedisTemplate<String, Vehicle> redis;

  public RedisVehicleRepository(ReactiveRedisTemplate<String, Vehicle> redis) {
    this.redis = redis;
  }

  @Override
  public Mono<Long> count() {
    return redis.opsForHash().size(DB_NAME);
  }

  @Override
  public Mono<Void> save(Vehicle vehicle) {
    return redis.opsForHash().put(DB_NAME, vehicle.vehicleNo(), vehicle).then();
  }

  @Override
  public Mono<Void> delete(Vehicle vehicle) {
    return redis.opsForHash().remove(DB_NAME, vehicle.vehicleNo()).then();
  }

  @Override
  public Flux<Vehicle> findAll() {
    return redis.opsForHash().scan(DB_NAME, ScanOptions.NONE)
             .map(Map.Entry::getValue)
             .cast(Vehicle.class);
  }

  @Override
  public Mono<Vehicle> findByVehicleNo(String vehicleNo) {
    return redis.opsForHash().get(DB_NAME, vehicleNo).cast(Vehicle.class);
  }
}
```

마지막으로 메인 클래스에서 호출을 블로킹하는 대신 호출할 메서드 스트림을 사용하도록 변경합니다.

예제 9-35 코드를 실행하는 메인 클래스

```
package com.apress.spring6recipes.nosql;

import java.util.concurrent.CountDownLatch;

import org.springframework.context.annotation.AnnotationConfigApplicationContext;

import com.apress.spring6recipes.nosql.config.RedisConfig;

import reactor.core.publisher.Flux;

public class Main {

  private static final String COUNT = "Number of Vehicles: %d%n";

  public static void main(String[] args) throws Exception {
    var cfg = RedisConfig.class;
    try (var ctx = new AnnotationConfigApplicationContext(cfg)) {
      var repository = ctx.getBean(VehicleRepository.class);
      var countDownLatch = new CountDownLatch(1);
      var vehicles = Flux.just(
              new Vehicle("TEM0001", "RED", 4, 4),
              new Vehicle("TEM0002", "RED", 4, 4));

      repository.count().doOnSuccess(cnt -> System.out.printf(COUNT, cnt))
        .thenMany(vehicles.flatMap(repository::save))
              .then(repository.count())
              .doOnSuccess(cnt -> System.out.printf(COUNT, cnt))
              .then(repository.findByVehicleNo("TEM0001"))
              .doOnSuccess(System.out::println)
              .doOnTerminate(countDownLatch::countDown)
              .then(repository.count())
              .subscribe(cnt -> System.out.printf(COUNT, cnt));

      countDownLatch.await();
    }
  }
}
```

먼저 몽고DB에 저장돼 있는 전체 데이터 개수를 출력합니다. 그리고 두 개의 Vehicle을 몽고DB에 추가하고 저장이 완료되면 저장돼 있는 전체 데이터 개수를 다시 세어 출력합니다.

그다음 특정 Vehicle을 조회하는 쿼리를 수행합니다. 이 모든 메서드는 이벤트에 의해 트리거되며 하나씩 차례대로 리액티브 방식으로 호출됩니다. block() 메서드로 블로킹하지 않고 CountDownLatch를 사용해 레코드가 삭제되기를 기다립니다. 모든 레코드가 삭제돼 CountDownLatch의 값이 감소하면 이후 로직이 실행됩니다. 사실 이렇게 해도 여전히 블로킹됩니다. 하지만 완전한 리액티브 스택에서 이 코드를 사용한다면 일반적으로는 마지막 then() 메서드에서 반환된 Mono를 그대로 반환합니다. 그리고 이 Mono에 추가로 다른 작업을 이어붙이거나 스프링 WebFlux 컨트롤러의 출력에 이용할 수 있습니다(4장 참조).

레시피 9-3 Neo4j 이용하기

과제 애플리케이션에서 Neo4j를 사용하세요.

해결 스프링 데이터 Neo4j 라이브러리를 이용해 Neo4j에 접근합니다.

풀이 Neo4j 다운로드 및 실행하기

Neo4j 공식 사이트(https://neo4j.com/download/)에서 Neo4j를 내려받습니다. 이번 레시피를 진행하는 데는 Neo4j 커뮤니티 에디션만으로도 충분하지만 Neo4j 상용 버전을 사용해도 무방합니다. 윈도우 사용자는 인스톨러를 실행해 설치합니다. 맥Mac이나 리눅스 사용자는 원하는 위치에 내려받은 파일의 압축을 해제하고 bin/neo4j를 실행합니다. 맥 사용자는 홈브루(https://brew.sh)를 이용해도 됩니다. 명령줄에서 brew install neo4j 명령어로 Neo4j를 설치하고 neo4j start 명령어로 기동할 수 있습니다.

명령줄에서 Neo4j를 기동하면 다음과 같이 출력됩니다.

예제 9-36 Neo4j 기동 후 출력

```
2023-01-05 19:48:37.589+0000 INFO  Starting...
2023-01-05 19:48:38.495+0000 INFO  This instance is ServerId{5511a206} (5511a206-
9cc1-4cd0-
af11-4c4b10c0a779)
2023-01-05 19:48:40.121+0000 INFO  ======== Neo4j 4.4.16 ========
```

```
2023-01-05 19:48:42.298+0000 INFO  Initializing system graph model for component
'security-
users' with version -1 and status UNINITIALIZED
2023-01-05 19:48:42.312+0000 INFO  Setting up initial user from defaults: neo4j
2023-01-05 19:48:42.313+0000 INFO  Creating new user 'neo4j'
(passwordChangeRequired=true,
suspended=false)
2023-01-05 19:48:42.333+0000 INFO  Setting version for 'security-users' to 3
2023-01-05 19:48:42.337+0000 INFO  After initialization of system graph model
component
'security-users' have version 3 and status CURRENT
2023-01-05 19:48:42.345+0000 INFO  Performing postInitialization step for component
'security-users' with version 3 and status CURRENT
2023-01-05 19:48:42.992+0000 INFO  Bolt enabled on 0.0.0.0:7687.
2023-01-05 19:48:44.269+0000 INFO  Remote interface available at
2023-01-05 19:48:44.275+0000 INFO  id:
402C3B3CDF4CFDC5FF07BC34F4FD765ADD00594BCF495D316D110FFFC9A38C10
2023-01-05 19:48:44.275+0000 INFO  name: system
2023-01-05 19:48:44.275+0000 INFO  creationDate: 2023-01-05T19:48:40.843Z
2023-01-05 19:48:44.275+0000 INFO  Started.
```

Neo4j 기동하기

hello world 예제를 작성해 Neo4j 접속 테스트를 해 보겠습니다. Neo4j 서버에 접속해 데이터를 추가한 후 추가한 데이터를 조회하는 메인 클래스를 작성합니다.

예제 9-37 메인 클래스

```java
package com.apress.spring6recipes.nosql;

import org.neo4j.driver.GraphDatabase;

import java.util.stream.Collectors;

import static org.neo4j.driver.Values.parameters;

public class Main {

  private static final String URL = "bolt://localhost:7687";
  private static final String CREATE_QUERY = "CREATE (:Greetings {msg: $msg})";
  private static final String MATCH_QUERY = "MATCH (g) RETURN g.msg";
```

```
  private static final String DELETE_ALL_QUERY = "MATCH (n) DETACH DELETE n";

  public static void main(String[] args) {

    try (var driver = GraphDatabase.driver(URL)) {
      try (var session = driver.session()) {
        session.writeTransaction3(tx -> {
          tx.run(CREATE_QUERY, parameters("msg", "Hello"));
          tx.run(CREATE_QUERY, parameters("msg", "World"));
          return null;
        });
        var readResult = session.readTransaction(tx -> {
          var res = tx.run(MATCH_QUERY);
          return res.stream().map(it -> it.get(0).asString())
            .collect(Collectors.joining(" "));
        });

        System.out.println("After Read: \n\t" + readResult);

        session.run(DELETE_ALL_QUERY);
      }
    }
  }
}
```

예제 메인 클래스는 볼트[Bolt] 프로토콜을 이용해 Neo4j 서버에 접속하고 트랜잭션을 시작한 후 두 개의 노드를 생성합니다. 다음으로 모든 노드를 검색한 후 `msg` 프로퍼티값을 콘솔에 출력합니다. Neo4j는 노드 간의 관계를 잘 탐색하며 (다른 그래프 DB들처럼) 이런 작업에 특히 최적화돼 있습니다.

3 옮긴이_ writeTransaction/readTransaction 메서드가 deprecated되어 더 이상 사용이 권장되지 않고, executeWrite/executeRead로 각각 대체되었습니다.

NOTE_ Neo4j를 사용하려면 관련 의존성을 클래스패스에 추가해야 합니다.

- 메이븐 의존성 추가(pom.xml)

```
<dependency>
  <groupId>org.neo4j</groupId>
  <artifactId>neo4j</artifactId>
  <version>5.3.0</version>
</dependency>
<dependency>
  <groupId>org.neo4j.driver</groupId>
  <artifactId>neo4j-java-driver</artifactId>
  <version>5.3.1</version>
</dependency>
```

- 그레이들 의존성 추가(build.gradle)

```
implementation group: 'org.neo4j', name: 'neo4j', version: '5.3.0'
implementation group: 'org.neo4j.driver', name: 'neo4j-java-driver', version:
'5.3.1'
```

서로 관계성이 있는 노드 몇 개를 생성해 봅시다.

예제 9-38 메인 클래스

```
package com.apress.spring6recipes.nosql;

import org.neo4j.driver.GraphDatabase;

import java.util.Map;

public class Main {

  private static final String URL = "bolt://localhost:7687";
  private static final String CREATE_CHARACTER_QUERY = "CREATE (:Character {name:
    $name})";
  private static final String CREATE_PLANET_QUERY = "CREATE (:Planet {name: $name})";
  private static final String CREATE_PLANET_REL_QUERY = "MATCH (a:Character),
    (b:Planet) WHERE a.name=$cname AND b.name=$pname CREATE (a)-[r:LOCATION]->(b)";
  private static final String CREATE_FRIENDS_REL_QUERY = "MATCH (a:Character),
```

```
    (b:Character) WHERE a.name=$aname AND b.name=$bname CREATE (a)-[r:FRIENDS_
    WITH]->(b)";
  private static final String CREATE_MASTER_REL_QUERY = "MATCH (a:Character),
    (b:Character) WHERE a.name=$aname AND b.name=$bname CREATE (a)-[r:MASTER_OF]->
    (b)";
  private static final String DELETE_ALL_QUERY = "MATCH (n) DETACH DELETE n";
  public static void main(String[] args) {

    try (var driver = GraphDatabase.driver(URL)) {
      try (var session = driver.session()) {

        // 등장인물
        session.run(CREATE_CHARACTER_QUERY, Map.of("name", "Yoda"));
        session.run(CREATE_CHARACTER_QUERY, Map.of("name", "Luke Skywalker"));
        session.run(CREATE_CHARACTER_QUERY, Map.of("name", "Leia Organa"));
        session.run(CREATE_CHARACTER_QUERY, Map.of("name", "Han Solo"));

        // 행성
        session.run(CREATE_PLANET_QUERY, Map.of("name", "Dagobah"));
        session.run(CREATE_PLANET_QUERY, Map.of("name", "Tatooine"));
        session.run(CREATE_PLANET_QUERY, Map.of("name", "Alderaan"));

        // 관계
        session.run(CREATE_PLANET_REL_QUERY, Map.of("cname", "Yoda", "pname",
        "Dagobah"));
        session.run(CREATE_PLANET_REL_QUERY, Map.of("cname", "Leia Organa",
        "pname", "Alderaan"));
        session.run(CREATE_PLANET_REL_QUERY, Map.of("cname", "Luke Skywalker",
        "pname", "Tatooine"));

        session.run(CREATE_FRIENDS_REL_QUERY, Map.of("aname", "Luke Skywalker",
        "bname", "Han Solo"));
        session.run(CREATE_FRIENDS_REL_QUERY, Map.of("aname", "Leia Organa",
        "bname", "Han Solo"));
        session.run(CREATE_FRIENDS_REL_QUERY, Map.of("aname", "Leia Organa",
        "bname", "Luke Skywalker"));

        session.run(CREATE_MASTER_REL_QUERY, Map.of("aname", "Yoda", "bname", "Luke
          Skywalker"));
      }

      try (var session = driver.session()) {
        var result = session.run("MATCH (n) RETURN n.name as name");
        result.stream()
```

```
                .flatMap(m -> m.fields().stream())
                .map(row -> row.key() + " : " + row.value().asString())
                .forEach(System.out::println);

            session.run(DELETE_ALL_QUERY);
        }
      }
    }
  }
```

〈스타워즈〉 세계의 일부분을 표현한 코드입니다. 등장인물 정보와 위치 정보(실제로는 행성), 등장인물 사이에 관계를 나타냅니다. [그림 9-3]의 관계 다이어그램을 참고하세요.

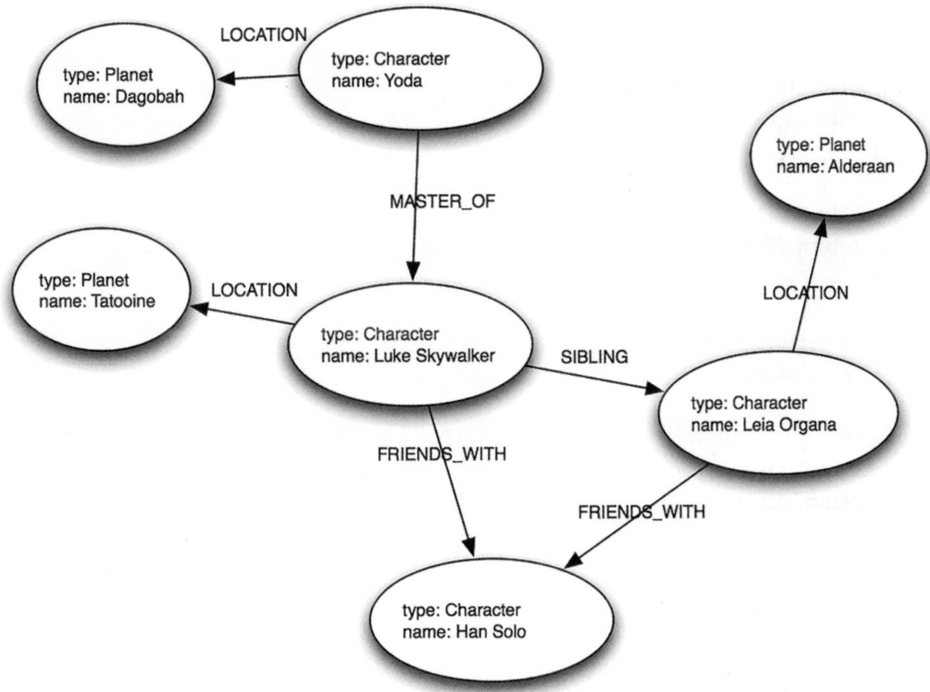

그림 9-3 등장인물 관계도

관계 유형은 등장인물을 다른 등장인물이나 위치(즉 행성)와 연결하여 서로 다르게 생성됩니다. 데이터 삽입이 모두 끝나면 `MATCH (n) RETURN n.name as name`라는 사이퍼Cypher 쿼리를 실행합니다. 그러면 모든 노드를 조회하고 각 노드의 `name` 프로퍼티를 반환합니다.

Neo4j에서 객체 매핑하기

지금까지는 순수하게 Neo4j와 사이퍼 쿼리에 의존하는 비교적 저수준의 코드를 사용했습니다. 이렇게 노드를 생성하고 조작하는 일은 꽤 번거롭습니다. Planet과 Character 클래스를 따로 만들어 Neo4j에 저장/조회하는 것이 더 좋습니다. 먼저 Planet과 Character 클래스를 생성해 봅시다.

예제 9-39 Planet 클래스

```
package com.apress.spring6recipes.nosql;

public class Planet {

  private final String name;
  private String id;

  public Planet(String name) {
    this.name = name;
  }

  public String getId() {
    return id;
  }

  void setId(String id) {
    this.id=id;
  }

  public String getName() {
    return name;
  }

}
```

예제 9-40 Character 클래스

```
package com.apress.spring6recipes.nosql;

import java.util.ArrayList;
import java.util.Collections;
import java.util.List;
```

```java
public class Character {

  private final String name;
  private final List<Character> friends = new ArrayList<>();

  private String id;
  private Planet location;
  private Character apprentice;

  public Character(String name) {
    this.name=name;
  }

  public String getId() {
    return id;
  }

  void setId(String id) {
    this.id=id;
  }

  public String getName() {
    return name;
  }

  public Planet getLocation() {
    return location;
  }

  public void setLocation(Planet location) {
    this.location = location;
  }

  public Character getApprentice() {
    return apprentice;
  }

  public void setApprentice(Character apprentice) {
    this.apprentice = apprentice;
  }

  public List<Character> getFriends() {
    return Collections.unmodifiableList(friends);
```

```
  }

  public void addFriend(Character friend) {
    friends.add(friend);
  }
}
```

Planet 클래스는 아주 간단하며 id와 name 프로퍼티가 있습니다. Character 클래스는 조금 복잡하며 id와 name 프로퍼티 외에도 관계를 나타내는 프로퍼티가 몇 개 더 있습니다. LOCATION 관계는 location 프로퍼티, FRIENDS_WITH 관계는 Character의 컬렉션 프로퍼티, MASTER_OF 관계는 apprentice 프로퍼티로 표시합니다.

이 두 클래스를 저장하려면 StarwarsRepository 인터페이스를 생성해야 합니다.

예제 9-41 StarwarsRepository **인터페이스**

```
package com.apress.spring6recipes.nosql;

public interface StarwarsRepository {

  Planet save(Planet planet);
  Character save(Character character);

}
```

다음은 Neo4j용 StarwarsRepository 구현체 클래스입니다.

예제 9-42 Neo4j StarwarsRepository **구현 클래스**

```
package com.apress.spring6recipes.nosql;

import org.neo4j.driver.Driver;

import java.util.Map;

class Neo4jStarwarsRepository implements StarwarsRepository {

  private static final String CREATE_PLANET_QUERY = "CREATE (a:Planet {id:
    randomUUID(), name: $name}) RETURN a.id";
  private static final String CREATE_CHARACTER_QUERY = "CREATE (a:Character {id:
```

```
  randomUUID(), name: $name}) RETURN a.id";

private static final String CREATE_PLANET_REL_QUERY = "MATCH (a:Character),
  (b:Planet) WHERE a.id=$aid AND b.id=$bid CREATE (a)-[r:LOCATION]->(b)";
private static final String CREATE_FRIENDS_REL_QUERY = "MATCH (a:Character),
  (b:Character) WHERE a.id=$aid AND b.id=$bid CREATE (a)-[r:FRIENDS_WITH]->(b)";
private static final String CREATE_MASTER_REL_QUERY = "MATCH (a:Character),
  (b:Character) WHERE a.id=$aid AND b.id=$bid CREATE (a)-[r:MASTER_OF]->(b)";

private final Driver db;
Neo4jStarwarsRepository(Driver db) {
  this.db = db;
}

@Override
public Planet save(Planet planet) {
  if (planet.getId() != null) {
    return planet;
  }

  try (var session = db.session()) {
    var res = session.run(CREATE_PLANET_QUERY, Map.of("name", planet.getName()));
    planet.setId(res.single().get(0).asString());
    return planet;
  }
}

@Override
public Character save(Character charr) {
  if (charr.getId() != null) {
    return charr;
  }

  try (var session = db.session()) {
    session.executeWrite(tx -> {
      var res = tx.run(CREATE_CHARACTER_QUERY, Map.of( "name", charr.getName()));
      charr.setId(res.single().get(0).asString());
      if (charr.getLocation() != null) {
        var location = save(charr.getLocation());
        tx.run(CREATE_PLANET_REL_QUERY, Map.of("aid", charr.getId(),
                                               "bid", location.getId()));
      }
      for (var friend : charr.getFriends()) {
        friend = save(friend);
```

```
            tx.run(CREATE_FRIENDS_REL_QUERY, Map.of("aid", charr.getId(),
                                                    "bid", friend.getId()));
          }

          if (charr.getApprentice() != null) {
            var apprentice = save(charr.getApprentice());
            tx.run(CREATE_MASTER_REL_QUERY, Map.of("aid", charr.getId(),
                                                   "bid", apprentice.getId()));
          }
          return null;
        });
      }
      return charr;
    }
  }
```

Neo4j에 객체를 저장하는 데 많은 코드를 작성했습니다. Planet 클래스를 처리하는 부분은 매우 간단합니다. 먼저 이미 해당 객체가 저장되었는지 확인하고 아니라면(즉 id가 null이면) 트랜잭션을 시작해 노드를 생성한 후 name 프로퍼티를 설정하고 id를 Planet 객체에 전달합니다. 하지만 Character 클래스는 모든 관계를 고려해야 하므로 조금 더 복잡합니다.

TIP Neo4j가 자동으로 생성하는 ID를 사용하는 것은 권장되지 않습니다. 그 대신에 ID 생성기를 만들거나 클라이언트에서 생성한 UUID를 이용해 직접 저장할 수 있습니다. 예제에서는 Neo4j에서 이를 처리하고 객체에 전달하게 했습니다.

변경 내용을 반영해 메인 클래스를 수정합니다.

예제 9-43 메인 클래스

```
package com.apress.spring6recipes.nosql;

import org.neo4j.driver.GraphDatabase;

import java.util.stream.Stream;

public class Main {

  private static final String URL = "bolt://localhost:7687";
  private static final String DELETE_ALL_QUERY = "MATCH (n) DETACH DELETE n";
```

```
  public static void main(String[] args) {

    try (var driver = GraphDatabase.driver(URL)) {
      var repository = new Neo4jStarwarsRepository(driver);

      // 행성
      var dagobah = new Planet("Dagobah");
      var alderaan = new Planet("Alderaan");
      var tatooine = new Planet("Tatooine");

      Stream.of(dagobah, alderaan, tatooine).forEach(repository::save);

      // 등장인물
      var han = new Character("Han Solo");
      var leia = new Character("Leia Organa");
      leia.setLocation(alderaan);
      leia.addFriend(han);

      var luke = new Character("Luke Skywalker");
      luke.setLocation(tatooine);
      luke.addFriend(han);
      luke.addFriend(leia);

      var yoda = new Character("Yoda");
      yoda.setLocation(dagobah);
      yoda.setApprentice(luke);

      Stream.of(han, luke, leia, yoda).forEach(repository::save);

      try(var session = driver.session()) {
        var result = session.run("MATCH (n) RETURN n.name as name");
        result.stream()
                .flatMap(m -> m.fields().stream())
                .map(row -> row.key() + " : " + row.value() + ";")
                .forEach(System.out::println);

        session.run(DELETE_ALL_QUERY);

      }
    }
  }
}
```

메인 클래스 실행 결과는 이전과 동일하지만 노드를 직접 생성하지 않고 도메인 객체를 사용한다는 점에서 중요한 차이가 있습니다.

스프링으로 Neo4j 구성하기

지금까지는 Neo4j를 다룰 때 스프링을 이용하지 않았습니다. 이번에는 스프링 구성 클래스인 StarwarsConfig에 Driver와 Neo4JStarwarsRepository를 구성해 봅시다.

예제 9-44 StarwarsConfig

```
package com.apress.spring6recipes.nosql;

import org.neo4j.driver.Driver;
import org.neo4j.driver.GraphDatabase;
import org.springframework.beans.factory.annotation.Value;
import org.springframework.context.annotation.Bean;
import org.springframework.context.annotation.Configuration;
import org.springframework.context.annotation.PropertySource;
import org.springframework.context.support.PropertySourcesPlaceholderConfigurer;

@Configuration
@PropertySource("classpath:/application.properties")
public class StarwarsConfig {

  @Bean
  public Driver driver(@Value("${neo4j.url}") String url) {
    return GraphDatabase.driver(url);
  }

  @Bean
  public Neo4jStarwarsRepository starwarsRepository(Driver driver) {
    return new Neo4jStarwarsRepository(driver);
  }

  @Bean
  public static PropertySourcesPlaceholderConfigurer pspc() {
    return new PropertySourcesPlaceholderConfigurer();
  }
}
```

이제는 구성 클래스가 Driver와 Neo4JStarwarsRepository를 생성합니다. url 구성이 application.properties라는 프로퍼티 파일로 옮겨졌는데, 이 파일은 추가된 @PropertySource 애너테이션을 통해 로드되며 PropertySourcesPlaceholderConfigurer를 통해 변환됩니다. 이렇게 하면 환경별로 다른 URL을 쉽게 설정할 수 있습니다.

예제 9-45 애플리케이션 프로퍼티 파일

```
neo4j.url=bolt://localhost:7687
```

구성 클래스를 새로 만들었으니 메인 클래스가 스프링 컨텍스트를 시작하고 빈을 가져오도록 수정합니다.

예제 9-46 메인 클래스

```
package com.apress.spring6recipes.nosql;

import org.neo4j.driver.Driver;
import org.springframework.context.annotation.AnnotationConfigApplicationContext;

import java.util.stream.Stream;

public class Main {

  public static void main(String[] args) {
    var cfg = StarwarsConfig.class;
    try (var ctx = new AnnotationConfigApplicationContext(cfg)) {
      var repository = ctx.getBean(StarwarsRepository.class);

      ...
      var driver = ctx.getBean(Driver.class);
      try(var session = driver.session()) {
        var result = session.run("MATCH (n) RETURN n.name as name");
        result.stream()
                .flatMap(m -> m.fields().stream())
                .map(row -> row.key() + " : " + row.value() + ";")
                .forEach(System.out::println);

      }
    }
  }
}
```

스프링 데이터 Neo4j의 Neo4jTemplate 사용하기

스프링 데이터 Neo4j 프로젝트[4]를 이용하면 Neo4j 작업을 더 쉽게 할 수 있습니다. 스프링 데이터 Neo4j는 `Neo4jTemplate`이나 `Neo4jTransactionManager` 같은 헬퍼 클래스를 제공할 뿐만 아니라 객체 매핑 프레임워크이기도 합니다. JPA의 `@Entity` 애너테이션처럼 `@Node` 애너테이션을 적용해 Neo4j용 도메인 객체를 만들어 사용할 수 있습니다. 스프링 데이터 Neo4j에서 제공하는 클래스와 헬퍼 클래스를 사용하려면 먼저 도메인 객체에 애너테이션을 적용합니다.

> **NOTE_** 스프링 데이터 Neo4j에 관련된 의존성을 클래스패스에 추가해야 합니다.
>
> • 메이븐 의존성 추가(pom.xml)
>
> ```
> <dependency>
>   <groupId>org.springframework.data</groupId>
>   <artifactId>spring-data-neo4j</artifactId>
>   <version>7.0.0</version>
> </dependency>
> ```
>
> • 그레이들 의존성 추가(build.gradle)
>
> ```
> implementation group: 'org.springframework.data', name: 'spring-data-neo4j',
> version: '7.0.0'
> ```

`Character`와 `Planet` 클래스에 `@Node` 애너테이션을 적용해 Neo4j의 노드임을 표시하고 ID 값으로 쓰고 싶은 필드에 `@Id` 애너테이션을 적용합니다. 마지막으로 `@GeneratedValue` 애너테이션을 적용해 UUID를 생성하게 하고 ID 생성에 `UUIDStringGenerator`를 사용하게 명시합니다. [예제 9-47]은 수정된 `Planet` 클래스의 일부이며 나머지 부분은 [예제 9-39]와 동일합니다.

예제 9-47 애너테이션을 적용한 `Planet` 클래스

```
package com.apress.spring6recipes.nosql;

import org.springframework.data.neo4j.core.schema.GeneratedValue;
```

4 https://spring.io/projects/spring-data-neo4j

```
import org.springframework.data.neo4j.core.schema.Id;
import org.springframework.data.neo4j.core.schema.Node;
import org.springframework.data.neo4j.core.support.UUIDStringGenerator;

@Node
public class Planet {

  private final String name;

  @Id
  @GeneratedValue(UUIDStringGenerator.class)
  private String id;

}
```

Character 클래스에는 관계성을 매핑해야 하므로 더 많은 애너테이션이 필요합니다. 그중 하나가 @Relationship 애너테이션입니다. 친구 리스트는 FRIENDS_WITH 관계, apprentice 필드는 MASTER_OF 관계, location 필드는 LOCATION 관계입니다. FRIENDS_WITH 관계에는 @AccessType 애너테이션이 추가로 필요합니다. 이 애너테이션을 적용하면 스프링 데이터는 Character 클래스에 setFriends() 메서드가 없어도 필드 기반 접근을 할 수 있습니다. 마지막으로 toString() 메서드를 추가해 정보를 콘솔에 출력합니다.

예제 9-48 애너테이션을 적용한 Character 클래스

```
package com.apress.spring6recipes.nosql;

import org.springframework.data.annotation.AccessType;
import org.springframework.data.neo4j.core.schema.GeneratedValue;
import org.springframework.data.neo4j.core.schema.Id;
import org.springframework.data.neo4j.core.schema.Node;
import org.springframework.data.neo4j.core.schema.Relationship;
import org.springframework.data.neo4j.core.support.UUIDStringGenerator;

import java.util.ArrayList;
import java.util.Collections;
import java.util.List;

@Node
public class Character {

  private final String name;
```

```
    @Relationship(type="FRIENDS_WITH")
    private @AccessType(AccessType.Type.FIELD)
    List<Character> friends = new ArrayList<>();

    @Id
    @GeneratedValue(UUIDStringGenerator.class)
    private String id;

    @Relationship(type = "LOCATION")
    private Planet location;

    @Relationship(type = "MASTER_OF")
    private Character apprentice;

    ...
    @Override
    public String toString() {
      return String.format("Character[name=%s, planet=%s]",
              this.name, this.location != null ? this.location.getName() : "");
    }
```

스프링에서 관리하는 트랜잭션과 Neo4jTemplate을 사용해 Neo4jStarwarsRepository를 정리해 봅시다. Neo4j에서 모든 Planet과 Character 인스턴스를 찾는 메서드도 두 개 추가해 보겠습니다.

예제 9-49 스프링 데이터 Neo4jStarwarsRepository

```
package com.apress.spring6recipes.nosql;

import jakarta.annotation.PreDestroy;
import org.springframework.data.neo4j.core.Neo4jTemplate;
import org.springframework.stereotype.Repository;
import org.springframework.transaction.annotation.Transactional;

@Repository
@Transactional
class Neo4jStarwarsRepository implements StarwarsRepository {

  private final Neo4jTemplate neo4j;

  Neo4jStarwarsRepository(Neo4jTemplate neo4j) {
```

```
    this.neo4j = neo4j;
  }

  @Override
  public Planet save(Planet planet) {
    return neo4j.save(planet);
  }

  @Override
  public Character save(Character character) {
    return neo4j.save(character);
  }

  @Override
  public Iterable<Character> findAllCharacters() {
    return neo4j.find(Character.class).all();
  }

  @Override
  public Iterable<Planet> findAllPlanets() {
    return neo4j.find(Planet.class).all();
  }
  @PreDestroy
  public void cleanUp() {
    // 종료 시 정리 작업 수행
    neo4j.deleteAll(Character.class);
    neo4j.deleteAll(Planet.class);
  }
}
```

클래스에 `@Transactional` 애너테이션을 적용했고 생성자가 `Neo4jTemplate`을 받게 작성했습니다. 두 개의 `save()` 메서드 모두 `Neo4jTemplate`의 `save()` 메서드를 직접 호출합니다. 이름이 `findAll`로 시작하는 메서드는 `Neo4jTemplate.find().all()` 메서드를 호출합니다. `Neo4jTemplate.find().all()`은 타입을 받아서 `FluentFindOperation.ExecutableQuery`를 반환합니다. `matching()` 메서드로 결과를 제한할 수도 있지만 `all()` 메서드로 전체 결과를 가져왔습니다.

마지막으로 `StarwarsConfig`에 `Neo4jTemplate` 구성에 필요한 `Neo4jClient`와 `Neo4jTransactionManager`를 추가해 스프링이 트랜잭션을 관리하도록 활성화합니다.

예제 9-50 Neo4jTemplate을 이용한 StarwarsConfig

```
package com.apress.spring6recipes.nosql;

import org.neo4j.driver.Driver;
import org.neo4j.driver.GraphDatabase;
import org.springframework.beans.factory.annotation.Value;
import org.springframework.context.annotation.Bean;
import org.springframework.context.annotation.Configuration;
import org.springframework.context.annotation.PropertySource;
import org.springframework.context.support.PropertySourcesPlaceholderConfigurer;
import org.springframework.data.neo4j.core.Neo4jClient;
import org.springframework.data.neo4j.core.Neo4jTemplate;
import org.springframework.data.neo4j.core.transaction.Neo4jTransactionManager;
import org.springframework.transaction.annotation.EnableTransactionManagement;

@Configuration
@PropertySource("classpath:/application.properties")
@EnableTransactionManagement
public class StarwarsConfig {

  @Bean
  public Driver driver(@Value("${neo4j.url}") String url) {
    return GraphDatabase.driver(url);
  }

  @Bean
  public Neo4jClient neo4jClient(Driver driver) {
    return Neo4jClient.create(driver);
  }

  @Bean
  public Neo4jTemplate neo4jTemplate(Neo4jClient neo4jClient) {
    return new Neo4jTemplate(neo4jClient);
  }

  @Bean
  public Neo4jStarwarsRepository starwarsRepository(Neo4jTemplate neo4jTemplate) {
    return new Neo4jStarwarsRepository(neo4jTemplate);
  }

  @Bean
  public Neo4jTransactionManager transactionManager(Driver driver) {
    return Neo4jTransactionManager.with(driver).build();
```

```
  }

  @Bean
  public static PropertySourcesPlaceholderConfigurer pspc() {
    return new PropertySourcesPlaceholderConfigurer();
  }
}
```

애너테이션 기반의 트랜잭션 관리 기능을 활성화하는 @EnableTransactionManagement 애너테이션에는 PlatformTransactionManager가 필요합니다. 예제에서는 Neo4jTransactionManager를 사용합니다. Neo4jClient는 Neo4j 드라이버를 감싼 래퍼이며 스프링 데이터 Neo4j의 핵심 역할을 하는 기본 구성 요소입니다. Neo4jTemplate은 Neo4jClient를 이용해 쿼리를 생성해 실행하고 마지막으로 Neo4jTemplate을 Neo4jStarwarsRepository로 전달합니다.

코드를 실행하려면 다음과 같이 메인 클래스에서 결과 읽기와 관련된 부분을 약간 변경해야 합니다.

예제 9-51 변경한 메인 클래스

```
public static void main(String[] args) {

  try (var ctx = new AnnotationConfigApplicationContext(StarwarsConfig.class)) {
    var repository = ctx.getBean(StarwarsRepository.class);

    ...
    repository.findAllCharacters().forEach(System.out::println);
    repository.findAllPlanets().forEach(System.out::println);
  }
}
```

스프링 데이터 Neo4j 리포지터리 이용하기

코드가 매우 간단해졌습니다. Neo4jTemplate과 Neo4jTransactionManager를 사용하면 Neo4j를 쉽게 사용할 수 있습니다. 그런데 이보다 더 쉬운 방법이 있습니다. 스프링 데이터 JPA 버전처럼 Neo4j 버전에서도 리포지터리를 자동으로 생성할 수 있습니다. 개발자는 인터페이스만 작성하면 됩니다. 엔티티를 처리하는 PlanetRepository와 CharacterRepository를 작성해 봅시다.

예제 9-52 스프링 데이터 Neo4j 기반 CharacterRepository

```
package com.apress.spring6recipes.nosql;

import org.springframework.data.repository.CrudRepository;

public interface CharacterRepository extends CrudRepository<Character, String> { }
```

다음은 PlanetRepository 입니다.

예제 9-53 스프링 데이터 Neo4j 기반 PlanetRepository

```
package com.apress.spring6recipes.nosql;

import org.springframework.data.repository.CrudRepository;

public interface PlanetRepository extends CrudRepository<Planet, String> { }
```

두 리포지터리는 모두 가장 기본적인 CrudRepository를 상속했지만 PagingAndSortingRepository나 특수한 Neo4jRepository 인터페이스를 상속할 수도 있습니다.

다음으로 StarwarsRepository와 그 구현체 이름을 StarwarsService로 변경합니다. 이제는 리포지터리가 아니기 때문입니다. 또한 Neo4jTemplate 대신 리포지터리에서 처리가 이루어지도록 로직을 변경합니다. 편의상 printAll() 메서드도 추가합니다.

예제 9-54 StarwarsService 인터페이스

```
package com.apress.spring6recipes.nosql;

public interface StarwarsService {

  Planet save(Planet planet);

  Character save(Character character);

  void printAll();

}
```

다음은 변경한 Neo4jStarwarsService입니다.

예제 9-55 StarwarsService 구현체 클래스

```
package com.apress.spring6recipes.nosql;

import jakarta.annotation.PreDestroy;
import org.springframework.stereotype.Service;
import org.springframework.transaction.annotation.Transactional;

@Service
@Transactional
class Neo4jStarwarsService implements StarwarsService {

  private final PlanetRepository planetRepository;
  private final CharacterRepository characterRepository;

  Neo4jStarwarsService(PlanetRepository planetRepository,
                       CharacterRepository characterRepository) {
    this.planetRepository = planetRepository;
    this.characterRepository = characterRepository;
  }

  @Override
  public Planet save(Planet planet) {
    return planetRepository.save(planet);
  }

  @Override
  public Character save(Character character) {
    return characterRepository.save(character);
  }

  @Override
  public void printAll() {
    planetRepository.findAll().forEach(System.out::println);
    characterRepository.findAll().forEach(System.out::println);
  }

  @PreDestroy
  public void cleanUp() {
    // 종료 시 정리 작업 수행
    characterRepository.deleteAll();
```

```
      planetRepository.deleteAll();
    }
  }
```

이제 모든 작업은 리포지터리 인터페이스에서 수행됩니다. 이러한 인터페이스는 자체적으로 인스턴스를 생성하지 않으므로 생성을 활성화하려면 구성 클래스에 **@EnableNeo4jRepositories** 애너테이션을 추가해야 합니다. 또한 **StarwarsService**를 감지하고 자동와이어링하도록 **@ComponentScan**을 적용합니다.

예제 9-56 스프링 데이터 StarwarsConfig

```
@Configuration
@PropertySource("classpath:/application.properties")
@EnableTransactionManagement
@ComponentScan
@EnableNeo4jRepositories
public class StarwarsConfig {
}
```

@EnableNeo4jRepositories 애너테이션은 구성된 리포지터리용 기본 패키지에서 리포지터리를 스캔하고 리포지터리를 발견하면 동적으로 구현체를 생성합니다. 이 구현체가 결국 Neo4jTemplate에 위임됩니다.

수정한 StarwarsService를 사용하도록 메인 클래스를 수정합니다.

예제 9-57 변경한 메인 클래스

```
package com.apress.spring6recipes.nosql;

import org.springframework.context.annotation.AnnotationConfigApplicationContext;

import java.util.stream.Stream;

public class Main {

  public static void main(String[] args) {

    try (var ctx = new AnnotationConfigApplicationContext(StarwarsConfig.class)) {
      var service = ctx.getBean(StarwarsService.class);
```

```
        ...
        service.printAll();
      }
    }
  }
```

이제 모든 컴포넌트가 동적으로 생성된 스프링 데이터 Neo4j 리포지터리를 사용하도록 변경됐습니다.

스프링 Neo4j 구성 간소화하기

현재 StarwarsConfig 클래스는 Neo4jClient, Neo4jTemplate 등으로 모든 구성 요소를 수동으로 구성합니다. 이 모든 요소를 스프링 데이터 Neo4j 리포지터리에서 내부적으로 사용한다고 배웠지만 수동으로 구성하고 싶지는 않습니다. 대개 애플리케이션별로 달라지는 유일한 부분은 드라이버 구성입니다. 스프링 데이터 Neo4j는 이러한 상황에서 사용할 수 있는 상속 가능한 기본 구성 클래스인 AbstractNeo4jConfig를 제공합니다. 이 클래스를 상속하면서 driver() 메서드를 구현하고 @Bean 애너테이션을 적용하기만 하면 다른 부분은 모두 자동으로 구성됩니다.

예제 9-58 기본 클래스를 사용한 StartwarsConfig

```
package com.apress.spring6recipes.nosql;

import org.neo4j.driver.Driver;
import org.neo4j.driver.GraphDatabase;
import org.springframework.beans.factory.annotation.Value;
import org.springframework.context.annotation.Bean;
import org.springframework.context.annotation.ComponentScan;
import org.springframework.context.annotation.Configuration;
import org.springframework.context.annotation.PropertySource;
import org.springframework.context.support.PropertySourcesPlaceholderConfigurer;
import org.springframework.data.neo4j.config.AbstractNeo4jConfig;
import org.springframework.data.neo4j.repository.config.EnableNeo4jRepositories;
import org.springframework.transaction.annotation.EnableTransactionManagement;

@Configuration
@PropertySource("classpath:/application.properties")
@EnableTransactionManagement
```

```
@ComponentScan
@EnableNeo4jRepositories
public class StarwarsConfig extends AbstractNeo4jConfig {

  @Value("${neo4j.url}")
  private String url;

  @Override
  @Bean
  public Driver driver() {
    return GraphDatabase.driver(url);
  }

  ...
  @Bean
  public static PropertySourcesPlaceholderConfigurer pspc() {
    return new PropertySourcesPlaceholderConfigurer();
  }
}
```

스프링 데이터 Neo4j 리액티브 리포지터리 이용하기

블로킹 방식의 리포지터리 대신 리액티브 리포지터리를 가져올 수 있습니다. 이때 findById() 메서드처럼 0~1개의 요소를 반환하는 메서드는 Mono를 반환하고 findAll() 메서드처럼 0개 이상의 요소를 반환하는 메서드는 Flux를 반환합니다. 기본 Neo4j 자바 드라이버는 리액티브 지원 기능을 제공합니다. 리액티브 방식으로 프로그래밍하려면 클래스패스에 RxJava3나 리액터 라이브러리를 추가해야 하며 RxJava3CrudRepository나 ReactiveCrudRepository(또는 특수한 Neo4j 리포지터리인 ReactiveNeo4jRepository)를 사용해야 합니다. 예제에서는 ReactiveCrudRepository를 이용해 리액티브 접근을 활성화하겠습니다.

먼저 일반 CrudRepository가 아닌 ReactiveCrudRepository를 상속받도록 리포지터리를 수정합니다.

예제 9-59 리액티브 CharacterRepository

```
package com.apress.spring6recipes.nosql;

import org.springframework.data.repository.reactive.ReactiveCrudRepository;
```

```
public interface CharacterRepository
  extends ReactiveCrudRepository<Character, String> { }
```

예제 9-60 리액티브 PlanetRepository

```
package com.apress.spring6recipes.nosql;

import org.springframework.data.repository.reactive.ReactiveCrudRepository;

public interface PlanetRepository extends ReactiveCrudRepository<Planet, String> {
}
```

StarwarsService(예제 9-61)와 Neo4jStarwarsService(예제 9-62)도 리액티브 방식으로 동작하도록 변경합니다.

예제 9-61 리액티브 StarwarsService

```
package com.apress.spring6recipes.nosql;

import reactor.core.publisher.Mono;

public interface StarwarsService {
  Mono<Planet> save(Planet planet);
  Mono<Character> save(Character character);
  Mono<Void> printAll();
  Mono<Void> deleteAll();

}
```

예제 9-62 리액티브 StarwarsService 구현체

```
package com.apress.spring6recipes.nosql;

import jakarta.annotation.PreDestroy;
import org.springframework.stereotype.Service;
import org.springframework.transaction.annotation.Transactional;
import reactor.core.publisher.Mono;

@Service
@Transactional
```

```java
class Neo4jStarwarsService implements StarwarsService {

  private final PlanetRepository planetRepository;
  private final CharacterRepository characterRepository;

  Neo4jStarwarsService(PlanetRepository planetRepository,
                       CharacterRepository characterRepository) {
    this.planetRepository = planetRepository;
    this.characterRepository = characterRepository;
  }

  @Override
  public Mono<Planet> save(Planet planet) {
    return planetRepository.save(planet);
  }

  @Override
  public Mono<Character> save(Character character) {
    return characterRepository.save(character);
  }

  @Override
  public Mono<Void> printAll() {
    return planetRepository.findAll().doOnNext(System.out::println)
            .thenMany(characterRepository.findAll().doOnNext(System.out::println)).
            then();
  }

  @PreDestroy
  public Mono<Void> deleteAll() {
    return characterRepository.deleteAll()
            .then(planetRepository.deleteAll());
  }
}
```

스프링 데이터 Neo4j를 리액티브 방식으로 사용하므로 구성도 이에 맞게 변경합니다. `AbstractReactiveNeo4jConfig` 클래스를 상속해 `driver()` 메서드만 구현하고 나머지 설정과 관련된 부분은 알아서 처리하게 맡깁니다. `@EnableNeo4jRepositories` 애너테이션은 `@EnableReactiveNeo4jRepositories` 애너테이션으로 변경합니다(예제 9-63).

예제 9-63 리액티브 Neo4j 구성

```
package com.apress.spring6recipes.nosql;

import org.neo4j.driver.Driver;
import org.neo4j.driver.GraphDatabase;
import org.springframework.beans.factory.annotation.Value;
import org.springframework.context.annotation.Bean;
import org.springframework.context.annotation.ComponentScan;
import org.springframework.context.annotation.Configuration;
import org.springframework.context.annotation.PropertySource;
import org.springframework.context.support.PropertySourcesPlaceholderConfigurer;
import org.springframework.data.neo4j.config.AbstractReactiveNeo4jConfig;
import org.springframework.data.neo4j.repository.
config.EnableReactiveNeo4jRepositories;
import org.springframework.transaction.annotation.EnableTransactionManagement;

@Configuration
@PropertySource("classpath:/application.properties")
@EnableTransactionManagement
@ComponentScan
@EnableReactiveNeo4jRepositories
public class StarwarsConfig extends AbstractReactiveNeo4jConfig {

  @Value("${neo4j.url}")
  private String url;
  @Override
  @Bean
  public Driver driver() {
    return GraphDatabase.driver(url);
  }

  @Bean
  public static PropertySourcesPlaceholderConfigurer pspc() {
    return new PropertySourcesPlaceholderConfigurer();
  }
}
```

마지막으로 리액티브 파이프라인에서 메서드를 호출하도록 메인 클래스도 수정합니다.

예제 9-64 리액티브 메인 클래스

```
package com.apress.spring6recipes.nosql;

import org.springframework.context.annotation.AnnotationConfigApplicationContext;
import reactor.core.publisher.Flux;
import reactor.core.publisher.Mono;

import java.util.concurrent.CountDownLatch;

public class Main {

  public static void main(String[] args) throws Exception {

    try (var ctx = new AnnotationConfigApplicationContext(StarwarsConfig.class)) {
      var service = ctx.getBean(StarwarsService.class);
      // 행성
      var dagobah = new Planet("Dagobah");
      var alderaan = new Planet("Alderaan");
      var tatooine = new Planet("Tatooine");

      var planets = Flux.just(dagobah, alderaan, tatooine);

      // 등장인물
      var han = new Character("Han Solo");
      var leia = new Character("Leia Organa");
      var luke = new Character("Luke Skywalker");
      var yoda = new Character("Yoda");

      leia.setLocation(alderaan);
      leia.addFriend(han);

      luke.setLocation(tatooine);
      luke.addFriend(han);
      luke.addFriend(leia);

      yoda.setLocation(dagobah);
      yoda.setApprentice(luke);

      var characters = Flux.just(han, luke, leia, yoda);
      var countDownLatch = new CountDownLatch(1);
      planets.flatMap(service::save)
              .thenMany(characters.concatMap(service::save))
              .then(service.printAll())
```

```
                .then(service.deleteAll())
                .doOnTerminate(countDownLatch::countDown).subscribe();

            countDownLatch.await();
        }
    }
}
```

이제 행성과 등장인물을 처리하는 데 Stream 대신 Flux를 사용합니다. 행성이 저장되면 등장인물도 저장되며 작업이 완료되면 이전처럼 모든 것을 출력합니다. block() 메서드를 사용해 블로킹하지 않고 CountDownLatch를 활용해 모든 레코드가 삭제될 때까지 대기합니다. 모든 레코드가 삭제돼 CountDownLatch의 값이 감소하면 이후 로직이 실행됩니다. 사실 이렇게 해도 여전히 블로킹됩니다. 하지만 완전한 리액티브 스택에서 이 코드를 사용한다면 일반적으로는 마지막 then() 메서드에서 반환된 Mono를 그대로 반환합니다. 그리고 이 Mono에 추가로 다른 작업을 이어붙이거나 스프링 WebFlux 컨트롤러의 출력에 이용할 수 있습니다(4장 참조).

레시피 9-4 카우치베이스 이용하기

과제 애플리케이션에서 카우치베이스로 문서를 저장하세요.

해결 카우치베이스를 내려받아 설치하고 설정합니다. 스프링 데이터 카우치베이스 프로젝트[5]를 이용해 데이터 저장소에 문서를 저장하고 조회합니다.

풀이 카우치베이스 다운로드 및 설치하기

카우치베이스 공식 다운로드 사이트(https://www.couchbase.com/downloads)에서 운영체제에 맞는 카우치베이스를 내려받을 수 있습니다. 이 책을 집필하는 시점의 최신 버전인 7.1 버전을 사용하겠습니다.

TIP 예제의 bin 디렉터리에는 도커 컨테이너로 카우치베이스를 기동하는 Couchbase.sh 파일이 있습니다.

5 https://spring.io/projects/spring-data-couchbase

카우치베이스 설정하기

카우치베이스를 내려받아 기동한 후 브라우저를 열고 `http://localhost:8091`로 접속하면 [그림 9-4]와 같은 페이지가 보입니다. 클러스터를 새로 만들거나 기존 클러스터에 조인할 수 있습니다. 여기서는 [Setup New Cluster] 버튼을 클릭해 새로운 클러스터를 만들겠습니다.

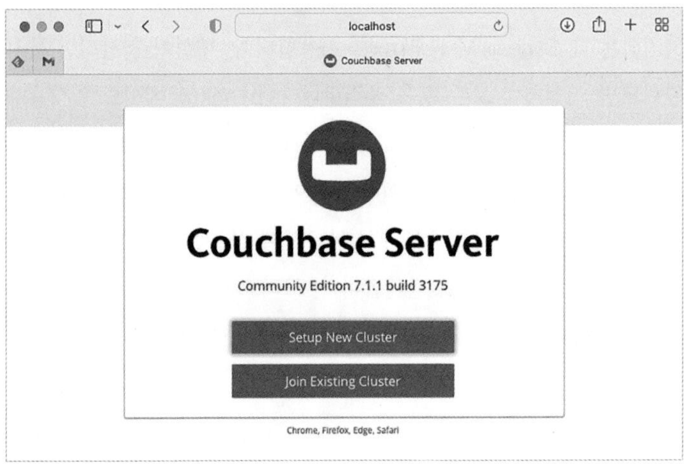

그림 9-4 클러스터 생성 초기 화면

다음 화면(그림 9-5)에서 클러스터 이름, 사용자의 이름, 비밀번호를 입력해 클러스터를 구성합니다. 클러스터 이름은 `vehicle-cluster`, 사용자 이름은 `s6r-user`, 사용자 패스워드는 `s6r-password`로 입력합니다. 다른 이름이나 패스워드를 사용해도 무방하지만 코드에서 사용해야 하므로 꼭 기억해 두세요. 입력을 완료하면 [Next: Accept Terms] 버튼을 클릭합니다.

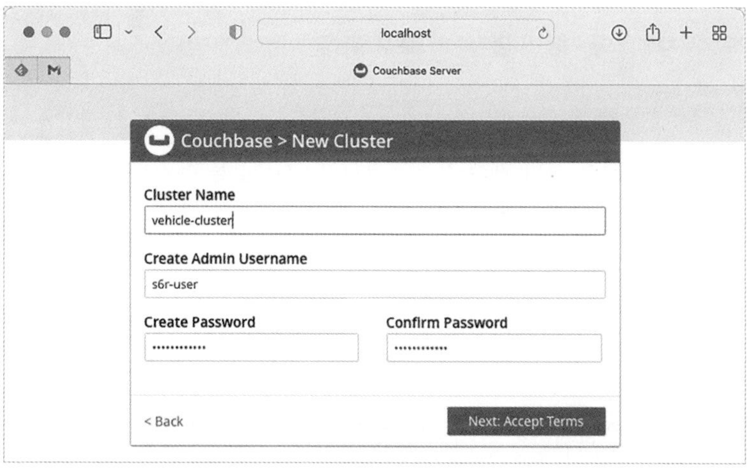

그림 9-5 카우치베이스 설치: 클러스터 생성 (1/2)

다음 화면(그림 9-6)에서 체크박스를 클릭해 이용약관에 동의하고 [Configure Disk, Memory, Services] 버튼을 클릭합니다.

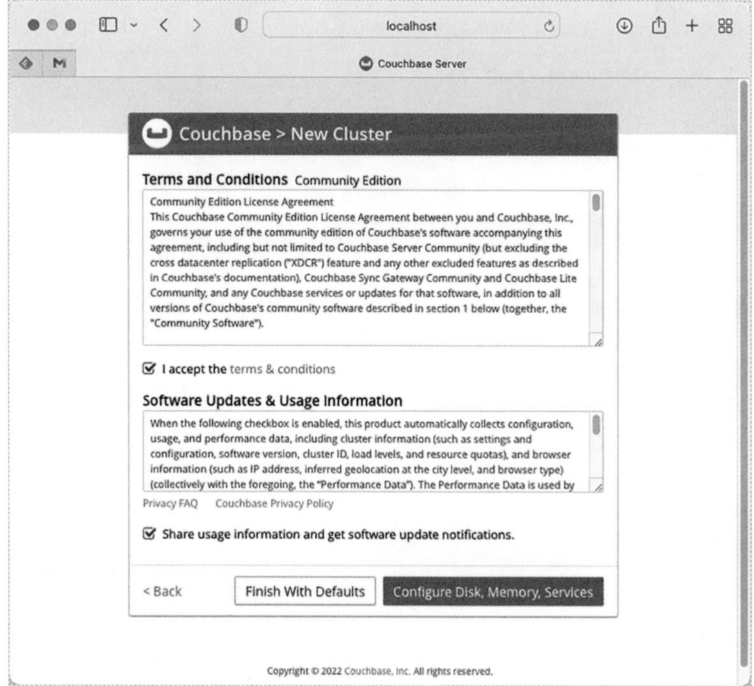

그림 9-6 카우치베이스 설치: 클러스터 생성 (2/2)

NOTE_ 도커 기반으로 카우치베이스를 기동했다면 데이터 RAM 할당량data RAM quota이 제한되므로 수치를 적절히 줄여야 합니다.

다음 화면(그림 9-7)에서 메모리 크기 제한을 설정합니다. 기본값을 유지하고 [Save & Finish] 버튼을 클릭합니다.

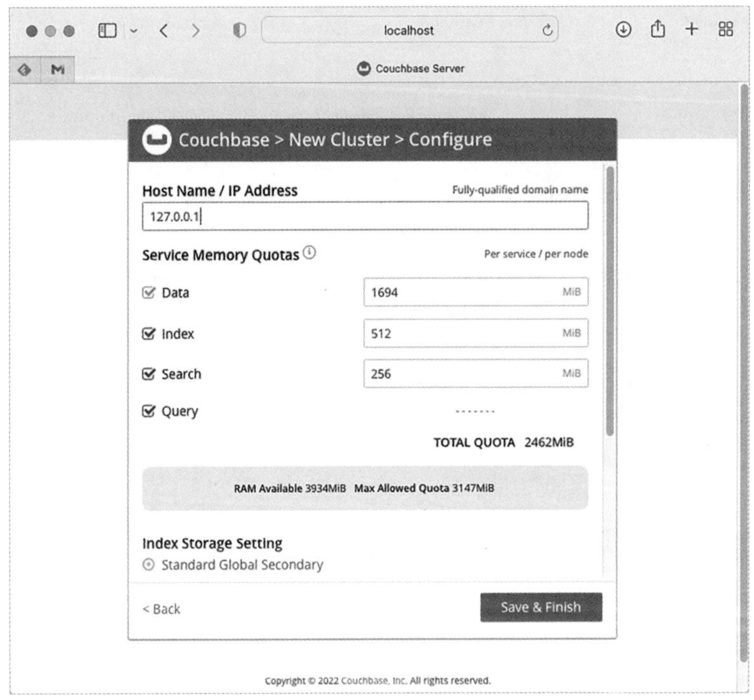

그림 9-7 카우치베이스 설치: 클러스터 구성

버튼 클릭 후 잠시 기다리면 카우치베이스 관리 콘솔/브라우저 화면이 나오고 버킷을 구성하지 않았다는 메시지가 뜰 것입니다(그림 9-8).

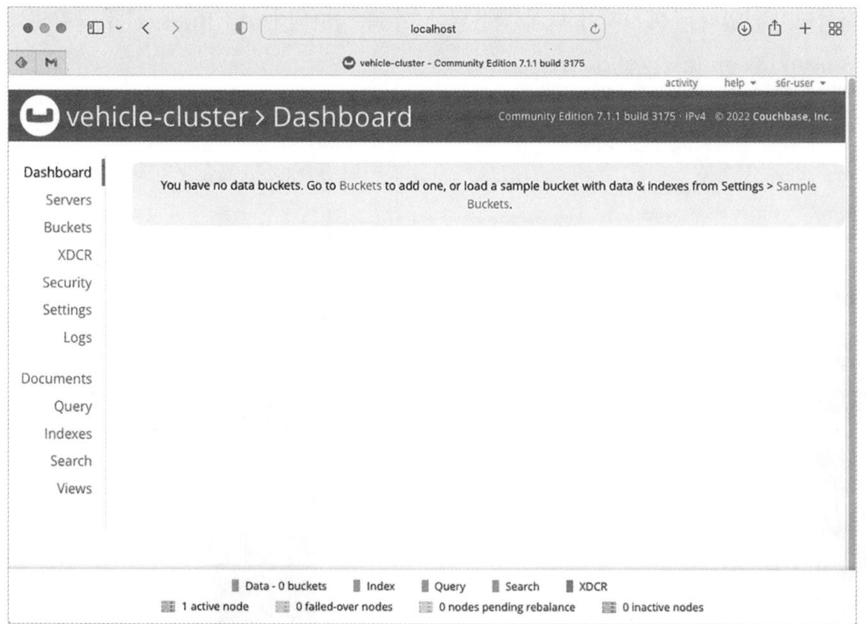

그림 9-8 카우치베이스 설치: 버킷 생성 (1/3)

화면 좌측 메뉴의 'Buckets'를 클릭하여 이동하면 버킷 관리 페이지(그림 9-9)가 나옵니다.

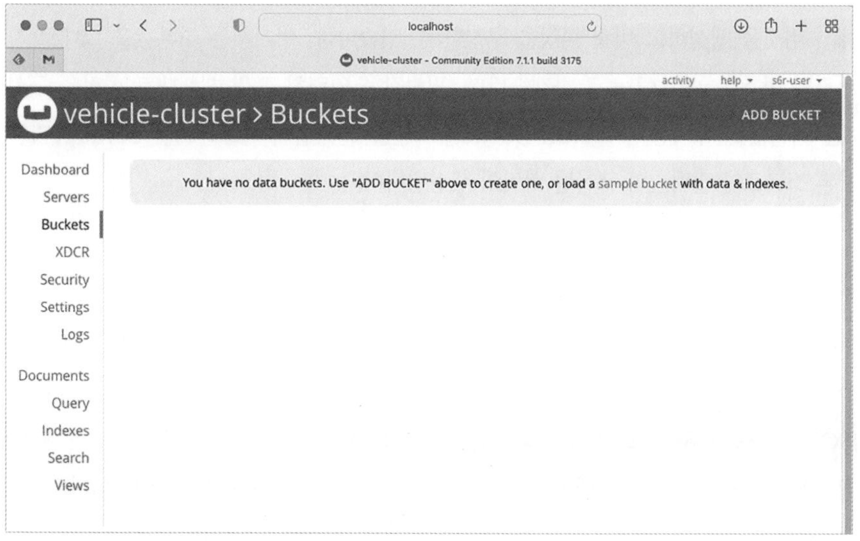

그림 9-9 카우치베이스 설치: 버킷 생성 (2/3)

버킷이 구성되지 않았다는 메시지가 다시 나옵니다. 우측 상단의 [Add Bucket]를 클릭해서 버킷 생성 마법사를 엽니다(그림 9-10).

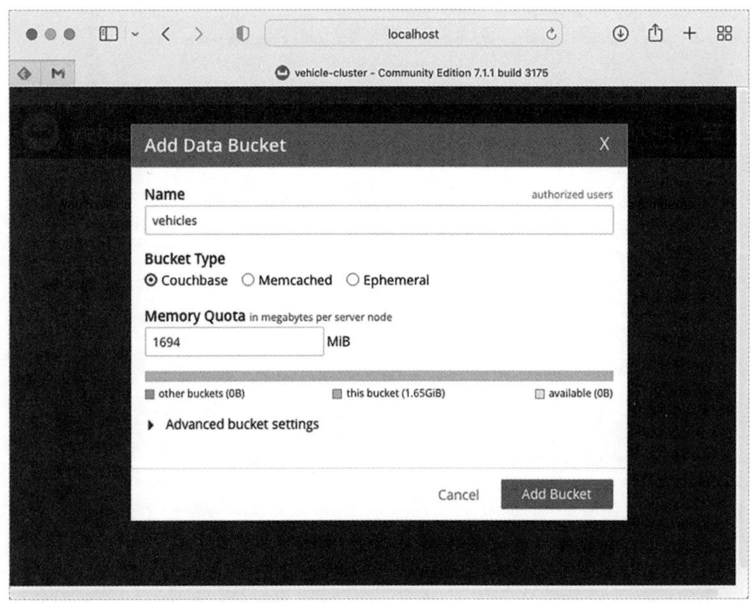

그림 9-10 카우치베이스 설치: 버킷 생성 (3/3)

이 화면에서 버킷을 생성하고 버킷 설정을 구성할 수 있습니다. 여기서는 기본값을 그대로 사용하고 버킷의 이름은 `vehicles`로 하겠습니다. 필숫값을 입력하고 원하는 대로 설정을 구성한 후(또는 기본값을 유지한 후) [Add Bucket] 버튼을 클릭합니다. 그러면 `_default`라는 이름의 기본 스코프와 컬렉션이 포함된 버킷이 생성됩니다.

카우치베이스에 문서 저장 및 조회하기

카우치베이스에 객체를 저장하려면 직렬화 가능 객체, JSON, 문자열 데이터, 네티 `ByteBuf` 타입의 바이너리 데이터와 같은 다양한 콘텐츠를 담을 문서를 생성해야 합니다. 콘텐츠의 주된 타입이 JSON이므로 예제에서도 이를 사용하겠습니다. JSON을 사용하면 다른 기술과 쉽게 연동하기에도 좋습니다. 바이너리 콘텐츠는 자바로 만든 솔루션에서만 사용할 수 있습니다.

카우치베이스에 객체를 저장하려면 먼저 클러스터에 접속해야 합니다. 이때 카우치베이스 설정 과정에서 생성한 버킷에 접근할 수 있는 클러스터가 있어야 접속할 수 있습니다. Cluster 클래스로 앞서 설정한 클러스터에 접속하고 Cluster의 bucket() 메서드를 사용해 Bucket을 열면 됩니다. 예제에서는 default 버킷과 가장 간단한 클러스터 설정을 사용하겠습니다.

우선 카우치베이스에 저장할 객체인 Vehicle 클래스를 생성합니다. [레시피 9-1]의 객체를 재사용해도 됩니다.

예제 9-65 Vehicle 클래스

```
package com.apress.spring6recipes.nosql;

public record Vehicle(String vehicleNo, String color, int wheel, int seat) { }
```

카우치베이스와 통신하려면 리포지터리가 필요합니다. 먼저 인터페이스를 정의합니다.

예제 9-66 VehicleRepository 인터페이스

```
package com.apress.spring6recipes.nosql;

public interface VehicleRepository {

  void save(Vehicle vehicle);
  void delete(Vehicle vehicle);
  Vehicle findByVehicleNo(String vehicleNo);
}
```

다음은 카우치베이스용 Vehicle을 처리하는 구현체입니다.

예제 9-67 카우치베이스 VehicleRepository 구현체

```
package com.apress.spring6recipes.nosql;

import com.couchbase.client.java.Bucket;

class CouchbaseVehicleRepository implements VehicleRepository {

  private final Bucket bucket;

  public CouchbaseVehicleRepository(Bucket bucket) {
    this.bucket = bucket;
```

```
  }

  @Override
  public void save(Vehicle vehicle) {
    bucket.defaultCollection()
            .upsert(vehicle.vehicleNo(), vehicle);
  }

  @Override
  public void delete(Vehicle vehicle) {
    bucket.defaultCollection().remove(vehicle.vehicleNo());
  }

  @Override
  public Vehicle findByVehicleNo(String vehicleNo) {
    return bucket.defaultCollection().get(vehicleNo).contentAs(Vehicle.class);
  }
}
```

리포지터리에는 문서를 저장할 Bucket이 필요합니다. 참고로 Bucket은 DB의 테이블, Cluster는 전체 DB에 비유할 수 있습니다. Vehicle을 저장할 때 JSON으로 변환하는데, 이때 vehicleNo를 ID로 사용합니다. 그런 다음 upsert() 메서드를 호출합니다. 문서가 이미 존재하는지에 따라 문서를 수정하거나 삽입합니다. 카우치베이스는 자체 JSON 마샬링 프레임워크(잭슨의 재패키징 버전)를 함께 제공하므로 자바 객체를 저장할 때 이를 이용해 JSON으로 변환합니다(반대로 JSON을 자바 객체로 변환할 때도 이 프레임워크를 사용함).

메인 클래스를 생성해 버킷에 Vehicle 데이터를 저장하고 조회해 봅시다.

예제 9-68 메인 클래스

```
package com.apress.spring6recipes.nosql;

import com.couchbase.client.java.Cluster;

public class Main {

  public static void main(String[] args) {

    try (var cluster = Cluster.connect(
      "couchbase://127.0.0.1", "s6r-user", "s6r-password")){
      var bucket = cluster.bucket("vehicles");
```

```
        var vehicleRepository = new CouchbaseVehicleRepository(bucket);
        vehicleRepository.save(new Vehicle("TEM0001", "GREEN", 3, 1));
        vehicleRepository.save(new Vehicle("TEM0004", "RED", 4, 2));

        var v1 = vehicleRepository.findByVehicleNo("TEM0001");
        var v2 = vehicleRepository.findByVehicleNo("TEM0004");

        System.out.println("Vehicle: " + v1);
        System.out.println("Vehicle: " + v2);

        vehicleRepository.delete(v1);
        vehicleRepository.delete(v2);
      }
    }
  }
```

먼저 Cluster 메서드를 사용해 클러스터 커넥션을 생성합니다. 그러면 지정한 URL, 사용자 이름, 비밀번호를 이용해 클러스터에 접속합니다. 실제 운영 환경에서 카우치베이스를 사용할 때는 아마도 다른 connect() 메서드를 이용해 접속할 호스트 정보를 리스트로 전달하거나 ClusterOptions와 ClusterEnvironment(queryTimeout, searchTimeout 등을 설정)를 이용해 더 많은 프로퍼티를 설정하게 되겠죠. 이번 레시피에서는 기본 설정만으로 충분합니다. 다음으로 문서를 저장하고 검색할 Bucket(처음에 vehicles라는 이름으로 생성한 버킷)을 지정합니다. Cluster.bucket("vehicles")처럼 작성하기만 하면 됩니다.

Bucket을 이용해 CouchbaseVehicleRepository 인스턴스를 생성하고 두 개의 Vehicle을 저장하고 조회한 후 제거합니다. 마지막으로 커넥션을 닫습니다.

NOTE_ 스프링 데이터 카우치베이스를 사용하려면 관련 의존성을 클래스패스에 추가해야 합니다..

- 메이븐 의존성 추가(pom.xml)

```
<dependency>
  <groupId>org.springframework.data</groupId>
  <artifactId>spring-data-couchbase</artifactId>
  <version>5.0.0</version>
</dependency>
```

• 그레이들 의존성 추가(build.gradle)

```
implementation group: 'org.springframework.data', name: 'spring-data-couchbase',
version: '5.0.0'
```

스프링을 이용해 카우치베이스 구성하기

지금까지의 모든 구성은 메인 클래스에서 했습니다. 이제 구성 부분을 CouchbaseConfiguration 클래스에 넘기고 이를 이용해 애플리케이션을 부트스트랩해 보겠습니다.

예제 9-69 카우치베이스 구성 클래스

```
package com.apress.spring6recipes.nosql;

import com.couchbase.client.java.Bucket;
import com.couchbase.client.java.Cluster;
import org.springframework.context.annotation.Bean;
import org.springframework.context.annotation.Configuration;

@Configuration
public class CouchbaseConfiguration {

  @Bean
  public Cluster cluster() {
    return Cluster.connect("couchbase://127.0.0.1", "s6r-user", "s6r-password");
  }

  @Bean
  public Bucket bucket(Cluster cluster) {
    return cluster.bucket("vehicles");
  }

  @Bean
  public CouchbaseVehicleRepository vehicleRepository(Bucket bucket) {
    return new CouchbaseVehicleRepository(bucket);
  }
}
```

Cluster의 close() 메서드는 애플리케이션 종료 시에 자동으로 호출됩니다. 이는 해당 메서드가 destroyMethods 속성으로 미리 정의되었으므로 자동으로 감지되기 때문입니다. CouchbaseVehicleRepository의 구성은 스프링 관리 빈을 전달받는다는 점을 제외하면 이전과 동일합니다.

CouchbaseConfiguration을 사용하도록 메인 클래스를 변경합니다.

예제 9-70 메인 클래스

```
package com.apress.spring6recipes.nosql;

import org.springframework.context.annotation.AnnotationConfigApplicationContext;

public class Main {

  public static void main(String[] args) {
    var cfg = CouchbaseConfiguration.class;
    try (var ctx = new AnnotationConfigApplicationContext(cfg)) {
      VehicleRepository vehicleRepository = ctx.getBean(VehicleRepository.class);

      vehicleRepository.save(new Vehicle("TEM0001", "GREEN", 3, 1));
      vehicleRepository.save(new Vehicle("TEM0004", "RED", 4, 2));

      var v1 = vehicleRepository.findByVehicleNo("TEM0001");
      var v2 = vehicleRepository.findByVehicleNo("TEM0004");

      System.out.println("Vehicle: " + v1);
      System.out.println("Vehicle: " + v2);

      vehicleRepository.delete(v1);
      vehicleRepository.delete(v2);
    }
  }
}
```

구성된 ApplicationContext에서 VehicleRepository를 가져왔습니다. 카우치베이스 클러스터에 Vehicle 인스턴스를 저장, 조회, 제거하는 로직은 여전히 남아 있습니다.

스프링 데이터 CouchbaseTemplate 사용하기

카우치베이스를 이용할 때 잭슨으로 JSON을 매핑하는 일은 비교적 간단하지만 규모가 큰 리포지터리를 사용하거나 특정 인덱스와 N1QL 쿼리를 사용한다면 아주 번거로워질 수 있습니다. 이 방식이 아닌 다른 수단으로 데이터를 저장하는 애플리케이션을 연계해야 하는 상황이라면 말할 것도 없습니다. 스프링 데이터 카우치베이스가 제공하는 CouchbaseTemplate을 이용하면 JSON을 매핑하거나 예외를 DataAccessException으로 변환하는 등의 반복 작업을 대신 맡길 수 있고 스프링에서 다른 데이터 액세스 기술을 사용하는 애플리케이션과 쉽게 연계할 수 있습니다.

먼저 CouchbaseTemplate을 이용하게 리포지터리를 다시 작성합니다.

예제 9-71 CouchbaseTemplate을 **적용한** VehicleRepository

```
package com.apress.spring6recipes.nosql;

import org.springframework.data.couchbase.core.CouchbaseTemplate;

public class CouchbaseVehicleRepository implements VehicleRepository {

  private final CouchbaseTemplate couchbase;

  public CouchbaseVehicleRepository(CouchbaseTemplate couchbase) {
    this.couchbase = couchbase;
  }

  @Override
  public void save(Vehicle vehicle) {
    couchbase.upsertById(Vehicle.class).one(vehicle);
  }

  @Override
  public void delete(Vehicle vehicle) {
    couchbase.removeById(Vehicle.class).one(vehicle.getVehicleNo());
  }

  @Override
  public Vehicle findByVehicleNo(String vehicleNo) {
    return couchbase.findById(Vehicle.class).one(vehicleNo);
  }
}
```

리포지터리 코드가 단 몇 줄로 줄어들었습니다. Vehicle을 저장하려면 Vehicle 객체에서 ID

로 사용할 필드에 @Id 애너테이션을 적용해야 합니다.

예제 9-72 애너테이션을 적용한 Vehicle 클래스

```
package com.apress.spring6recipes.nosql;

import org.springframework.data.annotation.Id;
import org.springframework.data.couchbase.core.mapping.Field;

public record Vehicle(@Id String vehicleNo,
                      @Field String color,
                      @Field int wheel,
                      @Field int seat) { }
```

vehicleNo 필드에는 @Id를, 나머지 필드에는 @Field 애너테이션을 적용했습니다. @Field가 필수는 아니지만 적용하기를 권고합니다. 기존 문서를 자바 객체로 매핑할 때 @Field를 적용해 JSON 프로퍼티의 이름을 다르게 지정할 수도 있습니다.

마지막으로 구성 클래스에 CouchbaseTemplate을 구성합니다.

예제 9-73 카우치베이스 구성

```
package com.apress.spring6recipes.nosql;

import com.couchbase.client.java.Cluster;
import org.springframework.context.annotation.Bean;
import org.springframework.context.annotation.Configuration;
import org.springframework.data.couchbase.CouchbaseClientFactory;
import org.springframework.data.couchbase.SimpleCouchbaseClientFactory;
import org.springframework.data.couchbase.core.CouchbaseTemplate;
import org.springframework.data.couchbase.core.convert.CouchbaseConverter;
import org.springframework.data.couchbase.core.convert.MappingCouchbaseConverter;

@Configuration
public class CouchbaseConfiguration {

  @Bean
  public Cluster cluster() {
    return Cluster.connect("couchbase://127.0.0.1", "s6r-user", "s6r-password");
  }

  @Bean
```

```
  public CouchbaseClientFactory couchbaseClientFactory(Cluster cluster) {
    return new SimpleCouchbaseClientFactory(cluster, "vehicles", null);
  }

  @Bean
  public CouchbaseConverter couchbaseConverter() {
    return new MappingCouchbaseConverter();
  }

  @Bean
  public CouchbaseTemplate couchbaseTemplate(CouchbaseClientFactory ccf,
                                             CouchbaseConverter couchbaseConverter) {
    return new CouchbaseTemplate(ccf, couchbaseConverter);
  }

  @Bean
  public CouchbaseVehicleRepository vehicleRepository(CouchbaseTemplate template) {
    return new CouchbaseVehicleRepository(template);
  }
}
```

CouchbaseTemplate을 생성하려면 CouchbaseClientFactory와 CouchbaseConverter가 필요합니다. CouchebaseClientFactory는 카우치베이스 클러스터에 접속하는 작업을 처리하는 스프링 데이터 카우치베이스의 컴포넌트이므로 Cluster 객체를 이 컴포넌트에 넘겨 줍니다. MappingCouchbaseConverter는 객체를 매핑하고 카우치베이스가 직접 지원하지 않는 타입을 처리합니다.

메인 클래스를 실행하면 카우치베이스에 여전히 잘 접속되며 저장, 조회, 삭제 작업도 잘 동작합니다.

구성을 더 쉽게 하려면 스프링 데이터 카우치베이스에서 제공하는 기본 구성 클래스인 AbstractCouchbaseConfiguration을 상속합니다. 그러면 스프링 데이터 카우치베이스의 상세 컴포넌트를 직접 구성하지 않아도 됩니다.

예제 9-74 기본 클래스를 이용한 카우치베이스 구성

```
package com.apress.spring6recipes.nosql;

import org.springframework.context.annotation.Bean;
```

```java
import org.springframework.context.annotation.Configuration;
import org.springframework.data.couchbase.config.AbstractCouchbaseConfiguration;
import org.springframework.data.couchbase.core.CouchbaseTemplate;

@Configuration
public class CouchbaseConfiguration extends AbstractCouchbaseConfiguration {

  @Override
  public String getConnectionString() {
    return "couchbase://127.0.0.1";
  }

  @Override
  public String getUserName() {
    return "s6r-user";
  }

  @Override
  public String getPassword() {
    return "s6r-password";
  }

  @Override
  public String getBucketName() {
    return "vehicles";
  }

  @Bean
  public CouchbaseVehicleRepository vehicleRepository(CouchbaseTemplate template) {
    return new CouchbaseVehicleRepository(template);
  }
}
```

구성 클래스가 AbstractCouchbaseConfiguration을 상속받으므로 버킷의 접속 URL, 사용자 이름, 비밀번호, 버킷 이름만 지정했습니다. 기본 구성 클래스가 CouchbaseTemplate을 비롯해 필요한 객체를 모두 제공합니다.

스프링 데이터 카우치베이스 리포지터리 이용하기

다른 기술과 마찬가지로 스프링 데이터 카우치베이스도 인터페이스를 선언하고 런타임 시에 실제 리포지터리 구현체를 사용하는 방법을 제공합니다. 이 방법을 이용하면 인터페이스만 작성하면 되며 다른 스프링 데이터 프로젝트와 마찬가지로 CrudRepository를 상속하면 됩니다. 카우치베이스 전용 기능이 필요하면 CouchbaseRepository를 상속합니다. 여기서는 CrudRepository를 사용합니다.

예제 9-75 스프링 데이터 카우치베이스 기반 VehicleRepository 인터페이스

```
package com.apress.spring6recipes.nosql;

import org.springframework.data.repository.CrudRepository;

public interface VehicleRepository extends CrudRepository<Vehicle, String> { }
```

모든 CRUD 메서드가 미리 제공되므로 인터페이스에 아무 메서드도 없죠. 다음으로 구성 클래스에 @EnableCouchbaseRepositories 애너테이션을 적용합니다.

예제 9-76 스프링 데이터 카우치베이스 구성

```
package com.apress.spring6recipes.nosql;

import org.springframework.context.annotation.Configuration;
import org.springframework.data.couchbase.config.AbstractCouchbaseConfiguration;
import org.springframework.data.couchbase.repository.
config.EnableCouchbaseRepositories;

@Configuration
@EnableCouchbaseRepositories
public class CouchbaseConfiguration extends AbstractCouchbaseConfiguration { ... }
```

마지막으로 findByVehicleNo() 메서드 대신 findById() 메서드를 사용하도록 메인 메서드를 변경합니다.

예제 9-77 메인 클래스

```
package com.apress.spring6recipes.nosql;

import org.springframework.context.annotation.AnnotationConfigApplicationContext;

public class Main {
```

```java
    public static void main(String[] args) {

        try (var context = new AnnotationConfigApplicationContext(
          CouchbaseConfiguration.class)) {
          VehicleRepository vehicleRepository = context.getBean(VehicleRepository.class);

          vehicleRepository.save(new Vehicle("TEM0001", "GREEN", 3, 1));
          vehicleRepository.save(new Vehicle("TEM0004", "RED", 4, 2));

          vehicleRepository.findById("TEM0001").ifPresent(System.out::println);
          vehicleRepository.findById("TEM0004").ifPresent(System.out::println);

          vehicleRepository.deleteById("TEM0001");
          vehicleRepository.deleteById("TEM0004");
        }
    }
}
```

findById()는 java.util.Optional을 반환하므로 ifPresent() 메서드를 사용해 콘솔로 출력할 수 있습니다.

스프링 데이터의 리액티브 카우치베이스 리포지터리 이용하기

블로킹 방식의 리포지터리 대신 ReactiveCouchbaseRepository를 이용해 리액티브 리포지터리를 가져올 수 있습니다. 이때 findById()처럼 0~1개의 요소를 반환하는 메서드는 Mono를 반환하고 findAll() 메서드처럼 0개 이상의 요소를 반환하는 메서드는 Flux를 반환합니다. 기본 카우치베이스 드라이버는 이미 리액티브 지원을 제공하며 이를 사용하려면 클래스패스에 RxJava나 RxJava 리액티브 스트림을 추가해야 합니다. ReactiveCouchbaseRepository에서 리액티브 타입을 사용하려면 클래스패스에 리액터 프로젝트도 추가해야 합니다.

CouchbaseConfiguration을 변경해 카우치베이스용 리액티브 리포지터리를 구성해 봅시다. @EnableCouchbaseRepositories 대신 @EnableReactiveCouchbaseRepositories 애너테이션을 적용합니다.

예제 9-78 리액티브 카우치베이스 구성

```
package com.apress.spring6recipes.nosql;

import org.springframework.context.annotation.Configuration;
import org.springframework.data.couchbase.config.AbstractCouchbaseConfiguration;
import org.springframework.data.couchbase.repository.config. EnableReactiveCouchbas
eRepositories;

@Configuration
@EnableReactiveCouchbaseRepositories
public class CouchbaseConfiguration extends AbstractCouchbaseConfiguration { ... }
```

나머지 구성은 일반적인 카우치베이스 구성과 동일합니다. 여전히 동일한 카우치베이스 서버에 접속하고 동일한 버킷을 사용합니다.

다음으로 CrudRepository 대신 ReactiveCrudRepository를 상속하도록 VehicleRepository를 변경합니다.

예제 9-79 리액티브 스프링 데이터 VehicleRepository 인터페이스

```
package com.apress.spring6recipes.nosql;

import org.springframework.data.couchbase.repository.ReactiveCouchbaseRepository;

public interface VehicleRepository
  extends ReactiveCouchbaseRepository<Vehicle, String> { }
```

이렇게만 하면 리액티브 리포지터리를 구성할 수 있습니다. 메인 클래스를 약간 수정해서 테스트해 봅시다.

예제 9-80 메인 클래스

```
package com.apress.spring6recipes.nosql;

import org.springframework.context.annotation.AnnotationConfigApplicationContext;
import reactor.core.publisher.Flux;

import java.util.concurrent.CountDownLatch;
```

```
public class Main {

  public static void main(String[] args) throws InterruptedException {

    try (var ctx = new AnnotationConfigApplicationContext(
      CouchbaseConfiguration.class)) {
      var repository = ctx.getBean(VehicleRepository.class);

      var countDownLatch = new CountDownLatch(1);

      repository.saveAll(Flux.just(new Vehicle("TEM0001", "GREEN", 3, 1),
                  new Vehicle("TEM0004", "RED", 4, 2)))
              .last()
              .then(repository.findById("TEM0001")).doOnSuccess(System.out::println)
              .then(repository.findById("TEM0004")).doOnSuccess(System.out::println)
              .then(repository.deleteById(Flux.just("TEM0001", "TEM00004")))
              .doOnTerminate(countDownLatch::countDown)
              .subscribe();
      countDownLatch.await();
    }
  }
}
```

ApplicationContext를 생성하고 VehicleRepository를 가져오는 과정은 동일하지만 그 이후에는 일련의 메서드 호출이 이어집니다. 먼저 두 개의 Vehicle 인스턴스를 데이터 저장소에 추가합니다. 마지막 항목이 저장되면 리포지터리를 이용해 각 인스턴스를 다시 쿼리합니다. 모든 쿼리 작업이 끝나면 저장소에 저장된 두 데이터를 삭제합니다. 이러한 모든 작업이 끝날 때까지 블로킹하거나 대기할 수 있지만 일반적으로 리액티브 시스템에서 block() 메서드를 사용하고 싶지는 않으므로 CountDownLatch를 사용합니다. deleteById() 메서드가 완료되면 CountDownLatch의 값을 하나씩 감소시킵니다. countDownLatch.await() 메서드는 CountDownLatch의 값이 0이 될 때까지 기다렸다가 프로그램을 종료합니다.

마치며

9장에서는 다양한 데이터 저장소의 사용법을 살펴보고 스프링 데이터의 다양한 모듈을 활용해 더 쉽게 사용하는 방법을 배웠습니다. 첫 번째로 문서 기반 저장소인 몽고DB와 스프링 데이터 몽고DB 모듈을 배웠고 두 번째로 키-값 저장소인 레디스와 스프링 데이터 레디스 모듈 사용법을 배웠습니다. 세 번째로는 그래프 기반 저장소인 Neo4j와 스프링 데이터 Neo4j를 알아보고 엔티티를 저장하는 리포지터리를 구축했습니다. 마지막으로 카우치베이스와 스프링 데이터 카우치베이스를 살펴봤습니다. 모든 저장소를 대상으로 일반적인 사용법과 스프링 데이터를 활용한 구성을 비교해 봤습니다. 리액티브 프로그래밍이 매우 인기 있으므로 리액티브 드라이버와 리액터를 이용한 스프링 데이터의 리액티브 프로그래밍까지도 살펴봤습니다.

CHAPTER 10

스프링 자바 엔터프라이즈 서비스와 원격 기술

10장에서는 널리 사용하는 자바 엔터프라이즈 서비스인 자바 관리 확장Java Management Extensions (JMX)과 자카르타 메일Jakarta Mail을 이용한 메일 발송, 작업 스케줄링(쿼츠 기반 방식 및 일반적인 방식), SOAP 웹 서비스에 대한 스프링 지원 기능을 살펴봅니다.

자바 SE의 일부인 JMX는 디바이스, 애플리케이션, 객체, 서비스 주도 네트워크service-driven network 같은 시스템 리소스를 관리하고 모니터링하는 기술입니다. 이러한 리소스는 모두 관리 빈managed bean (MBean)[1]으로 관리됩니다. 스프링은 스프링 빈을 모델 MBean으로 익스포트export하는 방식으로 JMX를 지원하므로 JMX API를 직접 프로그래밍하지 않아도 쉽게 원격 MBean에 접근할 수 있습니다.

자카르타 메일은 자바로 이메일을 보낼 때 사용하는 표준 API 구현체입니다. 스프링은 구현체에 의존하지 않고 이메일을 보낼 수 있는 추상화한 계층을 제공합니다.

자바 플랫폼에서 작업task을 스케줄링할 때는 JDK 타이머JDK Timer와 쿼츠 스케줄러Quartz Scheduler를 많이 사용합니다. JDK 타이머는 JDK에 내장된 간단한 작업 스케줄링 기능을 제공하지만 쿼츠는 더욱 강력한 잡job 스케줄링 기능을 제공합니다. 이 중에서 어떤 방식을 사용하더라도 스프링은 해당 기술의 API를 직접 사용하지 않고 빈 구성 파일에서 작업 스케줄링을 구성하는 유틸리티 클래스를 제공합니다.

또한 스프링 웹 서비스Spring-WS를 이용해 SOAP 웹 서비스를 생성하고 소비하는 방법을 배웁니다.

1 옮긴이_ 자바 애플리케이션의 모니터링과 관리 기능을 제공하는 객체/빈입니다.

[레시피 10-10]과 [레시피 10-11]에서는 JFRJava Flight Recorder[2]와 마이크로미터 APIMicrometer API[3]를 이용해서 애플리케이션의 동작과 사용법을 파악해 보겠습니다.

레시피 10-1 스프링 POJO를 JXM MBean으로 등록하기

과제 자바 애플리케이션의 객체를 JMX MBean으로 등록해 실행 중인 서비스를 들여다보고 런타임에 상태를 조작해 보세요. 이렇게 하면 배치 잡 재실행, 메서드 호출, 구성 메타데이터 변경 같은 작업을 실행할 수 있습니다.

해결 스프링은 IoC 컨테이너의 모든 빈을 모델 MBean으로 익스포트하는 방식으로 JMX를 지원합니다. `MBeanExporter` 인스턴스를 선언하기만 하면 됩니다. 스프링의 JMX 지원 기능을 이용하면 JMX API를 직접 다룰 필요가 없습니다. 또한 스프링이 제공하는 팩토리 빈을 이용하면 JSR-160(Java Management Extensions Remote API) 커넥터를 선언해서 특정 프로토콜을 통해 원격으로 MBean에 접근할 수 있습니다. 스프링은 서버와 클라이언트 모두에 팩토리 빈을 제공합니다.

스프링은 JMX 지원 기능과 함께 MBean의 관리 인터페이스를 조합하는 다른 메커니즘도 기본으로 지원합니다. 예를 들어 메서드 이름, 인터페이스, 애너테이션 등을 이용해 빈을 익스포트하는 메커니즘을 지원합니다. 또한 스프링은 IoC 컨테이너에 선언된 빈 중에서 스프링의 JMX 전용 애너테이션이 적용된 빈을 MBean으로 자동 감지하고 익스포트할 수 있습니다.

풀이 어느 한 디렉터리에서 다른 디렉터리로 파일을 복제하는 유틸리티를 개발한다고 가정해 보죠. 먼저 인터페이스를 설계해 보겠습니다.

예제 10-1 FileReplicator 인터페이스

```
package com.apress.spring6recipes.replicator;

import java.io.IOException;
```

2 https://www.oracle.com/java/technologies/jdk-mission-control.html
3 https://micrometer.io/

```
public interface FileReplicator {

  String getSrcDir();
  void setSrcDir(String srcDir);

  String getDestDir();
  void setDestDir(String destDir);

  void replicate() throws IOException;
}
```

원본 디렉터리(`srcDir`)와 대상 디렉터리(`destDir`)는 메서드 인수가 아닌 복제기replicator 객체의 프로퍼티로 처리하도록 설계했습니다. 즉 각 파일 복제기 인스턴스는 자신이 담당하는 특정 원본 디렉터리에서 대상 디렉터리로 파일을 복제합니다. 애플리케이션에서 여러 복제기 인스턴스를 만들어 사용할 수 있습니다.

복제기 구현체를 작성하기 전에 파일 이름을 전달받아 특정 디렉터리에서 다른 디렉터리로 파일을 복사하는 인터페이스를 작성하겠습니다.

예제 10-2 FileCopier 인터페이스

```
package com.apress.spring6recipes.replicator;

import java.nio.file.Path;

public interface FileCopier {

  void copyFile(Path srcFile, Path destDir);
}
```

예제 파일 복사기copier를 다양한 방법으로 구현할 수 있습니다. 여기서는 자바 NIO 클래스를 사용하겠습니다.

예제 10-3 FileCopier 구현체

```
package com.apress.spring6recipes.replicator;

import java.io.IOException;
```

```
import java.nio.file.Files;
import java.nio.file.Path;

public class NioFileCopier implements FileCopier {

  @Override
  public void copyFile(Path srcFile, Path destDir) {
    var destFile = destDir.resolve(srcFile.getFileName());
      try {
        Files.copy(srcFile, destFile);
      } catch (IOException ex) {
        throw new IllegalStateException("Cannot copy file.", ex);
      }
  }
}
```

다음은 파일 복사기를 이용해 파일 복제기를 구현한 코드입니다.

예제 10-4 파일 복제기 구현체

```
package com.apress.spring6recipes.replicator;

import java.io.IOException;
import java.nio.file.Files;
import java.nio.file.Path;

public class JMXFileReplicator implements FileReplicator {

  private String srcDir;
  private String destDir;
  private FileCopier fileCopier;

  public String getSrcDir() {
    return srcDir;
  }

  public void setSrcDir(String srcDir) {
    this.srcDir = srcDir;
  }

  public String getDestDir() {
    return destDir;
  }
```

```
    public void setDestDir(String destDir) {
        this.destDir = destDir;
    }

    public FileCopier getFileCopier() {
        return fileCopier;
    }

    public void setFileCopier(FileCopier fileCopier) {
        this.fileCopier = fileCopier;
    }

    @Override
    public synchronized void replicate() throws IOException {
        var files = Path.of(srcDir);

        try (var fileList = Files.list(files)) {
            fileList.filter(Files::isRegularFile)
                .forEach(it -> fileCopier.copyFile(it, Path.of(destDir)));
        }
    }
}
```

replicate() 메서드를 호출할 때마다 원본 디렉터리에 있는 모든 파일이 목적지 디렉터리로 복제됩니다. 이때 동시성 문제를 피하도록 메서드에 synchronized를 선언합니다.

이제 자바 구성 클래스에 하나 이상의 파일 복제기 인스턴스를 구성해 봅시다.

documentReplicator 인스턴스에는 파일을 읽을 원본 디렉터리와 파일을 백업할 목적지 디렉터리를 가리키는 참조가 필요합니다. 여기서는 운영체제의 사용자 홈 디렉터리 안에 있는 docs 디렉터리에서 파일을 읽은 후 docs_backup 디렉터리에 복제하겠습니다. documentReplicator 빈을 시작할 때 이 두 디렉터리가 존재하지 않으면 자동으로 생성합니다.

TIP '홈 디렉터리'는 운영체제마다 다르지만 일반적으로 유닉스에서는 ~로 표시되는 디렉터리를 의미합니다. 리눅스에서는 /home/user, 맥 OS X에서는 /Users/user, 윈도우에서는 C:\Documents and Settings\user일 것입니다.

예제 10-5 파일 복제기 구성

```
package com.apress.spring6recipes.replicator.config;

import com.apress.spring6recipes.replicator.FileCopier;
import com.apress.spring6recipes.replicator.JMXFileReplicator;
import com.apress.spring6recipes.replicator.NioFileCopier;
import jakarta.annotation.PostConstruct;
import org.springframework.beans.factory.annotation.Value;
import org.springframework.context.annotation.Bean;
import org.springframework.context.annotation.Configuration;

import java.io.IOException;
import java.nio.file.Files;
import java.nio.file.Path;

@Configuration
public class FileReplicatorConfig {

  @Value("#{systemProperties['user.home']}/docs")
  private String srcDir;
  @Value("#{systemProperties['user.home']}/docs_backup")
  private String destDir;

  @Bean
  public NioFileCopier fileCopier() {
    return new NioFileCopier();
  }

  @Bean
  public JMXFileReplicator documentReplicator(FileCopier fileCopier) {
    var fRep = new JMXFileReplicator();
    fRep.setSrcDir(srcDir);
    fRep.setDestDir(destDir);
    fRep.setFileCopier(fileCopier);
    return fRep;
  }

  @PostConstruct
  public void verifyDirectoriesExist() throws IOException {
    Files.createDirectories(Path.of(srcDir));
    Files.createDirectories(Path.of(destDir));
  }
}
```

두 개의 필드에 `@Value` 애너테이션을 적용하면서 (사용자 홈 디렉터리 정보를 이용해) 원본 디렉터리와 목적지 디렉터리를 지정합니다. 다음으로 `@Bean` 애너테이션을 적용해 두 개의 빈 인스턴스를 생성합니다. `verifyDirectoriesExist()` 메서드에는 `@PostConstruct` 애너테이션을 적용해 원본 디렉터리나 목적지 디렉터리가 없으면 미리 만들어 줍니다.

이렇게 해서 애플리케이션의 핵심적인 빈 작성을 완료했습니다. 이제 이 빈을 어떻게 MBean으로 등록하고 접근하는지 살펴보겠습니다.

스프링 없이 MBean 등록하기

먼저 직접 JMX API를 사용해 모델 MBean을 등록하는 방법을 살펴봅시다. 다음 메인 클래스에서는 IoC 컨테이너에서 `FileReplicator` 빈을 가져온 후 해당 빈을 관리하고 모니터링할 수 있게 MBean으로 등록합니다. 모든 프로퍼티와 메서드는 MBean의 관리 인터페이스에 포함됩니다.

예제 10-6 메인 클래스

```
package com.apress.spring6recipes.replicator;

import com.apress.spring6recipes.replicator.config.FileReplicatorConfig;
import org.springframework.context.annotation.AnnotationConfigApplicationContext;

import javax.management.JMException;
import javax.management.ObjectName;
import javax.management.modelmbean.DescriptorSupport;
import javax.management.modelmbean.InvalidTargetObjectTypeException;
import javax.management.modelmbean.ModelMBeanAttributeInfo;
import javax.management.modelmbean.ModelMBeanInfoSupport;
import javax.management.modelmbean.ModelMBeanOperationInfo;
import javax.management.modelmbean.RequiredModelMBean;
import java.io.IOException;
import java.lang.management.ManagementFactory;

public class Main {

  public static void main(String[] args) throws IOException {
    var cfg = FileReplicatorConfig.class;
    try (var ctx = new AnnotationConfigApplicationContext(cfg)) {
```

```
var documentReplicator = ctx.getBean(FileReplicator.class);

  try {
    var mbeanServer = ManagementFactory.getPlatformMBeanServer();
    var objectName = new ObjectName("bean:name=documentReplicator");

    var mbean = new RequiredModelMBean();
    mbean.setManagedResource(documentReplicator, "objectReference");

    var srcDirDescriptor = new DescriptorSupport(
      "name=SrcDir", "descriptorType=attribute",
      "getMethod=getSrcDir", "setMethod=setSrcDir");

    var srcDirInfo = new ModelMBeanAttributeInfo(
      "SrcDir", "java.lang.String", "Source directory",
      true, true, false, srcDirDescriptor);

    var destDirDescriptor = new DescriptorSupport(
      "name=DestDir", "descriptorType=attribute",
      "getMethod=getDestDir", "setMethod=setDestDir");
    var destDirInfo = new ModelMBeanAttributeInfo(
      "DestDir", "java.lang.String", "Destination directory",
      true, true, false, destDirDescriptor);

    var getSrcDirInfo = new ModelMBeanOperationInfo(
      "Get source directory",
      FileReplicator.class.getMethod("getSrcDir"));
    var setSrcDirInfo = new ModelMBeanOperationInfo(
      "Set source directory",
      FileReplicator.class.getMethod("setSrcDir", String.class));
    var getDestDirInfo = new ModelMBeanOperationInfo(
      "Get destination directory",
      FileReplicator.class.getMethod("getDestDir"));
    var setDestDirInfo = new ModelMBeanOperationInfo(
      "Set destination directory",
      FileReplicator.class.getMethod("setDestDir", String.class));
    var replicateInfo = new ModelMBeanOperationInfo(
      "Replicate files",
      FileReplicator.class.getMethod("replicate"));

    var mbeanInfo = new ModelMBeanInfoSupport(
      "FileReplicator", "File replicator",
      new ModelMBeanAttributeInfo[]{srcDirInfo, destDirInfo},
        null,
```

```
                new ModelMBeanOperationInfo[]{getSrcDirInfo, setSrcDirInfo,
                  getDestDirInfo, setDestDirInfo, replicateInfo},
                null
            );
            mbean.setModelMBeanInfo(mbeanInfo);

            mbeanServer.registerMBean(mbean, objectName);
          } catch (JMException | InvalidTargetObjectTypeException |
            NoSuchMethodException ex) {
            System.err.println(ex);
          }
        }
        System.in.read();
    }
  }
```

MBean을 등록하려면 javax.management.MBeanServer가 필요합니다. ManagementFactory.getPlatformMBeanServer()라는 정적 메서드를 호출해 플랫폼 MBean 서버를 얻습니다. 기존 Mbean 서버가 없다면 새로 생성한 후 해당 서버 인스턴스를 등록해 나중에 사용할 수 있게 합니다. 각 MBean은 도메인이 포함된 MBean 객체 이름이 필요합니다. 여기서는 MBean을 bean이라는 도메인의 documentReplicator라는 이름으로 등록했습니다.

코드에서 알 수 있듯이 각 MBean의 속성과 작업operation 내용을 정의하려면 ModelMBeanAttributeInfo와 ModelMBeanOperationInfo를 생성해야 합니다. 그리고 이렇게 생성한 정보를 조합해 MBean의 관리 인터페이스를 정의하려면 ModelMBeanInfo를 생성해야 합니다. 해당 클래스의 자세한 사용법은 자바독을 참고하세요. 또한 JMX API를 호출할 때 발생하는 JMX 관련 예외는 체크 예외이므로 반드시 처리해야 합니다. JMX 클라이언트 도구로 애플리케이션 내부를 살펴보기 전에 애플리케이션이 종료되지 않도록 해야 한다는 점에 유의하세요. 콘솔에서 키 입력을 대기하도록 System.in.read()를 사용하는 것이 좋은 방법입니다.

그리고 VM 인수로 -Dcom.sun.management.jmxremote를 추가해야 로컬에서 애플리케이션을 모니터링할 수 있습니다.

예제 10-7 실행 셸 명령

```
java -Dcom.sun.management.jmxremote -jar recipe_10_1_i-6.0.0.jar
```

이제 JMX 클라이언트 도구를 이용해 MBean을 로컬에서 모니터링할 수 있습니다. 가장 간단한 도구는 JDK에 내장된 JConsole입니다. JDK 설치 디렉터리 하위의 `bin` 디렉터리에 있는 `jconsole` 실행 파일을 실행하면 JConsole을 시작할 수 있습니다.

JConsole을 시작하면 접속 화면이 표시됩니다. 이때 JMX가 활성화된 애플리케이션 목록을 'Local Process' 탭에서 볼 수 있습니다. 실행 중인 스프링 애플리케이션(예: `recipe_10_1_i-1.0-6.0.0.jar`)에 해당하는 프로세스를 선택합니다(그림 10-1).

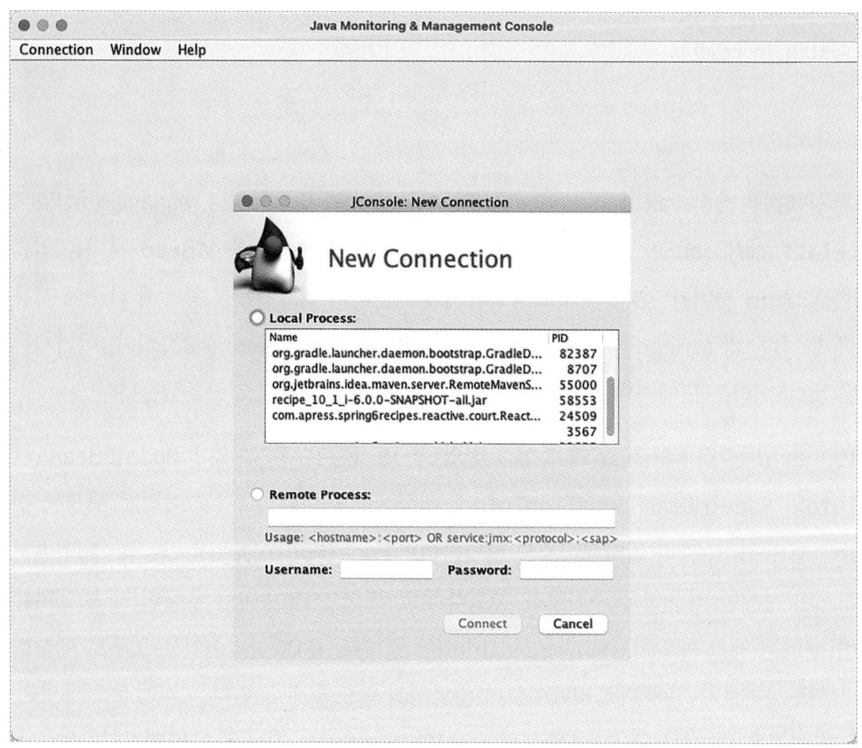

그림 10-1 JConsole 시작 화면

> **CAUTION_** 윈도우 환경에서는 JConsole에 프로세스가 표시되지 않을 수 있습니다. 이는 JConsole이 실행 중인 자바 프로세스를 감지하지 못하는 알려진 버그입니다. 이 문제를 해결하려면 사용자의 `temp` 디렉터리에 `hsperfdata` 디렉터리가 존재하는지 확인해야 합니다. `hsperfdata` 디렉터리는 자바와 JConsole이 실행 중인 프로세스를 추적하는 데 사용합니다. 예를 들어 `John.Doe` 사용자로 애플리케이션을 실행한다면 `C:\Users\John.Doe\AppData\Local\Temp\hsperfdata_John.Doe\` 경로가 있는지 확인하세요.

복제기 애플리케이션에 접속한 후 'MBeans' 탭으로 이동해 좌측 트리에서 'bean' → 'documentReplicator' → 'Operations'를 클릭합니다. 여기서 빈의 각 작업을 호출할 수 있습니다. 예를 들어 `replicate()`를 호출하려면 'replicate' 버튼을 클릭하면 됩니다(그림 10-2).

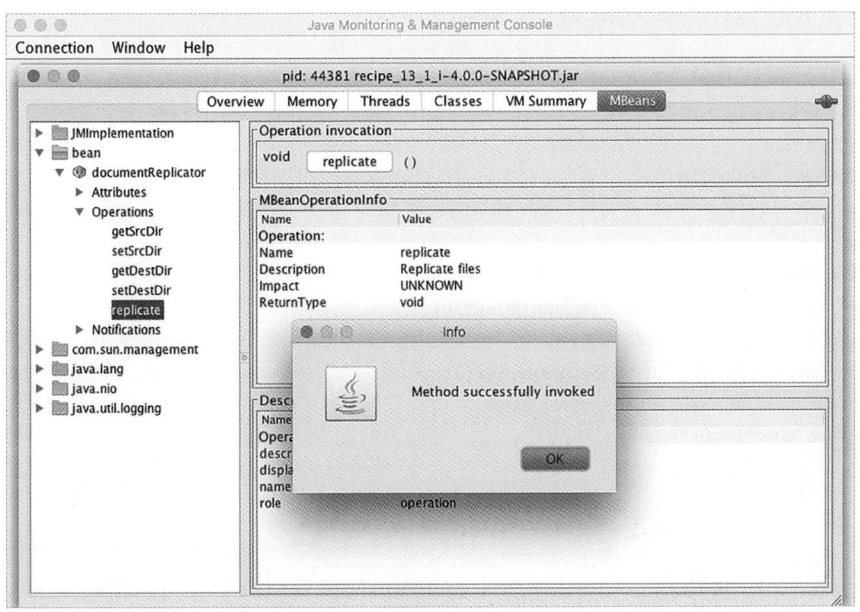

그림 10-2 JConsole로 스프링 빈 작업 시뮬레이션하기

그러면 'Method successfully invoked'라는 메시지가 담긴 팝업창이 표시되며 원본 디렉터리의 모든 파일이 목적지 디렉터리에 복사됩니다.

스프링으로 MBean 등록하기

앞서 작성한 예제 애플리케이션에서는 JMX API를 직접 사용했습니다. 메인 클래스에서 볼 수 있듯이 대체로 작성하고 관리하기 어려우며 이해하기도 어렵습니다. 스프링 IoC 컨테이너에 구성된 빈을 MBean으로 익스포트하고 싶다면 `MBeanExporter` 인스턴스를 생성하고 (MBean 객체 이름을 키로 사용해) 익스포트할 빈을 지정하기만 하면 됩니다. 다음과 같이 구성 클래스를 추가해 봅시다. `beansToExport` 맵의 키는 해당 엔트리값으로 참조할 빈의 `ObjectName`으로 사용됩니다.

예제 10-8 JMX 구성

```
package com.apress.spring6recipes.replicator.config;

import org.springframework.context.annotation.Bean;
import org.springframework.context.annotation.Configuration;
import org.springframework.jmx.export.MBeanExporter;

import java.util.Map;

@Configuration
public class JmxConfig {

  @Bean
  public MBeanExporter mbeanExporter() {
    var beansToExport = Map.<String,Object>of(
      "bean:name=documentReplicator", "documentReplicator");
    var mbeanExporter = new MBeanExporter();
    mbeanExporter.setBeans(beansToExport);
    return mbeanExporter;
  }
}
```

FileReplicator 빈이 bean이라는 도메인의 documentReplicator라는 이름의 MBean으로 익스포트되게 구성했습니다. 기본적으로 모든 public 프로퍼티는 MBean 관리 인터페이스의 속성으로, (java.lang.Object의 메서드를 제외한) 모든 public 메서드는 MBean 관리 인터페이스의 작업으로 포함됩니다. 또한 스프링 JMX 지원 기능을 활용해 애플리케이션의 메인 클래스를 다음과 같이 몇 줄로 줄일 수 있습니다.

예제 10-9 메인 클래스

```
package com.apress.spring6recipes.replicator;

import org.springframework.context.annotation.AnnotationConfigApplicationContext;

import java.io.IOException;

public class Main {

  public static void main(String[] args) throws IOException {
```

```
        var cfg = "com.apress.spring6recipes.replicator.config";
        try (var ctx = new AnnotationConfigApplicationContext(cfg)) {
          System.in.read();
        }
      }
    }
```

다중 MBean 서버 인스턴스 다루기

스프링 `MBeanExporter`를 이용하면 MBean 서버 인스턴스를 가져와 암시적으로 MBean을 등록할 수 있습니다. MBean 서버를 처음으로 가져올 때 JDK가 MBean 서버를 생성하므로 명시적으로 MBean 서버를 생성할 필요는 없습니다. MBean 서버를 제공하는 환경(예: 자바 애플리케이션 서버)에서 애플리케이션을 실행하는 경우도 마찬가지입니다.

하지만 여러 MBean 서버가 실행 중이라면 어느 MBean 서버에 바인딩할지를 `mbeanServer` 빈에 알려줘야 합니다. 이때 MBean 서버의 `agentId`를 사용합니다. JConsole에서 'MBeans' 탭으로 이동한 후 좌측 트리에서 'JMImplementation' → 'MBeanServerDelegate' → 'Attributes' → 'MBeanServerId'로 이동하면 특정 Mbean 서버의 `agentId` 문자열값을 확인할 수 있습니다(그림 10-3).

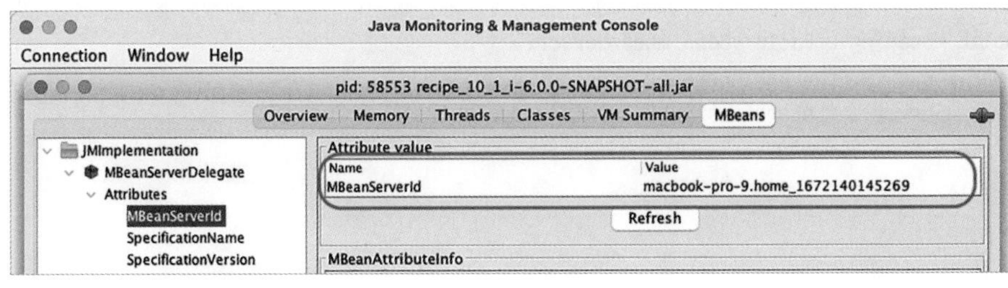

그림 10-3 `agentId` **값 확인하기**

필자는 로컬 컴퓨터에서 `macbook-pro-9.home_1672140145269`이라는 값을 확인했습니다. 각자 확인한 값을 MBeanServer의 `agentId` 프로퍼티에 구성합니다.

예제 10-10 Agent ID 구성

```
@Bean
public MBeanServerFactoryBean mbeanServer() {
  var mbeanServer = new MBeanServerFactoryBean();
  mbeanServer.setLocateExistingServerIfPossible(true);
  mbeanServer.setAgentId("macbook-pro-9.home_1672140145269");
  return mbeanServer;
}
```

컨텍스트에서 여러 MBean 서버 인스턴스가 실행 중이라면 MBean을 익스포트할 MBean 서버를 `MBeanExporter`에 명시적으로 지정합니다. 그러면 `MBeanExporter`는 MBean 서버를 찾지 않고 지정한 MBean 서버 인스턴스를 사용합니다.

예제 10-11 명시적 MBeanServer를 사용한 MBeanExporter

```
@Bean
public MBeanExporter mbeanExporter(MBeanServer server) {
  var mbeanExporter = new MBeanExporter();
  mbeanExporter.setBeans(beansToExport());
  mbeanExporter.setServer(server);
  return mbeanExporter;
}

@Bean
public MBeanServerFactoryBean mbeanServer() {
  var mbeanServer = new MBeanServerFactoryBean();
  mbeanServer.setLocateExistingServerIfPossible(true);
  return mbeanServer;
}
```

MBean 관리 인터페이스 조립하기

기본적으로 스프링 `MBeanExporter`는 빈의 모든 `public` 프로퍼티를 MBean 속성으로, 모든 `public` 메서드를 MBean 작업으로 익스포트합니다. 또한 MBean 어셈블러assembler를 이용해 MBean의 관리 인터페이스를 조립할 수도 있습니다. 스프링이 제공하는 가장 간단한 MBean 어셈블러인 `MethodNameBasedMBeanInfoAssembler`를 이용하면 익스포트할 메서드의 이름을 지정할 수 있습니다.

예제 10-12 JMX 구성: `MethodNameBasedMBeanInfoAssembler`

```
package com.apress.spring6recipes.replicator.config;

import org.springframework.context.annotation.Bean;
import org.springframework.context.annotation.Configuration;
import org.springframework.jmx.export.MBeanExporter;
import org.springframework.jmx.export.assembler.MBeanInfoAssembler;
import org.springframework.jmx.export.assembler.MethodNameBasedMBeanInfoAssembler;

import java.util.Map;

@Configuration
public class JmxConfig {

  @Bean
  public MBeanExporter mbeanExporter(MBeanInfoAssembler assembler) {
    var mbeanExporter = new MBeanExporter();
    mbeanExporter.setBeans(Map.of("bean:name=documentReplicator",
      "documentReplicator"));
    mbeanExporter.setAssembler(assembler);
    return mbeanExporter;
  }

  @Bean
  public MBeanInfoAssembler assembler() {
    var assembler = new MethodNameBasedMBeanInfoAssembler();
    assembler.setManagedMethods("getSrcDir", "setSrcDir", "getDestDir", "setDestDir",
      "replicate");
    return assembler;
  }
}
```

또 다른 MBean 어셈블러인 `InterfaceBasedMBeanInfoAssembler`는 지정한 인터페이스에 정의된 모든 메서드를 익스포트 합니다.

예제 10-13 JMX 구성: `InterfaceBasedMBeanInfoAssembler`

```
@Bean
public MBeanInfoAssembler assembler() {
  var assembler = new InterfaceBasedMBeanInfoAssembler();
  assembler.setManagedInterfaces(FileReplicator.class);
```

```
    return assembler;
  }
```

또한 스프링은 빈 클래스의 메타데이터를 기반으로 MBean의 관리 인터페이스를 조립하는 `MetadataMBeanInfoAssembler`를 제공합니다. JDK 애너테이션을 적용한 빈 클래스를 지원해야 한다면 `AnnotationJmxAttributeSource` 인스턴스를 `MetadataMBeanInfoAssembler`의 `attributeSource`로 지정합니다.

예제 10-14 JMX 구성: `MetadataMBeanInfoAssembler`

```
@Bean
public MBeanInfoAssembler assembler() {
  var assembler = new MetadataMBeanInfoAssembler();
  assembler.setAttributeSource(new AnnotationJmxAttributeSource());
  return assembler;
}
```

다음으로 빈 클래스와 메서드에 `@ManagedResource`, `@ManagedAttribute`, `@ManagedOperation` 애너테이션을 적용합니다. 그러면 `MetadataMBeanInfoAssembler`가 해당 빈의 관리 인터페이스를 조립합니다. 어떤 요소에 이러한 애너테이션이 적용되었다면 익스포트 대상이라고 생각하면 되므로 코드를 이해하기도 쉽습니다. 자바 빈 명세에 맞게 정의된 프로퍼티를 JMX에서는 속성attribute이라고 합니다. 클래스 자체는 리소스로써 참조됩니다. 메서드는 JMX에서 작업operation이라고 합니다. 이를 바탕으로 다음 코드의 기능을 쉽게 이해할 수 있습니다.

예제 10-15 JMX 애너테이션을 적용한 `FileReplicator`

```
package com.apress.spring6recipes.replicator;

import org.springframework.jmx.export.annotation.ManagedAttribute;
import org.springframework.jmx.export.annotation.ManagedOperation;
import org.springframework.jmx.export.annotation.ManagedResource;

import java.io.IOException;
import java.nio.file.Files;
import java.nio.file.Path;

@ManagedResource(description = "File replicator")
public class JMXFileReplicator implements FileReplicator {
```

```
  private String srcDir;
  private String destDir;
  private FileCopier fileCopier;

  @ManagedAttribute(description = "Get source directory")
  public String getSrcDir() {
    return srcDir;
  }

  @ManagedAttribute(description = "Set source directory")
  public void setSrcDir(String srcDir) {
    this.srcDir = srcDir;
  }

  @ManagedAttribute(description = "Get destination directory")
  public String getDestDir() {
    return destDir;
  }

  @ManagedAttribute(description = "Set destination directory")
  public void setDestDir(String destDir) {
    this.destDir = destDir;
  }

  public FileCopier getFileCopier() {
    return fileCopier;
  }

  public void setFileCopier(FileCopier fileCopier) {
    this.fileCopier = fileCopier;
  }

  @ManagedOperation(description = "Replicate files")
  public synchronized void replicate() throws IOException {
    var files = Path.of(srcDir);

    try (var fileList = Files.list(files)) {
      fileList.filter(Files::isRegularFile)
        .forEach(it -> fileCopier.copyFile(it, Path.of(destDir)));
    }
  }
}
```

애너테이션으로 MBean 등록하기

MBeanExporter를 이용해 빈을 명시적으로 익스포트하지 않고 그 하위 클래스인 AnnotationMBeanExporter를 이용해 IoC 컨테이너에 선언된 빈에서 MBean을 자동으로 감지하도록 간단하게 구성할 수 있습니다. 기본적으로 AnnotationJmxAttributeSource와 함께 MetadataMBeanInfoAssembler를 사용하므로 익스포트용 MBean 어셈블러를 따로 구성할 필요가 없습니다. 따라서 이전 예제에서 작성했던 빈과 MBean 등록용 어셈블러 프로퍼티를 제거하고 다음과 같이 간단한 코드만 남기면 됩니다.

예제 10-16 JMX 구성: AnnotationMBeanExporter

```
package com.apress.spring6recipes.replicator.config;

import org.springframework.context.annotation.Bean;
import org.springframework.context.annotation.Configuration;
import org.springframework.jmx.export.MBeanExporter;
import org.springframework.jmx.export.annotation.AnnotationMBeanExporter;

@Configuration
public class JmxConfig {

  @Bean
  public MBeanExporter mbeanExporter() {
    return new AnnotationMBeanExporter();
  }
}
```

AnnotationMBeanExporter는 IoC 컨테이너에 구성된 빈 중에서 @ManagedResource가 적용된 빈을 감지하고 이를 MBean으로 익스포트합니다. 기본적으로 해당 빈의 패키지 이름과 동일한 이름의 도메인으로 익스포트합니다. 또한 IoC 컨테이너에 있는 빈 이름을 MBean 이름으로 사용하고 빈의 단축 클래스 이름을 타입으로 사용합니다. 따라서 documentReplicator 빈은 com.apress.spring6recipes.replicator:name=documentReplicator, type=JMXFileReplicator라는 MBean 객체 이름으로 익스포트됩니다.

패키지 이름을 도메인 이름으로 사용하고 싶지 않다면 defaultDomain 프로퍼티를 추가해 기본 도메인을 설정합니다.

예제 10-17 JMX 구성: 기본 도메인을 사용하는 AnnotationMBeanExporter

```
package com.apress.spring6recipes.replicator.config;

import org.springframework.context.annotation.Bean;
import org.springframework.context.annotation.Configuration;
import org.springframework.jmx.export.MBeanExporter;
import org.springframework.jmx.export.annotation.AnnotationMBeanExporter;

@Configuration
public class JmxConfig {

  @Bean
  public MBeanExporter mbeanExporter() {
    var mbeanExporter = new AnnotationMBeanExporter();
    mbeanExporter.setDefaultDomain("bean");
    return mbeanExporter;
  }
}
```

기본 도메인 이름을 bean으로 설정했으므로 documentReplicator 빈은 다음과 같은 MBean 객체 이름으로 익스포트됩니다.

```
bean:name=documentReplicator,type=JMXFileReplicator
```

@ManagedResource의 objectName 속성에 빈의 MBean 객체 이름을 지정할 수도 있습니다. 예를 들어 다음과 같이 애너테이션을 적용해 파일 복제기를 MBean으로 익스포트할 수 있습니다.

예제 10-18 objectName을 설정한 JMX 파일 복제기

```
package com.apress.spring6recipes.replicator;

import org.springframework.jmx.export.annotation.ManagedAttribute;
import org.springframework.jmx.export.annotation.ManagedOperation;
import org.springframework.jmx.export.annotation.ManagedResource;

import java.io.IOException;
import java.nio.file.Files;
import java.nio.file.Path;
```

```java
@ManagedResource(
            description = "File replicator",
            objectName = "bean:name=fileCopier,type=JMXFileReplicator")
public class JMXFileReplicator implements FileReplicator { ... }
```

하지만 이러한 MBean 객체 이름 지정 방식은 IoC 컨테이너에서 단일 인스턴스를 생성하는 클래스(예: 파일 복사기)에만 적용할 수 있으며 여러 인스턴스를 생성하는 클래스(예: 파일 복제기)에는 적용할 수 없습니다. 이는 클래스에 하나의 MBean 객체 이름만 지정할 수 있기 때문입니다. 따라서 이름을 변경하지 않고 동일한 서버를 여러 번 실행해서는 안 됩니다.

마지막 방법은 스프링이 `@ManagedResource`가 적용된 MBean을 찾아 익스포트하는 것입니다. 그러려면 구성 클래스에 `@EnableMBeanExport`를 추가로 적용해야 합니다. 이 애너테이션은 `@ManagedResource`가 적용된 빈을 익스포트하도록 스프링에 지시합니다.

예제 10-19 `@EnableMBeanExport`**를 적용한 구성**

```java
package com.apress.spring6recipes.replicator.config;

import com.apress.spring6recipes.replicator.FileCopier;
import com.apress.spring6recipes.replicator.FileReplicator;
import com.apress.spring6recipes.replicator.JMXFileReplicator;
import com.apress.spring6recipes.replicator.NioFileCopier;
import jakarta.annotation.PostConstruct;
import org.springframework.beans.factory.annotation.Value;
import org.springframework.context.annotation.Bean;
import org.springframework.context.annotation.Configuration;
import org.springframework.context.annotation.EnableMBeanExport;

import java.io.IOException;
import java.nio.file.Files;
import java.nio.file.Path;

@Configuration
@EnableMBeanExport
public class FileReplicatorConfig {

  @Value("#{systemProperties['user.home']}/docs")
  private String srcDir;
  @Value("#{systemProperties['user.home']}/docs_backup")
```

```
    private String destDir;

    @Bean
    public NioFileCopier fileCopier() {
      return new NioFileCopier();
    }

    @Bean
    public FileReplicator documentReplicator(FileCopier fileCopier) {
      var fRep = new JMXFileReplicator();
      fRep.setSrcDir(srcDir);
      fRep.setDestDir(destDir);
      fRep.setFileCopier(fileCopier);
      return fRep;
    }

    @PostConstruct
    public void verifyDirectoriesExist() throws IOException {
      Files.createDirectories(Path.of(srcDir));
      Files.createDirectories(Path.of(destDir));
    }
  }
```

@EnableMBeanExport를 적용했으니 @ManagedResource를 적용한 documentReplicator 빈이 MBean으로 익스포트됩니다.

레시피 10-2 JMX 알림 주고받기

과제 MBean에서 JXM 알림을 발행하고 JXM 알림 리스너로 받아 보세요.

해결 스프링 빈은 NotificationPublisher 인터페이스를 이용해 JMX 알림을 발행할 수 있습니다. 그리고 IoC 컨테이너에 표준 JMX 알림 리스너를 등록해 JMX 알림을 수신할 수 있습니다.

풀이 JMX 알림 발행하기

스프링 IoC 컨테이너에서는 빈을 MBean으로 익스포트해 JMX 알림을 발행할 수 있습니다. 이때 빈은 `NotificationPublisherAware` 인터페이스를 구현해야 하며 내부적으로 `NotificationPublisher`를 사용해 알림을 발행합니다.

예제 10-20 FileReplicator: **알림 발행하기**

```
package com.apress.spring6recipes.replicator;

import org.springframework.jmx.export.notification.NotificationPublisher;
import org.springframework.jmx.export.notification.NotificationPublisherAware;
import java.util.concurrent.atomic.AtomicInteger;
import javax.management.Notification;

@ManagedResource(description = "File replicator")
public class JMXFileReplicator implements FileReplicator, NotificationPublisherAware
{

  private final AtomicInteger sequenceNumber = new AtomicInteger();
  private NotificationPublisher notificationPublisher;

  ...
  @ManagedOperation(description = "Replicate files")
  public synchronized void replicate() throws IOException {
    var files = Path.of(srcDir);
    try (var fileList = Files.list(files)) {
      fileList.filter(Files::isRegularFile)
        .forEach(it -> fileCopier.copyFile(it, Path.of(destDir)));
    }

    var seqNumber = sequenceNumber.incrementAndGet();
    var notification =new Notification("replication.complete", this, seqNumber);
    notificationPublisher.sendNotification(notification);
  }

  @Override
  public void setNotificationPublisher(NotificationPublisher notificationPublisher) {
    this.notificationPublisher = notificationPublisher;
  }
}
```

이 파일 복제기에서는 복제가 시작되거나 완료될 때마다 JMX 알림을 보냅니다. 알림은 콘솔의 표준 출력과 JConsole 'MBeans' 탭의 'Notifications' 메뉴(그림 10-4)에서 모두 볼 수 있습니다.

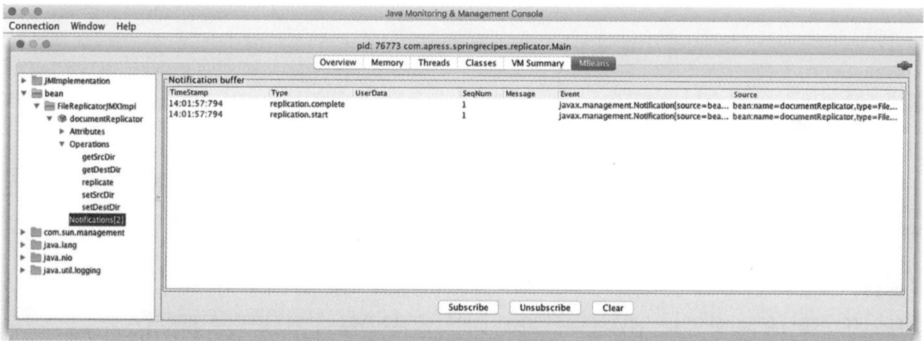

그림 10-4 JConsole로 Mbean 이벤트 확인하기

JConsole에서 알림을 보고 싶다면 먼저 [그림 10-4]의 하단에 보이는 [Subscribe] 버튼을 클릭합니다. 그런 다음 'MBean' 탭의 'Operations' 부분에서 'replicate' 버튼을 눌러 `replicate()` 메서드를 호출하면 두 개의 새로운 알림이 도착합니다. 알림 생성자의 첫 번째 인수는 알림 종류이며 두 번째는 알림을 발생시킨 주체이고 마지막은 시퀀스 번호입니다.

JMX 알림 수신하기

이제 알림 리스너를 작성해 JXM 알림을 수신해 보겠습니다. 리스너는 다양한 알림을 받으므로 처리하고 싶은 알림을 필터링해야 합니다. 예를 들어 MBean 속성이 변경될 때마다 `javax.management.AttributeChangeNotification` 알림이 발생합니다.

예제 10-21 `NotificationListener` **구현체**

```
package com.apress.spring6recipes.replicator;

import javax.management.Notification;
import javax.management.NotificationListener;

public class ReplicationNotificationListener implements NotificationListener {
```

```
  public void handleNotification(Notification not, Object handback) {
    if (not.getType().startsWith("replication")) {
      System.out.printf("%s %s #%d%n",
        not.getSource(), not.getType(), not.getSequenceNumber());
      }
    }
}
```

그런 다음 이 알림 리스너를 MBean 익스포터에 등록해 특정 MBean이 전달하는 알림을 수신합니다.

예제 10-22 JMX 구성

```
@Bean
public ReplicationNotificationListener replicationNotificationListener() {
  return new ReplicationNotificationListener();
}

@Bean
public AnnotationMBeanExporter mbeanExporter(NotificationListener nl) {
  var mbeanExporter = new AnnotationMBeanExporter();
  mbeanExporter.setDefaultDomain("bean");
  mbeanExporter.setNotificationListenerMappings(
    Map.of("bean:name=documentReplicator,type=JMXFileReplicator", nl));
  return mbeanExporter;
}
```

레시피 10-3 스프링에서 원격 JMX MBean 노출/접근하기

과제 JMX 커넥터를 통해 외부에 노출된 원격 MBean 서버에서 실행 중인 JMX MBean에 접근하려 하는데, JMX API를 사용해 원격 MBean에 직접 접근하려면 복잡한 JXM 전용 코드를 작성해야 합니다.

해결 스프링은 원격 MBean에 간단히 접근할 수 있는 두 가지 방법을 제공합니다. 첫 번째는 스프링이 제공하는 팩토리 빈을 이용해 선언적으로 Mbean 서버 커넥션을 생성하는 방법입니다. 이 서버 커넥션을 사용하면 Mbean 속성을 조회/수정하거나 작업을 호출할 수 있습니다. 두 번째는 스프링이 제공하는 또 다른 팩토리 빈을 이용해 MBean의 프록시를 생성하는 방법입니다. 해당 프록시를 사용하면 원격 MBean을 로컬 빈처럼 다룰 수 있습니다.

풀이 JXM 커넥터 서버로 MBean 노출하기

MBean에 원격으로 접근하려면 JMX용 원격 프로토콜을 활성화해야 합니다. JSR-160은 JMX 커넥터를 통한 JMX 원격 표준을 정의합니다. 스프링이 제공하는 ConnectorServerFactoryBean을 이용하면 JMX 커넥터 서버를 생성할 수 있습니다.

기본적으로 ConnectorServerFactoryBean은 서비스 URL service:jmx:jmxmp://localhost:9875에 바인딩된 JMX 커넥터 서버를 생성하고 시작합니다. 이 서버는 JMX 메시징 프로토콜JMX Messaging Protocol (JMXMP) 기반으로 JMX 커넥터를 노출합니다. 하지만 대부분의 JMX 구현체는 JMXMP를 지원하지 않습니다. 따라서 RMI와 같이 널리 지원되는 원격 프로토콜을 선택하는 편이 좋습니다. 특정 프로토콜을 이용해 JMX 커넥터를 노출한다면 그에 맞는 서비스 URL을 제공해야 합니다.

예제 10-23 JMX 서버 구성

```
package com.apress.spring6recipes.replicator.config;

import org.springframework.context.annotation.Bean;
import org.springframework.context.annotation.Configuration;
import org.springframework.context.annotation.Import;
import org.springframework.jmx.support.ConnectorServerFactoryBean;

@Configuration
@Import(FileReplicatorConfig.class)
public class JmxServerConfiguration {

  @Bean
  public ConnectorServerFactoryBean connectorServerFactoryBean() {
    var url ="service:jmx:rmi://localhost/jndi/rmi://localhost:1099/replicator";
    var connectorServer = new ConnectorServerFactoryBean();
    connectorServer.setServiceUrl(url);
    return connectorServer;
  }
}
```

> **NOTE_** RMI로 빈을 노출하려면 RMI 레지스트리가 필요합니다. 보통 애플리케이션 서버를 이용할 때는 기본적으로 RMI 레지스트리를 사용할 수 있습니다. 독립 실행형으로 실행할 때는 명령줄에서 자바와 함께 제공되는 `rmiregistry`를 실행합니다. 여기서는 `rmiregistry`가 실행 중이라고 가정하겠습니다.

로컬 호스트의 1099 포트로 리스닝하는 RMI 레지스트리에 JMX 커넥터를 바인딩하도록 URL을 지정했습니다. RMI 레지스트리의 기본 포트는 1099지만 다른 포트로 지정해도 됩니다.

이제 RMI를 이용해 MBean에 원격으로 접근할 수 있습니다. 이번에는 JMX `-Dcom.sun.management.jmxremote` 플래그를 사용해 RMI를 활성화할 필요가 없습니다. [그림 10-5]처럼 JConsole 접속 창의 'Remote Process' 항목에 있는 서비스 URL에 `service:jmx:rmi://localhost/jndi/rmi://localhost:1099/replicator`를 입력하면 됩니다.

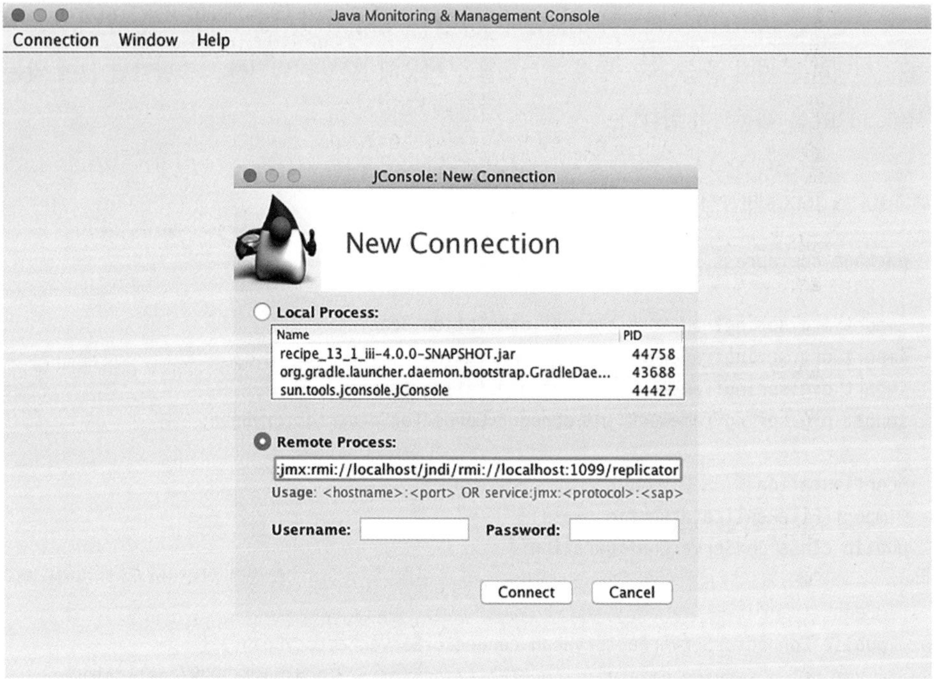

그림 10-5 JConslole에서 RMI URL로 원격 접속하기

커넥션이 맺어지면 이전 예제와 동일하게 빈 메서드를 호출할 수 있습니다.

Mbean 서버 연결로 원격 MBean 접근하기

JMX 클라이언트는 원격 MBean 서버에 접속해 이 서버에서 실행되는 MBean에 접근합니다. 스프링이 제공하는 `org.springframework.jmx.support.MBeanServerConnectionFactoryBean`을 이용하면 원격 JSR-160 명세를 준수하는 Mbean 서버에 선언적으로 접속할 수 있습니다. MBean 서버에 접속할 수 있는 서비스 URL을 제공하면 됩니다. 클라이언트 빈 구성 클래스에서 이 팩토리 빈을 선언해 봅시다.

예제 10-24 JMX 클라이언트 구성: MBean 서버 커넥션

```
package com.apress.spring6recipes.replicator.config;

import org.springframework.context.annotation.Bean;
import org.springframework.context.annotation.Configuration;
import org.springframework.jmx.support.MBeanServerConnectionFactoryBean;

import java.net.MalformedURLException;

@Configuration
public class JmxClientConfiguration {

  @Bean
  public MBeanServerConnectionFactoryBean mbeanServerConnection()
    throws MalformedURLException {
    var url = "service:jmx:rmi://localhost/jndi/rmi://localhost:1099/replicator";
    var mBeanServerConnectionFactoryBean = new MBeanServerConnectionFactoryBean();
    mBeanServerConnectionFactoryBean.setServiceUrl(url);
    return mBeanServerConnectionFactoryBean;
  }
}
```

이 팩토리 빈으로 생성한 MBean 서버 커넥션을 사용하면 1099 포트로 리스닝하는 RMI 서버에서 실행 중인 MBean에 접근해 작업을 실행할 수 있습니다. MBean 클라이언트와 MBean 서버 사이에 커넥션이 맺어지면 `getAttribute()`와 `setAttribute()` 메서드를 이용해 MBean의 객체 이름과 속성 이름을 지정해서 MBean의 속성을 조회하고 업데이트할 수 있습니다. `Invoke()` 메서드로 MBean의 작업을 호출할 수도 있습니다.

예제 10-25 JMX 클라이언트: Mbean 서버 커넥션

```
package com.apress.spring6recipes.replicator;

import com.apress.spring6recipes.replicator.config.JmxClientConfiguration;
import org.springframework.context.annotation.AnnotationConfigApplicationContext;

import javax.management.Attribute;
import javax.management.MBeanServerConnection;
import javax.management.ObjectName;

public class Client {

  public static void main(String[] args) throws Exception {
    var cfg = JmxClientConfiguration.class;
    try (var context = new AnnotationConfigApplicationContext(cfg)) {
      var mbeanServerConnection = context.getBean(MBeanServerConnection.class);
      var srcDir = (String) mbeanServerConnection.getAttribute(mbeanName, "SrcDir");
      var destDir = new Attribute("DestDir", srcDir + "_backup");
      mbeanServerConnection.setAttribute(mbeanName, destDir);
      mbeanServerConnection.invoke(mbeanName, "replicate", null, null);
    }
  }
}
```

파일 복제 알림을 리스닝하는 JXM 알림 리스너를 추가로 생성합니다.

예제 10-26 복제 알림 리스너

```
package com.apress.spring6recipes.replicator;

import javax.management.Notification;
import javax.management.NotificationListener;

public class ReplicationNotificationListener implements NotificationListener {

  public void handleNotification(Notification notification, Object handback) {
    if (notification.getType().startsWith("replication")) {
      System.out.println(
        notification.getSource() + " " +
          notification.getType() + " #" +
          notification.getSequenceNumber());
    }
```

```
    }
  }
```

이 알림 리스너를 MBean 서버 커넥션에 등록하면 MBean 서버가 전송하는 알림을 수신할 수 있습니다.

예제 10-27 리스너 생성 및 등록

```
var name = "bean:name=documentReplicator,type=JMXFileReplicator";
var mbeanName = new ObjectName(name);
var listener = new ReplicationNotificationListener();
mbeanServerConnection.addNotificationListener(mbeanName, listener, null, null);
```

클라이언트 애플리케이션을 실행합니다. 그리고 JConsole에서 'Remote Process' 항목에 `service:jmx:rmi://localhost/jndi/rmi://localhost:1099/replicator` URL을 설정해 RMI 서버 애플리케이션에 접속한 후 알림을 확인해 봅시다. [그림 10-6]에서 볼 수 있듯이 'MBeans' 탭의 'Notifications' 메뉴에서 새로운 `jmx.attribute.change` 알림을 확인할 수 있습니다.

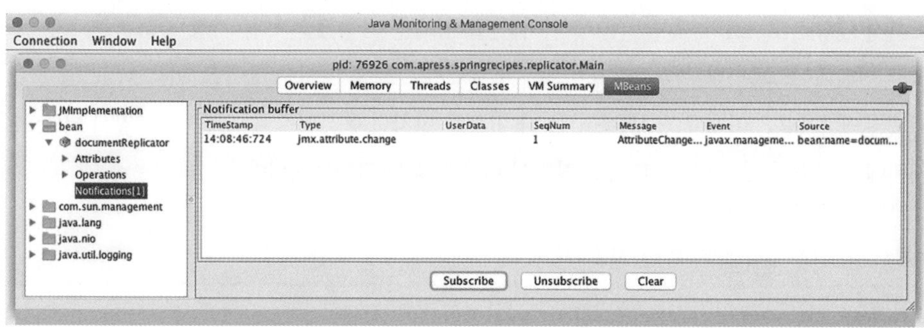

그림 10-6 RMI로 호출한 JConsole 알림 이벤트

MBean 프록시로 원격 MBean 접근하기

스프링이 제공하는 `MBeanProxyFactoryBean`으로 `MBeanProxy`를 생성해 원격 `MBean`에 접근하는 또 다른 방법도 있습니다.

예제 10-28 JMX 클라이언트 구성: MBean 프록시

```
package com.apress.spring6recipes.replicator.config;

import com.apress.spring6recipes.replicator.FileReplicator;
import org.springframework.context.annotation.Bean;
import org.springframework.context.annotation.Configuration;
import org.springframework.jmx.access.MBeanProxyFactoryBean;

@Configuration
public class JmxClientConfiguration {

  @Bean
  public MBeanProxyFactoryBean fileReplicatorProxy() throws Exception {
    var url = "service:jmx:rmi://localhost/jndi/rmi://localhost:1099/replicator";
    var name = "bean:name=documentReplicator,type=JMXFileReplicator";
    var fileReplicatorProxy = new MBeanProxyFactoryBean();
    fileReplicatorProxy.setServiceUrl(url);
    fileReplicatorProxy.setObjectName(name);
    fileReplicatorProxy.setProxyInterface(FileReplicator.class);
    return fileReplicatorProxy;
  }
}
```

프록시 대상 MBean의 객체 이름과 서버 연결 정보를 지정했습니다. 가장 중요한 부분은 프록시 인터페이스입니다. 이 인터페이스는 내부적으로 로컬 메서드 호출을 원격 MBean 호출로 변환해 줍니다. 이제 원격 MBean을 마치 로컬 빈처럼 동작시킬 수 있습니다. 앞서 MBean 서버에 직접 접속해 수행한 MBean 작업이 다음과 같이 간단해집니다.

예제 10-29 JMX 클라이언트: 프록시 사용하기

```
package com.apress.spring6recipes.replicator;

import com.apress.spring6recipes.replicator.config.JmxClientConfiguration;
import org.springframework.context.annotation.AnnotationConfigApplicationContext;

public class Client {

  public static void main(String[] args) throws Exception {
    var cfg = "bean:name=documentReplicator,type=JMXFileReplicator";
    try (var ctx = new AnnotationConfigApplicationContext(cfg)) {
      var fileReplicatorProxy = ctx.getBean(FileReplicator.class);
```

```
        var srcDir = fileReplicatorProxy.getSrcDir();
        fileReplicatorProxy.setDestDir(srcDir + "_backup");
        fileReplicatorProxy.replicate();
      }
    }
  }
```

레시피 10-4 스프링에서 이메일 보내기

과제 많은 애플리케이션에 이메일 전송 기능이 있습니다. 자바 애플리케이션이라면 자카르타 메일 API Jakarta Mail API[4]를 사용해 이메일을 보낼 수 있습니다. 하지만 해당 API 전용 메일 세션과 예외를 처리해야 합니다. 결과적으로 애플리케이션이 자카르타 메일 API에 종속돼 다른 이메일 API로 전환하기가 어려워집니다.

해결 스프링의 이메일 지원 기능은 추상적이고 구현에 독립적인 API를 제공하므로 이메일을 보내는 작업을 더 쉽게 만들어 줍니다. 핵심 인터페이스는 `MailSender`이며, `JavaMailSender` 인터페이스는 다목적 인터넷 메일 확장Multipurpose Internet Mail Extensions (MIME) 메시지 지원과 같은 특수한 자카르타 메일 기능을 포함하는 `MailSender`의 하위 인터페이스입니다. HTML 콘텐츠, 인라인 이미지, 첨부 파일이 포함된 이메일 메시지를 보내려면 MIME 메시지로 보내야 합니다.

풀이 파일 복제기 애플리케이션에서 오류가 발생할 때 관리자에게 알려 주려 합니다. 먼저 파일 복사 오류를 알리는 메서드가 있는 `ErrorNotifier` 인터페이스를 작성합니다.

예제 10-30 ErrorNotifier 인터페이스

```
package com.apress.spring6recipes.replicator;

public interface ErrorNotifier {

  void notifyCopyError(String srcDir, String destDir, String filename);
}
```

4 https://jakarta.ee/specifications/mail/

NOTE_ 오류가 발생할 때 알림기notifier를 호출하는 일은 사용자의 몫입니다. 오류 처리는 일종의 횡단 관심사이므로 AOP가 이상적인 해결책이 될 수 있습니다. After Throwing 어드바이스를 작성해 알림기를 호출하면 됩니다.

다음으로 이 인터페이스를 구현해 원하는 방법으로 알림을 보냅니다. 이메일을 보내는 방법이 가장 일반적입니다. 그러려면 인터페이스를 구현하기 전에 간이 우편 전송 프로토콜Simple Mail Transfer Protocol(SMTP)을 지원하는 테스트용 로컬 이메일 서버가 필요합니다. 설치와 구성이 매우 쉬운 그린메일GreenMail[5]을 설치하기를 추천합니다. `greenmail.sh` 스크립트를 실행해 도커 컨테이너를 시작할 수도 있습니다. 기본적으로 그린메일은 오프셋이 3000인 메일 포트를 사용하므로 SMTP는 25 대신 3025 포트, POP3는 110 대신 3110 포트를 사용합니다.

자카르타 메일 API로 이메일 보내기

이제 자카르타 메일 API를 사용해 어떻게 이메일을 보내는지 알아봅시다. 자카르타 메일 API를 사용하기 전에 API 의존성을 추가해야 합니다.

예제 10-31 자카르타 메일 그레이들 의존성 추가(build.gradle)

```
implementation group: 'com.sun.mail', name: 'jakarta.mail', version: '2.0.1'
```

예제 10-32 자카르타 메일 메이븐 의존성 추가(pom.xml)

```
<dependency>
  <groupId>com.sun.mail</groupId>
  <artifactId>jakarta.mail</artifactId>
  <version>2.0.1</version>
</dependency>
```

오류가 발생하면 이메일 알림을 보내도록 `ErrorNotifier` 인터페이스를 구현합니다.

5 https://greenmail-mail-test.github.io/greenmail/

예제 10-33 자카르타 메일 API를 사용한 EmailErrorNotifier

```
package com.apress.spring6recipes.replicator;

import jakarta.mail.Message;
import jakarta.mail.MessagingException;
import jakarta.mail.Session;
import jakarta.mail.Transport;
import jakarta.mail.internet.InternetAddress;
import jakarta.mail.internet.MimeMessage;

import java.util.Properties;

public class EmailErrorNotifier implements ErrorNotifier {

  private static final String MSG = """
    Dear Administrator,
    An error occurred when copying the following file :
    Source directory: %s
    Destination directory: %s
    Filename : %s
    """;

  @Override
  public void notifyCopyError(String srcDir, String destDir, String filename) {
    var props = new Properties();
    props.put("mail.smtp.host", "localhost");
    props.put("mail.smtp.port", "3025");
    props.put("mail.smtp.username", "system");
    props.put("mail.smtp.password", "12345");
    var session = Session.getDefaultInstance(props, null);
      try {
        var message = new MimeMessage(session);
        message.setFrom(new InternetAddress("system@localhost"));
        message.setRecipients(Message.RecipientType.TO,
          InternetAddress.parse("admin@localhost"));
        message.setSubject("File Copy Error");
        message.setText(String.format(MSG, srcDir, destDir, filename));
          Transport.send(message);
        } catch (MessagingException e) {
          throw new RuntimeException(e);
        }
  }
}
```

먼저 프로퍼티를 정의하고 이를 기반으로 SMTP 서버에 접속하는 메일 세션을 엽니다. 그런 다음 이 세션에서 메시지를 생성하고 이메일을 작성합니다. 작성한 이메일은 `Transport.send()` 메서드를 호출해 전송합니다. 자카르타 메일 API를 사용할 때는 체크 예외인 `MessagingException`을 처리해야 합니다. 이러한 모든 클래스, 인터페이스, 예외는 자카르타 메일에 정의돼 있습니다.

다음으로 파일 복제 오류가 발생할 때 이메일 알림을 보내도록 스프링 IoC 컨테이너에 `EmailErrorNotifier` 인스턴스를 선언합니다.

예제 10-34 `Mail` **구성**

```
package com.apress.spring6recipes.replicator.config;

import com.apress.spring6recipes.replicator.EmailErrorNotifier;
import com.apress.spring6recipes.replicator.ErrorNotifier;
import org.springframework.context.annotation.Bean;
import org.springframework.context.annotation.Configuration;

@Configuration
public class MailConfiguration {

  @Bean
  public ErrorNotifier errorNotifier() {
    return new EmailErrorNotifier();
  }
}
```

`EmailErrorNotifier`를 테스트하는 메인 클래스를 작성합니다. 이 클래스를 실행해 알림 메일이 전송되면 POP3를 통해 이메일 서버에서 이메일을 수신하는 별도의 이메일 애플리케이션을 구성해 이메일을 받아볼 수 있습니다.

예제 10-35 메인 클래스

```
package com.apress.spring6recipes.replicator;

import com.apress.spring6recipes.replicator.config.MailConfiguration;
import org.springframework.context.annotation.AnnotationConfigApplicationContext;

public class Main {
```

```
    public static void main(String[] args) {
      var cfg = MailConfiguration.class;
        try (var ctx = new AnnotationConfigApplicationContext(cfg)) {
          var errorNotifier = ctx.getBean(ErrorNotifier.class);
          errorNotifier.notifyCopyError("c:/documents", "d:/documents", "spring.doc");
        }
    }
  }
```

그린메일에 포함된 POP 서버에 로그인해 이메일이 잘 전송됐는지 확인합니다. 콘솔에서 텔넷으로 3110번 포트에 접속한 후 다음과 같은 일련의 명령을 실행하면 admin 사용자가 받은 이메일을 확인할 수 있습니다(계정 생성 시에 설정한 패스워드를 이용해 로그인합니다).

예제 10-36 텔넷으로 콘솔 입출력하기

```
> telnet localhost 3110
+OK POP3 GreenMail Server v1.6.10 ready
USER admin@localhost
+OK
PASS admin@localhost
+OK
LIST
+ OK 1 698
RETR 1
+OK Message follows
...
```

스프링 MailSender로 이메일 보내기

지금부터는 스프링 MailSender 인터페이스를 이용해 이메일을 보내는 방법을 살펴봅니다. 이 인터페이스의 send() 메서드를 사용해 SimpleMailMessage를 전송할 수 있으므로 코드가 자카르타 메일에 직접 의존하지 않아도 되고 테스트하기도 더 쉬워집니다.

예제 10-37 자카르타 MailSender를 사용한 EmailErrorNotifier

```
package com.apress.spring6recipes.replicator;

import org.springframework.mail.MailSender;
```

```
import org.springframework.mail.SimpleMailMessage;

public class EmailErrorNotifier implements ErrorNotifier {

  private static final String MSG = """
    Dear Administrator,
    An error occurred when copying the following file :
    Source directory: %s
    Destination directory: %s
    Filename : %s
    """;

  private final MailSender mailSender;

  public EmailErrorNotifier(MailSender mailSender) {
    this.mailSender = mailSender;
  }

  @Override
  public void notifyCopyError(String srcDir, String destDir, String filename) {
    var message = new SimpleMailMessage();
    message.setFrom("system@localhost");
    message.setTo("admin@localhost");
    message.setSubject("File Copy Error");
    message.setText(String.format(MSG, srcDir, destDir, filename));
    mailSender.send(message);
  }
}
```

다음으로 빈 구성 파일에서 MailSender 구현체를 구성하고 이를 EmailErrorNotifier에 주입합니다. 스프링이 제공하는 이 인터페이스의 유일한 구현체는 자카르타 메일을 이용해 이 메일을 보내는 JavaMailSenderImpl입니다.

예제 10-38 자카르타 MaillSender를 사용한 MailConfiguration

```
package com.apress.spring6recipes.replicator.config;

import com.apress.spring6recipes.replicator.EmailErrorNotifier;
import com.apress.spring6recipes.replicator.ErrorNotifier;
import org.springframework.context.annotation.Bean;
import org.springframework.context.annotation.Configuration;
import org.springframework.mail.javamail.JavaMailSender;
```

```
import org.springframework.mail.javamail.JavaMailSenderImpl;

@Configuration
public class MailConfiguration {

  @Bean
  public ErrorNotifier errorNotifier(JavaMailSender mailSender) {
    return new EmailErrorNotifier(mailSender);
  }

  @Bean
  public JavaMailSenderImpl mailSender() {
    var mailSender = new JavaMailSenderImpl();
    mailSender.setHost("localhost");
    mailSender.setPort(3025);
    mailSender.setUsername("system");
    mailSender.setPassword("12345");
    return mailSender;
  }
}
```

`JavaMailSenderImpl`에서는 표준 SMTP 포트인 25번을 기본 포트로 사용하므로 이메일 서버가 해당 포트로 SMTP를 리스닝한다면 포트 설정은 생략합니다. 또한 SMTP 서버가 사용자 인증을 요구하지 않는다면 사용자 이름과 비밀번호를 설정할 필요가 없습니다.

자바 애플리케이션 서버에 자카르타 메일 세션이 구성되었다면 `JndiLocatorDelegate`의 도움을 받아 세션을 룩업할 수 있습니다.

예제 10-39 메일 세션용 JNDI 룩업하기

```
@Bean
public Session mailSession() throws NamingException {
  return JndiLocatorDelegate
    .createDefaultResourceRefLocator()
    .lookup("mail/Session", Session.class);
}
```

자카르타 메일 세션을 `JavaMailSenderImpl`에 주입하면 호스트, 포트, 사용자 이름, 패스워드를 더는 설정할 필요가 없습니다.

예제 10-40 메일 세션이 주입된 MailSender

```
@Bean
public JavaMailSenderImpl mailSender(Session mailSession) {
  var mailSender = new JavaMailSenderImpl();
  mailSender.setSession(mailSession);
  return mailSender;
}
```

이메일 템플릿 정의하기

메서드 본문에서 이메일 메시지를 구성하는 것은 효과적이지 않습니다. 이메일 프로퍼티를 하드코딩해야 하기 때문입니다. 게다가 자바 문자열로 이메일 텍스트를 작성하는 것도 어렵습니다. 빈 구성 파일에 이메일 메시지 템플릿을 정의하고 템플릿에 맞게 새 이메일 메시지를 작성하는 방법이 더 효율적입니다.

예제 10-41 SimpleMailMessage를 템플릿으로 사용한 MailConfiguration

```
package com.apress.spring6recipes.replicator.config;

import com.apress.spring6recipes.replicator.EmailErrorNotifier;
import com.apress.spring6recipes.replicator.ErrorNotifier;
import org.springframework.context.annotation.Bean;
import org.springframework.context.annotation.Configuration;
import org.springframework.mail.SimpleMailMessage;
import org.springframework.mail.javamail.JavaMailSender;
import org.springframework.mail.javamail.JavaMailSenderImpl;

@Configuration
public class MailConfiguration {

  private static final String MSG = """
    Dear Administrator,
    An error occurred when copying the following file :
    Source directory: %s
    Destination directory: %s
    Filename : %s
    """;

  @Bean
  public ErrorNotifier errorNotifier(JavaMailSender mailSender,
```

```
    SimpleMailMessage template) {
    return new EmailErrorNotifier(mailSender, template);
  }

  @Bean
  public JavaMailSenderImpl mailSender() {
    var mailSender = new JavaMailSenderImpl();
    mailSender.setHost("localhost");
    mailSender.setPort(3025);
    mailSender.setUsername("system");
    mailSender.setPassword("12345");
    return mailSender;
  }

  @Bean
  public SimpleMailMessage copyErrorMailMessage() {
    var message = new SimpleMailMessage();
    message.setFrom("system@localhost");
    message.setTo("admin@localhost");
    message.setSubject("File Copy Error");
    message.setText(MSG);
    return message;
  }
}
```

메시지 텍스트에 포함된 위치 지정자 %s는 나중에 String.format() 메서드를 사용해 메시지 파라미터로 치환할 것입니다. 물론 타임리프나 프리마커FreeMarker 같은 강력한 템플릿 언어를 이용해 템플릿에 맞게 메시지 텍스트를 생성할 수도 있습니다. 메일 메시지 템플릿을 빈 구성 파일과 분리하는 것도 좋은 방법입니다.

이메일을 보낼 때마다 주입된 템플릿을 이용해 새 SimpleMailMessage 인스턴스를 생성합니다. 그런 다음 String.format()으로 위치 지정자 %s를 메시지 파라미터로 치환해 최종 메시지 텍스트를 완성합니다.

예제 10-42 템플릿 메시지를 사용한 EmailErrorNotifier

```
package com.apress.spring6recipes.replicator;

import org.springframework.mail.MailSender;
import org.springframework.mail.SimpleMailMessage;
```

```
public class EmailErrorNotifier implements ErrorNotifier {

  private final MailSender mailSender;
  private final SimpleMailMessage template;

  public EmailErrorNotifier(MailSender mailSender, SimpleMailMessage template) {
    this.mailSender = mailSender;
    this.template = template;
  }

  @Override
  public void notifyCopyError(String srcDir, String destDir, String filename) {
    var message = new SimpleMailMessage(template);
    message.setText(String.format(
      template.getText(), srcDir, destDir, filename));
    mailSender.send(message);
  }
}
```

파일이 첨부된 이메일 보내기(MIME 메시지)

지금까지 사용한 SimpleMailMessage 클래스는 간단한 일반 텍스트 이메일 메시지만 보냈습니다. HTML 콘텐츠, 내장 이미지, 첨부 파일을 포함한 이메일을 보내려면 MIME 메시지를 구성해야 합니다. MIME은 자카르타 메일이 제공하는 jakarta.mail.internet.MimeMessage 클래스가 지원합니다.

우선 부모 인터페이스인 MailSender 대신 JavaMailSender 인터페이스를 사용해야 합니다. 앞서 주입한 JavaMailSenderImpl 인스턴스는 이 인터페이스의 구현체이므로 빈 구성을 변경할 필요가 없습니다. 다음 알림기는 스프링의 빈 구성 XML 파일(즉 beans.xml)을 첨부한 이메일을 관리자에게 보냅니다.

예제 10-43 MIME 메시지를 전송하는 EmailErrorNotifier

```
package com.apress.spring6recipes.replicator;

import jakarta.mail.MessagingException;
import jakarta.mail.internet.MimeMessage;
import org.springframework.core.io.ClassPathResource;
```

```
import org.springframework.mail.MailParseException;
import org.springframework.mail.SimpleMailMessage;
import org.springframework.mail.javamail.JavaMailSender;
import org.springframework.mail.javamail.MimeMessageHelper;

public class EmailErrorNotifier implements ErrorNotifier {

  private final JavaMailSender mailSender;
  private final SimpleMailMessage template;

  public EmailErrorNotifier(JavaMailSender mailSender,
    SimpleMailMessage template) {
    this.mailSender = mailSender;
    this.template = template;
  }

  @Override
  public void notifyCopyError(String srcDir, String destDir, String filename) {
    var message = mailSender.createMimeMessage();
    try {
      var helper = new MimeMessageHelper(message, true);
      helper.setFrom(template.getFrom());
      helper.setTo(template.getTo());

      helper.setSubject(template.getSubject());
      helper.setText(String.format(
        template.getText(), srcDir, destDir, filename));

      helper.addAttachment("beans.xml", new ClassPathResource("beans.xml"));
    } catch (MessagingException e) {
      throw new MailParseException(e);
    }
       mailSender.send(message);
  }
}
```

SimpleMailMessage와 달리 MimeMessage 클래스는 자카르타 메일에 정의된 클래스이므로 mailSender.createMimeMessage() 메서드를 호출해야만 인스턴스화할 수 있습니다. 스프링은 MimeMessage의 작업을 단순화해 주는 MimeMessageHelper라는 헬퍼 클래스를 제공합니다. 이 헬퍼 클래스는 스프링 Resource 객체를 이용해 지정한 첨부 파일을 추가하도록 도와줍니다. 하지만 이 과정에서 여전히 자카르타 메일의 MessagingException이 발생할 수 있습니다. 일관성을 유지하도록 이 예외를 스프링 메일 런타임 예외로 변환합니다. 스프링이 제공하는 또 다른 MIME 메시지 구성 방법은 `MimeMessagePreparator` 인터페이스를 구현하는 것입니다.

예제 10-44 MimeMessagePreparator를 사용한 EmailErrorNotifier

```
package com.apress.spring6recipes.replicator;

import jakarta.mail.internet.MimeMessage;
import org.springframework.core.io.ClassPathResource;
import org.springframework.mail.SimpleMailMessage;
import org.springframework.mail.javamail.JavaMailSender;
import org.springframework.mail.javamail.MimeMessageHelper;
import org.springframework.mail.javamail.MimeMessagePreparator;

public class EmailErrorNotifier implements ErrorNotifier {

  private final JavaMailSender mailSender;
  private final SimpleMailMessage template;

  public EmailErrorNotifier(JavaMailSender mailSender,
    SimpleMailMessage template) {
    this.mailSender = mailSender;
    this.template = template;
  }

  @Override
  public void notifyCopyError(
    final String srcDir, final String destDir, final String filename) {
      MimeMessagePreparator preparator = (mimeMessage) -> {
        var helper = new MimeMessageHelper(mimeMessage, true);
        helper.setFrom(template.getFrom());
        helper.setTo(template.getTo());
        helper.setSubject(template.getSubject());
        helper.setText(String.format(
          template.getText(), srcDir, destDir, filename));

        helper.addAttachment("beans.xml", new ClassPathResource("beans.xml"));
      };
     mailSender.send(preparator);
  }
}
```

MimeMessagePreparator의 prepare() 메서드에서는 자카르타 MailSender에게 보낼 MimeMessage 객체를 미리 준비합니다. 예외가 발생하면 자동으로 스프링 메일 런타임 예외로 변환됩니다.

TIP 기능적 인터페이스functional interface이므로 람다식으로 작성할 수 있습니다.

레시피 10-5 스프링 쿼츠로 작업 스케줄링하기

과제 쿼츠 스케줄러를 이용해 애플리케이션에 고급 스케줄링 기능을 추가하세요. 특정 시간이나 일정하지 않은 주기(예: 격주 목요일 오전 10시 이후와 오후 2시 이전까지)로 실행하는 등 보기에도 복잡해 보이는 기능도 필요합니다. 또한 선언적 방식으로 잡 스케줄링을 구성해 보세요.

해결 스프링이 제공하는 쿼츠용 유틸리티 클래스를 이용하면 쿼츠 API를 사용해 직접 프로그래밍하지 않고도 잡을 스케줄링할 수 있습니다.

풀이 스프링 없이 쿼츠 사용하기

쿼츠를 사용해 스케줄링하려면 먼저 Job 인터페이스를 구현한 잡을 작성해야 합니다. 다음은 [레시피 10-4]에서 설계한 파일 복제기의 replicate() 메서드를 실행하는 잡입니다. JobExecutionContext 객체를 이용해 (잡을 정의하는 쿼츠만의 개념인) 잡 데이터 맵을 가져옵니다.

예제 10-45 FileReplication용 쿼츠 잡

```
package com.apress.spring6recipes.replicator;

import org.quartz.Job;
import org.quartz.JobExecutionContext;
import org.quartz.JobExecutionException;

import java.io.IOException;

public class FileReplicationJob implements Job {
```

```
  @Override
  public void execute(JobExecutionContext context)
    throws JobExecutionException {
    var dataMap = context.getJobDetail().getJobDataMap();
    var fileReplicator = (FileReplicator) dataMap.get("fileReplicator");
    try {
      fileReplicator.replicate();
    } catch (IOException e) {
      throw new JobExecutionException(e);
    }
  }
}
```

잡을 생성한 후 쿼츠 API를 사용해 잡을 구성하고 스케줄링합니다. 다음 스케줄러는 처음에 5초 지연을 두고 시작하며 60초마다 파일 복제 잡을 실행합니다.

예제 10-46 메인 클래스

```
package com.apress.spring6recipes.replicator;

import com.apress.spring6recipes.replicator.config.FileReplicatorConfig;
import org.quartz.JobBuilder;
import org.quartz.JobDataMap;
import org.quartz.SimpleScheduleBuilder;
import org.quartz.TriggerBuilder;
import org.quartz.impl.StdSchedulerFactory;
import org.springframework.context.annotation.AnnotationConfigApplicationContext;

import java.util.Date;

public class Main {

  public static void main(String[] args) throws Exception {
    var cfg = FileReplicatorConfig.class;
    try (var ctx = new AnnotationConfigApplicationContext(cfg)) {

      var documentReplicator = ctx.getBean(FileReplicator.class);

      var jobDataMap = new JobDataMap();
      jobDataMap.put("fileReplicator", documentReplicator);

      var job = JobBuilder.newJob(FileReplicationJob.class)
```

```
          .withIdentity("documentReplicationJob")
          .storeDurably()
          .usingJobData(jobDataMap)
          .build();

        var trigger = TriggerBuilder.newTrigger()
          .withIdentity("documentReplicationTrigger")
          .startAt(new Date(System.currentTimeMillis() + 5000))
          .forJob(job)
          .withSchedule(SimpleScheduleBuilder.simpleSchedule()
          .withIntervalInSeconds(60)
          .repeatForever())
          .build();

        var scheduler = new StdSchedulerFactory().getScheduler();
        scheduler.start();
        scheduler.scheduleJob(job, trigger);
      }
    }
  }
```

먼저 JobDataMap 객체를 생성하고 잡을 하나 등록했습니다. 해당 맵 객체의 키는 잡을 나타내는 이름이고 값은 잡의 객체 참조입니다. 다음으로 JobDetail 객체에 파일 복제 잡의 세부 정보를 정의하고 jobDataMap 프로퍼티에 JobDataMap을 설정합니다. 그런 다음 SimpleTrigger 객체를 생성하고 스케줄링 프로퍼티를 구성합니다. 마지막으로 이 트리거를 이용해 잡을 실행하는 스케줄러를 생성합니다.

쿼츠는 서로 다른 주기로 잡을 실행하는 다양한 스케줄을 지원합니다. 스케줄은 트리거의 일부분으로 정의됩니다. 최신 버전의 쿼츠에는 SimpleScheduleBuilder, CronScheduleBuilder, CalendarIntervalScheduleBuilder, DailyTimeIntervalScheduleBuilder 스케줄이 추가됐습니다. SimpleScheduleBuilder에는 시작 시간, 종료 시간, 반복 주기, 반복 횟수 같은 프로퍼티를 설정할 수 있습니다. CronScheduleBuilder에는 잡 실행 시간을 유닉스 크론 표현식으로 지정할 수 있습니다. 예를 들어 매일 17시 30분에 잡을 실행하려면 .withSchedule(CronScheduleBuilder.cronSchedule(" 0 30 17 * * ?"))로 설정하면 됩니다 크론 표현식은 공백으로 구분된 7개의 필드(표 10-1)로 구성되며 마지막 필드는 선택 사항입니다.

표 10-1 크론 표현식 필드 설명

순번	필드 이름	범위
1	Second(초)	0-59
2	Minute(분)	0-59
3	Hour(시)	0-23
4	Day of month(일)	1-31
5	Month(월)	1-12 or JAN-DEC
6	Day of week(요일)	1-7 or SUN-SAT
7	Year(년. 선택 사항임)	1970-2099

크론 표현식의 각 부분에는 특정 값(예: 3)이나 범위(예: 1-5), 리스트(예: 1, 3, 5), 와일드카드(*는 모든 값을 가리킴), 물음표(?는 '일'과 '요일' 필드 중에서 한 쪽에만 지정할 수 있음)를 지정할 수 있습니다. `CalendarIntervalScheduleBuilder`를 이용하면 달력 시간calendar time(일, 주, 월, 년)을 기준으로 잡을 스케줄링할 수 있습니다. `DailyTimeIntervalScheduleBuilder`는 잡 종료 시간을 설정하는 편리한 유틸리티(예: `endDailyAt()`, `endingDailyAfterCount()`)를 제공합니다.

스프링에서 쿼츠 사용하기

쿼츠를 사용하면 `Job` 인터페이스를 구현해 잡을 생성하고 `JobExecutionContext`로 잡 데이터 맵에서 잡 데이터를 가져올 수 있습니다. 스프링이 제공하는 `QuartzJobBean`을 상속하면 세터 메서드를 사용해 잡 데이터를 가져올 수 있으므로 쿼츠 API에서 잡 클래스를 분리할 수 있습니다. `QuartzJobBean`은 잡 데이터 맵을 프로퍼티로 변환하고 세터 메서드를 사용해 프로퍼티를 주입합니다.

예제 10-47 스프링을 이용한 쿼츠 잡

```
package com.apress.spring6recipes.replicator;

import org.quartz.JobExecutionContext;
import org.quartz.JobExecutionException;
import org.springframework.scheduling.quartz.QuartzJobBean;
```

```java
import java.io.IOException;

public class FileReplicationJob extends QuartzJobBean {

  private FileReplicator fileReplicator;

  public void setFileReplicator(FileReplicator fileReplicator) {
    this.fileReplicator = fileReplicator;
  }

  protected void executeInternal(JobExecutionContext context)
    throws JobExecutionException {
    try {
      fileReplicator.replicate();
    } catch (IOException e) {
      throw new JobExecutionException(e);
    }
  }
}
```

그런 다음 JobDetailBean으로 스프링 빈 구성 파일에 쿼츠 JobDeatil 객체를 구성합니다. 기본적으로 스프링은 빈 이름을 잡 이름으로 사용합니다. name 프로퍼티에 다른 잡 이름을 설정해 이름을 변경할 수도 있습니다.

예제 10-48 쿼츠 구성

```java
@Bean
public JobDetailFactoryBean documentReplicationJob(FileReplicator fileReplicator) {
  var documentReplicationJob = new JobDetailFactoryBean();
  documentReplicationJob.setJobClass(FileReplicationJob.class);
  documentReplicationJob.setDurability(true);
  documentReplicationJob.setJobDataAsMap(Collections.singletonMap("fileReplicator",
    fileReplicator));
  return documentReplicationJob;
}
```

또한 스프링이 제공하는 MethodInvokingJobDetailFactoryBean을 이용하면 특정 객체의 단일 메서드를 실행하는 잡을 정의할 수 있습니다. 덕분에 잡 클래스를 만드는 수고를 덜 수 있습니다. 앞서 작성한 잡 세부 정보는 다음과 같이 변경할 수 있습니다.

예제 10-49 MethodInvokingJobDetailFactoryBean 빈 예시

```
@Bean
public MethodInvokingJobDetailFactoryBean documentReplicationJob(FileReplicator
fileReplicator) {
  MethodInvokingJobDetailFactoryBean documentReplicationJob =
  new MethodInvokingJobDetailFactoryBean();
  documentReplicationJob.setTargetObject(fileReplicator);
  documentReplicationJob.setTargetMethod("replicate");
  return documentReplicationJob;
}
```

잡을 정의했으니 이제 쿼츠 트리거를 구성합니다. 스프링은 SimpleTriggerFactoryBean과 CronTriggerFactoryBean을 지원합니다. SimpleTriggerFactoryBean에는 JobDetail 객체의 참조가 필요하며 시작 시간과 반복 횟수 같은 스케줄 프로퍼티의 공통값을 제공합니다.

예제 10-50 SimpleTriggerFactoryBean용 쿼츠 구성

```
@Bean
public SimpleTriggerFactoryBean documentReplicationTrigger(JobDetail
documentReplicationJob) {
  var documentReplicationTrigger = new SimpleTriggerFactoryBean();
  documentReplicationTrigger.setJobDetail(documentReplicationJob);
  documentReplicationTrigger.setStartDelay(5000);
  documentReplicationTrigger.setRepeatInterval(60000);
  return documentReplicationTrigger;
}
```

CronTriggerFactoryBean을 이용해 크론 표현식으로 스케줄을 구성할 수도 있습니다.

예제 10-51 CronTriggerFactoryBean용 쿼츠 구성

```
@Bean
public CronTriggerFactoryBean documentReplicationTrigger(JobDetail
documentReplicationJob) {
  var documentReplicationTrigger = new CronTriggerFactoryBean();
  documentReplicationTrigger.setJobDetail(documentReplicationJob);
  documentReplicationTrigger.setStartDelay(5000);
  documentReplicationTrigger.setCronExpression("0/60 * * * * ?");
  return documentReplicationTrigger;
}
```

쿼츠 잡과 트리거를 작성했으니 트리거를 실행할 Scheduler 객체를 SchedulerFactoryBean으로 생성하도록 코드를 작성합니다. 이 팩토리 빈에 여러 개의 트리거를 지정할 수 있습니다.

예제 10-52 SchedulerFactoryBean용 쿼츠 구성

```
@Bean
public SchedulerFactoryBean scheduler(Trigger[] triggers) {
  var scheduler = new SchedulerFactoryBean();
  scheduler.setTriggers(triggers);
  return scheduler;
}
```

다음 메인 클래스에는 잡을 스케줄링하는 코드가 단 한 줄도 없지만 스케줄러가 함께 시작됩니다.

예제 10-53 메인 클래스

```
package com.apress.spring6recipes.replicator;

import com.apress.spring6recipes.replicator.config.FileReplicatorConfig;
import com.apress.spring6recipes.replicator.config.QuartzConfiguration;
import org.springframework.context.annotation.AnnotationConfigApplicationContext;

public class Main {

  public static void main(String[] args) {
    var cfg = "com.apress.spring6recipes.replicator.config";
    try (var ctx = new AnnotationConfigApplicationContext(cfg)) { ... }
  }
}
```

레시피 10-6 스프링으로 작업 스케줄링하기

과제 쿼츠를 사용하지 않고 크론 표현식, 주기, 빈도를 설정해 일관된 방식으로 메서드 호출을 스케줄링하세요.

해결 스프링은 TaskExecutor와 TaskSchedulers를 구성할 수 있게 지원합니다. @Scheduled 애너테이션을 적용해 메서드 실행을 스케줄링하는 이 기능을 이용하면 최소한의 작업으로 스케줄링할 수 있습니다. 메서드를 작성해 애너테이션을 적용하고 관련 애너테이션 스캐닝을 활성화하기만 하면 됩니다.

풀이 [레시피 10-5] 예제를 다시 살펴봅시다. 크론 표현식을 사용해 빈의 파일 복제 메서드 호출을 스케줄링하려면 구성 클래스를 다음과 같이 작성합니다.

예제 10-54 스케줄링 구성

```
package com.apress.spring6recipes.replicator.config;

import org.springframework.context.annotation.Bean;
import org.springframework.context.annotation.Configuration;
import org.springframework.scheduling.TaskScheduler;
import org.springframework.scheduling.annotation.EnableScheduling;
import org.springframework.scheduling.concurrent.ThreadPoolTaskScheduler;

@Configuration
@EnableScheduling
public class SchedulingConfiguration {

  @Bean
  public TaskScheduler taskScheduler() {
    var taskScheduler = new ThreadPoolTaskScheduler();
    taskScheduler.setThreadNamePrefix("s6r-scheduler-");
    taskScheduler.setPoolSize(10);
    return taskScheduler;
  }
}
```

@EnableScheduling 애너테이션을 적용해 애너테이션 기반 스케줄링 기능을 활성화합니다. 그러면 애플리케이션 컨텍스트에서 @Scheduled가 적용된 빈을 스캔하는 빈이 등록됩

니다. 또한 스레드 이름의 접두어를 설정하고 taskScheduler라는 이름으로 ThreadPoolTaskScheduler를 구성하고 풀 크기를 10으로 설정해 한 번에 최대 10개의 작업을 스케줄링하도록 했습니다. 스케줄링 지원 기능은 TaskScheduler 타입의 스케줄러 하나를 자동으로 감지하거나 이름이 taskScheduler인 스케줄러를 감지합니다.

예제 10-55 스케줄링을 적용한 간단한 FileReplicator 구현체

```
package com.apress.spring6recipes.replicator;

import org.springframework.scheduling.annotation.Scheduled;

import java.io.IOException;
import java.nio.file.Files;
import java.nio.file.Path;

public class SimpleFileReplicator implements FileReplicator {

  ...
  @Scheduled(fixedDelay = 60_000)
  public synchronized void replicate() throws IOException {
    var files = Path.of(srcDir);
    try (var fileList = Files.list(files)) {
      fileList.filter(Files::isRegularFile)
        .forEach(it -> fileCopier.copyFile(it, Path.of(destDir)));
    }
  }
}
```

replicate() 메서드에 @Scheduled를 적용하면서 fixedDelay를 설정해 메서드 실행을 완료한 후 60초가 지나면 메서드를 다시 실행하도록 설정했습니다. @Scheduled의 fixedRate에 값을 지정해 이전 메서드 실행의 완료와 상관없이 일정한 시간 간격으로 메서드를 실행할 수도 있습니다.

예제 10-56 fixedRate를 적용한 간단한 FileReplicator 구현체

```
@Scheduled(fixedRate = 60_000)
public synchronized void replicate() throws IOException { ... }
```

마지막으로 메서드 실행을 더 정교하게 제어하고 싶다면 이전 퀴즈 예제처럼 크론 표현식을 사용합니다.

예제 10-57 크론 표현식을 사용한 간단한 FileReplicator 구현체

```
@Scheduled(cron = "0 * * * * ?")
public synchronized void replicate() throws IOException { ... }
```

자바를 이용해 이러한 구성을 할 수도 있습니다. 기존 빈 메서드에 애너테이션을 적용하고 싶지 않거나 적용할 수 없는 상황에서 유용합니다. 지금까지 애너테이션을 적용해 스케줄링한 코드를 스프링 ScheduledTaskRegistrar를 이용하도록 변경하는 방법을 알아봅시다. 구성 클래스(또는 다른 스프링 컴포넌트)에서 SchedulingConfigurer 인터페이스의 configureTasks() 메서드를 구현하면 ScheduledTaskRegistrar에 접근할 수 있습니다.

예제 10-58 스케줄링 구성: 자동으로 작업 구성하기

```
package com.apress.spring6recipes.replicator.config;

import com.apress.spring6recipes.replicator.FileReplicator;
import org.springframework.context.annotation.Bean;
import org.springframework.context.annotation.Configuration;
import org.springframework.scheduling.TaskScheduler;
import org.springframework.scheduling.annotation.EnableScheduling;
import org.springframework.scheduling.annotation.SchedulingConfigurer;
import org.springframework.scheduling.concurrent.ThreadPoolTaskScheduler;
import org.springframework.scheduling.config.ScheduledTaskRegistrar;

import java.io.IOException;
import java.time.Duration;

@Configuration
@EnableScheduling
public class SchedulingConfiguration implements SchedulingConfigurer {

  private final FileReplicator fileReplicator;

  public SchedulingConfiguration(FileReplicator fileReplicator) {
    this.fileReplicator = fileReplicator;
  }
```

```
    @Override
    public void configureTasks(ScheduledTaskRegistrar taskRegistrar) {
      taskRegistrar.addFixedDelayTask(() -> {
        try {
          fileReplicator.replicate();
        } catch (IOException e) {
          e.printStackTrace();
        }
      }, Duration.ofSeconds(60));
    }

    @Bean
    public TaskScheduler taskScheduler() {
      var taskScheduler = new ThreadPoolTaskScheduler();
      taskScheduler.setThreadNamePrefix("s6r-scheduler-");
      taskScheduler.setPoolSize(10);
      return taskScheduler;
    }
  }
```

레시피 10-7 규약 우선 SOAP 웹 서비스 도입하기

과제 규약 우선contract-first SOAPSingle Object Access Protocol 웹 서비스를 개발하세요.

해결 SOAP 웹 서비스를 개발하는 두 가지 방법이 있습니다. 하나는 자바 클래스를 개발하고 이를 기반으로 WSDL 규약을 만드는 '코드 우선code-first' 방식입니다. 다른 하나는 (WSDL보다 간단한) XML 데이터 규약을 정의하고 이를 기반으로 자바 클래스를 개발하는 '규약 우선' 방식입니다. '규약 우선' SOAP 웹 서비스의 데이터 규약을 만들려면 서비스가 지원하는 작업과 데이터를 기술한 XSD 파일이나 XML 스키마 파일이 필요합니다. XSD 파일이 필요한 이유는 XSD 파일에 정의된 XML을 기반으로 SOAP 서비스 클라이언트와 서버 사이의 통신이 내부적으로 이루어지기 때문입니다. 하지만 XSD 파일을 정확하게 작성하기란 매우 어려우므로 샘플 XML 메시지를 작성하고 여기에서 XSD 파일을 생성하는 편이 좋습니다. 이렇게 XSD 파일을 생성한 이후에는 스프링 웹 서비스 등을 활용해 SOAP 웹 서비스를 구축할 수 있습니다.

풀이 예제 XML 메시지 작성하기

'규약 우선' SOAP 방식을 이용해 날씨 서비스를 구축하겠습니다. 도시와 날짜를 기반으로 날씨 정보를 전달하는 SOAP 서비스이며 최저, 최고, 평균 기온을 반환합니다. 코드를 직접 작성하는 대신에 다음과 같이 XML 메시지를 이용한 '규약 우선' 접근 방식으로 특정 도시와 날짜에 해당하는 온도 정보를 표현합니다.

예제 10-59 XML 응답 예시

```
<TemperatureInfo city="Houston" date="2021-12-01">
  <min>5.0</min>
  <max>10.0</max>
  <average>8.0</average>
</TemperatureInfo>
```

이 XML 메시지는 '규약 우선' SOAP 방식으로 날씨 서비스의 데이터 규약을 맺는 첫 번째 단계입니다. 이제 몇 가지 작업operation을 정의해 보겠습니다. 클라이언트가 특정 도시의 날짜별 온도를 조회할 수 있도록 하려고 합니다. 각 요청은 `city` 요소와 여러 개의 `date` 요소로 구성됩니다. 또한 다른 XML 문서와의 이름 충돌을 피할 수 있게 네임스페이스를 명시합니다. 이렇게 작성한 XML 메시지를 `request.xml`에 저장합니다.

예제 10-60 XML 요청 예시

```
<GetTemperaturesRequest
  xmlns="http://spring6recipes.apress.com/weather/schemas">
  <city>Houston</city>
  <date>2021-12-01</date>
  <date>2021-12-08</date>
  <date>2021-12-15</date>
</GetTemperaturesRequest>
```

이 요청에 대한 응답은 다음과 같이 여러 개의 `TemperatureInfo` 요소로 구성되며 각 요소는 특정 도시의 특정 날짜에 해당하는 온도 정보를 나타냅니다. 이 요청 XML 메시지는 `response.xml`에 저장합니다.

예제 10-61 XML 응답 예시

```
<GetTemperaturesResponse
  xmlns="http://spring6recipes.apress.com/weather/schemas">
  <TemperatureInfo city="Houston" date="2021-12-01">
    <min>5.0</min>
    <max>10.0</max>
    <average>8.0</average>
  </TemperatureInfo>
  <TemperatureInfo city="Houston" date="2021-12-08">
    <min>4.0</min>
    <max>13.0</max>
    <average>7.0</average>
  </TemperatureInfo>
  <TemperatureInfo city="Houston" date="2021-12-15">
    <min>10.0</min>
    <max>18.0</max>
    <average>15.0</average>
  </TemperatureInfo>
</GetTemperaturesResponse>
```

XML 메시지로부터 XSD 파일 생성하기

이제 저장한 XML 메시지로부터 XSD 파일을 생성해 봅시다. 대부분의 XML 도구와 엔터프라이즈 자바 IDE는 복수의 XML 파일을 이용해 XSD 파일을 생성하는 기능을 제공합니다. 여기서는 아파치 XMLBeans[6]를 이용해 XSD 파일을 생성하겠습니다.

> **NOTE_** 아파치 XMLBeans 웹사이트에서 아파치 XMLBeans(예: v5.1.1)를 내려받아 원하는 디렉터리에 압축을 풀면 설치가 끝납니다.

아파치 XMLBeans는 XML 파일로부터 XSD 파일을 생성하는 `inst2xsd`라는 도구를 제공합니다. XSD 파일 생성과 관련된 여러 설계 방식을 지원하는데, 그중에서 대상 XSD 파일에 로컬 요소와 로컬 타입을 생성하는 러시아 인형Russian doll이 가장 간단합니다. XML 메시지에는 열거enumeration 타입이 없으므로 열거 타입 생성 기능을 비활성화합니다. 다음 명령을 실행하면 XML 파일로부터 XSD 파일을 생성할 수 있습니다.

6 https://xmlbeans.apache.org/

예제 10-62 XML 생성 명령

```
inst2xsd -design rd -enumerations never request.xml response.xml
```

XSD 파일은 기본적으로 동일한 디렉터리에 `schema0.xsd`라는 이름으로 생성됩니다. 파일 이름을 `temperature.xsd`로 변경하세요.

예제 10-63 날씨 서비스 XSD 스키마

```
<?xml version="1.0" encoding="UTF-8"?>
<xs:schema attributeFormDefault="unqualified"
  elementFormDefault="qualified"
  targetNamespace="http://springrecipes.apress.com/weather/schemas"
  xmlns:xs="http://www.w3.org/2001/XMLSchema">

  <xs:element name="GetTemperaturesRequest">
    <xs:complexType>
      <xs:sequence>
        <xs:element type="xs:string" name="city"/>
        <xs:element type="xs:date" name="date"
          maxOccurs="5" minOccurs="0"/>
        </xs:sequence>
      </xs:complexType>
    </xs:element>

  <xs:element name="GetTemperaturesResponse">
    <xs:complexType>
      <xs:sequence>
        <xs:element name="TemperatureInfo"
          maxOccurs=" unbounded" minOccurs="0">
          <xs:complexType>
            <xs:sequence>
              <xs:element type="xs:float" name="min"/>
              <xs:element type="xs:float" name="max"/>
              <xs:element type="xs:float" name="average"/>
            </xs:sequence>
            <xs:attribute type="xs:string" name="city"
              use="optional"/>
            <xs:attribute type="xs:date" name="date"
              use="optional"/>
          </xs:complexType>
        </xs:element>
      </xs:sequence>
```

```
    </xs:complexType>
  </xs:element>
</xs:schema>
```

생성된 XSD 파일 최적화하기

생성된 XSD 파일을 보면 클라이언트가 날짜의 개수 제한 없이 온도 정보를 조회하도록 만들어졌습니다. maxOccurs와 minOccurs 속성을 추가해 조회할 수 있는 날짜의 최대와 최소 개수 범위 제약 조건을 만들어 보죠.

예제 10-64 변경된 날씨 서비스 XSD 스키마

```
<?xml version="1.0" encoding="UTF-8"?>
<xs:schema xmlns:xs="http://www.w3.org/2001/XMLSchema"
  attributeFormDefault="unqualified"
  elementFormDefault="qualified"
  targetNamespace="http://springrecipes.apress.com/weather/schemas">
  <xs:element name="GetTemperaturesRequest">
    <xs:complexType>
      <xs:sequence>
        <xs:element type="xs:string" name="city"/>
        <xs:element type="xs:date" name="date" maxOccurs="5" minOccurs="1"/>
      </xs:sequence>
    </xs:complexType>
  </xs:element>
  <xs:element name="GetTemperaturesResponse">
    <xs:complexType>
      <xs:sequence>
        <xs:element name="TemperatureInfo" maxOccurs="5" minOccurs="1">
          <xs:complexType>
            <xs:sequence>
              <xs:element type="xs:float" name="min"/>
              <xs:element type="xs:float" name="max"/>
              <xs:element type="xs:float" name="average"/>
            </xs:sequence>
            <xs:attribute type="xs:string" name="city" use="optional"/>
            <xs:attribute type="xs:date" name="date" use="optional"/>
          </xs:complexType>
        </xs:element>
      </xs:sequence>
    </xs:complexType>
```

```
    </xs:element>
  </xs:schema>
```

생성된 WSDL 파일 미리보기

앞으로 자세히 배우겠지만 스프링 웹 서비스[7]에는 XSD 파일로부터 WSDL 규약을 자동으로 생성하는 기능이 있습니다. 다음 코드는 그런 의도로 구성한 스프링 빈입니다. 스프링 웹 서비스를 이용해 SOAP 웹 서비스를 구축하는 방법은 [레시피10-8]에서 살펴봅니다.

예제 10-65 WSDL용 빈 구성 예시

```
@Bean
public XsdSchema temperatureSchema() {
  var xsd = new ClassPathResource("/META-INF/xsd/temperature.xsd");
  return new SimpleXsdSchema(xsd);
}
```

생성된 WSDL 파일을 미리 살펴보면 서비스 규약을 더 잘 이해할 수 있습니다. 쉽게 이해할 수 있도록 중요하지 않은 부분은 생략하겠습니다.

예제 10-66 스프링 웹 서비스를 이용해 생성한 WSDL

```
<?xml version="1.0" encoding="UTF-8" ?>
<wsdl:definitions ...
  targetNamespace="http://spring6recipes.apress.com/weather/schemas">
  <wsdl:types>
    <!-- Copied from the XSD file -->
    ...
  </wsdl:types>
  <wsdl:message name="GetTemperaturesResponse">
    <wsdl:part element="schema:GetTemperaturesResponse"
      name="GetTemperaturesResponse">
    </wsdl:part>
  </wsdl:message>
  <wsdl:message name="GetTemperaturesRequest">
    <wsdl:part element="schema:GetTemperaturesRequest"
      name="GetTemperaturesRequest">
    </wsdl:part>
```

7 https://spring.io/projects/spring-ws

```
    </wsdl:message>
      <wsdl:portType name="Weather">
        <wsdl:operation name="GetTemperatures">
          <wsdl:input message="schema:GetTemperaturesRequest"
            name="GetTemperaturesRequest">
          </wsdl:input>
        <wsdl:output message="schema:GetTemperaturesResponse"
          name="GetTemperaturesResponse">
        </wsdl:output>
      </wsdl:operation>
    </wsdl:portType>
    ...
    <wsdl:service name="WeatherService">
      <wsdl:port binding="schema:WeatherBinding" name="WeatherPort">
        <soap:address
          location="http://localhost:8080/weather/services" />
      </wsdl:port>
    </wsdl:service>
  </wsdl:definitions>
```

Weather라는 이름의 포트 타입port type에 GetTemperatures 작업이 정의되었는데 이는 입력과 출력 메시지(즉 XML에서의 <GetTemperaturesRequest>과 <GetTemperaturesResponse>)의 접두어에 대응됩니다. 이 두 요소의 정의는 데이터 규약에 정의된 대로 <wsdl:types> 부분에 있습니다. 이제 WSDL 규약을 이용해 필요한 자바 인터페이스를 작성하고 XML 메시지로 시작하는 각 작업에 해당하는 코드를 작성할 수 있습니다. 스프링 웹 서비스를 다루는 [레시피 10-8]에서 전체적인 방법을 살펴봅니다.

레시피 10-8 스프링 웹 서비스로 SOAP 웹 서비스 노출/호출하기

과제 '규약 우선' SOAP 웹 서비스를 개발하는 데 필요한 XSD 파일을 준비했지만 무엇을 이용해 어떻게 구현해야 할까요? 스프링 웹 서비스는 처음부터 '규약 우선' SOAP 웹 서비스를 지원하도록 설계됐지만, 자바로 SOAP 웹 서비스를 만드는 다른 방법도 있습니다. CXF 같은 JAX-WS 구현체도 같은 기능을 지원합니다. 하지만 스프링 애플리케이션의 컨텍스트에서 '규약 우선' SOAP 웹 서비스를 구현하는 방법 중 가장 발전되고 자연스러운 것은 스프링 웹 서비스입니다. 다른 '규약 우선' SOAP 자바 기술은 스프링 프레임워크의 범위를 벗어나므로 여기서 다루지 않습니다.

해결 스프링 웹 서비스는 '규약 우선' SOAP 웹 서비스 개발에 필요한 일련의 기능을 제공합니다. 스프링 웹 서비스를 이용해 웹 서비스를 구축하는 데 필요한 필수 작업은 다음과 같습니다.

- 스프링 웹 서비스용 스프링 MVC 애플리케이션을 설정하고 구성합니다.
- 웹 서비스 요청을 엔드포인트에 매핑합니다.
- 요청 메시지를 처리하고 응답을 반환하는 서비스 엔드포인트를 작성합니다.
- 웹 서비스 WSDL 파일을 발행합니다.

풀이 스프링 웹 서비스 애플리케이션 설정하기

스프링 웹 서비스를 이용해 웹 서비스를 구현해 봅시다. 먼저 SOAP 웹 서비스로 웹 애플리케이션을 부트스트랩하는 웹 애플리케이션 초기화 클래스를 작성합니다. 거기서 스프링 웹 서비스의 일부분인 `MessageDispatcherServlet`을 구성해야 합니다. 이 서블릿은 웹 서비스 메시지를 적절한 엔드포인트로 전달하고 스프링 웹 서비스 프레임워크의 기능을 감지합니다.

예제 10-67 스프링 웹 서비스용 `WebApplicationInitializer`

```
package com.apress.spring6recipes.weather.config;

import org.springframework.ws.transport.http.support.
AbstractAnnotationConfigMessageDispatcherServletInitializer;

public class Initializer extends
AbstractAnnotationConfigMessageDispatcherServletInitializer {

  @Override
  protected Class<?>[] getRootConfigClasses() {
    return null;
  }

  @Override
  protected Class<?>[] getServletConfigClasses() {
    return new Class<?>[]{SpringWsConfiguration.class};
  }
}
```

AbstractAnnotationConfigMessageDispatcherServletInitializer라는 기본 클래스를 상속하면 구성을 조금 더 쉽게 할 수 있습니다. rootConfig와 servletConfig에 구성 클래스를 제공하면 됩니다. rootConfig는 null일 수 있지만 servletConfig는 필수입니다.

앞 코드는 SpringWsConfiguration 클래스를 이용해 MessageDispatcherServlet을 부트스트랩하고 이 서블릿을 기본적으로 /services/*.*.wsdl URL에 매핑합니다.

예제 10-68 스프링 웹 서비스 구성

```
package com.apress.spring6recipes.weather.config;

import org.springframework.context.annotation.Bean;
import org.springframework.context.annotation.ComponentScan;
import org.springframework.context.annotation.Configuration;
import org.springframework.core.io.ClassPathResource;
import org.springframework.ws.config.annotation.EnableWs;
import org.springframework.ws.wsdl.wsdl11.DefaultWsdl11Definition;
import org.springframework.xml.xsd.SimpleXsdSchema;
import org.springframework.xml.xsd.XsdSchema;

@Configuration
@EnableWs
@ComponentScan("com.apress.spring6recipes.weather")
public class SpringWsConfiguration { ... }
```

SpringWsConfiguration 클래스에 @EnableWs 애너테이션을 적용해 MessageDispatcherServlet이 동작하는 데 필요한 빈을 등록합니다. @ComponentScan 애너테이션도 적용해 @Service와 @Endpoint 애너테이션을 적용한 빈을 스캔합니다.

서비스 엔드포인트 작성하기

스프링 웹 서비스는 임의의 클래스에 @Endpoint를 적용해 서비스 엔드포인트로 지정할 수 있으며 이로써 해당 클래스에 웹 서비스로 접근할 수 있습니다. 또한 서비스 요청을 매핑하도록 @PayloadRoot 애너테이션을 핸들러 메서드에 적용해야 합니다. 각 핸들러 메서드에는 @ResponsePayload와 @RequestPayload 애너테이션을 적용해 들어오고 나가는 서비스 데이터를 처리해야 합니다.

예제 10-69 날씨 서비스 엔드포인트

```
package com.apress.spring6recipes.weather;

import org.dom4j.DocumentHelper;
import org.dom4j.Element;
import org.dom4j.Node;
import org.dom4j.XPath;
import org.dom4j.xpath.DefaultXPath;
import org.springframework.ws.server.endpoint.annotation.Endpoint;
import org.springframework.ws.server.endpoint.annotation.PayloadRoot;
import org.springframework.ws.server.endpoint.annotation.RequestPayload;
import org.springframework.ws.server.endpoint.annotation.ResponsePayload;

import java.time.LocalDate;
import java.time.format.DateTimeFormatter;
import java.util.Map;

@Endpoint
public class TemperatureEndpoint {

  private static final String namespaceUri =
    "http://spring6recipes.apress.com/weather/schemas";
  private final WeatherService weatherService;
  private final XPath cityPath;
  private final XPath datePath;

  public TemperatureEndpoint(WeatherService weatherService) {
    this.weatherService = weatherService;
    // 네임스페이스를 포함한 XPath 생성하기
    var namespaceUris = Map.of("weather", namespaceUri);
    cityPath = new DefaultXPath("/weather:GetTemperaturesRequest/weather:city");
    cityPath.setNamespaceURIs(namespaceUris);
    datePath = new DefaultXPath("/weather:GetTemperaturesRequest/weather:date");
    datePath.setNamespaceURIs(namespaceUris);
  }

  @PayloadRoot(localPart = "GetTemperaturesRequest", namespace = namespaceUri)
  @ResponsePayload
  public Element getTemperature(@RequestPayload Element requestElement) {
    // 요청 메시지에서 서비스 매개변수 추출하기
    var city = cityPath.valueOf(requestElement);
    var dates = datePath.selectNodes(requestElement).stream()
      .map(Node::getText)
```

```
        .map(ds -> LocalDate.parse(ds, DateTimeFormatter.ISO_DATE))
        .toList();

    // 요청을 처리하는 백엔드 서비스 호출하기
    var temperatures =
      weatherService.getTemperatures(city, dates);

    // 백엔드 서비스 결과를 응답 메시지로 구성하기
    var responseDocument = DocumentHelper.createDocument();
    var responseElement = responseDocument.addElement(
      "GetTemperaturesResponse", namespaceUri);
      temperatures.forEach(temp -> map(responseElement, temp));
    return responseElement;
  }

  private Element map(Element root, TemperatureInfo temperature) {
    var temperatureElement = root.addElement("TemperatureInfo");
    temperatureElement.addAttribute("city", temperature.city());
    temperatureElement.addAttribute("date",
      temperature.date().format(DateTimeFormatter.ISO_DATE));
    temperatureElement.addElement("min").setText(Double.toString(temperature.min()));
    temperatureElement.addElement("max").setText(Double.toString(temperature.max()));

    temperatureElement.addElement("average").setText(Double.toString(
    temperature.average()));
    return temperatureElement;
  }
}
```

@PayloadRoot를 적용할 때 처리할 페이로드 루트 요소의 로컬 이름(즉 getTemperaturesRequest)과 네임스페이스(즉 http://spring6recipes.apress.com/weather/schemas)를 지정합니다. 다음으로 메서드의 반환값이 서비스 응답 데이터임을 나타내는 @ResponsePayload를 적용합니다. 또한 메서드의 입력 매개변수에 @RequestPayload를 적용해 서비스 입력값임을 나타냅니다.

그런 다음 우선 핸들러 메서드 안에서는 요청 메시지의 서비스 매개변수를 추출합니다. XPath를 사용하면 요소를 찾는 데 도움이 됩니다. XPath 객체는 후속 요청 처리에 재사용할 수 있게 생성자에서 생성됩니다. 또한 XPath 표현식에는 네임스페이스를 포함해야 요소를 정확하게 찾을 수 있습니다. 서비스 매개변수를 추출한 후 백엔드 서비스를 호출해 요청을 처리합니다.

이 엔드포인트는 스프링 IoC 컨테이너에 구성되었으므로 의존성 주입을 통해 다른 빈을 쉽게 참조할 수 있습니다. 마지막으로 백엔드 서비스 결과로부터 응답 메시지를 만들어냅니다. 예제에서는 XML 메시지를 만드는 데 유용한 API를 제공하는 dom4j 라이브러리를 이용했습니다. 하지만 다른 XML 처리 API나 자바 파서(예: DOM)를 사용해도 됩니다.

이미 `SpringWsConfiguration` 클래스에 `@ComponentScan`을 적용했으므로 스프링은 모든 스프링 WS 애너테이션을 자동으로 감지해 엔드포인트를 서블릿에 배포합니다.

WSDL 파일 발행하기

SOAP 웹 서비스를 완성하는 마지막 단계는 WSDL 파일을 발행하는 것입니다. 스프링 웹 서비스에서는 `SpringWsConfiguration` 클래스에 빈을 추가하면 WSDL 파일을 수동으로 작성하지 않아도 됩니다.

예제 10-70 XSD와 WSDL 구성

```
@Bean
public DefaultWsdl11Definition temperature() {
  var temperature = new DefaultWsdl11Definition();
  temperature.setPortTypeName("Weather");
  temperature.setLocationUri("/");
  temperature.setSchema(temperatureSchema());
  return temperature;
}

@Bean
public XsdSchema temperatureSchema() {
  var xsd = new ClassPathResource("/META-INF/xsd/temperature.xsd");
  return new SimpleXsdSchema(xsd);
}
```

`DefaultWsdl11Definition` 클래스를 사용할 때 서비스 `portTypeName`과 최종 WSDL 배포 위치인 `locationUri`라는 두 가지 프로퍼티를 지정해야 합니다. 또한 WSDL을 생성할 XSD 파일 위치도 지정해야 합니다. XSD 파일 생성 방법에 관한 자세한 내용은 [레시피 10-7]을 참고하세요. 여기서는 파일 위치를 `/META-INF/xsd/`로 지정했습니다. XSD 파일에 `<GetTemperaturesRequest>`와 `<GetTemperaturesResponse>`를 정의하고 포트 타입의

이름을 Weather로 지정했으므로 WSDL 빌더는 다음 WSDL 포트 유형과 작업을 생성합니다. 다음은 생성된 WSDL의 일부분입니다.

예제 10-71 WSDL 포트 유형 정의

```
<wsdl:portType name="Weather">
  <wsdl:operation name="GetTemperatures">
    <wsdl:input message="schema:GetTemperaturesRequest"
      name="GetTemperaturesRequest" />
    <wsdl:output message="schema:GetTemperaturesResponse"
      name="GetTemperaturesResponse" />
  </wsdl:operation>
</wsdl:portType>
```

마지막으로 정의한 빈 이름에 `.wsdl` 접미어를 붙여 WSDL 파일에 접근할 수 있습니다. 웹 애플리케이션이 `springws`라는 WAR 파일에 패키징됐다면 (이니셜라이저 내의 스프링 웹 서비스 서블릿이 `/services` 디렉터리에 배포되므로) 서비스는 `http://localhost:8080/springws/`에 배포됩니다. 그리고 WSDL 파일의 URL은 (WSDL에 지정한 빈 이름이 `temperature`이면) `http://localhost:8080/springws/services/weather/temperature.wsdl`입니다.

스프링 웹 서비스로 SOAP 웹 서비스 호출하기

이제 발행한 규약에 따라 날씨 서비스를 호출하는 스프링 웹 서비스 클라이언트를 작성해 봅시다. 요청과 응답 XML 메시지를 파싱하는 스프링 WS 클라이언트를 만들 수 있습니다. 여기서는 dom4j를 이용해 구현하지만 다른 XML 파서 API를 자유롭게 선택해도 됩니다.

저수준의 호출 세부 내용이 클라이언트에게 보이지 않도록 SOAP 웹 서비스를 호출하는 로컬 프록시를 작성합니다. 이 프록시는 `WeatherService` 인터페이스를 구현하며 로컬 메서드 호출을 원격 SOAP 웹 서비스 호출로 변환합니다.

예제 10-72 WeatherServiceProxy 인터페이스

```
package com.apress.spring6recipes.weather;

import org.dom4j.DocumentHelper;
import org.dom4j.Element;
```

```java
import org.dom4j.io.DocumentResult;
import org.dom4j.io.DocumentSource;
import org.springframework.ws.client.core.WebServiceTemplate;

import java.time.LocalDate;
import java.time.format.DateTimeFormatter;
import java.util.List;

public class WeatherServiceProxy implements WeatherService {

  private static final String uri = "http://spring6recipes.apress.com/weather/schemas";

  private final WebServiceTemplate webServiceTemplate;

  public WeatherServiceProxy(WebServiceTemplate webServiceTemplate) {
    this.webServiceTemplate = webServiceTemplate;
  }

  @Override
  public List<TemperatureInfo> getTemperatures(String city, List<LocalDate> dates) {

    // 메서드 매개변수에서 요청 다큐먼트 구성
    var doc = DocumentHelper.createDocument();
    var el = doc.addElement("GetTemperaturesRequest", uri);
    el.addElement("city").setText(city);
    dates.forEach(date -> el.addElement("date")
      .setText(date.format(DateTimeFormatter.ISO_DATE)));

    // 원격 웹 서비스 호출
    var source = new DocumentSource(doc);
    var result = new DocumentResult();
    webServiceTemplate.sendSourceAndReceiveToResult(source, result);

    // 응답 다큐먼트에서 결과 추출
    var responseDocument = result.getDocument();
    var responseElement = responseDocument.getRootElement();
    return responseElement.elements("TemperatureInfo")
      .stream().map( (e) -> this.map(city, e))
      .toList();
  }

  private TemperatureInfo map(String city, Element element) {
    var date = LocalDate.parse(element.attributeValue("date"),
      DateTimeFormatter.ISO_DATE);
```

```
    var min = Double.parseDouble(element.elementText("min"));
    var max = Double.parseDouble(element.elementText("max"));
    var average = Double.parseDouble(element.elementText("average"));
    return new TemperatureInfo(city, date, min, max, average);
  }
}
```

getTemperatures() 메서드에서 이루어지는 일을 살펴봅시다. 먼저 dom4j API를 사용해 요청 메시지를 만듭니다. WebServiceTemplate은 java.xml.transform.Source와 java.xml.transform.Result 객체를 인수로 받는 sendSourceAndReceiveToResult() 메서드를 제공합니다. dom4j의 DocumentSource 객체를 생성해 요청 다큐먼트를 래핑하며 dom4j의 DocumentResult 객체를 생성해 응답 다큐먼트를 처리합니다. 마지막으로 응답 메시지를 받아 결과를 추출합니다.

이렇게 작성한 서비스 프록시를 구성 클래스에 선언합니다. 나중에 단독 실행형 클래스를 사용해 호출할 수 있습니다.

예제 10-73 날씨 서비스 클라이언트 구성

```
package com.apress.spring6recipes.weather.config;

import com.apress.spring6recipes.weather.WeatherService;
import com.apress.spring6recipes.weather.WeatherServiceClient;
import com.apress.spring6recipes.weather.WeatherServiceProxy;
import org.springframework.context.annotation.Bean;
import org.springframework.context.annotation.Configuration;
import org.springframework.ws.client.core.WebServiceTemplate;

@Configuration
public class SpringWsClientConfiguration {

  @Bean
  public WeatherServiceClient weatherServiceClient(WeatherService weatherService) {
    return new WeatherServiceClient(weatherService);
  }

  @Bean
  public WeatherServiceProxy weatherServiceProxy(WebServiceTemplate wst) {
    return new WeatherServiceProxy(wst);
  }
```

```
    @Bean
    public WebServiceTemplate webServiceTemplate() {
        var webServiceTemplate = new WebServiceTemplate();
        webServiceTemplate.setDefaultUri("http://localhost:8080/springws/services");
        return webServiceTemplate;
    }
}
```

webServiceTemplate의 defaultUri 값은 이전 예제에서 스프링 웹 서비스 엔드포인트로 정의한 URL입니다. 애플리케이션이 구성을 다 로드하면 다음 클래스를 사용해 SOAP 서비스를 호출할 수 있습니다.

예제 10-74 날씨 서비스 클라이언트

```
package com.apress.spring6recipes.weather;

import com.apress.spring6recipes.weather.config.SpringWsClientConfiguration;
import org.springframework.context.annotation.AnnotationConfigApplicationContext;

public class SpringWSInvokerClient {

    public static void main(String[] args) {
        var cfg = SpringWsClientConfiguration.class;
        try (var context = new AnnotationConfigApplicationContext(cfg)) {
            var client = context.getBean(WeatherServiceClient.class);
            var temperature = client.getTodayTemperature("Houston");
            System.out.println("Min temperature : " + temperature.min());
            System.out.println("Max temperature : " + temperature.max());
            System.out.println("Average temperature : " + temperature.average());
        }
    }
}
```

레시피 10-9 스프링 웹 서비스와 XML 마샬링으로 SOAP 웹 서비스 개발하기

과제 규약 우선 접근 방식으로 웹 서비스를 개발하려면 요청 및 응답 XML 메시지를 처리해야 합니다. XML 파싱 API로 XML 메시지를 직접 파싱하려면 저수준 API를 사용해 XML 요소를 하나씩 처리해야 하므로 번거롭고 비효율적입니다.

해결 스프링 웹 서비스는 XML 마샬링 기술을 이용해 XML 다큐먼트와 객체 간 마샬링 및 언마샬링을 지원합니다. 따라서 XML 요소 대신 객체 프로퍼티를 처리하면 됩니다. 이 기술은 실제로 객체를 XML 다큐먼트와 매핑하므로 객체/XML 매핑object/XML mapping(OXM)이라고 합니다. XML 마샬링 기술을 이용하여 엔드포인트를 구현하려면 그에 맞는 XML 마샬러를 구성하면 됩니다. [표 10-2]는 각 XML 마샬링 API를 지원하는 스프링 마샬러 목록입니다.

표 10-2 다양한 XML 마샬링 API별 마샬러

API	마샬러
JAXB	`org.springframework.oxm.jaxb.Jaxb2Marshaller`
XStream	`org.springframework.oxm.xstream.XStreamMarshaller`

스프링 웹 서비스 클라이언트는 이 마샬링/언마샬링 기술을 이용해 XML 데이터를 간단하게 처리합니다.

풀이 XML 마샬링을 이용해 서비스 엔드포인트 생성하기

스프링 웹 서비스는 JAXB와 XStream을 비롯한 다양한 XML 마샬링 API를 지원합니다. 여기서는 JAXB를 마샬러로 사용해 서비스 엔드포인트를 생성하지만, 다른 XML 마샬링 API도 사용법이 매우 유사합니다. XML 마샬링의 첫 번째 단계는 XML 메시지 형식에 맞는 객체 모델을 생성하는 것입니다. 대개 이 객체 모델은 마샬링 API를 이용해 생성합니다. 일부 마샬링 API는 마샬링 관련 정보를 삽입할 수 있도록 객체 모델을 생성해야 합니다. JAXB를 이용하면 일반적으로 XSD에서 시작해 이를 기반으로 자바 클래스를 생성합니다.

XSD를 이용해 자바 클래스를 생성하려면 XSD를 자바 객체로 변환하는(또는 자바 객체를 이용

해 스키마를 생성하는) XJC라는 도구가 필요합니다. JAXB용 XJC는 자카르타 EE 홈페이지에서 내려받아[8] 압축을 풀면 bin 디렉터리 안에 있는 xjc 실행 스크립트를 사용할 수 있습니다.

xjc 프로그램을 내려받은 디렉터리에서 다음 명령을 실행해 클래스를 생성해 보세요.

예제 10-75 XJC 명령

```
xjc /spring-6-recipes/code/ch10/recipe_10_9_SpringWS_Server/src/main/resources/
META-INF/xsd/temperature.xsd
```

그러면 네 개의 자바 클래스가 생성되는데, 이를 예제 프로젝트에 복사해 넣으면 됩니다.

TIP 그레이들이나 메이븐 같은 빌드 도구가 제공하는 플러그인을 이용하면 프로젝트 빌드 과정에서 코드를 자동으로 만들 수 있습니다. 따라서 XSD로부터 자바 코드를 만들 필요가 없습니다.

예제 10-76 JAXB를 이용해 생성한 요청과 응답

```
package com.apress.spring6recipes.weather.schemas;

@XmlAccessorType(XmlAccessType.FIELD)
@XmlType(name = "", propOrder = {
        "city",
        "date"
})
@XmlRootElement(name = "GetTemperaturesRequest")
public class GetTemperaturesRequest {
  protected List<XMLGregorianCalendar> date;
  ...
}
```

```
package com.apress.spring6recipes.weather.schemas;

@XmlAccessorType(XmlAccessType.FIELD)
@XmlType(name = "", propOrder = {
  "temperatureInfo"
})
@XmlRootElement(name = "GetTemperaturesResponse")
```

8 https://eclipse-ee4j.github.io/jaxb-ri/3.0.0/docs/ch04.html

```
public class GetTemperaturesResponse {

  @XmlElement(name = "TemperatureInfo", required = true)
  protected List<TemperatureInfo> temperatureInfo;
  ...
}
```

객체 모델을 생성한 이후에는 모든 엔드포인트에서 사용하는 마샬링 기능을 쉽게 통합할 수 있습니다. [레시피 10-8]에서 사용한 엔드포인트에 이 기술을 적용해 봅시다.

예제 10-77 Temperature **엔드포인트**

```
package com.apress.spring6recipes.weather;

import com.apress.spring6recipes.weather.schemas.GetTemperaturesRequest;
import com.apress.spring6recipes.weather.schemas.GetTemperaturesResponse;
import org.springframework.ws.server.endpoint.annotation.Endpoint;
import org.springframework.ws.server.endpoint.annotation.PayloadRoot;
import org.springframework.ws.server.endpoint.annotation.RequestPayload;
import org.springframework.ws.server.endpoint.annotation.ResponsePayload;

import javax.xml.datatype.DatatypeConfigurationException;
import javax.xml.datatype.DatatypeFactory;
import java.time.LocalDate;

@Endpoint
public class TemperatureEndpoint {

  private static final String namespaceUri =
    "http://spring6recipes.apress.com/weather/schemas";
  private final WeatherService weatherService;

  public TemperatureEndpoint(WeatherService weatherService) {
    this.weatherService = weatherService;
  }

  @PayloadRoot(localPart = "GetTemperaturesRequest", namespace = namespaceUri)
  @ResponsePayload
  public GetTemperaturesResponse getTemperature(@RequestPayload
    GetTemperaturesRequest request) {
    // 요청 메시지에서 서비스 매개변수 추출하기
    var city = request.getCity();
```

```
    var dates = request.getDate().stream()
      .map(ds -> LocalDate.of(ds.getYear(), ds.getMonth(), ds.getDay()))
      .toList();

    // 요청을 처리할 백엔드 서비스 호출하기
    var temperatures =
      weatherService.getTemperatures(city, dates);

    // 백엔드 서비스 결과를 응답 메시지로 구성하기
    var response = new GetTemperaturesResponse();
      temperatures.forEach(temp -> response.getTemperatureInfo().add(map(temp)));
    return response;
  }

  private GetTemperaturesResponse.TemperatureInfo map(TemperatureInfo temperature) {
    var temperatureInfo = new GetTemperaturesResponse.TemperatureInfo();
    temperatureInfo.setCity(temperature.city());
    temperatureInfo.setMax(temperature.max());
    temperatureInfo.setMin(temperature.min());
    temperatureInfo.setAverage(temperature.average());
    try {
      temperatureInfo.setDate(DatatypeFactory.newInstance().
      newXMLGregorianCalendar(temperature.date().toString()));
    } catch (DatatypeConfigurationException e) {
      throw new IllegalStateException(e);
    }
    return temperatureInfo;
  }
}
```

이 새로운 메서드 엔드포인트에서 해야 할 일은 요청 객체를 처리하고 응답 객체를 반환하는 것뿐입니다. 이때 응답 객체는 응답 XML 메시지로 마샬링됩니다. 이러한 엔드포인트 수정 외에도, 스프링 웹 서비스 구성파일에서 marshaller와 unmarshaller 프로퍼티를 모두 설정해야 합니다. 보통 두 프로퍼티에 하나의 마샬러를 지정합니다. JAXB를 이용하면 Jaxb2Marshaller 빈을 마샬러로 선언하고 스캔할 패키지(생성된 클래스가 포함된 패키지)를 구성합니다. 그다음으로 메서드 인수와 반환 타입을 마샬링할 MethodArgumentResolver와 MethodReturnValueHandler도 등록해야 합니다. WsConfigurerAdapter를 상속해 addArgumentResolvers()와 addReturnValueHandlers() 메서드를 오버라이드 한 후 MarshallingPayloadMethodProcessor를 각각 추가하면 됩니다.

예제 10-78 JAXB 마샬러 구성을 사용한 스프링 웹 서비스

```
package com.apress.spring6recipes.weather.config;

import org.springframework.context.annotation.Bean;
import org.springframework.context.annotation.ComponentScan;
import org.springframework.context.annotation.Configuration;
import org.springframework.core.io.ClassPathResource;
import org.springframework.oxm.jaxb.Jaxb2Marshaller;
import org.springframework.ws.config.annotation.EnableWs;
import org.springframework.ws.config.annotation.WsConfigurerAdapter;
import org.springframework.ws.server.endpoint.adapter.method.
MarshallingPayloadMethodProcessor;
import org.springframework.ws.server.endpoint.adapter.method.
MethodArgumentResolver;
import org.springframework.ws.server.endpoint.adapter.method.
MethodReturnValueHandler;
import org.springframework.ws.wsdl.wsdl11.DefaultWsdl11Definition;
import org.springframework.xml.xsd.SimpleXsdSchema;
import org.springframework.xml.xsd.XsdSchema;

import java.util.List;

@Configuration
@EnableWs
@ComponentScan("com.apress.spring6recipes.weather")
public class SpringWsConfiguration extends WsConfigurerAdapter {

  @Bean
  public DefaultWsdl11Definition temperature() {
    var temperature = new DefaultWsdl11Definition();
    temperature.setPortTypeName("Weather");
    temperature.setLocationUri("/");
    temperature.setSchema(temperatureSchema());
    return temperature;
  }

  @Bean
  public XsdSchema temperatureSchema() {
    var xsd = new ClassPathResource("/META-INF/xsd/temperature.xsd");
    return new SimpleXsdSchema(xsd);
  }

  @Bean
```

```
    public Jaxb2Marshaller marshaller() {
        var marshaller = new Jaxb2Marshaller();
        marshaller.setPackagesToScan("com.apress.spring6recipes.weather.schemas");
        return marshaller;
    }

    @Override
    public void addArgumentResolvers(List<MethodArgumentResolver> argumentResolvers) {
        argumentResolvers.add(new MarshallingPayloadMethodProcessor(marshaller()));
    }

    @Override
    public void addReturnValueHandlers(List<MethodReturnValueHandler>
    returnValueHandlers) {
        returnValueHandlers.add(new MarshallingPayloadMethodProcessor(marshaller()));
    }
}
```

XML 마샬링으로 웹 서비스 호출하기

스프링 웹 서비스 클라이언트도 XML 메시지와 요청/응답 객체 간 마샬링과 언마샬링을 할 수 있습니다. 예제에서는 JAXB를 마샬러로 사용하여 클라이언트를 생성할 것입니다. 이렇게 하면 서비스 엔드포인트에서 객체 모델인 GetTemperaturesRequest, GetTemperaturesResponse, TemperatureInfo를 재사용할 수 있습니다. XML 마샬링을 이용해 서비스 프록시를 구현해 봅시다. WebServiceTemplate이 제공하는 marshalSendAndReceive() 메서드는 요청 메시지로 마샬링될 요청 객체를 메서드 인수로 받습니다. 이 메서드는 응답 메시지로부터 언마샬링될 응답 객체를 반환합니다.

예제 10-79 마샬링을 이용한 날씨 서비스 프록시

```
package com.apress.spring6recipes.weather;

import com.apress.spring6recipes.weather.schemas.GetTemperaturesRequest;
import com.apress.spring6recipes.weather.schemas.GetTemperaturesResponse;
import org.springframework.ws.client.core.WebServiceTemplate;

import javax.xml.datatype.DatatypeConfigurationException;
import javax.xml.datatype.DatatypeFactory;
import java.time.LocalDate;
```

```java
import java.util.List;

public class WeatherServiceProxy implements WeatherService {

  private final WebServiceTemplate webServiceTemplate;

  public WeatherServiceProxy(WebServiceTemplate webServiceTemplate) throws Exception {
    this.webServiceTemplate = webServiceTemplate;
  }

  public List<TemperatureInfo> getTemperatures(String city, List<LocalDate> dates) {
    var request = createRequest(city, dates);
    var response = (GetTemperaturesResponse)
      webServiceTemplate.marshalSendAndReceive(request);
    return response.getTemperatureInfo().stream().map( (ti) -> map(city, ti)).toList();
  }

  private TemperatureInfo map(String city, GetTemperaturesResponse.
  TemperatureInfo info) {
    var date = info.getDate();
    var min = info.getMin();
    var max = info.getMax();
    var average = info.getAverage();
    return new TemperatureInfo(city, LocalDate.of(date.getYear(), date.getMonth(),
      date.getDay()),
      min, max, average);
  }

  private GetTemperaturesRequest createRequest(String city, List<LocalDate> dates)
{
    var request = new GetTemperaturesRequest();
    request.setCity(city);
    dates.forEach(ld -> {
      try {
      request.getDate().add(DatatypeFactory.newInstance().
        newXMLGregorianCalendar(ld.toString()));
      } catch (DatatypeConfigurationException e) {
        throw new IllegalStateException(e);
      }
    });
    return request;
  }
}
```

XML 마샬링을 이용하면 WebServiceTemplate의 marshaller와 unmarshaller 프로퍼티를 모두 설정해야 합니다. 일반적으로 두 프로퍼티에 동일한 마샬러 하나를 지정합니다. JAXB를 사용한다면 Jaxb2Marshaller 빈을 마샬러로 선언합니다.

예제 10-80 스프링 웹 서비스 클라이언트 구성

```
package com.apress.spring6recipes.weather.config;

import com.apress.spring6recipes.weather.WeatherService;
import com.apress.spring6recipes.weather.WeatherServiceClient;
import com.apress.spring6recipes.weather.WeatherServiceProxy;
import org.springframework.context.annotation.Bean;
import org.springframework.context.annotation.Configuration;
import org.springframework.oxm.Marshaller;
import org.springframework.oxm.jaxb.Jaxb2Marshaller;
import org.springframework.ws.client.core.WebServiceTemplate;

@Configuration
public class SpringWsClientConfiguration {

  @Bean
  public WeatherServiceClient weatherServiceClient(WeatherService weatherService) {
    return new WeatherServiceClient(weatherService);
  }

  @Bean
  public WeatherServiceProxy weatherServiceProxy(WebServiceTemplate
    webServiceTemplate) throws Exception {
    return new WeatherServiceProxy(webServiceTemplate);
  }

  @Bean
  public Jaxb2Marshaller marshaller() {
    var marshaller = new Jaxb2Marshaller();
    marshaller.setPackagesToScan("com.apress.spring6recipes.weather.schemas");
    return marshaller;
  }

  @Bean
  public WebServiceTemplate webServiceTemplate(Marshaller marshaller) {
    var webServiceTemplate = new WebServiceTemplate(marshaller);
    webServiceTemplate.setDefaultUri("http://localhost:8080/springws/services");
```

```
        return webServiceTemplate;
    }
}
```

레시피 10-10 JFR로 애플리케이션 기동 시 일어나는 일 조사하기

과제 JFR(자바 비행 기록 장치)을 이용해 스프링 기반 애플리케이션의 기동 시에 일어나는 일을 조사하고 개선 사항을 식별해 보세요. JFR은 JVM에서 실행 중인 애플리케이션을 진단하고 프로파일링 정보를 기록하는 도구입니다. 성능 오버헤드가 거의 없으므로 대부분의 환경에서 유용하게 이용할 수 있습니다. JFR은 실행되는 애플리케이션뿐만 아니라 JVM 관련 데이터도 수집합니다.

해결 코어 스프링 컨테이너가 제공하는 API를 사용하면 애플리케이션 컨텍스트의 설정과 시작을 모니터링할 수 있습니다. 이 API(`ApplicationStartup` 인터페이스)에는 JFR 이벤트를 발행하는 데 사용하는 `FlightRecorderApplicationStartup`이라는 구현체가 있지만 기본적으로 동작하지 않아 아무 작업도 수행하지 않으므로 활성화해야 합니다. `FlightRecorderApplicationStartup`을 활성화한 후에는 JDK가 JFR 이벤트를 기록하도록 지시해야 합니다. 마지막으로 이 이벤트를 조사하려면 자바 미션 컨트롤Java Mission Control[9]과 같은 도구가 필요합니다.

풀이 먼저 사용하려는 적절한 `ApplicationStartup` 구현체를 설정합니다. 다음으로 적절한 명령줄 프로퍼티를 사용해 애플리케이션을 시작합니다. 마지막으로 이벤트를 검사합니다.

JFR 이벤트 처리 활성화하기

JFR 이벤트 발행을 활성화하려면 아무 작업도 하지 않는 기본 클래스인 `DefaultApplicationStartup` 대신에 `FlightRecorderApplicationStartup` 클래스를 이용해 애플리케이션 컨텍스트를 구성해야 합니다. 대부분의 애플리케이션 컨텍스트 구현체에서 사용하는 기본 클래스에 정의된 `setApplicationStartup()` 메서드를 호출하면 됩니다. 등록이 완료된 후

9 https://jdk.java.net/jmc/

에는 refresh() 메서드를 호출해 애플리케이션 컨텍스트 로딩을 시작합니다.

예제 10-81 ApicationStartup **구성을 사용한 메인 클래스**

```
package com.apress.spring6recipes.replicator;

import org.springframework.context.annotation.AnnotationConfigApplicationContext;
import org.springframework.core.metrics.jfr.FlightRecorderApplicationStartup;

public class Main {

  public static void main(String[] args) throws Exception {
    var cfg = "com.apress.spring6recipes.replicator.config";
    try (var ctx = new AnnotationConfigApplicationContext()) {
      ctx.setApplicationStartup(new FlightRecorderApplicationStartup());
      ctx.scan(cfg);
      ctx.refresh();
      System.in.read();
    }
  }
}
```

하지만 이것만으로 이벤트가 기록되지는 않으며 다음과 같이 StartFlightRecording 속성을 JVM 옵션으로 추가해야 합니다.

예제 10-82 JCMD **기동 명령**

```
java -XX:StartFlightRecording:filename=recording.jfr,duration=30s -jar
recipe_10_10_i.jar
```

이벤트 기록이 활성화된 상태로 애플리케이션이 시작되고 recording.jfr이라는 파일에 30초간 이벤트 데이터를 기록합니다.

jcmd 명령을 사용해서 실행 중인 애플리케이션의 이벤트를 기록하도록 활성화할 수도 있습니다. 먼저 윈도우에서는 프로세스 탐색기, 유닉스에서는 ps 명령을 사용해 JFR을 활성화하려는 자바 프로세스의 프로세스 ID를 식별해야 합니다. 예를 들어 프로세스 ID가 4321이면 다음과 같은 명령으로 활성화할 수 있습니다.

예제 10-83 JCMD 기동 명령

```
jcmd 4321 JFR.start duration=30s filename=recording.jfr
```

이벤트 기록이 시작되면 콘솔에서 다음과 같은 출력을 확인할 수 있습니다.

예제 10-84 이벤트 기록 활성화 결과

```
[0.462s][info][jfr,startup] Started recording 1. The result will be written to:
[0.462s][info][jfr,startup]
[0.462s][info][jfr,startup] /Users/marten/Repositories/apress/spring-6-recipes/code/
recording.jfr
[0.481s][info][jfr,startup] Started recording 2. The result will be written to:
[0.481s][info][jfr,startup]
[0.481s][info][jfr,startup] /Users/marten/Repositories/apress/spring-6-recipes/code/
recording.jfr
```

애플리케이션을 중지한 다음 `recording.jfr` 파일을 자바 미션 컨트롤로 열어 이벤트를 관찰할 수 있습니다(그림 10-7).

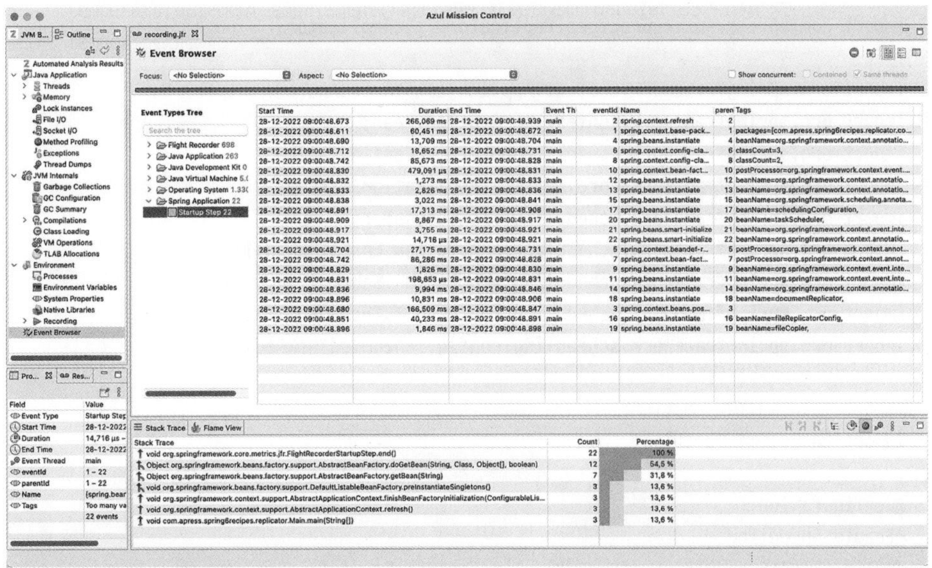

그림 10-7 자바 미션 컨트롤

이름이 spring.*인 이벤트들이 애플리케이션 컨텍스트나 그 안의 빈의 라이프사이클과 관련된 이벤트입니다. 이는 애플리케이션 시작 과정에서 어떤 부분이 속도를 저하하는지 식별하는 데 매우 유용합니다.

JFR 이벤트 발행하기

표준 이벤트를 발행할 수도 있지만 자신만의 이벤트를 발행/작성할 수도 있습니다. 그러려면 사용 중인 ApplicationStartup 인스턴스를 얻어와 start() 메서드를 호출해 StartupStep을 생성해야 합니다. 메서드 호출이 끝나면 제공된 StartupStep의 end() 메서드를 호출해 이벤트를 기록할 수 있습니다. 이 컨텍스트에서 사용하는 ApplicationStartup에 대한 참조를 얻으려면 ApplicationStartupAware 인터페이스를 구현해 주입받으면 됩니다. 애너테이션 기반의 처리가 아직 완전하지 않으므로 @Autowired 애너테이션을 사용하면 동작하지 않을 수 있습니다. 작업을 등록할 때 이벤트를 발행하도록 ScheduledTaskRegistrar를 이용해 봅시다.

예제 10-85 이벤트 발행 스케줄링 구성

```
package com.apress.spring6recipes.replicator.config;

import com.apress.spring6recipes.replicator.FileReplicator;

import org.springframework.context.ApplicationStartupAware;
import org.springframework.context.annotation.Bean;
import org.springframework.context.annotation.Configuration;
import org.springframework.core.metrics.ApplicationStartup;
import org.springframework.scheduling.TaskScheduler;
import org.springframework.scheduling.annotation.EnableScheduling;
import org.springframework.scheduling.annotation.SchedulingConfigurer;
import org.springframework.scheduling.concurrent.ThreadPoolTaskScheduler;
import org.springframework.scheduling.config.ScheduledTaskRegistrar;

import java.io.IOException;
import java.time.Duration;

@Configuration
@EnableScheduling
public class SchedulingConfiguration implements SchedulingConfigurer,
ApplicationStartupAware {
```

```
  private final FileReplicator fileReplicator;
  private ApplicationStartup applicationStartup;

  public SchedulingConfiguration(FileReplicator fileReplicator) {
    this.fileReplicator = fileReplicator;
  }

  @Override
  public void configureTasks(ScheduledTaskRegistrar taskRegistrar) {
    var step = applicationStartup.start("s6r.register-task");
    step.tag("task", "file-replicator");
    taskRegistrar.addFixedDelayTask(() -> {
      try {
        fileReplicator.replicate();
      } catch (IOException e) {
        e.printStackTrace();
      }
    }, Duration.ofSeconds(60));
    step.end();
  }
  ...

  @Override
  public void setApplicationStartup(ApplicationStartup applicationStartup) {
    this.applicationStartup=applicationStartup;
  }
}
```

이제 적절한 설정으로 애플리케이션을 실행하면(예제 10-83) 이벤트가 등록되는 모습을 볼 수 있습니다(그림 10-8).

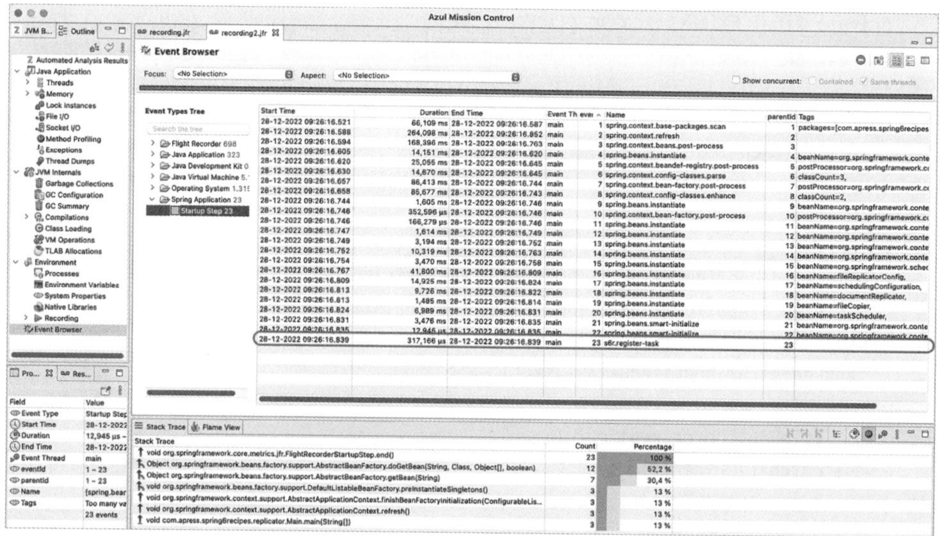

그림 10-8 자바 미션 컨트롤: 등록된 이벤트

이벤트 등록은 비교적 쉬운 일입니다. (`spring.*` 네임스페이스의 태그처럼) 태그를 추가로 사용해 이벤트를 강화할 수도 있습니다. 예를 들어 등록하는 작업이나 잡의 이름을 포함하는 태그를 추가할 수 있습니다.

예제 10-86 태그를 이용한 이벤트 발행 스케줄링 구성

```
public void configureTasks(ScheduledTaskRegistrar taskRegistrar) {

  var step = applicationStartup.start("s6r.register-task");
  step.tag("task", "file-replicator");
  taskRegistrar.addFixedDelayTask(() -> {
    try {
      fileReplicator.replicate();
    } catch (IOException e) {
      e.printStackTrace();
    }
  }, Duration.ofSeconds(60));
  step.end();
}
```

`StartupStep`에서 `tag()` 메서드로 생성한 태그는 이벤트와 함께 기록되며 자바 미션 컨트롤에서 확인할 수 있습니다.

레시피 10-11 마이크로미터로 애플리케이션 관찰하기

[레시피 10-10]에서는 JFR을 살펴봤습니다. JFR은 강력한 도구지만 주로 스프링 애플리케이션의 기동 과정에서는 모니터링하는 데 유용하며, 자바 프로파일러나 마이크로미터Micrometer[10] 같은 메트릭 라이브러리를 대체할 수는 없습니다. 하지만 필요에 따라 스프링을 마이크로미터와 연계할 수 있습니다. 이는 스프링 시큐리티, 스프링 데이터 같은 많은 스프링 포트폴리오 프로젝트도 마찬가지입니다.

최근 몇 년 동안 마이크로미터 API는 메트릭metric을 기록하고 애플리케이션을 추적tracing하는 사실상의 표준이 됐습니다. 마이크로미터는 프로메테우스Prometheus,[11] 인플럭스Influx,[12] 뉴렐릭New Relic[13] 같은 다양한 모니터링 시스템과 연계할 수 있습니다.

연계가 잘 이루어지도록 스프링은 마이크로미터 API용 지원 기능을 내장했습니다. 기본적으로 동작하지 않게 구성돼 있지만, 지원되는 모니터링 시스템 중 하나에 데이터를 전송하도록 구성할 수도 있습니다.

과제 **프로메테우스를 이용해 애플리케이션의 메트릭을 수집하고 있습니다. 이 프로메테우스에 스프링 기반 애플리케이션의 메트릭을 보내세요.**

해결 마이크로미터는 관찰observation이라는 개념을 정의하며 이를 통해 애플리케이션에서 메트릭과 추적을 모두 지원할 수 있습니다. 메트릭은 타이머, 게이지, 카운터를 포함하며 애플리케이션의 실행 동작과 관련된 통계를 수집하는 방법을 제공합니다. 예를 들어 처리되는 HTTP 요청의 수와 해당 요청의 결과를 수집할 수 있습니다. 메트릭은 성능 분석, 애플리케이션 사용 패턴, 오류율 분석에 도움을 줍니다. 추적은 애플리케이션의 전체적인 모습을 더 잘 파악하게 해 주며 시스템 전체에서 요청(HTTP, 메시지 등)을 추적하게 해 줍니다.

마이크로미터의 주요 개념

다음은 마이크로미터에서 정의하는 관찰의 개념을 간략하게 설명한 내용입니다.

---

10 https://micrometer.io/

11 https://prometheus.io/

12 https://www.influxdata.com/

13 https://newrelic.com/

- 관찰은 애플리케이션에서 발생하는 일을 실제로 기록하는 것입니다. 관찰은 ObservationHandler를 통해 이루어지며 메트릭이나 추적(또는 둘 다)을 제공합니다.
- 모든 관찰에는 (관찰과 관련된) 모든 메타데이터를 저장하는 ObservationContext 구현체가 있습니다. 예를 들어 HTTP 요청과 관련해서는 HTTP 메서드와 응답 상태 같은 정보를 저장합니다.
- 각 관찰은 하나 이상의 KeyValues로 구성됩니다. 예를 들어 HTTP 요청에서는 HTTP 메서드, 응답 상태, 처리 시간 등일 수 있습니다. KeyValues는 다양한 ObservationConvention 구현체에 제공되며 이는 특정 ObservationContext 구현체와 연결됩니다.
- KeyValues는 가능한 값의 개수가 적고 제한된 경우 카디널리티cardinality가 낮다low고 합니다. 예를 들어 HTTP 메서드의 값은 몇 가지 밖에 없습니다. 카디널리티가 낮은 값은 메트릭에만 포함됩니다.
- KeyValues는 가능한 값의 개수에 제한이 없거나 매우 많은 경우 카디널리티가 높다high고 합니다. 예를 들어 URL은 가능한 값이 무한에 가깝습니다. 카디널리티가 높은 값은 추적에만 포함됩니다.
- 마지막으로 도메인에서 가능한 모든 관찰을 문서화하고 예상되는 키 이름과 그 의미를 기술하는 ObservationDocumentation이 있습니다.

메트릭을 기록하려면 **Observation** 인스턴스가 메트릭을 사용해 카운터, 타이머 등을 생성할 수 있게 **MeterRegistry**를 구성해야 합니다. 기술마다 **MeterRegistry** 구현체가 다른데, 여기서는 JMX 버전인 **JmxMeterRegistry**를 사용하겠습니다.

풀이 JMX에 메트릭을 발행하려면 클래스패스에 적절한 구현체가 존재해야 하므로 다음과 같이 의존성을 추가합니다.

예제 10-87 그레이들 의존성 추가(build.gradle)

```
implementation group: 'io.micrometer', name: 'micrometer-registry-jmx', version:
'1.15.1'
```

예제 10-88 메이븐 의존성 추가(pom.xml)

```
<dependency>
  <groupId>io.micrometer</groupId>
  <artifactId>micrometer-registry-jmx</artifactId>
  <version>1.15.1</version>
</dependency>
```

의존성을 추가하면 메트릭을 기록하고 전송하도록 애플리케이션을 구성할 수 있습니다. [레시피 3-3]과 [레시피 3-4]의 애플리케이션을 재사용하고 서버와 클라이언트 모두에서 메트릭을 활성화해 보겠습니다.

클라이언트용 마이크로미터 구성하기

클라이언트부터 시작해 봅시다. 먼저 JmxMeterRegistry라는 MeterRegistry를 구성합니다. 그리고 이를 이용해 ObservationHandler를 생성한 후 ObservationRegistry에 등록하면 JMX를 통해 메트릭을 생성하고 발행할 수 있습니다.

예제 10-89 클라이언트 메트릭 구성

```
@Bean
public JmxMeterRegistry meterRegistry() {
  return new JmxMeterRegistry(JmxConfig.DEFAULT, Clock.SYSTEM);
}

@Bean
public ObservationRegistry observationRegistry(MeterRegistry meterRegistry) {
  var registry = ObservationRegistry.create();
  var handler = new DefaultMeterObservationHandler(meterRegistry);
  registry.observationConfig().observationHandler(handler);
  return registry;
}

@Bean
public RestTemplate restTemplate(ObservationRegistry observationRegistry) {
  var restTemplate = new RestTemplate();
  restTemplate.setObservationRegistry(observationRegistry);
  return restTemplate;
}
```

MeterRegistry는 ObservationHandler를 생성해 ObservationRegistry를 구성하는 데 사용합니다. ObservationRegistry는 기본적으로 아무 작업을 하지 않도록 구성되지만, 예제에서는 ObservationRegistry의 create()라는 팩토리 메서드를 호출해 인스턴스를 생성했습니다. 그리고 observationConfig() 메서드를 호출해 DefaultMeterObservationHandler를 직접 추가했습니다. 이렇게 하면 마이크로미터와 JMX의 발행 연계가 완료됩니다. RestTemplate을 구성하고 ObservationRegistry를 사용해 메트릭을 생성하는 부분만 남았는데, 생성된 ObservationRegistry를 RestTemplate에 설정하기만 하면 됩니다. 모든 설정이 완료되면 요청을 실행하고 동시에 메트릭을 수집할 수 있습니다. 이러한 메트릭은 JMX를 통해 접근할 수 있습니다(그림 10-9).

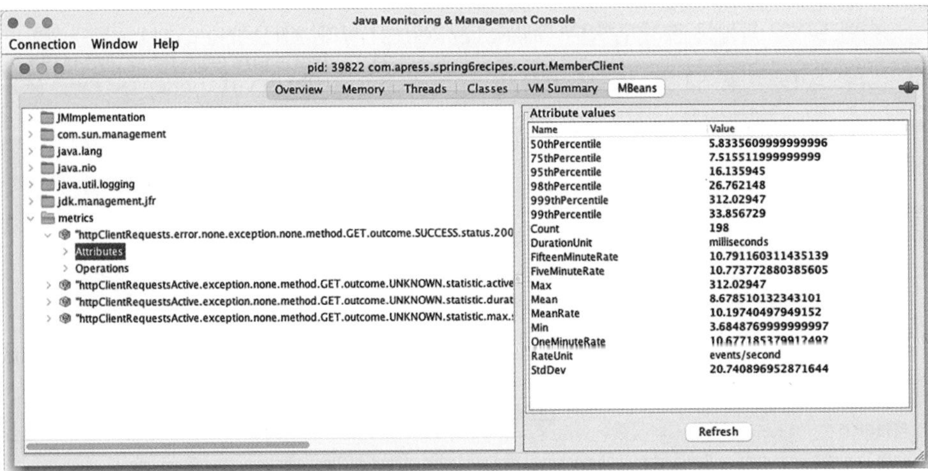

그림 10-9 JMX를 통한 클라이언트 메트릭

이렇게 하면 메트릭이 JMX를 통해 발행됩니다. 하지만 적절한 MeterRegistry를 제공하고 이를 ObservationRegistry에 노출함으로써 프로메테우스, 강글리아Ganglia, 뉴렐릭을 대상으로도 동일하게 적용할 수 있습니다. observationHandler() 메서드를 여러 번 호출해 다수의 구현체를 추가할 수도 있습니다. 예를 들어 JMX와 프로메테우스를 결합해 메트릭을 노출할 수도 있습니다.

서버용 마이크로미터 구성하기

서버를 구성할 때도 동일하게 MeterRegistry와 ObservationRegistry가 필요하지만 (서버 애플리케이션에서 사용하지 않는 한) RestTemplate에 ObservationRegistry를 추가하는 대신 서블릿 필터를 등록해 메트릭을 생성합니다. org.springframework.web.filter.ServerHttpObservationFilter는 HTTP 요청을 받으면 메트릭 생성을 시작합니다.

예제 10-90 서버 메트릭 구성

```
@Bean
public JmxMeterRegistry meterRegistry() {
  return new JmxMeterRegistry(JmxConfig.DEFAULT, Clock.SYSTEM);
}

@Bean
public ObservationRegistry observationRegistry(MeterRegistry meterRegistry) {
  var registry = ObservationRegistry.create();
  var handler = new DefaultMeterObservationHandler(meterRegistry);
  registry.observationConfig().observationHandler(handler);
  return registry;
}

@Bean
public ServerHttpObservationFilter metricsFilter(ObservationRegistry or) {
  return new ServerHttpObservationFilter(or);
}
```

MeterRegistry와 ObservationRegistry를 등록하는 부분은 완전히 동일합니다. 하지만 서버용 HTTP 메트릭을 생성하는 ServerHttpObservationFilter를 추가했다는 차이가 있습니다.

애플리케이션 컨텍스트에서 필터를 구성했으므로 톰캣은 이 필터를 직접적으로 볼 수 없습니다. 이때 DelegatingFilterProxy를 사용합니다. 이름에서 알 수 있듯이 이 필터는 다른 필터로 요청을 위임합니다. 예제에서는 전달한 이름을 가진 빈을 애플리케이션 컨텍스트에서 룩업합니다. 해당 빈은 서블릿 필터여야 합니다. 그런 다음 해당 스프링이 관리하는 필터로 호출을 위임합니다. 이러한 접근 방식을 이용하면 애플리케이션 컨텍스트에서 필터를 구성하고 서블릿 컨테이너에서 사용할 수 있습니다. 5장에서 설명한 스프링 시큐리티도 동일한 방식을 사용합니다.

다음과 같이 CourtRestApplicationInitializer 클래스의 getServletFilters() 메서드를 오버라이드해 DelegatingFilterProxy를 추가합니다.

예제 10-91 서블릿 필터 구성하기

```
package com.apress.spring6recipes.court.web;

import org.springframework.web.filter.DelegatingFilterProxy;
import org.springframework.web.servlet.support.
AbstractAnnotationConfigDispatcherServletInitializer;
import jakarta.servlet.Filter;

public class CourtRestApplicationInitializer extends
AbstractAnnotationConfigDispatcherServletInitializer {

  @Override
  protected Filter[] getServletFilters() {
    return new Filter[] {
      new DelegatingFilterProxy("metricsFilter")
    };
  }
}
```

애플리케이션을 배포하고 클라이언트를 시작한 후 일부 요청이 처리됐다면 JConsole로 톰캣 인스턴스에 접속해 메트릭을 확인해 볼 수 있습니다(그림 10-10).

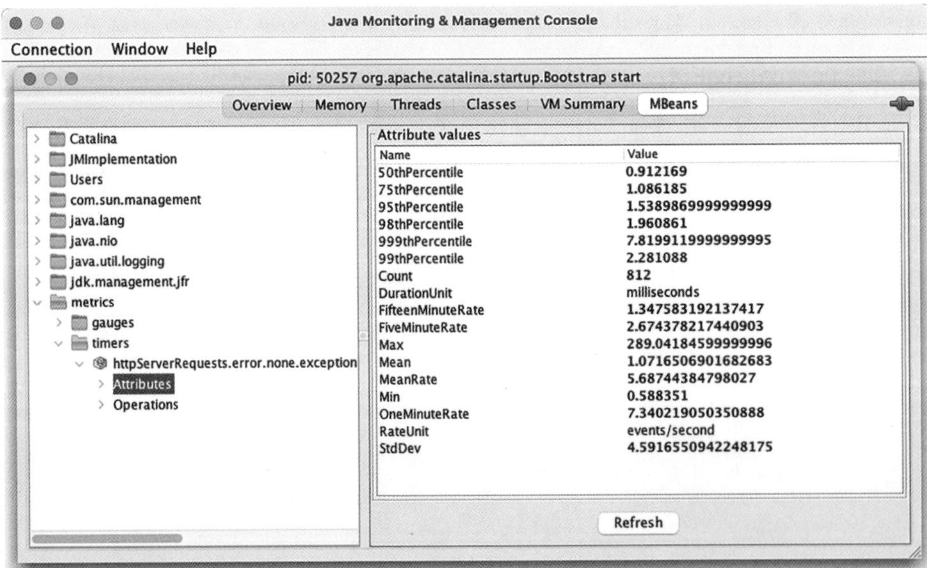

그림 10-10 JMX를 통한 서버 메트릭

MeterBinder로 추가적인 메트릭 노출하기

RestTemplate, WebClient, 서블릿 필터용 Observation을 통해 메트릭을 생성하는 방법 외에도 MeterBinder를 이용하여 시스템의 특정 메트릭을 노출하는 방법이 있습니다. 예를 들어 캐시 사용량, JVM 가동 시간, JVM 메모리 통계와 같은 메트릭을 보여 줄 수 있습니다. MeterBinder를 사용하고 이를 구현해 필요한 메트릭을 노출할 수 있습니다. 마이크로미터는 유용한 MeterBinder 구현체를 다양하게 제공합니다. [표 10-3]에 그중 일부를 담았습니다.

표 10-3 마이크로미터 MeterBinder 구현체

이름	설명
DiskSpaceMetrics	시스템 디스크 공간 사용률 메트릭
HibernateMetrics	쿼리 통계, 엔티티, 캐시 히트 같은 하이버네이트 메트릭
JvmGcMetrics	GC 메트릭
JvmMemoryMetrics	메모리 메트릭과 버퍼 풀
JvmThreadMetrics	스레드, 전체, 데몬 스레드 등 메트릭
ProcessorMetrics	CPU 사용률 메트릭
TomcatMetrics	HTTP 세션, 스레드 수와 같은 톰캣 메트릭
UptimeMetrics	시스템 운영 지속시간 타이머

사용하기 가장 쉬운 방법은 사용하려는 모든 MeterBinder 구현체를 애플리케이션 컨텍스트에 빈으로 등록하고 추가적인 컴포넌트가 컨텍스트에서 이를 모두 가져와 순회하면서 MeterBinder.bindTo() 메서드를 호출하는 것입니다(1장 참조). bindTo() 메서드가 동작하려면 이전에 등록된 MeterRegistry가 있어야 합니다. 다음과 같은 컴포넌트로 MeterBinder를 쉽게 구성할 수 있습니다.

예제 10-92 MeterBinderRegistrar 클래스

```
package com.apress.spring6recipes.court;

import org.springframework.beans.factory.ObjectProvider;
import org.springframework.stereotype.Component;

import io.micrometer.core.instrument.MeterRegistry;
import io.micrometer.core.instrument.binder.MeterBinder;
import jakarta.annotation.PostConstruct;
```

```
@Component
public class MeterBinderRegistrar {

  private final MeterRegistry registry;
  private final ObjectProvider<MeterBinder> binders;

  public MeterBinderRegistrar(MeterRegistry registry,
          ObjectProvider<MeterBinder> binders) {
    this.registry = registry;
    this.binders = binders;
  }

  @PostConstruct
  public void register() {
    this.binders
      .forEach( (b) -> b.bindTo(this.registry));
  }
}
```

감지된 각 MeterBinder는 생성이 완료된 후 bindTo() 메서드를 호출합니다. 이때 실제 필요한 시점까지 MeterBinder 구현체의 생성을 지연할 수 있도록 ObjectProvider를 사용하기를 권장합니다. 컬렉션을 사용하면 기동 시점에 모든 MeterBinder 구현체를 생성하므로 불필요한 초기화가 일어날 수 있습니다. 핵심 작업과 컨테이너와 관련된 자세한 내용은 1장을 참고해 주세요.

이제 MeterBinder 인스턴스를 등록해 메트릭을 노출하도록 구성할 수 있습니다. 다음과 같이 메모리, 스레드, 기동 시간 메트릭을 노출해 봅시다.

예제 10-93 MeterBinder **구성 클래스**

```
@Configuration
class MeterBindersConfiguration {

  @Bean
  public UptimeMetrics uptimeMetrics() {
    return new UptimeMetrics();
  }
```

```
    @Bean
    public JvmThreadMetrics jvmThreadMetrics() {
      return new JvmThreadMetrics();
    }

    @Bean
    public JvmMemoryMetrics jvmMemoryMetrics() {
      return new JvmMemoryMetrics();
    }
  }
```

이제 클라이언트(서버에 애플리케이션을 재배포했다면 서버)를 다시 시작하면 추가 메트릭이 노출되는 것을 확인할 수 있습니다(그림 10-11).

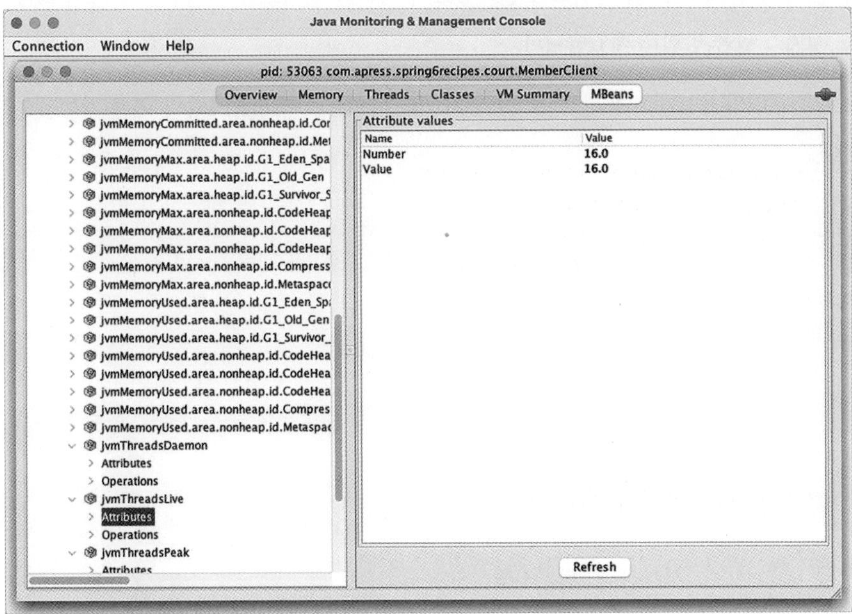

그림 10-11 JMX를 통한 추가 메트릭

마치며

10장에서는 JMX와 이와 관련된 명세를 살펴봤습니다. 스프링 빈을 JMX MBean으로 익스포트하는 방법과 스프링 프록시를 이용해 원격/로컬 클라이언트에서 MBean을 가져와 사용하는 방법을 배웠습니다. 실제로 스프링을 이용해 JMX 서버에 알림 이벤트를 발행하고 수신하는 방법을 살펴봤습니다.

스프링을 이용해 이메일을 보내는 방법을 배우면서 이메일 템플릿을 작성하고 첨부 파일이 포함된 이메일(MIME 메시지)을 보내는 방법도 다뤘습니다. 또한 쿼츠 스케줄러와 스프링의 작업 네임스페이스를 사용해 작업을 스케줄링하는 방법도 배웠습니다.

최근에는 웹 기반 애플리케이션 간 통신에서 REST를 선호하지만 SOAP도 여전히 사용할 수 있습니다. 규약 우선 SOAP 웹 서비스를 살펴봤으며 이러한 서비스를 만들고 소비할 수 있는 스프링 웹 서비스 활용 방법도 배웠습니다.

마지막으로 스프링의 JFR를 이용한 관찰 지원 기능과 마이크로미터 API와의 연계 기능을 살펴봤습니다.

CHAPTER 11

스프링 메시징

11장은 스프링 메시징을 다룹니다. 메시징은 애플리케이션을 확장scaling하는 매우 강력한 기법입니다. 메시징을 이용하면 서비스에 과부하가 걸릴 수 있는 작업을 큐에 대기시키고 아키텍처 결합도를 낮출 수 있습니다. 예를 들어 어떤 컴포넌트는 단지 `java.util.Map` 타입의 키/값 쌍으로 메시지를 소비하는 역할만 할 수도 있으며 이러한 느슨한 규약 덕분에 여러 이질적인 시스템 사이에서 통신 허브 역할을 할 수 있습니다.

11장에서는 '토픽topic'과 '큐queue'를 자주 언급합니다. 메시징 솔루션은 보통 두 가지 아키텍처 요구 사항에 맞게 설계합니다. 첫째, 애플리케이션의 한 지점에서 미리 알려진 다른 한 지점으로 메시지를 보낼 수 있어야 하고 둘째, 애플리케이션의 한 지점에서 수많은 미지의 지점으로 메시지를 보낼 수 있어야 합니다. 이러한 패턴들은 한 사람이 다른 한 사람에게 말하는 것과 한 사람이 확성기를 사용해 불특정 다수에게 말하는 것에 비유할 수 있습니다.

메시지를 메시지 큐에 전송해서 해당 메시지를 리스닝하는 모든 클라이언트에게 (확성기를 사용해 크게 말하듯이) 브로드캐스트broadcast하려면 '토픽'에 메시지를 보냅니다. 메시지를 하나의 특정 클라이언트에게만 보내려면 '큐'에 보냅니다.

11장 내용을 잘 이해하면 스프링을 이용해 메시지 기반의 미들웨어를 생성하고 접근할 수 있을 것입니다. 또한 메시징과 관련된 일반적인 지식을 습득할 수 있으므로 12장에서 스프링 인티그레이션을 살펴볼 때 도움이 될 것입니다.

메시징 추상화를 알아본 후 JMS, AMQP, 아파치 카프카Apache Kafka와 함께 메시징을 활용하는 방법을 살펴볼 것입니다. 스프링은 기술 별로 메시지를 쉽게 주고받을 수 있도록 템플릿 기반의 단순화된 사용 방법을 제공합니다. 게다가 스프링은 메시지를 수신하고 응답하는 IoC 컨테이너에 선언된 빈을 활성화해 주기도 합니다. 사용하는 기술이 다르더라도 접근 방식은 동일합니다.

NOTE_ 예제 프로젝트의 bin 디렉터리에 도커화된 다양한 메시징 공급자(JMS용 액티브MQ 아르테미스ActiveMQ Artemis, AMQP용 래빗MQRabbitMQ, 아파치 카프카)를 기동할 수 있는 여러 스크립트가 있습니다.

레시피 11-1 스프링으로 JMS 메시지 송수신하기

과제 다음 단계에 따라 JMS 메시지를 송수신합니다.

1 메시지 브로커에 JMS 커넥션 팩토리를 생성합니다.

2 JMS 목적지를 큐나 토픽 중 하나로 생성합니다.

3 커넥션 팩토리에서 JMS 컨텍스트를 엽니다.

4 JMS 메시지를 메시지 생성기producer를 이용해 전송하거나 메시지 소비기consumer를 이용해 수신합니다.

5 반드시 처리해야 하는 체크 예외인 `JMSException`을 처리합니다.

6 JMS 커넥션 팩토리와 JMS 컨텍스트를 닫습니다.

이처럼 간단한 JMS 메시지를 송수신하는 데도 작성해야 할 코드가 많습니다. 그런데 이 중 거의 대부분은 비즈니스 코드가 아닌 JMS 메시지를 처리할 때마다 반복 작성해야 하는 코드입니다.

해결 스프링은 JMS 코드를 단순화할 수 있는 템플릿 기반의 방법을 제공합니다. JMS 템플릿(스프링 `JmsTemplate` 클래스)을 사용하면 훨씬 적은 코드로 JMS 메시지를 송수신할 수 있습니다. 이 템플릿은 JMS 메시지를 처리할 때마다 수행하는 반복 작업을 처리하고 JMS API의 `JMSException` 계층 구조에 포함되는 예외를 스프링의 런타임 예외인 `org.springframework.jms.JmsException` 계열의 예외로 변환합니다.

풀이 프런트 데스크front desk와 백 오피스back office라는 두 개의 하위 시스템으로 이루어진 우체국 시스템을 개발하려고 합니다. 프런트 데스크에서 우편물을 받아서 백 오피스로 전달하면 분류와 배송 작업을 진행하는 구조입니다. 프런트 데스크는 백 오피스에 새로운 우편물이 도착했음을 알리는 JMS 메시지를 전송합니다. 다음은 우편물 정보를 나타내는 레코드입니다.

예제 11-1 Mail 클래스

```
package com.apress.spring6recipes.post;

public record Mail(String mailId, String country, double weight) { }
```

다음과 같이 FrontDesk 인터페이스와 BackOffice 인터페이스에 우편물 정보를 송수신하는 메서드를 정의합니다.

예제 11-2 FrontDesk 인터페이스

```
package com.apress.spring6recipes.post;

public interface FrontDesk {

  void sendMail(Mail mail);
}
```

예제 11-3 BackOffice 인터페이스

```
package com.apress.spring6recipes.post;

public interface BackOffice {

  Mail receiveMail();
}
```

스프링 JMS 템플릿 없이 메시지 송수신하기

먼저 스프링 JMS 템플릿을 사용하지 않고 JMS 메시지를 송수신하는 방법을 살펴보겠습니다. 다음 클래스는 JMS API를 직접 사용해 JMS 메시지를 보냅니다.

예제 11-4 JMS API를 직접 사용한 FrontDesk 구현체

```
package com.apress.spring6recipes.post;

import jakarta.jms.Session;
import org.apache.activemq.artemis.jms.client.ActiveMQConnectionFactory;
import org.apache.activemq.artemis.jms.client.ActiveMQQueue;

import java.util.Map;

public class FrontDeskImpl implements FrontDesk {

  public void sendMail(Mail mail) {
    try (var cf = new ActiveMQConnectionFactory("tcp://localhost:61616");
        var ctx = cf.createContext(Session.AUTO_ACKNOWLEDGE)) {
      var destination = new ActiveMQQueue("mail.queue");
      var mapContext = Map.<String, Object>of(
              "mailId", mail.mailId(),
              "country", mail.country(),
              "weight", mail.weight());
      ctx.createProducer().send(destination, mapContext);
    }
  }
}
```

sendMail() 메서드에서는 먼저 액티브MQ에서 제공하는 클래스를 사용해 JMS 전용 ConnectionFactory(ActiveMQConnectionFactory)와 Destination(ActiveMQQueue) 객체를 생성합니다. 액티브MQ를 로컬호스트에서 실행한다면 메시지 브로커의 URL 기본값을 사용하면 됩니다. JMS에서 목적지는 큐와 토픽 중 하나입니다.

11장의 시작 부분에 언급했듯이 큐는 지점 대 지점point-to-point 통신 모델이고 토픽은 발행-구독publish-subscribe 통신 모델입니다. 프런트 데스크에서 백 오피스로(즉 지점 대 지점으로) JMS 메시지를 보내야 하므로 메시지 큐를 사용합니다. ActiveMQTopic 클래스를 사용하면 토픽도 쉽게 생성할 수 있습니다.

다음으로 메시지를 전송하기 전에 컨텍스트와 메시지 생성기를 생성합니다. JMS API에는 Message 인터페이스의 하위 인터페이스(예: TextMessage, MapMessage, BytesMessage, ObjectMessage, StreamMessage)가 다양하게 정의돼 있습니다. 예를 들어 MapMessage에는 맵처럼 키/값 쌍의 이루어진 메시지 콘텐츠를 담습니다. JMSProducer에는 java.util.

Map이나 byte[] 등과 같은 다양한 타입을 받는 전용 send() 메서드가 있습니다. JMS API에서 발생할 수 있는 JMSException 예외 처리도 해야 합니다. 마지막으로 시스템 리소스를 해제하도록 세션과 커넥션을 닫습니다. 자동 리소스 닫기 구문을 이용하면 편하겠죠.

다음은 JMS API를 사용해 JMS 메시지를 수신하는 BackOfficeImpl 클래스입니다.

예제 11-5 JMS API 직접 사용한 BackOffice 구현체

```
package com.apress.spring6recipes.post;

import jakarta.jms.JMSException;
import jakarta.jms.MapMessage;
import jakarta.jms.Message;
import jakarta.jms.Session;
import org.apache.activemq.artemis.jms.client.ActiveMQConnectionFactory;
import org.apache.activemq.artemis.jms.client.ActiveMQQueue;

public class BackOfficeImpl implements BackOffice {

  public Mail receiveMail() {
    try (var cf = new ActiveMQConnectionFactory("tcp://localhost:61616");
         var ctx = cf.createContext(Session.AUTO_ACKNOWLEDGE)) {

      var destination = new ActiveMQQueue("mail.queue");
      var consumer = ctx.createConsumer(destination);
      var message = consumer.receive();
      return convert(message);
    } catch (JMSException ex) {
      throw new RuntimeException(ex.getMessage(), ex);
    }
  }

  private Mail convert(Message msg) throws JMSException {
    var message = (MapMessage) msg;
    return new Mail(message.getString("mailId"),
            message.getString("country"),
            message.getDouble("weight"));
  }
}
```

메시지 소비기를 생성해 JMS 메시지를 수신한다는 점을 제외하면 대부분 JMS 메시지를 전송하는 코드와 유사합니다.

JMSConsumer를 사용해 메시지를 수신할 때 JMSConsumer가 제공하는 여러 receive() 메서드 중 하나를 호출합니다. 어떤 메서드는 타임아웃을 지정할 수 있고 어떤 메서드는 특정 메시지 타입의 페이로드(예: java.util.Map, byte[])를 가져올 수 있습니다. 예제에서 MapMessage 타입의 메시지를 수신하므로 receiveBody(Map.class) 메서드를 호출해 페이로드를 직접 얻을 수도 있습니다. 여기서는 간단하게 MapMessage를 반환하는 receive()를 사용했습니다.

마지막으로 프런트 데스크 시스템용 구성 클래스(FrontOfficeConfiguration)와 백 오피스 시스템용 구성 클래스(BackOfficeConfiguration)를 작성해 보겠습니다.

예제 11-6 FrontDesk **구성 클래스**

```
package com.apress.spring6recipes.post.config;

import org.springframework.context.annotation.Bean;
import org.springframework.context.annotation.Configuration;

import com.apress.spring6recipes.post.FrontDeskImpl;

@Configuration
public class FrontOfficeConfiguration {

    @Bean
    public FrontDeskImpl frontDesk() {
        return new FrontDeskImpl();
    }
}
```

예제 11-7 BackOffice **구성 클래스**

```
package com.apress.spring6recipes.post.config;

import org.springframework.context.annotation.Bean;
import org.springframework.context.annotation.Configuration;

import com.apress.spring6recipes.post.BackOfficeImpl;

@Configuration
```

```
public class BackOfficeConfiguration {

    @Bean
    public BackOfficeImpl backOffice() {
        return new BackOfficeImpl();
    }
}
```

이제 프런트 데스크와 백 오피스 시스템에서 JMS 메시지를 송수신할 준비가 거의 완료됐습니다. 다음 단계로 넘어가기 전에 아직 액티브MQ 메시지 브로커를 기동하지 않았다면 기동합니다.

> **NOTE_** 액티브MQ 아르테미스 메시징 브로커를 쉽게 모니터링할 수 있습니다. 기본값으로 설치했다면 `http://localhost:8161/console`에 접속해 예제에서 사용하는 `mail.queue` 큐에 무슨 일이 일어나는지 확인할 수 있습니다.

다음으로 두 개의 메인 클래스를 작성해 각 메시지 시스템을 실행해 봅시다. `FrontDeskMain` 클래스는 프런트 데스크 시스템용이고 `BackOfficeMain` 클래스는 백 오피스 시스템용입니다.

예제 11-8 프런트 데스크 시스템용 메인 클래스

```
package com.apress.spring6recipes.post;

import com.apress.spring6recipes.post.config.FrontOfficeConfiguration;
import org.springframework.context.annotation.AnnotationConfigApplicationContext;

public class FrontDeskMain {

  public static void main(String[] args) {
    var cfg = FrontOfficeConfiguration.class;
    try (var context = new AnnotationConfigApplicationContext(cfg)) {
      var frontDesk = context.getBean(FrontDesk.class);
      frontDesk.sendMail(new Mail("1234", "US", 1.5));
    }
  }
}
```

예제 11-9 백 오피스 시스템용 메인 클래스

```
package com.apress.spring6recipes.post;

import com.apress.spring6recipes.post.config.BackOfficeConfiguration;
import org.springframework.context.annotation.AnnotationConfigApplicationContext;

public class BackOfficeMain {

  public static void main(String[] args) {
    var cfg = BackOfficeConfiguration.class;
    try (var context = new AnnotationConfigApplicationContext(cfg)) {
      var backOffice = context.getBean(BackOffice.class);
      var mail = backOffice.receiveMail();
      System.out.printf("Received: %s%n", mail);
    }
  }
}
```

FrontDeskMain으로 FrontDesk 애플리케이션을 실행할 때마다 메시지가 브로커에 전송되고 BackOfficeMain으로 BackOffice 애플리케이션을 실행할 때마다 브로커에서 메시지를 가져오려고 시도합니다.

스프링 JMS 템플릿으로 메시지 송수신하기

스프링이 제공하는 JmsTemplate을 사용해 JMS 코드를 간소화할 수 있습니다. 이를 사용해 JMS 메시지를 송신하려면 메시지 목적지와 보낼 JMS 메시지를 생성하는 MessageCreator 객체를 send() 메서드에 전달해 호출하면 됩니다. MessageCreator 객체는 일반적으로 익명 내부 클래스로 구현합니다.

예제 11-10 JMS 템플릿을 사용한 FrontDesk 구현체

```
package com.apress.spring6recipes.post;

import jakarta.jms.Destination;
import org.springframework.jms.core.JmsTemplate;

public class FrontDeskImpl implements FrontDesk {
```

```
    private final JmsTemplate jmsTemplate;
    private final Destination destination;

    public FrontDeskImpl(JmsTemplate jmsTemplate, Destination destination) {
      this.jmsTemplate = jmsTemplate;
      this.destination = destination;
    }

    public void sendMail(Mail mail) {
      jmsTemplate.send(destination, session -> {
        var message = session.createMapMessage();
        message.setString("mailId", mail.mailId());
        message.setString("country", mail.country());
        message.setDouble("weight", mail.weight());
        return message;
      });
    }
  }
```

내부 클래스는 실질적으로 자신을 감싼 메서드의 `final`로 선언된 인수나 변수에만 접근할 수 있습니다. `MessageCreator` 인터페이스에서 구현할 메서드는 `createMessage()`뿐이며 제공된 JMS 세션을 이용해 JMS 메시지를 생성하고 반환합니다.

JMS 템플릿은 JMS 커넥션과 세션을 얻고 해제하는 일을 도와주며 `MessageCreator` 객체에서 생성된 JMS 메시지를 전송합니다. 또한 JMS API의 `JMSException` 계열의 예외를 스프링의 JMS 런타임 예외 계열로 변환합니다. 기본 예외 클래스는 `org.springframework.jms.JmsException`입니다. 덕분에 기본 `send()` 메서드와 그 외 타입별 전용 `send()` 메서드에서 발생한 `JmsException`을 잡아낼 수 있으며 필요시 `catch` 블록에서 적절하게 조치할 수 있습니다.

JMS 커넥션 팩토리를 참조해 커넥션을 맺는 JMS 템플릿을 프런트 데스크 시스템의 빈 구성 파일에 선언합니다. 그런 다음 이 템플릿과 메시지 목적지를 프런트 데스크 빈에 주입합니다.

예제 11-11 프런트 데스크 시스템용 구성 클래스

```
package com.apress.spring6recipes.post.config;

import com.apress.spring6recipes.post.FrontDeskImpl;
import jakarta.jms.ConnectionFactory;
```

```
import jakarta.jms.Queue;
import org.apache.activemq.artemis.jms.client.ActiveMQConnectionFactory;
import org.apache.activemq.artemis.jms.client.ActiveMQQueue;
import org.springframework.context.annotation.Bean;
import org.springframework.context.annotation.Configuration;
import org.springframework.jms.core.JmsTemplate;

@Configuration
public class FrontOfficeConfiguration {

  @Bean
  public ConnectionFactory connectionFactory() {
    return new ActiveMQConnectionFactory("tcp://localhost:61616");
  }

  @Bean
  public Queue mailDestination() {
    return new ActiveMQQueue("mail.queue");
  }

  @Bean
  public JmsTemplate jmsTemplate(ConnectionFactory cf) {
    return new JmsTemplate(cf);
  }

  @Bean
  public FrontDeskImpl frontDesk(JmsTemplate jms, Queue destination) {
    return new FrontDeskImpl(jms, destination);
  }
}
```

JMS 템플릿을 사용해 JMS 메시지를 수신하려면 `receive()`를 호출하면서 메시지 목적지를 전달합니다. 이 메서드는 `javax.jms.Message` 타입의 JMS 메시지를 반환하는데, 이는 기본 JMS 메시지 타입(즉 인터페이스)이므로 후속 처리를 하기 전에 적절한 타입으로 캐스팅해 사용합니다.

예제 11-12 JMS 템플릿을 사용한 BackOffice 구현체

```
package com.apress.spring6recipes.post;

import jakarta.jms.Destination;
```

```java
import jakarta.jms.JMSException;
import jakarta.jms.MapMessage;
import jakarta.jms.Message;
import org.springframework.jms.core.JmsTemplate;
import org.springframework.jms.support.JmsUtils;

public class BackOfficeImpl implements BackOffice {

  private final JmsTemplate jmsTemplate;
  private final Destination destination;

  public BackOfficeImpl(JmsTemplate jmsTemplate, Destination destination) {
    this.jmsTemplate = jmsTemplate;
    this.destination = destination;
  }

  public Mail receiveMail() {
    var message = jmsTemplate.receive(destination);
    try {
      return message != null ? convert(message) : null;
    } catch (JMSException e) {
      throw JmsUtils.convertJmsAccessException(e);
    }
  }

  private Mail convert(Message msg) throws JMSException {
    var message = (MapMessage) msg;
    return new Mail(message.getString("mailId"),
            message.getString("country"),
            message.getDouble("weight"));
  }
}
```

수신한 MapMessage 객체에서 정보를 추출할 때도 마찬가지로 JMS API의 JMSException을 처리해야 합니다. 이는 JmsTemplate 메서드를 호출할 때 자동으로 예외를 매핑하려는 프레임워크의 기본 동작 방식과 완전히 대조됩니다. 이 메서드에서 발생하는 예외 타입을 일관되게 처리하려면 JmsUtils.convertJmsAccessException() 메서드를 호출해 JMS API의 JMSException을 스프링의 JmsException으로 변환해야 합니다.

백 오피스 시스템의 빈 구성 파일에서 JMS 템플릿을 선언하고 이를 메시지 목적지와 함께 백 오피스 빈에 주입합니다.

예제 11-13 백 오피스 시스템용 구성 클래스

```
package com.apress.spring6recipes.post.config;

import com.apress.spring6recipes.post.BackOfficeImpl;
import jakarta.jms.ConnectionFactory;
import jakarta.jms.Queue;
import org.apache.activemq.artemis.jms.client.ActiveMQConnectionFactory;
import org.apache.activemq.artemis.jms.client.ActiveMQQueue;
import org.springframework.context.annotation.Bean;
import org.springframework.context.annotation.Configuration;
import org.springframework.jms.core.JmsTemplate;

@Configuration
public class BackOfficeConfiguration {

  @Bean
  public ConnectionFactory connectionFactory() {
    return new ActiveMQConnectionFactory("tcp://localhost:61616");
  }

  @Bean
  public Queue mailDestination() {
    return new ActiveMQQueue("mail.queue");
  }

  @Bean
  public JmsTemplate jmsTemplate(ConnectionFactory cf) {
    var jmsTemplate = new JmsTemplate();
    jmsTemplate.setConnectionFactory(cf);
    jmsTemplate.setReceiveTimeout(10000);
    return jmsTemplate;
  }

  @Bean
  public BackOfficeImpl backOffice(JmsTemplate jms, Queue destination) {
    return new BackOfficeImpl(jms, destination);
  }
}
```

JMS 템플릿의 `receiveTimeout` 프로퍼티에 밀리초 단위로 대기 시간을 지정합니다. 기본적으로 JMS 템플릿은 목적지에서 JMS 메시지를 영원히 기다리며 그동안 호출 스레드는 블로킹

됩니다. 따라서 너무 오래 기다리지 않으려면 receiveTimeout을 지정해야 합니다. 해당 시간이 지나도 목적지에 사용 가능한 메시지가 없으면 JMS 템플릿의 receive()는 null 메시지를 반환합니다.

일반적으로 애플리케이션에서 메시지를 수신하는 주요 목적은 요청에 대한 응답을 기대하거나 주기적으로 처리할 메시지를 확인하는 것입니다. 메시지를 받아 응답하는 서비스를 만들고 싶다면 [레시피 11-4]에서 살펴볼 메시지 주도 POJO(MDP)를 활용합니다. [레시피 11-4]에서는 지속적으로 메시지를 기다리다가 메시지가 도착하면 해당 메시지를 애플리케이션에 콜백으로 전달해 처리하는 메커니즘을 살펴봅니다.

기본 목적지를 대상으로 메시지 송수신하기

JMS 템플릿에 기본 목적지를 지정하면 send()와 receive()를 호출할 때마다 메시지 목적지를 지정하지 않아도 됩니다. 더는 메시지 송신기와 수신기에 목적지를 주입할 필요가 없죠. 다음은 이를 적용한 FrontOfficeConfiguration 클래스이며 BackOfficeConfiguration 클래스도 같은 방식으로 변경하면 됩니다.

예제 11-14 기본 목적지를 지정한 프런트 데스크 시스템용 구성 클래스

```
package com.apress.spring6recipes.post.config;

@Configuration
public class FrontOfficeConfiguration {

  ...
  @Bean
  public JmsTemplate jmsTemplate(ConnectionFactory cf, Queue destination) {
    var jmsTemplate = new JmsTemplate();
    jmsTemplate.setConnectionFactory(cf);
    jmsTemplate.setDefaultDestination(destination);
    return jmsTemplate;
  }

  @Bean
  public FrontDeskImpl frontDesk(JmsTemplate jms) {
    return new FrontDeskImpl(jms);
  }
}
```

JMS 템플릿에 기본 목적지를 지정했으니 메시지 송신기와 수신기 클래스에서 메시지 목적지를 지정하는 생성자 인수를 제거합니다. 이제 send()와 receive()를 호출할 때 메시지 목적지를 지정할 필요가 없습니다.

JMS 템플릿에 Destination 인터페이스의 인스턴스 대신 목적지 이름을 지정해 JMS 템플릿이 알아서 목적지를 해석하게 할 수도 있습니다. 그러면 두 빈 구성 클래스에서 destination 프로퍼티 선언 부분을 제거해도 됩니다. 다음과 같이 defaultDestinationName 프로퍼티를 설정하면 됩니다.

예제 11-15 기본 목적지 이름을 지정한 프런트 데스크 시스템용 구성 클래스

```
package com.apress.spring6recipes.post.config;

@Configuration
public class FrontOfficeConfiguration {

  ...
  @Bean
  public JmsTemplate jmsTemplate(ConnectionFactory cf) {
    var jmsTemplate = new JmsTemplate();
    jmsTemplate.setConnectionFactory(cf);
    jmsTemplate.setDefaultDestinationName("mail.queue");
    return jmsTemplate;
  }
}
```

JmsGatewaySupport 클래스 상속하기

JMS 송신기와 수신기 클래스에서 JmsGatewaySupport 클래스를 상속하면 JMS 템플릿을 얻어올 수 있습니다. JmsGatewaySupport 클래스를 상속한 클래스에서 다음과 같은 두 가지 방법으로 JMS 템플릿을 생성할 수 있습니다.

- JmsGatewaySupport용 JMS 커넥션 팩토리를 주입해 JMS 템플릿을 자동으로 생성합니다. 하지만 이 방법으로는 JMS 템플릿의 세부 사항을 구성할 수 없습니다.
- JmsGatewaySupport용 JMS 템플릿을 직접 생성해 주입합니다.

JMS 템플릿을 직접 구성한다면 두 번째 방법이 더 적합합니다. 송신기 클래스와 수신기 클래스 모두에서 private jmsTemplate 필드와 그 생성자 인수는 제거해도 됩니다. getJmsTemplate() 메서드를 호출하면 JMS 템플릿에 접근할 수 있습니다.

예제 11-16 JmsGatewaySupport를 상속한 FrontDesk 구현체

```
package com.apress.spring6recipes.post;

import org.springframework.jms.core.support.JmsGatewaySupport;

public class FrontDeskImpl extends JmsGatewaySupport implements FrontDesk {

  public void sendMail(final Mail mail) {
    getJmsTemplate().send(session -> {
      var message = session.createMapMessage();
      message.setString("mailId", mail.mailId());
      message.setString("country", mail.country());
      message.setDouble("weight", mail.weight());
      return message;
    });
  }
}
```

예제 11-17 JmsGatewaySupport를 상속한 BackOffice 구현체

```
package com.apress.spring6recipes.post;

import jakarta.jms.JMSException;
import jakarta.jms.MapMessage;
import jakarta.jms.Message;
import org.springframework.jms.core.support.JmsGatewaySupport;
import org.springframework.jms.support.JmsUtils;

public class BackOfficeImpl extends JmsGatewaySupport implements BackOffice {

  public Mail receiveMail() {
    var message = getJmsTemplate().receive();
    try {
      return message != null ? convert(message) : null;
    } catch (JMSException e) {
      throw JmsUtils.convertJmsAccessException(e);
    }
  }
```

```java
  private Mail convert(Message msg) throws JMSException {
    var message = (MapMessage) msg;
    return new Mail(message.getString("mailId"),
            message.getString("country"),
            message.getDouble("weight"));
  }
}
```

레시피 11-2 JMS 메시지 변환하기

과제 메시지 큐에서 가져온 JMS 전용 타입의 메시지를 비즈니스 전용 타입으로 변환하세요.

해결 스프링은 JMS 메시지와 비즈니스 객체 간의 변환을 처리하는 SimpleMessageConverter의 구현체를 제공합니다. 기본 설정을 사용해도 되고 직접 구현해 사용해도 됩니다.

풀이 [레시피 11-1]에서는 가공하지 않은 JMS 메시지를 처리했습니다. 스프링 JMS 템플릿의 메시지 컨버터를 사용하면 JMS 메시지와 자바 객체 간의 변환을 간단하게 처리할 수 있습니다. 기본적으로 JMS 템플릿은 SimpleMessageConverter를 이용해 TextMessage와 문자열, BytesMessage와 바이트 배열, MapMessage와 맵, ObjectMessage와 직렬화 가능한 객체 간의 상호 변환을 처리합니다.

[레시피 11-1]의 프런트 데스크와 백 오피스 클래스와는 달리 이번에는 MapMessage와 맵을 상호 변환하는 convertAndSend()와 receiveAndConvert() 메서드를 사용해 맵을 송수신합니다.

예제 11-18 convertAndSend() 메서드를 사용한 FrontDesk 구현체

```java
package com.apress.spring6recipes.post;

import org.springframework.jms.core.support.JmsGatewaySupport;

import java.util.Map;
```

```java
public class FrontDeskImpl extends JmsGatewaySupport implements FrontDesk {

  public void sendMail(final Mail mail) {
    var map = Map.of(
            "mailId", mail.mailId(),
            "country", mail.country(),
            "weight", mail.weight());
    getJmsTemplate().convertAndSend(map);
  }
}
```

예제 11-19 receiveAndConvert() **메서드를 사용한** BackOffice **구현체**

```java
package com.apress.spring6recipes.post;

import jakarta.jms.JMSException;
import org.springframework.jms.core.support.JmsGatewaySupport;
import org.springframework.jms.support.JmsUtils;

import java.util.Map;

public class BackOfficeImpl extends JmsGatewaySupport implements BackOffice {

  public Mail receiveMail() {
    var message = (Map<String, ?>) getJmsTemplate().receiveAndConvert();
    try {
      return message != null ? convert(message) : null;
    } catch (JMSException e) {
      throw JmsUtils.convertJmsAccessException(e);
    }
  }

  private Mail convert(Map<String, ?> msg) throws JMSException {
    return new Mail(
            (String) msg.get("mailId"),
            (String) msg.get("country"),
            (Double) msg.get("weight"));
  }
}
```

MessageConverter 인터페이스를 구현한 커스텀 메시지 컨버터를 만들어 우편물 객체를 변환해도 됩니다.

예제 11-20 MessageConverter 구현체

```
package com.apress.spring6recipes.post;

import jakarta.jms.JMSException;
import jakarta.jms.MapMessage;
import jakarta.jms.Message;
import jakarta.jms.Session;
import org.springframework.jms.support.converter.MessageConversionException;
import org.springframework.jms.support.converter.MessageConverter;

public class MailMessageConverter implements MessageConverter {

  public Object fromMessage(Message message) throws JMSException,
          MessageConversionException {
    var mapMessage = (MapMessage) message;
    return new Mail(
            mapMessage.getString("mailId"),
            mapMessage.getString("country"),
            mapMessage.getDouble("weight"));
  }

  public Message toMessage(Object object, Session session) throws JMSException,
          MessageConversionException {
    var mail = (Mail) object;
    var message = session.createMapMessage();
    message.setString("mailId", mail.mailId());
    message.setString("country", mail.country());
    message.setDouble("weight", mail.weight());
    return message;
  }
}
```

작성한 메시지 컨버터를 JMS 템플릿에 주입해서 적용합니다.

예제 11-21 MessageConverter를 설정한 JmsTemplate 구성 클래스

```
@Configuration
public class BackOfficeConfiguration {
  ...
  @Bean
  public JmsTemplate jmsTemplate() {
    JmsTemplate jmsTemplate = new JmsTemplate();
```

```
    jmsTemplate.setMessageConverter(new MailMessageConverter());
    ...
    return jmsTemplate;
  }
}
```

JMS 템플릿에 MailMessageConverter를 명시적으로 설정해 기본 컨버터인 SimpleMessageConverter 대신 사용하도록 했습니다. 이제 JMS 템플릿의 convertAndSend()와 receiveAndConvert() 메서드를 호출해 Mail 객체를 송수신할 수 있습니다.

예제 11-22 MessageConverter를 설정하고 convertAndSend()를 사용한 FrontDesk 구현체

```
package com.apress.spring6recipes.post;
...
public class FrontDeskImpl extends JmsGatewaySupport implements FrontDesk {

  public void sendMail(Mail mail) {
    getJmsTemplate().convertAndSend(mail);
  }
}
```

예제 11-23 MessageConverter를 설정하고 receiveAndConvert()를 사용한 BackOffice 구현체

```
package com.apress.spring6recipes.post;
...
public class BackOfficeImpl extends JmsGatewaySupport implements BackOffice {

  public Mail receiveMail() {
    return (Mail) getJmsTemplate().receiveAndConvert();
  }
}
```

레시피 11-3 JMS 트랜잭션 관리하기

과제 JMS 메시지 송수신에 트랜잭션을 적용하세요.

해결 다른 스프링 컴포넌트와 마찬가지로 JMS에서도 스프링의 TransactionManager 구현체를 활용해 빈에 트랜잭션을 적용할 수 있습니다.

풀이 어느 한 메서드에서 여러 개의 JMS 메시지를 생성/소비하다가 오류가 발생하면 목적지에서 생성/소비된 JMS 메시지의 무결성이 깨질 수 있습니다. 이러한 문제를 피하려면 메서드를 트랜잭션으로 감싸야 합니다(트랜잭션 관련 상세 내용은 7장 참조).

스프링의 JMS 트랜잭션 관리 전략은 다른 데이터 액세스 전략과 유사합니다. 예를 들어 트랜잭션 관리가 필요한 메서드에 @Transactional 애너테이션을 적용합니다.

예제 11-24 트랜잭션을 적용한 FrontDesk 구현체

```
package com.apress.spring6recipes.post;

import org.springframework.jms.core.support.JmsGatewaySupport;
import org.springframework.transaction.annotation.Transactional;

public class FrontDeskImpl extends JmsGatewaySupport implements FrontDesk {

  @Transactional
  public void sendMail(final Mail mail) {
    getJmsTemplate().convertAndSend(mail);
  }
}
```

예제 11-25 트랜잭션을 적용한 BackOffice 구현체

```
package com.apress.spring6recipes.post;

import org.springframework.jms.core.support.JmsGatewaySupport;
import org.springframework.transaction.annotation.Transactional;

public class BackOfficeImpl extends JmsGatewaySupport implements BackOffice {
```

```
    @Transactional
    public Mail receiveMail() {
      return (Mail) getJmsTemplate().receiveAndConvert();
    }
  }
```

그런 다음 두 구성 클래스에 @EnableTransactionManagement 애너테이션을 적용합니다. 구성 클래스 내에서는 JMS 커넥션 팩토리를 참조해 로컬 JMS 트랜잭션을 관리하는 JmsTransactionManager를 선언했습니다.

예제 11-26 트랜잭션 관련 구성을 적용한 프런트 데스크 시스템용 구성 클래스

```
package com.apress.spring6recipes.post.config;

import org.springframework.jms.connection.JmsTransactionManager;
import org.springframework.transaction.annotation.EnableTransactionManagement;
import org.springframework.beans.factory.annotation.Qualifier;

@Configuration
@EnableTransactionManagement
public class FrontOfficeConfiguration {

  @Bean
  public ConnectionFactory connectionFactory() {
  ...
  }

  ...
  @Bean
  public JmsTransactionManager transactionManager(ConnectionFactory cf)
  {
    return new JmsTransactionManager(cf);
  }
}
```

여러 리소스(예: 데이터소스와 ORM 리소스 팩토리) 간 트랜잭션 관리나 분산 트랜잭션 관리가 필요한 경우 애플리케이션 서버에 JTA 트랜잭션을 구성하고 JtaTransactionManager를 사용해야 합니다. 여러 리소스에 걸쳐 트랜잭션을 지원하려면 JMS 커넥션 팩토리가 XA를 지원해야 합니다(즉 분산 트랜잭션을 지원해야 함).

레시피 11-4 스프링에서 메시지 주도 POJO 작성하기

과제 메시지를 수신하려고 JMS 메시지 수신기에서 receive() 메서드를 호출하면 이 메서드를 호출한 스레드는 메시지를 받을 때까지 블로킹됩니다. 해당 스레드는 기다리기만 해야지요. 애플리케이션은 메시지가 도착한 다음에야 작업을 완료할 수 있으므로 이러한 메시지 수신 방식을 동기 수신synchronous reception이라고 합니다. @JmsListener 애너테이션을 적용해 메시지 주도 POJO(MDP)를 작성해 사용하면 JMS 메시지를 비동기 수신asynchronous reception할 수 있습니다.

NOTE_ [레시피 11-4]에서 MDP는 특정한 런타임에 의존하지 않고 JMS 메시지를 리스닝할 수 있는 일반적인 POJO를 의미하며, EJB 명세에 맞춰진 메시지 주도 빈message-driven bean(MDB)이 아닙니다.

해결 스프링은 EJB 명세에 기반한 MDB와 동일한 방식으로 IoC 컨테이너에 선언된 빈이 JMS 메시지를 리스닝하도록 해 줍니다. 메시지 수신 기능을 POJO에 추가했으므로 메시지 주도 POJO(MDP)라고 합니다.

풀이 우체국 백 오피스에 전자 게시판을 추가해 프런트 데스크에서 전달되는 우편물 정보를 실시간으로 표시하려고 합니다. 프런트 데스크가 우편물과 함께 JMS 메시지를 보내면 리스닝하고 있던 백 오피스가 메시지를 수신하고 전자 게시판에 표시합니다. JMS 메시지를 수신하는 스레드가 블로킹되지 않도록 비동기 JMS 수신 방식을 적용해 시스템 성능을 높입니다.

메시지 리스너로 JMS 메시지 리스닝하기

JMS 메시지를 수신하는 메시지 리스너를 작성해 봅시다. 메시지 리스너는 [레시피 11-3]의 `BackOfficeImpl`에서 사용한 `JmsTemplate`의 또 다른 대안 입니다. 리스너는 브로커가 전달한 메시지를 소비합니다. 예를 들어 다음 `MailListener`는 우편물 정보가 담긴 JMS 메시지를 수신합니다.

예제 11-27 우편물 리스너 구현체

```
package com.apress.spring6recipes.post;

import jakarta.jms.JMSException;
```

```
import jakarta.jms.MapMessage;
import jakarta.jms.Message;
import jakarta.jms.MessageListener;
import org.springframework.jms.support.JmsUtils;

public class MailListener implements MessageListener {

  public void onMessage(Message message) {
    try {
      var mail = convert(message);
      displayMail(mail);
    } catch (JMSException e) {
      throw JmsUtils.convertJmsAccessException(e);
    }
  }

  private Mail convert(Message msg) throws JMSException {
    var message = (MapMessage) msg;
    return new Mail(message.getString("mailId"),
            message.getString("country"),
            message.getDouble("weight"));
  }

  private void displayMail(Mail mail) {
    System.out.printf("Received: %s%n", mail);
  }
}
```

메시지 리스너는 jakarta.jms.MessageListener 인터페이스를 구현해야 합니다. JMS 메시지가 도착하면 메시지를 인수로 받는 onMessage() 메서드가 호출되며, 이 코드에서는 간단하게 우편물 정보를 콘솔에 표시합니다. MapMessage 객체에서 메시지 정보를 추출할 때 JMS API의 JMSException을 처리해야 합니다. JmsUtils.convertJmsAccessException() 메서드를 호출하면 JMS API의 JMSException을 스프링의 런타임 예외인 JmsException으로 변환할 수 있습니다.

다음으로 백 오피스에 리스너를 구성합니다. 이 리스너를 선언하기만 해서는 JMS 메시지를 리스닝할 수 없습니다. 목적지에 JMS 메시지가 잘 도착했는지 모니터링하다가 메시지가 도착하면 메시지 리스너를 트리거하는 메시지 리스너 컨테이너가 필요합니다.

예제 11-28 백 오피스 시스템용 구성 클래스

```
package com.apress.spring6recipes.post.config;

import com.apress.spring6recipes.post.MailListener;
import jakarta.jms.ConnectionFactory;
import org.apache.activemq.artemis.jms.client.ActiveMQConnectionFactory;
import org.springframework.context.annotation.Bean;
import org.springframework.context.annotation.Configuration;
import org.springframework.jms.listener.SimpleMessageListenerContainer;

@Configuration
public class BackOfficeConfiguration {

  @Bean
  public ConnectionFactory connectionFactory() {
    return new ActiveMQConnectionFactory("tcp://localhost:61616");
  }

  @Bean
  public MailListener mailListener() {
    return new MailListener();
  }

  @Bean
  public Object container(ConnectionFactory cf, MailListener msgListener) {
    var smlc = new SimpleMessageListenerContainer();
    smlc.setConnectionFactory(cf);
    smlc.setDestinationName("mail.queue");
    smlc.setMessageListener(msgListener);
    return smlc;
  }
}
```

스프링은 org.springframework.jms.listener 패키지에서 여러 메시지 리스너 컨테이너를 제공합니다. 그중 SimpleMessageListenerContainer와 DefaultMessageListenerContainer를 많이 사용합니다. SimpleMessageListenerContainer는 가장 간단한 메시지 리스너 컨테이너이며 트랜잭션은 지원하지 않습니다. 메시지를 수신할 때 트랜잭션을 적용해야 한다면 DefaultMessageListenerContainer를 사용해야 합니다.

이제 메시지 리스너를 실행해 봅시다. 메시지 소비를 트리거하려고 빈을 호출할 필요가 없으므로 스프링 IoC 컨테이너를 시작하는 메인 클래스만으로 충분합니다.

예제 11-29 백 오피스 시스템용 메인 클래스

```
package com.apress.spring6recipes.post;

import com.apress.spring6recipes.post.config.BackOfficeConfiguration;
import org.springframework.context.annotation.AnnotationConfigApplicationContext;

public class BackOfficeMain {

  public static void main(String[] args) throws Exception {
    var cfg = BackOfficeConfiguration.class;
    try (var ctx = new AnnotationConfigApplicationContext(cfg)) {
      System.in.read();
    }
  }
}
```

백 오피스 애플리케이션을 시작하면 메시지 브로커(즉 액티브MQ)에서 메시지를 수신합니다. 프런트 데스크 애플리케이션이 브로커로 메시지를 보내면 백 오피스 애플리케이션이 반응하여 콘솔에 메시지를 표시합니다.

POJO로 JMS 메시지 리스닝하기

`MessageListener` 인터페이스를 구현한 리스너처럼, 스프링 IoC 컨테이너에 선언된 일반적인 빈도 메시지를 수신할 수 있습니다. 이는 빈을 JMS `MessageListener` 인터페이스뿐만 아니라 스프링 프레임워크 인터페이스와도 분리한다는 의미입니다. 메시지가 도착할 때 이 빈의 메서드가 트리거하려면 다음과 같은 타입의 메서드 인수를 사용합니다.

표 11-1 지원하는 메서드 인수

타입	설명
jakarta.jms.Session	JMS 기반 세션 얻기
jakarta.jms.Message jakarta.jms.BytesMessage jakarta.jms.MapMessage jakarta.jms.ObjectMessage jakarta.jms.TextMessage	가공되지 않은 JMS 메시지 얻기
org.springframework.messaging.Message	스프링 메시징의 추상 메시지에 접근
@Payload 애너테이션이 적용된 인수	@Valid 애너테이션을 이용한 검증과 변환을 포함한 메시지 페이로드 얻기
@Header	표준 JMS 헤더를 비롯한 특정 헤더값 추출
@Headers	모든 헤더를 추출 java.util.Map 타입이어야 함
org.springframework.messaging.MessageHeaders	모든 헤더에 접근
org.springframework.messaging.support. MessageHeaderAccessor org.springframework.jms.support. JmsMessageHeaderAccessor	타입에 관계없이 모든 헤더에 편리하게 접근

다음 예제처럼 MessageListener 인터페이스를 구현할 필요 없이 Map<String, ?>을 인수로 받는 메서드를 선언하고 @JmsListener 애너테이션을 적용하면 됩니다.

예제 11-30 @JmsListener를 적용한 우편물 리스너 구현체

```
package com.apress.spring6recipes.post;

import org.springframework.jms.annotation.JmsListener;

import java.util.Map;

public class MailListener {

  @JmsListener(destination = "mail.queue")
  public void displayMail(Map<String, ?> map) {
    var mail = convert(map);
    displayMail(mail);
```

```
    }

    private Mail convert(Map<String, ?> msg) {
      return new Mail(
              (String) msg.get("mailId"),
              (String) msg.get("country"),
              (Double) msg.get("weight"));
    }

    private void displayMail(Mail mail) {
      System.out.printf("Received: %s%n", mail);
    }
  }
```

@JmsListener 애너테이션을 감지할 수 있게 구성 클래스에 @EnableJms 애너테이션을 적용하며 구성 클래스에서 JmsListenerContainerFactory를 등록합니다. 이 팩토리는 기본적으로 jmsListenerContainerFactory라는 이름으로 감지됩니다.

POJO는 JmsListenerContainerFactory를 통해 리스너 컨테이너에 등록됩니다. 이 팩토리는 MessageListenerContainer를 생성하고 구성하며 @JmsListener가 적용된 메서드를 메시지 리스너로 등록합니다. 직접 JmsListenerContainerFactory를 구현해도 되지만 보통은 스프링이 제공하는 클래스 중 하나를 사용하면 충분합니다. SimpleJmsListenerContainerFactory는 SimpleMessageListenerContainer 인스턴스를, DefaultJmsListenerContainerFactory는 DefaultMessageListenerContainer 인스턴스를 생성합니다.

여기서는 SimpleJmsListenerContainerFactory를 사용하겠습니다. 트랜잭션 기능이 필요하거나 TaskExecutor로 비동기 처리를 해야 한다면 DefaultMessageListenerContainer를 사용하도록 간단히 바꾸면 됩니다.

예제 11-31 백 오피스 구성

```
package com.apress.spring6recipes.post.config;

import com.apress.spring6recipes.post.MailListener;
import jakarta.jms.ConnectionFactory;
import org.apache.activemq.artemis.jms.client.ActiveMQConnectionFactory;
import org.springframework.context.annotation.Bean;
import org.springframework.context.annotation.Configuration;
import org.springframework.jms.annotation.EnableJms;
```

```
import org.springframework.jms.config.SimpleJmsListenerContainerFactory;
import org.springframework.jms.connection.CachingConnectionFactory;

@Configuration
@EnableJms
public class BackOfficeConfiguration {

  @Bean
  public ConnectionFactory connectionFactory() {
    return new ActiveMQConnectionFactory("tcp://localhost:61616");
  }

  @Bean
  public MailListener mailListener() {
    return new MailListener();
  }

  @Bean
  public SimpleJmsListenerContainerFactory jmsListenerContainerFactory(
    ConnectionFactory cf) {
    var listenerContainerFactory = new SimpleJmsListenerContainerFactory();
    listenerContainerFactory.setConnectionFactory(cf);
    return listenerContainerFactory;
  }
}
```

JMS 메시지 변환하기

메시지 컨버터를 작성해 우편물 정보가 담긴 JMS 메시지를 우편물 객체로 변환할 수 있습니다. 메시지 리스너는 메시지를 수신만 하므로 `toMessage()` 메서드는 호출되지 않으니 그냥 `null`을 반환하면 됩니다. 하지만 메시지 전송에 메시지 컨버터를 사용하려면 `toMessage()`를 구현해야 합니다. 다음은 앞서 작성한 `MailMessageConverter` 클래스를 변경한 예제입니다.

예제 11-32 MessageConverter **구현**

```
package com.apress.spring6recipes.post;

import jakarta.jms.JMSException;
import jakarta.jms.MapMessage;
import jakarta.jms.Message;
import jakarta.jms.Session;
```

```java
import org.springframework.jms.support.converter.MessageConversionException;
import org.springframework.jms.support.converter.MessageConverter;

public class MailMessageConverter implements MessageConverter {

  public Object fromMessage(Message message)
          throws JMSException, MessageConversionException {
    var mapMessage = (MapMessage) message;
    return new Mail(
            mapMessage.getString("mailId"),
            mapMessage.getString("country"),
            mapMessage.getDouble("weight"));
  }

  public Message toMessage(Object object, Session session)
          throws JMSException, MessageConversionException {
    var mail = (Mail) object;
    var message = session.createMapMessage();
    message.setString("mailId", mail.mailId());
    message.setString("country", mail.country());
    message.setDouble("weight", mail.weight());
    return message;
  }
}
```

POJO의 메서드를 호출하기 전에 메시지를 객체로 변환하려면 리스너 컨테이너 팩토리에 메시지 컨버터를 적용해야 합니다.

예제 11-33 백 오피스 구성

```java
package com.apress.spring6recipes.post.config;

import com.apress.spring6recipes.post.MailListener;
import com.apress.spring6recipes.post.MailMessageConverter;
import jakarta.jms.ConnectionFactory;
import org.apache.activemq.artemis.jms.client.ActiveMQConnectionFactory;
import org.springframework.context.annotation.Bean;
import org.springframework.context.annotation.Configuration;
import org.springframework.jms.annotation.EnableJms;
import org.springframework.jms.config.SimpleJmsListenerContainerFactory;

@Configuration
@EnableJms
```

```
public class BackOfficeConfiguration {

  @Bean
  public ConnectionFactory connectionFactory() {
    return new ActiveMQConnectionFactory("tcp://localhost:61616");
  }

  @Bean
  public MailListener mailListener() {
    return new MailListener();
  }

  @Bean
  public SimpleJmsListenerContainerFactory jmsListenerContainerFactory(
    ConnectionFactory cf) {
    var listenerContainerFactory = new SimpleJmsListenerContainerFactory();
    listenerContainerFactory.setConnectionFactory(cf);
    listenerContainerFactory.setMessageConverter(new MailMessageConverter());
    return listenerContainerFactory;
  }
}
```

POJO의 리스너 메서드는 메시지 컨버터를 이용해 우편물 객체를 인수로 받을 수 있게 됐습니다.

예제 11-34 백 오피스 구성

```
package com.apress.spring6recipes.post;

import org.springframework.jms.annotation.JmsListener;

public class MailListener {

  @JmsListener(destination = "mail.queue")
  public void displayMail(Mail mail) {
    System.out.printf("Received: %s%n", mail);
  }
}
```

JMS 트랜잭션 관리하기

앞서 언급했듯이 SimpleMessageListenerContainer는 트랜잭션을 지원하지 않습니다. 메시지 리스너 메서드에 트랜잭션 관리가 필요하다면 DefaultMessageListenerContainer를 사용해야 합니다. 로컬 JMS 트랜잭션을 적용할 때는 간단히 sessionTransacted 프로퍼티를 활성화하면 됩니다. 그러면 리스너 메서드가 XA 트랜잭션이 아닌 로컬 JMS 트랜잭션 내에서 실행됩니다. DefaultMessageListenerContainer를 이용하도록 SimpleJmsListenerContainerFactory를 DefaultJmsListenerContainerFactory로 변경하고 sessionTransacted 프로퍼티를 true로 설정합니다.

예제 11-35 백 오피스 구성

```
@Bean
public DefaultJmsListenerContainerFactory jmsListenerContainerFactory(
  ConnectionFactory cf) {
  var listenerContainerFactory = new DefaultJmsListenerContainerFactory();
  listenerContainerFactory.setConnectionFactory(cf);
  listenerContainerFactory.setMessageConverter(new MailMessageConverter());
  listenerContainerFactory.setSessionTransacted(true);
  return listenerContainerFactory;
}
```

하지만 리스너를 JTA 트랜잭션에 참여시키려면 JtaTransactionManager 인스턴스를 선언하고 이를 리스너 컨테이너 팩토리에 주입해야 합니다.

레시피 11-5 JMS 커넥션 캐싱/풀링하기

과제 지금까지는 편의상 커넥션 팩토리로 org.apache.activemq.artemis.jms.client.ActiveMQConnectionFactory 인스턴스만 사용했습니다. 하지만 성능을 고려하면 실제로는 바람직한 선택이라고 할 수 없습니다.

문제의 핵심은 JmsTemplate은 호출할 때마다 세션과 소비기를 닫아 객체를 모두 정리하고 메모리를 해제한다는 점입니다. 소비기처럼 수명이 긴 객체도 있으므로 이러한 방식은 '안전'하지만 성능이 좋지는 않습니다. 이런 일은 일반적으로 애플리케이션 서버 환경에서 JmsTemplate을 사용하기 때문에 발생합니다. 그래서 대개 애플리케이션 서버의 커넥션 팩토리가 내부적으로 제공하는 커넥션 풀링 기능을 사용합니다. 그러면 모든 객체를 단순히 풀로 반환하므로 성능상 유리합니다.

해결 이 문제에 정해진 답은 없습니다. 원하는 성능을 잘 고려해 적절하게 대응해야 합니다.

풀이 일반적으로 JmsTemplate을 이용해 메시지를 발행할 때 풀링과 캐싱 기능을 제공하는 커넥션 팩토리를 사용하는 것이 좋습니다. 대부분의 애플리케이션 서버는 기본적으로 이런 기능을 제공하는 커넥션 팩토리를 제공합니다.

히카리CP와 같은 JDBC용 커넥션 풀이 존재하듯이 JMS용 커넥션 풀도 존재합니다. Pooled-JMS[1]는 이름에서 알 수 있듯이 사용 중인 JMS 구현체가 무엇이든지 상관없이 동작하는 JMS 커넥션 풀을 제공합니다. 이를 사용해 커넥션, 세션, 소비기, 생성기의 캐싱을 처리할 수 있습니다. 다음 코드는 커넥션 팩토리를 풀링하게 단독으로 구성한 빈으로, 이전 예제에서 메시지를 게시하는 부분을 대체할 수 있습니다.

예제 11-36 Pooled-JMS를 적용한 백 오피스 시스템용 구성 클래스

```
@Bean
public ConnectionFactory connectionFactory() {
    return new ActiveMQConnectionFactory("tcp://localhost:61616");
}

@Bean
@Primary
public JmsPoolConnectionFactory pooledConnectionFactory(ConnectionFactory cf) {
  var pooledCf = new JmsPoolConnectionFactory();
  pooledCf.setConnectionFactory(cf);
  return pooledCf;
}
```

> **NOTE_** 두 개의 ConnectionFactory 인스턴스를 선언했으므로 @Primary 애너테이션을 적용해 둘 중 어느 쪽을 주입할지 지정해야 합니다(1장 참조).

메시지를 수신할 때도 성능을 높일 수 있습니다. JmsTemplate이 매번 새로운 jakarta.jms.MessageConsumer를 생성하기 때문입니다. 이러한 상황에서 몇 가지 대안이 있습니다. 스프링이 제공하는 다양한 org.springframework.jms.listener.MessageListenerContainer 구현체(MDP)를 사용하거나 ConnectionFactory 구현체를 사용하는 것입니다. 첫 번째로

1 https://github.com/messaginghub/pooled-jms

알아볼 ConnectionFactory 구현체인 org.springframework.jms.connection.SingleConnectionFactory는 매번 동일한 기본 JMS 커넥션(JMS API에 따라 스레드 안전함)을 반환하고 close() 메서드 호출을 무시합니다.

일반적으로 해당 구현체는 JMS API와 잘 맞습니다. 다른 새로운 대안으로 org.springframework.jms.connection.CachingConnectionFactory가 있습니다. 이 구현체는 다중 인스턴스를 캐시할 수 있고 사용된 jakarta.jms.Session, jakarta.jms.MessageProducer, jakarta.jms.MessageConsumer 인스턴스도 캐시합니다. 또한 JMS 커넥션 팩토리 구현체가 무엇이든 잘 동작한다는 장점도 있습니다.

예제 11-37 CachingConnectionFactory **빈**

```
@Bean
@Primary
public ConnectionFactory cachingConnectionFactory(ConnectionFactory cf) {
  return new CachingConnectionFactory(cf);
}
```

레시피 11-6 스프링 AMQP 메시지 송수신하기

과제 래빗MQ를 이용해 메시지를 송수신하세요.

해결 스프링 AMQP 프로젝트[2]를 이용해 AMQP를 쉽게 사용할 수 있습니다. 스프링 JMS와 유사한 기능을 지원하며 기본 제공되는 RabbitTemplate을 이용해 기본 송수신을 할 수 있습니다. 또한 스프링 JMS를 모방한 org.springframework.amqp.rabbit.listener.MessageListenerContainer 옵션도 제공합니다.

풀이 RabbitTemplate을 이용해 메시지를 전송하는 방법을 살펴봅시다. RabbitTemplate에 접근하려면 RabbitGatewaySupport를 상속하는 방법이 가장 간단합니다. RabbitTemplate을 사용하는 FrontDeskImpl 클래스를 작성하기 전에 먼저 클래스패스에 다음 의

2 http://projects.spring.io/spring-amqp/

존성을 추가합니다.

예제 11-38 그레이들 의존성 추가(build.gradle)

```
implementation group: 'org.springframework.amqp', name: 'spring-rabbit', version:
'3.0.0'
implementation group: 'com.rabbitmq', name: 'amqp-client', version: '5.16.0'
```

예제 11-39 메이븐 의존성 추가(pom.xml)

```
<dependency>
  <groupId>org.springframework.amqp</groupId>
  <artifactId>spring-rabbit</artifactId>
  <version>3.0.0</version>
</dependency>

 <dependency>
  <groupId>com.rabbitmq</groupId>
  <artifactId>amqp-client</artifactId>
  <version>5.16.0</version>
</dependency>
```

스프링 템플릿 없이 메시지 송수신하기

먼저 스프링 템플릿 없이 메시지를 송수신하는 방법을 살펴보겠습니다. 다음은 래빗MQ API를 사용해 메시지를 전송하는 FrontDeskImpl 클래스입니다.

예제 11-40 래빗MQ API를 사용한 FrontDesk 구현체

```
package com.apress.spring6recipes.post;

import java.io.IOException;
import java.nio.charset.StandardCharsets;
import java.util.concurrent.TimeoutException;

import com.fasterxml.jackson.databind.ObjectMapper;
import com.rabbitmq.client.ConnectionFactory;

public class FrontDeskImpl implements FrontDesk {
```

```java
    private static final String QUEUE_NAME = "mail.queue";

    public void sendMail(final Mail mail) {
      var connectionFactory = new ConnectionFactory();
      connectionFactory.setHost("localhost");
      connectionFactory.setUsername("guest");
      connectionFactory.setPassword("guest");
      connectionFactory.setPort(5672);

      try (var connection = connectionFactory.newConnection();
           var channel = connection.createChannel()) {
        channel.queueDeclare(QUEUE_NAME, true, false, false, null);
        var message = new ObjectMapper().writeValueAsString(mail);
        channel.basicPublish("", QUEUE_NAME, null,
          message.getBytes(StandardCharsets.UTF_8));
        System.out.printf("Send: %s%n", message);
      } catch (IOException | TimeoutException ex) {
        throw new RuntimeException(ex);
      }
    }
  }
```

우선 래빗MQ에 접속할 수 있게 com.rabbitmq.client.ConnectionFactory를 생성해 com.rabbitmq.client.Connection을 얻습니다. 이때 커넥션 팩토리를 로컬호스트로 구성하고 사용자 이름과 암호 조합을 제공합니다. 다음으로 com.rabbitmq.client.Channel을 얻어온 후 큐를 선언합니다. 그리고 전달된 Mail 메시지를 잭슨 ObjectMapper를 사용해 JSON으로 변환하고 최종적으로 큐로 전송합니다. 메시지를 전송하려면 생성기가 보낸 메시지를 받아서 어떤 큐로 보낼지를 결정하는 역할을 하는 교환exchange을 지정해야 합니다. 예제에서는 기본값을 사용할 것이므로 빈 문자열을 지정합니다. 라우팅 키로는 키의 이름을 사용합니다. 메시지에 추가로 설정할 프로퍼티는 없으며 마지막으로 전송할 메시지의 실제 본문에 사용할 byte[]를 생성합니다.

커넥션을 생성하고 메시지를 전송할 때 발생할 수 있는 다양한 예외를 처리해야 하며 전송한 후에는 적절하게 Connection을 닫고 해제해야 합니다. 이 과정에서도 예외가 발생할 수 있으니 자동 리소스 닫기 구문을 이용하면 좋습니다.

AMQP 메시지를 보내고 받으려면 AMQP 메시지 브로커를 설치해야 합니다.

> **NOTE_** bin 디렉터리에 있는 rabbitmq.sh 스크립트를 이용해 도커 컨테이너에 래빗MQ 브로커를 내려받고 기동할 수 있습니다.

다음은 일반 래빗MQ API를 이용해 메시지를 받는 `BackOfficeImpl` 클래스입니다.

예제 11-41 래빗MQ API를 사용한 BackOffice 구현체

```
package com.apress.spring6recipes.post;

import com.fasterxml.jackson.databind.ObjectMapper;
import com.rabbitmq.client.AMQP;
import com.rabbitmq.client.ConnectionFactory;
import com.rabbitmq.client.DefaultConsumer;
import com.rabbitmq.client.Envelope;

import java.io.IOException;
import java.util.concurrent.TimeoutException;

public class BackOfficeImpl implements BackOffice {

  private static final String QUEUE_NAME = "mail.queue";

  private MailListener mailListener = new MailListener();

  @Override
  public Mail receiveMail() {

    var connectionFactory = new ConnectionFactory();
    connectionFactory.setHost("localhost");
    connectionFactory.setUsername("guest");
    connectionFactory.setPassword("guest");
    connectionFactory.setPort(5672);

    try (var connection = connectionFactory.newConnection();
      var channel = connection.createChannel() ) {
      channel.queueDeclare(QUEUE_NAME, true, false, false, null);

      var consumer = new DefaultConsumer(channel) {
        @Override
        public void handleDelivery(String consumerTag, Envelope envelope,
                                   AMQP.BasicProperties properties, byte[] body)
                throws IOException {
```

```
        var mail = new ObjectMapper().readValue(body, Mail.class);
        mailListener.displayMail(mail);
      }
    };
    channel.basicConsume(QUEUE_NAME, true, consumer);

  } catch (IOException | TimeoutException e) {
    throw new RuntimeException(e);
  }

  return null;
 }
}
```

이 코드는 메시지를 조회할 때 com.rabbitmq.client.Consumer를 등록한다는 점을 제외하면 FrontDeskImpl과 거의 동일합니다. 전체 Consumer를 구현하는 대신 com.rabbitmq.client.DefaultConsumer를 활용했습니다. 이 Consumer는 잭슨을 이용해 메시지를 Mail 객체로 매핑하여 MailListener에 전달하고, 변환된 메시지는 콘솔에 출력됩니다. Channel을 사용하면 메시지를 수신할 때 호출될 Consumer를 추가할 수 있습니다. 소비기는 basicConsume() 메서드를 사용해 Channel에 등록되자마자 즉시 준비가 완료됩니다.

이미 FrontDeskImpl이 실행 중이라면 메시지가 상당히 빠르게 콘솔에 출력될 것입니다.

스프링 템플릿으로 메시지 전송하기

FrontDeskImpl 클래스는 구성 클래스를 바탕으로 RabbitTemplate을 구성하는 RabbitGatewaySupport 클래스를 상속합니다. 메시지를 보내려면 getRabbitOperations() 메서드를 사용해 템플릿을 가져와 convertAndSend() 메서드로 메시지를 변환한 후 전송합니다. convertAndSend()는 MessageConverter를 사용해 메시지를 JSON으로 변환한 뒤 앞서 구성한 큐로 보냅니다.

예제 11-42 스프링 AMQP를 사용한 FrontDesk 구현체

```
package com.apress.spring6recipes.post;

import org.springframework.amqp.rabbit.core.RabbitGatewaySupport;
```

```java
public class FrontDeskImpl extends RabbitGatewaySupport implements FrontDesk {

  public void sendMail(final Mail mail) {
    getRabbitOperations().convertAndSend(mail);
  }

}
```

다음 구성 클래스를 살펴봅시다.

예제 11-43 스프링 AMQP를 사용한 프런트 데스크 시스템용 구성 클래스

```java
package com.apress.spring6recipes.post.config;

import org.springframework.amqp.rabbit.connection.CachingConnectionFactory;
import org.springframework.amqp.rabbit.connection.ConnectionFactory;
import org.springframework.amqp.rabbit.core.RabbitTemplate;
import org.springframework.amqp.support.converter.Jackson2JsonMessageConverter;
import org.springframework.context.annotation.Bean;
import org.springframework.context.annotation.Configuration;

import com.apress.spring6recipes.post.FrontDeskImpl;

@Configuration
public class FrontOfficeConfiguration {

  @Bean
  public ConnectionFactory connectionFactory() {
    var connectionFactory = new CachingConnectionFactory("127.0.0.1");
    connectionFactory.setUsername("guest");
    connectionFactory.setPassword("guest");
    connectionFactory.setPort(5672);
    return connectionFactory;
  }

  @Bean
  public RabbitTemplate rabbitTemplate(ConnectionFactory cf) {
    var rabbitTemplate = new RabbitTemplate();
    rabbitTemplate.setConnectionFactory(cf);
    rabbitTemplate.setMessageConverter(new Jackson2JsonMessageConverter());
    rabbitTemplate.setRoutingKey("mail.queue");
    return rabbitTemplate;
  }
```

```
  @Bean
  public FrontDeskImpl frontDesk(RabbitTemplate amqp) {
    var frontDesk = new FrontDeskImpl();
    frontDesk.setRabbitOperations(amqp);
    return frontDesk;
  }
}
```

JMS 구성과 매우 유사합니다. 래빗MQ 브로커에 접속하려면 ConnectionFactory가 필요한데, 여기서는 커넥션을 재사용하려고 CachingConnectionFactory를 사용했습니다. 다음으로 커넥션을 사용하고 메시지를 변환하는 MessageConverter를 가진 RabbitTemplate을 구성합니다. Jackson2 라이브러리를 이용해 메시지를 JSON으로 변환할 것이므로 Jackson2JsonMessageConverter를 사용했습니다. 마지막으로 FrontDeskImpl에서 RabbitTemplate을 사용할 수 있게 전달합니다.

> **NOTE_** 사용 중인 MessageConverter도 변경할 예정이므로 FrontDeskImpl에 ConnectionFactory 대신 RabbitTemplate을 전달하도록 구성합니다. RabbitGatewaySupport는 ConnectionFactory나 RabbitTemplate만 주입할 수 있습니다.

예제 11-44 프런트 데스크 시스템용 메인 클래스

```
package com.apress.spring6recipes.post;

import com.apress.spring6recipes.post.config.FrontOfficeConfiguration;
import org.springframework.context.annotation.AnnotationConfigApplicationContext;

public class FrontDeskMain {

  public static void main(String[] args) throws Exception {
    var cfg = FrontOfficeConfiguration.class;
    try (var context = new AnnotationConfigApplicationContext(cfg)) {
      var frontDesk = context.getBean(FrontDesk.class);
      frontDesk.sendMail(new Mail("1234", "US", 1.5));
      System.in.read();
    }
  }
}
```

메시지 리스너로 AMQP 메시지 리스닝하기

스프링 AMQP가 제공하는 MessageListenerContainer 클래스를 사용하면 스프링 JMS와 동일한 방식으로 JMS 메시지를 조회할 수 있습니다. 스프링 AMQP가 제공하는 @RabbitListener 애너테이션을 이용해 AMQP 기반 메시지 리스너를 지정할 수 있습니다.

다음 MessageListener 클래스를 살펴봅시다.

예제 11-45 우편물 리스너 구현체

```
package com.apress.spring6recipes.post;

import org.springframework.amqp.rabbit.annotation.RabbitListener;

public class MailListener {

  @RabbitListener(queues = "mail.queue")
  public void displayMail(Mail mail) {
    System.out.printf("Received: %s%n", mail);
  }
}
```

MailListener 클래스는 [레시피 11-4]에서 JMS 메시지를 조회할 때 작성한 코드와 거의 비슷하지만 @RabbitListener를 적용한다는 점이 다릅니다.

예제 11-46 스프링 AMQP를 사용한 백 오피스 시스템용 구성 클래스

```
package com.apress.spring6recipes.post.config;

import com.apress.spring6recipes.post.MailListener;
import org.springframework.amqp.rabbit.annotation.EnableRabbit;
import org.springframework.amqp.rabbit.config.SimpleRabbitListenerContainerFactory;
import org.springframework.amqp.rabbit.connection.CachingConnectionFactory;
import org.springframework.amqp.rabbit.connection.ConnectionFactory;
import org.springframework.amqp.support.converter.Jackson2JsonMessageConverter;
import org.springframework.context.annotation.Bean;
import org.springframework.context.annotation.Configuration;

@Configuration
@EnableRabbit
public class BackOfficeConfiguration {
```

```
    @Bean
    public SimpleRabbitListenerContainerFactory rabbitListenerContainerFactory(
      ConnectionFactory cf) {
      var containerFactory = new SimpleRabbitListenerContainerFactory();
      containerFactory.setConnectionFactory(cf);
      containerFactory.setMessageConverter(new Jackson2JsonMessageConverter());
      return containerFactory;
    }

    @Bean
    public ConnectionFactory connectionFactory() {
      var connectionFactory = new CachingConnectionFactory("127.0.0.1");
      connectionFactory.setUsername("guest");
      connectionFactory.setPassword("guest");
      connectionFactory.setPort(5672);
      return connectionFactory;
    }

    @Bean
    public MailListener mailListener() {
      return new MailListener();
    }
  }
```

@EnableRabbit 애너테이션을 구성 클래스에 적용해 AMQP 애너테이션을 적용한 리스너를 활성화했습니다. 모든 리스너에 필요한 MessageListenerContainer의 생성을 관리하는 RabbitListenerContainerFactory를 구성해야 하는데, @EnableRabbit은 기본적으로 RabbitListenerContainerFactory라는 이름의 빈을 찾습니다.

RabbitListenerContainerFactory는 ConnectionFactory가 필요하며 여기서는 CachingConnectionFactory를 사용했습니다. MessageListenerContainer가 MailListener.displayMail() 메서드를 호출하기 전에 Jackson2JsonMessageConverter를 이용해 JSON 형식의 메시지 페이로드를 Mail 객체로 변환해야 합니다.

이제 메인 메서드가 있는 클래스를 만들어 애플리케이션 컨텍스트를 생성하면 메시지를 리스닝할 수 있습니다.

예제 11-47 백 오피스 시스템용 메인 클래스

```
package com.apress.spring6recipes.post;

import com.apress.spring6recipes.post.config.BackOfficeConfiguration;
import org.springframework.context.annotation.AnnotationConfigApplicationContext;

public class BackOfficeMain {

  public static void main(String[] args) throws Exception {
    var cfg = BackOfficeConfiguration.class;
    try (var context = new AnnotationConfigApplicationContext(cfg)) {
      System.in.read();
    }
  }
}
```

레시피 11-7 스프링 카프카로 메시지 송수신하기

과제 아파치 카프카를 이용해 메시지를 송수신하세요.

해결 아파치 카프카용 스프링 프로젝트를 이용하면 아파치 카프카에 쉽게 접근하고 사용할 수 있습니다. 스프링 메시징 추상화를 사용하는 스프링 JMS와 유사한 기능을 제공하며 기본으로 제공되는 `KafkaTemplate`을 이용해 기본 송신을 할 수 있습니다. 또한 스프링 JMS를 모방하는 `org.springframework.kafka.listener.MessageListenerContainer` 옵션도 함께 제공하며 `@EnableKafka` 애너테이션으로 활성화합니다.

풀이 우선 프로젝트에 의존성을 추가해야 합니다.

예제 11-48 그레이들 의존성 추가(build.gradle)

```
implementation group: 'org.springframework.kafka', name: 'spring-kafka', version:
'3.0.1'
implementation group: 'org.apache.kafka', name: 'kafka-clients', version: '3.3.1'
```

예제 11-49 메이븐 의존성 추가(pom.xml)

```
<dependency>
  <groupId>org.springframework.kafka</groupId>
  <artifactId>spring-kafka</artifactId>
  <version>3.0.1</version>
</dependency>

 <dependency>
  <groupId>org.apache.kafka</groupId>
  <artifactId>kafka-clients</artifactId>
  <version>3.3.1</version>
</dependency>
```

스프링 템플릿으로 메시지 전송하기

먼저 KafkaTemplate을 이용해 메시지를 전송하도록 FrontDeskImpl를 다시 작성해 봅시다. 카프카로 메시지를 전송하려면 KafkaOperations 인터페이스를 구현한 KafkaTemplate 객체를 사용하면 됩니다.

예제 11-50 카프카를 이용하는 FrontDesk 구현체

```java
package com.apress.spring6recipes.post;

import com.fasterxml.jackson.core.JsonProcessingException;
import com.fasterxml.jackson.databind.ObjectMapper;
import org.springframework.kafka.core.KafkaOperations;

public class FrontDeskImpl implements FrontDesk {

  private final KafkaOperations<Integer, String> kafkaOperations;

  public FrontDeskImpl(KafkaOperations<Integer, String> kafkaOperations) {
    this.kafkaOperations = kafkaOperations;
  }

  public void sendMail(final Mail mail) {

    var result = kafkaOperations.send("mails", convertToJson(mail));
    result.whenComplete((sendResult, ex) -> {
      if (ex == null) {
```

```
        System.out.println("Result (success): " + sendResult.getRecordMetadata());
      } else {
        ex.printStackTrace();
      }
    });
  }

  private String convertToJson(Mail mail) {
    try {
      return new ObjectMapper().writeValueAsString(mail);
    } catch (JsonProcessingException ex) {
      throw new IllegalArgumentException(ex);
    }
  }
}
```

KafkaOperations<Integer, String> 타입인 kafkaOperations 필드는 (메시지를 송신할 때 생성된) Integer 타입의 키와 String 타입의 메시지를 송신한다는 의미입니다. 따라서 수신된 Mail 인스턴스를 문자열로 변환해야 합니다. 이러한 작업은 convertToJson() 메서드가 Jackson2 ObjectMapper를 사용해 처리합니다. send() 메서드는 첫 번째 인수인 메시지를 mails 라는 이름의 토픽으로 전송하며, 두 번째 인수는 페이로드(즉 변환된 Mail 메시지)입니다.

일반적으로 카프카는 비동기 방식으로 메시지를 보내므로 KafkaOperations.send() 메서드는 CompletableFuture 타입의 결과를 반환합니다. CompletableFuture는 평범한 Future라서 get() 메서드를 호출해 블로킹 작업을 수행하거나 콜백을 등록해 작업 성공이나 실패 알림을 받을 수 있습니다.

구성 클래스를 작성하고 FrontDeskImpl에서 사용할 KafkaTemplate을 구성합니다.

예제 11-51 백 오피스 시스템용 구성 클래스

```
package com.apress.spring6recipes.post.config;

import com.apress.spring6recipes.post.FrontDeskImpl;
import org.apache.kafka.clients.producer.ProducerConfig;
import org.apache.kafka.common.serialization.IntegerSerializer;
import org.apache.kafka.common.serialization.StringSerializer;
import org.springframework.context.annotation.Bean;
```

```java
import org.springframework.context.annotation.Configuration;
import org.springframework.kafka.core.DefaultKafkaProducerFactory;
import org.springframework.kafka.core.KafkaTemplate;
import org.springframework.kafka.core.ProducerFactory;

import java.util.Map;

@Configuration
public class FrontOfficeConfiguration {

  @Bean
  public KafkaTemplate<Integer, String> kafkaTemplate(
    ProducerFactory<Integer, String> pf) {
    return new KafkaTemplate<>(pf);
  }

  @Bean
  public ProducerFactory<Integer, String> producerFactory() {
    return new DefaultKafkaProducerFactory<>(producerFactoryProperties());
  }

  @Bean
  public Map<String, Object> producerFactoryProperties() {
    var properties = Map.<String, Object>of(
            ProducerConfig.BOOTSTRAP_SERVERS_CONFIG, "localhost:9092",
            ProducerConfig.KEY_SERIALIZER_CLASS_CONFIG, IntegerSerializer.class,
            ProducerConfig.VALUE_SERIALIZER_CLASS_CONFIG, StringSerializer.class);
    return properties;
  }

  @Bean
  public FrontDeskImpl frontDesk(KafkaTemplate<Integer, String> kafka) {
    return new FrontDeskImpl(kafka);
  }
}
```

이 구성 클래스는 기본으로 구성된 KafkaTemplate을 생성합니다. KafkaTemplate에서 사용하는 ProducerFactory도 구성해야 하는데, 최소한 접속 URL과 메시지 직렬화를 할 키/값 타입을 알아야 합니다. ProducerConfig.BOOTSTRAP_SERVERS_CONFIG 프로퍼티를 이용해 하나 이상의 접속 서버 정보를 지정하고 ProducerConfig.KEY_SERIALIZER_CLASS_CONFIG와 ProducerConfig.VALUE_SERIALIZER_CLASS_CONFIG 프로퍼티를 이용해 사용

되는 키와 값 직렬화기를 각각 구성합니다. 여기서는 Integer 타입의 키와 String 타입의 값을 사용하므로 IntegerSerializer와 StringSerializer를 지정했습니다.

마지막으로 생성된 KafkaTemplate을 FrontDeskImpl에 전달합니다. 프런트 데스크 애플리케이션을 실행하려면 다음과 같은 메인 클래스만 있으면 됩니다.

예제 11-52 프런트 데스크 시스템용 메인 클래스

```
package com.apress.spring6recipes.post;

import com.apress.spring6recipes.post.config.FrontOfficeConfiguration;
import org.springframework.context.annotation.AnnotationConfigApplicationContext;

public class FrontDeskMain {

  public static void main(String[] args) throws Exception {
    var cfg = FrontOfficeConfiguration.class;
    try (var context = new AnnotationConfigApplicationContext(cfg)) {
      var frontDesk = context.getBean(FrontDesk.class);
      frontDesk.sendMail(new Mail("1234", "US", 1.5));
      System.in.read();
    }
  }
}
```

프런트 데스크 애플리케이션을 실행하면 카프카를 통해 메시지가 전송됩니다.

스프링 카프카로 메시지 리스닝하기

스프링 JMS나 스프링 AMQP와 마찬가지로 스프링 카프카가 제공하는 메시지 리스너 컨테이너를 이용해 토픽에 도착한 메시지를 리스닝할 수 있습니다. @EnableKafka를 적용해 이러한 컨테이너를 활성화하고 @KafkaListener 애너테이션을 적용해 카프카 소비기를 생성하고 구성하면 됩니다.

먼저 인수가 하나인 메서드에 @KafkaListener를 적용해 리스너를 작성해 봅시다.

예제 11-53 카프카를 이용하는 우편물 리스너 구현체

```
package com.apress.spring6recipes.post;

import org.springframework.kafka.annotation.KafkaListener;

public class MailListener {

  @KafkaListener(topics = "mails")
  public void displayMail(String mail) {
    System.out.printf(" Received: %s%n", mail);
  }
}
```

지금은 메시지 내용이 문자열 그대로 전달되므로 이 원시 문자열 데이터를 그대로 다루는 데 초점을 맞추겠습니다. 다음으로 리스너 컨테이너를 구성합니다.

예제 11-54 프런트 데스크 시스템용 구성 클래스

```
package com.apress.spring6recipes.post.config;

import com.apress.spring6recipes.post.MailListener;
import org.apache.kafka.clients.consumer.ConsumerConfig;
import org.apache.kafka.common.serialization.IntegerDeserializer;
import org.apache.kafka.common.serialization.StringDeserializer;
import org.springframework.context.annotation.Bean;
import org.springframework.context.annotation.Configuration;
import org.springframework.kafka.annotation.EnableKafka;
import org.springframework.kafka.config.ConcurrentKafkaListenerContainerFactory;
import org.springframework.kafka.config.KafkaListenerContainerFactory;
import org.springframework.kafka.core.ConsumerFactory;
import org.springframework.kafka.core.DefaultKafkaConsumerFactory;
import org.springframework.kafka.listener.ConcurrentMessageListenerContainer;

import java.util.Map;

@Configuration
@EnableKafka
public class BackOfficeConfiguration {

  @Bean
  public KafkaListenerContainerFactory<
    ConcurrentMessageListenerContainer<Integer, String>>
```

```
    kafkaListenerContainerFactory(
          ConsumerFactory<Integer, String> cf) {
    var factory = new ConcurrentKafkaListenerContainerFactory<Integer, String>();
    factory.setConsumerFactory(cf);
    return factory;
  }

  @Bean
  public ConsumerFactory<Integer, String> consumerFactory() {
    return new DefaultKafkaConsumerFactory<>(consumerConfiguration());
  }

  @Bean
  public Map<String, Object> consumerConfiguration() {
    return Map.<String, Object>of(
            ConsumerConfig.BOOTSTRAP_SERVERS_CONFIG, "localhost:9092",
            ConsumerConfig.KEY_DESERIALIZER_CLASS_CONFIG, IntegerDeserializer.class,
            ConsumerConfig.VALUE_DESERIALIZER_CLASS_CONFIG, StringDeserializer.class,
            ConsumerConfig.GROUP_ID_CONFIG, "group1");
  }

  @Bean
  public MailListener mailListener() {
    return new MailListener();
  }
}
```

클라이언트와 매우 유사한 구성입니다. 아파치 카프카에 접속하려면 URL을 전달해야 하며 메시지를 역직렬화하려면 키와 값 역직렬화기를 지정해야 합니다. 마지막으로 그룹 ID도 추가해야 합니다. URL은 ConsumerConfig.BOOTSTRAP_SERVERS_CONFIG 프로퍼티를 사용해 전달하며 Integer 타입의 키와 String 타입의 페이로드를 사용했으므로 각각 역직렬화기로 IntegerDeserializer와 StringDeserializer를 지정합니다. 마지막으로 그룹 프로퍼티를 설정합니다.

이러한 프로퍼티를 사용해 카프카 기반의 MessageListenerContainer를 생성할 KafkaListenerContainerFactory를 구성할 수 있습니다. @EnableKafka를 적용하면 내부적으로 해당 컨테이너를 사용하며 @KafkaListener를 적용한 메서드마다 MessageListenerContainer가 생성됩니다.

백 오피스 애플리케이션을 실행해 지금까지 작성한 구성을 로드하고 메시지를 리스닝해 봅시다.

예제 11-55 백 오피스 시스템용 메인 클래스

```
package com.apress.spring6recipes.post;

import org.springframework.context.annotation.AnnotationConfigApplicationContext;

import com.apress.spring6recipes.post.config.BackOfficeConfiguration;

public class BackOfficeMain {

  public static void main(String[] args) throws Exception {
    var cfg = BackOfficeConfiguration.class;
    try (var ctx = new AnnotationConfigApplicationContext(cfg)) {
      System.in.read();
    }
  }
}
```

프런트 데스크 애플리케이션이 기동되면 `Mail` 메시지가 문자열로 변환되어 카프카를 통해 전송되고 다음과 같은 결과를 출력할 것입니다.

```
Received: {"mailId":"1234","country":"US","weight":1.5}
```

MessageConverter로 페이로드를 객체로 변환하기

리스너가 수신한 문자열을 자동으로 `Mail` 객체로 변환할 수 있다면 더 좋겠죠. 구성을 약간만 변경하면 손쉽게 구현할 수 있습니다. 앞에서 사용한 `KafkaListenerContainerFactory`가 `MessageConverter`를 전달받을 수 있으므로 문자열을 원하는 객체로 자동으로 변환하도록 `StringJsonMessageConverter`를 전달하면 됩니다. 그러면 문자열은 `@KafkaListener`를 적용한 메서드에서 인수로 지정한 객체로 자동 변환됩니다.

먼저 구성을 다음과 같이 변경합니다.

예제 11-56 백 오피스 시스템용 구성 클래스

```
package com.apress.spring6recipes.post.config;

import org.springframework.kafka.support.converter.StringJsonMessageConverter;

import java.util.Map;

@Configuration
@EnableKafka
public class BackOfficeConfiguration {

  @Bean
  public KafkaListenerContainerFactory<ConcurrentMessageListenerContainer<Integer,
        String>> kafkaListenerContainerFactory(
        ConsumerFactory<Integer, String> cf) {
    var factory = new ConcurrentKafkaListenerContainerFactory<Integer, String>();
    factory.setConsumerFactory(cf);
    factory.setMessageConverter(new StringJsonMessageConverter());
    return factory;
  }
  ...
}
```

다음으로 MailListener가 String이 아닌 Mail 객체를 사용하도록 변경합니다.

예제 11-57 변경한 우편물 리스너 구현체

```
package com.apress.spring6recipes.post;

import org.springframework.kafka.annotation.KafkaListener;

public class MailListener {

    @KafkaListener(topics = "mails")
    public void displayMail(Mail mail) {
        System.out.printf(" Received: %s%n", mail);
    }
}
```

프런트 데스크와 백 오피스 애플리케이션을 기동하면 기존처럼 메시지가 잘 송수신됩니다.

객체를 페이로드로 변환하기

프런트 데스크 애플리케이션에서 `Mail` 인스턴스를 직접 JSON 문자열로 변환했습니다. 어렵지는 않지만 프레임워크가 이를 처리해 주면 좋을 것입니다. `StringSerializer` 대신에 `JsonSerializer`를 구성하면 됩니다.

예제 11-58 프런트 데스크 시스템용 구성 클래스

```
package com.apress.spring6recipes.post.config;

import com.apress.spring6recipes.post.FrontDeskImpl;
import org.apache.kafka.clients.producer.ProducerConfig;
import org.apache.kafka.common.serialization.IntegerSerializer;
import org.springframework.context.annotation.Bean;
import org.springframework.context.annotation.Configuration;
import org.springframework.kafka.core.DefaultKafkaProducerFactory;
import org.springframework.kafka.core.KafkaTemplate;
import org.springframework.kafka.core.ProducerFactory;
import org.springframework.kafka.support.serializer.JsonSerializer;

import java.util.Map;

@Configuration
public class FrontOfficeConfiguration {

  @Bean
  public KafkaTemplate<Integer, Object> kafkaTemplate(
    ProducerFactory<Integer, Object> pf) {
    return new KafkaTemplate<>(pf);
  }

  @Bean
  public ProducerFactory<Integer, Object> producerFactory() {
    return new DefaultKafkaProducerFactory<>(producerFactoryProperties());
  }

  @Bean
  public Map<String, Object> producerFactoryProperties() {
    var properties = Map.<String, Object>of(
    ProducerConfig.BOOTSTRAP_SERVERS_CONFIG, "localhost:9092",
    ProducerConfig.KEY_SERIALIZER_CLASS_CONFIG, IntegerSerializer.class,
    ProducerConfig.VALUE_SERIALIZER_CLASS_CONFIG, JsonSerializer.class);
    return properties;
```

```
  }

  @Bean
  public FrontDeskImpl frontDesk(KafkaTemplate<Integer, Object> kafka) {
    return new FrontDeskImpl(kafka);
  }
}
```

이제 객체로 직렬화해 카프카에 보낼 수 있으므로 KafkaTemplate<Integer, String> 대신 KafkaTemplate<Integer, Object>를 사용하도록 변경합니다.

KafkaTemplate이 JSON 변환 처리를 해 주므로 FrontDeskImpl도 이제 깔끔해졌습니다.

예제 11-59 FrontDesk **구현체**

```
package com.apress.spring6recipes.post;

import org.springframework.kafka.core.KafkaOperations;

public class FrontDeskImpl implements FrontDesk {

  private final KafkaOperations<Integer, Object> kafkaOperations;

  public FrontDeskImpl(KafkaOperations<Integer, Object> kafkaOperations) {
    this.kafkaOperations = kafkaOperations;
  }

  public void sendMail(final Mail mail) {

    var result = kafkaOperations.send("mails", mail);
    result.whenComplete((sendResult, ex) -> {
      if (ex == null) {
        System.out.println("Result (success): " + sendResult.getRecordMetadata());
      } else {
        ex.printStackTrace();
      }
    });
  }
}
```

마치며

11장에서는 스프링의 메시지 지원 기능과 이를 활용해 메시지 지향 아키텍처를 구축하는 방법을 살펴봤습니다. 다양한 메시징 솔루션을 사용해 메시지를 생성하고 소비하는 방법도 배웠습니다. 또한 다양한 메시징 솔루션용 `MessageListenerContainer`를 사용해 메시지 주도 POJO를 구축하는 방법도 살펴봤습니다.

신뢰할 수 있는 오픈 소스 메시지 큐인 액티브MQ를 사용한 JMS와 AMQP를 살펴봤으며 아파치 카프카도 간단히 알아봤습니다.

12장에서는 ESB와 유사한 프레임워크인 스프링 인티그레이션을 알아봅니다. 스프링 인티그레이션은 뮬 ESB와 같이 애플리케이션을 통합하는 솔루션입니다. 11장에서 얻은 지식을 바탕으로 스프링 인티그레이션을 활용하면 메시지 지향 애플리케이션을 한 단계 더 높은 차원으로 끌어올릴 수 있습니다.

CHAPTER 12

스프링 인티그레이션

12장에서는 최근 많은 애플리케이션에서 컴포넌트 간의 결합도를 낮추는 데 사용하는 엔터프라이즈 애플리케이션 연계enterprise application integration(EAI)의 기본 원리를 살펴봅니다.

스프링 프레임워크는 스프링 인티그레이션Spring Integration이라는 강력하고 확장 가능한 프레임워크를 제공합니다. 스프링 프레임워크 코어에서 애플리케이션 내 컴포넌트 간 결합도를 낮추는 것과 유사한 수준으로, 스프링 인티그레이션은 서로 다른 시스템과 데이터 간 의존도를 낮춥니다. 12장의 목표는 EAI와 관련된 패턴과 엔터프라이즈 서비스 버스(ESB)가 무엇인지 이해하고 스프링 인티그레이션을 이용해 어떻게 솔루션을 구축하는지 배우는 것입니다. EAI 서버나 ESB를 사용해 봤다면 스프링 인티그레이션이 이전에 사용한 그 무엇보다도 더 간단하다고 느낄 것입니다.

12장의 학습을 완료하면 서로 다른 애플리케이션을 연계해 서비스와 데이터를 공유하는 매우 복잡한 스프링 인티그레이션 솔루션을 만들 수 있을 것입니다. 또한 스프링 인티그레이션의 다양한 구성 옵션도 살펴봅니다. 스프링 인티그레이션은 표준 XML 네임스페이스만으로 구성할 수도 있지만 애너테이션과 XML을 사용해 혼합하는 방식이 더 자연스럽습니다. 스프링 인티그레이션은 전통적인 EAI를 경험한 사람에게 매력적인 대안입니다. 뮬과 서비스믹스ServiceMix 같은 ESB, 액스웨이 인티그레이터Axway Integrator, 팁코TIBCO 액티브매트릭스ActiveMatrix와 같은 전통적인 EAI 서버를 이용해 본 경험이 있다면 12장에서 설명하는 용어에 익숙할 것이며 구성이 매우 쉽다고 느낄 것입니다.

레시피 12-1 EAI로 시스템 연계하기

과제 외부 인터페이스를 이용해 서로 통신해야 하는 두 개의 애플리케이션이 있습니다. 애플리케이션의 서비스(또는 데이터)를 서로 연계해야 합니다.

해결 잘 알려진 패턴들을 이용해 애플리케이션과 데이터를 연계하는 EAI를 도입합니다. 이러한 패턴은 그레거 호프와 바비 울프 등이 저술한 『기업 통합 패턴』(에이콘출판, 2014)이라는 기념비적인 책에 잘 요약돼 있습니다. 오늘날 이러한 패턴은 사실상 표준으로 자리 잡았으며 현대 ESB에선 공용어처럼 사용됩니다.

풀이 연계 방식 선택하기

각 애플리케이션의 유형과 요구 사항에 맞는 다양한 연계 방식이 있습니다. 하지만 기본 원칙은 단순합니다. 어떤 애플리케이션도 자체 메커니즘만으로 다른 시스템과 직접 통신할 수는 없습니다. 따라서 다른 시스템의 특징을 이용해 자신만의 방식으로 추상화하거나 우회해 통신하는 무언가를 고안해 내야 합니다. 추상화 대상은 애플리케이션마다 다르며 위치일 수도 있고 호출의 동기적/비동기적 특성일 수도 있으며 메시징 프로토콜일 수도 있습니다. 애플리케이션 간 결합도, 서버 유사성server affinity, 메시징 형식 요건 등 연계 방식을 선택하는 기준도 다양합니다. 어떤 측면에서 TCP/IP는 한 애플리케이션을 다른 애플리케이션 서버와 분리할 수 있으므로 모든 연계 기술 중에서 가장 널리 사용하는 기술입니다.

애플리케이션을 구축할 때 (당연히 스프링을 이용해) 다음과 같은 연계 방식 중 일부(또는 전부)를 선택할 수 있습니다. 예를 들어 스프링이 제공하는 JDBC 지원 기능을 사용해 쉽게 공유 DB를 이용할 수 있습니다.

연계 방식은 크게 4가지로 나눌 수 있습니다.

- **파일 전송:** 각 애플리케이션은 다른 애플리케이션이 소비할 공유 데이터 파일을 생성하고 다른 애플리케이션에서 생성한 공유 데이터 파일을 소비합니다.
- **공유 DB:** 애플리케이션 간 공유할 데이터를 다양한 애플리케이션이 접근할 수 있는 DB에 저장합니다. 하지만 정해진 (문서화되지는 않은) 제약 조건을 지키지 않는 클라이언트에게도 데이터가 노출되므로 일반적으로 권장하는 방식이 아닙니다. 뷰view와 저장 프로시저stored procedure를 사용해 개선할 수도 있지만 제일 좋은 방법은 아닙니다. 본질적으로 DB 자체와 통신하는 기능은 없지만 SQL DB 조회 결과를 메

시지 페이로드로 처리하는 엔드포인트를 구축할 수는 있습니다. DB를 이용한 연계는 메시지 지향적이지도 않고 세밀하게 조정할 수 없으므로 배치 형태로 많이 사용합니다. 사실 DB에 백만 개의 새로운 행을 추가하는 작업은 이벤트라기보다는 배치입니다. 8장에서 다룬 스프링 배치가 JDBC를 이용한 입출력을 훌륭히 지원한다는 점도 이런 관점에서 놀라운 일이 아닙니다.

- **원격 프로시저 호출:** 외부에서 원격으로 호출할 수 있도록 각 애플리케이션이 자신의 프로시저 중 일부를 노출하고, 다른 애플리케이션이 이 프로시저를 호출해 원하는 작업을 하거나 데이터를 교환합니다. 스프링 인티그레이션은 RPC(SOAP과 RMI 같은 원격 프로시저 호출) 교환에 최적화된 지원 기능을 제공합니다.
- **메시징:** 각 애플리케이션은 공통 메시징 시스템에 접속합니다. 메시지를 사용해 데이터를 교환하고 특정 작업을 수행합니다. 이 방식은 비동기 방식이나 멀티캐스트 발행/구독 아키텍처의 기반이 됩니다. 스프링 인티그레이션 같은 ESB나 EAI 컨테이너를 이용하면 다른 연계 방식도 메시징 큐를 다루듯 처리할 수 있습니다. 예를 들어 큐에 들어온 요청을 관리하고 응답하거나 다른 큐로 전달할 수 있습니다.

ESB 솔루션 기반으로 구축하기

연계 방식을 정했다면 이제 구현할 일만 남았습니다. 요즘은 선택의 폭이 넓어져 웬만한 요구 사항은 대부분은 미들웨어나 프레임워크로 대응할 수 있습니다. 자바 EE와 닷넷.NET 등의 플랫폼은 SOAP, XML-RPC, EJB 같은 바이너리 계층, 바이너리 원격, JMS, MQ 추상화와 같은 공통 요건을 매우 잘 처리합니다. 하지만 요구 사항이 특이하거나 구성할 것이 많다면 ESB가 필요할 수 있습니다. ESB는 EAI가 제시하는 패턴의 정신을 살려 연계를 모델링하는 고수준의 접근 방식을 제공하는 미들웨어입니다. ESB는 연계하려는 다양한 컴포넌트를 단순한 고수준의 형태로 구성 관리할 수 있게 해 줍니다.

스프링소스SpringSource 포트폴리오의 API인 스프링 인티그레이션은 이처럼 스프링에서 잘 동작하는 수많은 연계 시나리오를 모델링하는 강력한 메커니즘을 제공합니다. 스프링 인티그레이션은 다른 수많은 ESB에 비해 장점이 많으며 특히 프레임워크가 가볍다는 큰 장점이 있습니다. 초기 ESB 시장에서는 선택의 폭이 넓었으며 일부 오래된 EAI 서버가 ESB 중심의 아키텍처로 다시 설계되고 수정됐습니다. ESB에만 집중해 구축된 순수한 ESB도 있었고 일부는 어댑터가 붙어 있는 메시지 큐에 불과했습니다.

실제로 매우 강력한 EAI 서버(자바 EE 플랫폼에서 연계할 수 있지만 가격이 매우 비쌈)를 찾고 있다면 액스웨이 인티그레이터를 고려해 볼 수 있습니다. 거의 모든 것을 할 수 있는 솔루션이죠. 팁코와 웹메서즈webMethods 같은 공급 업체도 연계할 수 있는 탁월한 도구를 제공해 발자국을 남겼습니다(이후에 다른 회사에 인수됐습니다). 이러한 제품은 강력하기는 하지만 보통 비용이 아주 많이 들고 연계 시스템을 미들웨어에 배포해야 하므로 미들웨어 중심적입니다. 자바 비즈니스 연계Java Business Integration(JBI) 같은 표준화 시도는 어느 정도 성공했으며 이에 기반한 ESB(예: OpenESB와 ServiceMix)가 출시됐습니다. 뮬 ESB는 ESB 시장을 이끄는 평판 좋은 제품으로, 무료/공개 소스이고 커뮤니티가 활성화되어 있습니다. 스프링 인티그레이션에도 이러한 특성이 있어 아주 매력적입니다. 다른 공개된 시스템과 간단히 소통만 하면 될 때는 집 한 채 값인 고가의 미들웨어를 구매할 필요는 없을 테니까요.

각각의 스프링 인티그레이션 애플리케이션은 완전히 내장되어 서버 인프라가 필요하지 않습니다. 실제로 다른 애플리케이션에 배포할 수도 있고 웹 애플리케이션 엔드포인트로 배포할 수도 있습니다. 애플리케이션을 스프링 인티그레이션에 배포하는 것이 아니라 스프링 인티그레이션을 애플리케이션에 배포하는 방식으로, ESB의 배포 패러다임을 뒤집었습니다. 시작과 종료 스크립트가 없으며 보호할 포트도 없습니다. 다음은 간단한 `public static void main()` 자바 메서드로, 스프링 컨텍스트를 부트스트랩하는 아주 간단한 스프링 인티그레이션 애플리케이션입니다.

예제 12-1 메인 클래스

```java
package com.apress.spring6recipes.springintegration;

import org.springframework.context.annotation.AnnotationConfigApplicationContext;

public class Main {
  public static void main(String [] args){
    var cfg = IntegrationConfiguration.class;
    try (var ctx = new AnnotationConfigApplicationContext(cfg)) {}
  }
}
```

간단히 표준 스프링 애플리케이션 컨텍스트를 생성했습니다. 여기서는 얼마나 간단한지만 확인하고 이어지는 레시피들에서 스프링 애플리케이션 컨텍스트를 계속 살펴보겠습니다. 웹 애플리케이션, EJB 컨테이너 등 원하는 환경에서 이 컨텍스트를 가져올 수도 있습니다. 실제로 스프링 인티그레이션을 이용해 스윙/자바FX 애플리케이션에서 이메일을 폴링할 수도 있습니다. 원하는 만큼 얼마든지 간단하게 가져갈 수 있습니다.

레시피 12-2 JMS로 두 시스템 연계하기

과제 현대 자바 미들웨어 환경에서 공간적, 시간적 결합을 느슨하게 해 주는 JMS를 이용해 하나의 애플리케이션을 다른 애플리케이션과 연계하려고 합니다. 또한 더 정교한 라우팅을 적용하고, 코드가 메시지의 출처(JMS 큐나 토픽)에 대한 구체적인 세부 사항에 의존하지 않도록 합니다.

해결 일반적인 JMS 코드, MDB(메시지 주도 빈)용 EJB 지원 기능, 코어 스프링의 MDP(메시지 주도 POJO) 지원 기능을 이용해 연계할 수 있습니다. 하지만 JMS 메시지 처리 코드가 필요하며 애플리케이션의 코드가 JMS에 의존하게 됩니다. ESB를 이용하면 메시지 처리 코드에서 메시지의 출처를 숨길 수 있습니다. 스프링 인티그레이션을 이용하면 얼마나 쉽게 할 수 있는지 알게 될 것입니다. 스프링 인티그레이션을 이용하면 코어 스프링 컨테이너에서 MDP를 사용하듯 JMS 작업을 쉽게 할 수 있습니다. 여기서 JMS 미들웨어를 이메일로 대체하고 메시지에 반응하는 코드는 그대로 유지할 수도 있습니다.

풀이 스프링 인티그레이션으로 MDP 구축하기

11장에서 살펴봤듯이 스프링은 MDP를 사용해 MDB 기능을 대체할 수 있습니다. 이는 메시지 큐에 들어 있는 메시지를 처리하는 애플리케이션 개발자에게 아주 강력한 해결책을 제시합니다. 지금부터 스프링 인티그레이션의 간결한 구성을 이용해 MDP를 구축해 봅시다. 아주 기본적인 연계 예제이며 수행할 작업은 (페이로드가 `Map<String,Object>` 타입인) 인바운드 JMS 메시지를 가져와 로그에 쓰는 것뿐입니다.

표준 MDP와 마찬가지로 `ConnectionFactory` 구성이 필요합니다. 다음 구성 클래스는 ([레시피 12-1]의 메인 클래스에서 했듯이) 스프링 `ApplicationContext` 생성 시에 인수로 전달합니다.

예제 12-2 스프링 인티그레이션 구성

```
package com.apress.spring6recipes.springintegration;

import jakarta.jms.ConnectionFactory;
import org.apache.activemq.artemis.jms.client.ActiveMQConnectionFactory;
import org.springframework.context.annotation.Bean;
import org.springframework.context.annotation.ComponentScan;
import org.springframework.context.annotation.Configuration;
```

```
import org.springframework.integration.config.EnableIntegration;
import org.springframework.integration.dsl.IntegrationFlow;
import org.springframework.integration.jms.dsl.Jms;
import org.springframework.jms.connection.CachingConnectionFactory;
import org.springframework.jms.core.JmsTemplate;

@Configuration
@EnableIntegration
public class IntegrationConfiguration {

  @Bean
  public CachingConnectionFactory connectionFactory() {
    var connectionFactory = new ActiveMQConnectionFactory("tcp://localhost:61616");
    return new CachingConnectionFactory(connectionFactory);
  }

  @Bean
  public JmsTemplate jmsTemplate(ConnectionFactory connectionFactory) {
    return new JmsTemplate(connectionFactory);
  }

  @Bean
  public InboundHelloWorldJMSMessageProcessor messageProcessor() {
    return new InboundHelloWorldJMSMessageProcessor();
  }

  @Bean
  public IntegrationFlow jmsInbound(ConnectionFactory connectionFactory,
      InboundHelloWorldJMSMessageProcessor messageProcessor) {
    return IntegrationFlow
        .from(Jms.messageDrivenChannelAdapter(connectionFactory).
        extractPayload(true).destination("recipe-12-2"))
        .handle(messageProcessor)
        .get();
  }
}
```

@EnableIntegration 애너테이션은 스프링 인티그레이션에 필요한 컴포넌트를 가져오며 구성 클래스에서 필요한 빈과 구성을 감지하게 해 줍니다. 나머지는 아주 평범한 자바 구성 클래스입니다. 표준 MDP 구성 예제처럼 ConnectionFactory를 정의하며 메인 클래스에서 메시지를 전송할 JmsTemplate도 정의했습니다.

그런 다음 이 솔루션에 필요한 빈을 정의합니다. 여기서는 메시지 큐에서 버스로 들어오는 메시지에 응답하는 messageProcessor라는 빈을 정의했습니다. 서비스 액티베이터service activator는 스프링 인티그레이션의 일반적인 엔드포인트로, 입력 채널에 전송된 메시지에 응답하는 기능을 호출하는 데 사용합니다. 이때 해당 기능은 서비스 내에서 수행되는 작업일 수도 있고 평범한 POJO 안에서 이루어지는 처리일 수도 있으며 원하는 어떤 것이든 상관없습니다. 나중에 자세히 살펴보겠지만 메시지 응답에 서비스 액티베이터를 사용하는 것만으로도 매우 흥미롭죠. 솔루션에 필요한 다른 빈들도 함께 선언했으며 예제를 살펴보기만 해도 연계가 어떻게 이루어지는지 파악할 수 있습니다. 필요한 컴포넌트를 정의한 다음 애플리케이션 자체를 구성하는 스프링 인티그레이션 자바 DSL을 이용해 워크플로를 정의합니다.

NOTE_ 스프링 인티그레이션 그루비Groovy DSL도 있습니다.

메시지가 시스템을 어떻게 흘러가는지 정의하는 IntegrationFlow부터 구성을 시작합니다. 우선 기본적으로 목적지 recipe-12-2로부터 메시지를 수신하고 이를 스프링 인티그레이션 채널에 전달하는 messageDrivenChannelAdapter를 정의합니다. 여기서는 페이로드만 사용하도록 extractPayload(true)라고 설정했습니다. messageDrivenChannelAdapter라는 어댑터는 특정 하위 시스템과 통신하는 방법을 아는 컴포넌트로, 그 하위 시스템의 메시지를 스프링 인티그레이션 버스에서 사용할 수 있는 형태로 변환하거나 그 반대로 변환하는 역할을 합니다. 이는 버스와 외부 엔드포인트 간의 일반적인 연결을 의미한다는 점에서 (다음에 설명할) 서비스 액티베이터와 다릅니다. 서비스 액티베이터는 메시지 수신 시 애플리케이션의 비즈니스 로직을 호출하기만 할 뿐입니다. 비즈니스 로직에서 무엇을 수행할지, 다른 시스템에 연결할지를 판단하는 것은 개발자의 몫입니다.

다음 컴포넌트인 서비스 액티베이터는 해당 채널로 들어오는 메시지를 리스닝하다가 메시지가 들어오면 handle() 메서드를 사용해 참조한 빈을 호출합니다. 여기서는 앞서 정의한 messageProcessor 빈을 참조합니다. 스프링 인티그레이션은 @ServiceActivator 애너테이션이 적용된 컴포넌트 메서드를 호출할 메서드로 간주합니다.

예제 12-3 서비스 액티베이터

```
package com.apress.spring6recipes.springintegration;

import org.slf4j.Logger;
import org.slf4j.LoggerFactory;
import org.springframework.integration.annotation.ServiceActivator;
import org.springframework.messaging.Message;

import java.util.Map;

public class InboundHelloWorldJMSMessageProcessor {

  private final Logger logger = LoggerFactory.getLogger(getClass());

  @ServiceActivator
  public void handleIncomingJmsMessage(
          Message<Map<String, Object>> inboundJmsMessage) {
    var payload = inboundJmsMessage.getPayload();
    logger.info("Received: {}", payload);
  }
}
```

스프링은 @ServiceActivator를 적용한 메서드가 채널로부터 메시지를 수신하도록 구성합니다. 이때 수신된 메시지는 Message<Map<String, Object>> 타입으로 메서드에 전달됩니다. 이전 구성에 extractPayload(true)로 설정했으므로 스프링 인티그레이션은 JMS 큐에서 메시지의 페이로드(Map<String, Object>)를 가져와 추출한 후 org.springframework.messaging.Message 타입으로 스트링 인티그레이션 채널을 통해 전달합니다. 스프링 Message 인터페이스와 JMS Message 인터페이스는 몇 가지 유사점이 있지만 혼동해서는 안 됩니다. extractPayload 옵션을 지정하지 않으면 스프링 Message 인터페이스의 페이로드는 jakarta.jms.Message 타입이 됩니다. 이때는 개발자가 직접 페이로드를 추출해야 하지만 이렇게 해당 정보에 직접 접근하는 것이 유용할 때도 있습니다. jakarta.jms.Message 타입의 페이로드를 직접 추출하도록 다시 작성하면 다음과 같이 약간 달라집니다.

예제 12-4 서비스 액티베이터: 페이로드 직접 추출하기

```
package com.apress.spring6recipes.springintegration;

import jakarta.jms.JMSException;
```

```java
import jakarta.jms.MapMessage;
import org.slf4j.Logger;
import org.slf4j.LoggerFactory;
import org.springframework.integration.annotation.ServiceActivator;
import org.springframework.messaging.Message;

import java.util.Map;

public class InboundHelloWorldJMSMessageProcessor {

  private final Logger logger = LoggerFactory.getLogger(getClass());

  @ServiceActivator
  public void handleIncomingJmsMessageWithPayloadNotExtracted(
          Message<jakarta.jms.Message> msgWithJmsMessageAsPayload) throws Throwable {
    var payload = (MapMessage) msgWithJmsMessageAsPayload.getPayload();
    logger.debug("Received: {}", convert(payload));
  }

  private Map<String, Object> convert(MapMessage msg) throws JMSException {
    return Map.of(
            "firstName", msg.getString("firstName"),
            "lastName", msg.getString("lastName"),
            "id", msg.getLong("id"));
  }
}
```

메서드에 전달하는 매개변수의 타입을 페이로드의 타입으로 지정할 수도 있습니다. 예를 들어 JMS에서 들어오는 메시지의 페이로드가 `Cat` 타입이면 메서드를 `public void handleIncomingJmsMessageWithPayloadNotExtracted(Cat inboundJmsMessage) throws Throwable` 같이 선언할 수 있습니다. 나머지는 스프링 인티그레이션이 알아서 적절히 처리해 줍니다. 예제에서는 유용한 정보가 포함된 헤더값이 있으므로 스프링 `Message`에 접근하는 것이 좋습니다.

또한 `throws Throwable`을 지정할 필요가 없습니다. 스프링 인테그레이션에서 오류 처리는 일반적인 방식을 사용해도 되고 원하는 다른 방식을 사용해도 됩니다.

예제에서는 연계가 끝나는 지점에서 서비스 액티베이터 기능이 호출되게 `@ServiceActivator`를 적용했습니다. 여기서는 값을 반환하지 않았지만 메서드에서 값을 반환하면 서비스 액티베이터의 응답을 다음 채널로 전달할 수 있습니다. 반환값의 타입은 시스템에 전송되는 그다음 메시지를 결정하는 데 사용됩니다. 예를 들어 `Message` 타입의 값을 반환하면 그대로 전송되지만, 다른 타입의 값을 반환하면 `Message` 인스턴스의 페이로드로 감싸지며 결국 처리 파이프라인의 다음 컴포넌트로 보내질 다음 `Message`가 됩니다. 이 `Message`는 서비스 액티베이터에 구성된 출력 채널로 전송됩니다. 입력 채널로 들어온 메시지와 동일한 타입의 메시지를 출력 채널로 보내야 할 필요는 없습니다. 이는 메시지 타입을 변환하는 데 효과적입니다. 서비스 액티베이터는 시스템에 연결 고리를 만들어 연계를 도와주는 매우 유연한 컴포넌트입니다.

이 솔루션은 매우 직관적이지만 하나의 JMS 큐를 구성하는 측면에서는 직접 MDP를 사용할 때보다 이점이 크지 않습니다. 처리해야 할 간접 계층이 추가되었기 때문입니다. 스프링 인티그레이션 기능을 사용하면 구성을 중앙집중화할 수 있으므로 스프링 코어보다 복잡한 시스템 연계를 더 쉽게 할 수 있습니다. 라우팅과 처리가 중앙집중화되어 전체적인 시야로 연계를 바라볼 수 있어서 연계 컴포넌트를 더 효과적으로 재배치할 수도 있습니다. 하지만 스프링 인티그레이션의 목적은 EJB나 스프링 코어와 경쟁하는 것이 아닙니다. 오히려 스프링 인티그레이션은 EJB나 스프링 코어를 이용해 구현하기 힘든 부분을 자연스럽게 해결하는 역할을 합니다.

레시피 12-3 스프링 인티그레이션 메시지에서 컨텍스트 정보 얻기

과제 메시지의 타입이 암묵적으로 알려 줄 수 있는 범위를 넘어, 스프링 인티그레이션 처리 파이프라인으로 들어오는 메시지에 대해 더 많은 정보를 얻고자 합니다.

해결 스프링 인티그레이션 `Message`에서 특정한 헤더 정보를 확인합니다. 이러한 값은 `Map<String, Object>` 타입의 맵에 포함됩니다.

풀이 MessageHeaders를 유익하게 활용하기

스프링 `Message` 인터페이스는 제네릭 래퍼이며 실제 메시지 페이로드를 비롯해 컨텍스트 관련 메시지 메타데이터를 제공하는 헤더의 포인터가 있습니다. 이 메타데이터를 조작/보완하면 후속 컴포넌트의 기능을 활성화/강화할 수 있습니다. 예를 들어 이메일을 이용해 메시지를 보낸다면 `TO`/`FROM` 헤더를 지정할 수도 있습니다.

어떤 요구 사항(예: 서비스 액티베이터 컴포넌트나 변환기transformer 컴포넌트를 제공하는 로직 등)을 처리하는 클래스를 프레임워크에 노출하면 `Message`와 메시지 헤더를 가져올 수 있습니다. 스프링 인티그레이션은 처리 파이프라인을 이용해 `Message`를 전달하죠. 각 컴포넌트는 `Message` 인스턴스와 상호작용하며 이 인스턴스에 영향을 미치거나, 이 인스턴스를 이용해 어떤 일을 수행하거나, 그냥 흘려보냅니다. `MessageHeaders`를 확인해 보면 이러한 컴포넌트에 필요한 정보를 제공하고 어떤 시점까지 무슨 일이 일어났는지 알 수 있습니다.

스프링 인티그레이션으로 작업할 때는 [표 12-1]과 [표 12-2]에 정리한 값들의 의미를 알아야 합니다. 이러한 상숫값은 `org.springframework.messaging.MessageHeaders`와 `org.springframework.integration.IntegrationMessageHeaderAccessor` 클래스에 선언돼 있습니다.

표 12-1 스프링 메시징 코어에서 사용하는 공통 헤더

상수	설명
ID	스프링 인티그레이션 엔진이 메시지에 할당한 고유한 값
TIMESTAMP	메시지에 할당한 타임스탬프
REPLY_CHANNEL	현재 컴포넌트의 출력을 전송할 채널의 문자열 이름. 오버라이드 가능함
ERROR_CHANNEL	런타임에 예외가 발생할 때 현재 컴포넌트의 출력이 전송되는 채널의 문자열 이름. 오버라이드 가능함
CONTENT_TYPE	메시지의 콘텐츠 타입(MIME 타입). 주로 웹소켓 메시지에 사용함

스프링 메시징에서 정의한 헤더 이외에도 스프링 인티그레이션에서 일반적으로 사용하는 헤더들은 `org.springframework.integration.IntegrationMessageHeaderAccessor` 클래스에 정의돼 있습니다(표 12-2).

표 12-2 스프링 인티그레이션에서 사용하는 공통 헤더

상수	설명
CORRELATION_ID	필수는 아니며 애그리게이터aggregator(집계기) 같은 특정 컴포넌트가 처리 파이프라인에서 메시지를 묶는 데 사용함
EXPIRATION_DATE	컴포넌트가 최대한 처리할 수 있는 임곗값. 이 값이 넘어가면 더 처리할 수 없음
PRIORITY	메시지 우선순위. 숫자가 높을수록 우선순위가 높음
SEQUENCE_NUMBER	메시지가 나열되는 순서. 일반적으로 시퀀서sequencer와 함께 사용함

상수	설명
SEQUENCE_SIZE	시퀀스의 크기. 애그리게이터가 메시지를 더 기다리지 않고 처리를 진행하는 시점을 정의하며 결합join 기능을 구현하는 데 유용함
DUPLICATE_MESSAGE	멱등 수신자idempotent receiver가 중복 메시지를 감지하면 true로 설정됨
DELIVERY_ATTEMPT	메시지 주도 어댑터가 재시도 기능을 지원할 때 이 헤더에 전송 시도 횟수를 남김
CLOSEABLE_RESOURCE	메시지가 FTP 세션이나 파일 자원과 같은 닫을 수 있는 리소스에 연결된 경우 사용됨

일부 헤더값은 원본 메시지의 페이로드 타입에 따라 다릅니다. 예를 들어 파일 시스템에서 가져온 페이로드는 JMS 큐에서 들어오는 것과 다르고 이메일 시스템에서 들어오는 메시지와도 다릅니다. 이들 컴포넌트는 각각 자체 JAR에 포함되며 일반적으로 이러한 헤더에 접근하는 데 필요한 상수를 제공하는 클래스도 있습니다. `org.springframework.integration.file.FileHeaders`에 정의된 상수인 `FILENAME`과 `PREFIX`가 그 예입니다. 헤더는 단순히 `java.util.Map` 타입의 인스턴스이므로 의심스럽다면 직접 값을 열거해 보면 됩니다.

예제 12-5 Message를 이용해 헤더 접근하기

```
package com.apress.spring6recipes.springintegration;

import org.slf4j.Logger;
import org.slf4j.LoggerFactory;
import org.springframework.integration.annotation.ServiceActivator;
import org.springframework.messaging.Message;

import java.io.File;

public class InboundFileMessageServiceActivator {

  private final Logger logger = LoggerFactory.getLogger(getClass());

  @ServiceActivator
  public void interrogateMessage(Message<File> message) {
    var headers = message.getHeaders();
    headers.forEach( (k,v) -> logger.debug("{} : {}", k, v));
  }
}
```

이러한 헤더를 사용하면 특정 인터페이스에 의존하지 않고 메시지의 특성을 알아낼 수 있습니

다. 또한 헤더를 이용해 다양한 처리를 할 수 있고 커스텀 메타데이터를 지정해 후속 컴포넌트에 전달할 수도 있습니다. 후속 컴포넌트에서 사용할 유용한 데이터를 추가로 제공하는 행위를 메시지 강화message enrichment라고 합니다. 대개 주어진 메시지의 헤더에 추가 정보를 더해 처리 파이프라인의 후속 컴포넌트에 유용한 정보를 전달합니다. 서드파티 웹 사이트를 호출해 신용 등급을 매기는 고객 관계 관리(CRM) 시스템에서 고객 정보를 추가하는 메시지를 처리한다고 상상해 봅시다. 신용 등급을 헤더에 추가하면 후속 컴포넌트가 해당 값을 이용해 고객 정보를 등록하거나 거절하는 결정을 내릴 수 있을 것입니다.

헤더 메타데이터에 접근하는 다른 방법은 단순히 해당 메타데이터를 컴포넌트 메서드에 매개변수로 전달하는 것입니다. 매개변수에 @Header 애너테이션을 적용하면 나머지는 스프링 인티그레이션이 알아서 처리합니다.

예제 12-6 @Header를 적용해 개별 헤더에 접근하기

```
package com.apress.spring6recipes.springintegration;

import org.slf4j.Logger;
import org.slf4j.LoggerFactory;
import org.springframework.integration.annotation.ServiceActivator;
import org.springframework.integration.file.FileHeaders;
import org.springframework.messaging.MessageHeaders;
import org.springframework.messaging.handler.annotation.Header;

import java.io.File;

public class InboundFileMessageServiceActivator {

  private final Logger logger = LoggerFactory.getLogger(getClass());

  @ServiceActivator
  public void interrogateMessage(
      @Header(MessageHeaders.ID) String uuid,
      @Header(FileHeaders.FILENAME) String fileName, File file) {
   var msg = "the id of the message is {}, and name of the file payload is {}";
   logger.debug(msg, uuid, fileName);
  }
}
```

@Headers를 적용해 Map<String,Object> 타입의 인수도 전달할 수 있습니다.

예제 12-7 @Headers를 적용해 헤더들에 접근하기

```
package com.apress.spring6recipes.springintegration;

import org.slf4j.Logger;
import org.slf4j.LoggerFactory;
import org.springframework.integration.annotation.ServiceActivator;
import org.springframework.integration.file.FileHeaders;
import org.springframework.messaging.MessageHeaders;
import org.springframework.messaging.handler.annotation.Headers;

import java.io.File;
import java.util.Map;

public class InboundFileMessageServiceActivator {

  private final Logger logger = LoggerFactory.getLogger(
    InboundFileMessageServiceActivator.class);

  @ServiceActivator
  public void interrogateMessage(
      @Headers Map<String, Object> headers, File file) {
   var msg = "the id of the message is {}, and name of the file payload is {}";
   var id = headers.get(MessageHeaders.ID);
   var filename = headers.get(FileHeaders.FILENAME);
   logger.debug(msg, id, filename);
  }
}
```

레시피 12-4 파일 시스템으로 두 시스템 연계하기

과제 공유 파일 시스템에서 파일을 가져와 다른 시스템과 연계하는 애플리케이션을 개발하려고 합니다. 예를 들어 어떤 애플리케이션이 매시간 시스템에 새로 등록된 모든 고객 정보가 담긴 CSV 덤프 파일을 공유 폴더에 생성하려고 합니다. 회사 내 서드파티 금융 시스템은 공유 폴더를 보고 있다가 CSV 파일을 발견하면 그 안에 담긴 레코드를 읽고 처리해 관련 정보를 업데이트할 것입니다. 이때 새 파일이 생성된 사실을 버스에 이벤트로 전달할 방법이 필요합니다.

해결 표준 기술을 이용해 구축할 수도 있지만 조금 더 세련된 방식을 이용하고 싶습니다. 스프링 인티그레이션은 개발자가 파일 시스템의 이벤트 중심 특성과 파일 입출력 요구 사항을 신경 쓰지 않고 `java.io.File` 페이로드를 처리하는 코드 작성에만 집중하게 해 줍니다. 이런 방식으로 입력을 받아들여 금융 시스템에 고객 정보를 추가한 후 응답하는 단위 테스트 가능한 코드를 작성할 수 있습니다. 기능을 구현한 후 스프링 인티그레이션 파이프라인에 구성하고 파일 시스템에서 새 파일이 생성될 때마다 스프링 인티그레이션이 해당 기능을 호출하도록 합니다. 이는 이벤트 중심 아키텍처event-driven architecture(EDA)의 예시입니다. EDA를 이용하면 이벤트 생성 방식에 신경 쓰지 않고 이벤트가 발생했을 때 반응하는 데 집중할 수 있습니다. 이는 사용자가 어떤 행동을 트리거했는지를 제어하는 것에서 벗어나 실제로 행동이 호출되었을 때 이에 반응하는 데 초점을 맞추는 이벤트 주도 GUI와 매우 유사합니다. 스프링 인티그레이션은 시스템을 낮은 결합도로 연계하는 자연스러운 접근법을 제공합니다. 취하는 매개변수(스프링 인티그레이션 `Message<T>`, 메시지 페이로드와 동일한 타입의 매개변수 등)의 타입만 다를 뿐 실제 코드는 JMS 큐를 이용해 구축한 것과 비슷합니다.

풀이 파일 시스템을 다룰 때 고려 사항

오래된 방식인 JMS 대신 공유 파일 시스템을 이용해 통신하는 솔루션을 구축해 봅시다. ESB 없이 어떻게 구축할지 상상해 보세요. 파일 시스템을 주기적으로 폴링해 새 파일을 감지하는 (쿼츠와 일종의 캐시 같은) 메커니즘이 필요할 것입니다. 파일에서 내용을 빠르게 읽고 페이로드를 처리 로직에 효율적으로 전달해야 합니다. 결국 시스템은 해당 페이로드를 이용해 동작할 것입니다.

스프링 인티그레이션을 이용하면 개발자는 모든 인프라스트럭처 코드에서 벗어날 수 있습니다. 개발자는 그저 구성하기만 하면 됩니다. 하지만 파일 시스템 기반으로 처리할 때 발생하는 문제는 직접 해결해야 합니다. 예를 들어 스프링 인티그레이션이 파일 시스템을 폴링하면서 새 파일을 감지할 때 파일 작성이 언제 '완전하게' 완료되는지는 알 수 없으니 개발자가 기준을 정해야 합니다.

여러 접근 방식이 있습니다. 파일 작성을 완료한 후, 파일명은 같지만 확장자가 다르고 크기가 0 바이트인 별도 파일을 생성해 완료되었음을 표시할 수도 있겠죠. 스프링 인티그레이션이 이 별도 파일을 찾도록 구성하고 해당 파일을 발견하면 페이로드 파일이 작성 완료됐음을 알아차리고 읽어 처리할 수 있습니다. 또는 스프링 인티그레이션이 디렉터리를 폴링할 때 사용하는 글롭 패턴glob pattern과 일치하지 않는 이름으로 파일을 생성해 감지하지 못하도록 할 수도 있습니다. 파일 작성이 완료되면 mv 명령으로 글롭 패턴에 맞는 파일 이름으로 파일 이름을 변경해 스프링 인티그레이션이 감지하게 하면 됩니다.

첫 번째 방식을 다시 살펴봅시다. 이번에는 파일 기반 어댑터를 사용해 보겠습니다. 어댑터 관련 구성을 변경했지만 개념적으로 이전과 동일합니다. 연결 팩토리 구성 같은 JMS 어댑터 관련 설정을 많이 삭제했습니다. 대신 메시지를 가져올 변경된 장소를 스프링 인티그레이션에 알려줘야 합니다.

예제 12-8 연계 구성

```
package com.apress.spring6recipes.springintegration;

import org.springframework.beans.factory.annotation.Value;
import org.springframework.context.annotation.Bean;
import org.springframework.context.annotation.Configuration;
import org.springframework.integration.config.EnableIntegration;
import org.springframework.integration.dsl.IntegrationFlow;
import org.springframework.integration.dsl.Pollers;
import org.springframework.integration.file.dsl.Files;

import java.io.File;
import java.time.Duration;

@Configuration
@EnableIntegration
public class IntegrationConfiguration {

  @Bean
  public InboundHelloWorldFileMessageProcessor messageProcessor() {
      return new InboundHelloWorldFileMessageProcessor();
  }

  @Bean
  public IntegrationFlow inboundFileFlow(
        @Value("${user.home}/inboundFiles/new/") File directory) {
    return IntegrationFlow
            .from(
                Files.inboundAdapter(directory).patternFilter("*.csv"),
                c -> c.poller(Pollers.fixedRate(Duration.ofSeconds(10))))
            .handle(messageProcessor())
```

```
            .get();
    }
}
```

Files.inboundAdapter를 제외하면 익숙한 코드입니다. Message<java.io.File> 타입의 메시지를 받도록 @ServiceActivator 애너테이션을 적용했습니다.

예제 12-9 변경한 서비스 액티베이터

```
package com.apress.spring6recipes.springintegration;

import java.io.File;

import org.slf4j.Logger;
import org.slf4j.LoggerFactory;
import org.springframework.integration.annotation.ServiceActivator;
import org.springframework.messaging.Message;

public class InboundHelloWorldFileMessageProcessor {

  private final Logger logger = LoggerFactory.getLogger(getClass());

  @ServiceActivator
  public void handleIncomingFileMessage(Message<File> inbound) {
    var filePayload = inbound.getPayload();
    logger.debug("absolute path: {}, size: {}",
            filePayload.getAbsolutePath(), filePayload.length());
  }
}
```

레시피 12-5 메시지 타입 변환하기

과제 메시지를 버스에 보내 추가 작업을 수행하기 전에 메시지 타입을 변환해 보세요. 대개 후속 컴포넌트의 요구 사항에 맞게 메시지를 조정할 목적으로 변환합니다. 또한 처리 파이프라인의 후속 컴포넌트가 유용하게 사용할 헤더를 추가하거나 페이로드를 보강하는 등 메시지를 강화할 목적으로도 변환합니다.

해결 변환기 컴포넌트를 이용해 페이로드 Message<T>를 가져오고 다른 타입의 페이로드 Message<T>를 전송합니다. 또한 변환기를 이용해 헤더를 추가하거나 헤더값을 업데이트하면 처리 파이프라인에서 후속 컴포넌트가 유용하게 쓸 수 있습니다.

풀이 스프링 인티그레이션은 메시지 헤더를 확장하거나 메시지 자체를 변환할 수 있는 변환기 메시지 엔드포인트를 제공합니다. 스프링 인티그레이션에서 컴포넌트는 서로 연결되므로 컴포넌트의 메서드를 호출해서 해당 컴포넌트의 출력을 반환받을 수 있습니다. 메서드의 반환값은 해당 컴포넌트의 '응답 채널'을 거쳐 다음 컴포넌트의 입력 매개변수로 전달됩니다. 변환기 컴포넌트를 사용하면 반환되는 객체 타입을 변경하거나 헤더를 추가할 수 있으며 이렇게 업데이트된 객체는 체인의 다음 컴포넌트에 전달됩니다.

메시지 페이로드 수정하기

메시지 컴포넌트의 구성도 지금까지 배운 내용과 매우 유사합니다.

예제 12-10 메시지 변환기

```
package com.apress.spring6recipes.springintegration;

import org.springframework.integration.annotation.Transformer;
import org.springframework.messaging.Message;

import java.util.Map;

public class InboundJMSMessageToCustomerTransformer {

  @Transformer
  public Customer transformJMSMapToCustomer(Message<Map<String, Object>>
    inboundSpringIntegrationMessage) {
    var jmsPayload = inboundSpringIntegrationMessage.getPayload();
    return convert(jmsPayload);
  }

  private Customer convert(Map<String, Object> payload) {
    return new Customer(
            (Long) payload.get("id"),
            (String) payload.get("firstName"),
            (String) payload.get("lastName"),
```

```
            (String) payload.getOrDefault("telephone", null),
            (Float) payload.getOrDefault("creditScore", 0f));
    }
}
```

복잡한 코드는 없습니다. Map<String, Object> 타입의 메시지가 전달되면 값을 직접 추출해 Customer 타입의 객체를 만드는 작업이 이루어집니다. Customer 객체가 반환되면 이 컴포넌트의 응답 채널에 전달되고 다음 컴포넌트는 이 객체를 Customer 타입의 입력 메시지로 수신합니다.

예제 12-11 Customer **클래스**

```
package com.apress.spring6recipes.springintegration;

public record Customer(
  long id, String firstName, String lastName,
  String telephone, float creditScore) {
}
```

새로운 변환기 메서드를 추가했지만 대부분 이전과 동일합니다.

예제 12-12 변환기를 이용한 연계 구성

```
package com.apress.spring6recipes.springintegration;

import jakarta.jms.ConnectionFactory;
import org.apache.activemq.artemis.jms.client.ActiveMQConnectionFactory;
import org.springframework.context.annotation.Bean;
import org.springframework.context.annotation.ComponentScan;
import org.springframework.context.annotation.Configuration;
import org.springframework.integration.config.EnableIntegration;
import org.springframework.integration.dsl.IntegrationFlow;
import org.springframework.integration.jms.dsl.Jms;
import org.springframework.jms.connection.CachingConnectionFactory;
import org.springframework.jms.core.JmsTemplate;

@Configuration
@EnableIntegration
public class IntegrationConfiguration {
```

```
@Bean
public CachingConnectionFactory connectionFactory() {
  var connectionFactory = new ActiveMQConnectionFactory("tcp://localhost:61616");
  return new CachingConnectionFactory(connectionFactory);
}

@Bean
public JmsTemplate jmsTemplate(ConnectionFactory connectionFactory) {
  return new JmsTemplate(connectionFactory);
}

@Bean
public InboundJMSMessageToCustomerTransformer customerTransformer() {
  return new InboundJMSMessageToCustomerTransformer();
}

@Bean
public InboundCustomerServiceActivator customerServiceActivator() {
  return new InboundCustomerServiceActivator();
}

@Bean
public IntegrationFlow jmsInbound(ConnectionFactory connectionFactory) {
  return IntegrationFlow
      .from(Jms.messageDrivenChannelAdapter(connectionFactory)
          .extractPayload(true).destination("recipe-12-5"))
      .transform(customerTransformer())
      .handle(customerServiceActivator())
      .get();
}
}
```

messageDrivenChannelAdapter는 입력된 콘텐츠를 InboundJMSMessageToCustomerTransformer로 보내 Customer 타입으로 변환합니다. 변환된 콘텐츠는 InboundCustomerServiceActivator로 전송됩니다.

이제 다음 컴포넌트의 코드에서 아무런 문제없이 Customer 클래스 의존성을 선언할 수 있습니다. 변환기를 이용하면 여러 소스로부터 메시지를 받아 Customer 타입으로 변환한 후 InboundCustomerServiceActivator를 재사용할 수 있습니다.

예제 12-13 고객 정보를 받는 서비스 액티베이터

```
package com.apress.spring6recipes.springintegration;

import org.slf4j.Logger;
import org.slf4j.LoggerFactory;
import org.springframework.integration.annotation.ServiceActivator;
import org.springframework.messaging.Message;

public class InboundCustomerServiceActivator {
  private final Logger logger = LoggerFactory.getLogger(getClass());

  @ServiceActivator
  public void doSomethingWithCustomer(Message<Customer> customerMessage) {
    var customer = customerMessage.getPayload();
    logger.debug("Received: {}", customer);
  }
}
```

메시지 헤더 수정하기

메시지 페이로드뿐만 아니라 헤더를 업데이트해야 할 때도 있습니다. MessageBuilder 클래스로 지정된 페이로드와 지정된 헤더 데이터를 이용해 새 메시지 객체를 생성할 수 있습니다. 구성은 이전과 동일합니다.

예제 12-14 MessageBuilder를 이용한 메시지 변환기

```
package com.apress.spring6recipes.springintegration;

import org.springframework.integration.annotation.Transformer;
import org.springframework.integration.support.MessageBuilder;
import org.springframework.messaging.Message;

import java.util.Map;

public class InboundJMSMessageToCustomerTransformer {

  @Transformer
  public Message<Customer> transformJMSMapToCustomer(
    Message<Map<String, Object>> inboundSpringIntegrationMessage) {
    var jmsPayload = inboundSpringIntegrationMessage.getPayload();
```

```
    var customer = convert(jmsPayload);
    return MessageBuilder.withPayload(customer)
      .copyHeadersIfAbsent(inboundSpringIntegrationMessage.getHeaders())
      .setHeaderIfAbsent("randomlySelectedForSurvey", Math.random() > .5)
      .build();
  }

  private Customer convert(Map<String, Object> payload) {
    return new Customer(
            (Long) payload.get("id"),
            (String) payload.get("firstName"),
            (String) payload.get("lastName"),
            (String) payload.getOrDefault("telephone", null),
            (Float) payload.getOrDefault("creditScore", 0f));
  }
}
```

이전과 마찬가지로 입력과 출력이 이루어지는 단순한 메서드입니다. 출력은 MessageBuilder를 사용해 동적으로 생성됩니다. 출력의 페이로드는 기존 입력 메시지의 페이로드와 동일하며 출력의 헤더는 기존 메시지 헤더를 복사하고 추가 헤더(randomSelectedForSurvey)를 더해 만듭니다. 스프링 메시징과 스프링 인티그레이션에서는 기본적으로 메시지를 변경할 수 없으므로 기존 메시지를 재사용할 수 없습니다. 따라서 새 메시지와 헤더 복사본이 필요합니다.

레시피 12-6 스프링 인티그레이션으로 오류 처리하기

과제 스프링 인티그레이션은 서로 다른 노드, 컴퓨터, 서비스, 프로토콜, 언어 스택 등으로 분산된 시스템을 연결합니다. 실제로 스프링 인티그레이션 솔루션에서 원격 실행 시 시작부터 종료까지 걸린 시간이 항상 같을 수 없으므로 비동기로 동작하는 컴포넌트에서 발생하는 예외를 처리하는 일은 단일 스레드에서 try/catch 블록을 사용하는 것처럼 간단하지 않습니다. 이는 어떤 채널과 큐를 사용하든지 오류를 발생시킨 컴포넌트와 관련해 분산된 방식으로 오류를 효과적으로 전달할 방법이 필요하다는 의미입니다. 따라서 오류를 다른 곳에 있는 JMS 큐나 다른 스레드의 큐에서 처리할 수 있어야 합니다.

해결 스프링 인티그레이션은 암시적/명시적인 코드를 사용해 오류 채널을 지원합니다.

풀이 스프링 인티그레이션은 예외를 잡아 원하는 오류 채널로 전송하는 기능을 제공합니다. 기본적으로 스프링 인티그레이션은 errorChannel이라는 전역 채널에 LoggingHandler를 등록해 예외와 스택트레이스를 로깅합니다. 다음처럼 메시지 주도 채널 어댑터에 errorChannel 속성을 사용하면 errorChannel 채널에 오류를 전송할 수 있습니다.

예제 12-15 오류 채널 관련 연계 구성

```
@Bean
public IntegrationFlow jmsInbound(ConnectionFactory connectionFactory) {
  return IntegrationFlow
          .from(Jms.messageDrivenChannelAdapter(connectionFactory)
                  .extractPayload(true).destination("recipe-12-6")
                  .errorChannel("errorChannel"))
          .transform(customerTransformer())
          .handle(customerServiceActivator())
          .get();
}
```

커스텀 핸들러로 예외 처리하기

채널에서 메시지를 구독하는 컴포넌트에서 예외 처리를 오버라이드할 수 있습니다. 메시지가 errorChannel로 들어올 때마다 호출되는 클래스를 만들면 됩니다.

예제 12-16 커스텀 핸들러 관련 연계 구성

```
@Bean
public DefaultErrorHandlingServiceActivator errorHandlingServiceActivator() {
  return new DefaultErrorHandlingServiceActivator();
}

@Bean
public IntegrationFlow errorFlow() {
  return IntegrationFlow
       .from("errorChannel")
       .handle(errorHandlingServiceActivator())
       .get();
}
```

자바 코드는 예상한 대로입니다. 물론 errorChannel에서 오류 메시지를 받는 컴포넌트가 서비스 액티베이터일 필요는 없으며 단지 편의상 사용했습니다. 다음 서비스 액티베이터 코드는 errorChannel용 핸들러를 만드는 데 필요한 몇 가지 작업을 보여 줍니다.

예제 12-17 오류를 처리하는 서비스 액티베이터

```
package com.apress.spring6recipes.springintegration;

import org.slf4j.Logger;
import org.slf4j.LoggerFactory;
import org.springframework.integration.annotation.ServiceActivator;
import org.springframework.messaging.Message;
import org.springframework.messaging.MessagingException;

public class DefaultErrorHandlingServiceActivator {

  private final Logger logger = LoggerFactory.getLogger(getClass());

  @ServiceActivator
  public void handleThrowable(Message<Throwable> errorMessage) {
    var throwable = errorMessage.getPayload();
    logger.error("Message: {}", throwable.getMessage(), throwable);

    if (throwable instanceof MessagingException me) {
      Message<?> failedMessage = me.getFailedMessage();

      if (failedMessage != null) {
        // 원본 실패 메시지를 기반으로 처리
      }
    } else {
      // 사용자가 직접 만든 컴포넌트의 코드 실행 과정에서 발생한 예외임
    }
  }
}
```

스프링 인티그레이션 컴포넌트에서 던지는 모든 오류는 MessagingException의 하위 클래스입니다. MessagingException은 오류를 발생시킨 원본 Message를 가리키는 포인터를 전달하며 이를 분석해 더 많은 컨텍스트 정보를 얻을 수 있습니다. 예제에서는 instanceof를 사용했습니다. 예외 타입에 따라 커스텀 예외 핸들러에 위임하면 좋을 것입니다.

예외 타입에 따라 커스텀 핸들러 라우팅하기

상황에 따라 더 구체적인 오류 처리가 필요할 수 있습니다. 다음은 errorChannel을 리스닝하는 예외 타입 라우터를 구성한 예제입니다. 이 라우터는 예외의 타입에 따라 어느 채널에서 결과를 얻어올지 결정합니다.

예제 12-18 예외 라우팅 연계 구성

```
@Bean
public ErrorMessageExceptionTypeRouter exceptionTypeRouter() {
  var mappings = Map.of(
      MyCustomException.class.getName(), "customExceptionChannel",
      RuntimeException.class.getName(), "runtimeExceptionChannel",
      MessageHandlingException.class.getName(), "messageHandlingExceptionChannel"
  );
  var router = new ErrorMessageExceptionTypeRouter();
  router.setChannelMappings(mappings);
  return router;
}

@Bean
public IntegrationFlow errorFlow() {
  return IntegrationFlow
          .from("errorChannel")
          .route(exceptionTypeRouter())
          .get();
}
```

다중 오류 채널 구현하기

이전 예제는 단순한 사례에서 잘 동작하겠지만 연계마다 오류 처리 방식을 달리해야 하는 상황도 있습니다. 모든 오류를 하나의 채널로만 전송하면 결국 switch 구문이 너무 많아져 유지 관리하기 어려운 거대한 클래스가 되어버리겠죠. 대신 각 연계에 가장 적합한 오류 채널로 오류 메시지를 선택적으로 보내는 편이 더 좋습니다. 이렇게 하면 모든 오류 처리가 한 곳에 집중되지 않습니다. 특정 연계에서 발생한 오류를 어떤 채널로 보낼지 명시적으로 지정해 이를 구현할 수 있습니다. 다음은 메시지 수신 시에 오류 채널 이름을 나타내는 헤더를 추가하는 컴포넌트(서비스 액티베이터) 코드입니다. 스프링 인티그레이션은 메시지 처리 중에 발생한 오류를 해당 헤더를 이용해 알아낸 채널로 전달합니다.

예제 12-19 오류 채널을 헤더로 추가한 서비스 액티베이터

```
package com.apress.springrecipes.springintegration;

import org.springframework.integration.annotation.ServiceActivator;

public class ServiceActivatorThatSpecifiesErrorChannel {

  @ServiceActivator
  public Message<?> startIntegrationFlow(Message<?> firstMessage)
    throws Throwable {
    return MessageBuilder.fromMessage(firstMessage).
      setHeaderIfAbsent( MessageHeaders.ERROR_CHANNEL,
       "errorChannelForMySolution").build();
  }
}
```

이 컴포넌트로 연계하는 도중에 발생한 모든 오류는 `errorChannelForMySolution`로 전달되며 원하는 컴포넌트로 이를 구독하면 됩니다.

레시피 12-7 스플리터와 애그리게이터로 연계 분기 처리하기

과제 한 컴포넌트에서 여러 컴포넌트로 처리 흐름을 분기할 때 한 번에 모든 컴포넌트로 분기하거나 조건에 따라 특정한 하나의 컴포넌트로만 분기해 보세요.

해결 스플리터splitter(분산기) 컴포넌트와 그 파트너인 애그리게이터 컴포넌트를 이용하면 처리 제어를 분기하고 결합할 수 있습니다.

풀이 라우팅은 ESB의 근본적인 요소입니다. 지금까지는 처리가 거의 선형적인 흐름으로 이루어지게 여러 컴포넌트를 연결하는 방법을 살펴봤습니다. 하지만 메시지를 여러 컴포넌트로 분할하는 기능이 필요한 솔루션도 있습니다. 의존성이 없어 병렬 처리가 가능한 상황이 대표적인 사례일 것입니다. 이럴 때는 가능한 한 병렬 처리를 하는 것이 효율적입니다.

스플리터 사용하기

크기가 큰 페이로드를 작은 여러 메시지로 나누어 각각 처리하는 방식은 유용할 때가 많습니다. 스프링 인티그레이션에서 스플리터 컴포넌트가 이러한 일을 수행합니다. 스플리터는 입력 메시지를 받은 후 컴포넌트 사용자에게 어떤 기준으로 Message를 분할할지 묻습니다. 분할하는 방식은 사용자가 결정하고 이를 스프링 인티그레이션에 알려 주면 각 결과가 스플리트 컴포넌트의 출력 채널로 전달됩니다. 스프링 인티그레이션은 별도 수정 없이 바로 이용할 수 있는 유용한 스플리터를 몇 가지 제공합니다. 그중 한 가지는 XML 페이로드를 XPath 쿼리로 분할하는 스플리터인 XPathMessageSplitter입니다.

각각 처리해야 하는 데이터 행이 담긴 텍스트 파일을 다룰 때 스플리터를 이용하면 유용합니다. 실제 처리를 수행하는 서비스에 각 행을 전송하려면, 각 행을 추출해 새 Message로 만들어 전달하는 방법이 필요합니다. 구성은 다음과 같습니다.

예제 12-20 연계 구성

```
package com.apress.spring6recipes.springintegration;

import org.springframework.beans.factory.annotation.Value;
import org.springframework.context.annotation.Bean;
import org.springframework.context.annotation.Configuration;
import org.springframework.integration.config.EnableIntegration;
import org.springframework.integration.dsl.IntegrationFlow;
import org.springframework.integration.dsl.Pollers;
import org.springframework.integration.file.dsl.Files;

import java.io.File;
import java.time.Duration;

@Configuration
@EnableIntegration
public class IntegrationConfiguration {

  @Bean
  public CustomerBatchFileSplitter splitter() {
      return new CustomerBatchFileSplitter();
  }

  @Bean
  public CustomerDeletionServiceActivator customerDeletionServiceActivator() {
```

```java
        return new CustomerDeletionServiceActivator();
    }

    @Bean
    public IntegrationFlow fileSplitAndDelete(
            @Value("file:${user.home}/customerstoremove/new/") File inputDirectory) {

      var poller = Pollers.fixedRate(Duration.ofSeconds(1));
      return IntegrationFlow.from(
              Files.inboundAdapter(inputDirectory)
                      .patternFilter("customerstoremove-*.txt"), c -> c.poller(poller))
              .split(splitter())
              .handle(customerDeletionServiceActivator())
              .get();
    }
}
```

@Splitter 애너테이션을 적용한 메서드의 반환 타입이 java.util.Collection이라는 점을 제외하면 이전과 코드가 거의 동일합니다.

예제 12-21 스플리터 예시

```java
package com.apress.spring6recipes.springintegration;

import org.springframework.integration.annotation.Splitter;

import java.io.File;
import java.io.IOException;
import java.nio.file.Files;
import java.util.Collection;

public class CustomerBatchFileSplitter {

  @Splitter
  public Collection<String> splitAFile(File file) throws IOException {
    System.out.printf("Reading %s....%n", file.getAbsolutePath());
    return Files.readAllLines(file.toPath());
  }
}
```

메시지 페이로드를 java.io.File 타입으로 전달받아 내용을 읽고 결과(컬렉션이나 배열값. 예제에서는 Collection<String>)를 반환합니다. 스프링 인티그레이션은 결과를 대상으로 일종의 for-each를 수행해 컬렉션의 각 값을 스플리터의 출력 채널(예제에서는 명시적으로 채널을 지정하지 않았으므로 암시적 채널)로 보냅니다. 때로는 개별 조각을 더 집중해서 처리하도록 메시지를 분할해 전달하기도 합니다. 그렇게 하면 메시지를 더 쉽게 관리할 수 있어서 처리 요구 사항도 완화할 수 있습니다. 이러한 방식은 다양한 아키텍처에서 입증되었습니다. 맵/리듀스map/reduce 솔루션에서는 작업을 분할한 후 병렬로 처리하고 BPM 시스템의 분기/결합 구성은 제어 흐름을 병렬로 진행해 전체 작업을 더 빠르게 처리합니다.

애그리게이터 사용하기

스플리터와 반대로, 여러 메시지를 하나로 결합해 단일 결과를 출력 채널에 반환해야 할 때도 있습니다. @Aggregator 애너테이션은 (개발자가 정한 메시지 간 관계를 기반으로) 일련의 메시지를 취합하고 단일 메시지를 만들어 후속 컴포넌트에 발행합니다. 예를 들어 22개의 액터로부터 각기 다른 22개의 메시지가 들어오지만 그 시점은 알 수 없다고 합시다. 회사에서 공급업체를 선정하려고 여러 공급업체로부터 입찰을 받는 상황을 떠올려 보죠. 섣불리 조기에 계약을 체결하면 이익을 최대화할 기회를 놓칠 수 있으므로 모든 공급업체로부터 입찰을 받고 계약을 진행해야 합니다. 애그리게이터는 이러한 상황에 잘 맞습니다.

스프링 인티그레이션에는 들어오는 메시지들을 연관 짓는 다양한 방법이 있습니다. 얼마나 많은 메시지를 읽을지는 SimpleSequenceSizeReleaseStrategy 클래스를 이용해 결정합니다. 이 클래스는 잘 알려진 헤더값(표 12-2)을 읽어서 수신해야 할 총 메시지 개수를 계산하고 각 메시지가 전체 중 몇 번째인지 기록합니다(예: 3/22). 대개 애그리게이터는 스플리터 다음에 위치합니다. 따라서 기본 헤더값은 스플리터가 제공하며 사용자가 직접 헤더 파라미터를 만들 수도 있습니다. 전체 메시지의 개수는 모르지만 일정 시간 내에 헤더값이 같은 메시지가 여러 개 들어올 예정이라면 스프링 인티그레이션이 제공하는 HeaderAttributeCorrelationStrategy를 이용합니다. 마치 사람의 성씨로 가문을 구분하듯이 헤더값이 같은 메시지들을 같은 그룹으로 처리할 수 있죠.

이전 예제를 다시 살펴보겠습니다. 신규 고객 정보가 한 줄씩 기록된 파일을 분할해 처리했다고 합시다. 이제 고객 정보를 다시 합치고 전체 고객 정보를 대상으로 정리 작업을 수행하려고 합니다. 예제에서는 기본 완료default completion 전략과 상관관계correlation 전략을 사용하므로 연계 워크플로 구성 시 기본 aggregate() 메서드를 사용할 수 있습니다. 결과는 다른 서비스 액티베이터에 전달되어 요약 정보가 출력될 것입니다.

예제 12-22 연계 구성

```
package com.apress.spring6recipes.springintegration;

import java.io.File;
import java.time.Duration;
import java.util.concurrent.TimeUnit;

import org.springframework.beans.factory.annotation.Value;
import org.springframework.context.annotation.Bean;
import org.springframework.context.annotation.Configuration;
import org.springframework.integration.config.EnableIntegration;
import org.springframework.integration.dsl.IntegrationFlow;
import org.springframework.integration.dsl.Pollers;
import org.springframework.integration.file.dsl.Files;

@Configuration
@EnableIntegration
public class IntegrationConfiguration {

  @Bean
  public CustomerBatchFileSplitter splitter() {
    return new CustomerBatchFileSplitter();
  }

  @Bean
  public CustomerDeletionServiceActivator customerDeletionServiceActivator() {
    return new CustomerDeletionServiceActivator();
  }

  @Bean
  public SummaryServiceActivator summaryServiceActivator() {
    return new SummaryServiceActivator();
  }

  @Bean
  public IntegrationFlow fileSplitAndDelete(
          @Value("file:${user.home}/customerstoremove/new/") File inputDirectory)
          throws Exception {
    var poller = Pollers.fixedRate(Duration.ofSeconds(1));
    return IntegrationFlow.from(
            Files.inboundAdapter(
```

```
            inputDirectory).patternFilter("customerstoremove-*.txt"),
            c -> c.poller(poller)).split(splitter())
            .handle(customerDeletionServiceActivator())
            .aggregate().handle(summaryServiceActivator()).get();
  }
}
```

SummaryServiceActivator의 자바 코드는 간단합니다.

예제 12-23 요약 작업을 수행하는 서비스 액티베이터

```
package com.apress.spring6recipes.springintegration;

import org.springframework.integration.annotation.ServiceActivator;

import java.util.Collection;

public class SummaryServiceActivator {

  @ServiceActivator
  public void summary(Collection<Customer> customers) {
    System.out.printf("Removed %s customers.%n", customers.size());
  }
}
```

레시피 12-8 라우터로 조건부 라우팅하기

과제 특정 기준에 따라 메시지를 나눠 처리하세요. 이는 EAI에서 if/else 분기와 유사한 개념입니다.

해결 라우터 컴포넌트를 이용해 조건에 따라 처리 흐름을 변경할 수 있습니다. 또한 여러 구독자에게 (스플리터로 했듯이) 메시지를 멀티캐스트할 수 있습니다.

풀이 라우터를 이용하면 수신된 메시지를 전달할 채널을 지정할 수 있습니다. 이는 상당히 강력한 기능입니다. 조건에 따라 처리 흐름을 변경할 수 있으며 메시지를 원하는 만큼 많은(또는 적은) 채널에 전달할 수 있죠. 페이로드 타입에 따라 라우팅하는 PayloadTypeRouter, 그룹이나 채널 목록으로의 라우팅하는 RecipientListRouter 같은 일반적인 요구 사항을 충족하는 몇 가지 편리한 기본 라우터가 제공됩니다.

예를 들어 신용 점수가 높은 고객과 낮은 고객의 정보를 다르게 처리하도록 라우팅하는 처리 파이프라인을 생각해 봅시다. 신용 정보가 낮은 고객의 정보를 처리할 때는 직원이 직접 심사하도록 정보를 큐에 대기시킨다고 합시다. 여느 때와 같이 구성은 매우 간단합니다. 다음은 라우팅 로직을 구현한 코드입니다.

예제 12-24 연계 구성: 인라인 라우터

```
@Bean
public IntegrationFlow fileSplitAndDelete(@Value
("file:${user.home}/customerstoimport/new/") File inputDirectory) throws Exception
{

  return IntegrationFlow.from(
      Files.inboundAdapter(inputDirectory)
              .patternFilter("customers-*.txt"), c -> c.poller(Pollers.
              fixedRate(Duration.ofSeconds(1))))
          .split(splitter())
          .transform(transformer())
          .<Customer, Boolean>route(c -> c.getCreditScore() > 770,
                m -> m
                       .channelMapping(Boolean.TRUE, "safeCustomerChannel")
                       .channelMapping(Boolean.FALSE, "riskyCustomerChannel")
                       .applySequence(false)
    ).get();
}
```

또는 다음과 같이 별도 클래스에서 @Router 애너테이션을 적용한 메서드를 작성할 수도 있습니다. 워크플로 엔진의 조건부 요소나 JSF 지원 빈backing bean 메서드도 라우팅 로직을 코드에서 분리해서 XML 구성 파일로 옮기고 런타임 시에 라우팅을 결정하도록 지연한다는 점에서 매우 유사합니다. 예제에서 반환된 문자열은 Message를 전달할 채널의 이름입니다.

예제 12-25 연계 구성: 전용 라우터

```
package com.apress.spring6recipes.springintegration;

import org.springframework.integration.annotation.Router;
```

```
public class CustomerCreditScoreRouter {

  @Router
  public String routeByCustomerCreditScore(Customer customer) {
    if (customer.creditScore() > 770) {
      return "safeCustomerChannel";
    } else {
      return "riskyCustomerChannel";
    }
  }
}
```

메시지를 전달하지 않고 처리를 중지하고 싶다면 문자열 대신 `null`을 반환하면 됩니다.

레시피 12-9 스프링 배치로 이벤트 스테이징하기

과제 백만 개의 레코드가 포함된 파일이 있습니다. 이 파일은 하나의 이벤트로 처리하기에는 너무 큽니다. 각 행을 하나의 이벤트로 처리하는 것이 훨씬 더 자연스럽습니다.

해결 스프링 배치(8장 참조)는 이러한 사례에 매우 적합합니다. 스프링 배치를 이용해 입력 파일이나 페이로드를 가져온 후 명확하고 체계적으로 ESB가 다룰 수 있는 이벤트로 분해할 수 있습니다.

풀이 스프링 인티그레이션은 파일을 버스로 읽어들일 수 있게 지원하며 스프링 배치는 데이터의 고유한 커스텀 엔드포인트를 제공합니다. 하지만 할 수 있다고 해서 꼭 해야 하는 것은 아닙니다. 두 시스템이 많은 부분에서 중첩돼 보이지만 (아주 미묘하긴 해도) 분명히 차이가 있습니다. 두 시스템 모두 파일/메시지 큐를 이용하거나 서로 통신하게 작성된 코드를 이용해 동작하지만 스프링 인티그레이션은 대규모 페이로드에 적합하지 않습니다. 백만 행이 담긴 파일을 하나의 이벤트로 작업하려면 몇 시간이 걸릴지도 모르는데, 이는 ESB에 너무 큰 부담이 되고 CSV 파일에 담긴 백만 개의 레코드는 버스에서 이벤트로 처리할 수 없지만 그 안의 각 레코드는 각각 이벤트로 처리할 수 있습니다.

백만 개의 행이 담긴 파일을 작은 이벤트로 분해할 때 스프링 배치가 도움을 줄 수 있습니다. 스프링 배치는 체계적으로 레코드를 읽고 유효성 검사를 수행하며 선택적으로 잘못된 레코드를 건너뛰고 재시도할 수 있습니다. 처리는 스프링 인티그레이션 같은 ESB에서 할 수 있습니다. 스프링 배치와 스프링 인티그레이션을 함께 이용하면 진정으로 확장 가능하며 결합도가 낮은 시스템을 구축할 수 있습니다.

단계적 이벤트 주도 아키텍처staged event-driven architecture(SEDA)는 이러한 상황에 맞는 아키텍처입니다. SEDA에서는 아키텍처의 컴포넌트에 가해지는 부하를 완화하고자 작업을 큐에 대기시키고 후속 컴포넌트가 처리할 수 있는 만큼만 진행되도록 합니다. 백만 명의 사용자가 동영상을 업로드하는 사이트를 서버 10대로 운영한다고 생각해 봅시다. 업로드 즉시 동영상의 형식을 변환하려면 시스템이 과부하 상태에 빠지겠죠. 변환 작업에 몇 시간이 걸릴 수 있고 단일 CPU(또는 여러 CPU)를 점유할 것입니다. 동영상 파일을 어딘가에 저장한 다음에 처리 가능한 시점에 해당 파일을 처리하는 것이 효율적입니다. 이렇게 하면 변환을 처리하는 노드의 부하를 관리할 수 있으며 항상 서버가 바쁘게 작업을 하면서도 과부하가 생기지는 않습니다.

마찬가지로 ESB 같은 처리 시스템도 백만 개의 레코드를 한 번에 효율적으로 처리할 수는 없습니다. 큰 이벤트와 메시지를 더 작은 이벤트와 메시지로 분해하려고 노력해야 합니다. 예를 들어 시간별 판매 정보가 담긴 배치 파일을 처리하는 시스템을 생각해 보겠습니다. 배치 파일은 스프링 인티그레이션이 모니터링하는 특정 경로에 옮겨지며 스프링 인티그레이션은 새 파일을 발견하는 즉시 처리를 시작해 스프링 배치에 배치 파일 정보를 알려 주고 스프링 배치 잡을 비동기적으로 시작합니다.

스프링 배치는 파일을 읽고 레코드를 객체로 변환한 후 원본 배치와 관련된 키를 포함한 JMS 메시지를 생성해 JMS 토픽으로 출력합니다. 작업이 완료되는 데 반나절이 걸리더라도 언젠가는 끝나게 됩니다. 스프링 인티그레이션은 (반나절 전에 시작된 잡이 이제 끝났다는 사실을 모른 채로) 토픽에서 메시지를 하나씩 꺼내 옵니다. 그리고 레코드 처리를 시작합니다. 단순한 처리라도 ESB에서는 여러 컴포넌트를 거쳐 이루어집니다.

여러 액터가 소통을 유지하며 처리 과정이 장기간에 걸쳐 진행된다면 각 레코드의 처리를 BPM 엔진에 위임할 수도 있습니다. BPM 엔진은 다양한 액터와 작업 목록을 엮어 며칠에 걸쳐서 작업할 수 있습니다. 반면에 스프링 인티그레이션은 매우 짧은 시간(밀리초 단위) 내 수행되는 작업을 더 잘 지원합니다. 예제에서는 스프링 배치를 발판으로 후속 컴포넌트의 부하를 줄였습니다. 후속 컴포넌트 역시 스프링 인티그레이션 처리이며 작업을 가져와 BPM에 전달해 최종적으로 처리하도록 합니다. 스프링 인티그레이션은 디렉터리 폴링을 트리거로 삼아 배치 잡을 시작하고 처리할 파일의 이름을 알려 줍니다. 스프링 인티그레이션은 스프링 배치의 JobLaunchingMessageHandler를 사용해 잡을 기동합니다. 이 클래스는 어떤 잡을 어떤 매개변수를 이용해 시작할지 알려 주는 JobLaunchRequest를 받습니다. 다음은 수신된 Message<File>을 JobLaunchRequest로 변환하는 변환기 코드입니다.

예제 12-26 JobLaunchRequest **변환 작업을 수행하는 변환기**

```
package com.apress.spring6recipes.springintegration;

import org.springframework.batch.core.Job;
import org.springframework.batch.core.JobParametersBuilder;
import org.springframework.batch.integration.launch.JobLaunchRequest;
import org.springframework.integration.annotation.Transformer;

import java.io.File;

public class FileToJobLaunchRequestTransformer {

  private final Job job;
  private final String fileParameterName;

  public FileToJobLaunchRequestTransformer(Job job, String fileParameterName) {
    this.job=job;
    this.fileParameterName=fileParameterName;
  }

  @Transformer
  public JobLaunchRequest transform(File file) {
    var builder = new JobParametersBuilder();
    builder.addString(fileParameterName, file.getAbsolutePath());
    return new JobLaunchRequest(job, builder.toJobParameters());
  }
}
```

변환기를 구성하려면 Job 객체와 filename 매개변수가 필요합니다. 스프링 배치 잡은 이 매개변수를 이용해 로드할 파일을 찾습니다. 수신된 메시지는 배치 잡을 시작하는 데 사용할 JobLaunchRequest로 변환됩니다. 이때 전체 파일명이 매개변숫값으로 들어갑니다.

다음과 같이 구성해 모든 것을 함께 연결합니다(스프링 배치 설정은 넣지 않았으므로 8장을 참조해 주세요).

예제 12-27 연계 구성: 스프링 배치 연계

```
package com.apress.spring6recipes.springintegration;

import org.springframework.batch.core.Job;
import org.springframework.batch.core.launch.JobLauncher;
import org.springframework.batch.integration.launch.JobLaunchingMessageHandler;
import org.springframework.beans.factory.annotation.Value;
import org.springframework.context.annotation.Bean;
import org.springframework.integration.dsl.IntegrationFlow;
import org.springframework.integration.dsl.Pollers;
import org.springframework.integration.file.dsl.Files;

import java.io.File;
import java.time.Duration;

public class IntegrationConfiguration {

  @Bean
  public FileToJobLaunchRequestTransformer transformer(Job job) {
    return new FileToJobLaunchRequestTransformer(job, "filename");
  }

  @Bean
  public JobLaunchingMessageHandler jobLaunchingMessageHandler(
    JobLauncher launcher) {
    return new JobLaunchingMessageHandler(launcher);
  }

  @Bean
  public IntegrationFlow fileToBatchFlow(
          @Value("file:${user.home}/customerstoimport/new/") File directory,
          FileToJobLaunchRequestTransformer transformer,
          JobLaunchingMessageHandler handler) {
    return IntegrationFlow
            .from(
                    Files.inboundAdapter(directory)
                            .patternFilter("customers-*.txt"),
                    c -> c.poller(Pollers.fixedRate(Duration.ofSeconds(1))))
            .transform(transformer)
```

```
                .handle(handler)
            .get();
    }
}
```

FileToJobLaunchRequestTransformer와 JobLaunchingMessageHandler를 구성했습니다. 파일 인바운드 채널 어댑터는 파일을 폴링하는 데 사용됩니다. 파일이 감지되면 메시지를 이 채널에 넣습니다. 해당 채널을 수신하는 체인도 구성했습니다. 메시지를 수신하면 먼저 변환한 후 JobLaunchingMessageHandler로 전달합니다.

이제 파일을 처리하는 배치 잡이 시작될 것입니다. 일반적으로 잡에서는 FlatFileItemReader를 이용해 파일을 실제로 읽습니다. 이때 어떤 파일을 읽어야 하는지를 filename 매개변수로 알아냅니다. JmsItemWriter는 토픽에서 읽은 행마다 메시지를 씁니다. 스프링 인티그레이션에서 JMS 인바운드 채널 어댑터는 메시지를 수신하고 처리하는 데 사용합니다.

레시피 12-10 게이트웨이 사용하기

과제 서비스가 메시징 미들웨어를 이용해 구축됐다는 사실이 드러나지 않게 클라이언트에게 서비스 인터페이스만 노출하세요.

해결 앞서 소개한 『기업 통합 패턴』에 나오는 게이트웨이 패턴을 이용하면 스프링 인티그레이션이 제공하는 풍부한 기능을 사용할 수 있습니다.

풀이 게이트웨이는 다른 패턴과 비슷해 보이지만 고유한 특성이 있어 별도로 주목할 만한 독특한 패턴입니다. 이전 예제에서는 어댑터를 사용해 두 시스템이 느슨하게 결합된 외부 미들웨어 컴포넌트를 통해 소통하도록 했습니다. 이 외부 컴포넌트는 파일 시스템, JMS 큐/토픽, X(구 트위터) 등 무엇이든 될 수 있습니다.

퍼사드는 다른 컴포넌트의 기능을 추상화해 간단한 인터페이스를 제공하고 더 간략하게 기능을 수행하도록 해 줍니다. 예를 들어 여행 계획 인터페이스를 구축할 때 퍼사드를 이용해 자동차 렌탈, 호텔 예약, 항공사 예약 시스템의 세부 사항을 추상화할 수 있습니다.

반면 게이트웨이는 시스템의 미들웨어나 메시징으로부터 격리된 인터페이스를 클라이언트에게 제공합니다. 예를 들어 클라이언트가 JMS나 스프링 인티그레이션 API에 의존하지 않게 합니다. 게이트웨이를 이용하면 시스템의 입력과 출력에 컴파일 타임 제약 조건compile-time constraint을 나타낼 수 있습니다.

게이트웨이를 사용하는 이유는 다양합니다. 첫째, 구성이 더 깔끔해집니다. 둘째, 클라이언트가 특정 인터페이스를 준수하도록 요구할 가능성이 있다면 이런 식으로 인터페이스를 제공하는 방법이 좋습니다. 셋째, 클라이언트에게 미들웨어 사용과 관련된 세부 사항을 숨길 수 있습니다. 예를 들어 아키텍처에서 메시징 미들웨어를 사용하면서 메시지를 비동기로 처리해 성능을 향상할 수 있겠지만, 그렇다고 해서 외부 인터페이스가 불명확하고 복잡해지기를 원하지는 않을 것입니다.

POJO 인터페이스 뒤에 메시징을 감추는 기능은 여러 다른 프로젝트의 흥미로운 관심사였습니다. Codehaus.org의 프로젝트인 링고Lingo는 (이제 활발히 개발되지 않지만) JMS와 자바 EE 커넥터 아키텍처Java EE Connector Architecture (JCA[1])에 특화한 기능이 있었습니다. 그 이후 개발자들은 아파치 카멜Apache Camel로 옮겨갔습니다.

이번 레시피에서는 스프링 인티그레이션이 제공하는 핵심적인 메시징 게이트웨이 지원 기능을 알아보고 메시지 교환 패턴과 관련된 지원 기능도 살펴봅니다. 그런 다음 클라이언트에 맞닿은 인터페이스에서 세부 구현을 완전히 제거하는 방법을 설명하겠습니다.

MessagingGatewaySupport

`MessagingGatewaySupport` 클래스는 스프링 인티그레이션이 제공하는 가장 기본적인 게이트웨이 지원 기능입니다. 이 클래스를 이용하면 요청을 보낼 채널과 응답을 받을 채널을 지정할 수 있습니다. 또한 응답을 전송할 채널도 지정할 수 있습니다. 이로써 기존 메시징 시스템을 토대로 입력–출력in-out과 입력 전용in-only 패턴을 이용할 수 있습니다. 또한 사용자는 송수신되는 메시지의 세부 정보와 상관없이 페이로드를 처리할 수 있습니다. 한 단계 더 추상화한 것이죠. `MessagingGatewaySupport`와 스프링 인티그레이션의 채널 개념을 함께 활용하면 파일 시스템, JMS, 이메일 시스템 등과 인터페이스하고 페이로드와 채널을 간단하게 처리할 수 있습니다. 웹 서비스와 JMS 같은 일반적인 엔드포인트를 지원하는 구현체는 이미 존재합니다.

1 옮긴이_ JCA는 원래 자바 암호화 아키텍처를 의미했으나 현재는 일반적으로 자바 EE 커넥터 아키텍처를 지칭합니다.

일반적인 메시징 게이트웨이를 사용하는 예제를 살펴보겠습니다. 서비스 액티베이터에 메시지를 보낸 다음 응답을 받는 코드입니다. MessagingGatewaySupport를 이용해 보면 얼마나 편리한지 금세 알 수 있습니다.

추상 클래스인 MessagingGatewaySupport를 상속하는 작은 클래스를 정의해 봅시다.

예제 12-28 간단한 메시징 게이트웨이

```
package com.apress.spring6recipes.springintegration;

import org.springframework.integration.gateway.MessagingGatewaySupport;

public class SimpleMessagingGateway extends MessagingGatewaySupport {

  @SuppressWarnings("unchecked")
  public <T> T convertSendAndReceive(Object payload) {
    return (T) super.sendAndReceive(payload);
  }
}
```

MessagingGatewaySupport를 상속받고 convertSendAndReceive()라는 새 메서드를 추가했습니다. 이 메서드는 MessagingGatewaySupport가 제공하는 sendAndReceive() 메서드를 호출하고 응답을 적절한 타입으로 변환합니다.

예제 12-29 메인 클래스

```
package com.apress.spring6recipes.springintegration;

import org.springframework.context.annotation.AnnotationConfigApplicationContext;
import org.springframework.integration.gateway.GatewayProxyFactoryBean;
import org.springframework.messaging.MessageChannel;

public class Main {

  public static void main(String[] args) {
    var cfg = AdditionConfiguration.class;
    try (var ctx = new AnnotationConfigApplicationContext(cfg)) {
      var request = ctx.getBean("request", MessageChannel.class);
      var response = ctx.getBean("response", MessageChannel.class);
```

```
      var gateway = new GatewayProxyFactoryBean();
      gateway.setDefaultRequestChannel(request);
      gateway.setDefaultReplyChannel(response);
      gateway.setBeanFactory(ctx);
      gateway.afterPropertiesSet();
      gateway.start();

      var msgGateway = new SimpleMessagingGateway();
      msgGateway.setRequestChannel(request);
      msgGateway.setReplyChannel(response);
      msgGateway.setBeanFactory(ctx);
      msgGateway.afterPropertiesSet();
      msgGateway.start();

      Number result = msgGateway.convertSendAndReceive(new Operands(22, 4));
      System.out.printf("Result: %f%n", result.floatValue());
    }
  }
}
```

인터페이스는 매우 간단합니다. SimpleMessagingGateway에는 요청 채널과 응답 채널만 필요하며 나머지는 알아서 구성합니다. 코드에서는 요청을 서비스 액티베이터로 전달하는 일만 합니다. 그러면 서비스 액티베이터는 피연산자를 추가한 후 이를 응답 채널로 보냅니다. 구성은 간단하며 대부분의 작업이 다섯 줄짜리 자바 코드에서 이루어집니다.

예제 12-30 연계 구성

```
package com.apress.spring6recipes.springintegration;

import org.springframework.context.annotation.Bean;
import org.springframework.context.annotation.Configuration;
import org.springframework.integration.config.EnableIntegration;
import org.springframework.integration.dsl.IntegrationFlow;

@Configuration
@EnableIntegration
public class AdditionConfiguration {

  @Bean
  public AdditionService additionService() {
    return new AdditionService();
```

```
    }

    @Bean
    public IntegrationFlow additionFlow() {
      return IntegrationFlow.from("request")
          .handle(additionService(), "add")
          .channel("response").get();
    }
  }
```

구성에서 요청 채널(request)을 사용했습니다. 수신된 모든 메시지는 AdditionService의 add() 메서드를 호출하면서 전달됩니다. add()의 결과는 응답 채널(response)에 보내져 관심 있는 다른 주체들이 이를 얻도록 합니다. SimpleMessagingGateway는 피연산자를 요청 채널에 넣고 응답 채널에서 결과를 반환합니다([예제 12-29]의 메인 클래스 참조).

인터페이스 의존성 없애기

이전 예제에서는 내부에서 무슨 일이 일어나는지 살펴봤습니다. 스프링 인티그레이션 인터페이스만 다뤘고 엔드포인트의 세부 사항은 신경 쓰지 않았습니다. 그럼에도 여전히 클라이언트가 쉽게 따르기 힘든 많은 암묵적인 제약 조건이 존재합니다. 가장 단순한 해결책은 메시징을 인터페이스 뒤에 숨기는 것입니다. 호텔 예약 검색 엔진을 구축한다고 가정합시다. 검색 작업은 시간이 오래 걸릴 수 있으므로 별도의 서버에서 처리하도록 분산하면 좋습니다. 이상적인 해결책은 JMS입니다. 공격적인 소비기 패턴을 구현할 수 있으며 더 많은 소비기를 추가해 간단히 확장할 수 있기 때문입니다. 이 예에서 클라이언트는 결과를 기다릴 때 여전히 블로킹되지만 서버는 과부하가 걸리거나 블로킹 상태에 빠지지는 않습니다.

두 개의 스프링 인티그레이션 솔루션을 구축해 봅시다. 하나는 클라이언트용이며 게이트웨이를 포함합니다. 다른 하나는 서비스용이며 별도의 호스트에 위치하고 잘 알려진 메시지 큐를 이용해 클라이언트와 연결됩니다.

먼저 클라이언트 구성을 살펴보겠습니다. 먼저 ConnectionFactory를 선언한 다음에 VacationService 인터페이스용 게이트웨이에서 시작하는 워크플로를 선언합니다. 이 부분은 어떤 인터페이스를 사용할지를 지정해 주는 역할만 합니다. 스프링은 그 정보를 바탕으로 프록시 객체를 만들어 클라이언트에게 제공합니다. 대부분의 작업을 수행하는 컴포넌트는 JMS

아웃바운드 게이트웨이입니다. 이 컴포넌트는 생성된 메시지를 가져와 요청 JMS 목적지로 보내며 응답 헤더 등을 설정합니다. 마지막으로 일반적인 게이트웨이 요소를 선언합니다.

예제 12-31 연계 구성: 클라이언트

```
package com.apress.spring6recipes.springintegration;

import com.apress.spring6recipes.springintegration.myholiday.VacationService;
import org.apache.activemq.artemis.jms.client.ActiveMQConnectionFactory;
import org.springframework.context.annotation.Bean;
import org.springframework.context.annotation.Configuration;
import org.springframework.integration.config.EnableIntegration;
import org.springframework.integration.dsl.IntegrationFlow;
import org.springframework.integration.jms.dsl.Jms;
import org.springframework.jms.connection.CachingConnectionFactory;

@Configuration
@EnableIntegration
public class ClientIntegrationConfig {

  @Bean
  public CachingConnectionFactory connectionFactory() {
    var connectionFactory = new ActiveMQConnectionFactory("tcp://localhost:61616");
    return new CachingConnectionFactory(connectionFactory);
  }

  @Bean
  public IntegrationFlow vacationGatewayFlow() {
    return IntegrationFlow
        .from(VacationService.class)
        .handle(
          Jms.outboundGateway(connectionFactory())
            .requestDestination("inboundHotelReservationSearchDestination")
            .replyDestination("outboundHotelReservationSearchResultsDestination"))
        .get();
  }
}
```

VacationService를 게이트웨이로 이용하려면 @MessagingGateway 애너테이션을 인터페이스에 적용하고 @Gateway 애너테이션을 진입점 역할을 하는 메서드에 적용해야 합니다.

예제 12-32 휴가 서비스 인터페이스

```
package com.apress.spring6recipes.springintegration.myholiday;

import org.springframework.integration.annotation.Gateway;
import org.springframework.integration.annotation.MessagingGateway;

import java.util.List;

@MessagingGateway
public interface VacationService {

  @Gateway
  List<HotelReservation> findHotels(HotelReservationSearch search);
}
```

VacationService는 클라이언트와 맞닿아 있는 인터페이스입니다. 게이트웨이 컴포넌트를 통해 노출되는 클라이언트용 인터페이스와 메시지를 최종적으로 처리하는 서비스 인터페이스 간 상호 의존성은 없습니다. 무슨 일이 일어나는지 이해하는 데 필요한 이름을 단순화하고자 서비스용 인터페이스와 클라이언트용 인터페이스를 사용합니다. 이는 서비스 인터페이스와 클라이언트 인터페이스가 일치하는 전통적인 동기식 원격 호출과는 다릅니다.

예제에서 HotelReservationSearch와 HotelReservation이라는 두 개의 매우 간단한 도메인 객체를 사용합니다. 이 객체들은 전혀 특별하지 않습니다. 단순히 Serializable을 구현하며 몇 가지 접근자accessor와 변경자mutator가 포함된 간단한 POJO입니다.

예제 12-33 HotelReservationSearch와 HotelReservation 클래스

```
package com.apress.spring6recipes.springintegration.myholiday;

import java.io.Serializable;
import java.time.LocalDate;

public record HotelReservationSearch (
        int roomsDesired, LocalDate start,
        LocalDate stop, double maxPrice) implements Serializable {
}
```

```
package com.apress.spring6recipes.springintegration.myholiday;

import java.io.Serializable;
import java.util.Objects;
import java.util.UUID;

public record HotelReservation(String id, String hotelName, double price)
  implements Serializable {

  public HotelReservation(String hotelName, double price) {
    this(UUID.randomUUID().toString(), hotelName, price);
  }
}
```

다음은 이를 모두 어떻게 연계하는지 보여 주는 클라이언트 자바 코드입니다.

예제 12-34 메인 클래스

```
package com.apress.spring6recipes.springintegration;

import java.time.LocalDate;

import org.springframework.context.annotation.AnnotationConfigApplicationContext;

import com.apress.spring6recipes.springintegration.myholiday.
HotelReservationSearch;
import com.apress.spring6recipes.springintegration.myholiday.VacationService;

public class Main {

  public static void main(String[] args) throws Throwable {
    try (var serverCtx = new AnnotationConfigApplicationContext(
          ServerIntegrationContext.class);
        var clientCtx = new AnnotationConfigApplicationContext(
          ClientIntegrationConfig.class)) {

      var vacationService = clientCtx.getBean(VacationService.class);

      var now = LocalDate.now();
      var start = now.plusDays(1);
      var stop = now.plusDays(8);
      var hotelReservationSearch = new HotelReservationSearch(2, start, stop, 200f);
```

```
      var results = vacationService.findHotels(hotelReservationSearch);

      System.out.printf("Found %s results.%n", results.size());
      results.forEach(r -> System.out.printf("\t%s%n", r));
    }
  }
}
```

이보다 더 깔끔할 수는 없습니다. 스프링 인티그레이션 인터페이스를 전혀 사용하지 않았습니다. 요청을 보내면 검색이 이루어지고 처리가 완료되면 결과를 돌려받습니다. 서비스 구현 측면에서 흥미로운 점은 무엇을 추가한 것이 아니라 오히려 아무것도 추가하지 않았다는 점입니다.

예제 12-35 ServerIntegrationContext 클래스

```
package com.apress.spring6recipes.springintegration;

import org.apache.activemq.artemis.jms.client.ActiveMQConnectionFactory;
import org.springframework.context.annotation.Bean;
import org.springframework.context.annotation.Configuration;
import org.springframework.integration.config.EnableIntegration;
import org.springframework.integration.dsl.IntegrationFlow;
import org.springframework.integration.jms.dsl.Jms;
import org.springframework.jms.connection.CachingConnectionFactory;

import com.apress.spring6recipes.springintegration.myholiday.VacationServiceImpl;

@Configuration
@EnableIntegration
public class ServerIntegrationContext {

  @Bean
  public CachingConnectionFactory connectionFactory() {
    var url = "tcp://localhost:61616";
    var connectionFactory = new ActiveMQConnectionFactory(url);
    return new CachingConnectionFactory(connectionFactory);
  }

  @Bean
  public VacationServiceImpl vacationService() {
    return new VacationServiceImpl();
  }
```

```
  @Bean
  public IntegrationFlow serverIntegrationFlow() {
    return IntegrationFlow.from(
      Jms.inboundGateway(connectionFactory())
        .requestDestination("inboundHotelReservationSearchDestination"))
      .handle(vacationService()).get();
  }
}
```

여기서 인바운드 JMS 게이트웨이를 정의했습니다. 예상대로 인바운드 JMS 게이트웨이에서 받은 메시지는 채널로 보내지며 이 채널의 메시지는 서비스 액티베이터로 전달됩니다. 서비스 액티베이터가 실제 처리를 담당합니다. 흥미로운 부분은 서비스 액티베이터나 인바운드 JMS 게이트웨이에 응답 채널과 관련된 부분이 없다는 점입니다. 서비스 액티베이터는 응답 채널을 찾으려고 시도하지만 찾을 수 없어 인바운드 JMS 게이트웨이 컴포넌트가 생성한 응답 채널을 사용합니다. 이 응답 채널은 인바운드 JMS 메시지의 헤더 메타데이터를 기반으로 생성됩니다. 따라서 별도로 명시하지 않아도 제대로 동작합니다.

다음 예제는 학습용으로 만든 형식적이고 간단한 인터페이스 구현체 입니다.

예제 12-36 VacationService **구현체**

```
package com.apress.spring6recipes.springintegration.myholiday;

import com.apress.spring6recipes.utils.Utils;
import jakarta.annotation.PostConstruct;
import org.springframework.integration.annotation.ServiceActivator;

import java.util.List;
import java.util.concurrent.TimeUnit;

public class VacationServiceImpl implements VacationService {

  private List<HotelReservation> hotelReservations;

  @PostConstruct
  public void afterPropertiesSet() {
    hotelReservations = List.of(
        new HotelReservation("Bilton", 243.200F),
        new HotelReservation("East Western", 75.0F),
        new HotelReservation("Thairfield Inn", 70F),
```

```
        new HotelReservation("Park In The Inn", 200.00F));
  }

  @ServiceActivator
  public List<HotelReservation> findHotels(HotelReservationSearch search) {
    Utils.sleep(1, TimeUnit.SECONDS);
    return this.hotelReservations.stream()
        .filter((hr) -> hr.price() <= search.maxPrice())
        .toList();
  }
}
```

마치며

12장에서는 스프링 프레임워크를 토대로 만들어진 (ESB와 유사한 프레임워크인) 스프링 인티그레이션을 이용해 연계 솔루션을 구축하는 방법을 살펴봤습니다. EAI의 핵심 개념도 소개했으며 JMS와 파일 폴링 같은 몇 가지 연계 시나리오를 어떻게 처리하는지도 배웠습니다.

13장에서는 스프링의 테스트 지원 기능을 살펴보겠습니다.

CHAPTER 13

스프링 테스트

13장에서는 자바 애플리케이션을 테스트하는 기본 기술과 스프링 프레임워크의 테스트 지원 기능을 살펴봅니다. 테스트 지원 기능을 사용하면 테스트 작업을 더욱 쉽게 할 수 있으며 애플리케이션을 더 나은 방향으로 설계할 수 있습니다. 일반적으로 스프링 프레임워크를 이용해 의존성 주입 패턴으로 개발한 애플리케이션은 테스트하기 쉽습니다.

테스트는 소프트웨어 개발의 품질을 보장하는 핵심 활동입니다. 단위 테스트unit testing, 통합 테스트integration testing, 기능 테스트functional testing, 시스템 테스트system testing, 성능 테스트performance testing, 인수 테스트acceptance testing 등 종류가 다양합니다. 스프링의 테스트 지원 기능은 단위 테스트와 통합 테스트에 중점을 두지만 다른 테스트에도 도움이 됩니다. 수동으로 테스트할 수도 있지만 테스트를 자동화하면 개발 과정의 여러 단계에서 반복적이고 지속적으로 실행할 수 있으므로 특히 애자일Agile 개발 과정에서 적극 권장합니다. 스프링 프레임워크는 이러한 개발 과정에 사용하기 적합한 애자일 프레임워크입니다.

자바 플랫폼에서 다양한 테스트 프레임워크를 사용할 수 있습니다. 그중에서 JUnit은 자바 커뮤니티에서 오랫동안 사용해 왔으며 사용자층이 두껍습니다. TestNG도 인기 있는 자바 테스트 프레임워크입니다.

스프링의 테스트 지원 기능은 스프링 테스트 컨텍스트Spring TestContext 프레임워크가 제공합니다. 스프링 테스트 컨텍스트는 밑단의 테스트 프레임워크를 다음 개념으로 추상화합니다.

- **테스트 컨텍스트**test context: 애플리케이션 컨텍스트, 테스트 클래스, 현재 테스트 인스턴스, 현재 테스트 메서드, 현재 테스트 예외를 포함한 테스트 실행 컨텍스트를 캡슐화합니다.
- **테스트 컨텍스트 관리자**test context manager: 테스트 컨텍스트를 관리하고 사전에 정의된 테스트 실행 시점에 테스트 실행 리스너를 트리거합니다. 테스트 실행 시점에는 테스트 인스턴스를 준비하는 시점, 테스트 메서드 실행 전 시점(테스트 프레임워크의 초기화 메서드 이전), 테스트 메서드 실행 후 시점(테스트 프레임워크의 정리 메서드 이후)이 있습니다.
- **테스트 실행 리스너**test execution listener: 리스너 인터페이스를 정의합니다. 이 인터페이스를 구현하면 테스트 실행 이벤트를 리스닝할 수 있습니다. 테스트 컨텍스트 프레임워크는 일반적인 테스트 기능에 맞는 여러 테스트 실행 리스너를 제공하지만 직접 만들 수도 있습니다.

스프링은 사전에 등록된 테스트 실행 리스너와 함께 편리한 JUnit, JUnit 주피터Jupiter, TestNG용 테스트 컨텍스트 지원 클래스를 제공합니다. 개별 프레임워크를 잘 모르더라도 간단하게 이러한 지원 클래스를 상속하면 테스트 컨텍스트 프레임워크를 사용할 수 있습니다.

13장을 마치면 테스트의 기본 개념과 기법을 이해하고 유명한 자바 테스트 프레임워크인 JUnit과 TestNG를 배우게 됩니다. 또한 스프링 테스트 컨텍스트 프레임워크를 이용해 단위 테스트와 통합 테스트를 작성할 수 있게 될 것입니다.

레시피 13-1 JUnit과 TestNG로 테스트 작성하기

과제 자동화된 테스트를 만들고 반복 수행해 자바 애플리케이션이 정확하게 동작하는지 검증하세요.

해결 자바 플랫폼의 인기 테스트 프레임워크인 JUnit과 TestNG는 테스트할 메서드에 `@Test` 애너테이션을 적용하면 해당 메서드를 테스트 케이스test case로 실행할 수 있습니다.

풀이 은행 시스템을 개발한다고 가정해 봅시다. 시스템의 품질을 보장하도록 모든 부분을 테스트해야 합니다. 우선 이자 계산기 인터페이스를 살펴보겠습니다.

예제 13-1 InterestCalculator 인터페이스

```
package com.apress.spring6recipes.bank;

public interface InterestCalculator {

  void setRate(double rate);
  double calculate(double amount, double year);
}
```

이자 계산기마다 고정 이자율을 설정해야 합니다. 다음과 같이 간단한 공식으로 이자 계산기를 구현해 봅시다.

예제 13-2 InterestCalculator 구현체

```
package com.apress.spring6recipes.bank;

public class SimpleInterestCalculator implements InterestCalculator {

  private double rate;

  @Override
  public void setRate(double rate) {
    this.rate = rate;
  }

  @Override
  public double calculate(double amount, double year) {
    if (amount < 0 || year < 0) {
      throw new IllegalArgumentException("Amount or year must be positive");
    }
    return amount * year * rate;
  }
}
```

다음으로 널리 사용되는 테스트 프레임워크인 JUnit 주피터와 TestNG를 이용해 간단한 이자 계산기 예제를 테스트해 보겠습니다.

TIP 일반적으로 테스트 클래스와 테스트 대상 클래스의 패키지는 동일하지만 테스트 클래스의 소스 파일은 별도의 디렉터리(예: test)에 저장해 다른 소스 파일 디렉터리(예: src)와 구분합니다.

JUnit으로 테스트하기

테스트 케이스는 @Test 애너테이션을 적용한 메서드입니다. 테스트 데이터를 설정하는 메서드에는 @BeforeEach 애너테이션을 적용하고 리소스를 정리하는 메서드에는 @AfterEach 애너테이션을 적용합니다. static 메서드에 @BeforeAll이나 @AfterAll 애너테이션을 적용해서 테스트 클래스의 모든 테스트 케이스 실행 전후에 해당 메서드가 한 번씩 실행되게 할 수도 있습니다.

org.junit.jupiter.api.Assertions 클래스에 선언된 static assert() 메서드는 직접 호출해야 합니다. 이때 static import 구문을 사용해 모든 assert()를 임포트해 사용하면 됩니다. 다음은 간단한 이자 계산기를 테스트하는 JUnit 주피터 테스트 케이스입니다.

TIP AassertJ 라이브러리를 이용해 명확하고 간결하게 어설션assertion을 작성하는 방법도 많이 사용합니다.

NOTE_ JUnit 주피터 테스트 케이스를 컴파일하고 실행하려면 클래스패스에 JUnit 주피터 라이브러리를 추가해야 합니다.

- 메이븐 의존성 추가(pom.xml)

```
<dependency>
  <groupId>org.junit.jupiter</groupId>
  <artifactId>junit-jupiter</artifactId>
  <version>5.9.1</version>
</dependency>
```

- 그레이들 의존성 추가(build.gradle)

```
testImplementation 'org.junit.jupiter:junit-jupiter:5.9.1'
```

예제 13-3 JUnit 주피터 테스트 케이스

```
package com.apress.spring6recipes.bank;

import org.junit.jupiter.api.BeforeEach;
import org.junit.jupiter.api.Test;

import static org.junit.jupiter.api.Assertions.assertEquals;
```

```java
import static org.junit.jupiter.api.Assertions.assertThrows;

class SimpleInterestCalculatorTests {

  private InterestCalculator interestCalculator;

  @BeforeEach
  void init() {
    interestCalculator = new SimpleInterestCalculator();
    interestCalculator.setRate(0.05);
  }

  @Test
  void calculate() {
    var interest = interestCalculator.calculate(10000, 2);
    assertEquals(1000.0, interest, 0);
  }

  @Test
  void illegalCalculate() {
    assertThrows(IllegalArgumentException.class,
            () -> interestCalculator.calculate(-10000, 2));
  }

}
```

JUnit 주피터는 테스트 케이스에서 발생할 것으로 예상되는 예외를 다루는 강력한 기능을 제공합니다. Assertions 클래스의 assertThrows() 메서드를 사용하면 예상되는 예외가 발생할 때 처리할 내용을 작성할 수 있습니다.

JUnit으로 데이터 주도 테스트하기

JUnit 주피터의 또 다른 기능을 이용하면 데이터 주도data-driven 테스트를 쉽게 만들 수 있습니다. 테스트 메서드에 전달할 인수를 제공하는 데이터의 공급자인 인수 소스argument source가 필요하며 JUnit 주피터는 @CsvSource(인라인 CSV를 소스로 사용)와 @MethodSource(메서드를 소스로 사용) 같은 인수 소스를 제공합니다. 확장 가능한 메커니즘이므로 인수 소스를 직접 만들 수도 있습니다.

이전 테스트 메서드에 @MethodSource를 적용해서 인수를 생성할 수 있습니다. 그리고 생성된 인수를 전달받아 사용하도록 테스트 메서드를 수정합니다. 그러면 더욱 쉽게 다양한 데이터를 변경해 가며 테스트할 수 있습니다.

예제 13-4 @MethodSource를 적용한 데이터 주도 테스트

```
package com.apress.spring6recipes.bank;

import org.junit.jupiter.api.BeforeEach;
import org.junit.jupiter.params.ParameterizedTest;
import org.junit.jupiter.params.provider.Arguments;
import org.junit.jupiter.params.provider.MethodSource;

import java.util.stream.Stream;

import static org.junit.jupiter.api.Assertions.assertEquals;
import static org.junit.jupiter.api.Assertions.assertThrows;

class SimpleInterestCalculatorTests {

  private InterestCalculator interestCalculator;

  @BeforeEach
  void init() {
    interestCalculator = new SimpleInterestCalculator();
    interestCalculator.setRate(0.05);
  }

  private static Stream<Arguments> calculateSource() {
    return Stream.of(
            Arguments.of(10000.0, 2, 1000.0),
            Arguments.of(10000.0, 1, 500.0)
    );
  }

  private static Stream<Arguments> illegalCalculateSource() {
    return Stream.of(
            Arguments.of(-10000.0, 2),
            Arguments.of(10000.0, -2),
            Arguments.of(-10000.0, -2)
    );
  }

  @ParameterizedTest
```

```
    @MethodSource("calculateSource")
    void calculate(double amount, double year, double expectedInterest) {
      var interest = interestCalculator.calculate(amount, year);
      assertEquals(expectedInterest,interest, 0);
    }

    @ParameterizedTest
    @MethodSource("illegalCalculateSource")
    void illegalCalculate(double amount, double year) {
      assertThrows(IllegalArgumentException.class,
              () -> interestCalculator.calculate(amount, year));
    }

}
```

테스트를 실행하면 calculateSource가 두 개의 데이터셋을 반환하므로 calculate() 메서드는 두 번 실행되며 illegalCalculateSource가 세 개의 데이터셋을 반환하므로 illegalCalculate() 메서드는 세 번 실행됩니다.

TestNG로 테스트하기

TestNG 테스트는 TestNG 프레임워크에서 정의한 클래스와 애너테이션 타입을 사용한다는 점을 제외하고는 JUnit 테스트와 비슷합니다.

NOTE_ TestNG 테스트 케이스를 컴파일하고 실행하려면 클래스패스에 TestNG 라이브러리를 추가해야 합니다.

- 메이븐 의존성 추가(pom.xml)

```
<dependency>
  <groupId>org.testng</groupId>
  <artifactId>testng</artifactId>
  <version>7.6.1</version>
</dependency>
```

- 그레이들 의존성 추가(build.gradle)

```
testImplementation 'org.testng:testng:7.6.1'
```

예제 13-5 TestNG를 이용한 이자 계산기 테스트

```
package com.apress.spring6recipes.bank;

import org.testng.annotations.BeforeMethod;
import org.testng.annotations.Test;

import static org.testng.Assert.assertEquals;

public class SimpleInterestCalculatorTests {

  private InterestCalculator interestCalculator;

  @BeforeMethod
  public void init() {
    interestCalculator = new SimpleInterestCalculator();
    interestCalculator.setRate(0.05);
  }

  @Test
  public void calculate() {
    var interest = interestCalculator.calculate(10000, 2);
    assertEquals(interest, 1000.0);
  }

  @Test(expectedExceptions = IllegalArgumentException.class)
  public void illegalCalculate() {
    interestCalculator.calculate(-10000, 2);
  }

}
```

TIP 이클립스로 개발한다면 `https://testng.org/testng-eclipse/download`에서 TestNG 이클립스 플러그인을 내려받고 설치해 TestNG 테스트를 실행할 수 있습니다. 모든 테스트가 통과하면 녹색 막대가 표시되고 실패하면 빨간 막대가 표시됩니다.

TestNG로 데이터 주도 테스트하기

TestNG가 기본으로 제공하는 데이터 주도 테스트 지원 기능은 매우 강력합니다. TestNG가 테스트 로직에서 테스트 데이터를 깔끔하게 분리하게 해 주므로 서로 다른 데이터셋을 이용해 테

스트 메서드를 여러 번 실행할 수 있습니다. TestNG에서 테스트 데이터셋은 `@DataProvider` 애너테이션을 적용한 데이터 공급자 메서드가 제공합니다.

예제 13-6 TestNG를 이용한 데이터 주도 이자 계산기 테스트

```
package com.apress.spring6recipes.bank;

import org.testng.annotations.BeforeMethod;
import org.testng.annotations.DataProvider;
import org.testng.annotations.Test;

import static org.testng.Assert.assertEquals;

public class SimpleInterestCalculatorTests {

  private InterestCalculator interestCalculator;

  @BeforeMethod
  public void init() {
    interestCalculator = new SimpleInterestCalculator();
    interestCalculator.setRate(0.05);
  }

  @DataProvider(name = "legal")
  public Object[][] createLegalInterestParameters() {
    return new Object[][] {
            new Object[] { 10000, 2, 1000.0 },
            new Object[] {10000.0, 1, 500.0}};
  }

  @DataProvider(name = "illegal")
  public Object[][] createIllegalInterestParameters() {
    return new Object[][] {
            new Object[] { -10000, 2 },
            new Object[] { 10000, -2 },
            new Object[] { -10000, -2 } };
  }

  @Test(dataProvider = "legal")
  public void calculate(double amount, double year, double result) {
    double interest = interestCalculator.calculate(amount, year);
    assertEquals(interest, result);
  }
```

```
  @Test(dataProvider = "illegal", expectedExceptions =
    IllegalArgumentException.class)
  public void illegalCalculate(double amount, double year) {
    interestCalculator.calculate(amount, year);
  }
}
```

TestNG 테스트를 실행하면 `legal`이라는 데이터 제공자가 두 개의 데이터셋을 반환하므로 `calculate()` 메서드는 두 번 실행되며 `illegal`이라는 데이터 제공자가 세 개의 데이터셋을 반환하므로 `illegalCalculate()` 메서드는 세 번 실행됩니다.

레시피 13-2 단위/통합 테스트 작성하기

과제 애플리케이션의 각 모듈을 테스트한 후 조합해서 다시 테스트하는 것이 일반적인 테스트 방식입니다. 자바 애플리케이션을 이런 방식으로 테스트해 보세요.

해결 단위 테스트는 프로그램 단위 하나를 대상으로 수행하는 테스트입니다. 객체 지향 언어에서 하나의 단위는 일반적으로 클래스나 메서드입니다. 단위 테스트의 범위는 하나의 단위이지만 실제로는 대부분의 단위가 독립적이지 않고 다른 단위와 함께 동작하며 맡은 작업을 수행합니다. 다른 단위와 의존관계가 있는 단위를 테스트할 때 스텁stub과 목mock 객체를 사용해 단위 의존성을 시뮬레이션하는 방식을 일반적으로 사용합니다. 스텁과 목은 의존성 때문에 발생하는 단위 테스트의 복잡성을 줄여 줍니다.

스텁이란 테스트에 필요한 최소한의 메서드만으로 의존 객체를 시뮬레이션하는 객체를 말합니다. 보통은 하드코딩한 데이터를 이용해 미리 정해진 대로 동작하도록 해당 메서드를 구현합니다. 또한 스텁은 테스트 시에 스텁의 내부 상태를 확인할 수 있는 여러 메서드를 노출합니다. 목 객체는 스텁과 달리 일반적으로 테스트 코드가 자신의 메서드를 어떻게 호출할지 압니다. 따라서 목 객체는 실제로 호출된 메서드와 호출될 것으로 예상했던 메서드를 비교 검증할 수 있습니다. 모키토Mockito, 이지목EasyMock, 제이목jMock과 같은 여러 라이브러리의 도움을 받아 목 객체를 생성할 수 있습니다. 스텁과 목 객체의 주요 차이점은 스텁은 일반적으로 상태 검증에 사용하며 목 객체는 동작 검증에 사용한다는 점입니다.

반면에 통합 테스트는 여러 단위를 전체적으로 결합해 수행하며 각 단위가 올바르게 통합되어 상호작용하는지 테스트합니다. 보통 단위 테스트 이후에 통합 테스트를 진행합니다. 인터페이스와 구현체를 분리하고 의존성 주입 패턴을 이용해 애플리케이션을 개발하면 여러 단위 간의 결합이 줄어들므로 쉽게 단위 테스트와 통합 테스트를 수행할 수 있습니다.

풀이 단일 클래스를 대상으로 단위 테스트 작성하기

은행 시스템의 핵심 기능은 고객 계좌와 관련된 기능입니다. 먼저 다음과 같이 커스텀 equals()와 hashCode() 메서드가 있는 Account 도메인 클래스를 작성합니다.

예제 13-7 Account 클래스

```
package com.apress.spring6recipes.bank;

import java.util.Objects;

public class Account {

  private final String accountNo;
  private double balance;

  public Account(String accountNo, double balance) {
    this.accountNo = accountNo;
    this.balance = balance;
  }

  public String getAccountNo() {
    return accountNo;
  }

  public double getBalance() {
    return balance;
  }

  public void setBalance(double balance) {
    this.balance = balance;
  }
```

```
  @Override
  public boolean equals(Object o) {
    if (this == o)
      return true;
    if (o instanceof Account account)
      return Objects.equals(accountNo, account.accountNo);
    return false;
  }

  @Override
  public int hashCode() {
    return Objects.hash(accountNo);
  }

  @Override
  public String toString() {
    return String.format("Account [accountNo='%s', balance=%d]", accountNo, balance);
  }
}
```

다음으로 은행 시스템의 퍼시스턴스 계층에서 계정 객체를 처리할 DAO 인터페이스를 정의합니다.

예제 13-8 AccountDao 인터페이스

```
package com.apress.spring6recipes.bank;

public interface AccountDao {

  void createAccount(Account account);
  void updateAccount(Account account);
  void removeAccount(Account account);
  Account findAccount(String accountNo);
}
```

단위 테스트 개념을 설명하기 위해 `java.util.Map`을 사용해 계정 객체를 저장하는 인터페이스를 구현해 보겠습니다. `RuntimeException`의 하위 클래스인 `AccountNotFoundException`과 `DuplicateAccountException` 클래스는 직접 작성해 보세요.

예제 13-9 InMemoryAccountDao 구현체

```
package com.apress.spring6recipes.bank;

import java.util.Map;
import java.util.concurrent.ConcurrentHashMap;

class InMemoryAccountDao implements AccountDao {

  private final Map<String, Account> accounts = new ConcurrentHashMap<>();

  boolean accountExists(String accountNo) {
    return accounts.containsKey(accountNo);
  }

  @Override
  public void createAccount(Account account) {
    if (accountExists(account.getAccountNo())) {
      throw new DuplicateAccountException();
    }
    accounts.put(account.getAccountNo(), account);
  }

  @Override
  public void updateAccount(Account account) {
    if (!accountExists(account.getAccountNo())) {
      throw new AccountNotFoundException();
    }
    accounts.put(account.getAccountNo(), account);
  }

  @Override
  public void removeAccount(Account account) {
    if (!accountExists(account.getAccountNo())) {
      throw new AccountNotFoundException();
    }
    accounts.remove(account.getAccountNo());
  }

  @Override
  public Account findAccount(String accountNo) {
    var account = accounts.get(accountNo);
    if (account == null) {
      throw new AccountNotFoundException();
    }
```

```
        return account;
    }
}
```

이제 JUnit으로 DAO 구현체의 단위 테스트를 작성해 봅시다. 이 클래스는 다른 클래스에 직접 의존하지 않으므로 테스트하기 쉽습니다. 이 클래스가 올바르게 동작하는지 확인하려면 예외 테스트 케이스도 작성해야 합니다. 예외 테스트 케이스란 특정 예외가 발생할 것을 기대하는 테스트 케이스입니다.

예제 13-10 인메모리 AccountDao JUnit 주피터 테스트

```
package com.apress.spring6recipes.bank;

import org.junit.jupiter.api.BeforeEach;
import org.junit.jupiter.api.Test;

import static org.junit.jupiter.api.Assertions.*;

class InMemoryAccountDaoTests {

  private static final String EXISTING_ACCOUNT_NO = "1234";
  private static final String NEW_ACCOUNT_NO = "5678";

  private Account existingAccount;
  private Account newAccount;
  private InMemoryAccountDao accountDao;

  @BeforeEach
  void init() {
    existingAccount = new Account(EXISTING_ACCOUNT_NO, 100);
    newAccount = new Account(NEW_ACCOUNT_NO, 200);
    accountDao = new InMemoryAccountDao();
    accountDao.createAccount(existingAccount);
  }

  @Test
  void accountExists() {
    assertTrue(accountDao.accountExists(EXISTING_ACCOUNT_NO));
    assertFalse(accountDao.accountExists(NEW_ACCOUNT_NO));
  }

  @Test
```

```
void createNewAccount() {
  accountDao.createAccount(newAccount);
  assertEquals(newAccount, accountDao.findAccount(NEW_ACCOUNT_NO));
}

@Test
void createDuplicateAccount() {
  assertThrows(DuplicateAccountException.class,
          () -> accountDao.createAccount(existingAccount));
}

@Test
void updateExistedAccount() {
  existingAccount.setBalance(150);
  accountDao.updateAccount(existingAccount);
  assertEquals(existingAccount, accountDao.findAccount(EXISTING_ACCOUNT_NO));
}

@Test
void updateNotExistedAccount() {
  assertThrows(AccountNotFoundException.class,
          () ->accountDao.updateAccount(newAccount));
}

@Test
void removeExistedAccount() {
  accountDao.removeAccount(existingAccount);
  assertFalse(accountDao.accountExists(EXISTING_ACCOUNT_NO));
}

@Test
void removeNotExistedAccount() {
  assertThrows(AccountNotFoundException.class,
          () -> accountDao.removeAccount(newAccount));
}

@Test
void findExistedAccount() {
  var account = accountDao.findAccount(EXISTING_ACCOUNT_NO);
  assertEquals(existingAccount, account);
}

@Test
void findNotExistedAccount() {
```

```
    assertThrows(AccountNotFoundException.class,
            () -> accountDao.findAccount(NEW_ACCOUNT_NO));
  }
}
```

스텁과 목 객체로 의존 관계가 있는 클래스의 단위 테스트 작성하기

독립적인 클래스는 테스트하기 쉽습니다. 의존하는 클래스의 로직이나 설정 방법 등을 고려할 필요가 없기 때문입니다. 하지만 다른 클래스나 서비스(예: DB 서비스나 네트워크 서비스)의 결과에 의존하는 클래스를 테스트하기는 조금 더 어렵습니다. 예를 들어 서비스 계층에 다음과 같은 AccountService 인터페이스가 있다고 합시다.

예제 13-11 AccountService **인터페이스**

```
package com.apress.spring6recipes.bank;

public interface AccountService {

  void createAccount(String accountNo);
  void removeAccount(String accountNo);
  void deposit(String accountNo, double amount);
  void withdraw(String accountNo, double amount);
  double getBalance(String accountNo);

}
```

AccountService 인터페이스의 구현체는 계정 객체를 저장하는 퍼시스턴스 계층의 AccountDao 객체와 의존 관계가 있습니다. RuntimeException의 하위 클래스인 InsufficientBalanceException 클래스는 직접 작성해 보세요.

예제 13-12 SimpleAccountService **구현체**

```
package com.apress.spring6recipes.bank;

class SimpleAccountService implements AccountService {

  private final AccountDao accountDao;
```

```java
  public SimpleAccountService(AccountDao accountDao) {
    this.accountDao = accountDao;
  }

  @Override
  public void createAccount(String accountNo) {
    accountDao.createAccount(new Account(accountNo, 0));
  }

  @Override
  public void removeAccount(String accountNo) {
    var account = accountDao.findAccount(accountNo);
    accountDao.removeAccount(account);
  }

  @Override
  public void deposit(String accountNo, double amount) {
    var account = accountDao.findAccount(accountNo);
    account.setBalance(account.getBalance() + amount);
    accountDao.updateAccount(account);
  }

  @Override
  public void withdraw(String accountNo, double amount) {
    var account = accountDao.findAccount(accountNo);
    if (account.getBalance() < amount) {
      throw new InsufficientBalanceException();
    }
    account.setBalance(account.getBalance() - amount);
    accountDao.updateAccount(account);
  }

  @Override
  public double getBalance(String accountNo) {
    return accountDao.findAccount(accountNo).getBalance();
  }
}
```

스텁은 단위 테스트에서 의존 관계 때문에 발생하는 복잡성을 줄여 주는 일반적인 기법입니다. 스텁은 대상 객체를 대체할 수 있도록 대상 객체와 동일한 인터페이스를 구현해야 하는데, 필요한 메서드만 구현하면 됩니다. 예를 들어 단일 계정을 저장하는 AccountDao 스텁을 만든다면 deposit()과 withdraw() 메서드에서 사용하는 findAccount()와 updateAccount()

메서드만 구현하면 됩니다.

예제 13-13 테스트 스텁을 이용한 AccountService JUnit 주피터 테스트

```
package com.apress.spring6recipes.bank;

import org.junit.jupiter.api.BeforeEach;
import org.junit.jupiter.api.Test;

import static org.junit.jupiter.api.Assertions.assertEquals;
import static org.junit.jupiter.api.Assertions.assertThrows;

public class SimpleAccountServiceStubTests {

  private static final String TEST_ACCOUNT_NO = "1234";

  private AccountDaoStub accountDaoStub;
  private SimpleAccountService accountService;

  @BeforeEach
  public void init() {
    accountDaoStub = new AccountDaoStub();
    accountDaoStub.accountNo = TEST_ACCOUNT_NO;
    accountDaoStub.balance = 100;
    accountService = new SimpleAccountService(accountDaoStub);
  }

  @Test
  void deposit() {
    accountService.deposit(TEST_ACCOUNT_NO, 50);
    assertEquals(TEST_ACCOUNT_NO, accountDaoStub.accountNo);
    assertEquals(150, accountDaoStub.balance, 0);
  }

  @Test
  void withdrawWithSufficientBalance() {
    accountService.withdraw(TEST_ACCOUNT_NO, 50);
    assertEquals(TEST_ACCOUNT_NO, accountDaoStub.accountNo);
    assertEquals(50, accountDaoStub.balance, 0);
  }

  @Test
  void withdrawWithInsufficientBalance() {
    assertThrows(InsufficientBalanceException.class, () ->
```

```
            accountService.withdraw(TEST_ACCOUNT_NO, 150));
    }

    /**
     * AccountDao의 일부만 구현된 스텁
     */
    private static class AccountDaoStub implements AccountDao {

      private String accountNo;
      private double balance;

      public void createAccount(Account account) {}

      public void removeAccount(Account account) {}

      public Account findAccount(String accountNo) {
        return new Account(this.accountNo, this.balance);
      }

      public void updateAccount(Account account) {
        this.accountNo = account.getAccountNo();
        this.balance = account.getBalance();
      }
    }
  }
```

스텁을 직접 작성하려면 상당한 코딩 작업이 필요합니다. 따라서 목 객체를 사용하는 것이 더 효율적입니다. 모키토 라이브러리를 이용하면 녹화record/재생playback 메커니즘으로 동작하는 목 객체를 동적으로 생성해 사용할 수 있습니다.

NOTE_ 모키토를 이용해 테스트하려면 클래스패스에 관련 라이브러리를 추가해야 합니다.

- 메이븐 의존성 추가(pom.xml)

```
<dependency>
  <groupId>org.mockito</groupId>
  <artifactId>mockito-core</artifactId>
  <version>4.10.0</version>
  <scope>test</scope>
</dependency>
```

• 그레이들 의존성 추가(build.gradle)

```
testImplementation 'org.mockito:mockito-core:4.10.0'
```

예제 13-14 모키토를 사용한 AccountService JUnit 주피터 테스트

```java
package com.apress.spring6recipes.bank;

import org.junit.jupiter.api.BeforeEach;
import org.junit.jupiter.api.Test;

import static org.junit.jupiter.api.Assertions.assertThrows;
import static org.mockito.Mockito.any;
import static org.mockito.Mockito.mock;
import static org.mockito.Mockito.times;
import static org.mockito.Mockito.verify;
import static org.mockito.Mockito.when;

class SimpleAccountServiceMockTests {

  private static final String TEST_ACCOUNT_NO = "1234";

  private AccountDao accountDao;
  private SimpleAccountService accountService;

  @BeforeEach
  public void init() {
    accountDao = mock(AccountDao.class);
    accountService = new SimpleAccountService(accountDao);
  }

  @Test
  void deposit() {
    var account = new Account(TEST_ACCOUNT_NO, 100);
    when(accountDao.findAccount(TEST_ACCOUNT_NO)).thenReturn(account);

    accountService.deposit(TEST_ACCOUNT_NO, 50);

    verify(accountDao, times(1)).findAccount(any(String.class));
    verify(accountDao, times(1)).updateAccount(account);
  }
```

```
  @Test
  void withdrawWithSufficientBalance() {
    var account = new Account(TEST_ACCOUNT_NO, 100);
    when(accountDao.findAccount(TEST_ACCOUNT_NO)).thenReturn(account);

    accountService.withdraw(TEST_ACCOUNT_NO, 50);

    verify(accountDao, times(1)).findAccount(any(String.class));
    verify(accountDao, times(1)).updateAccount(account);
  }

  @Test
  public void testWithdrawWithInsufficientBalance() {
    var account = new Account(TEST_ACCOUNT_NO, 100);
    when(accountDao.findAccount(TEST_ACCOUNT_NO)).thenReturn(account);

    assertThrows(InsufficientBalanceException.class, () ->
                    accountService.withdraw(TEST_ACCOUNT_NO, 150));
  }
}
```

모키토를 이용하면 임의의 인터페이스나 클래스의 목 객체를 동적으로 생성할 수 있습니다. 이 목 객체를 사용해 어떤 메서드를 어떻게 호출할지 지시하고 처리가 어떻게 이루어졌는지 확인할 수 있습니다. 테스트 시 findAccount()를 호출하면 특정 Account 객체가 반환되기를 원한다고 합시다. 이를 위해 Mockito.when() 메서드를 사용합니다. 그리고 어떤 값을 반환하게 하거나, 예외를 던지게 하거나, Answer를 사용해 더 정교한 작업을 수행하게 합니다. 목 객체는 기본적으로 null을 반환합니다. 처리가 어떻게 이루어졌는지 확인하려면 Mockito.verify() 메서드를 사용하면 됩니다. 예를 들어 계좌 정보를 찾는 findAccount()를 호출했는지와 계좌 정보를 수정하는 updateAccount()를 호출했는지 확인할 수 있습니다.

Mockito.mock() 메서드를 수동으로 호출해서 목 객체를 생성하지 않고 모키토용 JUnit 주피터 확장 기능을 이용할 수도 있습니다. 테스트 클래스에 @ExtendWith(MockitoExtension.class)를 적용하고 목 필드에 @Mock 애너테이션을 적용합니다. 목 객체를 전달받는 클래스의 필드에는 @InjectMocks 애너테이션을 적용합니다. 이제 모든 설정이 모키토 확장 기능으로 이루어지므로 @BeforeEach 메서드를 제거합니다.

예제 13-15 MockitoExtension을 이용한 AccountService JUnit 주피터 테스트

```
package com.apress.spring6recipes.bank;

import org.junit.jupiter.api.Test;
import org.junit.jupiter.api.extension.ExtendWith;
import org.mockito.InjectMocks;
import org.mockito.Mock;
import org.mockito.junit.jupiter.MockitoExtension;

import static org.junit.jupiter.api.Assertions.assertThrows;
import static org.mockito.Mockito.any;
import static org.mockito.Mockito.times;
import static org.mockito.Mockito.verify;
import static org.mockito.Mockito.when;

@ExtendWith(MockitoExtension.class)
class SimpleAccountServiceMockTests {

  private static final String TEST_ACCOUNT_NO = "1234";

  @Mock
  private AccountDao accountDao;
  @InjectMocks
  private SimpleAccountService accountService;

  @Test
  void deposit() {
    var account = new Account(TEST_ACCOUNT_NO, 100);
    when(accountDao.findAccount(TEST_ACCOUNT_NO)).thenReturn(account);

    accountService.deposit(TEST_ACCOUNT_NO, 50);

    verify(accountDao, times(1)).findAccount(any(String.class));
    verify(accountDao, times(1)).updateAccount(account);
  }

  @Test
  void withdrawWithSufficientBalance() {
    var account = new Account(TEST_ACCOUNT_NO, 100);
    when(accountDao.findAccount(TEST_ACCOUNT_NO)).thenReturn(account);

    accountService.withdraw(TEST_ACCOUNT_NO, 50);
```

```
    verify(accountDao, times(1)).findAccount(any(String.class));
    verify(accountDao, times(1)).updateAccount(account);
  }

  @Test
  public void testWithdrawWithInsufficientBalance() {
    var account = new Account(TEST_ACCOUNT_NO, 100);
    when(accountDao.findAccount(TEST_ACCOUNT_NO)).thenReturn(account);

    assertThrows(InsufficientBalanceException.class,
            () -> accountService.withdraw(TEST_ACCOUNT_NO, 150));
  }
}
```

통합 테스트 작성하기

통합 테스트는 여러 단위를 결합해 테스트하여 각 단위가 적절하게 통합되고 올바르게 상호작용하는지 확인하는 테스트입니다. 예를 들어 DAO 구현체로 InMemoryAccountDao를 사용하는 SimpleAccountService를 다음과 같이 통합 테스트할 수 있습니다.

예제 13-16 AccountService JUnit **주피터 통합 테스트**

```
package com.apress.spring6recipes.bank;

import org.junit.jupiter.api.AfterEach;
import org.junit.jupiter.api.BeforeEach;
import org.junit.jupiter.api.Test;

import static org.junit.jupiter.api.Assertions.assertEquals;

public class SimpleAccountServiceTests {

  private static final String TEST_ACCOUNT_NO = "1234";

  private AccountService accountService;

  @BeforeEach
  void init() {
    accountService = new SimpleAccountService(new InMemoryAccountDao());
    accountService.createAccount(TEST_ACCOUNT_NO);
    accountService.deposit(TEST_ACCOUNT_NO, 100);
```

```
    }

    @Test
    public void deposit() {
      accountService.deposit(TEST_ACCOUNT_NO, 50);
      assertEquals(150, accountService.getBalance(TEST_ACCOUNT_NO), 0);
    }

    @Test
    public void withDraw() {
      accountService.withdraw(TEST_ACCOUNT_NO, 50);
      assertEquals(50, accountService.getBalance(TEST_ACCOUNT_NO), 0);
    }

    @AfterEach
    public void cleanup() {
      accountService.removeAccount(TEST_ACCOUNT_NO);
    }
  }
```

레시피 13-3 통합 테스트에서 애플리케이션 컨텍스트 관리하기

과제 스프링 애플리케이션의 통합 테스트를 작성할 때 애플리케이션 컨텍스트에 선언된 빈에 접근해야 합니다. 스프링의 테스트 지원 기능을 사용하지 않는다면 테스트의 초기화 메서드, 즉 JUnit의 @BeforeEach나 @BeforeAll 애너테이션이 적용된 메서드에서 애플리케이션 컨텍스트를 수동으로 로드해야 합니다. 그런데 각 테스트 메서드나 테스트 클래스 이전에 초기화 메서드가 호출되므로 동일한 애플리케이션 컨텍스트가 여러 번 로드될 것입니다. 빈 개수가 많은 대규모 애플리케이션에서는 애플리케이션 컨텍스트를 로드하는 데 오래 걸려서 테스트가 더디게 수행될 수 있습니다.

해결 스프링의 테스트 지원 기능은 여러 빈 구성 파일에서 애플리케이션 컨텍스트를 로드하고 이를 캐시하여 여러 테스트 케이스에서 사용할 수 있게 하는 등 테스트와 관련된 애플리케이션 컨텍스트를 관리하는 데 도움을 줍니다. 애플리케이션 컨텍스트는 구성 파일 위치를 키로 사용해 캐시되며 단일 JVM내의 모든 테스트가 사용할 수 있습니다. 결과적으로 동일한 애플리케이션 컨텍스트를 한 번만 로드하므로 테스트 수행 속도가 훨씬 더 빨라집니다. 테스트 컨텍스트 프레임워크는 기본적으로 몇 가지 테스트 실행 리스너를 제공합니다(표 13-1).

표 13-1 기본 테스트 실행 리스너

테스트 실행 리스너	설명
ApplicationEventsTestExecutionListener	ApplicationEvents 헬퍼를 사용해 애플리케이션 이벤트 테스트를 지원함. @RecordApplicationEvents 애너테이션을 적용한 테스트 클래스에서만 동작함
DependencyInjectionTestExecutionListener	애플리케이션 컨텍스트를 비롯한 의존성을 테스트에 주입함
DirtiesContextTestExecutionListener, DirtiesContextBeforeModesTestExecutionListener	@DirtiesContext 애너테이션의 처리를 담당하며 필요할 때 애플리케이션 컨텍스트를 다시 로드함
EventPublishingTestExecutionListener	스프링 애플리케이션 이벤트 인프라스트럭처를 이용해 테스트 실행과 관련된 이벤트를 게시함
SqlScriptsTestExecutionListener	테스트 케이스에서 @Sql 애너테이션을 감지하고 테스트 시작 전에 SQL 구문을 실행함
TransactionalTestExecutionListener	테스트 케이스에 적용된 @Transactional 애너테이션의 처리를 담당하며 테스트가 끝나면 롤백을 수행함
ServletTestExecutionListener	@WebAppConfiguration 애너테이션이 감지되면 웹 애플리케이션 컨텍스트를 로드함

테스트 컨텍스트 프레임워크가 애플리케이션 컨텍스트를 관리하려면 내부적으로 테스트 클래스를 테스트 컨텍스트 관리자와 통합해야 합니다. 테스트 컨텍스트 프레임워크는 [표 13-2]에 있는 편리한 지원 클래스를 제공합니다. 이러한 지원 클래스는 ApplicationContextAware 인터페이스를 구현하며 테스트 컨텍스트 관리자와 통합되므로 protected 필드인 applicationContext를 사용해 애플리케이션 컨텍스트에 접근할 수 있습니다.

테스트 클래스는 간단하게 해당 테스트 컨텍스트 지원 클래스를 상속하거나 테스트 프레임워크용 테스트 컨텍스트 통합 클래스를 사용할 수 있습니다.

표 13-2 애플리케이션 컨텍스트용 테스트 컨텍스트 지원 클래스

테스트 프레임워크	테스트 컨텍스트 지원 클래스	테스트 컨텍스트 통합 클래스
JUnit 4	AbstractJUnit4SpringContextTests	SpringRunner
JUnit 주피터		SpringExtension
TestNG	AbstractTestNGSpringContextTests	

JUnit이나 TestNG를 사용하면 테스트 컨텍스트 지원 클래스를 상속하지 않고도 테스트 클래스를 테스트 컨텍스트 관리자와 직접 통합하고 ApplicationContextAware를 직접 구현할 수 있습니다. 그러면 테스트 클래스가 테스트 컨텍스트 프레임워크 클래스의 계층 구조 내에 들어가지 않아도 되므로 직접 개발한 기본 클래스를 상속받을 수도 있습니다. JUnit 주피터에서는 간단하게 SpringExtension으로 확장해 테스트 컨텍스트 관리자를 통합하고 테스트를 수행할 수 있습니다. 하지만 TestNG에서는 테스트 컨텍스트 관리자를 수동으로 통합해야 합니다.

풀이 먼저 SimpleAccountService 클래스에 @Service 애너테이션을 추가합니다. 그러면 컴포넌트 스캐닝 기능으로 해당 클래스를 감지할 수 있습니다. 다음으로 컴포넌트 스캐닝 기능을 활성화하고 InMemoryAccountDao 빈이 생성되도록 @Bean 애너테이션을 적용하는 구성 클래스를 다음과 같이 작성합니다.

예제 13-17 구성 클래스

```
package com.apress.spring6recipes.bank;

import org.springframework.context.annotation.Bean;
import org.springframework.context.annotation.Configuration;

@Configuration
public class BankConfiguration {

  ...
  @Bean
  public InMemoryAccountDao accountDao() {
    return new InMemoryAccountDao();
  }
  ...
}
```

NOTE_ 이 장의 뒷부분에서 AccountDao 구현체를 추가로 작성할 예정이므로 @Bean 애너테이션을 적용해 InMemoryAccountDao 빈을 생성했습니다. @Repository와 같은 애너테이션을 적용했다면 나중에 AccountDao 구현체를 하나 더 만들 때 스프링에서 두 개의 인스턴스를 감지하게 되어 혼란스러울 것입니다. 그래서 서비스는 컴포넌트 스캐닝을 하고 InMemoryAccountDao 빈은 빈 생성 메서드를 사용해 생성했습니다.

JUnit에서 테스트 컨텍스트 프레임워크로 애플리케이션 컨텍스트에 접근하기

JUnit에서 테스트 컨텍스트 프레임워크를 이용해 테스트 케이스를 작성할 때 애플리케이션 컨텍스트에 접근하는 두 가지 방법이 있습니다. 첫 번째는 ApplicationContextAware를 구현하는 방법이고 두 번째는 ApplicationContext 타입의 필드에 @Autowired 애너테이션을 적용하는 방법입니다. 두 번째 방법을 사용한다면 테스트 수행 시 스프링 관련 테스트 확장 기능을 사용하도록 클래스 레벨에 @ExtendWith 애너테이션을 적용해 SpringExtension을 명시적으로 지정해야 합니다.

예제 13-18 스프링 주도 AccountService JUnit 주피터 테스트

```
package com.apress.spring6recipes.bank;

import org.junit.jupiter.api.AfterEach;
import org.junit.jupiter.api.BeforeEach;
import org.junit.jupiter.api.Test;
import org.junit.jupiter.api.extension.ExtendWith;
import org.springframework.beans.factory.annotation.Autowired;
import org.springframework.context.ApplicationContext;
import org.springframework.test.context.ContextConfiguration;
import org.springframework.test.context.junit.jupiter.SpringExtension;

import static org.junit.jupiter.api.Assertions.assertEquals;

@ExtendWith(SpringExtension.class)
@ContextConfiguration(classes = BankConfiguration.class)
class AccountServiceContextTests {

  private static final String TEST_ACCOUNT_NO = "1234";

  @Autowired
  private ApplicationContext applicationContext;
  private AccountService accountService;

  @BeforeEach
  public void init() {
    accountService = applicationContext.getBean(AccountService.class);
    accountService.createAccount(TEST_ACCOUNT_NO);
    accountService.deposit(TEST_ACCOUNT_NO, 100);
  }
```

```
  @Test
  public void deposit() {
    accountService.deposit(TEST_ACCOUNT_NO, 50);
    assertEquals(150.0, accountService.getBalance(TEST_ACCOUNT_NO), 0);
  }

  @Test
  public void withDraw() {
    accountService.withdraw(TEST_ACCOUNT_NO, 50);
    assertEquals(50, accountService.getBalance(TEST_ACCOUNT_NO), 50);
  }

  @AfterEach
  public void cleanup() {
    accountService.removeAccount(TEST_ACCOUNT_NO);
  }
}
```

TestNG에서 테스트 컨텍스트 프레임워크로 애플리케이션 컨텍스트에 접근하기

TestNG에서 테스트 컨텍스트 프레임워크를 이용해 애플리케이션 컨텍스트에 접근하려면 테스트 컨텍스트 지원 클래스인 AbstractTestNGSpringContextTests를 상속합니다. 이 클래스도 ApplicationContextAware의 구현체입니다.

예제 13-19 스프링 주도 AccountService TestNG 테스트

```
package com.apress.spring6recipes.bank;

import org.springframework.test.context.ContextConfiguration;
import org.springframework.test.context.testng.AbstractTestNGSpringContextTests;
import org.testng.annotations.AfterMethod;
import org.testng.annotations.BeforeMethod;
import org.testng.annotations.Test;

import static org.testng.Assert.assertEquals;

@ContextConfiguration(classes = BankConfiguration.class)
public class AccountServiceContextTests extends AbstractTestNGSpringContextTests {

  private static final String TEST_ACCOUNT_NO = "1234";
```

```
  private AccountService accountService;

  @BeforeMethod
  public void init() {
    accountService = applicationContext.getBean(AccountService.class);
    accountService.createAccount(TEST_ACCOUNT_NO);
    accountService.deposit(TEST_ACCOUNT_NO, 100);
  }

  @Test
  public void deposit() {
    accountService.deposit(TEST_ACCOUNT_NO, 50);
    assertEquals(accountService.getBalance(TEST_ACCOUNT_NO), 150, 0);
  }

  @Test
  public void withDraw() {
    accountService.withdraw(TEST_ACCOUNT_NO, 50);
    assertEquals(accountService.getBalance(TEST_ACCOUNT_NO), 50, 0);
  }

  @AfterMethod
  public void cleanup() {
    accountService.removeAccount(TEST_ACCOUNT_NO);
  }
}
```

ApplicationContext에서 빈을 수동으로 얻어오는 대신에 @Autowired를 사용해 테스트에 필요한 의존성을 얻어올 수도 있습니다.

TestNG 테스트 클래스에서 테스트 컨텍스트 지원 클래스를 상속하고 싶지 않다면 JUnit 테스트를 만들 때처럼 ApplicationContextAware를 구현하면 됩니다. 하지만 직접 테스트 컨텍스트 관리자와 통합해야 합니다. 더 자세한 내용은 AbstractTestNGSpringContextTests의 소스 코드를 참고하세요.

레시피 13-4 통합 테스트에 테스트 픽스처 주입하기

과제 스프링 애플리케이션의 통합 테스트에서 사용하는 테스트 픽스처[1]는 대부분 애플리케이션 컨텍스트에 선언한 빈Bean입니다. 스프링이 의존성 주입(DI)을 통해 자동으로 이 테스트 픽스처를 주입하도록 구성하면 애플리케이션 컨텍스트에서 수동으로 가져오는 수고를 덜 수 있습니다.

해결 스프링의 테스트 지원 기능을 사용하면 자동으로 애플리케이션 컨텍스트에서 빈을 가져와 테스트에 주입할 수 있습니다. 테스트 클래스의 설정 메서드나 필드에 스프링의 `@Autowired` 애너테이션이나 JSR-250의 `@Resource` 애너테이션을 적용하면 테스트 픽스처가 자동으로 주입됩니다. `@Autowired`를 적용하면 픽스처가 타입에 따라 주입되고 `@Resource`를 적용하면 이름에 따라 주입됩니다(의존성 주입과 관련된 내용은 1장 참조).

풀이 JUnit에서 테스트 컨텍스트 프레임워크의 테스트 픽스처 주입하기

테스트 컨텍스트 프레임워크를 사용해 테스트를 생성할 때 테스트의 필드나 세터 메서드에 `@Autowired`나 `@Resource`를 적용하면 애플리케이션 컨텍스트로부터 테스트 픽스처를 주입받을 수 있습니다. JUnit에서는 `SpringExtension`을 지정해 테스트를 확장할 수 있습니다.

예제 13-20 테스트 픽스처를 주입받는 JUnit 주피터 테스트

```java
package com.apress.spring6recipes.bank;

import org.junit.jupiter.api.AfterEach;
import org.junit.jupiter.api.BeforeEach;
import org.springframework.test.context.junit.jupiter.SpringExtension;
import org.springframework.beans.factory.annotation.Autowired;

import static org.junit.jupiter.api.Assertions.assertEquals;

@ExtendWith(SpringExtension.class)
@ContextConfiguration(classes = BankConfiguration.class)
class AccountServiceContextTests {

  @Autowired
  private AccountService accountService;
```

1 옮긴이_ 사전에 준비해 두는 고정된 데이터나 객체의 집합으로, 테스트가 일관되고 예측 가능한 조건에서 수행되도록 도와줍니다.

```
    @BeforeEach
    void init() {
      accountService.createAccount(TEST_ACCOUNT_NO);
      accountService.deposit(TEST_ACCOUNT_NO, 100);
    }
    ...
  }
```

테스트의 필드나 세터 메서드에 @Autowired를 적용하면 타입 기준으로 빈이 자동와이어링돼 주입됩니다. @Qualifier 애터테이션을 적용할 때 이름을 지정하여 자동와이어링 후보 빈을 지정할 수 있습니다. 하지만 이름으로 자동와이어링하려면 필드나 세터 메서드에 @Resource를 적용합니다.

TestNG에서 테스트 컨텍스트 프레임워크의 테스트 픽스처 주입하기

TestNG에서는 테스트 컨텍스트 지원 클래스인 AbstractTestNGSpringContextTests 클래스를 상속해 애플리케이션 컨텍스트로부터 테스트 픽스처를 주입받을 수 있습니다.

예제 13-21 테스트 픽스처를 주입받는 TestNG 테스트

```
package com.apress.spring6recipes.bank;

import org.springframework.beans.factory.annotation.Autowired;
import org.springframework.test.context.ContextConfiguration;
import org.springframework.test.context.testng.AbstractTestNGSpringContextTests;
import org.testng.annotations.BeforeMethod;

import static org.testng.Assert.assertEquals;

@ContextConfiguration(classes = BankConfiguration.class)
public class AccountServiceContextTests extends AbstractTestNGSpringContextTests {

  private static final String TEST_ACCOUNT_NO = "1234";

  @Autowired
  private AccountService accountService;

  @BeforeMethod
  public void init() {
    accountService.createAccount(TEST_ACCOUNT_NO);
```

```
        accountService.deposit(TEST_ACCOUNT_NO, 100);
    }
    ...
}
```

레시피 13-5 통합 테스트에서 트랜잭션 관리하기

과제 DB에 접근하는 애플리케이션의 통합 테스트를 작성할 때 일반적으로 초기화 메서드를 이용해 테스트 데이터를 준비합니다. 각 테스트 메서드가 실행된 후에는 DB의 데이터가 수정될 것이므로 다음 테스트 메서드를 일관성 있게 실행하려면 DB를 정리해야 합니다. 따라서 DB 정리용 코드를 별도로 작성해야 합니다.

해결 스프링의 테스트 지원 기능을 이용하면 테스트 메서드마다 트랜잭션을 생성하고 롤백할 수 있으므로 테스트 메서드에서 변경한 사항이 다음 테스트 메서드에 영향을 미치지 않습니다. 게다가 DB 정리용 코드를 개발하는 수고를 덜 수 있습니다.
테스트 컨텍스트 프레임워크는 트랜잭션 관리와 관련된 테스트 실행 리스너test execution listener를 제공합니다. 명시적으로 지정하지 않으면 기본 테스트 실행 리스너가 테스트 컨텍스트 관리자에 등록됩니다.

TransactionalTestExecutionListener 클래스는 클래스 레벨이나 메서드 레벨에서 적용된 @Transactional 애너테이션을 감지해 자동으로 메서드에 트랜잭션을 적용합니다.

테스트 프레임워크에 맞는 테스트 지원 클래스(표 13-3)를 상속해 테스트 메서드에 트랜잭션을 적용할 수 있습니다. 이러한 클래스는 테스트 컨텍스트 관리자와 함께 동작하며 클래스 레벨에 @Transactional 기능을 활성화합니다. 트랜잭션 관리자도 당연히 빈 구성 파일에 등록해야 합니다.

표 13-3 트랜잭션 관리용 테스트 컨텍스트 지원 클래스

테스트 프레임워크	테스트 컨텍스트 지원 클래스
JUnit	AbstractTransactionalJUnit4SpringContextTests
TestNG	AbstractTransactionalTestNGSpringContextTests

테스트 컨텍스트 지원 클래스는 DependencyInjectionTestExecutionListener와 DirtiesContextTestExecutionListener뿐만 아니라 TransactionalTestExecutionListener와 SqlScriptsTestExecutionListener도 활성화합니다.

JUnit과 JUnit 주피터에서는 테스트 컨텍스트 지원 클래스를 상속하지 않고도 클래스 레벨이나 메서드 레벨에 @Transactional을 적용해 테스트 메서드를 트랜잭션 내에서 실행할 수 있습니다. 하지만 테스트 컨텍스트 관리자와 함께 동작하려면 테스트를 실행할 때 JUnit 4 테스트는 SpringRunner 테스트 실행기를, JUnit 주피터 테스트는 SpringExtension을 이용해야 합니다.

풀이 은행 시스템의 계정 정보를 관계형 DB에 저장해 봅시다. 트랜잭션을 지원하는 JDBC 호환 DB 엔진을 선택한 후 다음 SQL 구문으로 ACCOUNT 테이블을 생성합니다. 테스트에 사용하는 DB는 H2 인메모리 DB입니다.

예제 13-22 은행 시스템 SQL 파일

```
CREATE TABLE ACCOUNT (
  ACCOUNT_NO    VARCHAR(10)    NOT NULL,
  BALANCE       NUMERIC(20,2)  NOT NULL,
  PRIMARY KEY (ACCOUNT_NO)
);
```

다음으로 JDBC를 사용해 DB에 접근하는 DAO 구현체를 새로 작성합니다. JdbcTemplate을 사용해 작업을 간소화할 수 있습니다. JdbcTemplate과 일반적인 데이터 액세스에 관한 내용은 6장을 참고하세요.

예제 13-23 JDBC 기반 AccountDao 구현체

```
package com.apress.spring6recipes.bank;

import org.springframework.jdbc.core.JdbcTemplate;
import org.springframework.jdbc.core.support.JdbcDaoSupport;
import org.springframework.stereotype.Repository;

class JdbcAccountDao implements AccountDao {
```

```
    private final JdbcTemplate jdbcTemplate;

    JdbcAccountDao(JdbcTemplate jdbcTemplate) {
      this.jdbcTemplate=jdbcTemplate;
    }

    @Override
    public void createAccount(Account account) {
      var sql = "INSERT INTO ACCOUNT (ACCOUNT_NO, BALANCE) VALUES (?, ?)";
      this.jdbcTemplate.update(sql, account.getAccountNo(), account.getBalance());
    }

    @Override
    public void updateAccount(Account account) {
      var sql = "UPDATE ACCOUNT SET BALANCE = ? WHERE ACCOUNT_NO = ?";
      this.jdbcTemplate.update(sql, account.getBalance(), account.getAccountNo());
    }

    @Override
    public void removeAccount(Account account) {
      var sql = "DELETE FROM ACCOUNT WHERE ACCOUNT_NO = ?";
      this.jdbcTemplate.update(sql, account.getAccountNo());
    }

    @Override
    public Account findAccount(String accountNo) {
      var sql = "SELECT BALANCE FROM ACCOUNT WHERE ACCOUNT_NO = ?";
      var balance = this.jdbcTemplate.queryForObject(sql, Double.class, accountNo);
      return new Account(accountNo, balance);
    }
  }
```

이 DAO를 사용해 계정 객체를 저장하는 AccountService 인스턴스의 통합 테스트를 작성하기 전에 구성 클래스에서 InMemoryAccountDao를 이 DAO로 변경하고 대상 데이터소스와 JdbcTemplate도 구성해야 합니다.

```
package com.apress.spring6recipes.bank;

import org.h2.Driver;
import org.springframework.context.annotation.Bean;
import org.springframework.context.annotation.ComponentScan;
```

```
import org.springframework.context.annotation.Configuration;
import org.springframework.jdbc.core.JdbcTemplate;
import org.springframework.jdbc.datasource.DataSourceTransactionManager;
import org.springframework.jdbc.datasource.SimpleDriverDataSource;
import org.springframework.transaction.annotation.EnableTransactionManagement;

import javax.sql.DataSource;

@Configuration
@EnableTransactionManagement
@ComponentScan
public class BankConfiguration {

  ...
  @Bean
  public SimpleDriverDataSource dataSource() {
    var dataSource = new SimpleDriverDataSource();
    dataSource.setDriverClass(Driver.class);
    dataSource.setUrl("jdbc:h2:mem:bank-testing");
    dataSource.setUsername("sa");
    dataSource.setPassword("");
    return dataSource;
  }

  @Bean
  public DataSourceTransactionManager transactionManager(DataSource dataSource) {
    return new DataSourceTransactionManager(dataSource);
  }

  @Bean
  public JdbcTemplate jdbcTemplate(DataSource dataSource) {
    return new JdbcTemplate(dataSource);
  }

  @Bean
  public JdbcAccountDao accountDao(JdbcTemplate jdbcTemplate) {
    return new JdbcAccountDao(jdbcTemplate);
  }
  ...
}
```

NOTE_ H2를 사용하려면 클래스패스에 관련 라이브러리를 추가해야 합니다.

- 메이븐 의존성 추가(pom.xml)

```
<dependency>
  <groupId>com.h2database</groupId>
  <artifactId>h2</artifactId>
  <version>2.1.214</version>
</dependency>
```

- 그레이들 의존성 추가(build.gradle)

```
implementation group: 'com.h2database', name: 'h2'
```

JUnit에서 테스트 컨텍스트 프레임워크로 트랜잭션 관리하기

테스트 컨텍스트 프레임워크를 사용해 테스트를 생성할 때 클래스 레벨이나 메서드 레벨에 @Transactional을 적용해 테스트 메서드를 트랜잭션 내에서 실행할 수 있습니다. JUnit 주피터에서는 특정 지원 클래스를 상속할 필요 없이 테스트 클래스에 SpringExtension을 지정하면 됩니다.

예제 13-24 @Transactional 애너테이션을 적용한 AccountService JUnit 주피터 테스트

```
package com.apress.spring6recipes.bank;

import org.springframework.beans.factory.annotation.Autowired;
import org.springframework.test.context.ContextConfiguration;
import org.springframework.test.context.junit.jupiter.SpringExtension;
import org.springframework.transaction.annotation.Transactional;
import org.junit.jupiter.api.BeforeEach;
import org.junit.jupiter.api.extension.ExtendWith;

@ExtendWith(SpringExtension.class)
@ContextConfiguration(classes = BankConfiguration.class)
@Transactional
class AccountServiceContextTests {

  private static final String TEST_ACCOUNT_NO = "1234";
```

```
    @Autowired
    private AccountService accountService;

    @BeforeEach
    void init() {
      accountService.createAccount(TEST_ACCOUNT_NO);
      accountService.deposit(TEST_ACCOUNT_NO, 100);
    }
    ...
  }
```

테스트 클래스에 @Transactional을 적용하면 해당 클래스의 모든 테스트 메서드가 트랜잭션 내에서 실행됩니다. 클래스가 아닌 개별 메서드에 @Transactional을 적용할 수도 있습니다.

기본적으로 테스트 메서드에 걸린 트랜잭션은 마지막에 롤백됩니다. 클래스 레벨에 @Rollback 애너테이션을 적용하면서 Boolean 타입의 값을 지정해 롤백 수행 여부를 오버라이드할 수 있습니다. @Rollback도 클래스나 개별 메서드에 지정할 수 있습니다.

> **NOTE_** @BeforeEach나 @AfterEach 애너테이션이 적용된 메서드는 테스트 메서드와 동일한 트랜잭션 내에서 실행됩니다. 트랜잭션 전후에 초기화나 정리 작업을 수행해야 하는 메서드가 있다면 @BeforeTransaction이나 @AfterTransaction 애너테이션을 적용해야 합니다.

마지막으로 빈 구성 파일에 트랜잭션 관리자를 구성합니다. 기본적으로 PlatformTransactionManager 타입의 빈을 사용합니다. 하지만 @Transactional을 적용하면서 transactionManager 속성에 이름을 지정해 다른 타입의 빈을 사용할 수도 있습니다.

TestNG에서 테스트 컨텍스트 프레임워크로 트랜잭션 관리하기

TestNG 테스트를 트랜잭션 내에서 실행하려면 AbstractTransactionalTestNGSpringContextTests라는 테스트 컨텍스트 지원 클래스를 상속합니다. 그러면 테스트 클래스의 모든 메서드에 트랜잭션이 적용됩니다.

예제 13-25 트랜잭션이 적용된 AccountService TestNG 테스트

```
package com.apress.spring6recipes.bank;

import org.springframework.beans.factory.annotation.Autowired;
```

```
import org.springframework.test.context.ContextConfiguration;
import org.springframework.test.context.testng.AbstractTransactional
TestNGSpringContextTests;
import org.testng.annotations.BeforeMethod;
import org.testng.annotations.Test;

import static org.testng.Assert.assertEquals;

@ContextConfiguration(classes = BankConfiguration.class)
public class AccountServiceContextTests
        extends AbstractTransactionalTestNGSpringContextTests {

  private static final String TEST_ACCOUNT_NO = "1234";

  @Autowired
  private AccountService accountService;

  @BeforeMethod
  public void init() {
    accountService.createAccount(TEST_ACCOUNT_NO);
    accountService.deposit(TEST_ACCOUNT_NO, 100);
  }
  ...
}
```

레시피 13-6 스프링 MVC 컨트롤러 통합 테스트하기

과제 스프링 MVC 프레임워크로 개발한 웹 컨트롤러를 대상으로 통합 테스트를 해 보세요.

해결 DispatcherServlet은 스프링 MVC 컨트롤러를 호출하면서 HTTP 요청/응답 객체를 전달합니다. 컨트롤러는 요청을 처리한 후 DispatcherServlet에 요청/응답 객체를 돌려주어 뷰를 렌더링합니다. 스프링 MVC 컨트롤러를 비롯한 웹 애플리케이션 프레임워크의 웹 컨트롤러를 통합 테스트할 때는 테스트 환경에서 HTTP 요청/응답 객체를 시뮬레이션하고 테스트용 목 환경을 설정하는 부분에 주로 신경 써야 합니다. 다행스럽게도 스프링은 목 MVC와 관련된 스프링 테스트 지원 기능을 제공하므로 목 서블릿 환경을 쉽게 설정할 수 있습니다.

스프링 목 MVC를 이용해 WebApplicationContext를 설정합니다. 그리고 MockMvc API를 사용해 HTTP 요청을 시뮬레이션하고 결과를 확인할 수 있습니다.

풀이 은행 애플리케이션에서 다음과 같은 DepositController 클래스를 통합 테스트하려고 합니다. 테스트를 시작하기 전에 웹 관련 빈을 구성하는 구성 클래스를 작성해 봅시다(예제 13-27).

예제 13-26 DepositController 클래스

```
package com.apress.spring6recipes.bank.web;

import com.apress.spring6recipes.bank.AccountService;
import org.springframework.stereotype.Controller;
import org.springframework.ui.Model;
import org.springframework.ui.ModelMap;
import org.springframework.web.bind.annotation.PostMapping;
import org.springframework.web.bind.annotation.RequestMapping;
import org.springframework.web.bind.annotation.RequestParam;

@Controller
public class DepositController {

  private final AccountService accountService;

  public DepositController(AccountService accountService) {
    this.accountService = accountService;
  }

  @PostMapping("/deposit")
  public String deposit(@RequestParam("accountNo") String accountNo,
                        @RequestParam("amount") double amount,
                        Model model) {
    accountService.deposit(accountNo, amount);
    model.addAttribute("accountNo", accountNo);
    model.addAttribute("balance", accountService.getBalance(accountNo));
    return "success";
  }
}
```

예제 13-27 은행 시스템 웹 구성

```
package com.apress.spring6recipes.bank.web.config;

import org.springframework.context.annotation.Bean;
import org.springframework.context.annotation.ComponentScan;
import org.springframework.context.annotation.Configuration;
import org.springframework.web.servlet.ViewResolver;
import org.springframework.web.servlet.config.annotation.EnableWebMvc;
import org.springframework.web.servlet.view.InternalResourceViewResolver;

@Configuration
@EnableWebMvc
@ComponentScan(basePackages = "com.apress.spring6recipes.bank.web")
public class BankWebConfiguration {

  @Bean
  public ViewResolver viewResolver() {
    var viewResolver = new InternalResourceViewResolver();
    viewResolver.setPrefix("/WEB-INF/views/");
    viewResolver.setSuffix(".jsp");
    return viewResolver;
  }
}
```

구성 클래스에 `@EnableWebMvc` 애너테이션을 적용해 애너테이션 기반 컨트롤러를 활성화하고 `@ComponentScan` 애너테이션을 적용해 `@Controller` 빈을 자동으로 찾아 등록했습니다. 마지막으로 뷰 이름을 URL로 변환해 브라우저에서 렌더링할 수 있도록 `InternalResourceViewResolver`를 구성했습니다.

웹 기반 구성이 완료됐으니 이제 통합 테스트를 작성해 봅시다. 이 테스트는 `BankWebConfiguration` 클래스를 로드하고 `@WebAppConfiguration` 애너테이션을 적용해 일반 `ApplicationContext`가 아닌 `WebApplicationContext`를 가져오도록 테스트 컨텍스트 프레임워크에 알려줘야 합니다.

JUnit으로 스프링 MVC 컨트롤러 통합 테스트하기

JUnit 주피터에서 `SpringExtension`을 사용해 테스트를 실행하는 방법이 가장 쉽습니다.

예제 13-28 DepositController JUnit 주피터 테스트

```
package com.apress.spring6recipes.bank.web;

import static org.springframework.test.web.servlet.request.MockMvcRequestBuilders.
post;
import static org.springframework.test.web.servlet.result.MockMvcResultMatchers.
forwardedUrl;
import static org.springframework.test.web.servlet.result.MockMvcResultMatchers.
status;

import org.junit.jupiter.api.BeforeEach;
import org.junit.jupiter.api.Test;
import org.junit.jupiter.api.extension.ExtendWith;
import org.springframework.beans.factory.annotation.Autowired;
import org.springframework.test.context.ContextConfiguration;
import org.springframework.test.context.junit.jupiter.SpringExtension;
import org.springframework.test.context.web.WebAppConfiguration;
import org.springframework.test.web.servlet.MockMvc;
import org.springframework.test.web.servlet.setup.MockMvcBuilders;
import org.springframework.web.context.WebApplicationContext;

import com.apress.spring6recipes.bank.Account;
import com.apress.spring6recipes.bank.AccountDao;
import com.apress.spring6recipes.bank.BankConfiguration;
import com.apress.spring6recipes.bank.web.config.BankWebConfiguration;

@ExtendWith(SpringExtension.class)
@ContextConfiguration(classes = {
        BankWebConfiguration.class,
        BankConfiguration.class })
@WebAppConfiguration
class DepositControllerContextTests {

  private static final String ACCOUNT_PARAM = "accountNo";
  private static final String AMOUNT_PARAM = "amount";
  private static final String TEST_ACCOUNT_NO = "1234";
  private static final String TEST_AMOUNT = "50.0";

  @Autowired
  private WebApplicationContext webApplicationContext;
  @Autowired
  private AccountDao accountDao;
  private MockMvc mockMvc;
```

```
    @BeforeEach
    public void init() {
      accountDao.createAccount(new Account(TEST_ACCOUNT_NO, 100));
      mockMvc = MockMvcBuilders
              .webAppContextSetup(webApplicationContext)
              .build();
    }

    @Test
    void deposit() throws Exception {
      mockMvc.perform(
              post("/deposit")
                      .param(ACCOUNT_PARAM, TEST_ACCOUNT_NO)
                      .param(AMOUNT_PARAM, TEST_AMOUNT))
          .andExpect(forwardedUrl("/WEB-INF/views/success.jsp"))
          .andExpect(status().isOk());
    }
  }
```

init() 메서드에서 MockMvcBuilders 클래스로 편리하게 MockMvc 객체를 생성합니다. webAppContextSetup() 팩토리 메서드를 사용하면 이미 로드된 WebApplicationContext를 이용해 MockMvc를 초기화할 수 있습니다. 기본적으로 MockMvc 객체는 스프링 MVC 기반 애플리케이션의 DispatcherServlet 동작을 모방합니다. 전달받은 WebApplicationContext를 이용해 핸들러 매핑과 뷰 해석 전략을 구성하고 구성된 인터셉터도 적용합니다.

테스트할 계정 정보도 init() 메서드에서 설정해 둡니다.

deposit() 테스트 메서드에서는 앞서 초기화된 MockMvc 객체를 사용해 두 개의 요청 매개변수(accountNo와 amount)가 있는 /deposit POST 요청을 시뮬레이션합니다. MockMvcRequestBuilders.post() 팩토리 메서드가 반환하는 RequestBuilder 인스턴스는 MockMvc.perform() 메서드의 인수로 전달됩니다.

perform() 메서드가 반환하는 ResultActions 객체를 이용해 어설션을 수행하거나 특정 작업을 수행할 수 있습니다. 마지막으로 두 가지 어설션을 사용해 모든 것이 예상대로 동작하는지 확인합니다. DepositController가 success를 뷰 이름으로 반환하면 ViewResolver 구성에 따라 /WEB-INF/views/success.jsp로 포워딩됩니다. 그리고 status().isOk() 메서드나 status().is(200) 메서드로 요청에 대한 반환 코드가 200(OK)인지 확인합니다.

TestNG로 스프링 MVC 컨트롤러 통합 테스트하기

스프링 목 MVC를 TestNG와 함께 사용할 수도 있습니다. 적절한 기본 클래스인 AbstractTestNGSpringContextTests를 상속하고 @WebAppConfiguration을 적용합니다.

예제 13-29 DepositController JUnit 주피터 테스트

```
package com.apress.spring6recipes.bank.web;

import com.apress.spring6recipes.bank.Account;
import com.apress.spring6recipes.bank.AccountDao;
import com.apress.spring6recipes.bank.BankConfiguration;
import com.apress.spring6recipes.bank.web.config.BankWebConfiguration;
import org.springframework.beans.factory.annotation.Autowired;
import org.springframework.test.context.ContextConfiguration;
import org.springframework.test.context.testng.AbstractTestNGSpringContextTests;
import org.springframework.test.context.web.WebAppConfiguration;
import org.springframework.test.web.servlet.MockMvc;
import org.springframework.test.web.servlet.result.MockMvcResultMatchers;
import org.springframework.test.web.servlet.setup.MockMvcBuilders;
import org.springframework.web.context.WebApplicationContext;
import org.testng.annotations.BeforeMethod;
import org.testng.annotations.Test;

import static org.springframework.test.web.servlet.request.MockMvcRequestBuilders.get;
import static org.springframework.test.web.servlet.request.MockMvcRequestBuilders.post;
import static org.springframework.test.web.servlet.result.MockMvcResultHandlers.print;
import static org.springframework.test.web.servlet.result.MockMvcResultMatchers.
forwardedUrl;
import static org.springframework.test.web.servlet.result.MockMvcResultMatchers.status;

@ContextConfiguration(classes = {
        BankWebConfiguration.class,
        BankConfiguration.class })
@WebAppConfiguration
public class DepositControllerContextTests extends AbstractTestNGSpringContextTests
{

  private static final String ACCOUNT_PARAM = "accountNo";
  private static final String AMOUNT_PARAM = "amount";
  private static final String TEST_ACCOUNT_NO = "1234";
  private static final String TEST_AMOUNT = "50.0";
```

```
    @Autowired
    private WebApplicationContext webApplicationContext;
    @Autowired
    private AccountDao accountDao;
    private MockMvc mockMvc;

    @BeforeMethod
    public void init() {
      accountDao.createAccount(new Account(TEST_ACCOUNT_NO, 100));
      mockMvc = MockMvcBuilders
              .webAppContextSetup(webApplicationContext)
              .build();
    }

    @Test
    public void deposit() throws Exception {
      mockMvc.perform(post("/deposit")
                      .param(ACCOUNT_PARAM, TEST_ACCOUNT_NO)
                      .param(AMOUNT_PARAM, TEST_AMOUNT))
          .andExpect(forwardedUrl("/WEB-INF/views/success.jsp"))
          .andExpect(status().isOk());
    }
  }
```

레시피 13-7 REST 클라이언트 통합 테스트하기

과제 RestTemplate 기반 클라이언트를 통합 테스트하세요.

해결 외부 서비스의 사용 가능 여부와 관계없이 REST 기반 클라이언트의 통합 테스트를 작성하려고 합니다. 예상되는 결과를 반환하는 목 서버를 사용하면 실제 엔드포인트를 호출하지 않고도 통합 테스트할 수 있습니다.

풀이 고객이 입력하는 계좌 번호의 유효성을 검증하려 합니다. 유효성 검증 기능을 자체적으로 구현하거나 이미 존재하는 유효성 검증 기능을 재사용할 수 있습니다. https://openiban.com에서 제공하는 API를 사용해 IBAN 유효성 검증 서비스를 구현해 봅시다.

먼저 다음과 같이 인터페이스를 작성합니다.

예제 13-30 IBAN 유효성 검증 클라이언트 인터페이스

```
package com.apress.spring6recipes.bank.web;

public interface IBANValidationClient {

  IBANValidationResult validate(String iban);

}
```

유효성 검증 엔드포인트의 호출 결과는 IBANValidationResult에 담깁니다.

예제 13-31 IBAN 유효성 검증 결과 DTO

```
package com.apress.spring6recipes.bank.web;

import java.util.ArrayList;
import java.util.HashMap;
import java.util.List;
import java.util.Map;

public record IBANValidationResult(
  boolean valid,
  List<String> messages,
  String iban,
  Map<String, String> bankData) {
}
```

다음으로 RestTemplate을 사용해 API 통신을 하는 OpenIBANValidationClient를 작성합니다. RestGatewaySupport 클래스를 상속하면 RestTemplate에 쉽게 접근할 수 있습니다.

예제 13-32 IBAN 유효성 검증 클라이언트 RestTemplate 구현체

```
package com.apress.spring6recipes.bank.web;

import org.springframework.stereotype.Service;
import org.springframework.web.client.support.RestGatewaySupport;

@Service
```

```java
class OpenIBANValidationClient extends RestGatewaySupport
        implements IBANValidationClient {

  private static final String URL_TEMPLATE =
    "https://openiban.com/validate/{IBAN_NUMBER}?getBIC=true&validateBankCode=true";

  @Override
  public IBANValidationResult validate(String iban) {

    return getRestTemplate()
            .getForObject(URL_TEMPLATE, IBANValidationResult.class, iban);
  }
}
```

OpenIBANValidationClient 클래스용 MockRestServiceServer를 생성하는 테스트를 작성하고 특정 요청에 대해 특정 JSON 결과를 반환하도록 구성합니다.

예제 13-33 IBAN 유효성 검증 클라이언트 테스트

```java
package com.apress.spring6recipes.bank.web;

import org.junit.jupiter.api.BeforeEach;
import org.junit.jupiter.api.Test;
import org.springframework.core.io.ClassPathResource;
import org.springframework.http.MediaType;
import org.springframework.test.web.client.MockRestServiceServer;

import static org.junit.jupiter.api.Assertions.assertFalse;
import static org.junit.jupiter.api.Assertions.assertTrue;
import static org.springframework.test.web.client.match.MockRestRequestMatchers.
requestTo;
import static org.springframework.test.web.client.response.
MockRestResponseCreators.withSuccess;

public class OpenIBANValidationClientTest {

  private final OpenIBANValidationClient client = new OpenIBANValidationClient();

  private MockRestServiceServer mockRestServiceServer;

  @BeforeEach
  public void init() {
```

```
    mockRestServiceServer = MockRestServiceServer.createServer(client);
  }

  @Test
  public void validIban() {
    var json = new ClassPathResource("NL87TRI0396451440-result.json");
    var expectedUri = "https://openiban.com/validate/NL87TRI0396451440?getBIC=true
      &validateBankCode=true";

    mockRestServiceServer
        .expect(requestTo(expectedUri))
        .andRespond(withSuccess(json, MediaType.APPLICATION_JSON));

    var result = client.validate("NL87TRI0396451440");
    assertTrue(result.valid());
  }

  @Test
  public void invalidIban() {
    var expectedUri = "https://openiban.com/validate/NL28XXXX389242218?getBIC=true&
      validateBankCode=true";
    var json = new ClassPathResource("NL28XXXX389242218-result.json");
    mockRestServiceServer
        .expect(requestTo(expectedUri))
        .andRespond(withSuccess(json, MediaType.APPLICATION_JSON));

    var result = client.validate("NL28XXXX389242218");
    assertFalse(result.valid());
  }
}
```

테스트 클래스의 두 메서드는 매우 유사합니다. init() 메서드에서는 OpenIBANValidationClient 객체를 사용해 MockRestServiceServer를 생성합니다(이는 RestGatewaySupport를 상속했으므로 가능합니다). OpenIBANValidationClient 객체 대신 Rest 클라이언트가 사용하는 RestTemplate를 전달받아 목 서버를 생성하는 방법도 있습니다. 테스트 메서드에서는 호출이 예상되는 URL을 설정하고 해당 URL 요청이 호출될 때 반환할 JSON 응답이 작성된 파일 경로를 지정합니다([예제 13-34], [예제 13-35]).

예제 13-34 JSON 형식의 응답 파일(유효함)

```
{
  "valid": true,
  "messages": [
    "Bank code valid: TRIO"
  ],
  "iban": "NL87TRIO0396451440",
  "bankData": {
    "bankCode": "TRIO",
    "name": "TRIODOS BANK NV",
    "bic": "TRIONL2U"
  },
  "checkResults": {
    "bankCode": true
  }
}
```

예제 13-35 JSON 형식의 응답 파일(유효하지 않음)

```
{
  "valid": false,
  "messages": [
    "Validation failed.",
    "Invalid bank code: XXXX",
    "No BIC found for bank code: XXXX"
  ],
  "iban": "NL28XXXX0389242218",
  "bankData": {
    "bankCode": "",
    "name": ""
  },
  "checkResults": {
    "bankCode": false
  }
}
```

테스트에는 서버에서 자주 반환하는 응답을 이용하면 좋습니다. 실제 운영 중인 시스템에 기록된 결과를 이용하거나, 서버 측에서 테스트용으로 미리 만들어 둔 응답을 제공받아 사용할 수도 있습니다.

레시피 13-8 TestContainer로 통합 테스트하기

과제 H2와 같은 인메모리 DB 대신 실제 DB를 이용해 테스트하세요.

해결 테스트를 목적으로 테스트 컨테이너[2]를 사용해 도커화된 DB를 기동합니다.

풀이 [레시피 13-5]에서는 트랜잭션과 DB를 사용해 테스트하는 방법을 알아보면서 H2 DB를 이용했습니다. 하지만 실제 운영 환경에서는 PostgreSQL, DB2, MySQL 등과 같은 강력한 DB를 사용할 것입니다. 대부분의 DB는 테스트를 비롯한 다양한 용도로 사용할 수 있는 도커화된 형태를 제공합니다. 테스트 컨테이너와 테스트 라이브러리를 통합해 사용하면 테스트 시에 실제 DB를 이용할 수 있습니다.

JUnit 주피터로 테스트 컨테이너 사용하기

먼저 몇 가지 의존성과 사용할 컨테이너 유형, JUnit 주피터용 통합 라이브러리를 추가해야 합니다.

예제 13-36 메이븐 의존성 추가(pom.xml)

```
<dependency>
  <groupId>org.testcontainers</groupId>
  <artifactId>junit-jupiter</artifactId>
  <version>1.17.3</version>
</dependency>
<dependency>
  <groupId>org.testcontainers</groupId>
  <artifactId>postgresql</artifactId>
  <version>1.17.3</version>
</dependency>
```

예제 13-37 그레이들 의존성 추가(build.gradle)

```
testImplementation 'org.testcontainers:junit-jupiter:1.17.3'
testImplementation 'org.testcontainers:postgresql:1.17.3'
```

2 https://testcontainers.com/

테스트에 @Testcontainers 애너테이션을 적용하면 JUnit 주피터에서 테스트 컨테이너를 사용할 수 있습니다. 다음으로 사용할 컨테이너를 지정해야 하는데, 여기서는 PostgreSQLContainer를 이용해 DB 주도database-driven 테스트를 합니다. 그 밖에도 다양한 DB와 메시징 구현체 컨테이너를 이용할 수 있습니다. GenericContainer를 사용하면 자체적으로 만든 컨테이너를 지정할 수도 있습니다.

예제 13-38 Testcontainer를 이용하는 AccountService JUnit 주피터 테스트

```
package com.apress.spring6recipes.bank;

import org.junit.jupiter.api.BeforeEach;
import org.junit.jupiter.api.Test;
import org.junit.jupiter.api.extension.ExtendWith;
import org.springframework.beans.factory.annotation.Autowired;
import org.springframework.test.context.ActiveProfiles;
import org.springframework.test.context.ContextConfiguration;
import org.springframework.test.context.DynamicPropertyRegistry;
import org.springframework.test.context.DynamicPropertySource;
import org.springframework.test.context.jdbc.Sql;
import org.springframework.test.context.junit.jupiter.SpringExtension;
import org.springframework.transaction.annotation.Transactional;
import org.testcontainers.containers.PostgreSQLContainer;
import org.testcontainers.junit.jupiter.Container;
import org.testcontainers.junit.jupiter.Testcontainers;

import static org.junit.jupiter.api.Assertions.assertEquals;

@ExtendWith(SpringExtension.class)
@Testcontainers
@ContextConfiguration(classes = BankConfiguration.class)
@Transactional
@ActiveProfiles("jdbc")
@Sql(scripts = { "classpath:/bank.sql" })
class AccountServiceContextTests {

  @Container
  private static final PostgreSQLContainer<?> POSTGRES =
          new PostgreSQLContainer<>("postgres:14.5");

  private static final String TEST_ACCOUNT_NO = "1234";
```

```
    @Autowired
    private AccountService accountService;

    @DynamicPropertySource
    static void registerPgProperties(DynamicPropertyRegistry registry) {
      registry.add("jdbc.driver",   POSTGRES::getDriverClassName);
      registry.add("jdbc.url",      POSTGRES::getJdbcUrl);
      registry.add("jdbc.username", POSTGRES::getUsername);
      registry.add("jdbc.password", POSTGRES::getPassword);
    }

    @BeforeEach
    public void init() {
      accountService.createAccount(TEST_ACCOUNT_NO);
      accountService.deposit(TEST_ACCOUNT_NO, 100);
    }

    @Test
    void deposit() {
      accountService.deposit(TEST_ACCOUNT_NO, 50);
      assertEquals(150, accountService.getBalance(TEST_ACCOUNT_NO), 0);
    }

    @Test
    void withDraw() {
      accountService.withdraw(TEST_ACCOUNT_NO, 50);
      assertEquals(50, accountService.getBalance(TEST_ACCOUNT_NO), 0);
    }
  }
```

PostgreSQLContainer를 static으로 선언했습니다. 이렇게 하면 클래스의 테스트가 실행되기 전에 컨테이너가 한 번 시작되고 해당 클래스 내 모든 테스트가 실행된 후에 컨테이너가 종료됩니다. static을 제거하면 테스트 클래스의 각 테스트가 이루어질 때마다 컨테이너가 시작되고 종료됩니다. 어떤 방식을 사용할지는 사용 사례와 테스트 대상에 따라 다릅니다. static으로 선언하면 컨테이너를 재사용할 수 있으므로 테스트가 더 빨라집니다.

컨테이너를 기동할 때마다 포트가 동적으로 할당되므로 애플리케이션에 현재 포트 정보를 제공해야 합니다. 이를 위해 스프링 테스트 컨텍스트 프레임워크는 동적 프로퍼티 소스를 제공합니다(외부 구성과 관련된 내용은 1장 참조). 테스트 클래스의 static 메서드에 @DynamicPropertySource 애너테이션을 적용하고 애플리케이션에 필요한 구성을 등록합니다(registerPgProperties() 메서드 참조).

예제에서 설정한 프로퍼티는 애플리케이션에서 일반적으로 @PropertySource 애너테이션을 적용해 로드한 프로퍼티를 오버라이드합니다.

수행할 테스트가 동일하므로 클래스의 나머지 부분은 [레시피 13-5]와 동일합니다. 이제 테스트를 실행하면 PostgreSQL 인스턴스가 기동되고(필요시 다운로드가 먼저 이루어짐) @sql 애너테이션 덕분에 스키마가 생성되며 테스트가 실행됩니다.

TestNG로 테스트 컨테이너 사용하기

테스트 컨테이너에는 TestNG 지원 라이브러리가 없으므로 수작업해야 할 부분이 있습니다. 컨테이너는 @BeforeSuite/@AfterSuite 애너테이션과 TestNG 라이프사이클 메서드를 사용해 시작하고 중지해야 합니다. 스프링 테스트와 TestNG가 통합되는 방식 때문에 @BeforeMethod나 @BeforeClass 애너테이션은 정상적으로 동작하지 않습니다.

예제 13-39 테스트 컨테이너를 이용하는 AccountService TestNG 테스트

```
package com.apress.spring6recipes.bank;

import org.springframework.beans.factory.annotation.Autowired;
import org.springframework.test.context.ActiveProfiles;
import org.springframework.test.context.ContextConfiguration;
import org.springframework.test.context.DynamicPropertyRegistry;
import org.springframework.test.context.DynamicPropertySource;
import org.springframework.test.context.jdbc.Sql;
import org.springframework.test.context.testng.AbstractTransactionalTest
NGSpringContextTests;
import org.testcontainers.containers.PostgreSQLContainer;
import org.testng.annotations.AfterSuite;
import org.testng.annotations.BeforeMethod;
import org.testng.annotations.BeforeSuite;
import org.testng.annotations.Test;

import static org.testng.Assert.assertEquals;

@ContextConfiguration(classes = BankConfiguration.class)
@ActiveProfiles("jdbc")
@Sql(scripts = { "classpath:/bank.sql" })
```

```
public class AccountServiceContextTests extends AbstractTransactionalTest
  NGSpringContextTests {

  private static final PostgreSQLContainer<?> POSTGRES =
          new PostgreSQLContainer<>("postgres:14.5");

  private static final String TEST_ACCOUNT_NO = "1234";

  @Autowired
  private AccountService accountService;

  @DynamicPropertySource
  static void registerPgProperties(DynamicPropertyRegistry registry) {
    registry.add("jdbc.driver",   POSTGRES::getDriverClassName);
    registry.add("jdbc.url",      POSTGRES::getJdbcUrl);
    registry.add("jdbc.username", POSTGRES::getUsername);
    registry.add("jdbc.password", POSTGRES::getPassword);
  }

  @BeforeSuite
  public static void start() {
    POSTGRES.start();
  }

  @AfterSuite
  public static void stop() {
    POSTGRES.stop();
  }

  @BeforeMethod
  public void init() {
    accountService.createAccount(TEST_ACCOUNT_NO);
    accountService.deposit(TEST_ACCOUNT_NO, 100);
  }

  @Test
  public void deposit() {
    accountService.deposit(TEST_ACCOUNT_NO, 50);
    assertEquals(accountService.getBalance(TEST_ACCOUNT_NO), 150, 0);
  }

  @Test
  public void withDraw() {
    accountService.withdraw(TEST_ACCOUNT_NO, 50);
```

```
    assertEquals(accountService.getBalance(TEST_ACCOUNT_NO), 50, 0);
  }
}
```

컨테이너를 기동할 때마다 포트가 동적으로 할당되므로 애플리케이션에 현재 포트 정보를 제공해야 합니다. 이를 위해 스프링 테스트 컨텍스트 프레임워크는 동적 프로퍼티 소스를 제공합니다(외부 구성과 관련된 내용은 1장 참조). `static` 메서드에 `@DynamicPropertySource`를 적용하고 애플리케이션에 필요한 구성을 등록합니다(`registerPgProperties()` 참조).

예제에서 설정한 프로퍼티는 애플리케이션에서 일반적으로 `@PropertySource` 애너테이션을 적용해 로드한 프로퍼티를 오버라이드합니다.

수행할 테스트가 동일하므로 클래스의 나머지 부분은 [레시피 13-5]와 동일합니다. 이제 테스트를 실행하면 PostgreSQL 인스턴스가 기동되고(필요시 다운로드가 먼저 이루어짐) 스키마가 생성되며 테스트가 실행됩니다.

마치며

13장에서는 자바 애플리케이션 테스트와 관련된 기본 개념과 기법을 살펴봤습니다. JUnit 주피터와 TestNG는 자바 플랫폼에서 널리 사용하는 테스트 프레임워크입니다. 단위 테스트는 일반적으로 객체 지향 언어에서 하나의 클래스나 하나의 메서드에 해당하는 단일 프로그래밍 단위를 대상으로 수행하는 테스트입니다. 다른 단위에 의존 관계가 있는 단위를 테스트할 때는 스텁과 목 객체를 사용해 의존성을 시뮬레이션하여 테스트를 더 단순화할 수 있습니다. 반면에 통합 테스트는 여러 단위를 전체적으로 수행하는 테스트입니다.

일반적으로 웹 계층에 있는 컨트롤러는 테스트하기 어렵습니다. 스프링이 제공하는 서블릿 API용 목 객체를 이용하면 웹 요청 객체와 응답 객체를 쉽게 시뮬레이션할 수 있으므로 웹 컨트롤러 테스트가 수월해집니다. 스프링 목 MVC를 사용하면 여러 컨트롤러를 쉽게 통합해 테스트할 수 있습니다. REST 기반 클라이언트 테스트도 마찬가지입니다. 스프링은 외부 시스템을 모방하는 `MockRestServiceServer`를 제공해 REST 클라이언트를 테스트하는 데 도움을 줍니다.

스프링의 테스트 지원 기능을 이용하면 애플리케이션 컨텍스트를 관리할 수 있습니다. 빈 구성 파일에서 애플리케이션 컨텍스트를 로드하고 여러 테스트를 실행하는 동안에 테스트 코드에서 캐시하는 등의 여러 방법으로 관리합니다. 또한 테스트에서 관리하는 애플리케이션 컨텍스트에 접근하고 애플리케이션 컨텍스트에서 받아온 테스트 픽스처를 자동으로 테스트에 주입할 수도 있습니다. 게다가 DB를 수정하는 테스트를 실행한다면 스프링은 한 테스트 메서드에서 이루어진 변경 사항을 롤백해 다음 테스트 메서드에 영향을 미치지 않도록 트랜잭션을 관리합니다. 이는 실제 데이터 저장소나 메시징 솔루션을 이용하는 환경에서 테스트 컨테이너를 사용해 실행하는 테스트에도 적용할 수 있습니다.

CHAPTER 14

캐싱

복잡하고 오래 걸리는 계산을 수행하거나, 데이터 검색 속도가 느리거나, 데이터가 거의 변경되지 않을 때는 캐싱caching을 적용하는 것이 유용합니다. 캐싱은 클라이언트에게 데이터를 더 빠르게 제공할 수 있도록 데이터를 투명하게 저장하고 조회하는 기술입니다.

자바 생태계에는 간단한 맵부터 완전한 분산 캐시 솔루션(예: 오라클 코히어런스Coherence[1])에 이르기까지 다양한 캐시 구현체가 있습니다. 그중에는 안정성과 신뢰성을 인정받은 캐시 라이브러리인 Ehcache와 카페인Caffeine[2]도 있습니다.

또한 제이케시Jcache라는 일반 캐싱 API(JSR-107[3])와 해당 명세를 구현한 아파치 JCSApache JCS, 헤이즐캐스트Hazelcast 등의 구현체도 있습니다. 오라클 코히어런스도 제이케시와 호환됩니다.

스프링이 제공하는 캐시 추상화cache abstract 덕분에 어떤 캐시 구현체를 사용하더라도 애플리케이션에 캐싱을 쉽게 적용할 수 있습니다. 따라서 테스트할 때는 간단한 맵 구현체를 이용해 캐시하다가 시스템을 운영할 때는 오라클 코히어런스를 이용할 수도 있습니다.

14장에서는 스프링 캐시 추상화를 살펴보고 애플리케이션에 캐싱을 적용하는 다양한 전략을 알아보겠습니다.

1 https://docs.oracle.com/en/middleware/fusion-middleware/coherence/

2 https://github.com/ben-manes/caffeine

3 https://www.jcp.org/en/jsr/detail?id=107

레시피 14-1 카페인으로 캐시하기

과제 복잡하고 오래 걸리는 계산을 수행하는 애플리케이션에서 결과를 캐시해 재사용하세요.

해결 카페인으로 캐시하면 계산 결과를 효율적으로 관리할 수 있습니다. 먼저 카페인에 해당 계산의 결과가 있는지 확인하고, 있으면 캐시된 결과를 반환하고 없으면 계산한 후 결과를 저장합니다.

카페인을 이용하려면 클래스패스에 의존성을 추가해야 합니다.

예제 14-1 카페인 그레이들 의존성 추가(build.gradle)

```
implementation group: 'com.github.ben-manes.caffeine', name: 'caffeine', version:
'3.2.1'
```

예제 14-2 카페인 메이븐 의존성 추가(pom.xml)

```
<dependency>
  <groupId>com.github.ben-manes.caffeine<groupId>
  <artifactId>caffeine<artifactId>
  <version>3.2.1<version>
</dependency>
```

풀이 먼저 sleep() 메서드를 사용해 복잡하고 오래 걸리는 계산을 시뮬레이션하는 PlainCalculationService 클래스를 작성합니다.

예제 14-3 PlainCalculationService

```
package com.apress.spring6recipes.caching;

import com.apress.spring6recipes.utils.Utils;

import java.math.BigDecimal;

class PlainCalculationService implements CalculationService {

  @Override
```

```
  public BigDecimal heavyCalculation(BigDecimal base, int power) {
    return calculate(base, power);
  }

  private BigDecimal calculate(BigDecimal base, int power) {
    Utils.sleep(500);
    return base.pow(power);
  }
}
```

알다시피 거듭제곱 계산은 계산량이 많습니다. 이를 반복 수행하는 메인 클래스를 작성해 봅시다.

예제 14-4 메인 클래스

```
package com.apress.spring6recipes.caching;

import java.math.BigDecimal;

public class Main {

  public static final void main(String[] args) throws Exception {

    var calculationService = new PlainCalculationService();
    for (int i = 0; i < 5; i++) {
      var start = System.currentTimeMillis();
      var result = calculationService.heavyCalculation(BigDecimal.valueOf(2L), 16);
      var duration = System.currentTimeMillis() - start;
      System.out.printf("Result: %.0f, Took: %dms%n", result, duration);
    }
  }
}
```

메인 클래스는 계산을 다섯 번 반복해서 수행하며 계산할 때마다 계산 결과와 계산 소요 시간을 함께 출력합니다. `Utils.sleep(500)` 코드 때문에 각 계산은 대략 500밀리초가 걸릴 것입니다.

예제 14-5 콘솔 출력

```
Result: 65536, Took: 513ms
Result: 65536, Took: 504ms
Result: 65536, Took: 504ms
Result: 65536, Took: 501ms
Result: 65536, Took: 504ms
```

스프링 없이 카페인 이용하기

캐싱을 적용해 시스템을 개선하겠습니다. 먼저 스프링을 사용하지 않고 카페인만 이용해 봅시다. 다음은 변경된 서비스 클래스 예제입니다.

예제 14-6 캐싱을 적용한 PlainCalculationService

```
package com.apress.spring6recipes.caching;

import com.apress.spring6recipes.utils.Utils;
import com.github.benmanes.caffeine.cache.Cache;

import java.math.BigDecimal;

class PlainCachingCalculationService implements CalculationService {

  private final Cache<String, BigDecimal> cache;

  public PlainCachingCalculationService(Cache<String, BigDecimal> cache) {
    this.cache = cache;
  }

  @Override
  public BigDecimal heavyCalculation(BigDecimal base, int power) {
    var key = base + "^" + power;
    return cache.get(key, k -> this.calculate(base, power));
  }

  private BigDecimal calculate(BigDecimal base, int power) {
    Utils.sleep(500);
    return base.pow(power);
  }
}
```

서비스 클래스에 생성자를 사용해 주입한 cache 변수를 추가했습니다. heavyCalculation() 메서드도 달라졌습니다. 먼저 메서드 인수를 사용해 고유 키를 생성하고 캐시에서 이 키에 해당하는 결괏값을 조회합니다. 결괏값이 있으면 그 값을 반환하고, 없으면 계산을 수행해 결괏값을 캐시에 추가한 후 반환합니다. 이 모든 과정은 cache.get() 메서드에 캡슐화되며 람다식으로 java.util.function.Function을 전달해 값을 생성합니다.

이제 카페인 캐시가 필요합니다. 서비스가 구성되기 전에 카페인 캐시를 부트스트랩하도록 메인 클래스를 변경합니다. 다음은 변경한 메인 클래스입니다.

예제 14-7 메인 클래스

```
package com.apress.spring6recipes.caching;

import com.github.benmanes.caffeine.cache.Cache;
import com.github.benmanes.caffeine.cache.Caffeine;

import java.math.BigDecimal;
import java.time.Duration;

public class Main {

  public static final void main(String[] args) throws Exception {
    Cache<String, BigDecimal> cache = Caffeine.newBuilder()
            .maximumSize(1000)
            .expireAfterWrite(Duration.ofMinutes(5)).build();
    var calculationService = new PlainCachingCalculationService(cache);
    for (int i = 0; i < 5; i++) {
      var start = System.currentTimeMillis();
      var result = calculationService.heavyCalculation(BigDecimal.valueOf(2L), 16);
      var duration = System.currentTimeMillis() - start;
      System.out.printf("Result: %.0f, Took: %dms%n", result, duration);
    }
  }
}
```

카페인이 제공하는 빌더를 이용해 캐시를 생성합니다. 이 빌더는 몇 가지 옵션을 제공하는데, 예제에서는 maximumSize() 메서드로 최대 1,000개의 엔트리를 저장하고 expireAfterWrite() 메서드로 5분 후에 각 엔트리가 만료되도록 설정합니다. 생성된 캐시는 PlainCachingCalculationService에 주입됩니다.

메인 클래스를 실행해 보죠. 첫 번째 계산은 약 500밀리초가 걸리지만 이후에는 매우 빨라져 0~1밀리초가 소요됐습니다.

예제 14-8 콘솔 출력

```
Result: 65536, Took: 529ms
Result: 65536, Took: 0ms
Result: 65536, Took: 0ms
Result: 65536, Took: 0ms
Result: 65536, Took: 0ms
```

스프링 구성으로 카페인 이용하기

예제 애플리케이션에서 스프링은 캐시와 서비스 구성에 활용됩니다. 이 작업을 수행하려면 스프링 구성 클래스를 작성하고 애플리케이션 컨텍스트를 사용해 모든 것을 로드해야 합니다.

예제 14-9 구성 클래스

```java
package com.apress.spring6recipes.caching.config;

import com.apress.spring6recipes.caching.CalculationService;
import com.apress.spring6recipes.caching.PlainCachingCalculationService;
import com.github.benmanes.caffeine.cache.Cache;
import com.github.benmanes.caffeine.cache.Caffeine;
import org.springframework.context.annotation.Bean;
import org.springframework.context.annotation.Configuration;

import java.math.BigDecimal;
import java.time.Duration;

@Configuration
public class CalculationConfiguration {

  @Bean
  public Cache<String, BigDecimal> calculationsCache() {
    return Caffeine.newBuilder()
              .maximumSize(1000)
              .expireAfterWrite(Duration.ofMinutes(5)).build();
  }
```

```
  @Bean
  public CalculationService calculationService(Cache<String, BigDecimal> cache) {
    return new PlainCachingCalculationService(cache);
  }
}
```

구성을 로드하고 컨텍스트에서 CaculationService를 가져오도록 메인 클래스를 변경합니다.

예제 14-10 메인 클래스

```
package com.apress.spring6recipes.caching;

import com.apress.spring6recipes.caching.config.CalculationConfiguration;
import org.springframework.context.annotation.AnnotationConfigApplicationContext;

import java.math.BigDecimal;

public class Main {

  public static void main(String[] args) {
    var cfg = CalculationConfiguration.class;
    try (var context = new AnnotationConfigApplicationContext(cfg)) {
      var calculationService = context.getBean(CalculationService.class);
      for (int i = 0; i < 5; i++) {
        var start = System.currentTimeMillis();
        var result = calculationService.heavyCalculation(BigDecimal.valueOf(2L), 16);
        var duration = System.currentTimeMillis() - start;
        System.out.printf("Result: %.0f, Took: %dms%n", result, duration);
      }
    }
  }
}
```

부트스트랩 코드에서 카페인을 직접 참조하는 일은 줄어들었지만 CalculationService 구현체에는 카페인에 대한 참조가 여전히 많습니다. 이렇게 직접 캐시하면 상당히 번거롭고 코드도 복잡해집니다. 캐싱도 트랜잭션처럼 AOP를 이용해 적용할 수 있으면 좋겠죠.

레시피 14-2 스프링 캐시 추상화로 캐시하기

과제 복잡하고 오래 걸리는 계산을 수행하는 애플리케이션에서 특정 캐시 구현체에 얽매이지 않고 결과를 캐시해 재사용하세요.

해결 스프링의 캐시 추상화를 이용해 계산 결과를 카페인으로 캐싱합니다. 먼저 카페인에 해당 계산의 결과가 있는지 확인하고, 있으면 이를 반환하고 없으면 계산한 후 결과를 저장합니다.

풀이 먼저 스프링이 제공하는 캐시 추상화를 이용해 애플리케이션에 캐싱 기능을 적용합니다. 그런 다음 get() 메서드로 캐시에 해당 계산의 결과가 있는지 확인한 후, 있으면 이를 반환하고 없으면 계산해서 결과를 캐시에 추가합니다.

예제 14-11 스프링 캐시 추상화를 사용한 CalculationService

```
package com.apress.spring6recipes.caching;

import com.apress.spring6recipes.utils.Utils;
import org.springframework.cache.Cache;

import java.math.BigDecimal;

public class PlainCachingCalculationService implements CalculationService {

  private final Cache cache;

  public PlainCachingCalculationService(Cache cache) {
    this.cache = cache;
  }

  @Override
  public BigDecimal heavyCalculation(BigDecimal base, int power) {
    var key = base + "^" + power;
    var result = cache.get(key, BigDecimal.class);
    if (result != null) {
      return result;
    }
    Utils.sleep(500);
    var calculatedResult = base.pow(power);
    cache.putIfAbsent(key, calculatedResult);
    return calculatedResult;
```

```
    }
  }
```

다음으로 ConcurrentMapCacheManager를 사용해 간단한 java.util.Map 기반 CacheManager를 구성하는 방법을 살펴봅니다. 이름에서 알 수 있듯이 ConcurrentMapCacheManager는 내부에서 java.util.concurrent.ConcurrentMap을 사용해 캐시합니다.

예제 14-12 ConcurrentMap을 이용해 캐시하는 CalculationConfiguration

```
package com.apress.spring6recipes.caching.config;

import com.apress.spring6recipes.caching.CalculationService;
import com.apress.spring6recipes.caching.PlainCachingCalculationService;
import org.springframework.cache.CacheManager;
import org.springframework.cache.concurrent.ConcurrentMapCacheManager;
import org.springframework.context.annotation.Bean;
import org.springframework.context.annotation.Configuration;

@Configuration
public class CalculationConfiguration {

  @Bean
  public CacheManager cacheManager() {
    return new ConcurrentMapCacheManager();
  }

  @Bean
  public CalculationService calculationService(CacheManager cacheManager) {
    var cache = cacheManager.getCache("calculations");
    return new PlainCachingCalculationService(cache);
  }
}
```

PlainCachingCalculationService가 동작하는 데 필요한 Cache 인스턴스는 CacheManager의 getCache() 메서드를 호출해 얻을 수 있습니다. 예제에서는 calculations라는 이름의 캐시를 얻어와 PlainCachingCalculationService에 주입합니다.

메인 클래스는 변경하지 않아도 됩니다.

스프링 캐시 추상화로 카페인 이용하기

ConcurrentMapCacheManager가 캐시의 역할을 잘 수행하는 것처럼 보이지만 완전한 캐시 구현체는 아닙니다. 캐시에 아이템을 추가하는 기능만 있고 캐시 제거cache eviction나 캐시 오버플로cache overflow 같은 기능은 없습니다. 반면에 카페인은 모든 기능을 제공하므로 카페인(또는 Ehcache나 헤이즐캐스트 같은 캐시 구현체)을 이용해 구성하면 됩니다.

카페인을 사용하려면 CaffeineCacheManager를 통해 스프링 캐시 추상화와 연결하면 됩니다. PlainCachingCalculationService는 이미 스프링 캐시 추상화를 사용하므로 수정할 필요가 없습니다. 스프링은 기본적으로 요청 시 동적으로 캐시를 생성합니다.

예제 14-13 카페인을 이용해 캐시하는 CalculationConfiguration

```
package com.apress.spring6recipes.caching.config;

import com.apress.spring6recipes.caching.CalculationService;
import com.apress.spring6recipes.caching.PlainCachingCalculationService;
import com.github.benmanes.caffeine.cache.Caffeine;
import org.springframework.cache.CacheManager;
import org.springframework.cache.caffeine.CaffeineCacheManager;
import org.springframework.context.annotation.Bean;
import org.springframework.context.annotation.Configuration;

import java.time.Duration;

@Configuration
public class CalculationConfiguration {

  @Bean
  public CacheManager cacheManager() {
    var caffeine = Caffeine.newBuilder()
             .maximumSize(1000)
             .expireAfterWrite(Duration.ofMinutes(5));
    var cacheManager = new CaffeineCacheManager();
    cacheManager.setCaffeine(caffeine);
    return cacheManager;
  }

  @Bean
  public CalculationService calculationService(CacheManager cacheManager) {
    var cache = cacheManager.getCache("calculations");
```

```
        return new PlainCachingCalculationService(cache);
    }
}
```

레시피 14-3 AOP를 적용해 선언적으로 캐시하기

과제 캐싱은 일종의 횡단 관심사입니다. 직접 캐싱을 적용하면 번거롭고 오류가 발생하기도 쉽습니다. 선언적으로 원하는 기능을 지정하고 그 기능을 구현하는 방법은 명시하지 않으면 더 간단하게 적용할 수 있습니다.

해결 스프링이 제공하는 `@EnableCaching` 애너테이션을 적용하면 캐시 어드바이스를 활성화할 수 있습니다.

풀이 구성 클래스에 `@EnableCaching`을 적용하면 선언적 캐싱 기능이 활성화됩니다. 이 애너테이션은 (모드에 따라) `CacheInterceptor`나 `AnnotationCacheAspect`를 등록해 `@Cacheable` 애너테이션을 감지합니다. 등록된 어드바이스는 캐시하려는 메서드마다 반복해서 작성해야 하는 코드를 대체하며 반복 코드를 제거하고 나면 다음 코드가 남습니다.

예제 14-14 캐싱을 사용하지 않는 `PlainCalculationService`

```
@Override
public BigDecimal heavyCalculation(BigDecimal base, int power) {
    return calculate(base, power);
}

private BigDecimal calculate(BigDecimal base, int power) {
    Utils.sleep(500);
    return base.pow(power);
}
```

`@Cacheable` 애너테이션을 메서드에 적용하면 캐싱이 활성화되며 `value` 속성을 사용해 캐시 이름을 지정합니다.

예제 14-15 @Cacheable을 적용한 PlainCalculationService

```
@Override
@Cacheable("calculations")
public BigDecimal heavyCalculation(BigDecimal base, int power) {
}
```

@Cacheable은 key, condition, unless라는 속성도 있으며 각 속성에는 런타임에 평가되는 SpEL 표현식을 사용합니다. key 속성은 캐시 키를 계산하는 데 사용할 메서드 인수를 지정하며 기본적으로 모든 메서드 인수를 사용합니다. condition 속성은 캐싱을 적용할 조건을 정의합니다. 기본적으로 항상 캐시하며 실제 메서드가 호출되기 전에 호출됩니다. unless 속성은 condition 속성과 비슷하게 동작하지만 메서드가 호출된 후 그 결과를 기반으로 캐시할지를 결정합니다(예: 널값은 건너뜀).

스프링 AOP 이용하기

@EnableCaching은 기본적으로 스프링 AOP를 이용해 동작하며 이는 CalculationService에 프록시가 생성된다는 의미입니다. 다음은 구성 클래스입니다.

예제 14-16 캐싱 구성 클래스

```
package com.apress.spring6recipes.caching.config;

import com.apress.spring6recipes.caching.CalculationService;
import com.apress.spring6recipes.caching.PlainCalculationService;
import com.github.benmanes.caffeine.cache.Caffeine;
import org.springframework.cache.CacheManager;
import org.springframework.cache.annotation.EnableCaching;
import org.springframework.cache.caffeine.CaffeineCacheManager;
import org.springframework.context.annotation.Bean;
import org.springframework.context.annotation.Configuration;

import java.time.Duration;

@Configuration
@EnableCaching
public class CalculationConfiguration {

  @Bean
```

```
  public CacheManager cacheManager() {
    var caffeine = Caffeine.newBuilder()
              .maximumSize(1000)
              .expireAfterWrite(Duration.ofMinutes(5));
    var cacheManager = new CaffeineCacheManager();
    cacheManager.setCaffeine(caffeine);
    return cacheManager;
 }

  @Bean
  public CalculationService calculationService() {
    return new PlainCalculationService();
  }
}
```

구성 클래스에 @EnableCaching을 적용했고 CalculationService에는 @Cacheable만 적용했으며 캐싱 프레임워크 의존성은 전혀 없습니다.

AspectJ 이용하기

AspectJ 모드로 캐시하기는 매우 쉽습니다. @EnableCaching의 mode 속성을 ASPECTJ로 설정하면 됩니다. 컴파일 타임 위빙을 사용하는지, 로드 타임 위빙을 사용하는지에 따라 @EnableLoadTimeWeaving 애너테이션을 추가로 적용해야 할 수도 있습니다. 예제에서는 로드 타임 위빙을 사용한다고 가정하므로 @EnableLoadTimeWeaving 애너테이션을 구성 클래스에 적용합니다.

예제 14-17 로드 타임 위빙 캐싱 구성

```
package com.apress.spring6recipes.caching.config;

import org.springframework.cache.annotation.EnableCaching;
import org.springframework.context.annotation.AdviceMode;
import org.springframework.context.annotation.Configuration;
import org.springframework.context.annotation.EnableLoadTimeWeaving;

@Configuration
@EnableLoadTimeWeaving
@EnableCaching(mode = AdviceMode.ASPECTJ)
public class CalculationConfiguration {
}
```

로드 타임 위빙과 관련된 내용은 [레시피 1-20]을 참고하세요. 메인 애플리케이션을 실행할 때 자바 에이전트를 걸어 주어야 합니다. (예제 프로젝트의 build/libs 디렉터리에서) java -javaagent:./lib/spring-instrument-6.0.3.RELEASE.jar -jar recipe_14_3_ii-6.0.0-all.jar 명령을 수행하면 로드 타임 위빙으로 프로그램을 실행할 수 있습니다.

레시피 14-4 커스텀 키 생성기 구성하기

과제 키 생성기key generator는 기본적으로 메서드 매개변수를 이용해 키를 생성합니다. 다른 방식으로 키를 생성해 보세요.

해결 커스텀 KeyGenerator를 구현하고 이를 사용해 캐싱 기능을 구성합니다.

풀이 스프링의 캐시 추상화는 키 생성을 위한 콜백 메커니즘으로 KeyGenerator 인터페이스를 사용합니다. 기본적으로 모든 메서드 인수를 받아 해시 코드를 계산하는 SimpleKeyGenerator 클래스로 키를 생성합니다.

KeyGenerator 인터페이스의 generate() 메서드를 구현한 클래스를 작성해 직접 키 생성 로직을 구현할 수도 있습니다.

예제 14-18 커스텀 키 생성기 구현체

```
package com.apress.spring6recipes.caching;

import org.springframework.cache.interceptor.KeyGenerator;

import java.lang.reflect.Method;

public class CustomKeyGenerator implements KeyGenerator {

  @Override
  public Object generate(Object target, Method method, Object... params) {
    return params[0] + "^" + params[1];
  }
}
```

CustomKeyGenerator는 (직접 캐시 키를 생성할 때 사용한 방식과 동일하게) 첫 번째와 두 번째 매개변수를 가져와 그 사이에 ^를 추가해 키를 생성합니다.

다음으로 스프링의 캐싱 지원 기능과 커스텀 키 구현체를 엮겠습니다. 이때 스프링의 캐싱 지원을 추가로 구성하는 CachingConfigurer 인터페이스를 사용합니다. 구성에서 필요한 부분만 오버라이딩 하면 되며 예제에서는 keyGenerator과 cacheManager를 오버라이드합니다.

NOTE_ 오버라이드한 메서드에 @Bean 애너테이션을 추가해야 합니다. 그렇지 않으면 스프링 컨테이너에서 생성된 인스턴스를 관리하지 않습니다.

예제 14-19 커스텀 키 생성기를 이용하는 캐시 구성

```
package com.apress.spring6recipes.caching.config;

import com.apress.spring6recipes.caching.CalculationService;
import com.apress.spring6recipes.caching.CustomKeyGenerator;
import com.apress.spring6recipes.caching.PlainCalculationService;
import com.github.benmanes.caffeine.cache.Caffeine;
import org.springframework.cache.CacheManager;
import org.springframework.cache.annotation.CachingConfigurer;
import org.springframework.cache.annotation.EnableCaching;
import org.springframework.cache.caffeine.CaffeineCacheManager;
import org.springframework.cache.interceptor.KeyGenerator;
import org.springframework.context.annotation.Bean;
import org.springframework.context.annotation.Configuration;

import java.time.Duration;

@Configuration
@EnableCaching
public class CalculationConfiguration implements CachingConfigurer {

  @Bean
  @Override
  public CacheManager cacheManager() {
    var caffeine = Caffeine.newBuilder()
            .maximumSize(1000)
            .expireAfterWrite(Duration.ofMinutes(5));
    var cacheManager = new CaffeineCacheManager();
    cacheManager.setCaffeine(caffeine);
```

```
        return cacheManager;
    }

    @Bean
    @Override
    public KeyGenerator keyGenerator() {
        return new CustomKeyGenerator();
    }

    @Bean
    public CalculationService calculationService() {
        return new PlainCalculationService();
    }
}
```

CachingConfigurer의 두 메서드를 오버라이드했습니다. 먼저 cacheManager() 메서드는 캐시 인프라스트럭처에 CacheManager를 등록합니다. 명시적으로 CacheManager를 정의하지 않으면 캐시 인프라스트럭처는 기본 CacheManager(컨텍스트에 존재하는 유일한 CacheManager나 primary로 표시된 CacheManager)를 자동 감지하려고 시도합니다. 다음으로 keyGenerator() 메서드는 캐시에 사용할 KeyGenerator를 제공합니다.

레시피 14-5 캐시 객체 추가/제거하기

과제 객체가 생성, 수정, 삭제될 때 캐시에 추가하거나 제거eviction하고 싶습니다.

해결 메서드에 @CachePut과 @CacheEvict 애너테이션을 적용해 캐시된 객체를 업데이트하거나 무효화invalidate할 수 있습니다.

풀이 스프링은 @Cacheable 애너테이션 이외에도 @CachePut과 @CacheEvict를 제공하며 각각 캐시에서 객체를 추가하고 제거(또는 전체 캐시를 무효화)합니다.

캐시를 사용할 때는 캐시를 채우는 것뿐만 아니라 객체를 업데이트하고 제거하는 등 애플리케이션 내부에서 일어나는 일과 캐시를 동기화하는 것이 중요합니다.

실행 결과로 캐시를 업데이트할 메서드에는 @CachePut을 적용하며 캐시 내부의 객체를 무효화할 메서드에는 @CacheEvict를 적용합니다.

다음과 같은 CustomerRepository 인터페이스가 기본 데이터소스를 이용해 고객 정보를 찾는 데 오래 걸린다고 가정하고 리포지터리에 캐싱 기능을 추가해 보겠습니다. 먼저 Customer Repository 인터페이스를 작성해 봅시다.

예제 14-20 CustomerRepository **인터페이스**

```
package com.apress.spring6recipes.caching;

public interface CustomerRepository {

  Customer find(long customerId);
  Customer create(String name);
  void update(Customer customer);
  void remove(long customerId);
}
```

Customer 클래스도 필요합니다.

예제 14-21 Customer **클래스**

```
package com.apress.spring6recipes.caching;

public record Customer(long id, String name) {}
```

마지막으로 CustomerRepository 인터페이스의 구현체를 작성합니다. 테스트 편의상 ConcurrentHashMap을 기반으로 작성했으며 sleep() 메서드로 조회가 오래 걸리게 구현했습니다.

예제 14-22 맵 기반 CustomerRepository **구현체**

```
package com.apress.spring6recipes.caching;

import com.apress.spring6recipes.utils.Utils;
import org.springframework.cache.annotation.Cacheable;

import java.util.Map;
```

```java
import java.util.concurrent.ConcurrentHashMap;
import java.util.concurrent.atomic.AtomicLong;

public class MapBasedCustomerRepository implements CustomerRepository {

  private final AtomicLong idGenerator = new AtomicLong();
  private final Map<Long, Customer> customers = new ConcurrentHashMap<>();

  @Override
  @Cacheable(value = "customers")
  public Customer find(long customerId) {
    Utils.sleep(500);
    return customers.get(customerId);
  }

  @Override
  public Customer create(String name) {
    var id = idGenerator.incrementAndGet();
    return customers.computeIfAbsent(id, key -> new Customer(key, name));
  }

  @Override
  public void update(Customer customer) {
    customers.put(customer.id(), customer);
  }

  @Override
  public void remove(long customerId) {
    customers.remove(customerId);
  }
}
```

다음으로 구성 클래스에 필요한 모든 내용을 작성합니다.

예제 14-23 구성 클래스

```java
package com.apress.spring6recipes.caching.config;

import com.apress.spring6recipes.caching.CustomerRepository;
import com.apress.spring6recipes.caching.MapBasedCustomerRepository;
import com.github.benmanes.caffeine.cache.Caffeine;
import org.springframework.cache.CacheManager;
import org.springframework.cache.annotation.EnableCaching;
```

```java
import org.springframework.cache.caffeine.CaffeineCacheManager;
import org.springframework.context.annotation.Bean;
import org.springframework.context.annotation.Configuration;

import java.time.Duration;

@Configuration
@EnableCaching
public class CustomerConfiguration {

  @Bean
  public CacheManager cacheManager() {
    var caffeine = Caffeine.newBuilder()
              .maximumSize(1000)
              .expireAfterWrite(Duration.ofMinutes(5));
    var cacheManager = new CaffeineCacheManager();
    cacheManager.setCaffeine(caffeine);
    return cacheManager;
  }

  @Bean
  public CustomerRepository customerRepository() {
    return new MapBasedCustomerRepository();
  }
}
```

마지막으로 이 프로그램을 실행하는 메인 클래스를 작성하겠습니다.

예제 14-24 메인 클래스

```java
package com.apress.spring6recipes.caching;

import com.apress.spring6recipes.caching.config.CustomerConfiguration;
import org.springframework.context.annotation.AnnotationConfigApplicationContext;
import org.springframework.util.StopWatch;

public class Main {

  public static void main(String[] args) {
    var cfg = CustomerConfiguration.class;
    try (var context = new AnnotationConfigApplicationContext(cfg)) {
      var customerRepository = context.getBean(CustomerRepository.class);
      var sw = new StopWatch("Cache Evict and Put");
```

```
sw.start("Get 'Unknown Customer'");
var customer = customerRepository.find(System.currentTimeMillis());
System.out.println("Get 'Unknown Customer' (result) : " + customer);
sw.stop();

sw.start("Create New Customer");
customer = customerRepository.create("Marten Deinum");
System.out.println("Create new Customer (result) : " + customer);
sw.stop();

long customerId = customer.id();

sw.start("Get 'New Customer 1'");
customer = customerRepository.find(customerId);
System.out.println("Get 'New Customer 1' (result) : " + customer);
sw.stop();

sw.start("Get 'New Customer 2'");
customer = customerRepository.find(customerId);
System.out.println("Get 'New Customer 2' (result) : " + customer);
sw.stop();

sw.start("Update Customer");
customer = new Customer(customer.id(), "Josh Long");
customerRepository.update(customer);
sw.stop();

sw.start("Get 'Updated Customer 1'");
customer = customerRepository.find(customerId);
System.out.println("Get 'Updated Customer 1' (result) : " + customer);
sw.stop();

sw.start("Get 'Updated Customer 2'");
customer = customerRepository.find(customerId);
System.out.println("Get 'Updated Customer 2' (result) : " + customer);
sw.stop();

sw.start("Remove Customer");
customerRepository.remove(customer.id());
sw.stop();

sw.start("Get 'Deleted Customer 1'");
customer = customerRepository.find(customerId);
```

```
            System.out.println("Get 'Deleted Customer 1' (result) : " + customer);
            sw.stop();

            sw.start("Get 'Deleted Customer 2'");
            customer = customerRepository.find(customerId);
            System.out.println("Get 'Deleted Customer 2' (result) : " + customer);
            sw.stop();

            System.out.println();
            System.out.println(sw.prettyPrint());
        }
    }
}
```

이 클래스는 StopWatch를 사용해 로깅(System.out 호출)을 남겨 프로그램에 무슨 일이 일어나는지 보여 줍니다. 이를 실행하면 [그림 14-1]과 같은 로그가 출력됩니다.

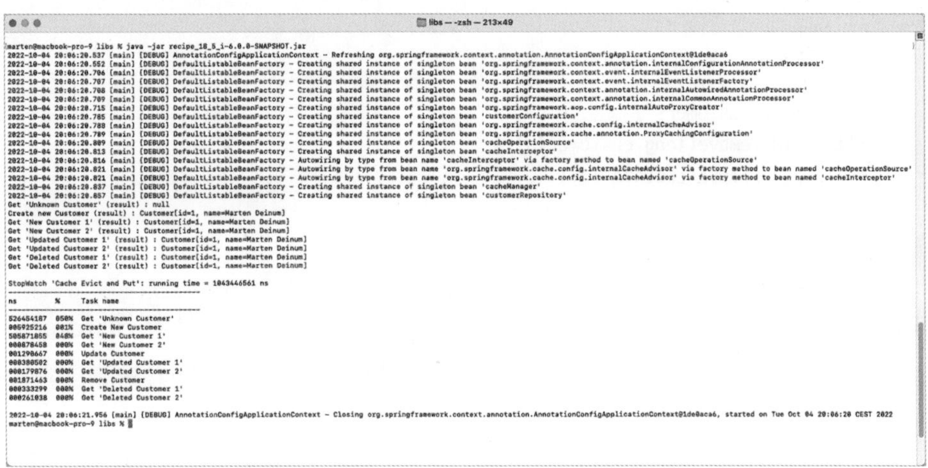

그림 14-1 메인 프로그램 실행 시 초기 출력

프로그램 실행 결과를 보면 몇 가지를 알 수 있습니다. 첫째, 고객 정보를 삭제한 후에도 삭제한 고객 정보를 조회하면 여전히 결과가 반환됩니다. 객체가 저장소에서만 제거됐으며 캐시에 여전히 남아 있기 때문입니다. 둘째, 고객 정보 생성 작업이 끝난 후 확인을 위해 다시 조회하면 실행이 오래 걸립니다. 따라서 고객 정보를 생성할 때 바로 캐시하는 것이 더 효율적입니다. 셋째, 출력 결과에 직접 드러나지는 않지만 업데이트된 고객 정보를 처음으로 조회할 때 실행 시간이 너무 짧으므로 캐시된 기존 인스턴스를 읽어왔을 가능성이 있습니다. 객체를 업데이트 한 후에는 이전에 캐시된 인스턴스를 제거해야 합니다.

@CacheEvict로 유효하지 않은 객체 제거하기

객체를 리포지터리에서 제거하면 캐시에서도 제거(또는 전체 캐시를 무효화)해야 합니다. `remove()` 메서드에 `@CacheEvict`를 적용하면 됩니다. 그러면 `remove()`가 호출될 때 동일한 키의 객체를 캐시에서도 제거합니다.

예제 14-25 `@CacheEvict`를 적용한 `CustomerRepository`

```
package com.apress.spring6recipes.caching;

import org.springframework.cache.annotation.CacheEvict;

public class MapBasedCustomerRepository implements CustomerRepository {

  ...
  @Override
  @CacheEvict("customers")
  public void remove(long customerId) {
    customers.remove(customerId);
  }
}
```

`remove()`에 `@CacheEvict`를 적용할 때 항목을 제거할 캐시의 이름(여기서는 `customers`)을 지정해야 합니다. 그 밖의 속성은 [표 14-1]에서 확인할 수 있습니다.

표 14-1 `@CacheEvict`의 속성

속성	설명
key	키 계산용 SpEL 표현식. 기본적으로 모든 메서드 인수를 사용함
keyGenerator	키 생성에 사용할 빈 이름. key 속성과 상호 배타적이므로 함께 사용할 수 없음
condition	캐시 무효화 여부를 결정하는 조건
allEntries	전체 캐시 제거 여부. 기본값은 false
beforeInvocation	메서드 호출 전에 캐시를 무효화할지, 호출 후에 무효화할지 여부. 메서드 호출 전에 무효화하도록 설정하면 메서드의 결과와 상관없이 캐시가 무효화됨

메인 프로그램을 다시 실행하면 출력이 약간 달라집니다(그림 14-2).

```
libs — -zsh — 213x49
marten@macbook-pro-9 libs % java -jar recipe_18_5_ii-6.0.0-SNAPSHOT.jar
2022-10-04 20:11:13.425 [main] [DEBUG] AnnotationConfigApplicationContext - Refreshing org.springframework.context.annotation.AnnotationConfigApplicationContext@1de0aca6
2022-10-04 20:11:13.447 [main] [DEBUG] DefaultListableBeanFactory - Creating shared instance of singleton bean 'org.springframework.context.annotation.internalConfigurationAnnotationProcessor'
2022-10-04 20:11:13.609 [main] [DEBUG] DefaultListableBeanFactory - Creating shared instance of singleton bean 'org.springframework.context.event.internalEventListenerProcessor'
2022-10-04 20:11:13.610 [main] [DEBUG] DefaultListableBeanFactory - Creating shared instance of singleton bean 'org.springframework.context.event.internalEventListenerFactory'
2022-10-04 20:11:13.611 [main] [DEBUG] DefaultListableBeanFactory - Creating shared instance of singleton bean 'org.springframework.context.annotation.internalAutowiredAnnotationProcessor'
2022-10-04 20:11:13.613 [main] [DEBUG] DefaultListableBeanFactory - Creating shared instance of singleton bean 'org.springframework.context.annotation.internalCommonAnnotationProcessor'
2022-10-04 20:11:13.618 [main] [DEBUG] DefaultListableBeanFactory - Creating shared instance of singleton bean 'org.springframework.aop.config.internalAutoProxyCreator'
2022-10-04 20:11:13.681 [main] [DEBUG] DefaultListableBeanFactory - Creating shared instance of singleton bean 'customerConfiguration'
2022-10-04 20:11:13.683 [main] [DEBUG] DefaultListableBeanFactory - Creating shared instance of singleton bean 'org.springframework.cache.config.internalCacheAdvisor'
2022-10-04 20:11:13.685 [main] [DEBUG] DefaultListableBeanFactory - Creating shared instance of singleton bean 'org.springframework.cache.annotation.ProxyCachingConfiguration'
2022-10-04 20:11:13.700 [main] [DEBUG] DefaultListableBeanFactory - Creating shared instance of singleton bean 'cacheOperationSource'
2022-10-04 20:11:13.704 [main] [DEBUG] DefaultListableBeanFactory - Creating shared instance of singleton bean 'cacheInterceptor'
2022-10-04 20:11:13.707 [main] [DEBUG] DefaultListableBeanFactory - Autowiring by type from bean name 'cacheInterceptor' via factory method to bean named 'cacheOperationSource'
2022-10-04 20:11:13.711 [main] [DEBUG] DefaultListableBeanFactory - Autowiring by type from bean name 'org.springframework.cache.config.internalCacheAdvisor' via factory method to bean named 'cacheOperationSource'
2022-10-04 20:11:13.712 [main] [DEBUG] DefaultListableBeanFactory - Autowiring by type from bean name 'org.springframework.cache.config.internalCacheAdvisor' via factory method to bean named 'cacheInterceptor'
2022-10-04 20:11:13.725 [main] [DEBUG] DefaultListableBeanFactory - Creating shared instance of singleton bean 'cacheManager'
2022-10-04 20:11:13.737 [main] [DEBUG] DefaultListableBeanFactory - Creating shared instance of singleton bean 'customerRepository'
Get 'Unknown Customer' (result) : null
Create new Customer (result) : Customer[id=1, name=Marten Deinum]
Get 'New Customer 1' (result) : Customer[id=1, name=Marten Deinum]
Get 'New Customer 2' (result) : Customer[id=1, name=Marten Deinum]
Get 'Updated Customer 1' (result) : Customer[id=1, name=Marten Deinum]
Get 'Updated Customer 2' (result) : Customer[id=1, name=Marten Deinum]
Get 'Deleted Customer 1' (result) : null
Get 'Deleted Customer 2' (result) : null

StopWatch 'Cache Evict and Put': running time = 1555017688 ns
---------------------------------------------
ns         %     Task name
---------------------------------------------
531752095  034%  Get 'Unknown Customer'
006764778  000%  Create New Customer
503462159  032%  Get 'New Customer 1'
000794153  000%  Get 'New Customer 2'
000829808  000%  Update Customer
000217415  000%  Get 'Updated Customer 1'
000154639  000%  Get 'Updated Customer 2'
004924360  000%  Remove Customer
505770472  033%  Get 'Deleted Customer 1'
000347709  000%  Get 'Deleted Customer 2'

2022-10-04 20:11:15.351 [main] [DEBUG] AnnotationConfigApplicationContext - Closing org.springframework.context.annotation.AnnotationConfigApplicationContext@1de0aca6, started on Tue Oct 04 20:11:13 CEST 2022
marten@macbook-pro-9 libs %
```

그림 14-2 remove()에 @CacheEvict를 적용한 후 실행 결과

출력 결과를 보면 고객 정보가 제거되면 더 이상 캐시에 아무 결과도 남아 있지 않음을 알 수 있습니다. 삭제된 고객을 조회할 때 캐시된 인스턴스 대신 `null`이 반환됩니다. 이번에는 `update()`에 `@CacheEvict`를 적용하고 객체를 업데이트한 후 기본 데이터소스에서 객체를 다시 조회해 봅시다. 그러면 문제가 발생합니다. `update()`의 인수는 `Customer`이고 캐시는 고객의 ID를 키로 사용하기 때문입니다. 모든 메서드 인수를 사용해 키를 생성하는 것이 기본 키 생성 전략이라는 점을 떠올려 보세요. `find()`와 `remove()` 메서드는 모두 인수가 `long` 타입입니다.

`key` 속성에 SpEL 표현식을 지정해 이 문제를 해결할 수 있습니다. 첫 번째 인수의 ID 프로퍼티를 키로 사용해 보겠습니다. `#customer.id` 표현식은 `customer`라는 메서드 인수의 `id` 프로퍼티를 키로 사용한다는 의미입니다.

다음은 변경한 `update()`입니다.

예제 14-26 CustomerRepository의 update()에 @CacheEvict 적용하기

```
package com.apress.spring6recipes.caching;

import org.springframework.cache.annotation.CacheEvict;

public class MapBasedCustomerRepository implements CustomerRepository {
```

```
  ...
  @Override
  @CacheEvict(value="customers", key = "#customer.id")
  public void update(Customer customer) {
    customers.put(customer.id(), customer);
  }
  ...
}
```

메인 클래스를 실행하고 출력된 시간 정보를 확인해 보면 업데이트된 고객 정보를 최초로 조회할 때 시간이 약간 더 소요됐습니다(그림 14-3).

```
libs — -zsh — 213x49
marten@macbook-pro-9 libs % java -jar recipe_18_5_iii-6.0.0-SNAPSHOT-all.jar
2022-10-04 20:24:19.772 [main] [DEBUG] AnnotationConfigApplicationContext - Refreshing org.springframework.context.annotation.AnnotationConfigApplicationContext@5197848c
2022-10-04 20:24:19.788 [main] [DEBUG] DefaultListableBeanFactory - Creating shared instance of singleton bean 'org.springframework.context.annotation.internalConfigurationAnnotationProcessor'
2022-10-04 20:24:19.955 [main] [DEBUG] DefaultListableBeanFactory - Creating shared instance of singleton bean 'org.springframework.context.event.internalEventListenerProcessor'
2022-10-04 20:24:19.956 [main] [DEBUG] DefaultListableBeanFactory - Creating shared instance of singleton bean 'org.springframework.context.event.internalEventListenerFactory'
2022-10-04 20:24:19.957 [main] [DEBUG] DefaultListableBeanFactory - Creating shared instance of singleton bean 'org.springframework.context.annotation.internalAutowiredAnnotationProcessor'
2022-10-04 20:24:19.959 [main] [DEBUG] DefaultListableBeanFactory - Creating shared instance of singleton bean 'org.springframework.context.annotation.internalCommonAnnotationProcessor'
2022-10-04 20:24:19.964 [main] [DEBUG] DefaultListableBeanFactory - Creating shared instance of singleton bean 'org.springframework.aop.config.internalAutoProxyCreator'
2022-10-04 20:24:20.021 [main] [DEBUG] DefaultListableBeanFactory - Creating shared instance of singleton bean 'customerConfiguration'
2022-10-04 20:24:20.024 [main] [DEBUG] DefaultListableBeanFactory - Creating shared instance of singleton bean 'org.springframework.cache.config.internalCacheAdvisor'
2022-10-04 20:24:20.025 [main] [DEBUG] DefaultListableBeanFactory - Creating shared instance of singleton bean 'org.springframework.cache.annotation.ProxyCachingConfiguration'
2022-10-04 [illegible] DefaultListableBeanFactory - Creating shared instance of singleton bean 'cacheOperationSource'
2022-10-04 20:24:20.051 [main] [DEBUG] DefaultListableBeanFactory - [illegible] 'cacheInterceptor'
2022-10-04 20:24:20.054 [main] [DEBUG] DefaultListableBeanFactory - Autowiring by type from bean name 'cacheInterceptor' [illegible] 'cacheOperationSource'
2022-10-04 20:24:20.059 [main] [DEBUG] DefaultListableBeanFactory - Autowiring by type from bean name 'org.springframework.cache.config.internalCacheAdvisor' via factory [illegible] 'cacheOperationSource'
2022-10-04 20:24:20.059 [main] [DEBUG] DefaultListableBeanFactory - Autowiring by type from bean name 'org.springframework.cache.config.internalCacheAdvisor' via factory method to bean named 'cacheInterceptor'
2022-10-04 20:24:20.073 [main] [DEBUG] DefaultListableBeanFactory - Creating shared instance of singleton bean 'cacheManager'
2022-10-04 20:24:20.091 [main] [DEBUG] DefaultListableBeanFactory - Creating shared instance of singleton bean 'customerRepository'
Get 'Unknown Customer' (result) : null
Create new Customer (result) : Customer[id=1, name=Marten Deinum]
Get 'New Customer 1' (result) : Customer[id=1, name=Marten Deinum]
Get 'New Customer 2' (result) : Customer[id=1, name=Marten Deinum]
Get 'Updated Customer 1' (result) : Customer[id=1, name=Josh Long]
Get 'Updated Customer 2' (result) : Customer[id=1, name=Josh Long]
Get 'Deleted Customer 1' (result) : null
Get 'Deleted Customer 2' (result) : null

StopWatch 'Cache Evict and Put': running time = 2070386473 ns
---------------------------------------------
ns         %     Task name
---------------------------------------------
529499955  026%  Get 'Unknown Customer'
006650704  000%  Create New Customer
500875171  024%  Get 'New Customer 1'
000871825  000%  Get 'New Customer 2'
021937832  001%  Update Customer
501926495  024%  Get 'Updated Customer 1'
000420705  000%  Get 'Updated Customer 2'
002896846  000%  Remove Customer
504897498  024%  Get 'Deleted Customer 1'
000489442  000%  Get 'Deleted Customer 2'

2022-10-04 20:24:22.223 [main] [DEBUG] AnnotationConfigApplicationContext - Closing org.springframework.context.annotation.AnnotationConfigApplicationContext@5197848c, started on Tue Oct 04 20:24:19 CEST 2022
marten@macbook-pro-9 libs % clear

marten@macbook-pro-9 libs %
```

그림 14-3 update()에 @CacheEvict를 추가한 후 실행 결과

@CachePut으로 캐시에 객체 추가하기

create() 메서드는 현재 입력에 따라 Customer 객체를 생성합니다. 객체 생성 후 해당 객체를 최초로 조회할 때 꽤 시간이 걸립니다. 정상적인 동작이지만 create()가 객체를 생성한 후 캐시에 추가하면 조회 속도가 더 빨라집니다.

캐시에 값을 추가하려면 메서드에 **@CachePut** 애너테이션을 적용하면서 value 속성으로 객체를 추가할 캐시의 이름을 지정해야 합니다. 다른 애너테이션과 마찬가지로 key, condition, unless 속성도 사용할 수 있습니다.

예제 14-27 CustomerRepository의 create()에 @CachePut 적용하기

```
package com.apress.spring6recipes.caching;

import org.springframework.cache.annotation.CachePut;
import java.util.concurrent.atomic.AtomicLong;

public class MapBasedCustomerRepository implements CustomerRepository {

  ...
  @Override
  @CachePut(value="customers", key = "#result.id")
  public Customer create(String name) {
  ...
  }
  ...
}
```

create()에 @CachePut을 적용하면서 value 속성에 customers라는 캐시 이름을 지정했습니다. 일반적으로 객체를 생성하는 메서드는 캐시할 실제 객체를 반환하므로 key 속성이 필요하지만 키는 객체 자체가 아니므로 SpEL 표현식을 지정해야 합니다. #result 위치 지정자를 사용해 반환된 객체에 접근할 수 있으며 Customer 객체의 ID가 키이므로 #result.id 표현식을 사용하면 원하는 결과를 얻을 수 있습니다. 메인 프로그램을 실행하면 [그림 14-4]와 비슷한 결과가 출력됩니다.

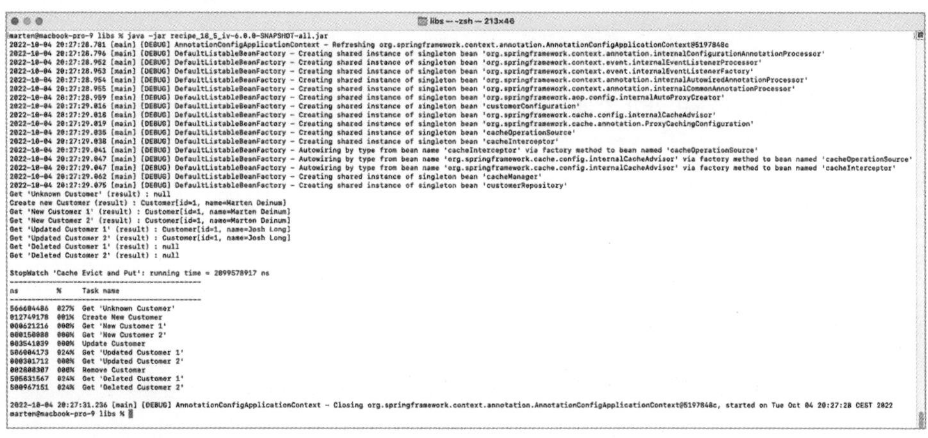

그림 14-4 create()에 @CachePut을 적용한 후 실행 결과

새로 생성된 고객 정보를 최초로 조회할 때도 저장소가 아니라 캐시에서 반환되므로 최초 조회가 훨씬 빨라졌습니다.

@Cacheable로 결과 무효화하기

지금까지는 `find()`가 `null`을 반환할 때조차 결과를 캐시합니다. 그렇다고 캐싱을 비활성화하는 것은 바람직하지 않죠. `@Cacheable`의 `unless` 속성에 캐시하지 않을 기준(SpEL 표현식)을 지정하면 조건에 따라 캐싱을 수행하지 않게 됩니다.

예제 14-28 CustomerRepository의 find()에 @Cacheable 적용하기

```
package com.apress.spring6recipes.caching;

import org.springframework.cache.annotation.Cacheable;
import java.util.concurrent.atomic.AtomicLong;

public class MapBasedCustomerRepository implements CustomerRepository {

  @Override
  @Cacheable(value = "customers", unless="#result == null")
  public Customer find(long customerId) {
  ...
  }
  ...
}
```

`unless` 속성에 지정한 표현식대로 결과가 `null`이면 캐시하지 않습니다. `#result` 위치 지정자를 사용하면 메서드가 반환한 객체에 접근할 수 있으며 이를 사용해 간단한 `null` 검사만 하는 표현식을 작성했습니다.

[그림 14-5]는 `null`을 캐싱 대상에서 제외한 후 실행 결과를 보여 주며 삭제된 `customer`를 두 번 조회하는 데 걸린 시간은 거의 동일합니다.

```
recipe_18_5_v — -zsh — 213x46
marten@macbook-pro-9 recipe_18_5_v % java -jar build/libs/recipe_18_5_v-6.0.0-SNAPSHOT-all.jar
2022-10-04 20:28:36.740 [main] [DEBUG] AnnotationConfigApplicationContext - Refreshing org.springframework.context.annotation.AnnotationConfigApplicationContext@5197848c
2022-10-04 20:28:36.754 [main] [DEBUG] DefaultListableBeanFactory - Creating shared instance of singleton bean 'org.springframework.context.annotation.internalConfigurationAnnotationProcessor'
2022-10-04 20:28:36.910 [main] [DEBUG] DefaultListableBeanFactory - Creating shared instance of singleton bean 'org.springframework.context.event.internalEventListenerProcessor'
2022-10-04 20:28:36.911 [main] [DEBUG] DefaultListableBeanFactory - Creating shared instance of singleton bean 'org.springframework.context.event.internalEventListenerFactory'
2022-10-04 20:28:36.912 [main] [DEBUG] DefaultListableBeanFactory - Creating shared instance of singleton bean 'org.springframework.context.annotation.internalAutowiredAnnotationProcessor'
2022-10-04 20:28:36.914 [main] [DEBUG] DefaultListableBeanFactory - Creating shared instance of singleton bean 'org.springframework.context.annotation.internalCommonAnnotationProcessor'
2022-10-04 20:28:36.917 [main] [DEBUG] DefaultListableBeanFactory - Creating shared instance of singleton bean 'org.springframework.aop.config.internalAutoProxyCreator'
2022-10-04 20:28:36.977 [main] [DEBUG] DefaultListableBeanFactory - Creating shared instance of singleton bean 'customerConfiguration'
2022-10-04 20:28:36.980 [main] [DEBUG] DefaultListableBeanFactory - Creating shared instance of singleton bean 'org.springframework.cache.config.internalCacheAdvisor'
2022-10-04 20:28:36.982 [main] [DEBUG] DefaultListableBeanFactory - Creating shared instance of singleton bean 'org.springframework.cache.annotation.ProxyCachingConfiguration'
2022-10-04 20:28:37.000 [main] [DEBUG] DefaultListableBeanFactory - Creating shared instance of singleton bean 'cacheOperationSource'
2022-10-04 20:28:37.004 [main] [DEBUG] DefaultListableBeanFactory - Creating shared instance of singleton bean 'cacheInterceptor'
2022-10-04 20:28:37.008 [main] [DEBUG] DefaultListableBeanFactory - Autowiring by type from bean name 'cacheInterceptor' via factory method to bean named 'cacheOperationSource'
2022-10-04 20:28:37.014 [main] [DEBUG] DefaultListableBeanFactory - Autowiring by type from bean name 'org.springframework.cache.config.internalCacheAdvisor' via factory method to bean named 'cacheOperationSource'
2022-10-04 20:28:37.014 [main] [DEBUG] DefaultListableBeanFactory - Autowiring by type from bean name 'org.springframework.cache.config.internalCacheAdvisor' via factory method to bean named 'cacheInterceptor'
2022-10-04 20:28:37.026 [main] [DEBUG] DefaultListableBeanFactory - Creating shared instance of singleton bean 'cacheManager'
2022-10-04 20:28:37.038 [main] [DEBUG] DefaultListableBeanFactory - Creating shared instance of singleton bean 'customerRepository'
Get 'Unknown Customer' (result) : null
Create new Customer (result) : Customer[id=1, name=Marten Deinum]
Get 'New Customer 1' (result) : Customer[id=1, name=Marten Deinum]
Get 'New Customer 2' (result) : Customer[id=1, name=Marten Deinum]
Get 'Updated Customer 1' (result) : Customer[id=1, name=Josh Long]
Get 'Updated Customer 2' (result) : Customer[id=1, name=Josh Long]
Get 'Deleted Customer 1' (result) : null
Get 'Deleted Customer 2' (result) : null

StopWatch 'Cache Evict and Put': running time = 2086322552 ns
---------------------------------------------
ns         %     Task name
---------------------------------------------
554127462  027%  Get 'Unknown Customer'
012190458  001%  Create New Customer
000574665  000%  Get 'New Customer 1'
000149131  000%  Get 'New Customer 2'
003375224  000%  Update Customer
505013318  024%  Get 'Updated Customer 1'
000293070  000%  Get 'Updated Customer 2'
002764711  000%  Remove Customer
505770472  024%  Get 'Deleted Customer 1'
502064041  024%  Get 'Deleted Customer 2'

2022-10-04 20:28:39.175 [main] [DEBUG] AnnotationConfigApplicationContext - Closing org.springframework.context.annotation.AnnotationConfigApplicationContext@5197848c, started on Tue Oct 04 20:28:36 CEST 2022
marten@macbook-pro-9 recipe_18_5_v %
```

그림 14-5 캐싱 대상에서 null을 제외한 후 출력 결과

레시피 14-6 트랜잭션 적용 리소스의 캐시 동기화하기

과제 트랜잭션을 인식하는 캐시를 구현하세요.

해결 스프링이 제공하는 CacheManager 구현체 중 일부(예: JCacheCacheManager)는 자신이 트랜잭션이 적용된 컨텍스트에서 실행된다는 사실을 인지합니다. 트랜잭션을 인지하는 기능을 활성화하려면 transactionAware 속성을 true로 설정합니다. 기본적으로 트랜잭션을 인지하지 못하는 구현체는 TransactionAwareCacheManagerProxy로 래핑해 트랜잭션을 인지하게 할 수 있습니다.

풀이 먼저 JdbcTemplate(6장 참조)을 사용하는 트랜잭션이 적용된 CustomerRepository 구현체를 작성합니다.

예제 14-29 CustomerRepository JDBC 구현체

```
package com.apress.spring6recipes.caching;

import org.springframework.cache.annotation.CacheEvict;
import org.springframework.cache.annotation.CachePut;
import org.springframework.cache.annotation.Cacheable;
```

```java
import org.springframework.jdbc.core.JdbcTemplate;
import org.springframework.jdbc.support.GeneratedKeyHolder;
import org.springframework.stereotype.Repository;
import org.springframework.transaction.annotation.Transactional;

import javax.sql.DataSource;
import java.sql.Statement;

@Repository
@Transactional
public class JdbcCustomerRepository implements CustomerRepository {

  private final JdbcTemplate jdbc;

  public JdbcCustomerRepository(JdbcTemplate jdbc) {
    this.jdbc = jdbc;
  }

  @Override
  @Cacheable(value = "customers")
  public Customer find(long customerId) {
    var sql = "SELECT id, name FROM customer WHERE id=?";
    var results = jdbc.query(sql,
        (rs, rowNum) -> new Customer(rs.getLong(1), rs.getString(2)),
        customerId);
    return results.isEmpty() ? null : results.get(0);
  }

  @Override
  @CachePut(value = "customers", key = "#result.id")
  public Customer create(String name) {
    var sql = "INSERT INTO customer (name) VALUES (?);";
    var keyHolder = new GeneratedKeyHolder();
    jdbc.update(con -> {
      var ps = con.prepareStatement(sql, Statement.RETURN_GENERATED_KEYS);
      ps.setString(1, name);
      return ps;
    }, keyHolder);

    return new Customer(keyHolder.getKey().longValue(), name);
  }

  @Override
  @CacheEvict(value = "customers", key = "#customer.id")
```

```
  public void update(Customer customer) {
    var sql = "UPDATE customer SET name=? WHERE id=?";
    jdbc.update(sql, customer.name(), customer.id());
  }

  @Override
  @CacheEvict(value = "customers")
  public void remove(long customerId) {
    var sql = "DELETE FROM customer WHERE id=?";
    jdbc.update(sql, customerId);
  }
}
```

구성에 DataSource, JdbcTemplate, DataSourceTransactionManager, JdbcCustomerRepository도 추가합니다.

예제 14-30 CustomerRepository JDBC 구성

```
@Bean
public CustomerRepository customerRepository(JdbcTemplate jdbc) {
  return new JdbcCustomerRepository(jdbc);
}

@Bean
public DataSourceTransactionManager transactionManager(DataSource dataSource) {
  return new DataSourceTransactionManager(dataSource);
}

@Bean
public DataSource dataSource() {
  return new EmbeddedDatabaseBuilder()
                .setType(EmbeddedDatabaseType.H2)
                .setName("customers")
                .addScript("classpath:/schema.sql").build();
}

@Bean
public JdbcTemplate jdbcTemplate(DataSource ds) {
  return new JdbcTemplate(ds);
}
```

CUSTOMER 테이블의 스키마는 schema.sql에 있습니다.

예제 14-31 CUSTOMER 테이블

```
CREATE TABLE customer (
  id bigint AUTO_INCREMENT PRIMARY KEY,
  name VARCHAR(255) NOT NULL
);
```

마지막으로 CaffeineCacheManager를 TransactionAwareCacheManagerProxy로 래핑하면 실제 Cache 인스턴스는 현재 진행 중인 트랜잭션에 캐시 작업을 등록하는 TransactionAwareCacheDecorator로 래핑됩니다(사용 가능한 트랜잭션이 없다면 직접 실행함).

예제 14-32 트랜잭션을 인지하는 프록시로 래핑된 CaffeineCacheManager

```
@Bean
public CacheManager cacheManager() {
  var caffeine = Caffeine.newBuilder()
          .maximumSize(1000)
          .expireAfterWrite(Duration.ofMinutes(5));
  var cacheManager = new CaffeineCacheManager();
  cacheManager.setCaffeine(caffeine);
  return new TransactionAwareCacheManagerProxy(cacheManager);
}
```

애플리케이션을 실행하면 모든 것이 여전히 똑같아 보이지만 이제 모든 캐싱 작업이 트랜잭션에 묶이게 됩니다. 따라서 고객 정보 삭제 중 예외가 발생하면 트랜잭션이 롤백되어 캐시에서도 삭제되지 않고 그대로 남아 있게 됩니다.

레시피 14-7 레디스를 캐시 공급자로 이용하기

과제 레디스를 캐시 공급자caching provider로 이용하세요.

해결 스프링 데이터 레디스Spring Data Redis[4]를 이용해 RedisCacheManager를 구성하고 레디스 인스턴스에 접속할 수 있습니다. 레디스 및 스프링 데이터 레디스에 관한 자세한 정보는 9장을

4 https://spring.io/projects/spring-data-redis

참고하세요.

레디스와 스프링 데이터 레디스를 사용하려면 관련 의존성을 클래스패스에 추가해야 합니다.

예제 14-33 레디스와 스프링 데이터 레디스 그레이들 의존성 추가(build.gradle)

```
implementation group: 'redis.clients', name: 'jedis', version: '6.0.0'
implementation group: 'org.springframework.data', name: 'spring-data-redis',
version: '3.5.1'
```

예제 14-34 레디스와 스프링 데이터 레디스 메이븐 의존성 추가(pom.xml)

```
<dependency>
  <groupId>redis.clients</groupId>
  <artifactId>jedis</artifactId>
  <version>6.0.0</version>
</dependency>
<dependency>
  <groupId>org.springframework.data</groupId>
  <artifactId>spring-data-redis</artifactId>
  <version>3.5.1</version>
</dependency>
```

풀이 먼저 레디스가 실행 중인지 확인합니다.

> **NOTE_** 예제 프로젝트의 최상위 디렉터리 내에 있는 bin 디렉터리에는 도커 이미지로 패키징된dockerized 레디스 버전을 확인하는 redis.sh 파일이 있습니다.

RedisCacheManager 구성하기

레디스를 이용해 캐시하려면 캐싱을 레디스에 위임하는 RedisCacheManager를 구성해야 합니다. RedisCacheManager에는 작업에 사용할 RedisConnectionFactory가 필요하며 할당된 직렬화기(Serializer)를 변경할 수도 있습니다. 예를 들어 잭슨을 이용해 byte[] 대신 JSON을 저장할 수도 있죠.

예제 14-35 레디스 구성

```
package com.apress.spring6recipes.caching.config;

import com.apress.spring6recipes.caching.CustomerRepository;
import com.apress.spring6recipes.caching.MapBasedCustomerRepository;
import org.springframework.cache.annotation.EnableCaching;
import org.springframework.context.annotation.Bean;
import org.springframework.context.annotation.Configuration;
import org.springframework.data.redis.cache.RedisCacheManager;
import org.springframework.data.redis.connection.RedisConnectionFactory;
import org.springframework.data.redis.connection.jedis.JedisConnectionFactory;

@Configuration
@EnableCaching
public class CustomerConfiguration {

  @Bean
  public RedisCacheManager cacheManager(RedisConnectionFactory connectionFactory) {
    return RedisCacheManager.create(connectionFactory);
  }

  @Bean
  public RedisConnectionFactory redisConnectionFactory() {
    return new JedisConnectionFactory();
  }

  @Bean
  public CustomerRepository customerRepository() {
    return new MapBasedCustomerRepository();
  }
}
```

레디스에 접속할 수 있게 RedisCacheManager 구성에 필요한 JedisConnectionFactory를 설정합니다. 기본 구성에서는 저장할 객체가 Serializable이어야 하므로 Customer 클래스도 Serializable 인터페이스를 구현하도록 작성합니다.

나머지 소스 코드는 변경할 필요가 없으며 메인 프로그램을 실행하면 캐시에 객체를 추가하고 제거하는 작업을 비롯한 여러 가지 작업을 확인할 수 있습니다.

마치며

14장에서는 먼저 애플리케이션에 캐싱 기능을 추가하는 방법을 살펴보며 이를 코드 여러 부분에 직접 적용하려면 매우 번거롭다는 사실을 확인했습니다. 그 과정에서 카페인 캐시 API와 스프링 캐시 추상화를 모두 살펴봤습니다. 직접 캐시하는 방법을 살펴본 후에는 AOP를 적용해 캐시하는 방법을 알아보았으며, 프록시 기반의 스프링 AOP 방식과 로드 타임 위빙을 사용하는 AspectJ 방식을 다뤘습니다.

다음으로 `@Cacheable`, `@CacheEvict`, `@CachePut` 같은 다양한 애너테이션이 애플리케이션의 캐싱 기능에 어떤 영향을 미치는지 배웠습니다. 또한 SpEL 표현식을 사용해 캐싱이나 캐시 무효화에 적합한 키를 가져오는 방법과 `@Cacheable`의 동작을 제어하는 방법도 알아봤습니다.

마지막 레시피에서는 캐싱 솔루션인 레디스를 로컬과 원격 캐싱 솔루션으로 사용하는 방법을 살펴봤습니다.

기타

ㅁ

ㅂ

B

C

N

T